Wolfgang Breuer

Investition II

Wolfgang Breuer

Investition II

Entscheidungen bei Risiko

GABLER

Die Deutsche Bibliothek – CIP-Einheitsaufnahme
Ein Titeldatensatz für diese Publikation ist bei
Der Deutschen Bibliothek erhältlich

Prof. Dr. Wolfgang Breuer ist Inhaber des Lehrstuhls für Betriebliche Finanzwirtschaft
an der Rheinisch-Westfälischen TH Aachen.

1. Auflage November 2001
Alle Rechte vorbehalten
© Betriebswirtschaftlicher Verlag Dr. Th. Gabler GmbH, Wiesbaden 2001

Lektorat: Ralf Wettlaufer / Renate Schilling

Der Gabler Verlag ist ein Unternehmen der Fachverlagsgruppe BertelsmannSpringer.
www.gabler.de

Umschlaggestaltung: Ulrike Weigel, www.CorporateDesignGroup.de
Gedruckt auf säurefreiem und chlorfrei gebleichtem Papier
ISBN-13: 978-3-409-11832-3   e-ISBN-13: 978-3-322-84456-9
DOI: 10.1007/978-3-322-84456-9

Vorwort

Das vorliegende Buch ist als Fortsetzung des im Jahr 2000 erschienenen Bands "Investition I" gedacht. Während der Band I Investitionsentscheidungen bei Sicherheit behandelt, setzt sich Band II mit Investitionsentscheidungen bei Risiko auseinander. Im Gegensatz zu der Ankündigung im Rahmen des Bands I bleiben aus Platzgründen Fragen des Investitionscontrolling vorerst ausgespart. Nach Möglichkeit werden diese in einem noch zu erstellenden dritten Band behandelt.

Band II basiert im wesentlichen auf meinen Vorlesungen im Hauptstudium von 1995 bis 1999 an der Universität Bonn und seit 2000 an der Technischen Hochschule Aachen. Insgesamt umfaßt er zwölf größere Abschnitte, von denen die meisten - mit vereinzelten Kürzungen und Auslassungen - innerhalb einer Doppelstunde behandelt werden können. Das Lehrbuch kann demzufolge als Grundlage einer zweistündigen Veranstaltung während eines Semesters verwendet werden. Der Lehrbuchinhalt ist von seinem Schwierigkeitsgrad dabei eindeutig dem Hauptstudium zuzuordnen. Die Kenntnis des Stoffs aus dem ersten Band wird dementsprechend vorausgesetzt.

Während zu Fragen von Investitionsentscheidungen bei Sicherheit eine kaum überschaubare Fülle auch deutschsprachiger Lehrbücher existiert, werden Investitionsentscheidungen bei Risiko typischerweise nicht in einem eigenen Band behandelt und bleiben die Ausführungen zu Entscheidungen bei Risiko in den einbändigen Lehrbüchern im Umfang zumeist deutlich hinter denen für den Fall bei Sicherheit zurück. Zumindest in dieser Hinsicht dürfte sich die vorliegende Abhandlung von ihrem Umfang der Problemerörterung her von anderen Darstellungen abheben. Dementsprechend werden im Rahmen dieses Bandes II zum Teil Aspekte angesprochen, die sich in anderen Lehrbüchern zur Investitionstheorie kaum finden. Beispielsweise werden kapitalkostenorientierte Investitionsentscheidungen ebenso wie die Bewertung betrieblicher Realoptionen besonders ausführlich behandelt. Ähnliches gilt für Investitionsentscheidungen auf der Grundlage des Capital Asset Pricing Model oder unter Beachtung steuerlicher Aspekte.

Das vorliegende Lehrbuch ist das erste, das ich komplett an meinem Aachener Lehrstuhl verfaßt habe, an dem ich seit März 2000 tätig bin. Wie stets habe ich hierzu auf die Unterstützung meiner Mitarbeiter zurückgreifen können. Die Hauptlast traf dieses Mal Herrn PD Dr. *Frank Schuhmacher*, der das komplette Manuskript zu einem sehr frühen Zeitpunkt korrekturgelesen und die Beschaffung der relevanten Literatur übernommen hat. Außerdem lieferte er Vorschläge zur Formulierung der Wiederholungsfragen der einzelnen Abschnitte. Die Aufsicht über die Erstellung sämtlicher Abbildungen lag in der Hand von Herrn Dipl.-Vw. *Thomas Weber*.

Neben Herrn PD Dr. *Frank Schuhmacher* und Herrn Dipl.-Vw. *Thomas Weber* haben Frau *Andrea Das Gupta*, Frau Dipl.-Vw. *Nora Hartmann* und Frau Dipl.-Vw. *Anke Kleefisch* sowie die Herren PD Dr. *Marc Gürtler*, Dr. *Thomas Herfs* und Dipl.-Vw. *Klaus Mark* Teile des Manuskripts zu einem späteren Zeitpunkt auf Fehler durchgesehen. Allen Beteiligten danke ich hierfür sehr.

Ich habe lange geschwankt, ob ich dieses Buch noch nach alten oder doch besser nach den neuen Rechtschreibungsregeln verfassen sollte. Dieses Mal habe ich mich doch wieder für ersteres entschieden, da die neuen Regeln noch zu viele Unklarheiten und Ungenauigkeiten bieten und nicht abzusehen ist, ob hier nicht demnächst Nachbesserungen erfolgen. Viel gewonnen wurde durch die Reform meines Erachtens ohnehin nicht.

Wie auch Band I soll der vorliegende Band II meinen Töchtern *Clara* und *Franziska* gewidmet werden. Da die ältere, *Clara*, mittlerweile fünf Jahre alt ist und der Band III zur Investitionstheorie sicherlich nicht vor 2003 erscheinen wird, bestehen gute Chancen, daß wenigstens *Clara* die Widmung des nächsten Lehrbuchs sogar schon bewußt zur Kenntnis nehmen kann. Gleichzeitig erschreckt diese Tatsache auch, zeigt sie doch, wie rasch die Zeit vergeht - zugegebenermaßen eine triviale Erkenntnis, gleichwohl eine wichtige.

Wolfgang Breuer

Gliederung

VIII

XIII

XIV

Verzeichnis wichtiger Symbole

Lateinische Buchstaben

A	Betrag sicherer Anlage
A_0	Anfangsauszahlung
c_t	Konsum des Zeitpunktes t
e_t	Entschädigung im Zeitpunkt t
EKQ	Eigenkapitalquote
$\mathscr{F}$	Menge aller emittierten Finanzierungstitel
f	Finanzierungstitel
$f(\cdot)$	Dichtefunktion einer Zufallsvariablen
F	Anzahl verschiedener Finanzierungstitel
FKQ	Fremdkapitalquote
i	einheitlicher (Ein-Perioden-Termin- und Kassa-) Zinssatz für Anlage/Verschuldung von t = 0 bis t = T
i_t	Ein-Perioden-Terminzinssatz für Anlage/Verschuldung von t-1 bis t
$\mathbb{I}$	Investitionsprogramm
J	Anzahl möglicher Umweltzustände
$k_{v,t}$	variable Auszahlungen je Stück im Zeitpunkt t
K	Kreditvolumen
$K_{f,t}$	fixe Auszahlungen im Zeitpunkt t
n	Investitionsprojekt
N	Anzahl verfügbarer Investitionsprojekte
NFP	Nettoforderungsposition
p_t	Preis eines Gutes im Zeitpunkt t
P	finanzielle Position
P_t	Preisniveau im Zeitpunkt t
r_t	Rendite, Kapitalkostensatz für den Zeitraum von t-1 bis t
s	Steuersatz
$s_t^{(j)}$	Umweltzustand j im Zeitpunkt t

SÄ	Sicherheitsäquivalent
t	Zeitpunkt
T	Zeithorizont
$U(\cdot)$	Nutzenfunktion des Unternehmers
$V_t(\cdot)$	Marktbewertungsfunktion des Zeitpunktes t
$V^{(U)}$	Bruttounternehmenswert
V_U	Nettounternehmenswert
W_0	Anfangsvermögen in $t = 0$
w_t	Kassawechselkurs im Zeitpunkt t (Einheit: EUR/US-\$)
$w_{\tau,t}^{(f)}$	in τ gültiger Terminwechselkurs für Zeitpunkt t (Einheit: EUR/US-\$)
x_t	Absatzmenge eines Gutes im Zeitpunkt t
z_t	Einzahlungsüberschuß des Zeitpunktes t

Griechische Buchstaben

$\alpha^{(n)}$	(Realisierter) Bruchteil des Investitionsprojekts n; Anzahl erworbener Finanzierungstitel
$\alpha^{(\psi)}$	Anteil des Gründungsgesellschafters ψ am Unternehmens-gesamtwert
$\hat{\alpha}^{(fP)}$	wertmäßiger Anteil des Finanzierungstitels f am Portefeuille P
$\hat{\alpha}^{(n)}$	Bruchteil des Vermögens, der für die Durchführung des Investitionsprojekts n aufgewendet wird
$\hat{\alpha}^{(P)}$	ins Portefeuille P investierter Bruchteil des Anlegervermögens
$\beta^{(fP)}$	Regressionskoeffizient aus einer linearen Regression von $\tilde{r}^{(f)}$ auf $\tilde{r}^{(P)}$
γ	(unsichere) Indikatorvariable für staatliche Eingriffe; Schiefe einer Wahrscheinlichkeitsverteilung
ϵ	Störterm
ι_t	Ein-Perioden-Kassazinssatz für Anlage/Verschuldung von t-1 bis t
κ	Kapitalwert einer Zahlungsreihe (aus Sicht von $t = 0$)

λ	Marktpreis des Risikos bei renditeorientierter Berechnung
λ^+	Marktpreis des Risikos bei zahlungsorientierter Berechnung
μ	Erwartungswert
ν	schiefebezogener Marktpreis des Risikos
$\xi_{\tau,t}^{(j)}$	Preis des elementaren Wertpapiers mit Einzahlung in $s_t^{(j)}$ aus Sicht des Zeitpunktes τ
π_t	Inflationsrate von t-1 bis t
ρ	Korrelationskoeffizient
ρ_t	Verschuldungsgrad in t
σ	Standardabweichung
$\sigma^{(fP)}$	Kovarianz zwischen der Rendite $\tilde{r}^{(f)}$ und $\tilde{r}^{(P)}$
σ^2	Varianz
τ	Zeitpunkt
ψ	Gründungsgesellschafter
Ψ	Anzahl betrachteter Gründungsgesellschafter
$\phi_t^{(j)}$	Eintrittswahrscheinlichkeit von $s_t^{(j)}$
$\Phi(\cdot)$	Verteilungsfunktion der Standardnormalverteilung
$\Phi(\mu;\sigma^2)$	Präferenzfunktion
ω_T	Endvermögen im Zeitpunkt t = T

Indizierungen und Abkürzungen

E	Enteignung; effizientes Portefeuille
EK	Eigenkapital
eM	erweitertes Marktportefeuille
F	Größen in Auslandswährung
FK	Fremdkapital
GE	Geldeinheit(en)
ges	Gesamtgrößen
I	Größen in Inlandswährung
j	Index für Umweltzustände
krit	kritischer Wert

M	Marktportefeuille
max	maximale Ausprägungen von Zufallsvariablen
ME	Mengeneinheit(en)
min	minimale Ausprägungen von Zufallsvariablen
nom	nominale Größen
o	ohne
P	finanzielle Position; Verkaufsoption ("Put")
real	reale Größen
reg	(staatlich) reguliert
S	nach Steuern
Tb	Transferbeschränkung
U	Unternehmung

Unsichere Größen werden durch eine Tilde gekennzeichnet.

I Problemstellung

Im Rahmen der **Investitionstheorie** setzt man sich mit dem Problem auseinander, in welcher Form monetäre Mittel in Unternehmen produktiv verwendet werden können. Die Investitionstheorie stellt sich in großen Teilen als außerordentlich weit entwickelt dar. Aus diesem Grunde mußte die gesamte Materie auf mehrere Bücher aufgeteilt werden. Der vorliegende **Band II** zur Investitionstheorie behandelt dabei lediglich **Investitionsentscheidungen bei Risiko**, während der bereits zuvor erschienene **Band I Investitionsentscheidungen bei Sicherheit** zum Gegenstand hat. In beiden Bänden wird als Entscheidungsträger letztlich ein **Einzelunternehmer** betrachtet, der über sämtliche entscheidungsrelevanten Informationen verfügt und keinerlei Entscheidungskompetenz auf untergeordnete Stellen delegiert hat. Läßt man diese Prämisse fallen, muß man zwischen der delegierenden Zentrale und den entscheidungsbefugten untergeordneten Stellen eines Unternehmens unterscheiden. Es stellt sich die Frage, inwiefern die Zentrale hierbei generell dezentrale Investitionsentscheidungen in ihrem Sinne sicherstellen kann. Dieses Problem ist Gegenstand des **Investitionscontrolling** und sollte ursprünglich auch noch im Rahmen des vorliegenden Bandes II behandelt werden. Platzgründe machen es nun aber erforderlich, das Gebiet "Investitionscontrolling" im Rahmen eines eigenen **Bandes III** zu erörtern, der noch zu erstellen ist.

Im folgenden kurzen **zweiten Kapitel** wird geprüft, unter welchen Voraussetzungen trotz des Vorliegens einer Risikosituation noch die gängigen Konzeptionen des Bandes I, also vor allem die einfache Kapitalwertmaximierung, zum Tragen kommen kann. Weil man Investitionsentscheidungen dann gewissermaßen wie bei Sicherheit treffen kann, spricht man hier auch vom Vorliegen von **"Quasi-Sicherheit"**. Den in diesem Kontext relevanten Problemzugang bezeichnet man als Sensitivitätsanalyse. Deren Erörterung bildet daher auch den Schwerpunkt des zweiten Kapitels.

Nur in den seltensten Fällen lassen sich in Risikosituationen Investitionsentscheidungen wie bei Sicherheit treffen. Die nachfolgenden Kapitel erörtern dementsprechend detailliert nicht-triviale Entscheidungssituationen bei Risiko. Gegenstand des **dritten Kapitels** sind konkret Investitionsentscheidungen bei Risiko im Falle **fehlenden Kapitalmarktzugangs** seitens des Unternehmers. Dieses Vorgehen kann als Parallele zu dem aus Band I für Investitionsentscheidungen bei Sicherheit angesehen werden.

Am Anfang der Betrachtung des **dritten Kapitels** steht dabei die Frage, auf welche Weise sich überhaupt Wahrscheinlichkeitsverteilungen von unternehmerischen Zielgrößen wie etwa dem erreichbaren Endvermögen ermitteln lassen. Im **Abschnitt 1** des dritten Kapitels wird dieser Frage unter dem Stichwort "**Risikoanalysen**" genauer nachgegangen.

Nach Schätzung der maßgeblichen Wahrscheinlichkeitsverteilungen ist in einem zweiten Schritt das Entscheidungskriterium des betrachteten Unternehmers näher zu fixieren. Einen sehr allgemeinen Zugang zum Treffen von Entscheidungen bei Risiko bietet das sogenannte *Bernoulli*-**Prinzip**, bei dem man sich am Erwartungswert des Nutzens, kurz: Erwartungsnutzen, orientiert. Dieses Prinzip wird im **Abschnitt 2** vorgestellt.

Die Bestimmung eines optimalen Investitionsprogramms aus einer Menge verfügbarer Investitionsprojekte ähnelt in mancher Weise der Zusammenstellung eines optimalen Portfolios von Wertpapieren. Es bietet sich daher an, auch **Investitionsprogrammentscheidungen als Portfolioselektionsproblem** zu interpretieren. Diese Sichtweise ist Gegenstand des **Abschnitts 3**. Damit sich das Entscheidungsproblem noch als vergleichsweise leicht handhabbar erweist, muß von einem Unternehmer ausgegangen werden, der risikoneutral ist, sich damit nur am Erwartungswert seiner monetären Zielgröße orientiert, oder aber als adäquaten Risikomaßstab einfach die Varianz seiner monetären Zielgröße auffaßt. Im letztgenannten Fall spricht man auch von Entscheidungsfindungen auf der Grundlage des μ-σ-Prinzips.

Ähnlich wie im Fall bei Sicherheit vereinfacht sich das unternehmerische Investitionsproblem erheblich, wenn ein **vollkommener Kapitalmarkt** zum Handel von Finanzierungstiteln vorausgesetzt werden kann. Investitionsentscheidungen vor diesem Hintergrund werden ausführlich im Rahmen des **vierten Kapitels** diskutiert.

Die wichtigste Konsequenz aus der Voraussetzung eines vollkommenen Kapitalmarktes besteht dabei in dem Umstand, daß Investitionsentscheidungen unabhängig von den konkreten Präferenzen des Entscheiders stets allein am Ziel der **Maximierung des (Netto-) Marktwerts** des realisierten Investitionsprogramms ausgerichtet werden können. In der Tat beschreibt dieses Ergebnis die Verallgemeinerung des Ziels der Kapitalwertmaximierung bei Sicherheit, die ihrerseits eine unmittelbare Implikation der *Fisher*-Separation darstellt. Hierauf wird im **Abschnitt 1** ausführlich eingegangen.

Gerade in praktischen Entscheidungsrechnungen werden Investitionsentscheidungen sehr oft nicht marktwert-, sondern vielmehr kapitalkostenorientiert getroffen. **Abschnitt 2** erläutert daher zunächst, was man unter Kapitalkostensätzen zu verstehen hat und diskutiert anschließend Möglichkeiten, mit Hilfe von Kapitalkostensätzen Investitionsentscheidungen zu fundieren. Im Vordergrund steht dabei vor allem die Frage, in welcher Beziehung **kapitalkostenorientierte Investitionsentscheidungen** zu marktwert- oder (direkt) erwartungsnutzenorientierten Entscheidungen stehen.

Eine zweite wesentliche Konsequenz aus der Annahme eines vollkommenen Kapitalmarktes ist die Eigenschaft der Wertadditivität der maßgeblichen Marktbewertungsfunktion. Die **Wertadditivität von Marktbewertungsfunktionen** auf einem vollkommenen Kapitalmarkt wurde bereits im Band I für den Fall bei Sicherheit erläutert, verdient nun aber eine ausführlichere Erörterung. **Abschnitt 3** erklärt, wieso aus wertadditiver Marktbewertung zum einen die Irrelevanz unternehmerischer Finanzierungsentscheidungen und zum anderen die Möglichkeit der Einzelbeurteilung von Investitionsprojekten im Rahmen von Programmentscheidungen folgen.

Die Herleitung der Wertadditivität beruht auf dem Prinzip arbitragefreier Marktbewertung im Gleichgewicht des vollkommenen Kapitalmarktes. Ein wichtiges
Anwendungsfeld für arbitragetheoretische Ansätze stellt die Optionspreistheorie
dar. Deren ursprünglicher Gegenstand ist die Ermittlung des Marktwertes von Finanzoptionen. Finanzoptionen ermöglichen in ihrer Grundform den künftigen Erwerb oder Verkauf eines Finanzinstruments zu einem im vorhinein fixierten
Preis. Generell liegt damit eine Alternative zum Erwerb oder Verkauf des betreffenden Finanzinstruments zum aktuellen Sekundärmarktpreis vor. Diese durch die
Option eröffnete Handlungsmöglichkeit hat daher in aller Regel einen positiven
Marktwert. Auch Investitionsmöglichkeiten lassen sich als **(Real-) Optionen** interpretieren. **Abschnitt 4** prüft daher vornehmlich, inwiefern sich Handlungsmöglichkeiten im realwirtschaftlichen Bereich optionspreistheoretisch bewerten lassen.

Arbitragetheoretische Bewertungsansätze beruhen stets auf der Replikation der zu
bewertenden Zahlungsreihe über sachgerechte Kombination anderer Zahlungsströme, deren Marktwerte bereits bekannt sind. Die aufgewendeten Mittel im Rahmen der Zahlungsstromnachbildung lassen sich sodann unmittelbar als Preis der
betrachteten Zahlungsreihe interpretieren. Ist eine derartige Reproduktions-
möglichkeit nicht gegeben, läßt sich der Preis künftiger Einzahlungen nur noch
dadurch ermitteln, daß man aus der expliziten Betrachtung der Zeit- und Risikopräferenzen der Marktteilnehmer auf die Eigenschaften des sich einstellenden
Marktgleichgewichts schließt. **Abschnitt 5** prüft, wie sich der Marktwert eines
Zahlungsstroms unter der **Prämisse risikoneutraler Marktteilnehmer** ergibt.

Sicherlich ist die Annahme allgemeiner Risikoneutralität recht wenig befriedigend. Weitaus angemessener dürfte es sein, von risikoscheuen Entscheidern auszugehen. Unter dieser Voraussetzung stellt sich die Bestimmung gleichgewichti-
ger Marktbewertungsfunktionen freilich als deutlich schwieriger heraus. Noch als
vergleichsweise gut praktikabel erweisen sich dabei Gleichgewichtsanalysen für
den Fall von Marktteilnehmern, die nach dem μ-σ-Prinzip agieren. Das zugehöri-

ge Marktgleichgewichtsmodell wird in der Literatur als **Capital Asset Pricing Model (CAPM)** bezeichnet. Die Möglichkeit, vor dem Hintergrund des CAPM Realinvestitionsentscheidungen zu treffen, ist Gegenstand des **Abschnitts 6**.

Kaum ein finanzierungstheoretischer Ansatz ist so vielfältiger Betrachtung unterzogen worden wie das CAPM. Insbesondere regen die a priori recht restriktiv wirkenden Prämissen dazu an, nach Möglichkeiten verallgemeinerter Zugänge zu suchen. Auf verschiedene Ansätze zur **Erweiterung des "Standard-CAPM"** des Abschnitts 6 wird im **Abschnitt 7** eingegangen.

Besteht bloß Zugang zu einem unvollkommenen Kapitalmarkt, lassen sich die Erkenntnisse aus der Analyse der Zusammenhänge bei Kapitalmarktvollkommenheit nur mit starken Einschränkungen übernehmen und kompliziert sich die Betrachtung erheblich. In der Tat liegt daher für den unvollkommenen Kapitalmarkt auch noch keine geschlossene Theorie unternehmerischer Investitionsentscheidungen bei Risiko vor. Aus diesem Grunde diskutiert das **fünfte Kapitel** unter der Überschrift **"Investitionsentscheidungen bei unvollkommenem Kapitalmarkt"** lediglich die Konsequenzen aus der **Berücksichtigung finanzierungsabhängiger Steuern** in der Investitionsrechnung. Konkret werden drei verschieden angesetzte, gleichwohl äquivalente Problemzugänge präsentiert, die sich großer praktischer Beliebtheit im Rahmen der Unternehmensbewertung erfreuen: das Entity-, das Equity- und das Adjusted-present-value-Konzept. Ebenso wie man ganze Unternehmen mit Hilfe dieser Ansätze bewerten kann, lassen sich auch grundsätzlich einzelne Investitionsprojekte beurteilen. Aus diesem Grunde ist die Behandlung solcher Bewertungskonzeptionen in einem investitionstheoretischen Lehrbuch durchaus angebracht.

Die Ausführungen schließen wie schon im Band I mit einem kurzen **Ausblick** im **sechsten Kapitel**.

II Investitionsentscheidungen bei Quasi-Sicherheit

1 Problemstellung

Im weiteren sei die Existenz eines **vollkommenen Kapitalmarktes** im Gleichgewicht vorausgesetzt. Es werde ein Unternehmer betrachtet, der über die Möglichkeit zur Durchführung eines Investitionsprojekts verfügt. Da es sich demnach um
eine Einzelentscheidung handelt, ist es am einfachsten, als **Standardbasis** die
Realisation all derjenigen unternehmerischen Zahlungskonsequenzen zu wählen,
die sich ceteris paribus bei Verzicht auf die Umsetzung des zu beurteilenden
Projekts und unter Beibehaltung der sonstigen unternehmerischen Aktivitäten ergeben.

Schon im ersten Band wurde dabei dargestellt, daß die Zahlungsreihe eines Investitionsprojekts von einer ganzen Reihe verschiedener **Parameter** abhängt, die
wie Güterabsatzpreise und variable Stückauszahlungen der Produktion größtenteils
projektbezogen sind. Unterstellt man wie im Abschnitt 2 des Kapitels III des ersten Bands, daß sich die Ein- und Auszahlungssituation im Zusammenhang mit
einem Investitionsprojekt in jedem Zeitpunkt grundsätzlich als identisch darstellt,
dann läßt sich der zugehörige Projektkapitalwert bekanntermaßen mit Hilfe des
Rentenbarwertfaktors RBF(i;T) für Kalkulationszinsfuß i und Betrachtungszeitraum T in folgender Weise bestimmen:

$$\kappa = -A_0 + [x \cdot (p - k_v) - K_f] \cdot RBF(i;T). \qquad (1.1)$$

In diesem Zusammenhang bezeichnet x die einheitliche Absatzmenge in jedem
Zeitpunkt t = 1, …, T. In entsprechender Weise steht p für den konstanten
Absatzpreis in jedem Zeitpunkt t. K_f und k_v schließlich beschreiben die ebenfalls
über alle Zeitpunkte hinweg als konstant unterstellten fixen Auszahlungen bzw.
variablen Stückauszahlungen. Gibt man die Annahme sicherer Erwartungen des
betrachteten Unternehmers áuf, dann impliziert dies, daß wenigstens einer der in
(1.1) auftretenden Parameter als **ungewiß** anzunehmen ist. Dies ist gleichbedeutend mit einem Übergang von ein- zu mehrwertigen Erwartungen. Es stellt sich

die Frage, wie in solchen Situationen sinnvoll Entscheidungen zu treffen sind. Einen möglichen Problemzugang stellen hierbei sogenannte **Sensitivitätsanalysen** dar.[1] Im folgenden **Abschnitt 2** wird zunächst der Grundgedanke dieses Ansatzes präsentiert. Je nachdem, wie viele Parameter als ungewiß aufgefaßt werden, kann man von **ein- oder mehrdimensionalen** Sensitivitätsanalysen sprechen. Erstere sind Gegenstand des **Abschnitts 3**, die letztgenannten werden im **Abschnitt 4** erörtert. Mit der **Bandbreitenanalyse** und der **Methode der kritischen Werte** gibt es unabhängig von der Anzahl ungewisser Parameter ferner zwei grundsätzliche Spielarten von Sensitivitätsanalysen. Beide werden in den Abschnitten 3 und 4 jeweils näher vorgestellt und im **Abschnitt 5** gemeinsam beurteilt. **Abschnitt 6** dient der Zusammenfassung dieses recht kurzen Kapitels.

2 Möglichkeit quasi-sicherer Projektbetrachtung

Völlig problemlos ist es, wenn die **einzige Unsicherheit** daher rührt, daß die künftigen **Ein-Perioden-Kassazinssätze** für Mittelanlage und -aufnahme während eines beliebigen Zeitraums von $t = \tau\text{-}1$ bis $t = \tau$ aus Sicht von $t = 0$ nicht deterministisch sind. Aus Band I ist nämlich schon bekannt, daß im Rahmen der Kapitalwertformel ohne weiteres statt der künftigen (sicheren) Ein-Perioden-Kassazinssätze ebenso gut die in jedem Fall aus Sicht von $t = 0$ bereits eindeutig bekannten **Ein-Perioden-Terminzinssätze** i_τ für Anlage/Verschuldung von $t = \tau\text{-}1$ bis $t = \tau$ angesetzt werden können. Insofern spielt eine **(isolierte)** Unsicherheit der künftigen Ein-Perioden-Kassazinssätze aus Sicht von $t = 0$ keine nennenswerte Rolle im Rahmen von investitionsrechnerischen Entscheidungskalkülen auf dem

---

[1] Sensitivitätsanalysen werden standardmäßig in zahlreichen finanzwirtschaftlichen Lehrbüchern erörtert. Vgl. etwa die Darstellungen bei *Blohm/Lüder* (1995), S. 250 ff., *Kruschwitz* (1998), S. 258 ff., sowie *Franke/Hax* (1999). Eine deutlich über den Stoff dieses Kapitels hinausgehende Darstellung zu Sensitivitätsanalysen findet sich bei *Hax* (1993), S. 122 ff. Frühe Beispiele für Anwendungen der Sensitivitätsanalyse finden sich in *Maffei* (1958), *Bower/Herringer/Williamson* (1966) und *House* (1966). Erwähnt werden sollte überdies *Rappaport* (1967). Als grundlegende deutschsprachige Arbeiten sind *Dinkelbach* (1969) sowie *Schweim* (1969) zu nennen.

vollkommenen Kapitalmarkt im Gleichgewicht. Überdies wird auf die Beziehungen zwischen Kassa- und Terminzinssätzen im Rahmen des Abschnitts 5 von Kapitel IV noch näher eingegangen werden.

Anders stellt sich die Situation dar, wenn die mit einem Investitionsprojekt erzielbaren künftigen **Einzahlungsüberschüsse unsicher** sind. Zunächst sei dabei im Zusammenhang mit (1.1) exemplarisch unterstellt, daß lediglich die künftigen **Absatzpreise** nicht mit Sicherheit bekannt sind, sondern vielmehr verschiedene Werte für diese Absatzpreise für denkbar gehalten werden. Ungewisse Größen seien im folgenden stets durch **Tilden** gekennzeichnet. Demnach wird der unsichere Absatzpreis eines Zeitpunktes t mit $\tilde{p}_t$ bezeichnet. Im "schlimmsten" Fall wird man jeden nichtnegativen Absatzpreis als möglich einschätzen. In vielen Situationen wird es aber durchaus immerhin gewisse Vorstellungen von näher beieinander liegenden **Ober- und Untergrenzen** geben. Im weiteren sei daher mit $p^{(min)}$ der vom betrachteten Unternehmer als mindestens in den einzelnen Zeitpunkten t = 1 bis t = T zu erreichende Preis bezeichnet, während $p^{(max)}$ für den höchstmöglichen Absatzpreis steht.

Je nachdem, welchen Wert p man nun in Formel (1.1) einsetzt, ergeben sich unterschiedliche Projektkapitalwerte. Unter der Prämisse des Zugangs zu einem vollkommenen Kapitalmarkt bei Sicherheit war der Kapitalwert als aus der Projektdurchführung resultierender **Vermögenszuwachs** des Zeitpunktes t = 0 oder in äquivalenter Weise als der **Marktwert** der betreffenden Investitionsmöglichkeit interpretierbar. Natürlich ist der heutige Marktwert einer Investitionsmöglichkeit keine unsichere Größe, sondern prinzipiell als Preis auf dem Kapitalmarkt ersichtlich. Liegt eine solche Beobachtbarkeit vor, ist die Berechnung eines Projektkapitalwertes freilich nicht mehr notwendig. In der Tat mangelt es realiter aber an dieser unmittelbaren Beobachtbarkeit der Marktpreise beliebiger Zahlungsreihen, so daß Kapitalwertermittlungen als **Schätzungen von Kapitalmarktpreisen** aufzufassen sind. Die Frage lautet konkret: Welchen Preis erzielt die der Investitionsmöglichkeit zugrundeliegende Reihe künftiger Zahlungen auf einem durch die jeweils getroffenen Annahmen **fiktiv** definierten Kapitalmarkt? In dieser Problemformulierung wird deutlich, daß Kapitalwerte grundsätzlich **nicht** sinnvoll als unsichere Werte aufzufassen sind, da auch der durch sie beschriebene Marktwert auf einem idealisierten Kapitalmarkt eine sichere Größe ist. Insofern stellt sich die Frage, ob es überhaupt noch sachgerecht ist, Kapitalwerte unter der Prämisse mehrwertiger Erwartungen beispielsweise für künftige Absatzpreise zu berechnen.

Würde sich der Absatzpreis der im Zusammenhang mit der Projektdurchführung hergestellten Güter in jedem Zeitpunkt $t = 1, ..., T$ mit Sicherheit auf den **niedrigstmöglichen** Wert $p^{(min)}$ belaufen, dann wäre der zugehörige Marktwert der Investitionsmöglichkeit $\kappa(p^{(min)}) = -A_0 + [x \cdot (p^{(min)} - k_v) - K_f] \cdot RBF(i;T)$. Man spricht in diesem Zusammenhang auch vom **Nettomarktwert**[2] des Investitionsprojekts, da bei dieser Marktwertermittlung die erforderliche Anfangsauszahlung bereits in Abzug gebracht wird: Es geht um den Verkauf des Investitionsprojekts **vor** der Leistung der Anfangsauszahlung. Unter dem **Bruttomarktwert** des Investitionsprojekts versteht man den Marktwert nur der künftigen Einzahlungsüberschüsse **ohne** Abzug der Anfangsauszahlung.[3] Diese Größe wird dann relevant, wenn ein Unternehmer sein Investitionsprojekt **nach** Leistung von A_0 am Kapitalmarkt verkaufen will. In vielen Fällen dürfte die Betrachtung von Bruttomarktwerten sachgerechter als die von Nettomarktwerten sein. Es leuchtet unmittelbar ein, daß sich die Durchführung des Investitionsprojekts wenigstens dann lohnt, wenn der zugehörige Bruttomarktwert die Anfangsauszahlung übersteigt: Der Unternehmer erhöht dann durch Projektinitiierung mit anschließendem Verkauf der künftigen Einzahlungsüberschüsse am Kapitalmarkt unmittelbar sein **Vermögen** in $t = 0$, schiebt also - wie bereits im Abschnitt 1 des Kapitels III des ersten Bands beschrieben - seine **Budgetgerade** oder -ebene nach außen. Der Bruttomarktwert ist dabei genau dann wenigstens gleich der Anfangsauszahlung, wenn der zugehö-

---

[2] Vgl. z.B. *Breuer* (1998a), S. 44.

[3] Wenigstens bei Sicherheit stimmt der Bruttomarktwert eines Investitionsprojekts augenscheinlich mit seinem **Ertragswert** überein. Vgl. zum Ertragswertbegriff z.B. *Breuer* (2000a), S. 85.

rige Nettomarktwert, also der Projektkapitalwert, mindestens den Wert **Null** erreicht.

Auch wenn die Absatzpreise in den künftigen Zeitpunkten des betrachteten Projekts nun sämtlich ungewiß (und möglicherweise sogar verschieden) sind, müßte der **Bruttomarktwert** des betrachteten Projekts doch **mindestens** dem eines fiktiven zweiten Projekts mit $p = p^{(min)}$ in jedem Zeitpunkt t bei im übrigen identischen Annahmen entsprechen. Denn das erstgenannte Projekt führt in jedem Zeitpunkt zu keinen niedrigeren Einzahlungen als das fiktive Projekt mit $p = p^{(min)}$ in allen Zeitpunkten $t = 1, ..., T$. Daraus kann man unmittelbar den Schluß ziehen, daß sich der Bruttomarktwert des zu beurteilenden Projekts trotz der angenommenen Ungewißheit bezüglich der künftigen Absatzpreise mindestens auf $\kappa(p^{(min)}) + A_0$ beläuft. In entsprechender Weise wird der Bruttomarktwert des Projekts **nicht größer** als $\kappa(p^{(max)}) + A_0$ sein können, also als der Marktwert eines ceteris paribus identischen Investitionsprojekts, das aber in allen Zeitpunkten $t = 1, ..., T$ zu einem Absatzpreis von $p^{(max)}$ führt. Wenngleich man demnach nicht unbedingt weiß, welcher Marktwert dem zu beurteilenden Projekt genau zuzuordnen ist, so wird dieser in der Nettobetrachtung doch sicherlich zwischen $\kappa(p^{(min)})$ und $\kappa(p^{(max)})$ und in der Bruttobetrachtung zwischen $\kappa(p^{(min)}) + A_0$ und $\kappa(p^{(max)}) + A_0$ liegen.

Beispiel 1.1:

Gegeben sei ein Investitionsprojekt, das bei einer Anfangsauszahlung von $A_0 = 100$ Geldeinheiten (GE) in $t = 0$ in den Zeitpunkten $t = 1$ bis $t = 4$ den Absatz von jeweils $x = 10$ Mengeneinheiten (ME) eines Produkts zu ungewissen Preisen $\bar{p}_t$ ermöglicht. Die variablen Stückauszahlungen belaufen sich in $t = 1$ bis $t = 4$ jeweils auf konstant $k_v = 3$ GE/ME. Überdies fallen in jedem Zeitpunkt $t = 1$ bis $t = 4$ fixe Auszahlungen $K_f = 20$ GE an. Der Unternehmer geht davon aus, daß der mindestens in jedem Zeitpunkt $t = 1$ bis $t = 4$ erzielbare Absatzpreis $p^{(min)} = 9$ GE/ME beträgt. Über $p^{(max)} = 12$ GE/ME wird der Absatzpreis seines Erachtens in keinem der zukünftigen Zeitpunkte liegen. Der Kapitalmarktzinssatz i für einperiodige Anlage oder Aufnahme von Mitteln belaufe sich über alle Perioden auf konstant 10 %. Der zu i = 10 % und T = 4 gehörende Renten-barwertfaktor beträgt $(1{,}1^4\text{-}1)/(1{,}1^4\cdot 0{,}1) \approx 3{,}16987$ GE.

Unterstellt man, daß sich $p^{(min)}$ = 9 GE/ME mit **Sicherheit** in jedem Zeitpunkt t = 1, …, 4 realisiert, so erhält man als Projektkapitalwert

$$\kappa(p=9) \approx -100 + [10\cdot(9-3)-20]\cdot 3{,}16987 \approx 26{,}79 \text{ GE.} \tag{1.2}$$

Genau zu diesem Preis wäre ein etwaiger Erwerber der Investitionsmöglichkeit bereit, diese dem betrachteten Unternehmer abzukaufen. Der Kaufpreis des Inve-stitionsprojekts nach erbrachter Anfangsauszahlung liegt entsprechend um die Anfangsauszahlung von 100 GE höher.

Geht man statt dessen von $p^{(max)}$ = 12 GE/ME als **sicherem** Absatzpreis in t = 1 bis t = 4 aus, so gelangt man zu dem folgenden Projektkapitalwert:

$$\kappa(p=12) \approx -100 + [10\cdot(12-3)-20]\cdot 3{,}16987 \approx 121{,}89 \text{ GE.} \tag{1.3}$$

Der Kaufpreis des Investitionsprojekts würde sich nach Erbringung der Anfangs-auszahlung daher auf ungefähr 221,89 GE belaufen.

Bei **Unsicherheit** hinsichtlich der in den Zeitpunkten t = 1 bis t = 4 herrschen-den Absatzpreise kann aufgrund der getroffenen Annahmen damit immerhin noch auf einen Bruttomarktwert des Investitionsprojekts zwischen etwa 126,79 GE und 221,89 GE geschlossen werden. □

Bislang wurde stets nur von einer ungewissen künftigen Größe ausgegangen. In diesem Falle kann man von **eindimensionalen Sensitivitätsanalysen** sprechen.[4] Ohne weiteres ist es selbstverständlich denkbar, daß mehrere Parameter nicht deterministisch sind. Man gelangt dann zu sogenannten **mehrdimensionalen Sen-**

---

[4] Auch andere Bezeichnungen sind gebräuchlich. So spricht *Bitz* (1998), S. 138 ff., von einfachen oder singulären Sensitivitätsanalysen.

13

sitivitätsanalysen.[5] Auch in derartigen Fällen kann die **Spannbreite** möglicher Projektkapitalwerte als maximal breites Intervall denkbarer Nettomarktwerte des Investitionsprojekts aufgefaßt werden.

Beispiel 1.2:

Das Beispiel 1.1 sei insofern modifiziert, als nunmehr auch Unsicherheit hinsichtlich der in den einzelnen Zeitpunkten bestehenden variablen Stückauszahlungen besteht. Der Unternehmer geht davon aus, daß sich $\bar{k}_{v,t}$ in jedem Zeitpunkt $t = 1$ bis $t = 4$ mindestens auf $k_v^{(min)} = 2$ GE/ME und maximal auf $k_v^{(max)} = 3$ GE/ME belaufen wird.

Sofern ein Investitionsprojekt unterstellt wird, bei dem sich in $t = 1$ bis $t = 4$ mit Sicherheit der Preis $p = 9$ GE/ME bei konstanten variablen Stückauszahlungen von $k_v = 3$ GE/ME ergibt, resultiert ein Projektkapitalwert gemäß Formel (1.2) von etwa 26,79 GE und demnach ein Bruttomarktwert dieses Investitionsprojekts von ca. 126,79 GE.

Ein Investitionsprojekt, das in jedem Zeitpunkt $t = 1$ bis $t = 4$ mit einem Güterabsatzpreis p von 12 GE/ME einhergeht und variable Stückauszahlungen von 2 GE/ME aufweist, hat hingegen einen Projektkapitalwert und damit Nettomarktwert von

$$\kappa(p=12;k_v=2) \approx -100+[10\cdot(12-2)-20]\cdot 3,16987 \approx 153,59 \text{ GE.} \tag{1.4}$$

Bei unsicheren Preisen und variablen Stückauszahlungen in den einzelnen Zeitpunkten $t = 1$ bis $t = 4$ mit $\tilde{p}_t \in [9;12]$ sowie $\bar{k}_{v,t} \in [2;3]$ wird der Bruttomarktwert des betreffenden Investitionsprojekts demnach ungefähr zwischen 126,79 GE und 253,59 GE liegen. □

---

[5] *Bitz* (1998), S. 140 ff., benutzt hier die Bezeichnung "multiple Sensitivitätsanalysen".

Das Problem der Beurteilung eines einzelnen Investitionsprojekts mit ungewissen Zahlungskonsequenzen läßt sich folglich stets auf die **simultane Bewertung** einer Menge von Investitionsprojekten mit jeweils **sicheren** Einzahlungsüberschüssen zurückführen. Es dürfte unmittelbar einleuchten, daß diese Transformation des Entscheidungsproblems insbesondere dann hilfreich ist, wenn **alle** sicheren Investitionsprojekte aus Sicht des Unternehmers in gleicher Weise vorteilhaft (nachteilig) sind, wenn also alle Projektkapitalwerte und damit Nettomarktwerte gleichermaßen nichtnegativ (nichtpositiv) sind. Dann nämlich ist auch das ursprüngliche Investitionsprojekt trotz seiner unsicheren Zahlungskonsequenzen **eindeutig** von Vorteil (Nachteil), das heißt, sein Nettomarktwert ist ebenfalls nichtnegativ (nichtpositiv). Das unsichere Investitionsprojekt kann demnach in einer solchen Situation beurteilt werden, als ob Sicherheit über seine künftigen monetären Folgen bestünde; es ist eine Investitionsbeurteilung bei **"Quasi-Sicherheit"** möglich. In den folgenden Abschnitten wird dieser Gedanke näher ausgeführt. Zunächst soll hierbei auf eindimensionale Sensitivitätsanalysen eingegangen werden.

3 Eindimensionale Sensitivitätsanalysen

3.1 Bandbreitenanalyse

Sofern $\kappa(p^{(min)})$ nicht kleiner als Null ist, steht fest, daß sich der (ex ante[6] unbekannte) Nettomarktwert der Projekts auf einen **nichtnegativen** Wert belaufen wird. Das Investitionsprojekt kann dann unmittelbar als **vorteilhaft** eingestuft werden. Völlig analog läßt sich aus $\kappa(p^{(max)}) \leq 0$ GE darauf schließen, daß das Investitionsprojekt wegen eines nichtpositiven Nettomarktwerts von **Nachteil** ist. Selbst für Entscheidungen unter Risiko sind damit unter bestimmten Voraussetzungen einfache Vorteilhaftigkeitsbeurteilungen für Investitionsprojekte möglich. Zu diesem Zweck sind lediglich die Projektkapitalwerte für den **niedrigsten** und für den **höchsten** denkbaren Absatzpreis in jedem Zeitpunkt $t = 1, ..., T$ zu bestimmen. Für $\kappa(p^{(min)}) \geq 0$ GE ist die Investition vorteilhaft. Ist $\kappa(p^{(max)})$ hingegen

---

6   Das heißt "vor Projektdurchführung".

nichtpositiv, sollte auf die Projektdurchführung verzichtet werden. Das gerade beschriebene Vorgehen der Ermittlung und Vorzeichenprüfung des geringst- und des höchstmöglichen Projektkapitalwertes bezeichnet man als **Bandbreitenanalyse**.[7] Es handelt sich hierbei um eine mögliche Spielart der im Rahmen dieses Kapitels zu erörternden Sensitivitätsanalysen.

Beispiel 1.3:

Gegeben sei das Investitionsprojekt aus Beispiel 1.1. Da der Projektkapitalwert $\kappa(p^{(min)})$ mit näherungsweise 26,79 GE positiv ist, ist das betreffende Investitionsprojekt eindeutig vorteilhaft. Wäre ceteris paribus hingegen $p^{(min)} = 4$ GE/ME und $p^{(max)} = 5$ GE/ME, gelangte man (ungefähr) zu $\kappa(p) \in (-131,7; -100]$ und damit zu einem eindeutig nachteiligen Investitionsprojekt. ☐

3.2 Methode der kritischen Werte

Statt die Bandbreite möglicher Projektkapitalwerte zu bestimmen, ist es auch denkbar, diejenige **kritische Ausprägung** p_{krit} des Absatzpreises p zu ermitteln, die zu einem Projektkapitalwert von Null führt.[8] Aus dem Abschnitt 3 des Kapitels III des ersten Bandes ist bereits bekannt, daß diese kritische Parameterausprägung als **Break-even-Preis** in dynamischer Betrachtung bezeichnet wird und sich allgemein wie folgt ermittelt:

$$p_{krit} = \frac{\frac{A_0}{RBF(i;T)} + K_f}{x} + k_v. \tag{1.5}$$

Weil der Projektkapitalwert ceteris paribus mit wachsendem unterstellten konstanten Absatzpreis in t = 1, ..., T zunimmt, kann man unmittelbar auf einen posi-

---

[7] Vgl. *Franke/Hax* (1999), S. 249 ff.

[8] Vgl. zu diesem Vorgehen generell auch schon sehr früh *Rummel* (1936) sowie *Kilger* (1965) und *Schneider* (1973). Siehe ferner *Schulte* (1986), S. 173 ff., und *Blohm/Lüder* (1995), S. 251 ff.

tiven Projektkapitalwert $\kappa(p)$ für $p > p_{krit}$ und auf einen negativen für $p < p_{krit}$ schließen. Sofern $p^{(min)} \geq p_{krit}$ gilt, ist $\kappa(p^{(min)})$ daher nichtnegativ, während für $p^{(max)} \leq p_{krit}$ ein nichtpositiver Projektkapitalwert $\kappa(p^{(max)})$ gefolgert werden kann. Unter Beachtung der vorhergehenden Ausführungen zur Bandbreitenanalyse ist ein Investitionsprojekt trotz ungewissen Absatzpreises damit im Falle von $p^{(min)}$ $\geq p_{krit}$ als **eindeutig** vorteilhaft zu beurteilen, während es für $p^{(max)} \leq p_{krit}$ unterlassen werden sollte. Dieses als **Methode oder Verfahren der kritischen Werte** bekannte Vorgehen bildet zusammen mit der Bandbreitenanalyse die beiden möglichen Varianten von Sensitivitätsanalysen.

Beispiel 1.4:
Gegeben seien abermals die Daten des Beispiels 1.1. Der **kritische Absatzpreis** läßt sich für A_0 = 100 GE, RBF(i;T) $\approx$ 3,16987 GE, x = 10 GE/ME, k_v = 3 GE/ME sowie K_F = 20 GE wie folgt berechnen:

$$p_{krit} \approx \frac{\frac{100}{3,16987} + 20}{10} + 3 \approx 8,15 \text{ GE.} \tag{1.6}$$

Da $p_{krit} \leq p^{(min)}$ = 9 GE/ME gilt, ist das betrachtete Investitionsprojekt eindeutig vorteilhaft. Wäre hingegen $p^{(min)}$ = 4 GE/ME sowie $p^{(max)}$ = 5 GE/ME, dann lohnte sich das Investitionsprojekt wegen $p_{krit} \geq p^{(max)}$ eindeutig nicht. □

Das Treffen von Entscheidungen anhand kritischer Werte ist bereits aus dem ersten Band bekannt. Der einzige Unterschied zur gerade beschriebenen Entscheidungssituation besteht darin, daß im ersten Band die genaue Parameterausprägung, hier: des Absatzpreises p, als gegeben angenommen wurde, während im Rahmen des vorliegenden Abschnitts nur ein **Intervall** von möglichen Absatzpreisen definiert werden kann. Aus diesem Grunde ist der kritische Absatzpreis sowohl mit der Preisuntergrenze $p^{(min)}$ als auch der Preisobergrenze $p^{(max)}$ zu vergleichen.

In jedem Fall ist die Methode der kritischen Werte **umständlicher** als die Bandbreitenanalyse, da sie im Gegensatz zum letztgenannten Ansatz eine Nullstellenbestimmung erfordert. Aus rechentechnischen Gründen wird man bei Möglichkeit freier Verfahrenswahl daher in aller Regel die Bandbreitenanalyse vorziehen.

4 Mehrdimensionale Sensitivitätsanalysen

4.1 Bandbreitenanalyse

Mehrdimensionale Bandbreitenanalysen sind im hier betrachteten Kontext generell nicht schwieriger als eindimensionale.[9] Unabhängig davon, wie viele ungewisse Parameter betrachtet werden, ist für jeden nach dem für möglich erachteten Wert zu fragen, der zum **niedrigsten** Projektkapitalwert führt, und nach dem korrespondierenden Wert, der den **höchsten** Projektkapitalwert induziert. Dazu bedarf es natürlich der Kenntnis des Einflusses von **Parameteränderungen** auf den betreffenden Projektkapitalwert, doch ist es in aller Regel **nicht schwer**, die Konsequenzen von Parametervariationen abzuschätzen.

Unterstellt man etwa neben der Ungewißheit der Absatzpreise in den einzelnen Zeitpunkten $t = 1$ bis $t = T$, daß überdies die variablen Stückauszahlungen in jedem Zeitpunkt $t = 1$ bis $t = T$ Werte von $k_v^{(min)}$ bis $k_v^{(max)}$ annehmen können, so ergibt sich der geringstmögliche Projektkapitalwert für $p_t = p^{(min)}$ und $k_{v,t} = k_v^{(max)}$ und der höchstmögliche analog für $p_t = p^{(max)}$ und $k_{v,t} = k_v^{(min)}$ ($t = 1, ..., T$). Wieder ist die Projektdurchführung vorteilhaft, wenn der geringstmögliche Projektkapitalwert $\kappa(p^{(min)};k_v^{(max)}) = -A_0 + [x \cdot (p^{(min)}-k_v^{(max)})-K_f] \cdot RBF(i;T)$ nichtnegativ ist, und ist sie nachteilig, wenn der höchstmögliche Wert $\kappa(p^{(max)};k_v^{(min)})$ nichtpositiv ist.

---

[9] Vgl. zur Darstellung mehrdimensionaler Sensitivitätsanalysen etwa *Hax* (1993), S. 126 f., sowie *Bitz* (1998), S. 140 ff., und *Schulte* (1999), S. 160 f.

Beispiel 1.5:

Gegeben seien erneut die Daten des Beispiels 1.2. Wegen $\kappa(p^{(min)};k_v^{(max)}) \approx 26,79$ GE ≥ 0 GE ist das Investitionsprojekt eindeutig vorteilhaft. Sollte für die in den einzelnen Zeitpunkten t = 1, ..., 4 denkbaren Absatzpreise hingegen $\bar{p}_t \in [6;7]$ gelten, ergibt sich als **niedrigstmöglicher Kapitalwert** $\kappa(p^{(min)};k_v^{(max)}) = \kappa(6;3) \approx$ -68,3 GE und als **höchstmöglicher** $\kappa(p^{(max)};k_v^{(min)}) = \kappa(7;2) \approx$ -4,9 GE, so daß wegen $\kappa(p^{(max)};k_v^{(min)}) \leq 0$ GE das Investitionsprojekt eindeutig als nachteilig abzulehnen wäre.

Unterstellte man **zusätzlich** zu $\bar{p}_t \in [9;12]$ und $\tilde{k}_{v,t} \in [2;3]$ (t = 1, ..., 4), daß auch noch die periodenbezogenen fixen Stückauszahlungen in jedem Zeitpunkt t = 1 bis t = 4 einen ungewissen Wert aus dem Intervall [10;20] annähmen, resultierten $\kappa(p^{(min)};k_v^{(max)};K_f^{(max)}) = \kappa(9;3;20) \approx 26,79$ GE als minimaler und $\kappa(p^{(max)};k_v^{(min)};K_f^{(min)}) = \kappa(12;2;10) = 185,29$ GE als maximaler Projektkapitalwert. Natürlich lohnte sich die Projektdurchführung wegen $\kappa(p^{(min)};k_v^{(max)};K_f^{(max)}) \geq 0$. $\square$

4.2 Methode der kritischen Werte

Auch die Anwendung der **Methode der kritischen Werte** ist im Falle von mehr als einem ungewissen Parameter noch möglich. Natürlich kann die **Auflösung** nur nach einem der als ungewiß angenommenen Parameter erfolgen. Insofern erhält man nicht einen eindeutig berechenbaren kritischen Wert, sondern vielmehr einen kritischen Wert in Abhängigkeit der Ausprägungen der übrigen als ungewiß angenommenen Parameter. Am einfachsten ist dabei natürlich noch eine Situation mit lediglich zwei ungewissen Parametern zu handhaben, wie sie etwa bei ungewissen künftigen Absatzpreisen und variablen Stückauszahlungen vorliegt. In einer solchen Situation kann man den kritischen Preis p_{krit} als Funktion von über die Zeit hinweg als konstant unterstellten variablen Stückauszahlungen k_v beschreiben. Aus Formel (1.5) erkennt man, daß es sich hierbei um eine **lineare Funktion** mit Ordinatenabschnitt $\{[A_0/RBF(i;T)]+K_F\}/x$ handelt. Diese Funktion ist in *Abbildung 1.1* graphisch wiedergegeben. Auf der in *Abbildung 1.1* eingezeichneten **Geraden** liegen alle Kombinationen von konstantem Absatzpreis und konstanten

Stückauszahlungen in den Zeitpunkten t = 1 bis t = T, die zu einem Projektkapitalwert von Null führen. Mit $p^{(min)} \leq \bar{p}_t \leq p^{(max)}$ und $k_v^{(min)} \leq \tilde{k}_{v,t} \leq k_v^{(max)}$ sind grundsätzlich nur Preise und variable Stückauszahlungen in den einzelnen Zeitpunkten t = 1, ..., T aus dem **schraffierten Rechteck** in *Abbildung 1.1* möglich. Für die in *Abbildung 1.1* beschriebene Situation erkennt man sofort, daß sämtliche für möglich gehaltenen Parameterkonstellationen **oberhalb** der Geraden $p_{krit}(k_v)$ liegen und insofern mit einem positiven Kapitalwert einhergehen. Das betrachtete Investitionsprojekt ist demnach hierbei eindeutig von Vorteil.

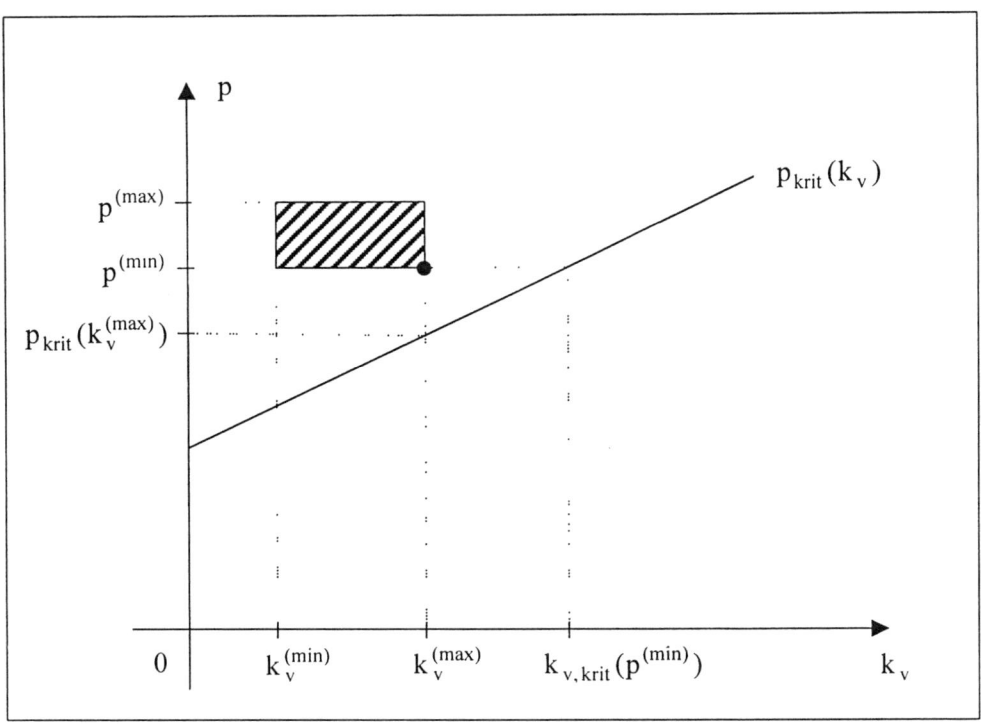

Abbildung 1.1: Zweidimensionale Sensitivitätsanalyse mittels kritischer Werte (eindeutig vorteilhaftes Investitionsprojekt)

In der Tat genügt es schon, wenn das Rechteck der denkbaren Parameterkonstellationen nicht (teilweise) unterhalb der durch $p_{krit}(k_v)$ beschriebenen Linie liegt. Hierfür **hinreichend** ist, daß der **rechte untere Punkt** dieses Rechtecks bereits oberhalb oder auf der Geraden zu finden ist. Der Test auf Lage dieses Punktes oberhalb oder auf der Geraden ist dadurch möglich, daß man entweder $p^{(min)}$ mit $p_{krit}(k_v^{(max)})$ oder $k_v^{(max)}$ mit $k_{v,krit}(p^{(min)})$ vergleicht. In diesem Zusammenhang soll $k_{v,krit}(p^{(min)})$ für diejenigen (konstanten) variablen Stückauszahlungen stehen, die bei einem Absatzpreis von $p^{(min)}$ in jedem künftigen Zeitpunkt $t = 1, ..., T$ ceteris paribus einen Projektkapitalwert von 0 GE implizieren. Das Investitionsprojekt lohnt sich, falls $p^{(min)} \geq p_{krit}(k_v^{(max)})$ gilt, was seinerseits äquivalent zu $k_v^{(max)} \leq k_{v,krit}(p^{(min)})$ ist.

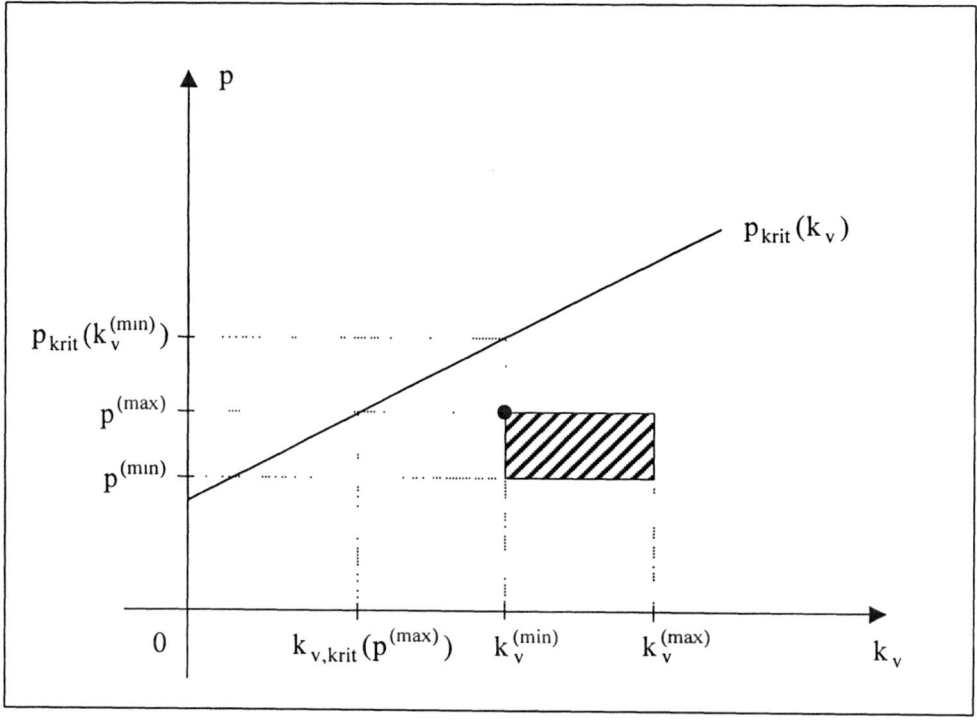

Abbildung 1.2: Zweidimensionale Sensitivitätsanalyse mittels kritischer Werte (eindeutig nachteiliges Investitionsprojekt)

In entsprechender Weise ist ein Investitionsprojekt **eindeutig** als ungünstig zu klassifizieren, wenn das **Rechteck** der möglichen Parameterwerte nicht (teilweise)

21

oberhalb der Geraden $p_{krit}(k_v)$ liegt[10], was leicht durch die Lage des **linken obe-ren Punktes** $(p^{(max)}; k_v^{(min)})$ verifiziert werden kann. Für $p^{(max)} \leq p_{krit}(k_v^{(min)})$ bzw. $k_v^{(min)} \geq k_{v,krit}(p^{(max)})$ ist das Investitionsprojekt als eindeutig nachteilig zu beurteilen.

Beispiel 1.6:

Gegeben seien die Annahmen des Beispiels 1.2. Die Auflösung der Kapitalwert-formel (1.1) nach p für beliebige (konstante) variable Stückauszahlungen k_v führt zu

$$p_{krit} \approx 5{,}15 + k_v. \tag{1.7}$$

Auflösung nach k_v hingegen ergibt

$$k_{v,krit} \approx p - 5{,}15. \tag{1.8}$$

Wegen $p_{krit}(k_v^{(max)}) \approx 8{,}15$ GE/ME $< p^{(min)} = 9$ GE/ME bzw. $k_{v,krit}(p^{(min)}) \approx 3{,}85$ GE/ME $> k_v^{(max)} = 3$ GE/ME ist das betrachtete Investitionsprojekt eindeutig als vorteilhaft einzustufen. Für $\bar{p}_t \in [6;7]$ $(t = 1, \ldots, 4)$ hingegen wäre das Projekt ceteris paribus infolge von $p_{krit}(k_v^{(min)}) \approx 7{,}15$ GE/ME $> p^{(max)} = 7$ GE/ME bzw. $k_{v,krit}(p^{(max)}) \approx 1{,}85$ GE/ME $< k_v^{(min)} = 2$ GE/ME zweifelsfrei nachteilig. □

Auch **höherdimensionale** Sensitivitätsanalysen mittels der Methode der kritischen Werte sind in vergleichbarer Form durchführbar. Unterstellt man etwa, daß neben $\tilde{p}_t$ und $\tilde{k}_{v,t}$ auch die periodenbezogenen fixen Auszahlungen $\tilde{K}_{f,t}$ ungewiß sind, so gelangt man zu einer **dreidimensionalen Sensitivitätsanalyse**. Auflösung der gleich Null gesetzten Kapitalwertformel nach dem Absatzpreis liefert eine Funktion $p_{krit}(k_v; K_f)$ in zwei Variablen, deren graphische Darstellung sich als eine **Ebene** erweist.

Die Menge der für möglich erachteten Parameterausprägungen $(p; k_v; K_f)$ der einzelnen Zeitpunkte $t = 1, \ldots, T$ befindet sich innerhalb eines **Quaders**. Geprüft

---

[10] Vgl. *Abbildung 1.2.*

werden muß nun wieder nur die Lage von **Eckpunkten** dieses Quaders relativ zur **Ebene** $p_{krit}(k_v;K_f)$, um auf diese Weise zu Handlungsempfehlungen zu gelangen. Die Ermittlung der beiden relevanten Eckpunkte ist dabei einfacher, als man vielleicht auf den ersten Blick vermuten wird. Am **schlechtesten** ist die Parameterkonstellation $(p^{(min)};k_v^{(max)};K_f^{(max)})$. Dieser Eckpunkt des Quaders liegt oberhalb oder auf der Ebene kritischer Parameterausprägungen, wenn $p^{(min)} \geq p_{krit}(k_v^{(max)};K_f^{(max)})$ gilt. Man vergleicht also den mindestens in jedem künftigen Zeitpunkt erzielbaren Absatzpreis mit demjenigen, der zu einem Projektkapitalwert von 0 GE für die ungünstigste Kostensituation führt. Alternativ kann man auch die beiden Bedingungen $k_v^{(max)} \leq k_{v,krit}(p^{(min)};K_f^{(max)})$ bzw. $K_f^{(max)} \leq K_{f,krit}(p^{(min)};k_v^{(max)})$ auf Erfüllung testen. Im erstgenannten Fall prüft man, ob die maximal möglichen variablen Stückauszahlungen kleiner als die sind, die einen Projektkapitalwert von 0 GE bei Vorliegen ungünstigster Absatzpreise und fixer Auszahlungen in den künftigen Zeitpunkten bedingen. Im zweiten Fall ermittelt man entsprechend diejenigen fixen Auszahlungen in jedem künftigen Zeitpunkt, die bei Realisation der geringstmöglichen Preise und höchstmöglichen variablen Stückauszahlungen in allen künftigen Zeitpunkten gerade noch zu einem nichtnegativen Kapitalwert führen, und vergleicht diesen Wert mit den maximal in einem zukünftigen Zeitpunkt anfallenden fixen Auszahlungen.

In ähnlicher Weise läßt sich prüfen, ob der Quader komplett unterhalb oder auf der kritischen Ebene liegt. Dazu ist lediglich auf die Lage des die **günstigste** Situation beschreibenden Punktes $(p^{(max)};k_v^{(min)};K_f^{(min)})$ abzustellen. Dieser liegt unterhalb oder auf der Ebene, wenn eine der folgenden (äquivalenten) Bedingungen erfüllt ist: $p^{(max)} \leq p_{krit}(k_v^{(min)};K_f^{(min)})$, $k_v^{(min)} \geq k_{v,krit}(p^{(max)};K_f^{(min)})$ oder $K_f^{(min)} \geq K_{f,krit}(p^{(max)};k_v^{(min)})$. Die Interpretation der einzelnen Ausdrücke ist analog zu der des vorhergehenden Absatzes, wobei lediglich zu beachten ist, daß nun jeweils von der günstigsten Ertrags- und Kostensituation ausgegangen wird.

Beispiel 1.7:
Gegeben sei noch einmal das Investitionsprojekt aus Beispiel 1.2, wobei zusätzlich $\tilde{K}_{f,t} \in [10;20]$ in allen Zeitpunkten angenommen werde. Als Funktion für

den kritischen Absatzpreis erhält man dann

$$p_{krit} \approx 3{,}15 + 0{,}1 \cdot K_f + k_v. \tag{1.9}$$

Alternative Auflösungen nach k_v oder K_f führen zu

$$k_{v,krit} \approx p - 3{,}15 - 0{,}1 \cdot K_f,$$
$$K_{f,krit} \approx 10 \cdot (p - k_v) - 31{,}5. \tag{1.10}$$

Somit gelangt man zu $p_{krit}(k_v^{(max)}; K_f^{(max)}) \approx 8{,}15 \text{ GE/ME} \leq p^{(min)}$, $k_{v,krit}(p^{(min)}; K_f^{(max)})$ $\approx 3{,}85 \text{ GE/ME} \geq k_v^{(max)}$ sowie $K_{f,krit}(p^{(min)}; k_v^{(max)}) \approx 28{,}5 \text{ GE} \geq K_f^{(max)}$. Das Investitionsprojekt kann demnach als eindeutig vorteilhaft beurteilt werden. □

In entsprechender Weise kann man bei vier- oder noch **höherdimensionalen** Sensitivitätsanalysen in Form der Methode der kritischen Werte verfahren, wenngleich einleuchten sollte, daß sich **Bandbreitenanalysen** bei weitem **einfacher** anwenden lassen.

5 Beurteilung

Selbst bei **Ungewißheit** von Parameterausprägungen kann das einfache **Kapitalwertkriterium** gemäß den Ausführungen dieses Kapitels noch zur Entscheidungsfindung beitragen. Allerdings sind die Anwendungsmöglichkeiten sehr **begrenzt**. Der Leser wird bemerkt haben, daß sich ein Projekt im Rahmen der Sensitivitätsanalyse nur dann als vorteilhaft erweist, wenn der Projektkapitalwert für **alle** denkbaren Parameterausprägungen nichtnegativ ist. Es ist eindeutig von Nachteil bei einem nichtpositiven Projektkapitalwert für **alle** Parameterausprägungen. Ohne weiteres **nicht entscheidbar** sind damit all die Fälle, in denen der Projektkapitalwert für einige Parameterausprägungen positiv, für andere negativ ist. Diesen Umstand kann man sehr anschaulich im Rahmen der Sensitivitätsanalyse über kritische Werte verdeutlichen. In *Abbildung 1.3* geht die zu $p_{krit}(k_v)$ gehörige Gerade genau **durch** das Rechteck der als möglich angesehenen Kombinationen von Absatzpreis und variablen Stückauszahlungen. In einer solchen Situation bleibt auf der Grundlage der bisherigen Überlegungen offen, wie zu entscheiden ist. Denkbar wäre etwa, daß sich jemand nur an dem **höchstmöglichen** Projektkapitalwert und damit Marktwert der zur Disposition stehenden Investitionsmöglichkeit orientiert und Projekte schon dann durchführt, wenn bloß dieser Wert nichtnegativ ist. Dies entspricht einem Verhalten nach dem **Maximax-Prinzip**, bei dem man generell solche Alternativen wählt, deren maximal möglicher Zielerreichungsbeitrag maximal ist.

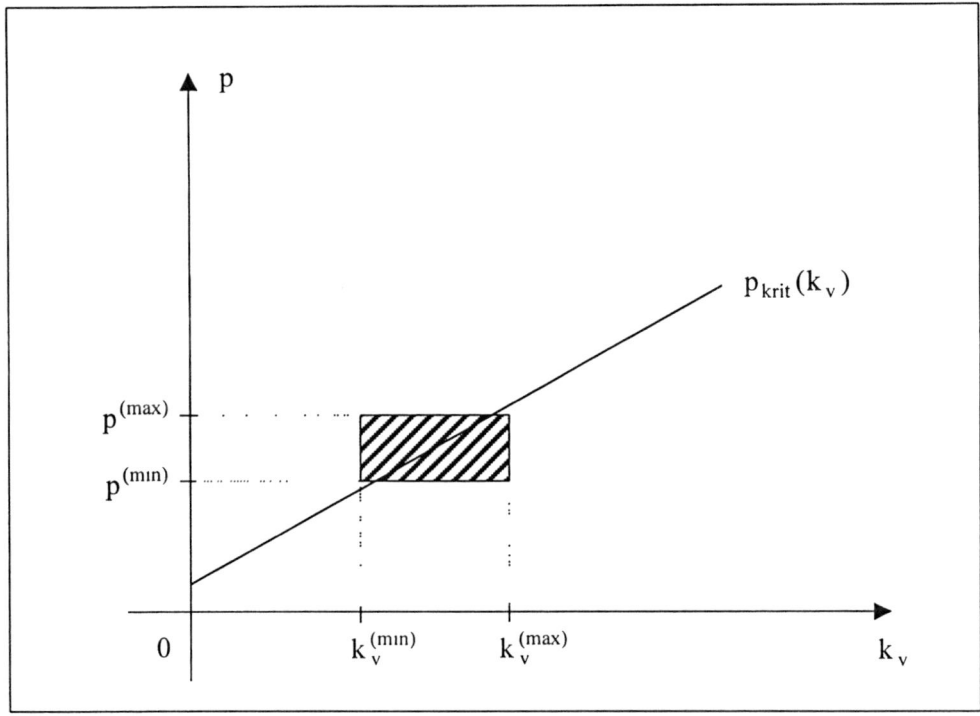

Abbildung 1.3: Zweidimensionale Sensitivitätsanalyse mittels kritischer Werte (unentscheidbare Projektvorteilhaftigkeit)

Das Pendant zu einem Entscheidungsverhalten nach dem Maximax-Prinzip ergäbe sich für den Fall, daß man nur auf den **schlechtesten** aller denkbaren Marktwerte der Investitionsmöglichkeit abstellt und jedes Projekt ablehnt, dessen minimaler Kapitalwert nichtpositiv ist. Diese Verfahrensweise orientiert sich am sogenannten

Maximin-Prinzip, bei dem die Alternativenwahl auf die Maximierung des jeweils mindestens möglichen Zielerreichungsbeitrags abstellt. Derartige Entscheidungsregeln wirken augenscheinlich ein wenig zu undifferenziert, denn sicherlich kommt es nicht nur darauf an, welche Parameterausprägungen für möglich gehalten werden, sondern auch darauf, welche wohl am **ehesten** eintreten.

Diese Überlegung führt unmittelbar zur Notwendigkeit, sich Gedanken über die **Wahrscheinlichkeiten** der einzelnen **Parameterkonstellationen** zu machen und sich zu fragen, wie sich hieraus die Wahrscheinlichkeitsverteilungen der **Projekteinzahlungen** ermitteln lassen. Damit einhergehend ist auch die Suche nach einem **neuen Entscheidungskriterium** erforderlich, denn das Abstellen auf Wahrscheinlichkeitsverteilungen von Kapitalwerten kann sicherlich nicht ohne weiteres als sinnvoll bezeichnet werden, wie oben bereits mit Verweis auf den theoretischen Hintergrund von Kapitalwertbetrachtungen dargelegt wurde. Genau mit derartigen Fragen werden sich die ersten Abschnitte des nächsten Kapitels beschäftigen.

6 Zusammenfassung

Gegenstand dieses Kapitels war die Präsentation von **Sensitivitätsanalysen**. Grundlage ist die Erkenntnis, daß mit Hilfe des **Kapitalwertkriteriums** auch in bestimmten einfachen Situationen mit **unsicheren Parameterausprägungen** von Investitionsprojekten noch **eindeutige Entscheidungen** getroffen werden können. Dies ist immer dann auf einem vollkommenen Kapitalmarkt im Gleichgewicht der Fall, wenn der Kapitalwert des zu beurteilenden Investitionsprojekts für **sämtliche** Parameterausprägungen nichtnegativ ist oder für **sämtliche** Parameterausprägungen nichtpositiv. Im erstgenannten Fall ist das betreffende Investitionsprojekt als eindeutig vorteilhaft, im letztgenannten Fall als eindeutig nachteilig einzustufen. Geprüft werden kann das Vorliegen eines der beiden gerade genannten Fälle, indem man den höchstmöglichen und den geringstmöglichen Kapitalwert eines Investitionsprojekts jeweils bestimmt **(Bandbreitenanalyse)** oder aber für einen der als ungewiß angenommenen Parameter den kritischen Wert ermittelt, der einen Kapitalwert von Null für gegebene übrige Parameterausprägungen bedingt, und diesen mit den für den zuerst genannten Parameter möglichen Werten kontrastiert (**Methode der kritischen Werte**). Sofern nur ein Parameter als ungewiß angenommen worden ist, spricht man von einer **eindimensionalen Sensitivitätsanalyse**, ansonsten von einer **mehrdimensionalen**. Der Anwendungsbereich von Sensitivitätsanalysen ist sehr eng begrenzt, da sie nur dann zum Zuge kommen können, wenn die **Ungewißheit** für die Entscheidung de facto **keine** Rolle spielt. Sie versagt, sobald der Projektkapitalwert für bestimmte, als möglich erachtete Parameterwerte positiv, für andere hingegen negativ ist. Gerade derartige Konstellationen dürften aber in **vielen** Fällen vorliegen, so daß sich die Frage stellt, wie in solchen Situationen zu entscheiden ist. Sehr hilfreich wäre es, Vorstellungen von **Eintrittswahrscheinlichkeiten** möglicher Parameterausprägungen zu haben. Hierauf wird zu Beginn des nächsten Kapitels genauer eingegangen.

Wiederholungsfragen

W1.1
Inwiefern beeinflussen ungewisse künftige Ein-Perioden-Kassazinssätze die Möglichkeit zur Anwendung des Kapitalwertkriteriums?

W1.2
Auf welchem Grundgedanken basieren Sensitivitätsanalysen?

W1.3
Was versteht man unter einem "kritischen Wert"?

W1.4
Worin besteht der grundlegende Unterschied zwischen Sensitivitätsanalysen mittels der Methode der kritischen Werte und Bandbreitenanalysen?

W1.5
Wie lassen sich ein- und mehrdimensionale Sensitivitätsanalysen voneinander abgrenzen?

W1.6
Auf welche Weise lassen sich zweidimensionale Sensitivitätsanalysen mittels kritischer Werte graphisch durchführen?

W1.7
Wie ist die Vorgehensweise im Rahmen einer dreidimensionalen Bandbreitenanalyse, bei der sowohl der Güterabsatzpreis als auch fixe und variable Auszahlungen in künftigen Zeitpunkten als unsicher angenommen werden?

W1.8

Wie ist die Vorgehensweise im Rahmen einer dreidimensionalen Sensitivitätsanalyse über kritische Werte, bei der sowohl der Güterabsatzpreis als auch fixe und variable Auszahlungen in künftigen Zeitpunkten als unsicher angenommen werden?

W1.9

Welche Rolle spielen Wahrscheinlichkeitsverteilungen im Zusammenhang mit Sensitivitätsanalysen?

W1.10

Worin liegen die Probleme im Rahmen von Sensitivitätsanalysen?

III Investitionsentscheidungen bei fehlendem Kapitalmarktzugang

1 Die Ermittlung von Wahrscheinlichkeitsverteilungen: Risikoanalysen

1.1 Problemstellung

Entsprechend der Darstellung des vorhergehenden Kapitels wird man bei mehrwertigen Erwartungen nur in seltenen Fällen Entscheidungen wie bei Sicherheit treffen können. Meist spielt es für die Vorteilhaftigkeit verschiedener Handlungsalternativen schon eine Rolle, welche ungewissen Parameterausprägungen sich realisieren. **"Quasi-Sicherheit"** ist dann **nicht** gegeben, und sehr hilfreich ist es, wenn man Vorstellungen über die **Eintrittswahrscheinlichkeiten** der einzelnen, als möglich aufgefaßten Parameterausprägungen besitzt. Auf diese Frage wird im nachfolgenden **Abschnitt 1.2** einzugehen sein.

Im Gegensatz zu der Darstellung aus dem vorhergehenden Kapitel, die in gewisser Weise als eine unmittelbare Fortführung der Erörterung kapitalwertorientierter Realinvestitionsentscheidungen aus Band I aufgefaßt werden kann, wird im folgenden während des gesamten dritten Kapitels von der Existenz eines vollkommenen Kapitalmarktes abstrahiert. Konkret wird angenommen, daß der Unternehmer nicht in der Lage ist, die unsicheren Einzahlungsüberschüsse aus seinen Realinvestitionen ganz oder teilweise zu handeln. Insofern verfügt er über (fast[1]) **keinen Kapitalmarktzugang**. Erst im Rahmen des vierten Kapitels kehren wir auf der Grundlage der Erkenntnisse des dritten Kapitels zur Prämisse eines vollkommenen Kapitalmarktes im Gleichgewicht zurück.

---

[1] Im Abschnitt 1.3.1 wird die Analyse auf den Fall erweitert, daß der Unternehmer immerhin Zugang zu Möglichkeiten **sicherer** Anlage und Verschuldung besitzt. Die unsicheren Einzahlungen aus seinen Realinvestitionen kann er aber nach wie vor nicht handeln.

Die Kenntnis der Wahrscheinlichkeitsverteilungen von ungewissen Parametern allein reicht noch nicht zur Entscheidungsfindung aus. Vielmehr ist auf dieser Grundlage die explizite Bestimmung der **Wahrscheinlichkeitsverteilung** der hieraus resultierenden künftigen investiven **Einzahlungen** oder - bei entsprechend konkretisierten Zeitpräferenzen - einer weiter verdichteten Größe wie etwa des unternehmerischen Endvermögens in einem Zeitpunkt T herzuleiten. Genau dieser Schritt wird im Rahmen sogenannter **Risikoanalysen** vollzogen, die in einer **deduktiven** und einer **induktiven** Variante angewandt werden können. Auf beide Spielarten der Risikoanalyse geht **Abschnitt 1.3** ein. Nach erfolgreichem Abschluß der Risikoanalyse ist noch eine **Bewertung** der einzelnen, erreichbaren Wahrscheinlichkeitsverteilungen unternehmerischer Zielgrößen vorzunehmen. Da dies nicht mehr der eigentliche Gegenstand von Risikoanalysen im hier verstandenen Sinne ist, wird auf derlei Fragen im Detail erst im folgenden Abschnitt 2 eingegangen. Die graphische Visualierung der Ergebnisse der Risikoanalyse in Form von **Risikoprofilen** und, hierauf aufbauend, rudimentäre Möglichkeiten zur Entscheidungsfindung werden aber recht häufig[2] ebenfalls noch unter dem Stichwort "Risikoanalyse" behandelt und sollen daher auch im Rahmen dieses Abschnitts 1 noch Gegenstand des **Punktes 1.4** sein. Die Ausführungen schließen mit einer **Zusammenfassung** der wichtigsten Ergebnisse im **Abschnitt 1.5**.

1.2 Die Schätzung der Wahrscheinlichkeitsverteilungen ungewisser Parameter

Die Schätzung der Wahrscheinlichkeitsverteilungen ungewisser Parameter ist ein Problembereich, der eine der entscheidenden **Schwachstellen** im Rahmen investitionstheoretischer Kalküle darstellt. Wir werden noch sehen, daß für **gegebene** Wahrscheinlichkeitsverteilungen der ungewissen Parameter von Investitionsprogrammen sehr **leistungsstarke** investitionstheoretische Instrumente zur Entscheidungsunterstützung für Unternehmer zur Verfügung stehen. **Wie** man allerdings

---

[2]   Vgl. beispielsweise die Darstellungen in *Götze/Bloech* (1995), S. 335 ff., sowie *Kruschwitz* (1998), S. 269 ff. Siehe auch *Lüder* (1979), S. 231 ff.

in praktischen Anwendungen zunächst die benötigten Wahrscheinlichkeitsverteilungen ermittelt, ist ein grundsätzliches Problem[3], das weit über investitionstheoretische Fragestellungen hinausreicht und zu dessen Lösung die Betriebswirtschaftslehre nicht übermäßig viel beitragen kann.[4] Generell reicht diese Problematik in den Bereich der **Entscheidungstheorie** hinein, erfährt aber auch dort im allgemeinen keine sonderlich tiefsinnige Behandlung. Am nächstliegenden dürfte hier noch ein Hinweis auf die Möglichkeit zum Einsatz **statistischer Methoden** zum Zwecke der Schätzung von Wahrscheinlichkeitsverteilungen sein. Dies erfordert freilich wenigstens das Vorliegen eines gewissen Beobachtungszeitraums mit stabilen Zusammenhängen der als ungewiß unterstellten Parameter. Gerade bei neuartigen Investitionsprojekten wird es an einer solchen Erfahrung aber fehlen. Erweist sich daher der Einsatz statistischer Verfahren zur Schätzung von Wahrscheinlichkeitsverteilungen als nicht praktikabel, wird in der Literatur herkömmlicherweise nur noch eine "Expertenbefragung" empfohlen. Worauf der jeweilige "Experte" seine Wahrscheinlichkeitsvorstellungen gründet, bleibt typischerweise offen, und es wird lediglich untersucht, wie man das "Expertenwissen" durch **geschickte** Fragestellungen und Auswertungstechniken nutzbar machen kann.[5]

So wäre es etwa allzu plump, den Experten nach der Wahrscheinlichkeitsverteilung der künftigen Güterabsatzmenge $\bar{x}_1$ im Zeitpunkt t = 1 zu fragen. Statt dessen könnte sich die Frage etwa darauf richten, welches Absatzmengenintervall $[x^{(min)}; x^{(max)}]$ der Experte überhaupt als relevant für $\bar{x}_1$ ansieht. Gemäß dem **Prin-**

---

[3] Natürlich ist dies keine Schwäche einer Investitionstheorie unter Risiko im Vergleich zu investitionstheoretischen Kalkülen bei Sicherheit. Auch unter der Prämisse der Sicherheit stellen sich nämlich ein Prognoseproblem und die Frage, ob sichere Erwartungen überhaupt als eine angemessene Annahme aufzufassen sind.

[4] Herkömmlicherweise finden sich etwa in investitionstheoretischen Lehrbüchern zum Datenbeschaffungsproblem keine oder nur sehr vage Ausführungen. Vgl. etwa die Lehrbücher von *Hax* (1993) und *Altrogge* (1996).

[5] Vgl. beispielsweise *Hampton/Moore/Thomas* (1973), *Becker* (1974), *Hull* (1978).

zip vom **unzureichenden Grunde**[6] (auch *Laplace*-Prinzip genannt) wäre sodann (ohne weitere Anmerkungen des Experten) von einer Gleichverteilung hinsichtlich $\bar{x}_1$ im Intervall $[x^{(min)}; x^{(max)}]$ auszugehen und folglich im betreffenden Intervall eine Dichtefunktion $f(x_1) = 1/(x^{(max)}-x^{(min)})$ anzusetzen.

Beispiel 1.1:

Betrachtet sei ein Experte, der auf die Frage nach dem Intervall möglicher Realisationen der künftigen ungewissen Absatzmenge $\bar{x}_1$ im Rahmen der Durchführung eines Investitionsprojekts mit $x^{(min)} = 100$ ME und $x^{(max)} = 150$ ME antwortet. Unterstellt man **stillschweigend** eine gleichverteilte künftige Absatzmenge, dann ist als Dichtefunktion für $\bar{x}_1$ im Intervall $[100; 150]$ die Zuordnungsvorschrift $f(x_1) = 1/(150-100) = 1/50$ anzusetzen. Hieraus lassen sich alle weiteren interessierenden Parameter wie Erwartungswert und Varianz der künftigen Absatzmenge $\bar{x}_1$ berechnen. So erhält man etwa einen Erwartungswert $E(\bar{x}_1)$ von $(x^{(min)}+x^{(max)})/2 = (100+150)/2 = 125$ ME bei einer Varianz $Var(\bar{x}_1)$ von $(x^{(max)}-x^{(min)})^2/12 = (150-100)^2/12 \approx 208,33$ ME^2.[7] □

In ähnlicher Weise könnte man den Experten fragen, zwischen welchen beiden Werten $x^{(min)}$ und $x^{(max)}$ die ungewisse Absatzmenge mit 90 %iger Wahrscheinlichkeit wohl liegen wird. Unter der **impliziten** Annahme einer normalverteilten Menge $\bar{x}_1$ kann infolge der **Symmetrieeigenschaft** der Normalverteilung unmittelbar auf einen Erwartungswert $E(\bar{x}_1) = (x^{(min)}+x^{(max)})/2$ geschlossen werden. Des weiteren läßt sich aus der Expertenangabe auch noch die Standardabweichung σ_x von $\bar{x}_1$ berechnen. Mit Φ als der **Verteilungsfunktion** der Standardnormalverteilung kann man damit nämlich folgern:

---

[6] Verfügt man über keine besseren Anhaltspunkte, spricht nichts dagegen, alle denkbaren Ergebnisrealisationen als gleich wahrscheinlich aufzufassen. Allerdings spricht auch nichts dafür. Vgl. zu diesem Prinzip insbesondere *Sinn* (1980) und *Wollenhaupt* (1982), S. 284 ff. Siehe auch *Breuer* (1995), S. 145 ff.

[7] Vgl. zu Erwartungswert und Varianz bei gleichverteilten Zufallsvariablen etwa *Bamberg/Baur* (2001), S. 123.

$$\text{Prob}\left(x_1 \leq x^{(max)}\right) = 0,95$$

$$\leftrightarrow \quad \text{Prob}\left(\frac{x_1 - E(\tilde{x}_1)}{\sigma_x} \leq \frac{x^{(max)} - E(\tilde{x}_1)}{\sigma_x}\right) = 0,95$$

$$\leftrightarrow \quad \Phi\left(\frac{x^{(max)} - E(\tilde{x}_1)}{\sigma_x}\right) = 0,95 \qquad\qquad (1.1)$$

$$\leftrightarrow \quad \frac{x^{(max)} - E(\tilde{x}_1)}{\sigma_x} \approx 1,644853$$

$$\leftrightarrow \quad \sigma_x \approx \frac{x^{(max)} - E(\tilde{x}_1)}{1,644853}.$$

Die erste Zeile aus (1.1) besagt, daß sich gemäß den Angaben des befragten Experten und wegen der Symmetrieeigenschaft normalverteilter Zufallsgrößen die Wahrscheinlichkeit der Realisation einer nicht oberhalb von $x^{(max)}$ liegenden Absatzmenge $\tilde{x}_1$ auf 95 % belaufen wird.[8] In der folgenden Zeile wird die Zufallsvariable $\tilde{x}_1$ über Subtraktion ihres Erwartungswertes $E(\tilde{x}_1)$ und anschließende Division durch ihre Standardabweichung σ_x normiert, so daß ein Rückgriff auf das für standardnormalverteilte Zufallsvariablen vorhandene **Tabellenwerk** möglich wird. Aus diesem Tabellenwerk läßt sich ermitteln, daß sich die Verteilungsfunktion Φ für einen Wert von etwa 1,64 ihres Arguments $[x^{(max)} - E(\tilde{x}_1)]/\sigma_x$ auf 0,95 beläuft. Genauere Werte lassen sich leicht **computergestützt** ermitteln. So erhält man mit Hilfe des Tabellenkalkulationsprogramms Excel über die Anwendung des Befehls NORMINV ein Resultat von 1,644853. Damit läßt sich die Standardabweichung σ_x gemäß der letzten Zeile aus (1.1) aus den mitgeteilten

---

[8] In entsprechender Weise wird die Wahrscheinlichkeit für einen wenigstens $x^{(min)}$ erreichenden Wert von $\tilde{x}_1$ mit ebenfalls 95 % anzusetzen sein.

Werten für $x^{(min)}$ und $x^{(max)}$ berechnen.

Beispiel 1.2:

Aus einer Expertenbefragung ist bekannt, daß die künftige Absatzmenge $\bar{x}_1$ des Zeitpunktes $t = 1$ mit 90%iger Wahrscheinlichkeit im Intervall [100;150] angesiedelt sein wird. Daraus ergibt sich bei Unterstellung einer Normalverteilung sofort $E(\bar{x}_1) = 125$ ME. Gemäß der letzten Gleichung aus (1.1) kann des weiteren auf eine Standardabweichung von $\bar{x}_1$ in Höhe von etwa $(150-125)/1{,}644853 \approx 15{,}1989$ ME und damit eine Varianz von ca. $231{,}01$ ME^2 geschlossen werden.
□

Gerechtfertigt werden könnte die Unterstellung einer normalverteilten künftigen Absatzmenge dabei über die **Zentralen Grenzwertsätze,** nach denen insbesondere die Summe von N identisch und unabhängig verteilten Zufallsvariablen für großes N näherungsweise normalverteilt ist.[9] Zu denken wäre etwa an die Existenz zahlreicher **Verkaufsstellen** für das betrachtete Gut, wobei sich die insgesamt abgesetzte Menge $\bar{x}_1$ in $t = 1$ dann als $\sum_{n=1}^{N} \bar{x}_1^{(n)}$ ergibt, wenn man mit $\bar{x}_1^{(n)}$ die in der n-ten Verkaufsstelle abgesetzten Mengeneinheiten des betreffenden Produkts bezeichnet. Sofern die $\bar{x}_1^{(n)}$ über ähnliche Wahrscheinlichkeitsverteilungen verfügen und unabhängig voneinander sind, ist $\bar{x}_1$ bei großem N annähernd normalverteilt. Noch weitergehend könnte man jeden einzelnen **Verkaufsversuch** als eine Zufallsvariable mit den Realisationen 1 für Verkauf und 0 für keinen Verkauf bezeichnen. Die gesamte Absatzmenge ergäbe sich dann als Summe über all diese (teils erfolgreichen, teils erfolglosen) Verkaufsversuche, und es könnte erneut und noch überzeugender auf den Zentralen Grenzwertsatz (konkret in der Fassung von *De Moivre* und *Laplace*[10]) verwiesen werden. Insofern können Zentrale Grenzwertsätze das (näherungsweise) Vorliegen normalverteilter Zufallsvariablen auch in ökonomischen Anwendungen begründen. Trotzdem behält das Voraussetzen von Normalverteilungen ebenso wie das von Gleichverteilungen na-

---

[9]   Vgl. hierzu beispielsweise *Bauer* (1991), S. 237 ff.

[10]   Vgl. hierzu etwa *Rényi* (1973), S. 125 ff.

türlich seinen grundsätzlichen **Ad-hoc-Charakter**. Im Zusammenhang mit Absatzmengen wäre überdies speziell zu bedenken, daß diese in aller Regel nur nichtnegative Werte annehmen und insofern schon rein logisch nicht (exakt) normalverteilt sein können. Entsprechendes gilt für andere ungewisse Parameter wie künftige Absatzpreise oder künftige variable Stückauszahlungen.

Die Berücksichtigung zusätzlicher ungewisser Größen führt überdies zu weiteren Problemen. Sollen beispielsweise simultan die Wahrscheinlichkeitsverteilungen von Absatzpreis $\bar{p}_1$ und Absatzmenge $\bar{x}_1$ des Zeitpunktes $t = 1$ geschätzt werden, ist zu beachten, daß hierbei in der Regel **stochastische Abhängigkeiten** zwischen den beiden ungewissen Parametern bestehen. Deswegen kann die Schätzung etwa der künftigen Absatzmenge nur **bedingt** auf den jeweils angenommenen Absatzpreis erfolgen. Damit aber potenziert sich das Schätzerfordernis ganz erheblich.

Beispiel 1.3:
Gegeben sei das Beispiel 1.1 mit der zusätzlichen Maßgabe, daß die vom Experten vorgenommene Absatzmengenschätzung einen Absatzpreis von $p^{(min)} = 10$ GE/ME in $t = 1$ unterstellte. Generell ist aber nach Expertenansicht davon auszugehen, daß der ungewisse künftige Absatzpreis $\bar{p}_1$ je nach vorherrschender Absatzlage Werte aus dem Intervall [10;20] annehmen kann. Für $p^{(max)} = 20$ GE/ME rechnet der Experte wegen der hierdurch beschriebenen günstigen Absatzsituation sogar mit Absatzmengen aus dem Intervall [120;180].[11] Genaugenommen müßte der Experte für **jeden** Wert $p_1 \in$ [10;20] eine Schätzung der Bandbreite möglicher Absatzmengen abgeben, was schon aufgrund der Stetigkeit von $\bar{p}_1$ nicht möglich ist. Auch hier könnte man sich nur durch **Vereinfachungen** behelfen. Beispielsweise könnte man annehmen, daß sich die zu einem bestimmten Preis p_1 gehörige Minimalabsatzmenge $x^{(min)}(p_1)$ als **lineare Interpolation** zwischen den Werten $x^{(min)}(10)$ und $x^{(min)}(20)$ ergibt. Dies führte hier generell zu dem Zusammenhang $x^{(min)}(p_1) = 20 \cdot (p_1-10)/(20-10)+100 = 2 \cdot p_1+80$. Man prüft

---

[11] Natürlich ließen sich ebenso gut Szenarien betrachten, in denen zwar der Absatzpreis bei guter Absatzsituation ceteris paribus höher liegt als bei schlechter, nicht aber die Absatzmenge.

leicht, daß sich für p_1 = 10 GE/ME der Ansatz $x^{(min)}$ = 100 ME und für p_1 = 20 GE/ME ein Schätzwert von $x^{(min)}$ = 120 ME ergibt. In entsprechender Weise ließe sich über lineare Interpolation die Obergrenze $x^{(max)}(p_1)$ als $30 \cdot (p_1-10)/(20-10) + 150 = 3 \cdot p_1 + 120$ abschätzen. Unterstellt man des weiteren stets **Gleichverteilung** der ungewissen Absatzmenge $\bar{x}(p_1)$ im zugehörigen Definitionsbereich $[2 \cdot p_1 + 80; 3 \cdot p_1 + 120]$, dann liegen alle benötigten Wahrscheinlichkeitsverteilungen eindeutig fest.

Zu konzedieren ist vor allem, daß die vorgenommene lineare Interpolation keinerlei tiefere sachliche Rechtfertigung besitzt und insofern sehr **angreifbar** ist. Man kann diesen Einwand natürlich dadurch umgehen, daß man den Experten um zusätzliche bedingte Schätzungen von $x^{(min)}(p_1)$ und $x^{(max)}(p_1)$ für verschiedene Ausprägungen von p_1 bittet. Wie schon erwähnt, ist wegen der Stetigkeit von $\bar{p}_1$ eine Schätzung von **allen** bedingten Wahrscheinlichkeitsverteilungen der Absatzmenge zum Zeitpunkt t = 1 freilich nicht möglich. □

Problematisch ist schließlich noch, wie **divergierende** Wahrscheinlichkeitsurteile verschiedener Experten zu einer **Gesamtwahrscheinlichkeitsverteilung** aggregiert werden können.

Beispiel 1.4:
Gegeben sei erneut das Beispiel 1.1, wobei nun neben der dort bereits beschriebenen Expertenschätzung $x^{(min,1)}$ = 100 ME und $x^{(max,1)}$ = 150 ME eine weitere mit $x^{(min,2)}$ = 80 ME und $x^{(max,2)}$ = 120 ME vorliege. Für die Aggregation dieser beiden Schätzungen zu einer Gesamtverteilung gibt es erneut keine eindeutigen theoretischen Leitlinien. Man könnte sich etwa damit behelfen, von allen genannten Untergrenzen die niedrigste und von allen Obergrenzen die höchste anzusetzen und wie bisher von Gleichverteilung zwischen den so gewonnenen Intervallgrenzen auszugehen. Auf diese Weise gelangte man zu einer Gleichverteilung von $\bar{x}_1$ über [80;150]. Problematisch ist hierbei etwa, daß Werte mit positiver Dichte berücksichtigt werden, die einer der beiden Experten als völlig **unmöglich** erachtet, nämlich Absatzmengen im Bereich [80;100) aus Sicht des Experten 1 und Absatz-

mengen aus (120;150] für Experte 2. Dieses Problem ließe sich vermeiden, indem man statt der Vereinigungsmenge die Schnittmenge der beiden Intervalle bildet. Auf dieser Grundlage ergäbe sich als Schätzung der möglichen Werte für $\bar{x}_1$ der Bereich [100;120]. Damit würden aber Absatzmengen, die immerhin (nur) einer der beiden Experten für möglich gehalten hat, trotzdem als **irrelevant** aufgefaßt werden. Als **dritte** Auswertungsmöglichkeit der erhaltenen Schätzungen böte es sich daher an, daß man Werte aus [80;100) und (120;150] nicht völlig vernachlässigt, aber auch nicht als gleichwertig zu Werten aus [100;120] für $\bar{x}_1$ auffaßt. Beispielsweise könnte man unterstellen, daß jeder Experte mit der Wahrscheinlichkeit 0,5 die korrekte Wahrscheinlichkeitsverteilung für $\bar{x}_1$ angegeben hat. Da Werte von (inclusive) 80 ME bis (exclusive) 100 ME lediglich vom Experten 2 für möglich gehalten werden, ist ihnen vor diesem Hintergrund bei angenommener (bedingter) Gleichverteilung der möglichen Absatzmengen ein Dichtewert von $0,5 \cdot (1/40) = 1/80$ zuzuordnen. In entsprechender Weise wird Absatzmengen von (exclusive) 120 bis (inclusive) 150 ein Dichtewert von $0,5 \cdot (1/50) = 1/100$ zugewiesen. Werte für $\bar{x}_1$ aus dem Intervall [100;120] werden von beiden Experten für möglich gehalten. Dies führt zu einer konstanten Dichte von $0,5 \cdot (1/40) + 0,5 \cdot (1/50) = 9/400$. Insgesamt gelangt man damit zu der folgenden **Dichtefunktion** für $\bar{x}_1$:

$$f(x_1) = \begin{cases} \dfrac{1}{80} & 80 \leq x_1 < 100, \\[2ex] \dfrac{9}{400} & 100 \leq x_1 \leq 120, \\[2ex] \dfrac{1}{100} & 120 < x_1 \leq 150. \end{cases} \qquad (1.2)$$

Zur Probe kann man $f(x_1)$ über das Intervall [80;150] integrieren und erhält hierbei - wie für Dichtefunktionen erforderlich - gerade 1.

So "wissenschaftlich" insbesondere die Herleitung von (1.2) auch aussehen mag, ist das gewählte Vorgehen natürlich letztlich weitgehend willkürlich und durch keine tiefergehenden Zusammenhänge in irgendeiner Weise gestützt. □

1.3 Die Schätzung der Wahrscheinlichkeitsverteilungen unternehmerischer Zielgrößen

1.3.1 Problemkonkretisierung

Alles in allem ist gemäß den Ausführungen des vorhergehenden Abschnitts 1.2 die **Ermittlung** der multivariaten Wahrscheinlichkeitsverteilung der als ungewiß angenommenen Parameter kein leichtes Unterfangen. Wir folgen im weiteren allerdings den gängigen Darstellungen und nehmen an, daß dieses Problem - wie auch immer - **gelöst** werden konnte. Zur Vereinfachung werde dabei unterstellt, daß der betrachtete Unternehmer nur über die Durchführung eines einzigen Investitionsprojekts mit Anfangsauszahlung A_0 und Einzahlungsüberschüssen $\tilde{z}_t = (\tilde{p}_t - \tilde{k}_{v,t}) \cdot \tilde{x}_t - K_{f,t}$ in den einzelnen Zeitpunkten $t = 1$ bis $t = T$ zu befinden hat und keine weiteren Einzahlungen aus sonstiger unternehmerischer Tätigkeit resultieren. Mit $\tilde{c}_t$ als dem risikobehafteten Konsum des Unternehmers in einem Zeitpunkt $t = 1, ..., T$, c_0 als dem Konsum in $t = 0$ und einem Anfangsvermögen W_0 in $t = 0$ würde sich der ungewisse unternehmerische **Nutzen** im Falle der Projektdurchführung damit auf

$$U(\tilde{c}_0; \tilde{c}_1; ...; \tilde{c}_T) = U(W_0 - A_0; \tilde{z}_1; ...; \tilde{z}_T) \tag{1.3}$$

belaufen. Bei Verzicht auf die Projektdurchführung gelangt der Unternehmer zu $U(W_0; 0; ...; 0)$. Ohne weiteres stellt sich die Frage, wie die Projektvorteilhaftigkeit **beurteilt** werden soll, wenn es sowohl Parameterausprägungen gibt, bei denen der Konsumnutzen im Falle der Projektdurchführung größer als bei -unterlassung ist, als auch genau umgekehrte Fälle. Ferner ist es einer einfachen Problemanalyse zweifellos nicht zuträglich, daß die unternehmerische Nutzenfunktion über **T + 1 Argumente** verfügt. Ähnlich wie bei der Darstellung zur vollständigen Finanzplanung im Abschnitt 3 aus Kapitel IV von Band I erweist es sich für praktische Anwendungen als hilfreich, von konkreten und vereinfachenden Prämissen hinsichtlich der unternehmerischen **Zeitpräferenzen** auszugehen. Denkbar wäre etwa, daß der Unternehmer mit einem (subjektiven) Ein-Perioden-Kalkulations- zinsfuß sämtliche Zahlungen auf den Zeitpunkt $t = T$ **aufzinst**, also über eine Nutzenfunktion der folgenden Form mit festem i verfügt:

$$U(c_0; \tilde{c}_1; ...; \tilde{c}_T) = c_0 \cdot (1+i)^T + \tilde{c}_1 \cdot (1+i)^{T-1} + ... + c_T. \tag{1.4}$$

Augenscheinlich werden hier sehr spezielle Zeitpräferenzen für den Unternehmer vorausgesetzt.[12] Dieser orientiert sich gewissermaßen an einem "**subjektiv**" er- mittelten ungewissen **Endvermögen** $\tilde{\omega}_T$ mit

$$\tilde{\omega}_T = (W_0 - A_0) \cdot (1+i)^T + \tilde{z}_1 \cdot (1+i)^{T-1} + ... + \tilde{z}_T \tag{1.5}$$

Alternativ könnte man annehmen, daß der Unternehmer Zugang zu einem Kapi- talmarkt hat, auf dem (**nur**) die sichere Anlage und Aufnahme von Mitteln zu einem für alle Perioden einheitlichen Ein-Perioden-Zinssatz i möglich ist und er sich allein für ein möglichst großes (**tatsächliches**) **Endvermögen** interessiert. Dieses Endvermögen berechnete sich, wie in (1.5) beschrieben, nur daß i nun- mehr keine subjektive Größe, sondern den **Ein-Perioden-Marktzinssatz** beschrie- be. Insofern läge hier die Prämisse des fehlenden Kapitalmarktzugangs lediglich in leicht eingeschränkter Form vor. Ein unternehmerischer **Kapitalmarktzugang** bestünde, aber **nur** für sichere Anlage und Verschuldung. Insbesondere bliebe es bei dem maßgeblichen Umstand, daß die Einzahlungsüberschüsse aus Realinvesti- tionen durch den Unternehmer nicht gehandelt werden können.

Welche der beiden gerade skizzierten Argumentationen man auch favorisiert, in jedem Fall läßt sich vor diesem Hintergrund die Nutzenfunktion des Unterneh- mers neu in nur **einem** Argument definieren, und der Unternehmer hätte für das hier betrachtete Entscheidungsproblem nur noch zwischen dem sicheren Nutzenni- veau $U[W_0 \cdot (1+i)^T]$ und dem unsicheren $U(\tilde{\omega}_T)$ auszuwählen. Auch hier stellt sich

---

[12] Vgl. zur Frage der Zeitpräferenzen von Entscheidungssubjekten näher *Dyck-hoff* (1988).

noch die Frage nach einem adäquaten **Entscheidungskriterium**. Bevor auf diese Frage im Abschnitt 2 dieses Kapitels eingegangen werden kann, ist zuvor aber das praktisch ebenso relevante Problem der **Ermittlung der Wahrscheinlichkeitsverteilung** der $\tilde{z}_t$ und damit schließlich des gesamten ungewissen Endvermögens $\tilde{\omega}_T$ zum Zeitpunkt T zu erörtern. Natürlich liegen die Wahrscheinlichkeitsverteilungen der $\tilde{z}_t$ und damit auch die von $\tilde{\omega}_T$ fest, wenn alle Wahrscheinlichkeitsverteilungen der die $\tilde{z}_t$ bestimmenden Parameter determiniert sind. Doch bedeutet diese implizite Charakterisierung der Wahrscheinlichkeitsverteilungen der $\tilde{z}_t$ und von $\tilde{\omega}_T$ noch nicht, daß man sie auch **explizit** gemacht hat und damit etwa die Varianz des Endvermögens ermitteln kann. Die Situation verhält sich hier ähnlich wie bei Aufstellung einer quadratischen Gleichung der Form $y^2 - 7 \cdot y + 12 = 0$. Auch hiermit sind die beiden Lösungen, $y^{(1)} = 3$ und $y^{(2)} = 4$, bereits eindeutig fixiert, aber zunächst einmal nur implizit, und es bedarf zusätzlicher Berechnungen zu ihrer expliziten Ermittlung. Insofern ist eine explizite Charakterisierung der Wahrscheinlichkeitsverteilung insbesondere von $\tilde{\omega}_T$ durchaus wünschenswert.

Grundsätzlich kann dabei statt $\tilde{\omega}_T$ natürlich auch $\tilde{\kappa} = \tilde{\omega}_T \cdot (1+i)^{-T}$ betrachtet werden, sofern man die unternehmerische Nutzenfunktion ebenfalls anpaßt zu $U^+(\tilde{\kappa}) \equiv U[\tilde{\kappa} \cdot (1+i)^T]$. Man prüft leicht, daß die neue Nutzenfunktion U^+ für jeden Wert von $\tilde{\kappa}$ zu genau dem gleichen Nutzenwert wie U für das zu $\tilde{\kappa}$ gehörige Endvermögen $\tilde{\omega}_T$ führt.[13] In diesem Zusammenhang ist $\tilde{\kappa}$ nichts anderes als der **unsichere Kapitalwert** des betrachteten Investitionsprojekts, und in der Tat werden Risikoanalysen häufig für zufällige Kapitalwerte durchgeführt, wenngleich **ohne** eine Herleitung über die Betrachtung des ungewissen unternehmerischen Endvermögens vorzunehmen.[14] Diese Herleitung ist allerdings schon recht bedeutsam, da sich das Abstellen von Entscheidungen auf die Betrachtung ungewisser Kapitalwerte bei Risiko selbst im Fall des unternehmerischen Zugangs zu einem voll-

---

[13] Vgl. zu diesem Vorgehen auch *Breuer* (2000b), S. 131.

[14] Vgl. etwa *Busse v. Colbe/Laßmann* (1990), S. 174 ff., oder auch *Götze/Bloech* (1995), S. 335 ff.

kommenen Kapitalmarkt im Gleichgewicht **nicht** einfach über eine **erweiterte *Fisher*-Separation** rechtfertigen läßt, wie bereits im vorhergehenden (kurzen) Kapitel skizziert wurde.[15] Überdies erkennt man anhand der gerade präsentierten Zusammenhänge, daß die **originäre** Zielgröße hierbei das ungewisse **Endvermögen** und nicht der ungewisse Kapitalwert ist. Im weiteren wird daher auf die Betrachtung von Wahrscheinlichkeitsverteilungen von Kapitalwerten verzichtet.

Die Ermittlung der Wahrscheinlichkeitsverteilung einer aggregierten Größe wie des Endvermögens $\bar{\omega}_T$ oder auch eines Einzahlungsüberschusses $\bar{z}_t$ auf der Grundlage der Wahrscheinlichkeitsverteilungen ungewisser Parameter ist Gegenstand von **Risikoanalysen**.

1.3.2 Deduktive Risikoanalyse

Risikoanalysen existieren in zwei verschiedenen Spielarten. Im Rahmen der **deduktiven** Risikoanalyse versucht man durch **unmittelbare Berechnung** die Wahrscheinlichkeitsverteilung der gesuchten aggregierten Größe zu ermitteln. Man spricht hierbei auch vom **analytischen** Vorgehen.[16] Der **Vorteil** der deduktiven Methode liegt darin, daß sie zur Herleitung exakter Ergebnisse genutzt werden kann. Ihr **Problem** ist der vergleichsweise enge Anwendungsbereich. Nur wenn man allein **diskrete** Wahrscheinlichkeitsverteilungen unterstellt, ist es nämlich stets möglich, die aggregierte Wahrscheinlichkeitsverteilung explizit durch vollständige Enumeration aller Möglichkeiten zu beschreiben.

Beispiel 1.5:
Ein Unternehmer habe vor dem Hintergrund einer Drei-Zeitpunkte-Betrachtung Zugang zu einem Investitionsprojekt, das in $t = 0$ eine Anfangsauszahlung in Hö-

---

[15] Vgl. zu dieser Problematik auch die Ausführungen von *Schmidt/Terberger* (1997), S. 303 f.

[16] Vgl. etwa Franke/Hax (1999), S. 252. Grundlegende Arbeiten hierzu stammen insbesondere von *Hillier* (1963), *Hillier/Heebink* (1965) sowie *Wagle* (1967).

he von 180 GE erfordert. In $t = 1$ wird sich die im Rahmen des Investitionsprojekts erstellte Menge $\bar{x}_1$ des Absatzgutes entweder auf 50 ME oder aber auf 70 ME mit jeweils gleicher Wahrscheinlichkeit belaufen. Der Preis p_1 wird sicher auf 5 GE/ME geschätzt. Die zugehörigen (konstanten) variablen Stückauszahlungen $k_{v,1}$ belaufen sich auf 3 GE/ME. Schließlich fallen noch fixe Auszahlungen in $t = 1$ an, die mit einer Wahrscheinlichkeit von 30 % einen Wert von 30 GE annehmen, sich mit Wahrscheinlichkeit 25 % auf 20 GE belaufen und 10 GE mit Wahrscheinlichkeit 45 % ausmachen. Diese Eintrittswahrscheinlichkeiten sind unabhängig von der in $t = 1$ abgesetzten Gütermenge.

Im Zeitpunkt $t = 2$ wird für $x_1 = 50$ ME mit einem Absatz $\bar{x}_2$ von 40 ME oder aber 60 ME mit korrespondierenden Wahrscheinlichkeiten von 40 % bzw. 60 % gerechnet. Für $x_1 = 70$ ME hingegen kann $\bar{x}_2$ die Werte 75 ME und 95 ME mit jeweils gleicher Wahrscheinlichkeit annehmen. Der Absatzpreis p_2 ebenso wie die variablen Stückauszahlungen $k_{v,2}$ werden abermals als sicher angesetzt mit Werten von 6 GE/ME und 3,5 GE/ME. Ebenfalls ungewiß sei aber die Höhe der fixen Auszahlungen in $t = 2$, wobei die Wahrscheinlichkeitsverteilung derjenigen aus $t = 1$ entspricht und von allen anderen zufälligen Größen unabhängig ist. Der Zinssatz i für sichere Anlage und Aufnahme von Mitteln von $t = 0$ bis $t = 1$ bzw. von $t = 1$ bis $t = 2$ sei konstant 10 %.

Auf der Grundlage dieser Daten lassen sich nun als erstes die **Wahrscheinlichkeitsverteilungen** der ungewissen **Projekteinzahlungen** $\bar{z}_1$ und $\bar{z}_2$ bestimmen. Für jede denkbare Kombination von x_1 und fixen Auszahlungen $K_{f,1}$ ergibt sich die zugehörige Eintrittswahrscheinlichkeit infolge der angenommenen stochastischen Unabhängigkeit als **Produkt** der beiden Einzelwahrscheinlichkeiten für $\bar{x}_1 = x_1$ sowie $\tilde{K}_{f,1} = K_{f,1}$ und ist die Gesamteinzahlung gemäß der Formel $\bar{z}_1 = (p_1 - k_{v,1}) \cdot \bar{x}_1 - \tilde{K}_{f,1} = 2 \cdot \bar{x}_1 - \tilde{K}_{f,1}$ zu berechnen. Insgesamt erhält man somit die in *Tabelle 1.1* ausgewiesenen $3 \cdot 2 = 6$ möglichen Realisationen für $\bar{z}_1$ mit den zugehörigen Eintrittswahrscheinlichkeiten ϕ.

$\tilde{z}_1$	70	80	90	110	120	130
ϕ	0,15	0,125	0,225	0,15	0,125	0,225

Tabelle 1.1: Wahrscheinlichkeitsverteilung von $\tilde{z}_1$

In entsprechender Weise lassen sich sechs verschiedene Ausprägungen von $\tilde{z}_2$ unter der Voraussetzung von $x_1 = 50$ ME und sechs weitere Ausprägungen für $x_1 = 70$ ME unterscheiden. Die jeweiligen Realisationen zusammen mit ihren Eintrittswahrscheinlichkeiten können der *Tabelle 1.2* und der *Tabelle 1.3* entnommen werden.

$\tilde{z}_2$	70	80	90	120	130	140
ϕ	0,12	0,1	0,18	0,18	0,15	0,27

Tabelle 1.2: Bedingte Wahrscheinlichkeitsverteilung von $\tilde{z}_2$ für $x_1 = 50$ ME

$\tilde{z}_2$	157,5	167,5	177,5	207,5	217,5	227,5
ϕ	0,15	0,125	0,225	0,15	0,125	0,225

Tabelle 1.3: Bedingte Wahrscheinlichkeitsverteilung von $\tilde{z}_2$ für $x_1 = 70$ ME

Auf der Grundlage der *Tabellen 1.1* bis *1.3* kann schließlich die **Wahrscheinlichkeitsverteilung** $\tilde{\omega}_2 = -A_0 \cdot (1+i)^2 + \tilde{z}_1 \cdot (1+i) + \tilde{z}_2$ des ungewissen **Endvermögens** des Unternehmers zum Zeitpunkt t = 2 bestimmt werden. Alles in allem sind dabei $2 \cdot 3 \cdot 2 \cdot 3 = 36$ verschiedene Umweltzustände zu unterscheiden. Denn zu jedem der beiden möglichen Absatzniveaus des Zeitpunktes t = 1 können drei verschiedene Ausprägungen für die fixen Auszahlungen in t = 1 auftreten. Zu diesen sechs möglichen Konstellationen der ersten Periode gehören in analoger Weise sechs verschiedene Szenarien in t = 2, was insgesamt zu 36 verschiedenen Fällen führt. Anders formuliert, können die Einzahlungsüberschüsse 70, 80 und 90 GE des Zeitpunktes t = 1 zusammen mit jedem Wert aus *Tabelle 1.2* für den Zeitpunkt t = 2 auftreten, während die Einzahlungsüberschüsse 110, 120 und 130 GE des Zeitpunktes t = 1 mit den Werten für $\bar{z}_2$ gemäß *Tabelle 1.3* kombiniert werden können. Die jeweils zugehörigen Eintrittswahrscheinlichkeiten ergeben sich erneut durch Multiplikation der entsprechenden Tabellenwerte. In den *Tabellen 1.4* und *1.5* sind die sich so letztlich ergebenden Endvermögenswerte zusammen mit den jeweiligen Wahrscheinlichkeiten wiedergegeben.

Wie man sieht, führt schon dieses sehr einfache Zahlenbeispiel zu einer vergleichsweise **komplizierten** Wahrscheinlichkeitsverteilung des Endvermögens im Zeitpunkt t = 2. Natürlich gilt dies erst recht für realistischere Entscheidungssituationen. Gleichwohl läßt sich die resultierende Wahrscheinlichkeitsverteilung des Endvermögens auch in komplexeren Fällen bei diskreten Wahrscheinlichkeitsfunktionen der ungewissen Parameter **stets** explizit angeben.

$\bar{z}_1$ \\ $\bar{z}_2$	70	80	90	120	130	140
70	-70,8 (0,018)	-60,8 (0,015)	-50,8 (0,027)	-20,8 (0,027)	-10,8 (0,0225)	-0,8 (0,0405)
80	-59,8 (0,015)	-49,8 (0,0125)	-39,8 (0,0225)	-9,8 (0,0225)	0,2 (0,01875)	10,2 (0,03375)
90	-48,8 (0,027)	-38,8 (0,0225)	-28,8 (0,0405)	1,2 (0,0405)	11,2 (0,03375)	21,2 (0,06075)

Tabelle 1.4: Mögliche Endvermögensrealisationen (mit Wahrscheinlichkeiten) je nach Ausprägungen von $\bar{z}_1$ und $\bar{z}_2$ (Teil I)

$\bar{z}_1 \diagdown \bar{z}_2$	157,5	167,5	177,5	207,5	217,5	227,5
110	60,7 (0,0225)	70,7 (0,01875)	80,7 (0,03375)	110,7 (0,0225)	120,7 (0,01875)	130,7 (0,03375)
120	71,7 (0,01875)	81,7 (0,015625)	91,7 (0,028125)	121,7 (0,01875)	131,7 (0,015625)	141,7 (0,028125)
130	82,7 (0,03375)	92,7 (0,028125)	102,7 (0,050625)	132,7 (0,03375)	142,7 (0,028125)	152,7 (0,050625)

Tabelle 1.5:   Mögliche Endvermögensrealisationen (mit Wahrscheinlichkeiten) je nach Ausprägungen von $\bar{z}_1$ und $\bar{z}_2$ (Teil II)   □

Liegen hingegen (auch) **stetig** verteilte Parameter vor, die also ein ganzes Kontinuum an Werten annehmen können, dann scheidet eine vollständige Auflistung aller möglichen Ereignisse naturgemäß aus, und nur noch in wenigen Fällen ist eine analytische Ermittlung aggregierter Wahrscheinlichkeitsverteilungen möglich. Dazu nämlich muß man wissen, welcher Wahrscheinlichkeitsverteilung Summen bzw. Differenzen von Zufallsvariablen (wie etwa eine ungewisse - zahlungsorientiert definierte[17] - Deckungsspanne $\bar{p}_t$-$k_{v,t}$) und deren Produkte (wie etwa des - zahlungsorientiert definierten - Deckungsbeitrags $\bar{x}_t \cdot (\bar{p}_t$-$k_{v,t}))$ unterliegen. Generelle Aussagen sind hier nur in sehr seltenen Fällen möglich. Zu nennen sind insbesondere Situationen, in denen Summen **normalverteilter** Zufallsvariablen vorliegen.

---

[17]   Für gewöhnlich sind Deckungsspannen und Deckungsbeiträge über die entsprechenden Größen der Kosten- und Leistungsrechnung definiert. Im Rahmen investitionstheoretischer Überlegungen stehen aber Zahlungskonsequenzen im Vordergrund und bietet sich daher auch eine entsprechende Interpretation von Deckungsspannen und -beiträgen an. Hierauf wurde schon im Abschnitt 3 des dritten Kapitels von Band I hingewiesen.

Beispiel 1.6:

Angenommen, ein Unternehmer habe im Rahmen einer Drei-Perioden-Betrachtung Zugang zu einem Investitionsprojekt, das bei einer Anfangsauszahlung A_0 = 180 GE in t = 0 den Verkauf von jeweils 50 ME eines Gutes in den Zeitpunkten t = 1 und t = 2 ermöglicht. Die fixen Auszahlungen in t = 1 und in t = 2 sollen sich auf jeweils 40 GE belaufen. Der Absatzpreis $\bar{p}_1$ des Zeitpunktes t = 1 sei ebenso wie die variablen Stückauszahlungen $\tilde{k}_{v,1}$ des Zeitpunktes t = 1 normalverteilt. Dabei gelte $E(\bar{p}_1)$ = 10 GE/ME und $E(\tilde{k}_{v,1})$ = 5 GE/ME bei einer Korrelation $\rho(\bar{p}_1,\tilde{k}_{v,1})$ = 0,3. Die Varianzen seien $Var(\bar{p}_1)$ = 49 GE^2/ME^2 sowie $Var(\tilde{k}_{v,1})$ = 16 GE^2/ME^2. In analoger Weise seien auch $\bar{p}_2$ und $\tilde{k}_{v,2}$ (multivariat) normalverteilt mit ρ = 0,4. Es gelte $E(\bar{p}_2)$ = 12 GE/ME, $E(\tilde{k}_{v,2})$ = 6 GE/ME, $Var(\bar{p}_2)$ = 64 GE^2/ME^2 sowie $Var(\tilde{k}_{v,2})$ = 25 GE^2/ME^2. Des weiteren seien Preise und variable Stückauszahlungen des Zeitpunktes t = 2 unabhängig von den ungewissen Größen des Zeitpunktes t = 2. Da sich $\bar{z}_t$ als $(\bar{p}_t - \tilde{k}_{v,t}) \cdot x_t - K_{f,t}$ berechnet und die Differenz von zwei multivariat normalverteilten Zufallsvariablen ebenfalls normalverteilt ist, erweisen sich $\bar{z}_1$ und $\bar{z}_2$ demnach gleichfalls als normalverteilt.[18] Weil überdies die Kovarianz zwischen $\bar{z}_1$ und $\bar{z}_2$ aufgrund der **stochastischen Unabhängigkeit** zwischen ungewissen Größen des Zeitpunktes t = 1 und t = 2 den Wert **Null** annimmt, können die Wahrscheinlichkeitsverteilungen von $\bar{z}_1$ und $\bar{z}_2$ damit vollständig durch ihren jeweiligen Erwartungswert und die zugehörige Standardabweichung charakterisiert werden. Gemäß den **Rechenregeln**[19]

---

[18] Generell ist jede **Linearkombination** von multivariat normalverteilten Zufallsvariablen ebenfalls wieder normalverteilt. Vgl. hierzu etwa *Hartung/Elpelt* (1999), S. 70.

[19] Für zwei Zufallsvariablen $\bar{z}^{(1)}$ und $\bar{z}^{(2)}$ sowie Konstanten a, b, c, d $\in \mathbb{R}$ gelten folgende **Zusammenhänge**:

$E(\bar{z}^{(1)}+\bar{z}^{(2)}) = E(\bar{z}^{(1)})+E(\bar{z}^{(2)})$, $E(a\cdot\bar{z}^{(1)}+b) = a\cdot E(\bar{z}^{(1)})+b$,
$Var(\bar{z}^{(1)}+\bar{z}^{(2)}) = Var(\bar{z}^{(1)})+Var(\bar{z}^{(2)})+2\cdot Cov(\bar{z}^{(1)};\bar{z}^{(2)})$,
$Var(a\cdot\bar{z}^{(1)}+b) = a^2\cdot Var(\bar{z}^{(1)})$,
$Cov(a\cdot\bar{z}^{(1)}+b;c\cdot\bar{z}^{(2)}+d) = a\cdot c\cdot Cov(\bar{z}^{(1)};\bar{z}^{(2)})$,
$\rho(\bar{z}^{(1)};\bar{z}^{(2)}) = Cov(\bar{z}^{(1)};\bar{z}^{(2)})/\{[Var(\bar{z}^{(1)})\cdot Var(\bar{z}^{(2)})]^{0,5}\}$.
Vgl. hierzu auch etwa *Breuer* (2000b), S. 351 ff.

für Erwartungswerte, Varianzen und Kovarianzen erhält man hierbei:

$$E(\tilde{z}_t) = [E(\tilde{p}_t) - E(\tilde{k}_{v,t})] \cdot x_t - K_{f,t},$$

$$\text{(1.6)}$$

$$Var(\tilde{z}_t) = [Var(\tilde{p}_t) + Var(\tilde{k}_{v,t}) + 2 \cdot Cov(\tilde{p}_t, \tilde{k}_{v,t})] \cdot x_t^2.$$

Auf der Grundlage von (1.6) ergibt sich $E(\tilde{z}_1) = 210$ GE bei einer Varianz von 204.500 GE^2 und damit Standardabweichung von ungefähr 452,22 GE. Der Erwartungswert von $\tilde{z}_2$ bestimmt sich entsprechend als 260 GE bei einer Varianz von 302.500 GE^2 und folglich Standardabweichung von $\tilde{z}_2$, die sich auf 550 GE beläuft. Bei den Berechnungen ist insbesondere zu beachten, daß die Kovarianz zwischen zwei Zufallsvariablen auch als Produkt ihrer jeweiligen Standardabweichungen und ihrer Korrelation bestimmt werden kann.

Das ungewisse Endvermögen des Zeitpunktes t = 2 ergibt sich im hier betrachteten Kontext als $\tilde{\omega}_2 = -180 \cdot 1,1^2 + \tilde{z}_1 \cdot 1,1 + \tilde{z}_2$, ist folglich eine Summe von normalverteilten Zufallsvariablen und daher ebenfals normalverteilt. Erwartungswert und Varianz berechnen sich in Analogie zu (1.6) als:

$$E(\tilde{\omega}_2) = -180 \cdot 1,1^2 + E(\tilde{z}_1) \cdot 1,1 + E(\tilde{z}_2) = 273,2 \text{ GE},$$

$$Var(\tilde{\omega}_2) = Var(\tilde{z}_1) \cdot 1,1^2 + Var(\tilde{z}_2) + 2,2 \cdot Cov(\tilde{z}_1, \tilde{z}_2) = 549.945 \text{ GE}^2 \quad \text{(1.7)}$$

$$\Rightarrow \sqrt{Var(\tilde{\omega}_2)} \approx 741,58 \text{ GE}.$$

Zu beachten ist im Zusammenhang mit (1.7), daß gemäß der obigen Darlegung $Cov(\tilde{z}_1; \tilde{z}_2) = 0$ gilt.

In diesem einfachen Beispiel läßt sich die Wahrscheinlichkeitsverteilung des unsicheren Endvermögens leicht und vollständig erfassen. Schon **kleine** Erweiterungen können jedoch zu nicht mehr bewältigbaren **Problemen** führen. Nimmt man etwa zusätzlich an, daß neben den Absatzmengen und variablen Stückauszahlungen auch noch die Absatzpreise der Zeitpunkte t = 1 und t = 2 ungewiß sind, läßt sich die Wahrscheinlichkeitsverteilung des unsicheren Endvermögens selbst unter der Prämisse normalverteilter Preise analytisch **nicht** mehr einfach beschreiben. Lediglich **einzelne Momente** wie Erwartungswert und Varianz der im übrigen unbekannten Wahrscheinlichkeitsverteilung lassen sich gegebenenfalls noch bestimmen. Aus diesem Grund besteht schon hier ein Bedürfnis zum Einsatz eines alternativen Verfahrens der Risikoanalyse. □

Alles in allem sind die Möglichkeiten zur deduktiven Risikoanalyse damit vergleichsweise begrenzt, weswegen nun die **induktive Methode** als zweite Ausgestaltung der Risikoanalyse behandelt werden soll.

1.3.3 Induktive Risikoanalyse

Aufgrund der für praktische Anwendungen doch recht eingeschränkten Möglichkeit zur Durchführung deduktiver Risikoanalyse kommt der induktiven hohe Bedeutung zu. Die Idee besteht darin, die Wahrscheinlichkeitsverteilung einer aggregierten Zielgröße wie des ungewissen Endvermögens **experimentell** zu ermitteln. Normalerweise nutzt man dazu die Konzeption der **Monte-Carlo-Simulation** und spricht daher auch generell vom **simulativen** Vorgehen.[20] In diesem Zusammenhang geht man **computergestützt** wie folgt vor.

Zunächst wird für jeden ungewissen Parameter genau eine mögliche Realisation über den **Zufallsgenerator** eines Computers entsprechend der Wahrscheinlichkeitsverteilung des betreffenden Parameters ermittelt. Auf dieser Grundlage kann die zugehörige Realisation der als ungewiß aufgefaßten aggregierten Größe bestimmt werden. Diese beiden Schritte werden **sehr oft** wiederholt, z.B. 50.000mal, so daß eine **Häufigkeitsverteilung** über die aggregierte Größe bestimmt werden kann. Das bedeutet schlicht, daß man zählt, wie oft sich im Rahmen der Simulation bestimmte Realisationen der betrachteten Zielgröße, also

---

[20] Vgl. z.B. *Hax* (1993), S. 142 ff., oder auch *Eisenführ/Weber* (1999), S. 187 ff. Grundlegend ist der Beitrag von *Hertz* (1964). Siehe auch *Heider* (1969).

49

etwa des unternehmerischen Endvermögens, ergeben. Sofern man **stetige** Zufalls-
größen betrachtet, ist es dabei notwendig, die Realisationen der Zufallsgröße in
Intervallen zusammenzufassen. Bei einer stetigen Zufallsvariablen gibt es
bekanntlich unendlich viele verschiedene Ausprägungen, von denen jede eine
Eintrittswahrscheinlichkeit von **Null** besitzt. Insofern hat es keinen Sinn, die
Wahrscheinlichkeit des Eintritts einer einzigen bestimmten Realisation simulativ
abzuschätzen, sondern man muß vielmehr auf die Eintrittswahrscheinlichkeit von
Intervallen von möglichen Ausprägungen abstellen. Bei diskret[21] verteilten Zufallsgrößen ist dies nicht unbedingt erforderlich, kann sich aber natürlich bei sehr
vielen möglichen Realisationen aus **Praktikabilitätsgründen** anbieten. In jedem
Fall kann man auf der Grundlage der Ergebnisse der durchgeführten Simulation
zunächst **absolute Häufigkeiten** für Ergebnisintervalle oder einzelne Ausprägungen ermitteln. Nach Division dieser Werte durch die Anzahl der durchgeführten
Wiederholungen gelangt man zu den **relativen Häufigkeiten**. Diese geben an, in
wieviel Prozent der durchgeführten Simulationsläufe die einzelnen Ergebnisausprägungen bzw. -intervalle aufgetreten sind.

Gemäß dem **(schwachen) Gesetz der großen Zahlen**[22] konvergiert die relative
Häufigkeitsverteilung mit wachsender Zahl von "Ziehungen" (stochastisch) gegen
die tatsächliche Wahrscheinlichkeitsverteilung der betrachteten aggregierten
Größe. Die simulativ ermittelten relativen Häufigkeiten können demnach grundsätzlich als **Schätzer** der unbekannten Eintrittswahrscheinlichkeiten der betrachteten Zufallsvariablen genutzt werden. Ohne größeren formal-analytischen Aufwand
lassen sich über induktive Risikoanalysen demnach Wahrscheinlichkeitsverteilungen von Zielgrößen zumindest näherungsweise bestimmen.

---

[21] Zwar ist im Falle diskret verteilter Zufallsvariablen stets eine deduktive Risikoanalyse möglich, doch mag sich diese im Vergleich zu einem induktiven
Ansatz als zu mühselig erweisen. Vgl. hierzu konkret das vorhergehende Beispiel 1.5.

[22] Vgl. hierzu z.B. *Rinne* (1997), S. 464 f.

Beispiel 1.7:

Gegeben seien die Annahmen des Beispiels 1.5. Im Rahmen einer Monte-Carlo-Simulation wurden 50.000 Parameterkonstellationen gemäß den im Beispiel 1.5 definierten Wahrscheinlichkeitsverteilungen von Absatzmengen und fixen Auszahlungen zufällig bestimmt. Auf einem Pentium I mit 133 MHz Taktfrequenz bei wenig optimierter Programmierung benötigten sämtliche Berechnungen auf der Grundlage eines Programms in der Programmiersprache BASIC lediglich 3 Minuten und 24 Sekunden. Die hierauf basierenden **relativen Häufigkeiten** der einzelnen möglichen Kombinationen der Realisationen von $\tilde{z}_1$ und $\tilde{z}_2$ können den *Tabellen 1.6* und *1.7* entnommen werden.

$\tilde{z}_1$ \ $\tilde{z}_2$	70	80	90	120	130	140
70	-70,8 (0,01846)	-60,8 (0,0157)	-50,8 (0,026)	-20,8 (0,02736)	-10,8 (0,02202)	-0,8 (0,04074)
80	-59,8 (0,01578)	-49,8 (0,0127)	-39,8 (0,02252)	-9,8 (0,02224)	0,2 (0,01938)	10,2 (0,03434)
90	-48,8 (0,02722)	-38,8 (0,02208)	-28,8 (0,04138)	1,2 (0,04)	11,2 (0,03396)	21,2 (0,0598)

Tabelle 1.6: Mögliche Endvermögensrealisationen (mit relativen Häufigkeiten) je nach Ausprägungen von $\tilde{z}_1$ und $\tilde{z}_2$ (Teil I)

$\bar{z}_1 \backslash \bar{z}_2$	157,5	167,5	177,5	207,5	217,5	227,5
110	60,7 (0,02202)	70,7 (0,01826)	80,7 (0,03366)	110,7 (0,02228)	120,7 (0,0184)	130,7 (0,0334)
120	71,7 (0,01904)	81,7 (0,0154)	91,7 (0,02848)	121,7 (0,01998)	131,7 (0,01554)	141,7 (0,0284)
130	82,7 (0,03272)	92,7 (0,0277)	102,7 (0,04964)	132,7 (0,03304)	142,7 (0,02832)	152,7 (0,05204)

Tabelle 1.7: Mögliche Endvermögensrealisationen (mit relativen Häufigkeiten) je nach Ausprägungen von $\bar{z}_1$ und $\bar{z}_2$ (Teil II)

Schon eine oberflächliche Betrachtung offenbart die **geringen Abweichungen** der ermittelten relativen Häufigkeiten von den tatsächlichen Eintrittswahrscheinlichkeiten. Grundsätzlich gilt für eine Eintrittswahrscheinlichkeit p und eine zugehörige relative Häufigkeit h die Beziehung $p = h + \epsilon$, wobei $\epsilon \equiv p-h$ den Schätzfehler im Rahmen der induktiven Risikoanalyse darstellt. Dieser **Schätzfehler** ist a priori eine Zufallsvariable, da auch die ermittelte relative Häufigkeit eine solche ist. Für obiges Beispiel erhält man als Mittelwert der Schätzfehler über alle 36 Eintrittswahrscheinlichkeiten einen Wert von nahezu Null, während die zugehörige Standardabweichung kleiner als $2 \cdot 10^{-6}$ ist. Allem Anschein nach liefert die Simulation hier eine sehr gute Annäherung an die tatsächliche Wahrscheinlichkeitsverteilung. Zu beachten ist aber, daß die Näherung trotz der hohen Anzahl an durchgeführten Wiederholungen durchaus auch schlechter hätte sein können. So hätte etwa 50.000mal die gleiche Parameterkonstellation "gezogen" werden können. Freilich sind derartige Fälle überaus unwahrscheinlich. Zur **Güte** der ermittelten relativen Häufigkeitsverteilung kann aber in all den Fällen, in denen die korrekte Wahrscheinlichkeitsverteilung nicht bekannt ist - und genau dann benötigt man ja die simulative Risikoanalyse - allenfalls ein **Wahrscheinlichkeitsurteil** abgegeben werden. Das heißt, man kann höchstens die Aussage treffen, daß die Annäherung an die tatsächliche Verteilung nach einem bestimmten Gütemaß mit einer Wahrscheinlichkeit von (beispielsweise) 99,9 % besser als ein bestimmter Schwellenwert sein wird. Dies schließt natürlich nicht aus, daß im Einzelfall die simulative Risikoanalyse auch zu sehr schlechten Näherungen führen kann. □

1.4 Risikoprofile

Mit der exakten oder annähernden Ermittlung der Wahrscheinlichkeitsverteilung beispielsweise des unternehmerischen Endvermögens $\tilde{\omega}_T$ ist die Risikoanalyse im eigentlichen Sinne **abgeschlossen**. Die weitere Verarbeitung der bestimmten Wahrscheinlichkeitsverteilung fällt demnach nicht mehr unter die Risikoanalyse. Gleichwohl ist es üblich, auch die **graphische Visualisierung** der berechneten Wahrscheinlichkeitsverteilung in Form eines sogenannten **Risikoprofils** noch unter die Risikoanalyse zu subsumieren.

Unter dem Risikoprofil einer ungewissen Größe wie etwa $\tilde{\omega}_T$ versteht man die an der Ordinate **gespiegelte Verteilungsfunktion** der Zufallsvariablen. Das bedeutet, daß beispielsweise zu jeder Realisation ω_T des ungewissen Endvermögens $\tilde{\omega}_T$ die Wahrscheinlichkeit angegeben wird, daß dieser Wert ω_T von $\tilde{\omega}_T$ mindestens erreicht wird. Risikoprofile verlaufen damit von links nach rechts monoton fallend, wobei der Wertebereich das geschlossene Intervall [0;1] umfaßt. Generell deutet ein sehr **steiles** Risikoprofil auf eine vergleichsweise **geringe "Risikoträchtigkeit"** der zugrundeliegenden Handlungsalternative hin, da ein enges Intervall von Realisationen der betrachteten Zielgröße über eine hohe Eintrittswahrscheinlichkeit verfügt. Bei **flach** verlaufenden Risikoprofilen hingegen sind alle denkbaren Ausprägungen mehr oder weniger gleich wahrscheinlich, was ceteris paribus als **höhere Risikoträchtigkeit** interpretiert werden kann.

Beispiel 1.8:
Gegeben seien die Daten aus den Beispielen 1.5 und 1.7. Die korrekte Wahrscheinlichkeitsverteilung von $\tilde{\omega}_T$ ebenso wie die simulativ ermittelte Häufigkeitsverteilung liegen damit über die entsprechenden *Tabellen 1.4* bis *1.7* fest. Besonders anschaulich sind diese Resultate zweifellos nicht. Insofern bietet sich die gra-

53

phische Aufbereitung über die Erstellung eines Risikoprofils an. Weil das resultierende Risikoprofil sowohl bei Verwendung der tatsächlichen Eintrittswahrscheinlichkeiten als auch bei Verwendung der Schätzwerte aus der Monte-Carlo-Simulation quasi **deckungsgleich** ist, ist in *Abbildung 1.1* nur ein Graph abgetragen. Genaugenommen handelt es sich dabei um eine **Treppenfunktion**, da die angegebenen Wahrscheinlichkeiten jeweils bei Überschreitung eines der möglichen Endvermögensrealisationen aus den *Tabellen 1.4* bis *1.7* einen "Sprung" nach unten machen. Doch da die einzelnen "Stufen" zum Teil sehr eng beeinander liegen, wurden in *Abbildung 1.1* die mit den möglichen Endvermögenswerten korrespondierenden Punkte zur Vereinfachung durch **Geradenteilstücke** verbunden, weswegen sich ein stetiger, abschnittsweise linearer Kurvenverlauf ergibt.

Durch die graphische Darstellung der Zusammenhänge kann man wenigstens einen gewissen Einblick in die stochastische Struktur des unternehmerischen Endvermögens zum Zeitpunkt t = 2 gewinnen. Insgesamt scheint hier eine vergleichsweise **interessante** Investitionsmöglichkeit vorzuliegen, da der Unternehmer nur mit einer Wahrscheinlichkeit von etwa 30 % eine (End-) Vermögensreduktion erfährt und die maximale Minderung seines Endvermögens sogar weniger als die Hälfte des maximal möglichen Endvermögenszuwachses ausmacht. Zweifellos handelt es sich hierbei aber noch um eine sehr vage Aussage.   □

Aus der bloßen Ansicht der Risikoprofile verschiedener Handlungsalternativen lassen sich allerdings in der Regel nur sehr eingeschränkt Handlungsempfehlungen herleiten. Insbesondere von Interesse ist der Fall, daß das Risikoprofil einer Handlungsalternative B **komplett** über oder auf dem einer Handlungsalternative A liegt. Eine derartige Situation wird in *Abbildung 1.2* dargestellt. Augenscheinlich ist die Alternative B der Alternative A hierbei **eindeutig überlegen**, da jede beliebige Realisation der Zielgröße $\tilde{\omega}_T$ bei B mit höherer Wahrscheinlichkeit als bei A mindestens erreicht wird.[23]

---

[23] In der Tat spricht man in derartigen Fällen vom Vorliegen **stochastischer Dominanz erster Ordnung,** wodurch für beliebige streng monoton steigende unternehmerische Nutzenfunktionen trotz Vorliegens einer Risikosituation eine

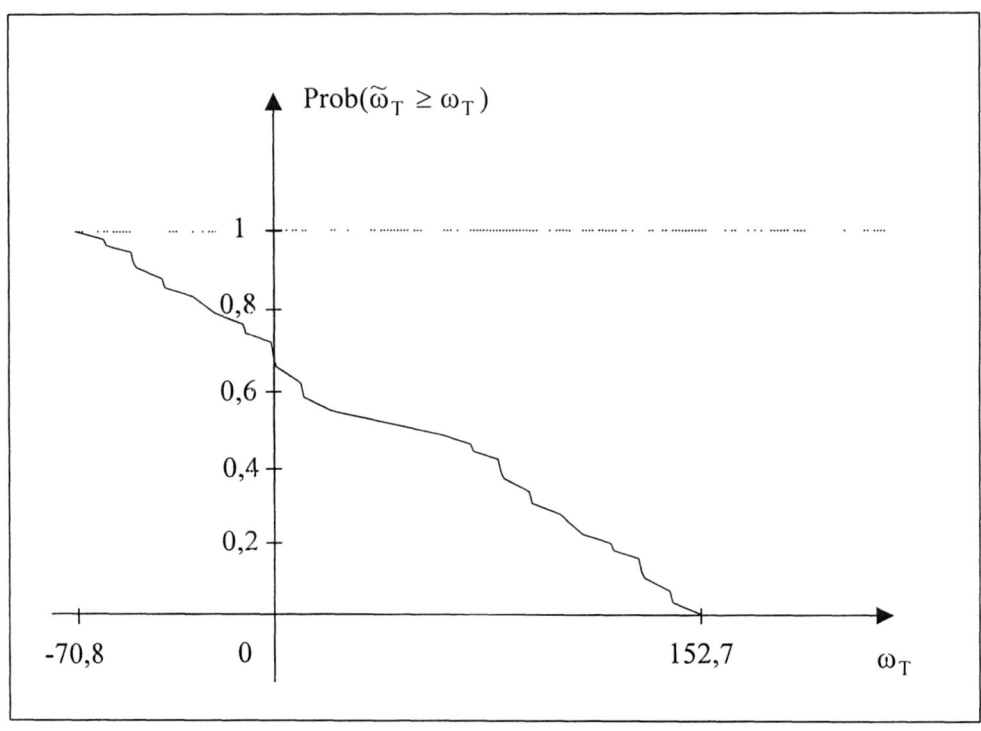

Abbildung 1.1: Risikoprofil des Investitionsprojekts im Zahlenbeispiel

Sofern sich die Risikoprofile verschiedener Handlungsalternativen **schneiden**, ist durch einfache graphische Anschauung normalerweise **keine eindeutige** Entscheidung mehr herleitbar. Spätestens in solchen Fällen ist es an der Zeit, die unternehmerische **Zielfunktion** präziser zu spezifizieren und sich insbesondere mit der Abbildung von Risikopräferenzen auseinanderzusetzen. Genau das wird Gegenstand des folgenden Abschnitts 2 sein.

---

eindeutige Entscheidung zwischen zwei Handlungsalternativen möglich ist. Vgl. hierzu näher beispielsweise *Breuer/Gürtler/Schuhmacher* (1999), S. 304 ff.

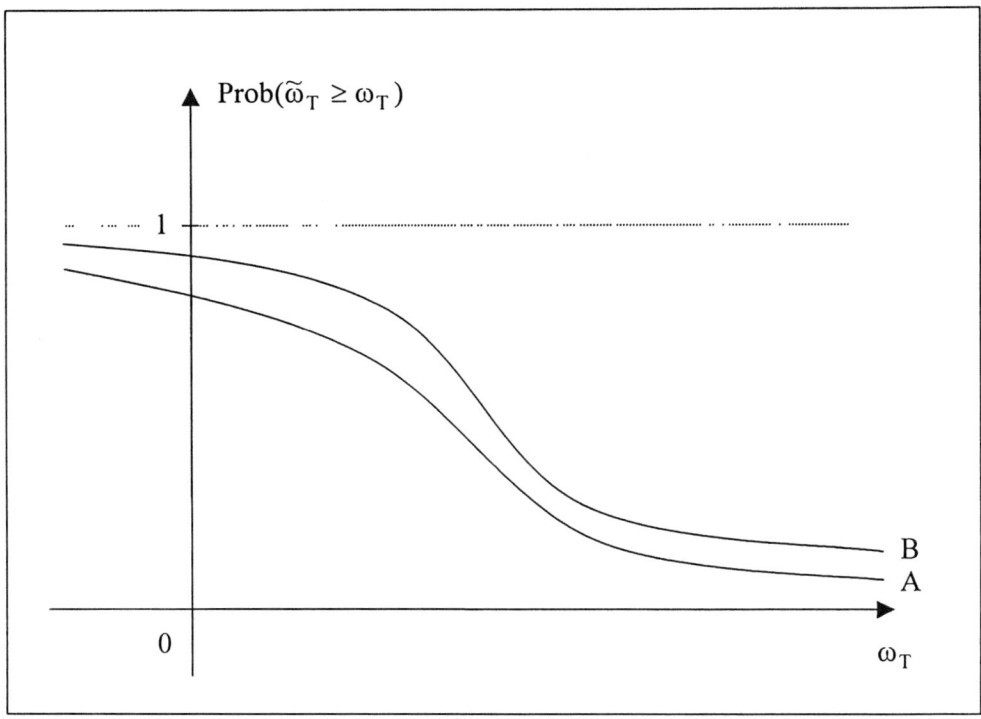

Abbildung 1.2: Risikoprofile zweier Handlungsalternativen A und B

1.5   Zusammenfassung

Ziel dieses Abschnitts war vor allem die Präsentation von Möglichkeiten zur **Risikoanalyse**. Im Rahmen der Risikoanalyse geht es um die **Ermittlung der Wahrscheinlichkeitsverteilungen** von Projekteinzahlungen oder weiter aggregierter Zielgrößen wie etwa des unternehmerischen Endvermögens. Bereits gegeben sein müssen hierbei die Wahrscheinlichkeitsverteilungen der ungewissen **Projektparameter** wie Absatzpreise und -mengen in den verschiedenen Zeitpunkten der Betrachtung. Letztere zu ermitteln stellt ein recht komplexes generelles **Problem** im Rahmen der Anwendung betriebswirtschaftlicher Entscheidungsmodelle dar, wie ebenfalls im vorliegenden Abschnitt geschildert wurde.

Sind die Wahrscheinlichkeitsverteilungen der Projektparameter bestimmt, kann man zum einen durch **analytische** Überlegungen die Wahrscheinlichkeitsverteilung der Projekteinzahlungen oder des Endvermögens ermitteln. In diesem Fall spricht man von einer **deduktiven** Risikoanalyse, deren Anwendungsmöglichkeiten aber im wesentlichen auf die Fälle **diskreter** Wahrscheinlichkeitsverteilungen und **normalverteilter** Projektparameter beschränkt sind. Alternativ ist eine **induktive** Risikoanalyse möglich, bei der im Rahmen einer **Monte-Carlo-Simulation** eine **relative Häufigkeitsverteilung** der interessierenden ungewissen Größen wie den Projekteinzahlungen ermittelt wird. Auf der Grundlage des **Gesetzes der großen Zahlen** ist bei sehr häufiger zufälliger Ermittlung von Parameterrealisationen die relative Häufigkeitsverteilung in den meisten Fällen eine recht gute **Näherung** der gesuchten Wahrscheinlichkeitsverteilung.

Die **graphische** Darstellung von Wahrscheinlichkeits- oder Häufigkeitsverteilungen bezeichnet man als **Risikoprofil** und kann einen ersten Einblick in die Risikoträchtigkeit von Handlungsalternativen geben. Gleichwohl muß die Risikoanalyse in aller Regel um die Betrachtung einer konkreten unternehmerischen **Zielfunktion** ergänzt werden, aus deren quantitativer Optimierung sich die Beurteilung der zur Auswahl stehenden Handlungsalternativen ergibt. Auf diesen Problembereich wird im nächsten Abschnitt einzugehen sein.

Wiederholungsfragen

W1.1

Auf welche Weise kann man Wahrscheinlichkeitsverteilungen von unsicheren Projektparametern ermitteln?

W1.2

Wie kann man eine Expertenbefragung hinsichtlich der Wahrscheinlichkeitsverteilung von unsicheren Projektparametern ausgestalten?

W1.3

Welches besondere Problem ergibt sich, wenn die Wahrscheinlichkeitsverteilungen mehrerer ungewisser Projektparameter zugleich geschätzt werden sollen?

W1.4

Welches besondere Problem ergibt sich, wenn mehrere Experten zugleich hinsichtlich der Wahrscheinlichkeitsverteilung eines ungewissen Projektparameters befragt werden?

W1.5

Welche beiden Arten der Risikoanalyse gibt es?

W1.6

Was versteht man unter deduktiver Risikoanalyse?

W1.7

Was versteht man unter induktiver Risikoanalyse?

W1.8

Wie wird die graphische Visualisierung des Ergebnisses einer Risikoanalyse genannt?

W1.9

Inwiefern lassen sich anhand von Risikoprofilen verschiedene Handlungsalternativen miteinander vergleichen?

W1.10

Worin bestehen die Vor- und Nachteile deduktiver und induktiver Risikoanalyse?

2 Investitionsentscheidungen auf der Grundlage des *Bernoulli-Prinzips*

2.1 Problemstellung

Nachdem im vorhergehenden Abschnitt dieses Kapitels geklärt wurde, auf welche Weise man grundsätzlich zur **Wahrscheinlichkeitsverteilung** des mit einem Investitionsprojekt im Zeitpunkt T verbundenen ("subjektiven" oder "objektiven"[1]) ungewissen Endvermögens $\tilde{\omega}_T$ gelangen kann, ist als nächstes die Frage zu beantworten, **wie** ein Unternehmer vor diesem Hintergrund die Möglichkeit zur Projektrealisation **beurteilt**. Im weiteren wird dabei zunächst von einer **Auswahlentscheidung** zwischen N alternativen Investitionsprojekten ausgegangen. Von sonstigen unternehmerischen Aktivitäten und Einzahlungsüberschüssen werde abgesehen.[2]

Benötigt wird nunmehr also eine unternehmerische **Zielfunktion**, durch die dem unsicheren Endvermögen $\tilde{\omega}_T^{(n)}$ aus einem Investitionsprojekt n ein "Zielerreichungsgrad" zugeordnet wird, so daß anschließend dasjenige Investitionsprojekt mit dem höchsten Zielerreichungsgrad ausgewählt werden kann. Ein sehr allge-

---

[1] Vgl. hierzu die Ausführungen im vorhergehenden Abschnitt 1.3.1 dieses Kapitels.

[2] Natürlich kann man ohne Probleme davon ausgehen, daß im je nach realisiertem Investitionsprojekt resultierenden Endvermögen auch die monetären Konsequenzen von sonstigen, nicht zur Disposition stehenden unternehmerischen Aktivitäten bereits eingerechnet sind. Für die folgenden Ausführungen bedeutet dies keinen Unterschied. Zusätzlicher Aufwand ergibt sich lediglich im Rahmen der für praktische Anwendungen erforderlichen **Risikoanalyse** des vorhergehenden Abschnitts. Überdies kann die konkrete Entscheidung durch einen derartigen Wechsel der "Standardbasis" schon **beeinflußt** werden. Die Situation stellt sich demnach hier grundlegend anders dar als im Falle einfacher Kapitalwertmaximierung. Vgl. hierzu die Ausführungen im Abschnitt 3 aus Kapitel III des Bands I.

meiner Problemzugang wird dabei durch die Anwendung des sogenannten *Bernoulli*-Prinzips eröffnet. Bezogen auf das im Rahmen dieses Abschnitts betrachtete Entscheidungsproblem, sollte ein Unternehmer dem *Bernoulli*-Prinzip zufolge den Erwartungswert seiner **Risikonutzenfunktion** durch entsprechende Investitionsauswahl maximieren. Eine genauere Darstellung des Inhalts und der theoretischen Grundlagen des *Bernoulli*-Prinzips erfolgt im nachfolgenden **Abschnitt 2.2**. In der angesetzten Risikonutzenfunktion des Unternehmers kommen insbesondere dessen **Risikopräferenzen** zum Ausdruck. Wie sich diese in verschiedenen Verlaufsformen der unternehmerischen Nutzenfunktion äußern, wird deswegen im **Abschnitt 2.3** kurz erörtert.

Abschnitt 2.4 dient der **Beurteilung** des Treffens von Investitionsentscheidungen auf der Grundlage des *Bernoulli*-Prinzips. Zum einen wird dabei der Frage der grundsätzlichen Sinnhaftigkeit eines solchen Entscheidungsverhaltens nachgegangen. Zum anderen werden praktische Fragen der Anwendung diskutiert. Denn nach Spezifikation der unternehmerischen Nutzenfunktion ist zwar ohne weiteres eine Auswahlentscheidung zur Bestimmung des besten Investitionsprojekts möglich. Typischerweise jedoch besteht das unternehmerische Entscheidungsproblem nicht schlicht in der Auswahl eines einzigen von mehreren alternativ realisierbaren Investitionsprojekten, sondern wird der Unternehmer in der Regel mehrere Investitionsprojekte simultan durchführen können. Am einfachsten stellt sich hier noch eine Situation dar, in der sämtliche zugänglichen Investitionsprojekte beliebig teil- und kombinierbar sind. Für den Fall einer reinen Zwei-Zeitpunkte-Betrachtung konnte bei Sicherheit im Rahmen des Kapitels II aus dem ersten Band die einfache Entscheidungsregel der Gleichsetzung von der Grenzrate der Transformation mit der Grenzrate der Substitution entwickelt werden. Bei Risiko ist unter Zugrundelegung einer im gegenwärtigen (sicheren) Konsum c_0 und im künftigen (unsicheren) Konsum $\tilde{c}_1$ definierten unternehmerischen Nutzenfunktion U eine entsprechend einfache Regel nicht ermittelbar. In der Tat zeigt es sich, daß man in der Regel ein **nichtlineares Gleichungssystem** mit N Entscheidungsvariablen bei N simultan durchführbaren Investitionsprojekten zu lösen hat. Analytisch noch gut beherrschbar ist dieses Entscheidungsproblem nur unter speziellen

Verteilungs- oder Präferenzannahmen. Hierauf wird im folgenden Abschnitt 3 noch näher einzugehen sein. **Abschnitt 2.5** jedenfalls faßt die wichtigsten Ergebnisse dieses Abschnitts 2 zusammen.

2.2 Das *Bernoulli*-Prinzip

Die Aussage des *Bernoulli*-Prinzips lautet in unserem Kontext wie folgt:

Unter der Voraussetzung der Einhaltung bestimmter **Axiome rationalen Handelns**

1) existiert für den betrachteten Unternehmer eine **kardinale Nutzenfunktion**, die jeder denkbaren Endvermögensrealisation ω_T einen Nutzenwert zuordnet, und

2) können Handlungsalternativen nach der Höhe des durch sie jeweils erreichbaren **Nutzenerwartungswertes** (oder Erwartungsnutzens) in eine Rangfolge gebracht werden.

Das *Bernoulli*-Prinzip verdankt seinen Namen *Daniel Bernoulli*, der 1738 als erster die Zielsetzung der Erwartungsnutzenmaximierung formuliert hat. Die zugehörigen axiomatischen Grundlagen wurden jedoch erst in den vierziger Jahren durch *von Neumann* und *Morgenstern* erarbeitet.[3]

Im weiteren sind zunächst die Axiome rationalen Handelns darzulegen, auf denen das *Bernoulli*-Prinzip fußt. Anschließend wird gezeigt, wie sich aus der Beachtung dieser Axiome eine unternehmerische Nutzenfunktion herleiten läßt und daß der Unternehmer in der Tat den Erwartungswert seines Nutzens maximieren sollte. Überdies wird erläutert, was man unter der Kardinalität der Nutzenfunktion zu verstehen hat.

---

[3] Vgl. *v. Neumann/Morgenstern* (1947).

2.2.1 Die Axiome "rationalen" Handelns

Die große **Attraktivität** des *Bernoulli*-Prinzips als Grundlage für das Treffen von Entscheidungen besteht darin, daß es sich aus einigen wenigen **elementaren Verhaltenspostulaten** herleiten läßt, die allesamt jeweils für sich genommen höchst plausibel erscheinen. Man spricht deswegen in diesem Zusammenhang auch von Axiomen "rationalen" Handelns.[4] Grundsätzlich kann das *Bernoulli*-Prinzip über verschiedene Axiomensysteme hergeleitet werden. Das folgende basiert konkret auf *Luce/Raiffa* (1957).[5]

2.2.1.1 Das Ordinalitätsaxiom

Das **Ordinalitätsaxiom** verlangt erstens, daß der betrachtete Entscheidungsträger für zwei beliebige Ergebnisse seines Handelns stets bestimmen kann, ob eines der beiden Ergebnisse besser als das andere ist oder aber beide Ergebnisse gleich gut sind **(Ordnungsaxiom)**. Als Kürzel für "wird vorgezogen gegenüber" dient dabei das Symbol "$\succ$", während Indifferenz durch "$\sim$" ausgedrückt wird. Das Symbol "$\prec$" steht entsprechend für "ist schlechter als". Zweifellos ist diese Fähigkeit eines Entscheidungsträgers zum Ergebnisvergleich grundlegend, um überhaupt Entscheidungen treffen zu können.

Im Zusammenhang mit dem Streben nach maximalem unternehmerischen Endvermögen ist ein Vergleich verschiedener Endvermögenswerte trivial: Ein Endvermögenswert $\omega_T^{(1)}$ wird aus Sicht des Unternehmers gegenüber einem Endvermögenswert $\omega_T^{(2)}$ vorgezogen ($\omega_T^{(1)} \succ \omega_T^{(2)}$), wenn $\omega_T^{(1)} > \omega_T^{(2)}$ gilt. Für $\omega_T^{(1)} < \omega_T^{(2)}$ wird natürlich $\omega_T^{(2)}$ vorgezogen ($\omega_T^{(1)} \prec \omega_T^{(2)}$), und für $\omega_T^{(1)} = \omega_T^{(2)}$ ist der Unter-

---

[4] Der Begriff der Rationalität kann in **verschiedener** Weise gefaßt werden. Ein deutlich weiteres Begriffsverständnis ist bereits aus *Breuer* (2000a), S. 42, im Zusammenhang mit der Charakterisierung eines vollkommenen Kapitalmarktes bekannt.

[5] Siehe hierzu insbesondere aber auch *Laux* (1998), S. 169 ff.

nehmer indifferent zwischen $\omega_T^{(1)}$ und $\omega_T^{(2)}$ ($\omega_T^{(1)} \sim \omega_T^{(2)}$).

Zweitens verlangt das Ordinalitätsaxiom die Transitivität der Präferenzordnung des jeweiligen Entscheidungsträgers hinsichtlich der möglichen Ergebnisausprägungen **(Transitivitätsaxiom)**. Bezogen auf die Zielgröße Endvermögen bedeutet dies, daß für drei Endvermögenswerte $\omega_T^{(1)}$, $\omega_T^{(2)}$ und $\omega_T^{(3)}$ mit $\omega_T^{(1)} \succ \omega_T^{(2)}$ und $\omega_T^{(2)} \succ \omega_T^{(3)}$ auch $\omega_T^{(1)} \succ \omega_T^{(3)}$ gilt. Da der betrachtete Unternehmer annahmegemäß mehr Geld gegenüber weniger Geld vorzieht, ist die Transitivität seiner Präferenzordnung unmittelbar gegeben. Erneut wäre aber auch für andere Ergebnisgrößen fehlende Transitivität der unternehmerischen Präferenzen mit einem argen Interpretationsproblem verbunden. In der Tat impliziert die Gültigkeit des Ordinalitätsaxioms die Existenz einer (im Zusammenhang mit **Entscheidungen bei Sicherheit**) zu maximierenden unternehmerischen Nutzenfunktion U, wie sie im Band I vorausgesetzt wurde. Alle folgenden Axiome dienen demnach lediglich dem Zweck, die Betrachtung auf den Fall bei **Risiko** auszudehnen.

2.2.1.2 Das Stetigkeitsaxiom

Gemäß dem **Ordinalitätsaxiom** kann der betrachtete Entscheider von allen denkbaren Ergebnissen das beste und das schlechteste bestimmen.[6] Für die Zielsetzung der Maximierung des Endvermögens ist das schlechteste Ergebnis das kleinstmögliche Endvermögen $\omega_T^{(min)}$ und das beste das höchstmögliche $\omega_T^{(max)}$.[7]

---

[6] Grundsätzlich können **mehrere** Ergebnisse jeweils gleichzeitig am besten oder am schlechtesten sein. Für die folgenden Überlegungen ist dies unerheblich. Mit dem unternehmerischen Endvermögen als relevantem Ergebnis kann eine solche Situation im übrigen ohnehin nicht auftreten.

[7] Natürlich sind ohne weiteres Situationen denkbar, in denen der Definitionsbereich von $\bar{\omega}_T$ **unbeschränkt** ist, etwa bei Zugrundelegung der Normalverteilungsannahme. In diesem Fall existiert kein kleinst- und kein höchstmögliches Endvermögen. Aber auch in dieser verallgemeinerten Situation läßt sich das *Bernoulli*-Prinzip herleiten. Vgl. hierzu etwa *Savage* (1972), S. 80. Im weiteren bleibt die Betrachtung hier aber auf **diskrete** Wahrscheinlichkeitsverteilungen mit endlichem Definitionsbereich beschränkt.

Das **Stetigkeitsaxiom** verlangt nun in diesem Zusammenhang, daß **jedem** Endvermögenswert $\omega_T \in (\omega_T^{(min)};\omega_T^{(max)})$ eine Wahrscheinlichkeit $\phi^+(\omega_T) \in (0;1)$ zugeordnet werden kann, so daß der Unternehmer **indifferent** zwischen der sicheren Vereinnahmung von ω_T und der Teilnahme an einer "**Standardlotterie**" $[\omega_T^{(max)};\phi^+(\omega_T);\omega_T^{(min)}]$ ist, bei der sich mit der Wahrscheinlichkeit $\phi^+(\omega_T)$ der Endvermögenswert $\omega_T^{(max)}$ und mit der Gegenwahrscheinlichkeit $1-\phi^+(\omega_T)$ ein Endvermögen von $\omega_T^{(min)}$ ergibt. Bei Standardlotterien handelt es sich folglich um **elementare Wahrscheinlichkeitsverteilungen**, die aus der geringstmöglichen Anzahl zustandsabhängiger Ergebnisrealisationen, nämlich gerade zwei, bestehen und in der Entscheidungstheorie oft zu Vergleichszwecken herangezogen werden.

Vergleicht man einen Endvermögenswert $\omega_T \in (\omega_T^{(min)};\omega_T^{(max)})$ mit der gerade beschriebenen Standardlotterie, so ist die Teilnahme an der Lotterie für $\phi^+ = 1$ aus Unternehmersicht augenscheinlich von Vorteil, während für $\phi^+ = 0$ die Vereinnahmung von ω_T vorzuziehen ist. Wenn stetige Variationen von ϕ^+ auch nur zu stetigen Änderungen der Wertschätzung für die Lotterieteilnahme aus Sicht des Unternehmers führen, dann muß auch ein $\phi^+(\omega_T) \in (0;1)$ mit $\omega_T \sim [\omega_T^{(max)};$ $\phi^+(\omega_T);\omega_T^{(min)}]$ existieren. Erneut handelt es sich um eine unmittelbar **plausibel** wirkende Forderung.[8]

Beispiel 2.1:
Betrachtet sei ein Unternehmer, der im Zeitpunkt t = T ein maximales Endvermögen von 100 GE erreichen kann. Der minimal resultierende Endvermögenswert sei 10 GE. Eine sichere Einzahlung von 50 GE zum Zeitpunkt t = T soll von dem Unternehmer als ebenso attraktiv wie das Erreichen von 100 GE Endvermögen mit Wahrscheinlichkeit 70 % und von 10 GE mit Wahrscheinlichkeit 30 % aufgefaßt werden. Die **Existenz** einer solchen zwischen 0 und 1 liegenden Wahrscheinlichkeit beschreibt gerade die Forderung des **Stetigkeitsaxioms.** ☐

---

[8]   Diese Ansicht wird nicht von allen Autoren geteilt. Vgl. hierzu etwa die Diskussion in *Bitz* (1981), S. 188 f.

2.2.1.3 Das Substitutionsaxiom

Wenn aus Unternehmersicht Indifferenz zwischen einem sicheren Endvermögen ω_T und der Teilnahme an einer Standardlotterie $[\omega_T^{(max)};\phi^+(\omega_T);\omega_T^{(min)}]$ besteht, dann kann ω_T nach dem **Substitutionsaxiom** in einer Wahrscheinlichkeitsverteilung von möglichen Endvermögenswerten durch die Teilnahme an besagter Lotterie **ersetzt** werden, **ohne** daß sich an der Wertschätzung der Wahrscheinlichkeitsverteilung von seiten des Unternehmers hierdurch etwas ändert. Die auf der Grundlage des Stetigkeitsaxioms hergeleitete Indifferenz zwischen ω_T und $[\omega_T^{(max)};\phi^+(\omega_T);\omega_T^{(min)}]$ hat demnach auch dann noch Bestand, wenn der Vergleich zwischen diesen beiden Endvermögenspositionen in **komplexere Wahrscheinlichkeitsverteilungen** eingebettet ist.

Beispiel 2.2:
Der Unternehmer aus Beispiel 2.1 habe Zugang zu einem Investitionsprojekt 1, das im Zeitpunkt t = T zu drei verschiedenen Endvermögenswerten gemäß *Tabelle 2.1* führen kann. In der *Tabelle 2.1* sind überdies die zugehörigen Wahrscheinlichkeiten dieser drei Endvermögenswerte angeführt.

$\tilde{\omega}_T^{(1)}$	10	50	100
$\phi^{(1)}$	0,2	0,7	0,1

Tabelle 2.1: Wahrscheinlichkeitsverteilung von Endvermögenswerten aus einem Investitionsprojekt 1

Gemäß Beispiel 2.1 schätzt der Unternehmer die sichere Vereinnahmung von 50 GE in t = T als ebenso attraktiv ein wie die Teilnahme an einer Lotterie, die mit Wahrscheinlichkeit 70 % zu einer Einzahlung von 100 GE führt und mit der Gegenwahrscheinlichkeit zu Einzahlungen von 10 GE. Das **Substitutionsaxiom** fordert damit, daß der Unternehmer sein über *Tabelle 2.1* beschriebenes Investitionsprojekt als gleichwertig zu der in *Abbildung 2.1* wiedergegebenen **"zweistufigen"**

Wahrscheinlichkeitsverteilung von Endvermögenswerten des Zeitpunktes t = T auffaßt.

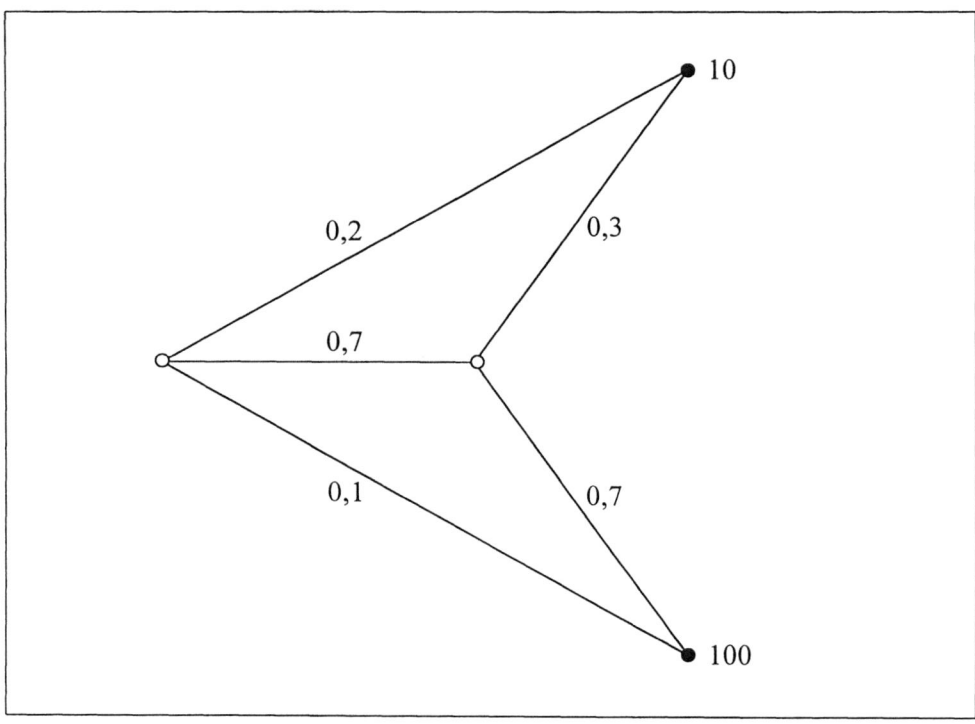

Abbildung 2.1: Zu *Tabelle 2.1* äquivalente Wahrscheinlichkeitsverteilung von Endvermögenswerten auf der Grundlage von Stetigkeits- und Substitutionsaxiom

Die leeren Kreise ("○") bezeichnen in diesem Kontext **Zustandsknoten**, an denen zufällig eine bestimmte Umweltentwicklung eintritt. Diese möglichen Umweltentwicklungen werden durch die vom jeweiligen Kreis nach rechts führenden Wege beschrieben. Man nennt diese Wege auch **"Kanten"**. Die Eintrittswahrscheinlichkeiten der jeweils möglichen Umweltentwicklungen stehen an diesen Kanten. Die ausgefüllten Kreise am Ende der Kanten bezeichnet man als **Endknoten**. An ihnen sind die jeweils erreichten Endvermögenswerte abgetragen.

Man spricht hier auch von einem **"Zustandsbaum"**.[9] Dieser ist im konkreten Beispiel zweistufig, weil der Zufall zweimal hintereinander bei der Bestimmung des resultierenden ungewissen Endvermögenswertes ins Spiel kommt. □

Auch hier ist nicht zu erkennen, welche Argumente gegen ein Verhalten von Entscheidern nach dem Substitutionsaxiom geltend gemacht werden könnten.

2.2.1.4 Das Reduktionsaxiom

Nach dem **Reduktionsaxiom** ist eine mehrstufige Wahrscheinlichkeitsverteilung von Endvermögenswerten äquivalent zu einer einstufigen, sofern nur die **Gesamtwahrscheinlichkeit** für jeden einzelnen möglichen Endvermögenswert in beiden Fällen gleich ist. Es sollte demnach keine Rolle spielen, auf welche Weise sich die Eintrittswahrscheinlichkeit für ein bestimmtes Endergebnis bestimmt. Entscheidend sollte nur die Höhe der resultierenden Eintrittswahrscheinlichkeit sein.

Beispiel 2.3:
Für den Unternehmer aus Beispiel 2.2 bedeutet die Gültigkeit des Reduktionsaxioms, daß die über *Tabelle 2.1* beschriebene Wahrscheinlichkeitsverteilung der Endvermögenswerte aus seinem Investitionsprojekt äquivalent ist zu der aus der folgenden *Tabelle 2.2*.

$\tilde{\omega}_T^{(1+)}$	10	100
$\phi^{(1+)}$	0,41	0,59

Tabelle 2.2: Äquivalente Wahrscheinlichkeitsverteilung zum Investitionsprojekt 1 aus *Tabelle 2.1*

---

[9] Vgl. zum Begriff beispielsweise auch *Kruschwitz* (1998), S. 273 f., und *Franke/Hax* (1999), S. 272 f.

Denn das ursprüngliche Investitionsprojekt wird vom Unternehmer als gleich attraktiv wie die über *Abbildung 2.1* beschriebene mehrstufige Wahrscheinlichkeitsverteilung von Endvermögenswerten beurteilt. Letztere wiederum impliziert die Realisation eines Endvermögens von 100 GE mit einer Wahrscheinlichkeit von $0,1+0,7 \cdot 0,7 = 0,59$. Ein Endvermögen von 10 GE hingegen tritt mit der Wahrscheinlichkeit $0,2+0,7 \cdot 0,3 = 0,41$ ein. □

Auch dem Reduktionsaxiom wird wohl so gut wie jeder Leser ohne weiteres als sachgerecht zustimmen können. Höchstens dann, wenn die Mehrstufigkeit einer Wahrscheinlichkeitsverteilung **von sich aus** Nutzen stiftet, mag man Verletzungen des Reduktionsaxioms als vertretbar auffassen. Am deutlichsten wird dies bei reinen Glücksspielen wie **"Mensch-ärgere-dich-nicht"**.[10] Hier liegt eine vielstufige Wahrscheinlichkeitsverteilung vor, an deren Ende für einen Spieler lediglich zwei mögliche Ergebnisse, nämlich Sieg oder Niederlage, stehen. Die Wahrscheinlichkeit beider Ausgänge ist jeweils 50 %. Ohne weiteres kann man daher gemäß dem Reduktionsaxiom folgern, daß statt des Mensch-ärgere-dich-nicht-Spiels das **einmalige** Werfen eines Würfels mit Sieg für Spieler 1 bei Augenzahlen von 1 bis 3 und Sieg des Spielers 2 für Augenzahlen von 4 bis 6 ausreichend ist. Freilich geht im Rahmen dieser Reduktion eine Menge **Spielspaß** verloren. Dem "Spielspaß" dürfte im Zusammenhang mit unternehmerischen Entscheidungen aber eher eine untergeordnete Rolle zukommen, weswegen dieses Argument gegen die Voraussetzung des Reduktionsaxioms im Rahmen ökonomischer Anwendungen nicht stichhaltig ist. Gleichwohl ist die Gültigkeit des Reduktionsaxioms im Zusammenhang mit praktischen Entscheidungsproblemen keine Selbstverständlichkeit. Auf diesen Umstand wird weiter unten noch zurückzukommen sein.

2.2.1.5 Das Monotonieaxiom

Hat der Unternehmer die Auswahl zwischen zwei Standardlotterien $(\omega_T^{(max)};\phi_1;\omega_T^{(min)})$ und $(\omega_T^{(max)};\phi_2;\omega_T^{(min)})$ mit $\phi_1 > \phi_2$, dann sollte er gemäß dem **Monoto-**

---

[10] Vgl. *Laux* (1998), S. 193 f.

nieaxiom die Teilnahme an der ersten Lotterie der zweiten vorziehen. Ein derartiges Entscheidungsverhalten ist als nahezu selbstverständlich zu deklarieren und dürfte kaum ernsthaft in Frage gestellt werden können.

2.2.1.6 Das Transitivitätsaxiom bzgl. der Handlungsalternativen

Nicht nur die Präferenzordnung des Unternehmers hinsichtlich seiner möglichen Endvermögensrealisationen soll transitiv sein. Vielmehr soll auch für die Beurteilung seiner **Handlungsalternativen**, also hier konkret: seiner jeweils realisierbaren Investitionsprojekte, **Transitivität** vorliegen. Die Handlungsalternativen werden dabei durch Wahrscheinlichkeitsverteilungen der jeweiligen Ergebnisgrößen, für unsere Zwecke also des unternehmerischen Endvermögens, beschrieben. Während das Transitivitätsaxiom bezüglich der Ergebnisausprägungen auf die Existenz einer konsistenten Rangordnung von möglichen Ergebnisrealisationen abstellt, geht es beim sechsten Axiom um die konsistente Reihung ganzer **Wahrscheinlichkeitsverteilungen**. Es wird dabei vorausgesetzt, daß eine derartige konsistente Reihung der erreichbaren Wahrscheinlichkeitsverteilungen der Ergebnisgröße überhaupt **möglich** ist. Wie diese Reihung konkret aussieht, ist damit noch nicht vorgegeben.

2.2.2 Konsequenzen aus der Gültigkeit der Axiome

Sofern ein Unternehmer sich in seinem Handeln nach den obigen sechs Axiomen richtet, gilt für ihn das zu Beginn des Abschnitts 2.2 beschriebene *Bernoulli-Prinzip*.

2.2.2.1 Maximierung des Erwartungsnutzens als Handlungsmaxime

Unter der Voraussetzung diskreter Wahrscheinlichkeitsverteilungen ist die **Herleitung** des erwartungsnutzenmaximierenden Verhaltens eines Unternehmers bei Entscheidungen auf der Grundlage der obigen Axiome vergleichsweise einfach. Zunächst einmal kann aufgrund des **Stetigkeitsaxioms** und des **Substitutions-**

axioms in Verbindung mit dem **Ordinalitätsaxiom** jede mögliche Ausprägung $\omega_T^{(n,j)}$ (j = 1, ..., J, n = 1, ..., N) des unsicheren Endvermögens $\tilde{\omega}_T^{(n)}$ im Rahmen einer Investitionsalternative n durch eine **äquivalente Standardlotterie** $[\omega_T^{(max)};$ $\phi^+(\omega_T^{(n,j)}); \omega_T^{(min)}]$ ersetzt werden. Die derart modifizierte Wahrscheinlichkeitsverteilung von Endvermögenswerten weist nur noch **zwei** Realisationen auf, und zwar $\omega_T^{(min)}$ und $\omega_T^{(max)}$. Mit $\tau^{(n,j)}$ als der Eintrittswahrscheinlichkeit von $\omega_T^{(n,j)}$ beläuft sich die Eintrittswahrscheinlichkeit $\phi_{ges}^{(n)}$ für $\omega_T^{(max)}$ hierbei auf

$$\phi_{ges}^{(n)} = \phi^{(n,1)} \cdot \phi^+(\omega_T^{(n,1)}) + ... + \phi^{(n,J)} \cdot \phi^+(\omega_T^{(n,J)}). \tag{2.1}$$

Weil in entsprechender Weise für jede andere Investitionsalternative verfahren werden kann, müssen infolge der Gültigkeit des **Reduktions-** und des **Monotonieaxioms** nur noch die Gesamteintrittswahrscheinlichkeiten gemäß (2.1) für alle Handlungsalternativen verglichen werden.[11] (2.1) kann nun als ein **Erwartungswert** der Zufallsvariablen $\phi^+(\tilde{\omega}_T^{(n)})$ und die Funktion $\phi^+(\cdot)$ ihrerseits als **(Risiko-) Nutzenfunktion** des Unternehmers interpretiert werden. Damit aber liegt schon ein unternehmerisches Entscheidungsverhalten gemäß dem *Bernoulli*-**Prinzip** vor.

Beispiel 2.4:
Gegeben sei ein Investitionsprojekt 2, das zum Zeitpunkt t = T zu einem ungewissen Endvermögen gemäß *Tabelle 2.3* für den Unternehmer führt.

---

[11] Der Leser fragt sich möglicherweise, an welcher Stelle das sechste Axiom zur **Transitivität der Präferenzordnung** hinsichtlich der Handlungsalternativen benötigt wird. Grundsätzlich erhält man zunächst nur eine Rangordnung für die modifizierten Wahrscheinlichkeitsverteilungen. Da diese aber jeweils aus Unternehmersicht äquivalent zu den ursprünglichen Wahrscheinlichkeitsverteilungen sind und Transitivität gegeben ist, kann die Rangfolge der modifizierten Wahrscheinlichkeitsverteilungen unmittelbar in eine entsprechende Rangfolge der urprünglichen Wahrscheinlichkeitsverteilungen übersetzt werden. Formal bedeutet dies bei zwei ursprünglichen Endvermögensverteilungen $\tilde{\omega}_T^{(1)}$ und $\tilde{\omega}_T^{(2)}$ und den zugehörigen äquivalenten modifizierten $\tilde{\omega}_T^{(1+)}$ und $\tilde{\omega}_T^{(2+)}$, also $\tilde{\omega}_T^{(1)} \sim \tilde{\omega}_T^{(1+)}$ sowie $\tilde{\omega}_T^{(2)} \sim \tilde{\omega}_T^{(2+)}$, daß beispielsweise aus $\tilde{\omega}_T^{(1+)} \succ \tilde{\omega}_T^{(2+)}$ über die Kette $\tilde{\omega}_T^{(1)} \sim \tilde{\omega}_T^{(1+)} \succ \tilde{\omega}_T^{(2+)} \sim \tilde{\omega}_T^{(2)}$ auf $\tilde{\omega}_T^{(1)} \succ \tilde{\omega}_T^{(2)}$ geschlossen werden kann.

$\bar{\omega}_T^{(2)}$	10	40	60	100
$\phi^{(2)}$	0,1	0,6	0,2	0,1

Tabelle 2.3: Wahrscheinlichkeitsverteilung von Endvermögenswerten aus einem Investitionsprojekt 2

Es sei unterstellt, daß aus Unternehmersicht die Indifferenzen 40 ~ $(100;\phi^+(40);10)$ mit $\phi^+(40) = 0,55$ sowie 60 ~ $(100;\phi^+(60);10)$ mit $\phi^+(60) = 0,78$ Bestand haben. Überdies gilt natürlich 10 ~ $(100;\phi^+(10);10)$ mit $\phi^+(10) = 0$ sowie 100 ~ $(100;\phi^+(100);10)$ mit $\phi^+(100) = 1$. Die Anwendung des **Reduktionsaxioms** transformiert die Wahrscheinlichkeitsverteilung von $\bar{\omega}_T^{(2)}$ in eine **äqvivalente Standardlotterie** der Form

$$(100;0,1\cdot\phi^+(10)+0,6\cdot\phi^+(40)+0,2\cdot\phi^+(60)+0,1\cdot\phi^+(100);10)$$
$$= (100;0,586;10). \tag{2.2}$$

Die Investitionsalternative 2 kann demnach mit dem **Präferenzwert** 0,586 beurteilt werden, und dieser Wert ist zugleich der **Erwartungswert** über die Nutzenfunktion $\phi^+(\bar{\omega}_T^{(2)})$ des Unternehmers.

In entsprechender Weise gehört zu dem Investitionsprojekt 1 aus Beispiel 2.2 gemäß dem Ergebnis aus Beispiel 2.3 ein Präferenzwert von 0,59. Der Unternehmer wird daher im Rahmen einer Auswahlentscheidung zwischen den beiden Projekten 1 und 2 dem Projekt 1 den Vorzug geben. □

Statt der ursprünglichen Nutzenfunktion $U(\omega_T)$ des Unternehmers könnte man ohne weiteres eine **transformierte** Funktion $U^+(\omega_T) \equiv a\cdot U(\omega_T)+b$ mit $a > 0$ zugrunde legen, da dies die Reihung der Handlungsalternativen **nicht** ändert. Für zwei Investitionsprojekte 1 und 2 mit resultierenden unsicheren Endvermögenswerten $\bar{\omega}_T^{(1)}$ und $\bar{\omega}_T^{(2)}$ folgt nämlich aus der Überlegenheit von 1 für eine Nutzenfunktion $U(\cdot)$ des Unternehmers unmittelbar auch eine entsprechende Überlegenheit bei Ansatz an der Nutzenfunktion $U^+(\cdot)$ und umgekehrt:

$$E[U(\tilde{\omega}^{(1)})] > E[U(\tilde{\omega}^{(2)})]$$

$$\leftrightarrow a \cdot E[U(\tilde{\omega}^{(1)})] + b > a \cdot E[U(\tilde{\omega}^{(2)})] + b \quad (a > 0)$$

$$\leftrightarrow E[a \cdot U(\tilde{\omega}^{(1)}) + b] > E[a \cdot U(\tilde{\omega}^{(2)}) + b]$$

$$\leftrightarrow E[U^+(\tilde{\omega}^{(1)})] > E[U^+(\tilde{\omega}^{(2)})].$$

(2.3)

Man spricht im Zusammenhang mit dem Übergang von der Nutzenfunktion $U(\cdot)$ hin zur Nutzenfunktion $U^+(\cdot)$ von einer **positiven linearen Transformation**. Diese Transformation heißt deswegen "linear", weil $U(\cdot)$ in der ersten Potenz als Bestimmungsgröße von $U^+(\cdot)$ auftritt, und "positiv" wegen des Erfordernisses a > 0.[12] Die unternehmerische Nutzenfunktion ist demnach nur bis auf positive lineare Transformationen festgelegt. Eine solche Nutzenfunktion bezeichnet man als **"kardinal"**.[13]

Die Existenz der unternehmerischen Nutzenfunktion ergibt sich gemäß der obigen Herleitung **uno actu** mit der Fundierung des unternehmerischen Ziels der Erwar-

---

[12] Der Ansatz eines Faktors a < 0 würde natürlich zu einer kompletten **Umkehr** der Alternativenreihung führen.

[13] Aus der Mikroökonomik kennt mancher Leser sicherlich **ordinale Nutzenfunktionen**. Deren Existenz resultiert aus der alleinigen Anwendung des **Ordinalitätsaxioms**, und sie zeichnen sich dadurch aus, daß sie sogar nur bis auf beliebige **positive monotone** Transformationen bestimmt sind. Dies bedeutet, daß man zu jeder Endvermögensausprägung ω_T neue Nutzenwerte $U^+(\omega_T) \equiv G[U(\omega_T)]$ ermitteln kann, wobei $G(\cdot)$ eine streng monoton steigende Funktion der Nutzenwerte $U(\omega_T)$ ist: Die Endvermögensausprägung mit dem höchsten Nutzenwert **vor** der Transformation hat auch den höchsten Nutzenwert **nach** der Transformation. Es wurde bereits darauf hingewiesen, daß bei **Sicherheit** allein die Voraussetzung der Gültigkeit des Ordinalitätsaxioms benötigt wird. Erst die Betrachtung von **Risikosituationen** macht die übrigen Axiome erforderlich, die ihrerseits die Möglichkeiten der zulässigen Transformationen von Nutzenfunktionen auf allein positive lineare einschränken.

tungsnutzenmaximierung. In der Tat ist es daher zumindest vom Prinzip her nicht sehr schwierig, die Nutzenfunktion eines Entscheiders **empirisch** zu ermitteln.

2.2.2.2 *Möglichkeit der empirischen Ermittlung unternehmerischer Nutzenfunktionen*

Natürlich könnte man einen Unternehmer einfach um die Offenlegung seiner Risikonutzenfunktion bitten. Ähnlich aber wie bei der Hinzuziehung von Experten im Zusammenhang mit der Ermittlung von Wahrscheinlichkeitsurteilen bietet es sich auch hier jedoch an, einfacher zu beantwortende Fragen zu stellen. Hintergrund für ein derartiges Vorgehen ist letztlich die Vorstellung, daß ein Entscheidungssubjekt zwar durchaus in Übereinstimmung mit dem *Bernoulli*-Prinzip auf der Grundlage einer konkreten Nutzenfunktion $U(\cdot)$ handeln mag, er sich selbst dieses Umstands aber möglicherweise gar nicht recht bewußt ist. In einer solchen Situation würde die plumpe Frage nach der unternehmerischen Nutzenfunktion augenscheinlich nicht weiterhelfen. Vielmehr ist aus dem (Entscheidungs-) Verhalten des Unternehmers **indirekt** auf seine Nutzenfunktion zu schließen.

Zur empirischen Ermittlung unternehmerischer Nutzenfunktionen bietet sich zunächst aus Vereinfachungsgründen die **Normierung** $U(\omega_T^{(min)}) = 0$ und $U(\omega_T^{(max)}) = 1$ an. Eine derartige Vorgabe ist ohne Einschränkung der Allgemeinheit wegen der **Kardinalität** der unternehmerischen Nutzenfunktion möglich. Sofern eine Nutzenfunktion $U^+(\omega_T)$ mit $U^+(\omega_T^{(min)}) \neq 0$ sowie $U^+(\omega_T^{(max)}) \neq 1$ gegeben ist, erreicht man die geforderten Eigenschaften durch die Transformation $a \cdot U^+(\omega_T) + b$ mit

$$a \cdot U^+(\omega_T^{(min)}) + b = 0,$$

$$a \cdot U^+(\omega_T^{(max)}) + b = 1$$

$$\Leftrightarrow a = \frac{1}{U^+(\omega_T^{(max)}) - U^+(\omega_T^{(min)})}, \qquad (2.4)$$

$$b = -\frac{U^+(\omega_T^{(min)})}{U^+(\omega_T^{(max)}) - U^+(\omega_T^{(min)})}.$$

Wegen $U^+(\omega_T^{(max)}) - U^+(\omega_T^{(min)}) > 0$ gilt auch $a > 0$, so daß die erforderliche Transformation der Nutzenfunktion von U^+ zu U in der Tat zulässig ist. Infolge der beiden Freiheitsgrade a und b kann man demnach zwei Nutzenfunktionswerte einer Risikonutzenfunktion grundsätzlich beliebig vorgeben. In der Tat zeichnete sich die im Abschnitt 2.2.2.1 aus dem Axiomensystem hergeleitete unternehmerische Nutzenfunktion auch durch die Eigenschaften $U(\omega_T^{(min)}) = 0$ und $U(\omega_T^{(max)}) = 1$ aus, da die Nutzenfunktionswerte originär als **(Indifferenz-) Wahrscheinlichkeiten** zu interpretieren sind. Dieser Umstand kommt auch im weiteren zur Geltung.

Der Unternehmer kann nun bei Gültigkeit des **Stetigkeitsaxioms** für jedes denkbare Endvermögen ω_T nach der zugehörigen Eintrittswahrscheinlichkeit $\phi^+(\omega_T)$ im Rahmen der Standardlotterie $[\omega_T^{(max)}; \phi^+(\omega_T); \omega_T^{(min)}]$ befragt werden, die zur **Indifferenz** $\omega_T \sim [\omega_T^{(max)}; \phi^+(\omega_T); \omega_T^{(min)}]$ führt. Diese Indifferenz impliziert die Gleichheit der jeweiligen Erwartungsnutzenwerte, also

$$U(\omega_T) \overset{!}{=} \phi^+(\omega_T) \cdot U(\omega_T^{(max)}) + [1 - \phi^+(\omega_T)] \cdot U(\omega_T^{(min)})$$

$$\qquad (2.5)$$

$$\Leftrightarrow U(\omega_T) = \phi^+(\omega_T).$$

Im Zusammenhang mit der ersten Zeile aus (2.5) entspricht der Erwartungsnutzen einer sicheren Einzahlung natürlich dem Nutzen aus dieser Einzahlung selbst, $E[U(\omega_T)] = U(\omega_T)$. Des weiteren wird der Übergang von der ersten zur zweiten Zeile in (2.5) durch die Normierung $U(\omega_T^{(min)}) = 0$ und $U(\omega_T^{(max)}) = 1$ ermöglicht. Wie schon im vorhergehenden Abschnitt 2.2.2.1 angedeutet, zeigt sich auch über (2.5) demnach, daß die Wahrscheinlichkeitsurteile im Rahmen der Anwendung des Stetigkeitsaxioms durch einen Unternehmer unmittelbar als Spezifikation seiner Risikopräferenzen interpretiert werden können.

Wiederholt man die gerade beschriebene Abfrage für jede denkbare Endvermögensrealisation ω_T, so gelangt man schließlich zu einer **vollständigen Beschreibung** der unternehmerischen Nutzenfunktion. Natürlich ist diese Vorgehensweise sehr **aufwendig**, und es dürfte sich daher lohnen, über **vereinfachte** Verfahren zur Aufdeckung unternehmerischer Präferenzen nachzudenken. Insbesondere bei stetig verteilten Zufallsgrößen kann die obige Prozedur schon rein logisch nicht für jede denkbare Endvermögensrealisation wiederholt werden. Auf derartige Fragen soll hier nicht näher eingegangen werden. Klar geworden sein sollte jedoch, daß zumindest im Prinzip die empirische Ermittlung von unternehmerischen Nutzenfunktionen auf der Grundlage einfacher Auswahlentscheidungen möglich ist.

2.3 Verlaufsformen von Risikonutzenfunktionen

Ist die Nutzenfunktion des Unternehmers bekannt und liegen die durch die einzelnen zur Auswahl stehenden Investitionsprojekte erreichbaren Wahrscheinlichkeitsverteilungen des unternehmerischen Endvermögens fest, dann können ohne weiteres Investitionsentscheidungen getroffen werden: Für jede denkbare Verhaltensweise wird der erreichbare **Erwartungsnutzenwert** ermittelt und anschließend die Alternative mit dem **höchsten** Zielerreichungsgrad ausgewählt. In der Tat wurde bereits im Beispiel 2.4 derart verfahren. Im weiteren soll daher angenommen werden, daß die funktionale Gestalt von $U(\omega_T)$ bekannt ist. Weil das Endvermögen in Geldeinheiten ausgedrückt wird, läßt sich der **Definitionsbereich** von

U(·) numerisch als eine Teilmenge der reellen Zahlen beschreiben. Hierbei ist zu beachten, daß dies **keine** Konsequenz aus dem *Bernoulli*-Prinzip, sondern vielmehr des unternehmerischen Strebens nach einem möglichst hohen Endvermögen ist. Wären die möglichen Ergebnisse etwa verschiedene Farben einer Hose, dann könnte immer noch das *Bernoulli*-Prinzip zur Anwendung gelangen, der Definitionsbereich von U(·) ließe sich nun aber nicht numerisch fassen. Auf derartige Sachverhalte muß im weiteren nicht näher eingegangen werden, da als Argumente der unternehmerischen Nutzenfunktion stets nur monetäre Größen betrachtet werden.

Der **Wertebereich** der Nutzenfunktion ist in jedem Fall eine Teilmenge der reellen Zahlen. Unterschiedliche **Risikopräferenzen** des Unternehmers bedingen dabei unterschiedliche **Verlaufsformen** seiner Nutzenfunktion. Eindeutig ist im hier zugrunde gelegten Kontext lediglich, daß die Nutzenfunktion **streng monoton steigt**, da mehr Geld vom Unternehmer gegenüber weniger Geld zweifelsfrei vorgezogen wird. Liegt das Vorzeichen der **ersten** Ableitung von U(·) damit fest, gilt dies für die Vorzeichen der höheren Ableitungen und demnach das genaue **Krümmungsverhalten** der Nutzenfunktion freilich noch nicht. Hierauf ist daher als nächstes einzugehen.

2.3.1 Lineare Risikonutzenfunktion

Im weiteren sollen lediglich die möglichen Vorzeichen der **zweiten** Ableitung der unternehmerischen Nutzenfunktion einer näheren Untersuchung unterzogen werden. Im einfachsten Fall ist die zweite Ableitung der unternehmerischen Nutzenfunktion identisch Null, die Nutzenfunktion demnach **linear**, also z.B. $U(\omega_T) = \omega_T$.[14] Als Konsequenz hieraus werden die einzelnen Handlungsalternativen durch den Unternehmer schlicht nach der Höhe der durch sie jeweils erreichbaren **erwarteten Endvermögenswerte** gereiht. Weil die Unsicherheit der erreichbaren

---

[14] Vgl. *Abbildung 2.2.* Jede **andere** lineare Nutzenfunktion mit positiver Steigung ist eine positive lineare Transformation von $U(\omega_T) = \omega_T$.

Endvermögenswerte als solche hierbei keinerlei Bedeutung hat, spricht man auch von einem **risikoneutralen** Verhalten des Unternehmers: Der Unternehmer wählt stets die Handlungsalternativen, die "**im Mittel**" die höchsten Endvermögenszuwächse versprechen.

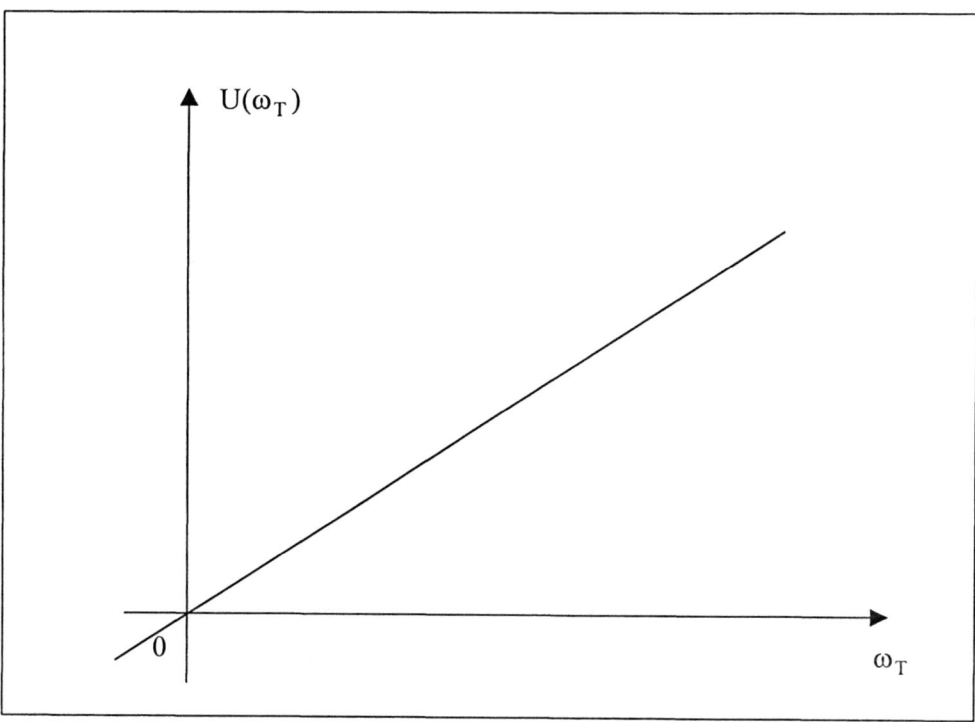

Abbildung 2.2: Lineare Risikonutzenfunktion

Beispiel 2.5:

Betrachtet sei ein **risikoneutraler** Unternehmer, der Zugang zu den beiden Investitionsprojekten 1 und 2 aus den Beispielen 2.2 und 2.4 habe. Es gilt:[15]

---

[15] Generell werden Nutzenwerte **nicht** in Geldeinheiten ausgewiesen. Im Spezialfall einer linearen Nutzenfunktion darf man sich jedoch stets auf die simple Betrachtung erwarteter Konsumauszahlungen beschränken und kann der jeweilige unternehmerische Nutzen folglich unmittelbar als **monetäre** Größe interpretiert werden.

$$E(\tilde{\omega}_T^{(1)}) = 0{,}2 \cdot 10 + 0{,}7 \cdot 50 + 0{,}1 \cdot 100 = 47 \text{ GE,}$$

(2.6)

$$E(\tilde{\omega}_T^{(2)}) = 0{,}1 \cdot 10 + 0{,}6 \cdot 40 + 0{,}2 \cdot 60 + 0{,}1 \cdot 100 = 47 \text{ GE.}$$

Obwohl sich die jeweils möglichen Endvermögensrealisationen samt den zugehörigen Eintrittswahrscheinlichkeiten durchaus deutlich unterscheiden, beurteilt der Unternehmer beide Investitionsprojekte demnach als **gleich gut**. Im Rahmen eines weiteren Projekts 3 soll sich mit der Wahrscheinlichkeit 0,42 ein Endvermögen von 100 GE und mit der Gegenwahrscheinlichkeit 0,58 ein Endvermögen von 10 GE ergeben. Hieraus ergibt sich ein Erwartungswert des Endvermögens von 47,8 GE. Trotz der alleinigen Möglichkeit sehr extremer Endvermögensausprägungen beim Investitionsprojekt 3 würde ein risikoneutraler Unternehmer dieses Projekt gegenüber den beiden vorhergehenden präferieren. Zweifellos ist es aber auch denkbar, daß ein Unternehmer lieber Projekt 2 wegen seiner hohen Wahrscheinlichkeit 0,8 von mittleren Ergebnissen vorzieht. Augenscheinlich verfügt ein solcher Unternehmer dann aber über eine **nichtlineare** Nutzenfunktion. □

2.3.2 Streng konkave Risikonutzenfunktion

Ist die Risikonutzenfunktion des Unternehmers **streng konkav**, das heißt hier **degressiv steigend**,[16] dann liegt der Erwartungswert $E[U(\tilde{\omega}_T)]$ des Nutzens einer Handlungsalternative unterhalb des Nutzens aus der sicheren Vereinnahmung des Erwartungswerts. Es gilt folglich $E[U(\tilde{\omega}_T)] < U[E(\tilde{\omega}_T)]$.[17]

---

[16] Vgl. *Abbildung 2.3.*

[17] Der allgemeine Nachweis dieses Zusammenhangs erfolgt auf der Grundlage der *Jensen*schen Ungleichung. Vgl. hierzu näher beispielsweise *Breuer/Gürtler/Schuhmacher* (1999a), S. 26 ff.

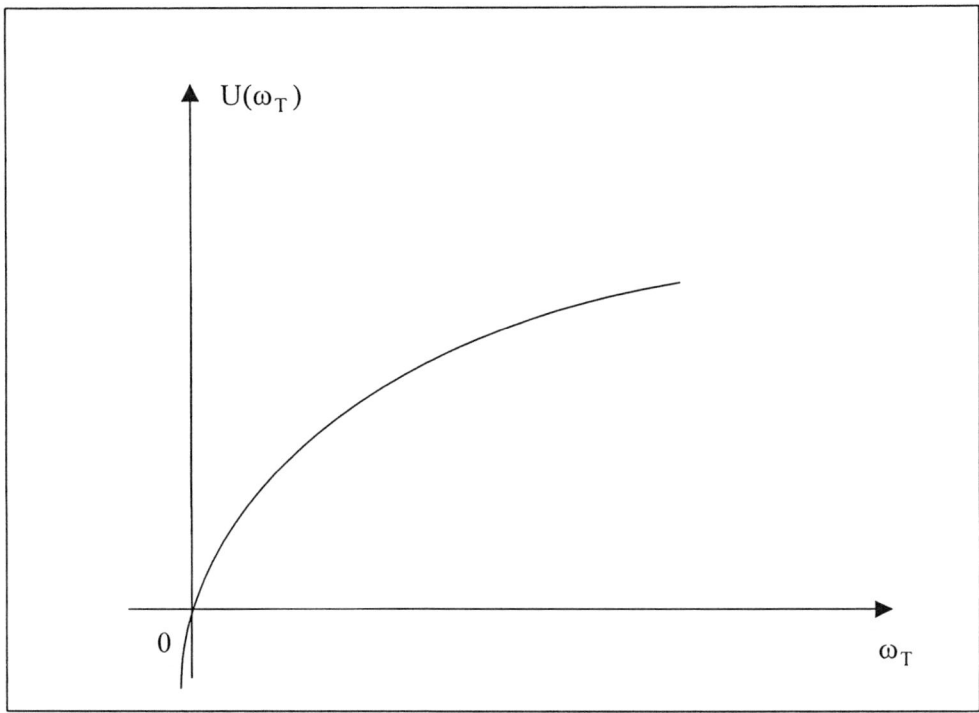

Abbildung 2.3: Streng konkave Risikonutzenfunktion

In einem derartigen Fall spricht man von einem **risikoscheuen** Verhalten des Unternehmers: Die Unsicherheit hinsichtlich der künftigen Einzahlungsüberschüsse bewegt den Unternehmer dazu, ceteris paribus die sichere Erzielung des Erwartungswertes dem Erhalt einer Wahrscheinlichkeitsverteilung mit ebendiesem Erwartungswert **vorzuziehen**.

Beispiel 2.6:

Gegeben seien die drei Investitionsprojekte aus dem vorhergehenden Beispiel 2.5 und ein Unternehmer mit einer Risikonutzenfunktion $U(\omega_T) = \ln \omega_T$. Es gilt $U'(\omega_T) = 1/\omega_T > 0$ sowie $U''(\omega_T) = -1/\omega_T^2 < 0$. Die unternehmerische Nutzenfunktion verläuft demnach in der Tat **degressiv steigend**. In (2.7) sind die für die Investitionsprojekte 1, 2 und 3 nunmehr resultierenden Erwartungsnutzenwerte und die Nutzenniveaus bei sicherer Vereinnahmung des erwarteten Endvermögens aus der jeweiligen Projektdurchführung aufgeführt:

$$E(\ln \tilde{\omega}_T^{(1)}) = 0{,}2 \cdot \ln 10 + 0{,}7 \cdot \ln 50 + 0{,}1 \cdot \ln 100 \approx 3{,}66,$$

$$E(\ln \tilde{\omega}_T^{(2)}) = 0{,}1 \cdot \ln 10 + 0{,}6 \cdot \ln 40 + 0{,}2 \cdot \ln 60 + 0{,}1 \cdot \ln 100 \approx 3{,}72,$$

$$E(\ln \tilde{\omega}_T^{(3)}) = 0{,}58 \cdot \ln 10 + 0{,}42 \cdot \ln 100 \approx 3{,}27,$$

$$\ln E(\tilde{\omega}_T^{(1)}) = \ln 47 \approx 3{,}85,$$
(2.7)
$$\ln E(\tilde{\omega}_T^{(2)}) = \ln 47 \approx 3{,}85,$$

$$\ln E(\tilde{\omega}_T^{(3)}) = \ln 47{,}8 \approx 3{,}87.$$

Wie zu erwarten war, liegen die Erwartungsnutzenwerte bei allen drei Investitionsprojekten **unterhalb** des jeweiligen Nutzens bei sicherer Vereinnahmung des zugehörigen erwarteten Endvermögens aus der Projektdurchführung. Ferner erweist sich nunmehr die Durchführung des Projekts 3 trotz des hierdurch erreichbaren höchsten Erwartungswertes des unternehmerischen Endvermögens als die schlechteste Handlungsalternative. Die Wahl des Unternehmers fällt vielmehr auf Projekt 2. Ohne weiteres sind aber auch streng konkave Risikonutzenfunktionen denkbar, bei denen Projekt 1 besser als Projekt 2 ist.[18] Insbesondere ist die in den Beispielen 2.2 und 2.4 implizit vorausgesetzte unternehmerische Nutzenfunktion (bei Beschränkung der Betrachtung auf die möglichen Endvermögensrealisationen) streng konkav und führt - wie bereits gezeigt - zur Vorteilhaftigkeit des Investitionsprojekts 1 gegenüber dem Projekt 2. Die aus den Beispielen 2.2 und 2.4 herleitbaren Funktionswerte der dort angenommenen Nutzenfunktion sind in

---

[18] Natürlich gibt es auch risikoscheue Unternehmer, die das Investitionsprojekt 3 als am besten erachten. Dies ist schon durch den hiermit erreichbaren maximalen Erwartungswert des Endvermögens impliziert: Ist die Risikoscheu hinreichend "gering", wird das Entscheidungsverhalten schließlich primär durch den Erwartungswert des Endvermögens bestimmt.

Tabelle 2.4 beschrieben.[19]

ω_T	10	40	50	60	100
$U(\omega_T)$	0	0,55	0,7	0,78	1

Tabelle 2.4: Unternehmerische Nutzenfunktion aus den Beispielen 2.2 und 2.4

Welche Nutzenwerte für andere als die fünf in *Tabelle 2.4* angegebenen Endvermögensausprägungen durch den Unternehmer realisierbar sind, spielt im Rahmen
unseres Beispiels **keine Rolle**. Andere als die fünf Endvermögenswerte aus *Tabelle 2.4* können nämlich durch die drei betrachteten Investitionsprojekte annahmegemäß nicht erreicht werden.

---

[19] Zur Prüfung muß man sich nur vergegenwärtigen, daß der Nutzenwert eines
sicheren Endvermögens ω_T^+ der Wahrscheinlichkeit $\phi^+(\omega_T)$ aus der Standardlotterie $(100; \phi^+(\omega_T); 10)$ entspricht, bei der **Indifferenz** zwischen besagter Standardlotterie und der sicheren Vereinnahmung von ω_T aus Unternehmersicht
besteht.

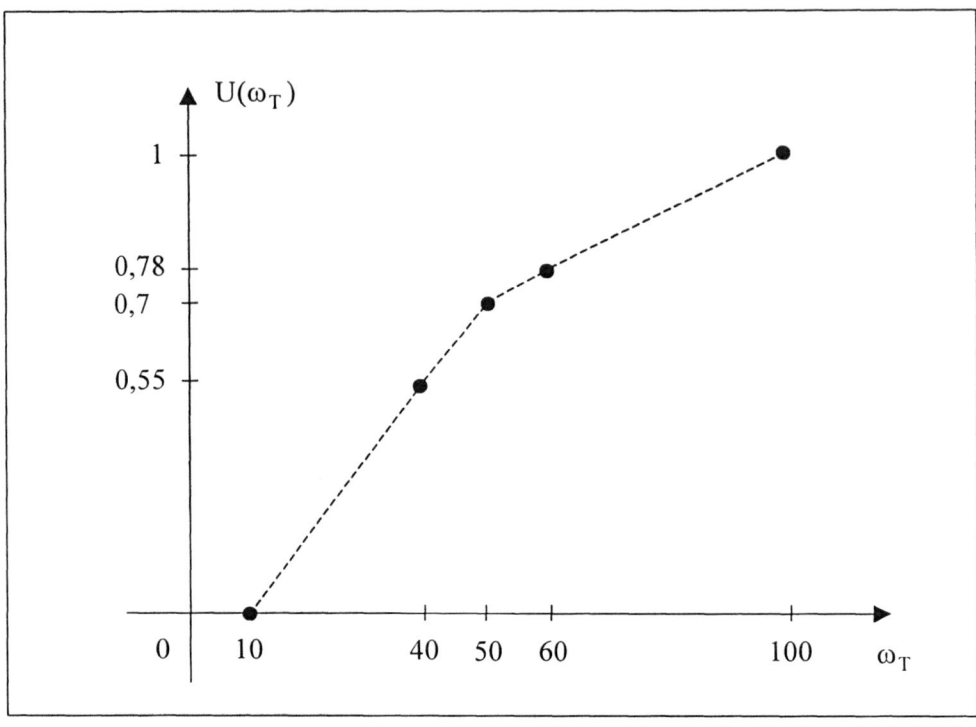

Abbildung 2.4: Unternehmerische Risikonutzenfunktion auf der Grundlage von *Tabelle 2.4*

Mit $\Delta U(\omega_T)$ sei die **Nutzendifferenz** zweier aufeinanderfolgender Endvermögens-realisationen aus *Tabelle 2.4* bezeichnet, mit $\Delta\omega_T$ entsprechend die zugehörige Endvermögensdifferenz. Die strenge Konkavität der durch *Tabelle 2.4* beschriebenen unternehmerischen Risikopräferenzen zeigt sich dann darin, daß das Verhältnis $\Delta U(\omega_T)/\Delta\omega_T$ mit wachsenden betrachteten Endvermögenswerten beständig kleiner wird. Graphisch äußert sich dies in *Abbildung 2.4* darin, daß sich die gestrichelt eingezeichneten linearen Verbindungslinien zwischen den einzelnen (benachbarten) Ausprägungen von Endvermögensrealisationen immer mehr abflachen. □

2.3.3 Streng konvexe Risikonutzenfunktion

Schließlich ist es auch noch möglich, daß die Nutzenfunktion des Unternehmers **streng konvex**, also **progressiv steigend**, ist.[20] Eine graphische Veranschaulichung bietet *Abbildung 2.5*.

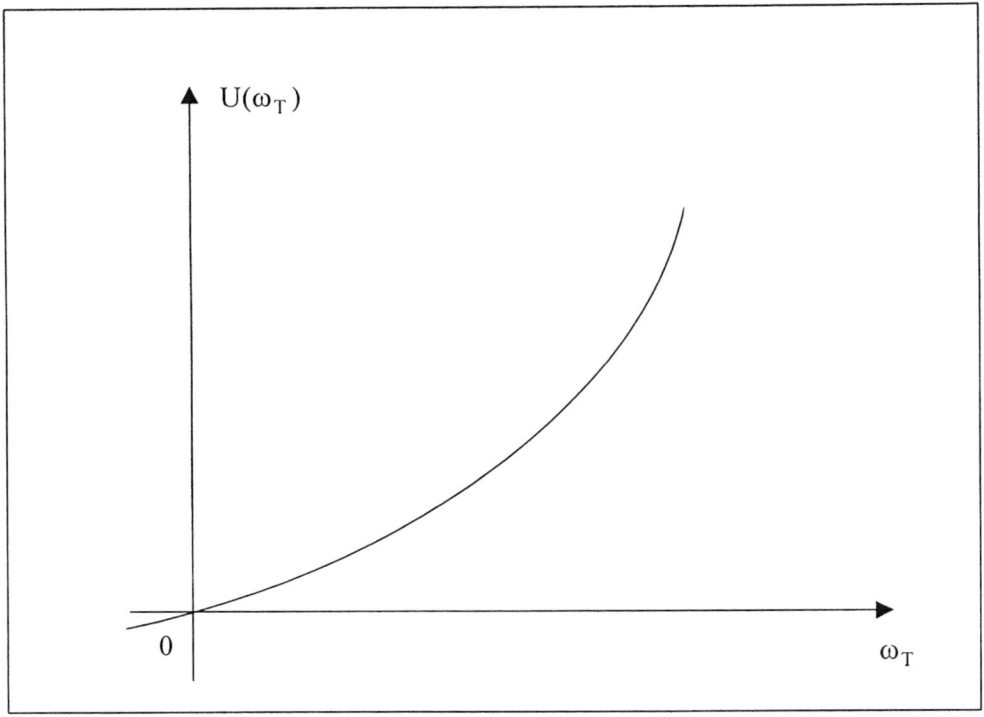

Abbildung 2.5: Streng konvexe Risikonutzenfunktion

Eine streng konvexe Nutzenfunktion impliziert, daß der Erwartungsnutzen $E[U(\tilde\omega_T)]$ **größer** als der Nutzen aus dem sicheren Erhalt des erwarteten Endvermögens $E(\tilde\omega_T)$ ist. In einer derartigen Situation spricht man von einem **risikofreu-**

---

[20] Ferner kann eine Nutzenfunktion über **wechselnde Krümmungseigenschaften** verfügen, also in Teilen degressiv und in anderen progressiv steigend verlaufen. In der Tat werden derartige Verlaufsformen in der Literatur durchaus diskutiert. Ein sehr prominenter Beitrag hierzu stammt von *Friedman/Savage* (1948). Siehe in diesem Kontext auch *Bamberg/Coenenberg* (2000), S. 96.

digen Unternehmer, da die Unsicherheit der künftigen Einzahlungsüberschüsse ceteris paribus aus Unternehmersicht vorteilhaft wirkt.

Beispiel 2.7:

Betrachtet sei ein Unternehmer mit einer **quadratischen** Nutzenfunktion der Form $U(\omega_T) = \omega_T^2$ sowie Zugang zu den Investitionsprojekten 1, 2 und 3 aus Beispiel 2.5. Als erste Ableitung erhält man $U'(\omega_T) = 2 \cdot \omega_T > 0$ (für $\omega_T > 0$) und als zweite $U''(\omega_T) = 2 > 0$, so daß in der Tat ein **progressiv steigender** Verlauf der unternehmerischen Nutzenfunktion im Intervall $[10;100]$ möglicher Endvermögensrealisationen vorliegt.

In (2.8) sind nun die für $U(\omega_T) = \omega_T^2$ jeweils erreichbaren Erwartungsnutzenwerte der drei Handlungsalternativen und die zugehörigen Nutzenniveaus angeführt:

$$E(\tilde{\omega}_T^{(1)2}) = 0,2 \cdot 10^2 + 0,7 \cdot 50^2 + 0,1 \cdot 100^2 = 2.770,$$

$$E(\tilde{\omega}_T^{(2)2}) = 0,1 \cdot 10^2 + 0,6 \cdot 40^2 + 0,2 \cdot 60^2 + 0,1 \cdot 100^2 = 2.690,$$

$$E(\tilde{\omega}_T^{(3)2}) = 0,58 \cdot 10^2 + 0,42 \cdot 100^2 = 4.258,$$

$$E^2(\tilde{\omega}_T^{(1)}) = 47^2 = 2.209,$$

$$E^2(\tilde{\omega}_T^{(2)}) = 47^2 = 2.209,$$

$$E^2(\tilde{\omega}_T^{(3)}) = 47,8^2 = 2.284,84.$$

(2.8)

In allen drei Fällen ist der Nutzen aus dem Erwartungswert **geringer** als der Erwartungswert des Nutzens: Der Unternehmer bewertet die Unsicherheit seiner Endvermögensposition bei Realisation eines der drei Projekte 1, 2 und 3 positiv. Seine Entscheidung fiele konkret auf Projekt 3. □

Glücksspiele wie etwa die **staatliche Lotterie** "6 aus 49" erfreuen sich erheblicher Beliebtheit in der Bevölkerung. Weil der Erwartungswert der monetären Rückflüsse an einen Teilnehmer hierbei deutlich hinter dem Teilnahmepreis zurückbleibt, realisieren die Mitspieler im Erwartungswert Vermögensminderungen aus der Lotteriebeteiligung.[21] Wenn damit eine unsichere, aber im Mittel positive Vermögensminderung aus der Lotterieteilnahme einer sicheren Vermögensänderung von Null aus dem Teilnahmeverzicht vorgezogen wird, dann kann dieses Verhalten als risikofreudig interpretiert werden. **Risikofreudiges** Verhalten von Individuen läßt sich damit durchaus in realen Situationen belegen, wenngleich die Relevanz solcher Handlungsweisen im Zusammenhang mit **unternehmerischen** Entscheidungen eher als gering zu veranschlagen sein dürfte.

So mag es sein, daß die eben erwähnte Lotterieteilnahme einen gewissen **Spielspaß** stiftet, der die in Aussicht gestellte erwartete Vermögensminderung überkompensiert und für die Teilnahmebereitschaft von Entscheidern an einer staatlichen Lotterie verantwortlich ist. Es wurde bereits weiter oben darauf hingewiesen, daß dem "Spielspaß" im Zusammenhang mit unternehmerischen Entscheidungen kaum eine wesentliche Bedeutung zugeschrieben werden kann. Überdies ist zu beachten, daß risikofreudiges Unternehmerverhalten im Mittel die Realisation von Reichtumsminderungen schon im Vergleich zu sicheren Mittelverwendungen bedingt und folglich leicht zum **Ausscheiden** des Unternehmers aus dem Markt führen dürfte. Davon abgesehen, impliziert risikofreudiges Verhalten in bestimmten Situationen "**befremdlich**" anmutende Resultate. Auf Kapitalmärkten mit risikofreudigen Marktteilnehmern etwa würden die erwarteten Renditen von risikobehafteten Finanzierungstiteln im allgemeinen **unterhalb** des Zinssatzes für sichere Anlage/Verschuldung liegen. Aus diesen Gründen wird im weiteren in Übereinstimmung mit der Mehrzahl anderer Beiträge in der Literatur von risikofreudigen Verhaltensweisen vollständig abgesehen und der Schwerpunkt auf

---

[21] In entsprechender Weise erzielt die staatliche Lotteriegesellschaft erwartete Vermögenszuwächse.

die Betrachtung **risikoscheuer** Entscheidungsträger gelegt.[22]

2.4 Beurteilung des *Bernoulli*-Prinzips

2.4.1 Entscheidungstheoretische Aspekte

Das *Bernoulli*-Prinzip besticht durch die Möglichkeit seiner eleganten Herleitung auf der Basis von einigen wenigen, sehr plausibel wirkenden Postulaten für menschliches Entscheidungsverhalten. Es fällt schwer, die aufgestellten Axiome nicht als vernünftig zu werten. Gleichwohl lassen sich in praktischen Entscheidungssituationen **Verstöße** gegen das *Bernoulli*-Prinzip und damit auch gegen wenigstens eines der oben aufgestellten Axiome als geradezu **ubiquitär** bezeichnen.[23] Entscheidend für die Würdigung dieses Umstands ist die Antwort auf die Frage nach der **Ursache** für die feststellbaren Diskrepanzen. Endgültig geklärt ist diese Frage bis heute nicht,[24] doch dürfte ein ganz wesentlicher Grund der beobachtbaren Verstöße in den **begrenzten kognitiven Fähigkeiten** von Entscheidungsträgern zu sehen sein. Im Klartext formuliert, bedeutet dies, daß Menschen Informationen nicht unmittelbar und nicht stets fehlerfrei in beliebiger Weise verarbeiten können. Man spricht insbesondere in diesem Zusammenhang auch von der nur **beschränkten Rationalität** realer Entscheidungssubjekte. Eine Konsequenz hieraus ist, daß ein Entscheider durchaus zustimmen mag, daß die oben

---

[22] Freilich sollte nochmals hervorgehoben werden, daß trotz all der genannten guten Argumente der empirische Befund hinsichtlich der Risikopräferenzen von Entscheidern in der Tat **nicht** so eindeutig ist. Vgl. neben der schon genannten Quelle von *Friedman/Savage* (1948) auch die Ergebnisse in *Mosteller/Nogee* (1951) oder *Grayson* (1960), S. 297 ff.

[23] Viel genannt und diskutiert werden in der Literatur insbesondere das *Allais*- und das *Ellsberg*-**Paradoxon**. Vgl. *Allais* (1953) und *Ellsberg* (1961). Siehe hierzu auch beispielsweise *Eisenführ/Weber* (1999), S. 359 ff., sowie *Bigus* (2000).

[24] Vgl. beispielsweise *Meyer* (1999), S. 69 ff.

präsentierten Axiome sinnvollerweise beachtet werden sollten,[25] ihre konkrete Anwendung ihm aber dann nicht gelingt. Schwierigkeiten dürften dabei wenigstens die Berechnungen im Rahmen des **Reduktionsaxioms** bereiten. Noch gravierender als die Schwierigkeiten bei der isolierten Anwendung eines Axioms ist aber wohl schlicht das Problem, das **komplexe Zusammenwirken** der einzelnen Axiome, wie es im Abschnitt 2.2.2.1 zur Fundierung des *Bernoulli*-Prinzips präsentiert wurde, durch Entscheidungsträger in praktischen Anwendungen bewußt **nachzuvollziehen**. Dieser Umstand mag dazu führen, daß ein Entscheider beispielsweise die Äquivalenz der in den *Tabellen 2.1* und *2.2* dargelegten Wahrscheinlichkeitsverteilungen **nicht** ohne weiteres erkennt, obwohl er die Gültigkeit der zugrundeliegenden sechs Axiome nicht in Frage stellt. Läge man ihm die Transformation wie im Rahmen dieses Lehrbuchs **im Detail** dar, so würde er - für entsprechend gegebene Präferenzen - die Äquivalenz in aller Regel bejahen. Daß überdies kaum Anhaltspunkte dafür bestehen, daß sich Entscheidungsträger **unbewußt**, also ohne expliziten Rückgriff auf einen entsprechenden Kalkül, im Sinne des *Bernoulli*-Prinzips verhalten, sollte kaum mehr überraschen.[26]

Sofern man der Ansicht ist, daß **Verstöße** gegen das *Bernoulli*-Prinzip im tatsächlichen Verhalten von Entscheidungsträgern Ausdruck ihrer **mangelnden Informationsverarbeitungsmöglichkeiten** sind, ist das *Bernoulli*-Prinzip zur Beschreibung realen menschlichen Verhaltens wenig geeignet. In diesem Zusammenhang spricht man von der **deskriptiven** oder **positiven Entscheidungstheorie**[27], die folglich mit einiger Berechtigung auf anderen Verhaltensprinzipien als dem *Bernoulli*-Prinzip aufbauen sollte. Gleichwohl sind Kalküle auf der Basis des *Bernoulli*-Prinzips durchaus zur Entwicklung von **"vernünftigen" Handlungsempfehlungen** unter Vermeidung von Verstößen gegen das als sachgerecht erkannte obi-

---

[25] Vgl. etwa *Eisenführ/Weber* (1999), S. 360.

[26] Vgl. hierzu auch die ausführliche Beschreibung von mit dem *Bernoulli*-Prinzip nicht vereinbaren **"Abnormitäten"** im tatsächlichen Verhalten von Entscheidern bei *Eisenführ/Weber* (1999), S. 359 ff.

[27] Vgl. z.B. *Bamberg/Coenenberg* (2000), S. 3 f., oder *Laux* (1998), S. 13 ff.

88

ge Axiomensystem geeignet. In diesem Kontext spricht man von der **präskriptiven** oder **normativen Entscheidungstheorie**,[28] und hier haben Kalküle auf der Grundlage des *Bernoulli*-Prinzips ihren festen Platz. Weil im Rahmen der Investitionstheorie ebenfalls die Herleitung von Handlungsempfehlungen für Unternehmer im Vordergrund steht, läßt sich auch hier die Anwendung des *Bernoulli*-Prinzips durchaus rechtfertigen.

Das *Bernoulli*-Prinzip kann dabei nicht nur für den Fall zur Anwendung kommen, daß ein Unternehmer lediglich auf ein möglichst großes "subjektives" oder "objektives" Endvermögen zum Zeitpunkt $t = T$ abstellt. Im allgemeinen Fall wird der Unternehmer über eine **beliebige (Risiko-) Nutzenfunktion** $U(c_0; \tilde{c}_1; \ldots; \tilde{c}_T)$ verfügen, deren Erwartungswert zu maximieren ist.

2.4.2 Investitionstheoretische Aspekte

Folgt man der obigen Argumentation, so findet der Ausgangspunkt des Kapitels II aus Band I für Investitionsentscheidungen bei Sicherheit, die Maximierung einer unternehmerischen Nutzenfunktion, seine Erweiterung für den Fall bei Risiko in Form der Maximierung des Erwartungswertes des unternehmerischen Nutzens.

Statt einer simplen Auswahlentscheidung zwischen N Investitionsprojekten wurde im Kapitel II des ersten Bands eine echte **Programmentscheidung** derart betrachtet, daß dem Unternehmer N beliebig teil- und unabhängig voneinander durchführbare Investitionsprojekte zur Verfügung stehen. Selbst wenn man der im zweiten Kapitel des ersten Bands vorgenommenen Einschränkung der Betrachtung auf den einfachen Zwei-Zeitpunkte-Fall folgt und eine unternehmerische Nutzenfunktion der Form $U(c_0; \tilde{c}_1)$ unterstellt, kann das dortige **Vorgehen bei Sicherheit** zur Herleitung einer einfachen Entscheidungsregel für Investitionen **nicht** ohne weiteres auf den Fall bei Risiko **übertragen** werden. Insbesondere ist schon eine Reihung

---

[28] Vgl. erneut die Quellen aus der vorhergehenden Fußnote.

der Investitionsprojekte nach ihrer jeweiligen Rendite nicht möglich, da diese nunmehr **ungewiß** ist. Eine analoge Verhaltensvorschrift zur Empfehlung, so lange zu investieren, bis die Grenzrate der Transformation der Grenzrate der Substitution entspricht, existiert bei Entscheidungen unter Risiko in allgemeiner Form nicht. Entsprechend kommt auch eine graphische Problemaufbereitung nicht in Betracht. Vielmehr ist es erforderlich, das unternehmerische Entscheidungsproblem zu formalisieren. Zu diesem Zweck werde im weiteren mit $\alpha^{(n)} \in [0;1]$ der **Bruchteil** bezeichnet, der von dem Investitionsprojekt n ausgeführt wird. Mit $A_0^{(n)}$ als der für die Durchführung des Projekts n in t = 0 erforderlichen **Anfangsauszahlung** und $\tilde{z}_1^{(n)}$ als der **unsicheren Einzahlung** des (End-) Zeitpunktes t = 1 aus dem Investitionsprojekt n beläuft sich die **Konsumposition** des Unternehmers bei einem Anfangsvermögen von W_0 in **t = 0** auf $W_0 - \sum_{n=1}^{N} \alpha^{(n)} \cdot A_0^{(n)}$, wobei dieser Wert natürlich nichtnegativ sein muß. Seine **unsicheren Konsummöglichkeiten** des Zeitpunktes **t = 1** bestimmen sich entsprechend als $\sum_{n=1}^{N} \alpha^{(n)} \cdot \tilde{z}_1^{(n)}$. **Ziel** des Unternehmers ist die Maximierung des **Erwartungswertes seines Nutzens** $U(W_0 - \sum_{n=1}^{N} \alpha^{(n)} \cdot A_0^{(n)}; \sum_{n=1}^{N} \alpha^{(n)} \cdot \tilde{z}_1^{(n)})$ über geeignete Wahl der investiven Engagements $\alpha^{(n)}$ (n = 1, ..., N):

$$E\left[U\left(W_0 - \sum_{n=1}^{N} \alpha^{(n)} \cdot A_0^{(n)}; \sum_{n=1}^{N} \alpha^{(n)} \cdot \tilde{z}_1^{(n)} \right) \right] \rightarrow \max_{\alpha^{(1)}, ..., \alpha^{(N)}}! \qquad (2.9)$$

Die **notwendigen** Bedingungen für ein inneres[29] Optimum erhält man, indem man die Ableitungen von (2.9) nach den Entscheidungsvariablen $\alpha^{(n)}$ bildet und gleich Null setzt. Das resultierende Gleichungssystem wird in aller Regel **nichtlinear** und nur noch **numerisch** für konkret vorgegebene Nutzenfunktion und Wahrscheinlichkeitsverteilungen lösbar sein. Selbst dies kann sich bei einer ent-

---

[29] Das heißt, daß **Randlösungen** mit wenigstens einem Optimalwert $\alpha^{(n)*} = 0$ oder $\alpha^{(n)*} = 1$ oder mit vollständigem Konsumverzicht in t = 0 hier noch nicht berücksichtigt sind. Die Berücksichtigung dieser Möglichkeiten im Rahmen eines *Kuhn-Tucker-Lagrange*-Ansatzes macht das unternehmerische Entscheidungsproblem natürlich nicht einfacher lösbar. Vgl. zum *Kuhn-Tucker-Lagrange*-Ansatz beispielsweise *Neus* (2001), S. 513 ff., und *Chiang* (1984), S. 722 ff.

sprechend hohen Anzahl verfügbarer Investitionsprojekte als recht schwierig erweisen. Dabei ist auch zu beachten, daß die **gemeinsame** Wahrscheinlichkeitsverteilung von N Investitionsprojekten zu schätzen ist. Auf die besonderen Probleme
der Ermittlung multivariater Wahrscheinlichkeitsverteilungen wurde bereits im
vorhergehenden Abschnitt hingewiesen. Schon aus diesen Gründen besteht ein Bedürfnis nach möglichst **vereinfachten Problemzugängen.** Interessant sind dabei
vor allem solche Entscheidungssituationen, die eine weitgehend **analoge Übertragung** des Vorgehens bei Sicherheit aus dem Kapitel II des ersten Bands eröffnen
oder aber die dazu führen, daß sich die notwendigen Optimalitätsbedingungen zu
einem **linearen** und damit grundsätzlich allgemein lösbaren Gleichungssystem
vereinfachen. Im **nächsten** Abschnitt werden wir auf diese beiden Ansätze zur
Gewährleistung eines leicht zugänglichen Entscheidungsproblems näher eingehen.

2.5 Zusammenfassung

Gegenstand des vorliegenden Abschnitts war die Diskussion von **Investitionsaus-
wahlentscheidungen** auf der Grundlage des *Bernoulli*-**Prinzips:** Sofern sich Unternehmer bei ihren Entscheidungen nach bestimmten, sehr plausibel wirkenden
Axiomen rationalen Handelns richten, kann die **Existenz** einer unternehmerischen **Risikonutzenfunktion** gefolgert werden, deren **Erwartungswert** zu maximieren ist. Wenngleich das *Bernoulli*-Prinzip in sehr allgemeiner Form für unternehmerische Entscheidungen Anwendung finden kann, lag der Schwerpunkt
der Betrachtung des vorliegenden Abschnitts doch auf solchen Situationen, in denen ein Unternehmer allein an einem möglichst großen ("subjektiv" oder "objektiv" bestimmten) **Vermögen** zum Ende seines Planungshorizontes interessiert ist.

Verschiedene Einstellungen zum Risiko kommen dabei in der jeweiligen Verlaufs-
form der Nutzenfunktion zum Ausdruck. Ein im unternehmerischen Endvermögen
degressiv steigender Verlauf deutet auf einen **risikoscheuen** Unternehmer hin,
der sichere Einzahlungen einer bestimmten Höhe gegenüber unsicheren mit dem
gleichen Erwartungswert **vorzieht.** Bei **progressiv steigender** Nutzenfunktion
verhält es sich genau umgekehrt, und man spricht daher dann von einem **risiko-**

freudigen Unternehmer. Im Falle einer **linearen** Nutzenfunktion beurteilt der Unternehmer Handlungsalternativen allein nach dem dadurch für ihn jeweils erreichbaren **Erwartungswert des Endvermögens**. Hier spricht man von einem **risikoneutralen** Unternehmer.

Empirisch lassen sich leicht zahlreiche **Verstöße** des tatsächlichen Verhaltens von Entscheidern gegen das *Bernoulli*-Prinzip belegen. Als Grundlage einer **deskriptiven** Entscheidungstheorie ist es daher eher wenig geeignet. Die wichtigste Ursache derartiger Abweichungen von erwartungsnutzenmaximierenden Handlungsweisen dürfte in den **beschränkten kognitiven** Fähigkeiten von Entscheidungsträgern zu sehen sein. Damit aber kann das *Bernoulli*-Prinzip wegen seiner sachgerecht wirkenden Fundierung sehr wohl als Grundlage für die Herleitung zweckmäßiger **Handlungsempfehlungen**, etwa im Hinblick auf Realinvestitionsentscheidungen, genutzt werden. Es bildet damit bis zum heutigen Tage den zentralen Pfeiler einer **präskriptiven** Entscheidungstheorie.

Wiederholungsfragen

W2.1

Wie lautet die Aussage des *Bernoulli*-Prinzips?

W2.2

Was versteht man unter dem Ordinalitätsaxiom?

W2.3

Welchen Inhalts ist das Stetigkeitsaxiom?

W2.4

Wie läßt sich das Substitutionsaxiom inhaltlich charakterisieren?

W2.5

Welche Aussage trifft das Reduktionsaxiom?

W2.6

Was versteht man unter dem Monotonieaxiom?

W2.7

Auf welche Weise kann man das *Bernoulli*-Prinzip auf der Grundlage der fünf zuvor genannten Axiome herleiten?

W2.8

Inwiefern sind Risikonutzenfunktionen auf der Grundlage des *Bernoulli*-Prinzips unbestimmt?

W2.9

Welche Verlaufsformen von Risikonutzenfunktionen kann man je nach der Risikoeinstellung des betrachteten Subjekts unterscheiden?

W2.10

Wie läßt sich das *Bernoulli*-Prinzip aus entscheidungs- und investitionstheoretischer Sicht beurteilen?

94

3 Investitionsentscheidungen als Portfolioselektionsproblem

3.1 Problemstellung

Anknüpfungspunkt für die folgenden Überlegungen ist das zum Ende des vorhergehenden Abschnitts skizzierte unternehmerische Investitionsprogrammproblem mit N beliebig teil- und kombinierbaren Investitionsprojekten. Grundsätzlich gelangt man hierbei zur Notwendigkeit, ein **nichtlineares Gleichungssystem** mit N Variablen zu lösen. Sowohl der **Informationsbeschaffungsbedarf** wie auch die Schwierigkeit einer **numerischen Problemlösung** begründen die Notwendigkeit für vereinfachte Problembetrachtungen. **Abschnitt 3.2** legt daher zunächst dar, wie sich die Komplexität des Entscheidungsproblems unter der Prämisse eines **risikoneutralen** Unternehmers reduziert. Die Überlegungen aus dem zweiten Kapitel des ersten Bands erweisen sich für diesen Fall als weitgehend übertragbar. Weitaus interessanter ist natürlich die Betrachtung eines **risikoaversen** Unternehmers. Auch noch im Rahmen von Abschnitt 3.2 wird deswegen geprüft, unter welchen Voraussetzungen sich die notwendigen Optimalitätsbedingungen bei Risikoscheu des Unternehmers als ein lineares Gleichungssystem darstellen lassen. Als hinreichend hierfür erweist es sich, wenn die Risikonutzenfunktion des Unternehmers in spezifischer Weise **quadratisch** ist. Auch die (alternative) Annahme von **(multivariat) normalverteilten** künftigen Einzahlungsüberschüssen aus den Investitionsprojekten trägt in gewisser Weise zur Problemvereinfachung bei.

Um die weiteren Analysen zu erleichtern, wird im **Abschnitt 3.3** die Untersuchung des Abschnitts 3.2 für den Fall wiederholt, daß der Unternehmer lediglich an einem möglichst hohen ("subjektiven" oder "objektiven"[1]) **Endvermögen** eines beliebigen Zeitpunktes t = T interessiert ist. Von differenzierten Zeitpräferenzen wird hierbei demnach abgesehen. Im Zusammenhang mit den

---

[1] Hierzu sei erneut auf die Darstellung im Abschnitt 1.3.1 dieses Kapitels verwiesen.

Konsequenzen einer quadratischen Risikonutzenfunktion oder (multivariat) normalverteilter Endvermögensbeiträge aus den einzelnen Investitionsprojekten wird gezeigt, daß sich der Unternehmer lediglich nach einem sogenannten μ-σ-**Prinzip** richtet. Mit μ wird der Erwartungswert einer Zufallsvariablen, hier konkret: des unternehmerischen Endvermögens, und mit σ die zugehörige Standardabweichung bzw. mit σ^2 die entsprechende Varianz bezeichnet. Entscheidungen auf der Grundlage des μ-σ-Prinzips wurden historisch im Zusammenhang mit der optimalen Zusammenstellung von **Wertpapierportfolios** zum ersten Mal diskutiert. Sehr ähnlich stellt sich die Situation bei **Investitions-programmentscheidungen** unter Risiko dar. Daher kann man hier auch von einem Portfolioselektionsproblem sprechen. Hierauf wird ausführlich im Rahmen des **Abschnitts 3.4** eingegangen. Die Zusammenfassung der Ergebnisse erfolgt im **Abschnitt 3.5**.

3.2 Investitionsprogrammentscheidungen bei Risiko im Zwei-Zeit-punkte-Fall

3.2.1 Der Satz von *Taylor*

Im weiteren werde wie zum Ende des vorhergehenden Abschnitts 2 eine **Investi-tionsprogrammentscheidung** derart betrachtet, daß dem Unternehmer N beliebig teil- und unabhängig voneinander durchführbare Investitionsprojekte im Rahmen einer **Zwei-Zeitpunkte-Betrachtung bei Risiko** zur Verfügung stehen. Mit $\alpha^{(n)} \in [0;1]$ sei weiterhin der Bruchteil bezeichnet, zu dem ein Investitionsprojekt n ausgeführt wird, und die Zahlungsstruktur des Investitionsprojekts n werde durch $(-A_0^{(n)}; \bar{z}_1^{(n)})$ beschrieben. Das Ziel des Unternehmers besteht in der Maximierung des **Erwartungswertes seines Nutzens** $U(W_0 - \sum_{n=1}^{N} \alpha^{(n)} \cdot A_0^{(n)}; \sum_{n=1}^{N} \alpha^{(n)} \cdot \bar{z}_1^{(n)})$ über geeignete Wahl der investiven Engagements $\alpha^{(n)}$ (n = 1, ..., N):

$$E\left[U\left(W_0 - \sum_{n=1}^{N} \alpha^{(n)} \cdot A_0; \sum_{n=1}^{N} \alpha^{(n)} \cdot \bar{z}_1^{(n)} \right) \right] \rightarrow \max_{\alpha^{(1)}, ..., \alpha^{(N)}}! \qquad (3.1)$$

Neben den Anforderungen $\alpha^{(n)} \in [0;1]$ ($\forall$ n = 1, ..., N) ist überdies die Restriktion $W_0 \geq \Sigma_{n=1}^N \alpha^{(n)} \cdot A_0^{(n)}$ zu beachten. Letztere Bedingung gewährleistet, daß der unternehmerische Konsum des Zeitpunktes t = 0 in jedem Fall nichtnegativ ist.[2]

Einsichten in Möglichkeiten einer vereinfachten Problembetrachtung kann man insbesondere durch die Anwendung des **Satzes von** *Taylor* gewinnen.[3] Nach diesem Satz kann eine hinreichend häufig differenzierbare Funktion schon vollständig durch ihr Verhalten in einer beliebig kleinen Umgebung einer ebenfalls beliebigen Stelle $\bar{\nu}$ des Definitionsbereichs beschrieben werden. Konkret bedeutet dies, daß sich der Funktionswert an einer Stelle $\bar{\nu} + \Delta\nu$ über die folgende **unendliche Reihe** bestimmen läßt:

$$f(\bar{v} + \Delta v) = f(\bar{v}) + \frac{f'(\bar{v})}{1!} \cdot \Delta v + \frac{f''(\bar{v})}{2!} \cdot (\Delta v)^2 + \frac{f'''(\bar{v})}{3!} \cdot (\Delta v)^3 + ... \qquad (3.2)$$

Der Zusammenhang gemäß (3.2) kann auch auf die **unternehmerische Risikonutzenfunktion** $U(c_0; c_1)$ für festen Gegenwartskonsum $\bar{c}_0$ im Hinblick auf die Ableitungen nach c_1 angewandt werden. Zu diesem Zweck sei abkürzend die partielle Ableitung von U nach c_t mit U_t bezeichnet. Entsprechend werde die zweite partielle Ableitung nach c_t mit U_{tt} und die dritte mit U_{ttt} bezeichnet. Damit gilt für den unternehmerischen Nutzen bei Realisation von $c_0 \equiv \bar{c}_0$ und $c_1 = \bar{c}_1 + \Delta c_1$:

$$U(\bar{c}_0; \bar{c}_1 + \Delta c_1)$$

$$= U(\bar{c}_0; \bar{c}_1) + \frac{U_1(\bar{c}_0; \bar{c}_1)}{1!} \cdot \Delta c_1 + \frac{U_{11}(\bar{c}_0; \bar{c}_1)}{2!} \cdot (\Delta c_1)^2 \qquad (3.3)$$

$$+ \frac{U_{111}(\bar{c}_0; \bar{c}_1)}{3!} \cdot (\Delta c_1)^3 + ...$$

---

[2] Für die Einzahlungsüberschüsse $\bar{z}_1^{(n)}$ aus den Projekten n = 1, ..., N sei vorerst unterstellt, daß diese in jedem Fall **nichtnegativ** sind, so daß auch der unternehmerische Konsum des Zeitpunktes t = 1 trotz seiner Ungewißheit in keinem Falle negativ werden kann.

[3] Vgl. hierzu etwa *Breuer/Gürtler/Schuhmacher* (1999a), S. 30 f., 43, oder *Bronstein/Semendjajew/Musiol/Mühlig* (2001), S. 433.

Nun sei vorausgesetzt, daß der künftige Konsum **unsicher** ist und daher mit einer Tilde gekennzeichnet wird: $\tilde{c}_1$. Unterstellt man des weiteren $\overline{c}_1 \equiv E(\tilde{c}_1)$ und somit $\Delta\tilde{c}_1 \equiv \tilde{c}_1 - E(\tilde{c}_1)$, dann erhält man unter Beachtung von (3.3) den folgenden Ausdruck für den unternehmerischen Erwartungsnutzen:

$$
\begin{aligned}
E[U(\overline{c}_0;\tilde{c}_1)] &= E\{U[\overline{c}_0;E(\tilde{c}_1)+(\tilde{c}_1-E(\tilde{c}_1))]\} \\[2mm]
&= U[\overline{c}_0;E(\tilde{c}_1)] + \frac{U_1[\overline{c}_0;E(\tilde{c}_1)]}{1!} \cdot E[\tilde{c}_1-E(\tilde{c}_1)] \\[2mm]
&\quad + \frac{U_{11}[\overline{c}_0;E(\tilde{c}_1)]}{2!} \cdot E\{[\tilde{c}_1-E(\tilde{c}_1)]^2\} \\[2mm]
&\quad + \frac{U_{111}[\overline{c}_0;E(\tilde{c}_1)]}{3!} \cdot E\{[\tilde{c}_1-E(\tilde{c}_1)]^3\} + \ldots
\end{aligned}
\tag{3.4}
$$

Einen Ausdruck der Form $E\{[\tilde{c}_1-E(\tilde{c}_1)]^v\}$ nennt man das **v-te zentrale Moment** der Zufallsvariablen $\tilde{c}_1$. Das **erste** zentrale Moment $E\{[\tilde{c}_1-E(\tilde{c}_1)]^1\}$ beläuft sich stets auf 0. Das **zweite** (zentrale) Moment $E\{[\tilde{c}_1-E(\tilde{c}_1)]^2\}$ entspricht der **Varianz** $Var(\tilde{c}_1)$ des zukünftigen Konsums. Das **dritte** zentrale Moment nennt man **Schiefe**, das **vierte Wölbung**. Bezeichnungen für zentrale Momente fünfter und höherer Ordnung sind nicht gängig. In jedem Fall handelt es sich beim v-ten zentralen Moment um ein **Polynom v-ten Grades** in jeder der Entscheidungsvariablen $\alpha^{(n)}$. Da die notwendigen Bedingungen für ein **inneres Optimum** des Unternehmers durch Ableiten von $E[U(\overline{c}_0;\tilde{c}_1)]$ nach den $\alpha^{(n)}$ ermittelt werden können, erhält man hieraus im allgemeinen ein **nichtlineares Gleichungssystem**:

$$
E\left[-\frac{\partial U}{\partial c_0}\cdot A_0^{(n)} + \frac{\partial U}{\partial \tilde{c}_1}\cdot \tilde{z}_1^{(n)} \right] \overset{!}{=} 0 \quad (\forall\, n = 1, \ldots, N).
\tag{3.5}
$$

Bei der Herleitung von (3.5) ist lediglich zu beachten, daß die Ableitung eines Erwartungswertes für unsere Zwecke grundsätzlich mit dem Erwartungswert der Ableitung übereinstimmt. Dieser Umstand zusammen mit einer einfachen Anwendung der **Kettenregel**[4] führt zu (3.5).

Das über (3.5) beschriebene Gleichungssystem ist infolge seiner zumeist gegebenen Nichtlinearität durch die Relevanz von **höheren** Momenten als nur des Erwartungswertes und der Varianz von Konsumniveaus der Zeitpunkte $t = 0$ und $t = 1$ gekennzeichnet. Von besonderem Interesse sind daher vereinfachte Entscheidungsprobleme, in denen höchstens die ersten beiden Momente der unsicheren Konsumgrößen eine Rolle spielen, weil man dann gegebenenfalls analog zum **Fall bei Sicherheit** verfahren kann oder aber sich (3.5) möglicherweise wenigstens zu einem **linearen Gleichungssystem** reduziert, das ebenfalls explizit lösbar ist. Hierauf ist im folgenden näher einzugehen.

3.2.2 Risikoneutralität des Unternehmers

Im Falle der **Risikoneutralität** des Unternehmers sind alle Ableitungen von U nach c_1 ab der zweiten Ordnung identisch Null. Weil das erste zentrale Moment $E[\tilde{c}_1 - E(\tilde{c}_1)]$ stets den Wert Null annimmt, erhält man aus (3.4) unmittelbar die folgende Beziehung:

$$E[U(\bar{c}_0;\tilde{c}_1)] = U[\bar{c}_0;E(\tilde{c}_1)]. \tag{3.6}$$

Als Konsequenz aus der Annahme risikoneutralen Verhaltens entspricht der Erwartungsnutzen beliebiger Konsumpositionen c_0 und $\tilde{c}_1$ folglich einfach dem Nutzenniveau $U[c_0;E(\tilde{c}_1)]$. Im Falle der Sicherheit bestand das Ziel des Unternehmers in der Maximierung von $U(c_0;c_1)$. Die Annahme der Risikoneutralität bedingt folglich bloß, daß bei Übergang vom Fall der Sicherheit zu einer Betrachtung bei Risiko der sichere künftige Konsum c_1 durch den **Erwartungswert** des unsicheren Konsums substituiert wird.

---

4   Allgemein gilt für die Ableitung einer Funktion $f[v_1(v);v_2(v)]$ nach v folgender Zusammenhang:

$$\frac{df[v_1(v);v_2(v)]}{dv} = \frac{\partial f}{\partial v_1} \cdot \frac{\partial v_1}{\partial v} + \frac{\partial f}{\partial v_2} \cdot \frac{\partial v_2}{\partial v}.$$

Der erwartete Konsum des Zeitpunktes t = 1 ergibt sich seinerseits einfach durch Addition der mit ihren Realisationsanteilen $\alpha^{(n)}$ gewichteten erwarteten Rückflüsse $E(\tilde{z}_1^{(n)})$ aus den Investitionsprojekten n = 1, ..., N. Damit aber kann die Vorgehensweise aus dem zweiten Kapitel des Bands I vollständig übertragen werden, solange man nur überall die vormals sicheren Projekteinzahlungen durch ihre Erwartungswerte ersetzt. Insbesondere impliziert dies, daß eine **Reihung** der Investitionsprojekte nach der Höhe der mit ihnen verbundenen **erwarteten Rendite** $[E(\tilde{z}_1^{(n)})/A_0^{(n)}]$-1 möglich ist und hierüber eine **Investitionsertrags- sowie Transformationsfunktion** definiert wird. Im Optimum wird schließlich in der Regel die **Grenzrate der erwarteten Transformation** mit der **Grenzrate der erwarteten Substitution** übereinstimmen, wobei sich die beiden genannten Größen von den Grenzraten im Fall der Sicherheit lediglich dadurch unterscheiden, daß statt eines künftigen sicheren Konsums der **Erwartungswert** der unsicheren künftigen Konsumgröße betrachtet wird.

Die Charakterisierung des unternehmerischen Optimalverhaltens durch die Gleichsetzung von Grenzrate der erwarteten Transformation und Grenzrate der erwarteten Substitution stellt sich nur dann nicht ein, wenn eine **Randlösung** mit $c_0^* = 0$ GE oder $E(\tilde{c}_1^*) = 0$ GE als Lösung resultiert oder aber der Unternehmer einen (innen gelegenen[5]) Eckpunkt der Transformationskurve realisiert.

Beispiel 3.1:
Gegeben sei ein **risikoneutraler** Unternehmer im Rahmen einer Zwei-Zeitpunkte-Betrachtung mit einem Anfangsvermögen $W_0 = 50$ GE, dessen Risikonutzenfunktion vom *Cobb-Douglas*-Typ sei und konkret wie folgt lautet:[6]

---

[5] Auch im Falle einer Randlösung wird gewissermaßen ein **Eckpunkt** der Transformationskurve angestrebt.

[6] Die Nutzenfunktion ist bewußt einfach gewählt. Daß sich die beiden Exponenten von c_0 und $\tilde{c}_1$ dabei auf einen **über 1** hinausgehenden Wert addieren, wurde in Kauf genommen, obwohl dies zu unplausiblen Konsequenzen in anderen Entscheidungsproblemen führen kann. Vgl. etwa *Breuer* (2001a) und *Breuer* (2001b).

$$U(c_0;\tilde{c}_1) = c_0^{0,3} \cdot \tilde{c}_1 \leftrightarrow E[U(c_0;\tilde{c}_1)] = c_0^{0,3} \cdot E(\tilde{c}_1). \tag{3.7}$$

Der Unternehmer besitze Zugang zu zwei beliebig teil- und unabhängig voneinander durchführbaren Investitionsprojekten 1 und 2. Die (maximale) **Anfangsauszahlung** für Projekt 1 betrage 50 GE, die für Projekt 2 belaufe sich auf 55 GE. In der folgenden *Tabelle 3.1* sind die für t = 1 aus den beiden Projekten resultierenden ungewissen Einzahlungsüberschüsse $\tilde{z}_1^{(1)}$ und $\tilde{z}_1^{(2)}$ je nach eintretendem Umweltzustand $s^{(j)}$ (j = 1, ..., 4) angegeben. Alle Umweltzustände sollen dabei über die gleiche Eintrittswahrscheinlichkeit von ¼ verfügen.

	$s^{(1)}$	$s^{(2)}$	$s^{(3)}$	$s^{(4)}$
$\tilde{z}_1^{(1)}$	100	120	140	160
$\tilde{z}_1^{(2)}$	130	150	110	160

Tabelle 3.1: Zustandsabhängige Einzahlungsüberschüsse in t = 1 aus zwei Investitionsprojekten 1 und 2

Auf dieser Grundlage erhält man als **erwartete Einzahlungen** des Zeitpunktes t = 1 aus den beiden Projekten:

$$E(\tilde{z}_1^{(1)}) = \frac{1}{4} \cdot (100+120+140+160) = 130 \text{ GE},$$

$$E(\tilde{z}_1^{(2)}) = \frac{1}{4} \cdot (130+150+110+160) = 137{,}5 \text{ GE}. \tag{3.8}$$

Die **erwarteten Renditen** der beiden Projekte bestimmen sich dann als

$$\frac{E(\tilde{z}_1^{(1)}) - A_0^{(1)}}{A_0^{(1)}} = \frac{130 - 50}{50} = 160\ \%,$$

$$\frac{E(\tilde{z}_1^{(2)}) - A_0^{(2)}}{A_0^{(2)}} = \frac{137,5 - 55}{55} = 150\ \%.$$

(3.9)

Projekt 1 ist gegenüber dem Projekt 2 demnach **eindeutig überlegen**. Da der Unternehmer überdies nur über 50 GE Anfangsausstattung verfügt, wird Projekt 2 überhaupt nicht realisiert, und seine **Transformationsfunktion** bei Abstellen auf seinen für t = 1 erwarteten Konsum lautet schlicht:

$$E(\tilde{c}_1) = 2,6 \cdot (50 - c_0),$$

(3.10)

da $50 - c_0$ dem unternehmerischen Investitionsvolumen in t = 0 entspricht und jede in Projekt 1 investierte Geldeinheit eine erwartete Rückzahlung in Höhe von $130/50 = 2,6$ GE zum Zeitpunkt t = 1 bietet. Die **Grenzrate der erwarteten Transformation** beläuft sich folglich auf konstant 2,6 GE.[7]

---

[7] Vgl. hierzu auch *Abbildung 3.1*.

Die **Grenzrate der erwarteten Substitution** bestimmt sich als

$$\left|\frac{dE(\tilde{c}_1)}{dc_0}\right|_{\overline{U}}$$

$$= \left|-\frac{\partial U/\partial c_0}{\partial U/\partial E(\tilde{c}_1)}\right|$$

$$= \left|-\frac{0,3 \cdot c_0^{-0,7} \cdot E(\tilde{c}_1)}{c_0^{0,3}}\right|$$

$$= \frac{0,3 \cdot E(\tilde{c}_1)}{c_0}.$$

(3.11)

Im Optimum müssen nun **zwei Bedingungen** erfüllt sein. Zum einen muß ein gemeinsamer Punkt von Transformations- und einer Indifferenzkurve vorliegen. Das bedeutet unter anderem, daß $E(\tilde{c}_1) = 2,6 \cdot (50 - c_0)$ gilt, da ansonsten der Punkt $[c_0; E(\tilde{c}_1)]$ nicht auf der Transformationskurve liegt.[8] Zum anderen muß in diesem Punkt die Grenzrate der erwarteten Substitution mit der Grenzrate der erwarteten Transformation übereinstimmen, $[0,3 \cdot E(\tilde{c}_1)]/c_0 = 2,6$. Aus diesen beiden Anforderungen erhält man sofort ein **optimales** unternehmerisches Konsumniveau $c_0^* \approx 11,54$ GE in $t = 0$ und folglich ein Investitionsvolumen von etwa $38,46$ GE, woraus sich ein erwarteter Konsum in $t = 1$ von (exakt) 100 GE ergibt. $\square$

---

[8] Natürlich gibt es verschiedene **andere** Möglichkeiten der Problemlösung. Im zweiten Kapitel aus *Breuer* (2000a) etwa wurde zunächst noch die Bestimmungsgleichung der **Indifferenzkurvenschar** ermittelt und mit der Gleichung der Transformationskurve gleichgesetzt, um auf diese Weise eine der beiden notwendigen Charakterisierungen des Tangentialpunktes zu erhalten. Ohne weiteres hätte man dieses Vorgehen auch im Rahmen des vorliegenden Beispiels 3.1 wählen können.

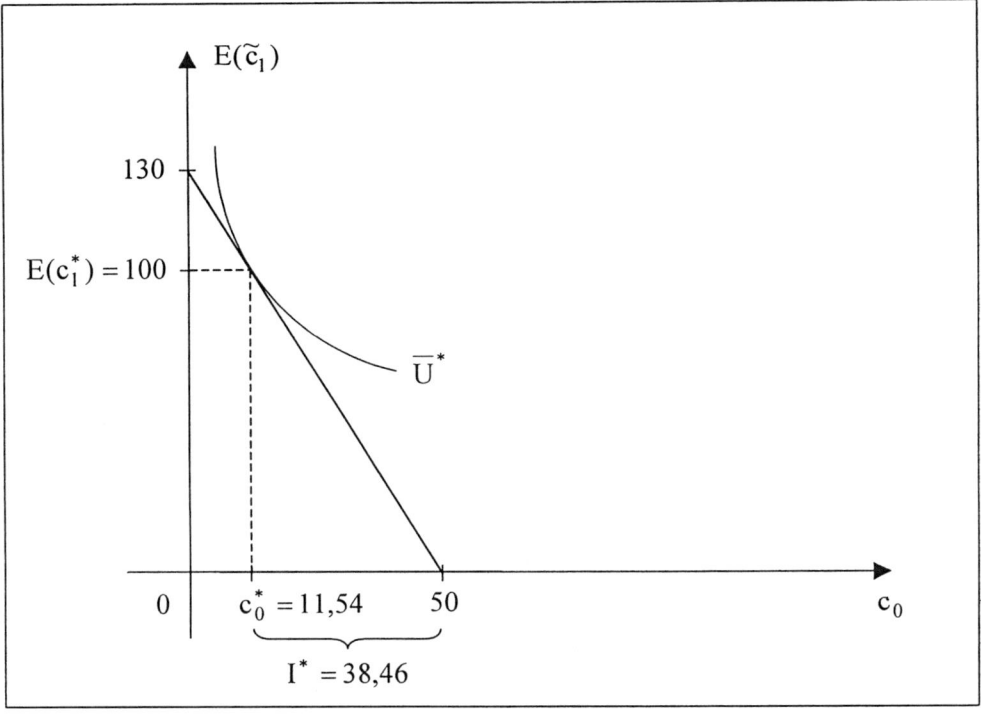

Abbildung 3.1: Unternehmerisches Optimalverhalten im Beispiel 3.1

Bei **risikoneutralem** Unternehmer ergeben sich aus der Ungewißheit künftiger Projekteinzahlungen damit grundsätzlich **keine** besonderen Probleme. Diese treten erst auf, wenn man unternehmerische **Risikoscheu** berücksichtigt. Gemäß den Ausführungen des vorhergehenden Abschnitts 2 wird man aber regelmäßig gerade hiervon ausgehen müssen.

3.2.3 Risikoscheu des Unternehmers

Risikoscheu des Unternehmers impliziert, daß wenigstens die **zweite** Ableitung von U nach dem künftigen Konsum ebenfalls nicht identisch Null, sondern vielmehr **negativ** ist. In der Tat ist dieser einfachste Fall der Risikoscheu zugleich bei Verzicht auf Einschränkungen der für $\tilde{c}_1$ betrachteten Wahrscheinlichkeitsverteilungen der **einzige**, bei dem die notwendigen Bedingungen für ein inneres Optimum von (3.1) zu einem **linearen** Gleichungssystem führen können. Damit dies wirklich der Fall ist, darf U allerdings auch in c_0 höchstens quadratisch sein und dürfen allenfalls gemischte Terme der Form $a^{(5)} \cdot c_0 \cdot c_1$ mit $a^{(5)} \in \mathbb{R}$ auftreten. Konkret muß die unternehmerische Nutzenfunktion $U(c_0; c_1)$ demnach von folgender Gestalt sein, damit die zu (3.1) gehörenden notwendigen Bedingungen für ein inneres Optimum in jedem Fall auf ein lineares Gleichungssystem führen:

$$U(c_0; c_1)$$

$$= a^{(0)} + a^{(1)} \cdot c_0 + a^{(2)} \cdot c_0^2 + a^{(3)} \cdot c_1 \qquad (3.12)$$

$$+ a^{(4)} \cdot c_1^2 + a^{(5)} \cdot c_0 \cdot c_1.$$

Als Ableitungen erster und zweiter Ordnung nach c_0 und c_1 erhält man bei der Nutzenfunktion gemäß (3.12):

$$\text{I.} \quad U_0(c_0; c_1) = a^{(1)} + 2 \cdot a^{(2)} \cdot c_0 + a^{(5)} \cdot c_1,$$

$$\text{II.} \quad U_{00}(c_0; c_1) = 2 \cdot a^{(2)},$$

$$\text{III.} \quad U_1(c_0; c_1) = a^{(3)} + 2 \cdot a^{(4)} \cdot c_1 + a^{(5)} \cdot c_0, \qquad (3.13)$$

$$\text{IV.} \quad U_{11}(c_0; c_1) = 2 \cdot a^{(4)},$$

$$\text{V.} \quad U_{01}(c_0; c_1) = U_{10}(c_0; c_1) = a^{(5)}.$$

Der Parameter $a^{(0)}$ kann aufgrund der **Kardinalität** der Nutzenfunktion ohne weiteres gleich Null gesetzt werden. Aus den Bedingungen $U_{00} < 0$ und $U_{11} < 0$ kann man ferner auf $a^{(2)} < 0$ sowie $a^{(4)} < 0$ schließen. Die Anforderungen $U_0 > 0$ sowie $U_1 > 0$ führen überdies zu den folgenden Einschränkungen hinsichtlich der zulässigen Konsumpositionen $(c_0; c_1)$:

$$c_0 < -\frac{a^{(1)}+a^{(5)}\cdot c_1}{2\cdot a^{(2)}},$$

$$c_1 < -\frac{a^{(3)}+a^{(5)}\cdot c_0}{2\cdot a^{(4)}}.$$

(3.14)

Die Verletzung von (3.14) würde bedeuten, daß der Unternehmer für bestimmte, als möglich zugelassene Konsumkombinationen $(c_0;c_1)$ einen **negativen** Grenznutzen aufweist, was zweifellos kein sinnvoll definiertes Entscheidungsproblem kennzeichnete. Die für c_0 und c_1 zulässigen Werte sind also prinzipiell nach oben beschränkt, wobei allerdings die Obergrenzen für c_0 und c_1 ihrerseits von den konkreten Werten des Gegenwarts- und des Zukunftskonsums bestimmt werden. Das Vorzeichen von $a^{(5)}$ ist dabei grundsätzlich **indeterminiert**. Sofern der Grenznutzen des Konsums in einem Zeitpunkt negativ durch Konsum in einem anderen Zeitpunkt beeinflußt wird, gilt $a^{(5)} < 0$. Für $a^{(5)} > 0$ führt ein erhöhter Konsum in einem Zeitpunkt zu einem ceteris paribus ansteigenden Grenznutzen aus dem Konsum in einem anderen Zeitpunkt. Eine derartige Situation liegt etwa grundsätzlich auch bei den schon im ersten Band ausführlich behandelten *Cobb-Douglas*-Nutzenfunktionen vor. Der Fall $a^{(5)} = 0$ schließlich beschreibt eine Situation, in der der Grenznutzen des Konsums in einem Zeitpunkt unabhängig vom Konsumniveau des jeweils anderen Zeitpunktes ist.

Graphisch handelt es sich bei der Nutzenfunktion aus (3.12) für festen Konsum c_τ in genau einem Zeitpunkt $\tau = 0, 1$ um den aufsteigenden Ast einer **Normalparabel**, das heißt der Parabel einer quadratischen Funktion, in c_t ($t \neq \tau$). Eine beispielhafte dreidimensionale Darstellung findet sich (unter Vernachlässigung des Erfordernisses positiven Grenznutzens) in *Abbildung 3.2*.

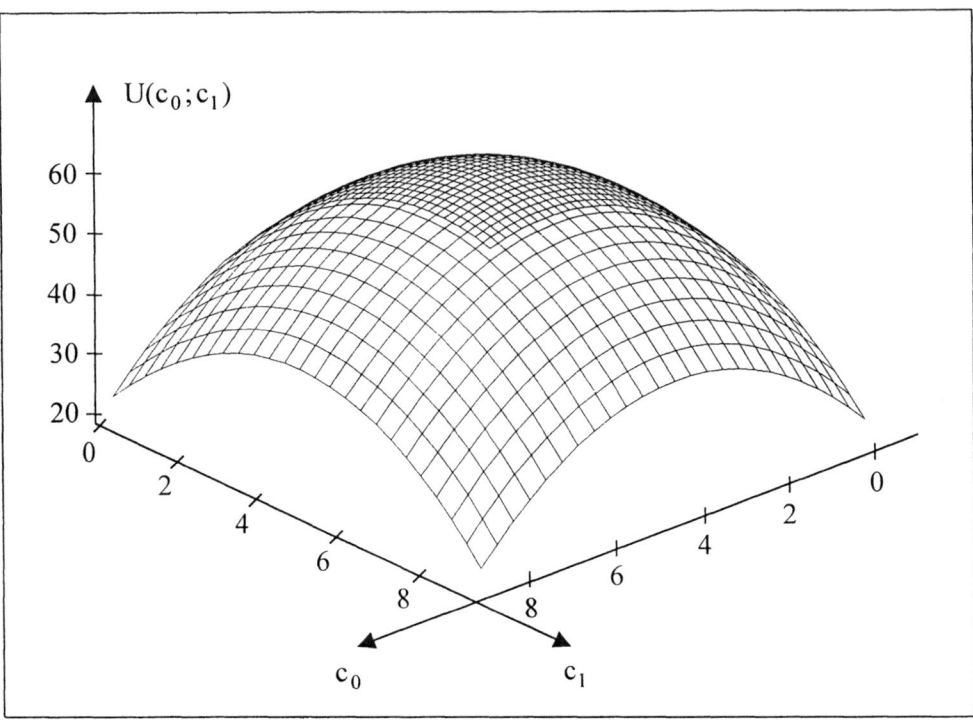

Abbildung 3.2: Graphische Darstellung der exemplarischen Nutzenfunktion

$$U(c_0;c_1) = 20 + 9 \cdot c_0 - c_0^2 + 9 \cdot c_1 - c_1^2$$

Unter den gerade genannten Voraussetzungen erhält man als notwendige Optimalitätsbedingungen für ein inneres Maximum N lineare Gleichungen, die in aller Regel **eindeutig lösbar** sein werden. Bereits hierbei ergibt sich ein wesentlicher Unterschied zum Fall der Sicherheit und bei Risiko unter der Annahme der Risikoneutralität des Unternehmers. In den beiden zuletzt genannten Situationen ist das optimale unternehmerische Investitionsprogramm grundsätzlich dadurch gekennzeichnet, daß allenfalls ein Investitionsprojekt nur zu einem bestimmten Bruchteil $\alpha^{(n)^*} \in (0;1)$ realisiert wird. Alle übrigen Investitionsprojekte werden entweder ganz ($\alpha^{(n)^*} = 1$) oder aber gar nicht ($\alpha^{(n)^*} = 0$) durchgeführt. Unter der Voraussetzung eines risikoscheuen Unternehmers ist die Welt nicht mehr derart "schwarz-weiß" zu sehen. Typischerweise werden nun **zahlreiche** Projekte mit positiven Bruchteilen realisiert, die trotzdem allerdings unterhalb von 1 liegen. Auf dieses Phänomen wird im Rahmen der folgenden Abschnitte noch näher einzugehen sein.

Beispiel 3.2:

Gegeben seien grundsätzlich die Investitionsprojekte aus Beispiel 3.1, wobei der Unternehmer bei gleicher Anfangsausstattung nun aber über eine Nutzenfunktion der folgenden Art verfüge:

$$U(c_0;c_1) = 120 \cdot c_0 - c_0^2 + 150 \cdot c_1 - c_1^2. \tag{3.15}$$

Ferner sei angenommen, daß sich die maximalen Investitionsbeträge für diese beiden Projekte nicht auf 50 bzw. 55 GE belaufen, sondern nur 14,5 bzw. 9,8 GE betragen. Diese modifizierten Höchstbeträge der Investition kann man auch so verstehen, daß von dem (ursprünglichen) Projekt 1 aus Beispiel 3.1 nur ein maximaler Anteil von 14,5/50 = 29 % und von dem ursprünglichen Projekt 2 nur ein maximaler Anteil von 9,8/55 $\approx$ 17,818 % realisiert werden kann. Eine solche Interpretation ist im weiteren hilfreich, weil damit unmittelbar auf die Vorarbeiten des Beispiels 3.1 zurückgegriffen werden kann.

Im Zusammenhang mit (3.15) prüft man leicht, daß $\partial U/\partial c_0 = 120 - 2 \cdot c_0$ und $\partial U/\partial c_1 = 150 - 2 \cdot c_1$ gilt. Der unternehmerische Grenznutzen im Hinblick auf c_0 ist damit für $c_0 < 60$ GE und im Hinblick auf c_1 für $c_1 < 75$ GE positiv. Während der Unternehmer die Grenze hinsichtlich c_0 bei einer Anfangsausstattung von 50 GE augenscheinlich nicht verletzen kann, ist die Möglichkeit einer Verletzung der Restriktion bezüglich c_1 genauer zu prüfen. Gemäß *Tabelle 3.1* führen beide Investitionsprojekte im Zustand $s^{(4)}$ zu den höchsten Konsumwerten. Diese lauten bei maximalen Investitionsvolumina von 50 bzw. 55 GE jeweils auf 160 GE. Unter Beachtung der im Rahmen dieses Beispiels definierten Obergrenzen der Investition resultiert demnach ein höchstmöglicher unternehmerischer Konsum von $(14,5/50) \cdot 160 + (9,8/55) \cdot 160 \approx 74,91$ GE im Zeitpunkt t = 1, der folglich gerade noch unter der zulässigen Höchstgrenze von 75 GE liegt.

Ferner gilt $\partial^2 U/\partial c_0^2 = \partial^2 U/\partial c_1^2 = -2$, so daß die unternehmerische Nutzenfunktion die Anforderung **positiven abnehmenden Grenznutzens** sowohl hinsichtlich des gegenwärtigen als auch des zukünftigen Konsums für alle zulässigen Investitionsprogramme erfüllt.

Mit $c_0 = 50-\alpha^{(1)}\cdot 50-\alpha^{(2)}\cdot 55$ und $\tilde{c}_1 = \alpha^{(1)}\cdot \tilde{z}_1^{(1)}+\alpha^{(2)}\cdot \tilde{z}_1^{(2)}$ läßt sich das risikobehaftete Nutzenniveau des Unternehmers ferner darstellen als:

$$
\begin{aligned}
&U(c_0;\tilde{c}_1) \\
&= 120\cdot (50-\alpha^{(1)}\cdot 50-\alpha^{(2)}\cdot 55)-(50-\alpha^{(1)}\cdot 50-\alpha^{(2)}\cdot 55)^2 \\
&\quad +150\cdot (\alpha^{(1)}\cdot \tilde{z}_1^{(1)}+\alpha^{(2)}\cdot \tilde{z}_1^{(2)})-(\alpha^{(1)}\cdot \tilde{z}_1^{(1)}+\alpha^{(2)}\cdot \tilde{z}_1^{(2)})^2.
\end{aligned}
\tag{3.16}
$$

Der unternehmerische **Erwartungsnutzen** beträgt mit $E(\tilde{z}_1^{(1)}) = 130$ GE und $E(\tilde{z}_1^{(2)}) = 137,5$ GE folglich:

$$
\begin{aligned}
&E[U(c_0;\tilde{c}_1)] \\
&= 6.000-6.000\cdot \alpha^{(1)}-6.600\cdot \alpha^{(2)} \\
&\quad -[2.500-5.000\cdot \alpha^{(1)}-5.500\cdot \alpha^{(2)}+2.500\cdot \alpha^{(1)2} \\
&\quad +3.025\cdot \alpha^{(2)2}+5.500\cdot \alpha^{(1)}\cdot \alpha^{(2)}] \\
&\quad +150\cdot [\alpha^{(1)}\cdot E(\tilde{z}_1^{(1)})+\alpha^{(2)}\cdot E(\tilde{z}_1^{(2)})]-E[(\alpha^{(1)}\cdot \tilde{z}_1^{(1)}+\alpha^{(2)}\cdot \tilde{z}_1^{(2)})^2] \\
&= 3.500+18.500\cdot \alpha^{(1)}+19.525\cdot \alpha^{(2)} \\
&\quad -2.500\cdot \alpha^{(1)2}-3.025\cdot \alpha^{(2)2}-5.500\cdot \alpha^{(1)}\cdot \alpha^{(2)} \\
&\quad -\alpha^{(1)2}\cdot E(\tilde{z}_1^{(1)2})-\alpha^{(2)2}\cdot E(\tilde{z}_1^{(2)2})-2\cdot \alpha^{(1)}\cdot \alpha^{(2)}\cdot E(\tilde{z}_1^{(1)}\cdot \tilde{z}_1^{(2)}).
\end{aligned}
\tag{3.17}
$$

Man erkennt unmittelbar, daß die Kenntnis nur der Erwartungswerte von $\tilde{z}_1^{(1)}$ und $\tilde{z}_1^{(2)}$ im Gegensatz zur Situation bei einem risikoneutralen Unternehmer **nicht** ausreichend ist, um das optimale Investitionsprogramm zu bestimmen. Vielmehr muß man zunächst noch $E(\bar{z}_1^{(1)2})$ und $E(\bar{z}_1^{(2)2})$ sowie $E(\bar{z}_1^{(1)} \cdot \bar{z}_1^{(2)})$ ermitteln. Es ergibt sich:

$$E(\bar{z}_1^{(1)2}) = \frac{1}{4} \cdot (100^2 + 120^2 + 140^2 + 160^2) = 17.400 \; GE^2,$$

$$E(\bar{z}_1^{(2)2}) = \frac{1}{4} \cdot (130^2 + 150^2 + 110^2 + 160^2) = 19.275 \; GE^2, \qquad (3.18)$$

$$E(\bar{z}_1^{(1)} \cdot \bar{z}_1^{(2)}) = \frac{1}{4} \cdot (100 \cdot 130 + 120 \cdot 150 + 140 \cdot 110 + 160 \cdot 160) = 18.000 \; GE^2.$$

Nach Einsetzen von (3.18) kann man durch Nullsetzen der partiellen Ableitungen von (3.17) nach $\alpha^{(1)}$ und $\alpha^{(2)}$ die notwendigen Bedingungen für ein inneres Optimum im Rahmen des unternehmerischen Entscheidungsproblems herleiten. Es resultiert schließlich:

$$
\begin{array}{lll}
\text{I.} & 18.500 - 39.800 \cdot \alpha^{(1)} - 41.500 \cdot \alpha^{(2)} = 0, & \\
& & (3.19) \\
\text{II.} & 19.525 - 41.500 \cdot \alpha^{(1)} - 44.600 \cdot \alpha^{(2)} = 0. &
\end{array}
$$

Die Lösung des linearen Gleichungssystems gemäß (3.19) ergibt letztlich

$$
\alpha^{(1)*} = \frac{1.975}{7.044} \approx 0{,}2804,
$$

$$
\qquad\qquad\qquad\qquad\qquad\qquad\qquad\qquad\qquad (3.20)
$$

$$
\alpha^{(2)*} = \frac{623}{3.522} \approx 0{,}1769
$$

und verletzt somit nicht die zu beachteten Investitionsobergrenzen im Hinblick auf die beiden Projekte. (3.20) beschreibt daher in der Tat die Struktur des optimalen Investitionsprogramms. Der zugehörige Mittelbedarf für die Realisation dieses Investitionsprogramms beträgt etwa $0{,}2804 \cdot 50 + 0{,}1769 \cdot 55 \approx 23{,}75 \; GE$, so daß ungefähr $50 - 23{,}75 = 26{,}25 \; GE$ der gesamten unternehmerischen Anfangsausstattung unmittelbar in $t = 0$ konsumiert werden.

Der Unternehmer investiert demnach in beide Investitionsprojekte zugleich mit **positiven** Bruchteilen $\alpha^{(1)*}$ und $\alpha^{(2)*}$, die aber beide kleiner als 1 sind. Dies stellt einen wesentlichen Unterschied zum unternehmerischen Investitionsverhalten bei Sicherheit oder unter der Annahme der Risikoneutralität dar. ☐

Neben der Möglichkeit, durch Einschränkung der für den Unternehmer "zulässigen" Nutzenfunktion das Entscheidungsproblem zu vereinfachen, bietet es sich auch noch an, die **Wahrscheinlichkeitsverteilungen** der unternehmerischen Einzahlungsüberschüsse näher zu spezifizieren. Zwar werden bei anderen Nutzenfunktionen als der durch (3.12) beschriebenen grundsätzlich Momente dritter und höherer Ordnung relevant. Sofern diese aber als Funktionen der Momente erster und zweiter Ordnung dargestellt werden können, vereinfacht sich das Problem insofern, als sich (neben dem Konsumniveau des Zeitpunktes t = 0) lediglich Erwartungswert und Varianz des jeweiligen unternehmerischen Konsums in t = 1 als entscheidungsrelevant erweisen. In der Tat herrscht eine derartige Situation für den Fall vor, daß die Einzahlungsüberschüsse $\bar{z}_1^{(n)}$ aus den Investitionsprojekten sämtlich **multivariat normalverteilt** sind. Damit nämlich ist zum einen auch der gesamte unternehmerische Konsum des Zeitpunktes t = 1 in jedem Fall normalverteilt. Dieser ist nämlich nichts anderes als eine Linearkombination der Projekteinzahlungen, und die Linearkombination multivariat normalverteilter Zufallsvariablen ist aufgrund der **Reproduktionseigenschaft** der Normalverteilung selbst wieder normalverteilt.[9] Weil die Normalverteilung zu den **symmetrischen** Wahrscheinlichkeitsverteilungen gehört, sind alle ihre ungeraden zentralen Momente identisch Null. Die geraden zentralen Momente v-ter Ordnung lassen sich nun in der Tat als Funktionen des zentralen Moments zweiter Ordnung, also der Varianz der betrachteten Normalverteilung, beschreiben.[10] Im Zusammenhang mit dem

---

[9] Darauf wurde schon im Abschnitt 1 dieses Kapitels hingewiesen. Vgl. hierzu auch etwa *Bamberg/Baur* (2001), S. 111.

[10] Vgl. hierzu beispielsweise *Richter* (1966), S. 364, oder *Rudolph* (1979), S. 17.

hier betrachteten Entscheidungsproblem gilt konkret:[11]

$$E\{[\tilde{c}_1 - E(\tilde{c}_1)]^{2 \cdot \upsilon}\} = \frac{(2 \cdot \upsilon)!}{2^\upsilon \cdot \upsilon!} \cdot E^\upsilon\{[\tilde{c}_1 - E(\tilde{c}_1)]^2\} \quad (\upsilon \in \mathbb{N}). \tag{3.21}$$

Auch die Annahme multivariat normalverteilter Projekteinzahlungen kann wegen (3.21) somit zur Problemvereinfachung beitragen. Freilich bedingt der **unbeschränkte Definitionsbereich** der Normalverteilung, daß **negative** unternehmerische Konsumpositionen in die Betrachtung einbezogen werden müssen. Selbst wenn man von diesem Problem abstrahiert, sind die Konsequenzen aus der Prämisse einer Risikonutzenfunktion gemäß (3.12) überdies deutlich weiterreichend als die der Normalverteilungsannahme. Denn im erstgenannten Fall resultiert aus (3.1) ein lineares Gleichungssystem, während es im letztgenannten weiterhin nichtlinear bleibt. Gemäß (3.21) handelt es sich bei den geraden zentralen Momenten höherer Ordnung nämlich **nicht** um **lineare** Funktionen der Varianz des künftigen unternehmerischen Konsums. Erst letztgenannter Umstand ermöglichte eine explizite Auflösung der für die Projektengagements resultierenden notwendigen Bedingungen erster Ordnung. Insofern ist der Annahme spezieller unternehmerischer Risikopräferenzen unter dem Aspekt vereinfachter Problemstellung zunächst einmal der Vorzug einzuräumen. Wir werden hierauf aber nochmals zurückkommen.

3.3 Investitionsprogrammentscheidungen bei reiner Endwertorientierung

Im folgenden soll auf Szenarien, die zur Notwendigkeit der Lösung linearer Gleichungssysteme führen, etwas näher eingegangen werden. Die hierbei interessierenden Zusammenhänge können auch schon für den Fall analysiert werden, daß man ein Interesse des Unternehmers an Konsum in lediglich einem einzigen Zeitpunkt unterstellt. Statt von t = 1 kann dabei generell von t = T ausgegangen und als Zielgröße am unternehmerischen **Endvermögen** $\tilde{\omega}_T$ dieses Zeitpunktes an-

---

[11] In (3.21) steht $E^\upsilon(\cdot)$ kurz für $[E(\cdot)]^\upsilon$.

gesetzt werden, wobei alle Einzahlungsüberschüsse vorhergehender Zeitpunkte mit einem vorzugebenden "subjektiven" oder "objektiven" Ein-Perioden-Kalkulationszinsfuß i auf den Endzeitpunkt t = T aufzuzinsen sind.[12] Diese weitestgehende Ausblendung differenzierter unternehmerischer Zeitpräferenzen beeinträchtigt nicht die Diskussion der Konsequenzen aus der Risikoscheu eines Unternehmers für dessen Investitionsverhalten, erleichtert aber die Darstellung deutlich.

3.3.1 Risikoneutralität des Unternehmers

Im Falle der **Risikoneutralität** würde ein allein an einem möglichst großen Endvermögen $\bar{\omega}_T$ interessierter Unternehmer erneut eine sehr extreme Investitionsverhaltensweise an den Tag legen.

Weil der Erwartungswert einer Summe von Zufallsvariablen mit der Summe der entsprechenden Einzelerwartungswerte übereinstimmt, gilt folgender Zusammenhang:

$$E\left(\sum_{n=1}^{N} \alpha^{(n)} \cdot \tilde{\omega}_T^{(n)} \right) = \sum_{n=1}^{N} \alpha^{(n)} \cdot E(\tilde{\omega}_T^{(n)}). \qquad (3.22)$$

Augenscheinlich kann der Erwartungswert des unternehmerischen Gesamtendvermögens durch **jedes** Projekt mit einem positiven erwarteten Endvermögensbeitrag $E(\tilde{\omega}_T^{(n)})$ gesteigert werden.

Vor diesem Hintergrund sei zunächst $\sum_{n=1}^{N} \alpha^{(n)} \cdot A_0^{(n)} \leq W_0$ unterstellt. Diese Restriktion besagt, daß der Unternehmer in t = 0 keine weiteren Mittel durch Verschuldung beschaffen kann, sondern nach wie vor **allein** seine persönliche Anfangsausstattung für investive Zwecke zur Verfügung steht. Unter der Voraussetzung eines "subjektiv" ermittelten Endvermögens bei fehlendem unternehmerischen Kapitalmarktzugang ist diese Annahme ohne weiteres einsichtig. Handelt es sich bei $\bar{\omega}_T$ hingegen um ein objektiv bestimmtes Endvermögen des Unterneh-

---

[12] Vgl. hierzu die Darstellung im Abschnitt 1.3.1 dieses Kapitels.

mers unter Beachtung der Anlage zwischenzeitlich auftretender Einzahlungsüberschüsse, so ist die genannte Restriktion insbesondere dann gerechtfertigt, wenn
der Unternehmer generell Mittel am Kapitalmarkt **nur anlegen** kann. Diese Mittelanlage könnte als eigenständiges (endwertneutrales) Projekt berücksichtigt
werden. Eine derartige Modellierung wiederum führt dann nicht zu Widersprü-
chen, wenn der Unternehmer aus seinen Realinvestitionen in Zukunft zwar stets
ungewisse, aber in jedem Fall **nichtnegative** Einzahlungsüberschüsse realisiert.

Da dem Unternehmer in t = 0 somit nur begrenzte Mittel W_0 zur Verfügung stehen, ist es wie schon im Zwei-Zeitpunkte-Ansatz des Abschnitts 3.2 sinnvoll, die
Projekte nach der mit ihnen jeweils erzielbaren **erwarteten Rendite** $[E(\bar{\omega}_T^{(n)})/$
$A_0^{(n)}]$-1 zu reihen. Dies ist nicht sehr überraschend, denn auch im Zwei-Zeitpunkte-Ansatz mit risikoneutralem Unternehmer wird der Unternehmer den zur
Investition vorgesehenen Betrag ΔW_0 so verwenden, daß sein hieraus resultieren-
des erwartetes Endvermögen (des Zeitpunktes t = 1) maximiert wird. Bei reiner
Endwertorientierung gilt $\Delta W_0 = W_0$, an der sachgerechten Art der Verwendung
der für investive Zwecke reservierten Mittel ändert sich hingegen nichts.[13] Die
Anfangsausstattung W_0 wird folglich zunächst zur vollständigen Durchführung des
Investitionsprojekts mit der höchsten erwarteten Rendite genutzt. Etwaige verbleibende Restbeträge werden in das Projekt mit der zweithöchsten erwarteten Rendite investiert und so fort, bis die gesamte unternehmerische Anfangsausstattung
des Zeitpunktes t = 0 aufgebraucht oder aber kein Projekt n mehr mit einem
nichtnegativen erwarteten Endvermögensbeitrag $E(\bar{\omega}_T^{(n)})$ verfügbar ist. Erneut wird
deswegen im Optimum **allenfalls ein** Investitionsprojekt n zu einem Bruchteil $\alpha^{(n)*}$
$\in$ (0;1) realisiert. Alle übrigen Projekte werden ganz ($\alpha^{(n)*} = 1$) oder gar nicht
($\alpha^{(n)*} = 0$) umgesetzt.

---

[13] Diese Zusammenhänge wurden im ersten Band für den Fall der **Sicherheit** im
Rahmen der Diskussion des Verhältnisses von *Hirshleifer-* zu *Dean*-Modell bereits angesprochen. Vgl. *Breuer* (2000a), S. 356 ff.

Beispiel 3.3:

Gegeben seien abermals die beiden Investitionsprojekte aus Beispiel 3.1. Die mit den beiden Projekten jeweils erreichbaren Endvermögensbeiträge $\bar{\omega}_1^{(1)}$ und $\bar{\omega}_1^{(2)}$ sollen unter Aufzinsung der Anfangsauszahlung mit einem Kalkulationszinsfuß $i = 10\%$ ermittelt werden, also $\bar{\omega}_1^{(n)} = \bar{z}_1^{(n)} - 1,1 \cdot A_0^{(n)}$. Damit erhält man für $\bar{\omega}_1^{(1)}$ und $\bar{\omega}_1^{(2)}$ die folgenden Wahrscheinlichkeitsverteilungen:

	$s^{(1)}$	$s^{(2)}$	$s^{(3)}$	$s^{(4)}$
$\bar{\omega}_1^{(1)}$	45	65	85	105
$\bar{\omega}_1^{(2)}$	69,5	89,5	49,5	99,5

Tabelle 3.2: Zustandsabhängige Endvermögensbeiträge in $t = 1$ aus zwei Investitionsprojekten 1 und 2

Aus *Tabelle 3.2* erhält man $E(\bar{\omega}_1^{(1)}) = 75$ GE und $E(\bar{\omega}_1^{(2)}) = 77$ GE, was natürlich jeweils dem um $50 \cdot 1,1 = 55$ GE bzw. $55 \cdot 1,1 = 60,5$ GE reduzierten Erwartungswert des Projekteinzahlungsüberschusses zum Zeitpunkt $t = 1$ entspricht. Während Projekt 1 damit pro investierter Geldeinheit einen erwarteten Endvermögenszuwachs von $75/50 = 1,5$ GE eröffnet, beträgt der entsprechende Wert für Projekt 2 nur $77/55 = 1,4$ GE. Der Unternehmer wird daher seine Anfangsausstattung vollständig in das Projekt 1 investieren und von der Durchführung des Projekts 2 absehen. □

Die zusätzliche Berücksichtigung der Möglichkeit **sicherer Verschuldung** zum Ein-Perioden-Zinssatz i würde bewirken, daß nach völliger Investition der Anfangsausstattung W_0 darüber hinaus noch alle verbliebenen Investitionsprojekte mit nichtnegativen erwarteten Endvermögensbeiträgen durchgeführt würden.

3.3.2 Risikoscheu des Unternehmers und das μ-σ-Prinzip

Der Schwerpunkt der weiteren Ausführungen soll nun allerdings auf der Annahme **risikoscheuen** Verhaltens unter Berücksichtigung der oben angesprochenen vereinfachenden Präferenz- oder Verteilungsannahmen liegen. Da mit dem unternehmerischen Endvermögen $\tilde{\omega}_T$ nur noch eine Zielgröße vorliegt, vereinfacht sich die quadratische Nutzenfunktion aus (3.12) erheblich:

$$U(\tilde{\omega}_T) = a^{(0)} + a^{(1)} \cdot \tilde{\omega}_T + a^{(2)} \cdot \tilde{\omega}_T^2. \qquad (3.23)$$

Erneut kann man $a^{(0)} = 0$ unterstellen. Das Erfordernis eines **positiven abnehmenden Grenznutzens** führt in Analogie zu (3.13) und (3.14) zu den folgenden Anforderungen:

$$\begin{aligned} \text{I.} \quad & U'(\omega_T) = a^{(1)} + 2 \cdot a^{(2)} \cdot \omega_T > 0, \\ \text{II.} \quad & U''(\omega_T) = 2 \cdot a^{(2)} < 0. \end{aligned} \qquad (3.24)$$

Aus II. erhält man $a^{(2)} < 0$ und aus I. $\omega_T < -a^{(1)}/(2 \cdot a^{(2)})$. Wegen $a^{(2)} < 0$ impliziert die letztgenannte Bedingung ferner $a^{(1)} > 0$, da ansonsten für positive Endvermögensrealisationen keine sinnvollen Betrachtungen möglich wären.

In *Abbildung 3.3* ist die unternehmerische Nutzenfunktion unter Beachtung der sich aus (3.24) ergebenden Restriktionen hinsichtlich des Definitionsbereichs von ω_T graphisch wiedergegeben. Augenscheinlich erhält man als Nutzenfunktion schlicht den aufsteigenden Ast einer durch den Ursprung verlaufenden und nach unten geöffneten **Normalparabel**.

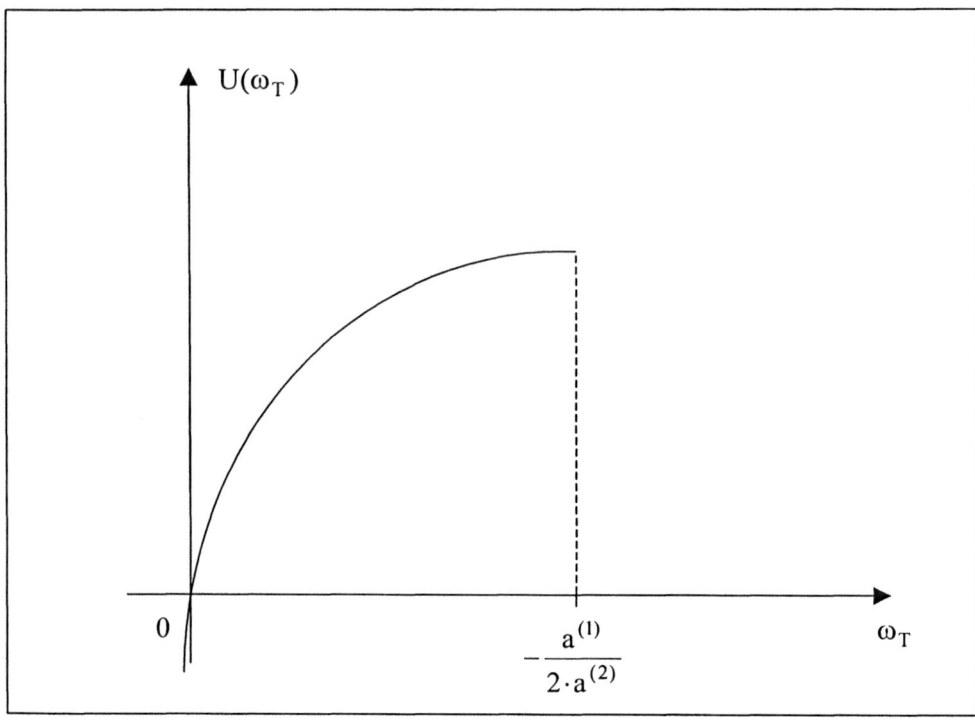

Abbildung 3.3: Graphische Darstellung einer quadratischen Risikonutzenfunkti-

on $U(\omega_T) = a^{(1)} \cdot \omega_T + a^{(2)} \cdot \omega_T^2$

Bildet man mit $a^{(0)} = 0$ den Erwartungswert über (3.23) für unsicheres Endvermögen $\tilde{\omega}_T$, so gelangt man zu:

$$E[U(\tilde{\omega}_T)]$$

$$= a^{(1)} \cdot E(\tilde{\omega}_T) + a^{(2)} \cdot E(\tilde{\omega}_T^2) \qquad (3.25)$$

$$= a^{(1)} \cdot E(\tilde{\omega}_T) + a^{(2)} \cdot [Var(\tilde{\omega}_T) + E^2(\tilde{\omega}_T)],$$

da $Var(\tilde{\omega}_T) = E(\tilde{\omega}_T^2) - E^2(\tilde{\omega}_T)$ gilt.

Der Erwartungsnutzen des Unternehmers hängt damit nur noch vom **Erwartungswert** und der **Varianz** seines jeweils durch das realisierte Investitionsprogramm

erreichbaren Endvermögens $\bar{\omega}_T$ des Zeitpunktes t = T ab. Da man den Erwartungswert auch generell als μ und die Varianz bzw. Standardabweichung einer Zufallsvariablen mit σ^2 bzw. σ bezeichnet, spricht man im Zusammenhang mit Entscheidungen auf der Grundlage quadratischer Risikonutzenfunktionen auch von einem unternehmerischen Verhalten gemäß dem **μ-σ-Prinzip**. Ohne weiteres erkennt man, daß eine ceteris paribus höhere Varianz des Endvermögens wegen $a^{(2)}$ < 0 dabei erwartungsnutzenmindernd wirkt. Auf den ersten Blick uneindeutig scheint die Konsequenz eines ceteris paribus höheren Erwartungswertes des Endvermögens zu sein. In der Tat implizieren Endvermögensrealisationen unterhalb von $-a^{(1)}/(2 \cdot a^{(2)})$ aber auch, daß der Erwartungswert $E(\bar{\omega}_T)$ des Endvermögens natürlich ebenfalls nicht kleiner als $-a^{(1)}/(2 \cdot a^{(2)})$ ist. Durch Ableiten der letzten Zeile von (3.25) und Nullsetzen des resultierenden Ergebnisses prüft man leicht, daß der Erwartungsnutzen des Unternehmers eine bis zur Stelle $-a^{(1)}/(2 \cdot a^{(2)})$ streng monoton steigende Funktion im Erwartungswert $E(\bar{\omega}_T)$ beschreibt.

Insgesamt erhält man folglich genau die Zusammenhänge, die man intuitiv vermutet hätte. Je höher der Erwartungswert des unternehmerischen Endvermögens ist, desto höher ist auch der unternehmerische Erwartungsnutzen. Je höher die durch die Varianz erfaßte Streuung des unsicheren Endvermögens ist, desto geringer ist für den Unternehmer infolge seiner Risikoscheu der resultierende Erwartungsnutzen.

Beispiel 3.4:
Gegeben sei die Entscheidungssituation aus Beispiel 3.3, wobei die unternehmerische Nutzenfunktion nun aber auf

$$U(\omega_1) = 240 \cdot \omega_1 - \omega_1^2 \tag{3.26}$$

laute. Der unternehmerische Grenznutzen ist damit bis zu Endvermögenswerten von 120 GE positiv und abnehmend, so daß bei alleiniger Verfügbarkeit der Projekte 1 und 2 negative Grenznutzenwerte vermieden werden können.

Der Erwartungsnutzen des Unternehmers bestimmt sich auf der Grundlage von (3.26) generell als

$$E[U(\tilde{\omega}_1)] = 240 \cdot E(\tilde{\omega}_1) - Var(\tilde{\omega}_1) - E^2(\tilde{\omega}_1). \tag{3.27}$$

Augenscheinlich hängt der Erwartungsnutzen damit in der Tat nur noch vom Erwartungswert und der Varianz des zukünftigen ungewissen Endvermögens des Unternehmers ab. Während die Varianz negativ in den Erwartungsnutzen eingeht, ist die Ableitung von (3.27) nach dem erwarteten Endvermögen für $E(\tilde{\omega}_1) < 120$ GE positiv. □

Die obigen Zusammenhänge gelten auch, wenn man statt einer quadratischen Nutzenfunktion des Unternehmers ein in jedem Fall **normalverteiltes** unternehmerisches Endvermögen unterstellt. Zu diesem Zweck wird der unternehmerische Erwartungsnutzen $E[U(\tilde{\omega}_T)]$ in Analogie zu (3.4) unter Anwendung des **Satzes von Taylor** entwickelt. Mit $U^{(2 \cdot v - 1)}(\cdot)$ als der $(2 \cdot v-1)$ten Ableitung und $U^{(2 \cdot v)}(\cdot)$ als der $(2 \cdot v)$ten Ableitung der unternehmerischen Nutzenfunktion nach $\tilde{\omega}_T$ läßt sich der unternehmerische Erwartungsnutzen sodann unter der Normalverteilungsannahme aufgrund von (3.21) wie folgt darstellen:

$$E[U(\tilde{\omega}_T)]$$

$$= U[E(\tilde{\omega}_T)] + \frac{U'[E(\tilde{\omega}_T)]}{1!} \cdot E[\tilde{\omega}_T - E(\tilde{\omega}_T)] + \frac{U''[E(\tilde{\omega}_T)]}{2!} \cdot E\{[\tilde{\omega}_T - E(\tilde{\omega}_T)]^2\}$$

$$+ ... + \frac{U^{(2 \cdot v - 1)}[E(\tilde{\omega}_T)]}{(2 \cdot v - 1)!} \cdot E\{[\tilde{\omega}_T - E(\tilde{\omega}_T)]^{2 \cdot v - 1}\}$$

$$+ \frac{U^{(2 \cdot v)}[E(\tilde{\omega}_T)]}{(2 \cdot v)!} \cdot E\{[\tilde{\omega}_T - E(\tilde{\omega}_T)]^{2 \cdot v}\} + ... \tag{3.28}$$

$$= U[E(\tilde{\omega}_T)] + \frac{1}{2} \cdot U''[E(\tilde{\omega}_T)] \cdot Var(\tilde{\omega}_T)$$

$$+ ... + \frac{1}{2^v \cdot v!} \cdot U^{(2 \cdot v)}[E(\tilde{\omega}_T)] \cdot [Var(\tilde{\omega}_T)]^v + ...$$

Als Ableitungen von (3.28) nach $E(\tilde{\omega}_T)$ bzw. $Var(\tilde{\omega}_T)$ erhält man:[14]

$$\frac{\partial E[U(\tilde{\omega}_T)]}{\partial E(\tilde{\omega}_T)} = E[U'(\tilde{\omega}_T)] > 0,$$

$$\frac{\partial E[U(\tilde{\omega}_t)]}{\partial Var(\tilde{\omega}_T)} = \frac{E[U''(\tilde{\omega}_T)]}{2} < 0.$$

(3.29)

Die Vorzeichen der Ableitungen ergeben sich dabei aus den Zusammenhängen $U'(\omega_T) > 0$ ($\forall\ \omega_T$) $\Rightarrow E[U'(\tilde{\omega}_T)] > 0$ sowie $U''(\omega_T) < 0$ ($\forall\ \omega_T$) $\Rightarrow E[U''(\tilde{\omega}_T)] < 0$. Auch für eine derartige Situation steigt der Erwartungsnutzen des Unternehmers folglich in der Tat ceteris paribus mit wachsendem erwarteten Endvermögen und abnehmender zugehöriger Varianz an.

Für den Rest dieses Abschnitts 3 werde stets davon ausgegangen, daß der Unternehmer nach dem μ-σ-**Prinzip** handelt und sein Erwartungsnutzen in μ steigt sowie in σ^2 bzw. σ fällt. Die konkreten Hintergründe für ein derartiges Verhalten werden jeweils an geeigneter Stelle diskutiert.

3.4 Investitionsprogrammentscheidungen als Portfolioselektionsproblem

Die Behandlung von Entscheidungen auf der Grundlage des μ-σ-Prinzips wurde zum ersten Mal 1952 von *Harry M. Markowitz* in systematischer Form vollzogen. Gegenstand des von ihm untersuchten Entscheidungsproblems war dabei die optimale Zusammenstellung eines Portfolios von Wertpapieren. In diesem Zusammenhang spricht man auch von **Portfolioselektionsproblemen**. Die Zusammenstellung von Investitionsprojekten zu einem subjektiv-optimalen Investitionspro-

---

[14] Vgl. hierzu den Anhang zu diesem Abschnitt.

gramm stellt ebenfalls durchaus ein Portfolioselektionsproblem dar.[15] Investitionsprojekte wie auch Wertpapiere werden dabei schlicht durch die mit ihnen verbundenen gegenwärtigen und künftigen Zahlungskonsequenzen beschrieben. Unterstellt man nun noch, daß alle zur Verfügung stehenden Investitionsprojekte beliebig teil- und unabhängig voneinander durchführbar sind, dann besteht formal kaum noch ein Unterschied mehr zwischen der Zusammenstellung eines Portfolios von Wertpapieren und der Bildung eines optimalen Investitionsprogramms aus einer Vielzahl von Investitionsprojekten. Die einzig verbleibende Diskrepanz betrifft den Umstand, daß das maximale Engagement in ein einzelnes Projekt schon aus **nichtfinanziellen** Gründen nach oben beschränkt ist, während Investitionen in einzelne Wertpapiere vom Entscheidungsträger bei entsprechender monetärer Ausstattung in grundsätzlich beliebigem Umfang durchgeführt werden können.

Das Vorgehen im Rahmen der Portfolioselektion bei Vorliegen von μ-σ-Präferenzen läßt sich folglich vor diesem Hintergrund auf das unternehmerische Investitionsprogrammproblem übertragen.

3.4.1 Renditeorientierte Problemformulierung

Als erstes soll die Art der Darstellung der im Rahmen von Portfolioselektionsproblemen üblichen angepaßt werden. Das gesamte unternehmerische Endvermögen $\bar{\omega}_T$ ergibt sich bekanntermaßen als $\sum_{n=1}^{N} \alpha^{(n)} \cdot \bar{\omega}_T^{(n)}$. Für gegebene unternehmerische Anfangsausstattung soll ferner zur Vereinfachung $\sum_{n=1}^{N} \alpha^{(n)} \cdot A_0^{(n)} = W_0$, also eine vollständige Investition der vorhandenen Anfangsausstattung, unterstellt werden. Sinnvollerweise werde das Endvermögen als rein "subjektiv" interpretiert. Die Existenz einer sicheren Anlage- und Verschuldungsmöglichkeit bei unterstellten μ-σ-Präferenzen führt nämlich zu sehr weitreichenden Konsequenzen, die aus Platzgründen erst im Rahmen des Abschnitts 6 des Kapitels IV bei der Diskussion des **Capital Asset Pricing Model** dargelegt werden sollen.

---

[15] Lehrbuchdarstellungen hierzu finden sich beispielsweise auch bei *Busse v. Colbe/Laßmann* (1990), S. 212 ff., sowie *Hax* (1993), S. 138 ff.

Den Anteil $\hat{\alpha}^{(n)}$ der gesamten unternehmerischen Anfangsausstattung W_0, die für Investitionen in das Projekt n aufgewendet werden, ermittelt man als $[\alpha^{(n)} \cdot A_0^{(n)}]/W_0$. Aufgrund der getroffenen Annahmen muß $\Sigma_{n=1}^N \, \hat{\alpha}^{(n)} = 1$ gelten. Ein Projekt n liefert des weiteren für jede eingesetzte Geldeinheit eine **unsichere Rendite** $\tilde{r}^{(n)}$ von $[\tilde{\omega}_T^{(n)}/A_0^{(n)}]-1$. Der gesamte unsichere Endwertbeitrag aus der Realisation eines Bruchteils $\alpha^{(n)}$ eines Projekts n bestimmt sich folglich als $\hat{\alpha}^{(n)} \cdot W_0 \cdot (1+\tilde{r}^{(n)})$. Damit läßt sich $\tilde{\omega}_T$ auch in folgender Weise schreiben:

$$
\begin{aligned}
\tilde{\omega}_T \\[4pt]
= \sum_{n=1}^N \hat{\alpha}^{(n)} \cdot W_0 \cdot (1+\tilde{r}^{(n)}) \\[4pt]
= W_0 \cdot \left[\sum_{n=1}^N \hat{\alpha}^{(n)} + \sum_{n=1}^N \hat{\alpha}^{(n)} \cdot \tilde{r}^{(n)} \right] \\[4pt]
= W_0 \cdot (1+\tilde{r}),
\end{aligned}
\tag{3.30}
$$

wobei $\tilde{r}$ die unsichere Gesamtrendite auf die unternehmerische Anfangsausstattung W_0 beschreibt und über $\Sigma_{n=1}^N \, \hat{\alpha}^{(n)} \cdot \tilde{r}^{(n)}$ berechnet werden kann. Die Rendite aus dem gesamten Investitionsprogramm ergibt sich damit einfach als **gewogenes Mittel** der Renditen der einzelnen Investitionsprojekte, wobei die Gewichte den relativen Anteilen der einzelnen Investitionsprojekte am gesamten Investitionsvolumen entsprechen.

Auf dieser Grundlage lassen sich nun Erwartungswert und Varianz des unternehmerischen Endvermögens unter Beachtung der entsprechenden Rechenregeln für Erwartungswerte, Varianzen und Kovarianzen wie folgt berechnen:

$$E(\tilde{\omega}_T)$$

$$= E\left[W_0 \cdot \left(1 + \sum_{n=1}^{N} \hat{\alpha}^{(n)} \cdot \tilde{r}^{(n)}\right)\right] \tag{3.31}$$

$$= W_0 + W_0 \cdot \left[\sum_{n=1}^{N} \hat{\alpha}^{(n)} \cdot E(\tilde{r}^{(n)})\right]$$

sowie

$$Var(\tilde{\omega}_T)$$

$$= Var\left[W_0 \cdot \left(1 + \sum_{n=1}^{N} \hat{\alpha}^{(n)} \cdot \tilde{r}^{(n)}\right)\right]$$

$$= W_0^2 \cdot Var\left(\sum_{n=1}^{N} \hat{\alpha}^{(n)} \cdot \tilde{r}^{(n)}\right)$$

$$= W_0^2 \cdot Cov\left(\sum_{m=1}^{M} \hat{\alpha}^{(m)} \cdot \tilde{r}^{(m)}; \sum_{n=1}^{N} \hat{\alpha}^{(n)} \cdot \tilde{r}^{(n)}\right) \tag{3.32}$$

$$= W_0^2 \cdot \sum_{m=1}^{M} \hat{\alpha}^{(m)} \cdot Cov\left(\tilde{r}^{(m)}; \sum_{n=1}^{N} \hat{\alpha}^{(n)} \cdot \tilde{r}^{(n)}\right)$$

$$= W_0^2 \cdot \sum_{m=1}^{M} \sum_{n=1}^{N} \hat{\alpha}^{(m)} \cdot \hat{\alpha}^{(n)} \cdot Cov(\tilde{r}^{(m)}; \tilde{r}^{(n)})$$

$$= W_0^2 \cdot \sum_{m=1}^{M} \sum_{n=1}^{N} \hat{\alpha}^{(m)} \cdot \hat{\alpha}^{(n)} \cdot \sigma(\tilde{r}^{(m)}) \cdot \sigma(\tilde{r}^{(n)}) \cdot \rho(\tilde{r}^{(m)}; \tilde{r}^{(n)}).$$

In diesem Zusammenhang bezeichnet $\sigma(\tilde{r}^{(n)})$ die Standardabweichung der Rendite des n-ten Projekts, und $\rho(\tilde{r}^{(m)};\tilde{r}^{(n)})$ steht für die Korrelation (nach *Bravais/Pearson*) zwischen den Renditen des m-ten und des n-ten Projekts.

Für die Umformungen im Rahmen von (3.31) wurden dabei konkret folgende Zusammenhänge für Zufallsvariablen $\tilde{z}^{(m)}$ und $\tilde{z}^{(n)}$ (m, n = 1, ..., N) sowie reelle Zahlen a und b benötigt:[16]

$$E(a\cdot\tilde{z}^{(n)}+b) = a\cdot E(\tilde{z}^{(n)})+b,$$

$$E(\tilde{z}^{(m)}+\tilde{z}^{(n)}) = E(\tilde{z}^{(m)})+E(\tilde{z}^{(n)}).$$

(3.33)

Die Umformungen im Rahmen von (3.32) wiederum basieren auf folgenden Zusammenhängen für Zufallsvariablen $\tilde{z}^{(k)}$, $\tilde{z}^{(m)}$ und $\tilde{z}^{(n)}$ (k, m, n = 1, ..., N) sowie reelle Zahlen a, b, c und d:

$$Var(a\cdot\tilde{z}^{(n)}+b) = a^2\cdot Var(\tilde{z}^{(n)}),$$

$$Var(\tilde{z}^{(n)}) = Cov(\tilde{z}^{(n)};\tilde{z}^{(n)}),$$

$$Cov(a\cdot\tilde{z}^{(m)}+b;c\cdot\tilde{z}^{(n)}+d) = a\cdot c\cdot Cov(\tilde{z}^{(m)};\tilde{z}^{(n)}),$$

$$Cov(\tilde{z}^{(k)}+\tilde{z}^{(m)};\tilde{z}^{(n)}) = Cov(\tilde{z}^{(k)};\tilde{z}^{(n)})+Cov(\tilde{z}^{(m)};\tilde{z}^{(n)}),$$

$$\rho(\tilde{z}^{(m)};\tilde{z}^{(n)}) = \frac{Cov(\tilde{z}^{(m)};\tilde{z}^{(n)})}{\sqrt{Var(\tilde{z}^{(m)})\cdot Var(\tilde{z}^{(n)})}}.$$

(3.34)

Wie schon erwähnt, bestimmt sich die Rendite $\tilde{r}$ des gesamten Investitionsprogramms als gewogene Summe $\sum_{n=1}^{N}\hat{\alpha}^{(n)}\cdot\tilde{r}^{(n)}$ der Renditen der Einzelprojekte. Anhand von (3.31) erkennt man, daß der Erwartungswert einer solchen gewogenen Summe von Zufallsvariablen der gewogenen Summe der Erwartungswerte der entsprechenden Zufallsvariablen entspricht. Die Varianz dieser gewogenen Sum-

---

[16] Vgl. zu den Formeln aus (3.33) sowie (3.34) zum größten Teil auch schon Fußnote 19 im Abschnitt 1 dieses Kapitels.

me von Zufallsvariablen stimmt hingegen gemäß dem Zusammenhang zwischen der dritten und sechsten Zeile aus (3.32) **nicht** mit der gewogenen Summe der Einzelvarianzen, sondern vielmehr mit der gewogenen Summe aller zwischen den Zufallsvariablen formulierbaren Kovarianzen überein. Zusammenfassend gilt also:

$$E(\tilde{r}) = E\left(\sum_{n=1}^{N} \hat{\alpha}^{(n)} \cdot \tilde{r}^{(n)}\right) = \sum_{n=1}^{N} \hat{\alpha}^{(n)} \cdot E(\tilde{r}^{(n)}),$$

$$\text{Var}(\tilde{r}) = \text{Var}\left(\sum_{n=1}^{N} \hat{\alpha}^{(n)} \cdot \tilde{r}^{(n)}\right) = \sum_{m=1}^{M} \sum_{n=1}^{N} \hat{\alpha}^{(m)} \cdot \hat{\alpha}^{(n)} \cdot \text{Cov}(\tilde{r}^{(m)}; \tilde{r}^{(n)}). \tag{3.35}$$

Damit benötigt man zur Bestimmung von Erwartungswert und Varianz des Endvermögens aus einem beliebigen Investitionsprogramm lediglich die Kenntnis der **erwarteten Renditen** aus allen Investitionsprojekten, der zugehörigen **Varianzen** oder Standardabweichungen sowie aller **Kovarianzen** oder Korrelationen der Renditen zweier beliebiger Investitionsprojekte. Weil die Kovarianz zwischen den Renditen zweier Projekte 1 und 2 identisch mit der zwischen 2 und 1 ist, ergibt sich bei N simultan verfügbaren Investitionsprojekten folglich ein Bedarf an $N + N + N \cdot (N-1)/2 = 1,5 \cdot N + 0,5 \cdot N^2$ Parametern.

Zu beachten ist schließlich der **Definitionsbereich** der Entscheidungsvariablen $\hat{\alpha}^{(n)}$. Zum einen müssen alle $\hat{\alpha}^{(n)}$ stets nichtnegativ sein, zum anderen muß bei Existenz einer maximalen Anfangsauszahlung von $A_0^{(n)}$ im Rahmen des Projekts n die Restriktion $\hat{\alpha}^{(n)} \cdot W_0 \leq A_0^{(n)} \Leftrightarrow \hat{\alpha}^{(n)} \leq A_0^{(n)}/W_0$ eingehalten werden.

Beispiel 3.5:

Einmal mehr seien die Investitionsprojekte 1 und 2 aus Beispiel 3.1 sowie ein unternehmerisches Anfangsvermögen in $t = 0$ von 50 GE bei einem Kalkulationszinsfuß von $i = 10\%$ vorausgesetzt. Die Berechnung von Erwartungswert und Varianz des Endvermögens für gegebene investive Engagements $\alpha^{(1)}$ und $\alpha^{(2)}$ kann direkt auf der Basis der Erwartungswerte und Varianzen von $\bar{\omega}_1^{(1)}$ und $\bar{\omega}_1^{(2)}$ sowie ihrer Kovarianz erfolgen. Aus Beispiel 3.3 sind bereits $E(\bar{\omega}_1^{(1)}) = 75$ GE sowie

$E(\tilde{\omega}_1^{(2)}) = 77$ GE bekannt. Damit ergibt sich:

$$\text{Var}(\tilde{\omega}_1^{(1)})$$

$$= E(\tilde{\omega}_1^{(1)2}) - E^2(\tilde{\omega}_1^{(1)})$$

$$= \frac{1}{4} \cdot (45^2 + 65^2 + 85^2 + 105^2) - 75^2$$

$$= 500 \text{ GE}^2,$$

$$\text{Var}(\tilde{\omega}_1^{(2)})$$

$$= E(\tilde{\omega}_1^{(2)2}) - E^2(\tilde{\omega}_1^{(2)})$$

$$= \frac{1}{4} \cdot (69,5^2 + 89,5^2 + 49,5^2 + 99,5^2) - 77^2 \qquad (3.36)$$

$$= 368,75 \text{ GE}^2,$$

$$\text{Cov}(\tilde{\omega}_1^{(1)}; \tilde{\omega}_1^{(2)})$$

$$= E(\tilde{\omega}_1^{(1)} \cdot \tilde{\omega}_1^{(2)}) - E(\tilde{\omega}_1^{(1)}) \cdot E(\tilde{\omega}_1^{(2)})$$

$$= \frac{1}{4} \cdot (45 \cdot 69,5 + 65 \cdot 89,5 + 85 \cdot 49,5 + 105 \cdot 99,5) - 75 \cdot 77$$

$$= 125 \text{ GE}^2.$$

Auf dieser Grundlage kann man weiter folgern:

$E(\tilde{\omega}_1)$

$$= \alpha^{(1)} \cdot E(\tilde{\omega}_1^{(1)}) + \alpha^{(2)} \cdot E(\tilde{\omega}_1^{(2)})$$

$$= 75 \cdot \alpha^{(1)} + 77 \cdot \alpha^{(2)},$$

$$Var(\tilde{\omega}_1)$$

(3.37)

$$= \alpha^{(1)2} \cdot Var(\tilde{\omega}_1^{(1)}) + \alpha^{(2)2} \cdot Var(\tilde{\omega}_1^{(2)}) + 2 \cdot \alpha^{(1)} \cdot \alpha^{(2)} \cdot Cov(\tilde{\omega}_1^{(1)}; \tilde{\omega}_1^{(2)})$$

$$= 500 \cdot \alpha^{(1)2} + 368{,}75 \cdot \alpha^{(2)2} + 250 \cdot \alpha^{(1)} \cdot \alpha^{(2)}.$$

Eine zu (3.37) alternative Darstellung erhält man, wenn man an den Wahrscheinlichkeitsverteilungen der Renditen $\tilde{r}^{(1)}$ und $\tilde{r}^{(2)}$ der beiden Projekte 1 und 2 ansetzt. Diese sind in *Tabelle 3.3* angegeben.

	$s^{(1)}$	$s^{(2)}$	$s^{(3)}$	$s^{(4)}$
$\tilde{r}^{(1)}$	-0,1	0,3	0,7	1,1
$\tilde{r}^{(2)}$	$0{,}2\overline{636}$	$0{,}6\overline{272}$	-0,1	$0{,}8\overline{090}$

Tabelle 3.3: Zustandsabhängige Renditen in t = 1 aus zwei Investitionsprojekten 1 und 2

Die zugehörigen Momente der Wahrscheinlichkeitsverteilungen von $\tilde{r}^{(1)}$ und $\tilde{r}^{(2)}$ belaufen sich auf:

$$E(\tilde{r}^{(1)}) = 0{,}5, \quad E(\tilde{r}^{(2)}) = 0{,}4,$$

$$Var(\tilde{r}^{(1)}) = 0{,}2, \quad Var(\tilde{r}^{(2)}) \approx 0{,}1219,$$

(3.38)

$$Cov(\tilde{r}^{(1)}; \tilde{r}^{(2)}) = 0{,}0\overline{45}.$$

Mit Hilfe von (3.38) und der über (3.31) und (3.32) beschriebenen Zusammenhänge kann man erneut Erwartungswert und Varianz des unternehmerischen Endvermögens in Abhängigkeit des realisierten Investitionsprogramms bestimmen:

$$E(\bar{\omega}_1) = 50+50\cdot[\hat{\alpha}^{(1)}\cdot 0,5+(1-\hat{\alpha}^{(1)})\cdot 0,4]$$

$$= 50+50\cdot(0,4+0,1\cdot\hat{\alpha}^{(1)}),$$

$$\text{Var}(\bar{\omega}_1) \approx 2.500\cdot[\hat{\alpha}^{(1)2}\cdot 0,2+(1-\hat{\alpha}^{(1)})^2\cdot 0,1219 \qquad (3.39)$$

$$+2\cdot\hat{\alpha}^{(1)}\cdot(1-\hat{\alpha}^{(1)})\cdot 0,0\overline{45}]$$

$$\approx 2.500\cdot[0,231\cdot\hat{\alpha}^{(1)2}-0,1529\cdot\hat{\alpha}^{(1)}+0,1219].$$

Im Zusammenhang mit (3.39) wurde generell die Beziehung $\hat{\alpha}^{(1)}+\hat{\alpha}^{(2)} = 1$ ausgenutzt und im Rahmen der Umformungen des Ausdrucks für $\text{Var}(\bar{\omega}_T)$ speziell der Umstand, daß sich die Varianz einer Summe zweier Zufallsvariablen als Summe der beiden Einzelvarianzen und des Zweifachen der Kovarianz zwischen diesen beiden Zufallsvariablen bestimmen läßt.

Das relative Engagement $\hat{\alpha}^{(1)}$ hinsichtlich des Investitionsprojekts 1 kann wegen $A_0^{(1)} = W_0 = 50$ GE Werte aus dem Intervall [0;1] annehmen. Für $\alpha^{(1)}$ und $\alpha^{(2)}$ gilt ohnehin das gleiche. Schließlich könnte man auch in (3.37) schon $\alpha^{(2)}$ durch $\alpha^{(1)}$ über den Zusammenhang $\alpha^{(1)}\cdot 50+\alpha^{(2)}\cdot 55 = 50 \Leftrightarrow \alpha^{(2)} = 10\cdot(1-\alpha^{(1)})/11$ ersetzen. □

3.4.2 Ermittlung μ-σ-effizienter Investitionsprogramme

Der Umstand eines im erwarteten Endvermögen steigenden und in der Vermögensvarianz fallenden unternehmerischen Erwartungsnutzens ermöglicht bereits ohne weitere Spezifikation der konkreten μ-σ-Präferenzen eines Unternehmers eine gewisse Vorauswahl unter den realisierbaren Investitionsprogrammen. Ein Investitionsprogramm kann aus Sicht eines Unternehmers **nur dann optimal** sein, wenn es kein anderes realisierbares Investitionsprogramm gibt,

1) das bei **gleichem** erwarteten Endvermögen über eine **geringere** Vermögensvarianz verfügt,
2) das bei **gleicher** Vermögensvarianz einen **höheren** Erwartungswert des Endvermögens bietet oder
3) bei dem **simultan** der Erwartungswert des Endvermögens **höher** und die zugehörige Varianz **geringer** sind.

Ein Investitionsprogramm 1, das den obigen drei Anforderungen genügt, heißt "μ-σ-**effizient**".[17] Ein Investitionsprogramm 2, das diesen Bedingungen nicht genügt, ist μ-σ-ineffizient. Im letztgenannten Fall gibt es zu dem Programm 2 ein Investitionsprogramm 3, das sich gemäß einem der obigen Kriterien 1) bis 3) als überlegen erweist. Man sagt dann auch, daß das Programm 2 vom Programm 3 im μ-σ-Sinne **dominiert** wird. Mangelnde μ-σ-Effizienz ist somit gleichbedeutend mit dem Umstand des "Dominiertseins". Ein effizientes Investitionsprogramm wird entsprechend von **keinem** anderen dominiert. Das bedeutet natürlich nicht, daß es alle anderen alternativen Programme dominieren muß. Vielmehr wird es gleichzeitig sehr viele aus Unternehmersicht erreichbare μ-σ-effiziente Investitionsprogramme geben, von denen definitionsgemäß **keines** die anderen dominiert oder von ihnen dominiert wird.

Die μ-σ-Effizienz eines Investitionsprogramms kann dabei nicht nur anhand von Erwartungswert und Varianz des zugehörigen unternehmerischen Endvermögens, sondern - infolge des exogen vorgegebenen unternehmerischen Investitionsvolumens W_0 - auch anhand der entsprechenden Momente der jeweiligen Programmrendite $\tilde{r}$ beurteilt werden: Ein Investitionsprogramm kann aus Sicht eines Unternehmers nur dann optimal sein, wenn es für gegebene unternehmerische Anfangsausstattung kein anderes realisierbares Investitionsprogramm gibt,

---

[17] Vgl. zur generellen Konzeption der μ-σ-Effizienz näher *Breuer/Gürtler/ Schuhmacher* (1999a), S. 41, sowie *Grinblatt/Titman* (1998), S. 146, oder auch *Bruns/Meyer-Bullerdiek* (2000), S. 67.

1) das bei **gleicher** erwarteter Rendite über eine **geringere** Renditevarianz verfügt,

2) das bei **gleicher** Renditevarianz einen **höheren** Erwartungswert der Programmrendite bietet oder

3) bei dem **simultan** der Erwartungswert der Programmrendite **höher** und die zugehörige Varianz **geringer** sind.

Sofern ein Investitionsprogramm eine dieser drei Anforderungen verletzt, ist es nicht μ-σ-effizient, und zwar sowohl beim Abstellen auf Programmrenditen als auch beim Ansatz an den originär interessierenden Endvermögensverteilungen aus den zugänglichen Investitionsprogrammen. Aus den über (3.31), (3.32) sowie (3.35) beschriebenen Zusammenhängen folgt nämlich: Sofern ein Investitionsprogramm 1 über eine höhere erwartete Rendite als ein Investitionsprogramm 2 verfügt, ist auch das erwartete unternehmerische Endvermögen bei Entscheidung für Programm 1 höher als bei Entscheidung für Programm 2. Verfügt ein Investitionsprogramm 1 über eine geringere Renditevarianz als ein Investitionsprogramm 2, dann gilt diese Beziehung auch für die Varianzen der über die beiden Investitionsprogramme jeweils erreichbaren Endvermögenswerte.

Die Menge aller effizienten Investitionsprogramme läßt sich dabei auf verschiedene Weise ermitteln. So kann man etwa für einen fest vorgegebenen Erwartungswert $E(\bar{r}) = \bar{r}$ der Programmrendite die zugehörige **Varianz** (oder äquivalent: die Standardabweichung) **minimieren**.[18] Als Lösung erhält man im μ-σ-Diagramm eine zunächst bis zu einem Scheitelpunkt $(\mu_S;\sigma_S)$ fallende, anschließend wieder ansteigende konvexe Kurve, wie sie exemplarisch in *Abbildung 3.4* skizziert ist. Diese gibt zwischen den Punkten 2 und 1 zu jeder vorgegebenen erwarteten Programmrendite die mindestens in Kauf zu nehmende Renditestandardab-

---

[18] Vgl. zu diesem Vorgehen im Rahmen der allgemeinen **Wertpapierselektion** beispielsweise *Breuer/Gürtler/Schuhmacher* (1999a), S. 50 ff.

130

weichung an.[19] Weil zunächst mit wachsender erwarteter Programmrendite dabei sogar eine Reduktion der Renditevarianz erreichbar ist, sind alle Punkte auf dem absteigenden Ast schon μ-σ-dominiert vom Scheitelpunktsprogramm (μ_S;σ_S). Auf dem aufsteigenden Ast wächst zwar die zu akzeptierende Standardabweichung (und folglich auch die Varianz) der Programmrendite beständig an, gleiches gilt aber auch für den damit einhergehenden Erwartungswert der Rendite. Ab dem **Scheitelpunkt** sind demnach alle abgetragenen Investitionsprogramme in der Tat **μ-σ-effizient**.

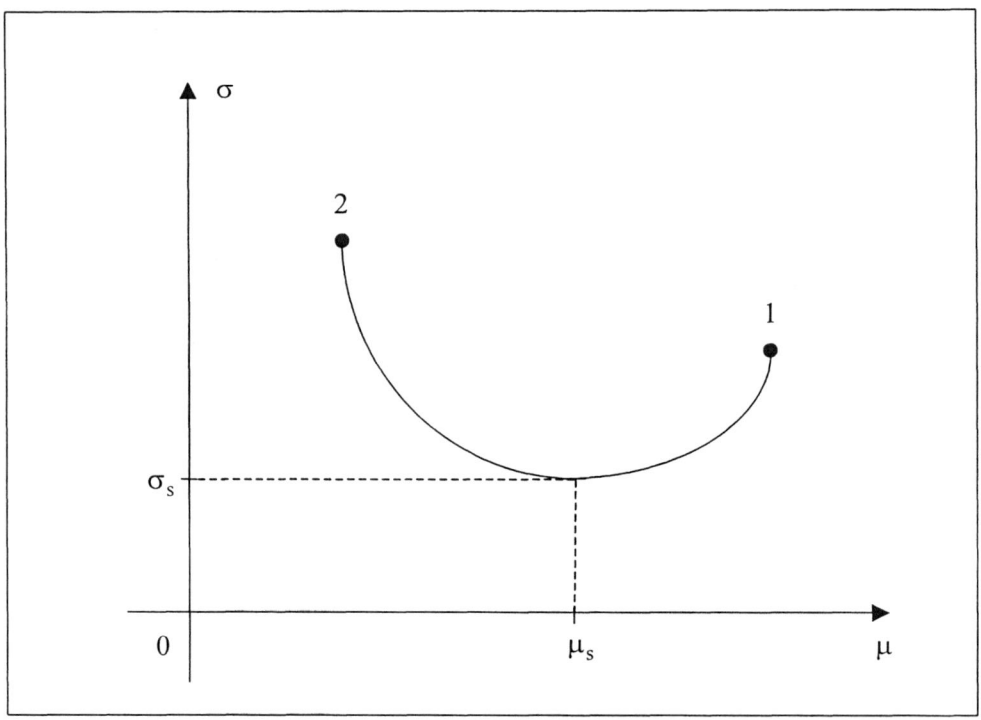

Abbildung 3.4: Varianzminimierende Kombinationen von Erwartungswert μ und Standardabweichung σ der Programmrendite

---

[19] Alternativ ist auch eine Darstellung im Rahmen eines μ-σ^2-Diagramms möglich. Das Quadrieren des Ordinatenwertes ändert natürlich nichts an der **Konvexität** des resultierenden Kurvenverlaufs.

Als Alternative zum Ansatz der Varianzminimierung kann man eine Funktion der Form $E(\tilde{r})-0,5\cdot\gamma\cdot Var(\tilde{r})$ für **beliebiges** $\gamma > 0$ maximieren.[20] Da in die Zielfunktion die erwartete Rendite positiv und die Varianz der Programmrendite negativ eingehen, erhält man hierüber für jedes vorgegebene γ eine **μ-σ-effiziente** Lösung: Ein Investitionsprogramm 1 kann die Zielfunktion für gegebenes γ nur maximieren, wenn es kein anderes Investitionsprogramm 2 mit der Eigenschaft $E(\tilde{r}^{(2)}) \geq E(\tilde{r}^{(1)})$ und $Var(\tilde{r}^{(2)}) \leq Var(\tilde{r}^{(1)})$ gibt, wobei wenigstens einmal eine echte Ungleichung vorliegt.

Im folgenden soll auf die allgemeine Angabe der Bestimmungsgleichung für μ-σ-effiziente Investitionsprogramme verzichtet werden.[21] Festzuhalten ist lediglich, daß sich eine derartige Bestimmungsgleichung **explizit** aufstellen läßt, weil die notwendigen Maximierungsbedingungen ein **lineares** Gleichungssystem beschreiben. Unter diesem Aspekt nun gewinnt die Annahme **multivariat normalverteilter** Endvermögensbeiträge der einzelnen, zur Auswahl stehenden Investitionsprojekte etwas unverhofft wieder an Attraktivität. Weiter oben wurde dargelegt, daß die bloße Annahme multivariater Normalverteilung für sich genommen nicht dazu führt, daß sich der Unternehmer zur Bestimmung seines erwartungnutzenmaximalen Verhaltens auf die Lösung eines linearen Gleichungssystems beschränken kann. In jedem Fall aber bedingt die Normalverteilungsprämisse, daß sich der Unternehmer für beliebige Präferenzen stets nach dem μ-σ-Prinzip richtet. Die Ermittlung μ-σ-effizienter Investitionsprogramme läuft ihrerseits im Rahmen unserer Betrachtung auf die Lösung eines linearen Gleichungssystems hinaus. Zumindest über diesen Zusammenhang resultiert demnach auch aus der Normalverteilungsannahme ein letzten Endes spürbar vereinfachtes Entscheidungsproblem.

---

[20] Vgl. zu diesem Ansatz etwa *Breuer* (2000b), S. 185 ff., im Rahmen des Spezialproblems unternehmerischen Währungsmanagements.

[21] Vgl. hierzu im Rahmen des allgemeinen Portfoliomanagements z.B. die Darstellung in *Breuer/Gürtler/Schuhmacher* (1999a), S. 50 ff., sowie im Zusammenhang mit Fragen des unternehmerischen Währungsmanagements die Ausführungen in *Breuer* (2000b), S. 186 ff.

Beispiel 3.6:

Gegeben sei das Entscheidungsproblem aus Beispiel 3.5. Die Ermittlung der Menge aller μ-σ-effizienten Investitionsprogramme fällt hier sehr leicht, da es nur zwei Investitionsprojekte gibt. In der Tat wird über (3.39) bereits die Menge von allen über Realinvestitionen erreichbaren μ-σ-Kombinationen der Programmrendite beschrieben. Um diese explizit herzuleiten, muß man lediglich die Formel für die erwartete Rendite des Investitionsprogramms nach $\hat{\alpha}^{(1)}$ auflösen und das Resultat in die Formel für die Varianz der Programmrendite einsetzen. Aus (3.39) ist dabei wegen $E(\tilde{\omega}_1) = W_0 + W_0 \cdot E(\tilde{r})$ folgendes bekannt:

$$E(\tilde{r}) = 0{,}4 + 0{,}1 \cdot \hat{\alpha}^{(1)}$$

$$\Leftrightarrow \hat{\alpha}^{(1)} = \frac{E(\tilde{r}) - 0{,}4}{0{,}1}. \tag{3.40}$$

Dieses Ergebnis kann in die Formel für die Renditevarianz eingesetzt werden, die wegen $\text{Var}(\tilde{\omega}_1) = W_0^2 \cdot \text{Var}(\tilde{r})$ ebenfalls schon über (3.39) gegeben ist:

$$\text{Var}(\tilde{r}) \approx 0{,}231 \cdot \hat{\alpha}^{(1)2} - 0{,}1529 \cdot \hat{\alpha}^{(1)} + 0{,}1219$$

$$= 0{,}231 \cdot \left[\frac{E(\tilde{r}) - 0{,}4}{0{,}1}\right]^2 - 0{,}1529 \cdot \frac{E(\tilde{r}) - 0{,}4}{0{,}1} + 0{,}1219 \tag{3.41}$$

$$\approx 23{,}1 \cdot E^2(\tilde{r}) - 20{,}009 \cdot E(\tilde{r}) + 4{,}4295.$$

Aus diesem Grunde erübrigt es sich, für gegebene erwartete Programmrendite $\bar{r}$ das jeweils zugehörige varianzminimale Investitionsprogramm zu bestimmen. Es gibt nämlich jeweils nur (höchstens) eines. Bei der graphischen Abbildung der Funktion aus (3.41) handelt es sich in einem μ-σ^2-Diagramm um eine nach oben geöffnete **Normalparabel**, und auch in einem μ-σ-Diagramm bleibt der konvexe Kurvenverlauf erhalten. Weiterhin beschreibt nur der **ansteigende Ast** dieser Kurve μ-σ-effiziente Investitionsprogramme. Deren Ermittlung läuft demnach hier auf die Bestimmung des Scheitelpunktsprogramms hinaus. Da dieses über die insgesamt varianzminimale Programmrendite verfügt, kann man es durch Ableiten von

(3.41) nach $E(\bar{r})$ und Nullsetzen des resultierenden Ergebnisses bestimmen. Konkret führt dies auf eine lineare Gleichung in $E(\bar{r})$ als notwendige und hinreichende Optimalitätsbedingung. Auflösen ergibt schließlich $E(\bar{r}) \approx 0,4331$, woraus man über (3.40) zu $\hat{\alpha}^{(1)} \approx 33,1$ % gelangt.[22] Der varianzminimierende Anteil des Projekts 2 am gesamten Investitionsvolumen beläuft sich folglich auf etwa 66,9 %.

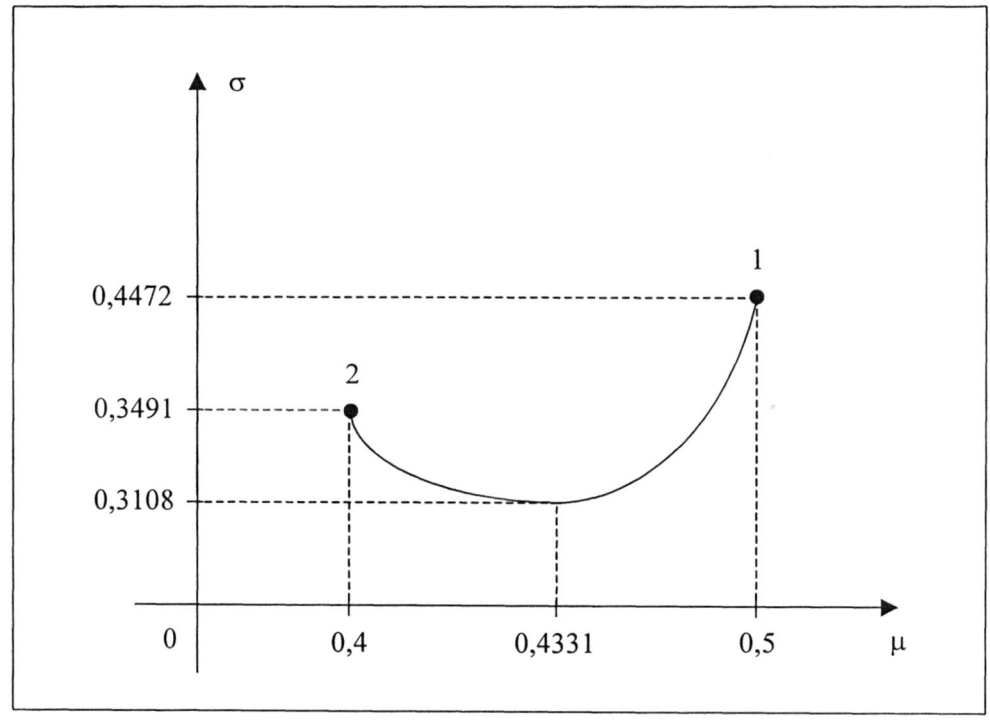

Abbildung 3.5: Erreichbare μ-σ-Kombinationen im Zahlenbeispiel (Skizze)

---

[22] Natürlich hätte man auch gleich die noch über $\hat{\alpha}^{(1)}$ definierte Formel für die Varianz der Programmrendite nach $\hat{\alpha}^{(1)}$ ableiten und hierüber den varianzminimierenden Anteil des Projekts 1 am gesamten Investitionsvolumen ermitteln können. Aus **didaktischen** Gründen sollte hier aber an der Funktionsgleichung für die μ-σ-Kombinationen angesetzt werden.

Die μ-σ-effizienten Kapitalbudgets werden im Rahmen dieses Beispiels demnach durch Investitionen von ca. $0{,}331 \cdot 50 = 16{,}55$ GE bis 50 GE in das Projekt 1 und von etwa $0{,}669 \cdot 50 = 33{,}45$ GE bis 0 GE in das Projekt 2 beschrieben. Die konkreten Werte für den Erwartungswert und die Varianz der Programmrendite können hierbei über (3.41) abgelesen werden, wobei $0{,}4331 \leq E(\bar{r}) \leq 0{,}5$ zu beachten ist. Die Zusammenhänge sind in *Abbildung 3.5* nochmals skizzenhaft veranschaulicht.

Die minimale Varianz der Programmrendite ergibt sich aus (3.41) als ca. 9,66 %. Dieses Ergebnis ist durchaus bemerkenswert. Augenscheinlich ist es nämlich durch geschickte Kombination der beiden Investitionsprojekte möglich, die Varianz der Programmrendite **unter** das **Minimum** der Varianzen aller zur Auswahl stehenden Investitionsprojekte zu senken. Man bezeichnet dieses Phänomen als **Diversifikation** oder **Risikostreuung**. Es hat seine Ursache darin, daß die Renditen der beiden Investitionsprojekte **nicht vollständig** positiv korreliert sind. Im Extremfall vollständig positiver Korrelation nämlich bestünde zwischen den Renditen der beiden betrachteten Investitionsprojekte eine eindeutige positive lineare Beziehung. In allen anderen Fällen liegt keine derartige lineare Beziehung vor. Während etwa beim Übergang von Zustand $s^{(2)}$ zum Zustand $s^{(3)}$ die Rendite des Projekts 1 anwächst, fällt die von Projekt 2.[23] Zwar liegt über alle Zustände hinweg tendenziell ein positiver Zusammenhang zwischen den Renditerealisationen der beiden Investitionsprojekte vor, was schon an ihrer positiven Kovarianz erkennbar ist,[24] doch ist bereits diese **partiell gegenläufige** Entwicklung ausreichend, um durch eine entsprechende Mischung der beiden Projekte eine Reduktion der Gesamtrenditestreuung zu erreichen.[25] Sehr deutlich erkennt man dies,

---

[23] Vgl. *Tabelle 3.3.*

[24] Der Korrelationskoeffizient zwischen den Renditen bzw. den Endvermögensbeiträgen der beiden Projekte beträgt konkret ungefähr 0,2911.

[25] In der Tat kann es sogar schon genügen, wenn bei Vergleich der Projektrenditen zweier Zustände $s^{(j)}$ und $s^{(j+1)}$ ($j = 1, 2, 3$) zwar jeweils ein positiver Zusammenhang zwischen den Renditeänderungen bei Projekt 1 und Projekt 2 be-

wenn man sich einmal die Renditeverteilung des varianzminimalen Investitionsprogramms etwas näher ansieht.[26]

	$s^{(1)}$	$s^{(2)}$	$s^{(3)}$	$s^{(4)}$
$\bar{r}$	0,1433	0,5189	0,1648	0,9054

Tabelle 3.4:   Renditerealisationen für das varianzminimale Investitionsprogramm (auf vier Stellen genau gerundet)

Insbesondere ermöglicht es die sachgerechte Mischung von Engagements in die
beiden Investitionsprojekte, negative Renditen ebenso wie Renditen oberhalb von
100 %[27] zugunsten einer erhöhten Wahrscheinlichkeit für die Realisierung mo-
derater Renditeausprägungen zu vermeiden. Die **Spannweite** der Renditerealisationen beträgt folgerichtig beim insgesamt varianzminimalen Investitionsprogramm nur noch etwa 0,9054-0,1433 = 0,7621 im Vergleich zu 1,2 bei Projekt
1 und $\overline{0,90}$ bei Projekt 2.

Die gleichen Ergebnisse erhält man natürlich, wenn man mittels (3.37) zunächst
eine Beziehung zwischen Erwartungswert und Varianz des unternehmerischen
Endvermögens herleitet, die zugehörige Ableitung nach dem Erwartungswert
gleich Null setzt und das ganze nach dem Erwartungswert auflöst. Zu beachten

---

steh, aber dieser für verschiedene Zustandspaare **unterschiedlich stark** aus-
fällt.

[26] Vgl. *Tabelle 3.4.*

[27] Natürlich ist ceteris paribus eine anwachsende Renditerealisation in einem
Umweltzustand **nie** von Nachteil. Schlecht unter Risikoaspekten ist jedoch typischerweise, wenn eine hohe Renditerealisation in einem Zustand ceteris
paribus weiter angehoben wird und sich dafür in einem anderen Zustand eine
ohnehin schon niedrige weiter reduziert. Von Vorteil ist entsprechend tendenziell eine gegenteilige Änderung der Wahrscheinlichkeitsverteilung. Genau
um derartige Situationen geht es im hier interessierenden Zusammenhang.

ist hierbei lediglich, daß - wie bereits weiter oben im Rahmen des Beispiels 3.5 erwähnt - $\alpha^{(2)} = 10 \cdot (1 - \alpha^{(1)})/11$ gilt, da die maximalen Investitionsvolumina der beiden Investitionsprojekte unterschiedlich sind. Im Endergebnis gelangt man jedenfalls zum Erwartungswert $E(\bar{\omega}_1) \approx 71{,}655$ GE bei einer Varianz $Var(\bar{\omega}_1) \approx 241{,}5$ GE^2, was erneut mit der Realisation eines Bruchteils $\alpha^{(1)} \approx 0{,}331$ des Projekts 1, also abermals einem Investitionsvolumen für Projekt 1 von ca. 16,55 GE, korrespondiert. □

Bemerkenswert ist ferner ein Umstand, der in *Abbildung 3.4* bereits angedeutet wird. Die Skizze aus *Abbildung 3.4* kann ohne weiteres derart interpretiert werden, daß ähnlich wie in *Abbildung 3.5* alle durch Kombination von lediglich zwei Investitionsprojekten 1 und 2 erreichbaren μ-σ-Kombinationen abgetragen werden. Die bei alleiniger Investition in Projekt 1 bzw. 2 erreichbaren μ-σ-Werte sind dabei jeweils durch "1" bzw. "2" gekennzeichnet. In **allen** μ-σ-effizienten Programmen bis auf dasjenige mit $\hat{\alpha}^{(1)} = 1$ ist das Investitionsprojekt 2 enthalten, obwohl es für sich genommen vom Projekt 1 μ-σ-**dominiert** wird. Man erkennt letzteres daran, daß die durch alleinige Realisation des Projekts 2 erreichbare μ-σ-Kombination im Vergleich zu der entsprechenden bei alleiniger Durchführung des Projekts 1 links oben liegt. Auch **ineffiziente** Investitionsprojekte können demnach Teil eines **effizienten** Investitionsprogramms sein, so daß demnach zwischen der Effizienz von Projekten und Programmen **strikt** zu unterscheiden ist. Letztlich maßgeblich ist nur die Beurteilung von **Investitionsprogrammen**. Die Attraktivität von bei isolierter Betrachtung ineffizienten Projekten ist dabei Folge des durch ihre Realisation ermöglichten positiven **Risikomischungseffekts**. Wie stark dieser ist, wird maßgeblich von den **Kovarianzen** der Renditen der einzelnen Projekte bestimmt, während für die Frage der μ-σ-Effizienz eines Projekts diese Risikozusammenhänge überhaupt nicht berücksichtigt werden.

Ähnlich wie schon bei der Ermittlung des optimalen Investitionsprogramms bei Sicherheit lassen sich Investitionsprojekte auch bei Risiko im Falle ohne Zugang zu einem vollkommenen Kapitalmarkt **nicht unabhängig** voneinander beurteilen. Dies für sich genommen, ist in Anbetracht der schon bei Sicherheit bestehenden

137

Unmöglichkeit der Einzelprojektbeurteilung bei fehlendem Kapitalmarktzugang nicht sonderlich überraschend. Bemerkenswert ist aber die neue Erkenntnis, daß eine Einzelprojektbeurteilung auch infolge des **Risikozusammenhangs** zwischen den ungewissen künftigen Einzahlungen aus den Investitionsprojekten nicht möglich ist.

3.4.3 Ermittlung des subjektiv-optimalen unternehmerischen Investitionsprogramms

Jedes der μ-σ-effizienten Investitionsprogramme kommt grundsätzlich aus Sicht eines Unternehmers mit μ-σ-Präferenzen als optimal in Frage. Spätestens wenn es um die konkrete Auswahl eines dieser Investitionsprogramme geht, müssen die unternehmerischen Präferenzen daher näher spezifiziert werden. Zu diesem Zweck ist der unternehmerische Erwartungsnutzen als Funktion von $E(\tilde{\omega}_T)$ und $Var(\tilde{\omega}_T)$ auszudrücken und unter Beachtung der Funktionsgleichung für die μ-σ-effizienten Investitionsprogramme zu maximieren.[28] Weil der unternehmerische Erwartungsnutzen lediglich von Erwartungswert und Varianz des jeweiligen Endvermögens des Unternehmers abhängt, existiert eine **Präferenzfunktion** $\Phi^+[E(\tilde{\omega}_T);Var(\tilde{\omega}_T)]$, die zu jeder erreichbaren Kombination von $E(\tilde{\omega}_T)$ und $Var(\tilde{\omega}_T)$ das zugehörige unternehmerische Erwartungsnutzenniveau angibt. Die Ableitung nach $E(\tilde{\omega}_T)$ ist dabei positiv, die nach $Var(\tilde{\omega}_T)$ entsprechend negativ. Infolge des exogen vorgegebenen unternehmerischen Anfangsvermögens kann auch eine alternative Präferenzfunktion $\Phi[E(\tilde{r});Var(\tilde{r})]$ in Abhängigkeit von Erwartungswert und Varianz der **Programmrendite** definiert werden:

---

[28] In der Tat kann man den unternehmerischen Erwartungsnutzen natürlich auch **direkt** unter Beachtung aller überhaupt realisierbaren Investitionsprogramme maximieren. Die Bestimmung der μ-σ-effizienten Investitionsprogramme in einem ersten Schritt ist folglich nicht unbedingt erforderlich, sofern die unternehmerische Nutzenfunktion eindeutig spezifiziert ist.

$$\Phi^+[E(\tilde{\omega}_T);Var(\tilde{\omega}_T)]$$

$$= \Phi^+\{W_0\cdot[1+E(\tilde{r})];W_0^2\cdot Var(\tilde{r})\} \tag{3.42}$$

$$\equiv \Phi[E(\tilde{r});Var(\tilde{r})],$$

wobei für gegebenes Anfangsvermögen augenscheinlich $\partial\Phi[E(\tilde{r});Var(\tilde{r})]/\partial E(\tilde{r})$ > 0 sowie $\partial\Phi[E(\tilde{r});Var(\tilde{r})]/\partial Var(\tilde{r})$ < 0 gilt.

Beispiel 3.7:
Gegeben seien das Entscheidungsproblem aus Beispiel 3.4 und damit insbesondere die unternehmerische Nutzenfunktion gemäß Gleichung (3.26). Die in Abhängigkeit von $E(\tilde{\omega}_T)$ und $Var(\tilde{\omega}_T)$ definierte unternehmerische Präferenzfunktion wird durch (3.27) beschrieben und läßt sich wie folgt in eine Präferenzfunktion mit den Argumenten $E(\tilde{r})$ und $Var(\tilde{r})$ überführen:

$$\Phi^+[E(\tilde{\omega}_1);Var(\tilde{\omega}_1)]$$

$$= 240\cdot E(\tilde{\omega}_1)-Var(\tilde{\omega}_1)-E^2(\tilde{\omega}_1)$$

$$= 240\cdot W_0\cdot[1+E(\tilde{r})]-W_0^2\cdot Var(\tilde{r})-W_0^2\cdot[1+E(\tilde{r})]^2 \tag{3.43}$$

$$= 9.500+7.000\cdot E(\tilde{r})-2.500\cdot E^2(\tilde{r})-2.500\cdot Var(\tilde{r})$$

$$\equiv \Phi[E(\tilde{r});Var(\tilde{r})],$$

wobei erneut W_0 = 50 GE unterstellt wurde.

Nach Einsetzen von (3.41) in (3.43) kann (3.43) über $E(\tilde{r})$ optimiert werden. Durch Nullsetzen der Ableitung von (3.43) nach $E(\tilde{r})$ erhält man schließlich $E(\tilde{r}^*) \approx 47,32\%$. Damit wiederum läßt sich mittels (3.40) auf $\hat{\alpha}^{(1)*} \approx 0,732$ und folglich $\hat{\alpha}^{(2)*} \approx 0,268$ schließen. Die zugehörige Varianz der Programmrendite ist $Var(\tilde{r}^*) \approx 13,38\%$. □

Auch **graphisch** kann das Investitionsprogrammproblem ohne weiteres gelöst werden. Dazu sind **Risikoindifferenzkurven** in die *Abbildung 3.4* einzufügen. Eine Risikoindifferenzkurve ist definiert als der geometrische Ort aller Kombinationen von erwarteter Rendite μ und Varianz σ^2 bzw. Standardabweichung σ der Rendite,[29] die aus Sicht des betrachteten Unternehmers den gleichen Erwartungsnutzen stiften. Risikoindifferenzkurven verlaufen im μ-σ-Diagramm **steigend**, da der Erwartungsnutzen des Unternehmers ceteris paribus mit wachsendem μ und fallendem σ zunimmt. Eine Anhebung von σ muß daher durch eine entsprechende Erhöhung von μ kompensiert werden, sofern das unternehmerische Erwartungsnutzenniveau unverändert bleiben soll. Ferner steigt das mit einer Risikoindifferenzkurve verbundene Erwartungsnutzenniveau an, je **weiter außen** die Risikoindifferenzkurve liegt. Natürlich **schneiden sich** Risikoindifferenzkurven für gegebene unternehmerische Nutzenfunktion **nicht**, würde das doch implizieren, daß ein und dieselbe μ-σ-Kombination mit wenigstens zwei unterschiedlichen Erwartungsnutzenniveaus einhergehen könnte.

Der Unternehmer wird demnach dasjenige Investitionsprogramm realisieren wollen, das die Erreichung der am weitesten außen gelegenen Risikoindifferenzkurve ermöglicht. Sofern Risikoindifferenzkurven **degressiv steigend** verlaufen, erhält man das Optimum bei Abstraktion von Randlösungen damit durch den Tangentialpunkt von Effizienzlinie und einer unternehmerischen Risikoindifferenzkurve. Ein degressiv steigender Verlauf von Risikoindifferenzkurven impliziert, daß für jede zusätzliche Einheit erwarteter Rendite aus Unternehmersicht immer weniger zusätzliches Risiko in Form einer gesteigerten Varianz oder Standardabweichung der Rendite auf das unternehmerische Anfangsvermögen in Kauf genommen werden kann. Zweifellos wirkt dieser Zusammenhang unmittelbar **plausibel**.[30] In

---

[29] Natürlich kann man die Definition in äquivalenter Form auf Erwartungswert und Varianz des unternehmerischen Endvermögens beziehen.

[30] Freilich ist diese Plausibilität ein wenig **"fadenscheinig"**, gibt es doch eine Reihe von ebenfalls plausiblen Szenarien, in denen die unternehmerischen Risikoindifferenkurven nicht degressiv steigend sind. Vgl. hierzu *Feldstein* (1969). Glücklicherweise läßt sich für die beiden wichtigen Szenarien **quadra-**

Abbildung 3.6 ist die graphische Lösung des unternehmerischen Investitionsprogrammproblems angedeutet.

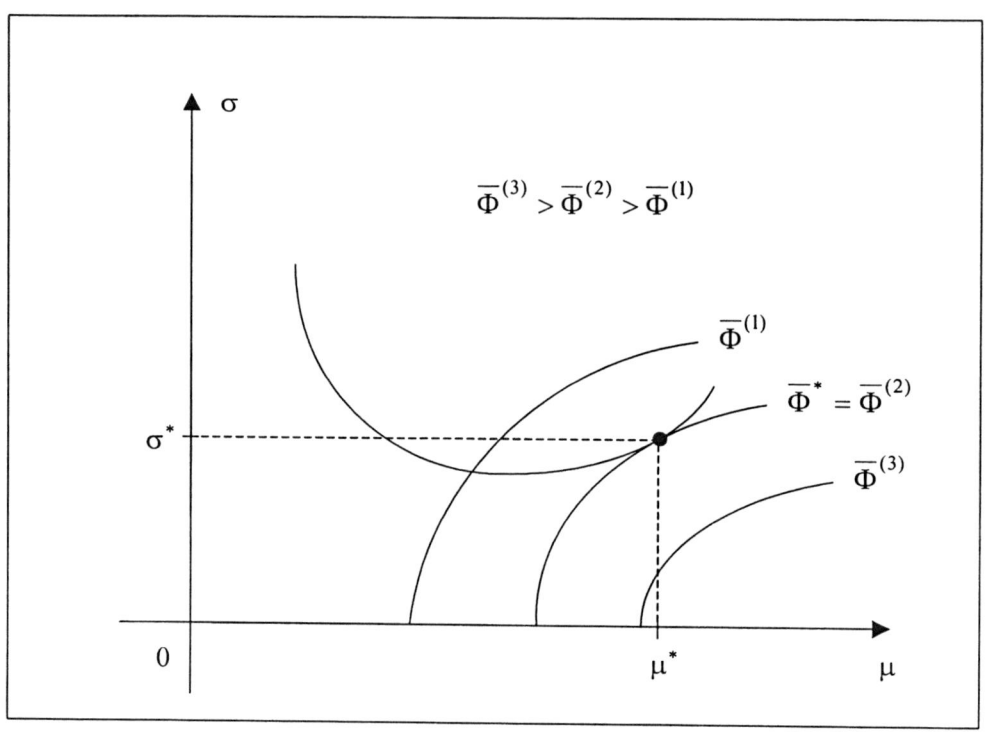

Abbildung 3.6: Graphische Bestimmung des subjektiv-optimalen Investitionsprogramms

Beispiel 3.8:

Gegeben sei die Entscheidungssituation aus Beispiel 3.7. Die Funktionsgleichungen der **Risikoindifferenzkurven** erhält man, indem man die Präferenzfunktion aus (3.43) mit einem festen Wert $\overline{\Phi}$ gleichsetzt und sodann nach der Varianz der Programmrendite auflöst. Damit ergibt sich als Beschreibung aller μ-σ- bzw. μ-σ^2-Kombinationen, die mit demselben Präferenz- (das heißt Erwartungsnutzen-) wert $\overline{\Phi}$ einhergehen:

---

tischer Risikonutzenfunktion oder multivariat normalverteilter Projektrenditen zeigen, daß die Risikoindifferenzkurven hierbei in der Tat im μ-σ-Diagramm degressiv steigend verlaufen.

$$\text{Var}(\bar{r}) = 3,8 + 2,8 \cdot E(\bar{r}) - E^2(\bar{r}) - 0,0004 \cdot \overline{\Phi}. \tag{3.44}$$

Wie man ohne weiteres erkennt, reduziert sich $\text{Var}(\bar{r})$ in der Tat ceteris paribus mit wachsendem Präferenzwert $\overline{\Phi}$, was zum Ausdruck bringt, daß das Präferenzniveau weiter außen liegender Risikoindifferenzkurven größer als das von weiter innen liegenden ist. Ableiten von (3.44) nach $E(\bar{r})$ liefert ferner:

$$\frac{d\text{Var}(\bar{r})}{dE(\bar{r})} = 2,8 - 2 \cdot E(\bar{r}),$$

$$\frac{d^2\text{Var}(\bar{r})}{dE^2(\bar{r})} = -2. \tag{3.45}$$

Die erste Ableitung ist **positiv** für $E(\bar{r}) < 140\,\%$, was augenscheinlich im Rahmen dieses Zahlenbeispiels erfüllt ist. Die zweite Ableitung ist stets **negativ**, so daß hier insgesamt ein degressiv steigender Verlauf der Risikoindifferenzkurven im Rahmen einer μ-σ^2-Darstellung vorliegt, wie er weiter oben bereits diskutiert worden ist.[31]

Das optimale unternehmerische Produktionsprogramm als **Tangentialpunkt** von Effizienzlinie (3.41) und einer Risikoindifferenzkurve gemäß (3.45) muß damit ("ungefähr"[32]) den folgenden beiden Bedingungen genügen:

I. $3,8 + 2,8 \cdot E(\bar{r}) - E^2(\bar{r}) - 0,0004 \cdot \overline{\Phi} = 23,1 \cdot E^2(\bar{r}) - 20,009 \cdot E(\bar{r}) + 4,4295,$

II. $2,8 - 2 \cdot E(\bar{r}) = 46,2 \cdot E(\bar{r}) - 20,009.$ $\tag{3.46}$

---

[31] Aus der strengen Konkavität der Risikoindifferenzkurven im Rahmen eines μ-σ^2-Diagramms resultiert im übrigen unmittelbar auch die strenge Konkavität der Risikoindifferenzkurven in einer μ-σ-Darstellung, da die zum Übergang von der Renditevarianz zur Renditestandardabweichung benötigte Wurzelfunktion selbst ebenfalls streng konkav ist.

[32] Zu beachten ist, daß (3.41) genaugenommen nur näherungsweise Gültigkeit besitzt.

Die erste Gleichung aus (3.46) stellt sicher, daß ein **gemeinsamer Punkt** von Effizienzlinie und einer Risikoindifferenzkurve betrachtet wird. Die zweite Gleichung gewährleistet, daß es sich bei diesem gemeinsamen Punkt um einen **Tangentialpunkt** handelt. Aus dieser zweiten Gleichung erhält man die bereits bekannte **Optimallösung** $E(\tilde{r}^*) \approx 47,32$ %. Mit Hilfe der ersten Gleichung bestimmt man den zugehörigen maximalen Präferenzwert des Unternehmers in Höhe von ungefähr 11.918,22. □

3.4.4 Beurteilung

Der große **Vorteil** des Treffens von Realinvestitionsentscheidungen auf der Grundlage des μ-σ-Prinzips ist sicherlich darin zu sehen, daß hiermit eine vergleichsweise **einfache** Berücksichtigung von **Risikoaspekten** für risikoaverse Entscheidungsträger möglich ist. Man gelangt folglich zu einem praktisch noch recht gut handhabbaren Ansatz. Auf einer mehr konzeptionellen Ebene ist überdies die mit Hilfe dieses Ansatzes vermittelte Einsicht in das Wirken von **Diversifikationsphänomenen** positiv hervorzuheben. Vor allem die Resultate, daß aus isolierter Sicht dominierte Investitionsprojekte Teil eines effizienten Investitionsprogramms sein können und bei Optimalverhalten mehr als nur ein Investitionsprojekt lediglich in Bruchteilen realisiert wird, sind erwähnenswert.

Von **Nachteil** ist sicherlich, daß eine **differenzierte** Abbildung von Zeitpräferenzen im Rahmen einer generalisierten Nutzenfunktion $U(c_0; \tilde{c}_1; \ldots; \tilde{c}_T)$ auf der Grundlage des μ-σ-Prinzips **schwerfällt**. Um zu einem analytisch handhabbaren Ansatz zu gelangen, müßte die Nutzenfunktion in ganz bestimmter Weise **additivquadratisch** sein. Schon ohne die Berücksichtigung differenzierter Zeitpräferenzen stellt die Annahme eines unternehmerischen Entscheidungsverhaltens gemäß dem μ-σ-Prinzip eine durchaus **deutliche Einschränkung** der zulässigen Nutzenfunktionen dar. Die benötigten quadratischen Nutzenfunktionen erweisen sich dabei in verschiedener Hinsicht als **problematisch**. So ist zum einen zu beachten, daß der **Definitionsbereich** des unternehmerischen Endvermögens nach oben **beschränkt** sein muß, um einen negativen Grenznutzen des Unternehmers bei hohen

Endvermögensrealisationen zu vermeiden. Aus empirischer Sicht geht die Annahme einer quadratischen Risikonutzenfunktion des Unternehmers überdies mit dem Problem einher, daß sich mit **wachsendem** Vermögensniveau ein **zunehmend risikoscheues** Verhalten des Unternehmers der folgenden Art ergibt:[33] Hat der Unternehmer die Wahl zwischen einer sicheren Anlage seines Vermögens bei einer Rendite i und der unsicheren Mittelanlage zu einem stochastischen Zinssatz $\tilde{r}$, so wird der Unternehmer im Falle einer quadratischen Risikonutzenfunktion mit wachsendem Vermögen in absoluten Größen immer weniger riskant investieren. Ein derartiges Entscheidungsverhalten dürfte in realen Situationen überaus untypisch und quadratische Nutzenfunktionen aus diesem Blickwinkel daher recht **unplausibel** sein.

Selbst bei bereits vorgegebenen μ-σ-Präferenzen der betrachteten Entscheidungsträger bleibt noch genügend Spielraum für **Interessendivergenzen**. Das heißt, daß die Struktur des optimalen Investitionsprogramms aus Sicht verschiedener Entscheidungsträger sehr unterschiedlich sein kann. Überdies ist trotz des vergleichsweise einfach strukturierten Entscheidungsproblems der **Datenbedarf** im einzelnen immer noch recht beachtlich. So müssen bei 50 simultan und unabhängig voneinander durchführbaren Investitionsprojekten bereits $1,5 \cdot 50 + 0,5 \cdot 50^2 = 1.325$ Parameter geschätzt werden. Besonders hieran erkennt man, daß sich Entscheidungen bei Risiko als vergleichsweise komplex erweisen. Schließlich wurde im Rahmen dieses ganzen Kapitels die **beliebige Teilbarkeit** aller Investitionsprojekte vorausgesetzt. Gibt man diese Annahme auf, läßt sich die Bestimmung des optimalen Investitionsprogramms im Wege der Marginalanalyse nicht mehr vollziehen. Vielmehr liegt dann wie schon im zweiten Kapitel aus Band I ein weitaus komplizierteres kombinatorisches Problem vor.

Ähnlich wie im Rahmen des ersten Bands lassen sich einige der gerade dargelegten Kritikpunkte dadurch ausräumen, daß man die Existenz eines **vollkommenen Kapitalmarktes** berücksichtigt, auf dem man Mittel in grundsätzlich beliebiger

---

[33] Vgl. hierzu auch etwa *Franke/Hax* (1999), S. 301.

Form anlegen oder aufnehmen kann. Die sich hieraus ergebenden Konsequenzen werden im Rahmen des nächsten Kapitels ausführlich erörtert. Zuvor erfolgt jedoch eine kurze Zusammenfassung der wichtigsten Ergebnisse des vorliegenden Abschnitts 3.

3.5 Zusammenfassung

Gegenstand dieses Abschnitts war die Untersuchung des Treffens von Investitionsprogrammentscheidungen bei Risiko unter der Annahme der **Risikoneutralität** des Unternehmers oder aber Voraussetzungen, die zur Anwendung des μ-σ-**Prinzips** durch den betrachteten Unternehmer führen. Es zeigte sich, daß bei **risikoneutralem** Unternehmer Investitionsentscheidungen trotz ungewisser künftiger Projekteinzahlungen prinzipiell in analoger Weise wie bei **Sicherheit** getroffen werden können. Dazu ist es lediglich notwendig, die künftigen ungewissen Einzahlungsüberschüsse durch ihre **Erwartungswerte** zu repräsentieren.

Bei einem **risikoscheuen** Unternehmer erweisen sich Investitionsprogrammentscheidungen als weitaus komplexer. Zur Problemvereinfachung wurde daher das Hauptaugenmerk auf solche Situationen gerichtet, in denen der Unternehmer lediglich an einem möglichst großen **Endvermögen** interessiert ist, differenzierende Zeitpräferenzen also nicht vorliegen. Entscheidungen nach dem μ-σ-**Prinzip** besagen unter dieser zusätzlichen Voraussetzung, daß der Unternehmer verschiedene Investitionsprogramme allein nach Erwartungswert μ und Varianz σ^2 (bzw. Standardabweichung σ) seines hierdurch erreichbaren ungewissen Endvermögens bzw. der damit einhergehenden Rendite auf sein (exogen vorgegebenes) Anfangsvermögen beurteilt. Ein derartiges Verhalten stellt sich ein, wenn der Unternehmer über eine Nutzenfunktion verfügt, die **quadratisch** in seinem Endvermögen und damit auch der Rendite auf sein Anfangsvermögen ist, oder aber wenn die erreichbaren Wahrscheinlichkeitsverteilungen des unternehmerischen Endvermögens sich in jedem Fall als **Normalverteilungen** darstellen. Der Erwartungswert kann hierbei anschaulich als "Höhen"-Komponente der zugehörigen Wahrscheinlichkeitsverteilung interpretiert werden, während es sich bei der Varianz bzw. der Standardabweichung um ein Streuungsmaß zur Erfassung der **"Risiko"-Komponente** handelt.

Im Rahmen von Investitionsprogrammentscheidungen auf der Grundlage des μ-σ-Prinzips ist bereits ohne genaue Konkretisierung der μ-σ-Präferenzen zumindest eine **Vorauswahl** zwischen den realisierbaren Handlungsalternativen dergestalt möglich, daß diese in jedem Fall μ-σ-**effizient** sein müssen. Ein Investitionsprogramm ist μ-σ-effizient, wenn es kein anderes Investitionsprogramm gibt, das für gegebenes σ über ein höheres μ, für gegebenes μ über ein niedrigeres σ oder aber über ein niedrigeres σ bei gleichzeitig höherem μ verfügt. Die Ermittlung μ-σ-effizienter Investitionsprogramme erweist sich dabei zumindest bei Voraussetzung **beliebiger Projektteilbarkeit** rechentechnisch als vergleichsweise einfach, da die Optimalitätsbedingungen zu einem **linearen Gleichungssystem** führen, das regelmäßig **explizit** gelöst werden kann.

Die Analyse von Investitionsentscheidungen auf der Grundlage des μ-σ-Prinzips liefert überdies einige grundsätzliche neue Einsichten. Insbesondere zeigt sich, daß durch sachgerechte **Mischung** einzelner Projekte Investitionsprogramme erreichbar sind, deren Risiko **unter** dem des **risikoärmsten** Investitionsprojekts liegt. Man spricht in diesem Zusammenhang auch von **Diversifikation**. Damit zusammenhängend erweist es sich als durchaus sinnvoll, in Projekte zu investieren, die bei isolierter Betrachtung **ineffizient** sind, einfach weil diese gegebenenfalls durch ihren günstigen Risikozusammenhang mit anderen Investitionsprojekten im Hinblick auf die Einzahlungen aus dem gesamten Investitionsprogramm zu (hinreichend) starken Diversifikationseffekten führen.

Problematisch im Zusammenhang mit unternehmerischen Entscheidungen auf der Grundlage des μ-σ-Prinzips dürfte neben den engen Anwendungsvoraussetzungen vor allem sein, daß einfache Entscheidungen bei **fehlender Projektteilbarkeit** kaum mehr möglich sind und daß trotz der Möglichkeit der Vorauswahl unter den Investitionsprogrammen verschiedene Ausprägungen von μ-σ-Präferenzen zu **unterschiedlichen** optimalen Investitionsprogrammen führen. Im folgenden vierten

Kapitel wird geprüft, ob derartige Schwächen durch die Voraussetzung des unternehmerischen Zugangs zu einem **vollkommenen Kapitalmarkt** gemildert werden können.

Anhang

Bei **normalverteiltem** unternehmerischen Endvermögen gilt:

$$E[U(\tilde{\omega}_T)]$$

$$= U[E(\tilde{\omega}_T)] + \frac{1}{2} \cdot U''[E(\tilde{\omega}_T)] \cdot Var(\tilde{\omega}_T)$$

$$+ \frac{1}{2^2 \cdot 2!} \cdot U^{(4)}[E(\tilde{\omega}_T)] \cdot [Var(\tilde{\omega}_T)]^2 \qquad (A3.1)$$

$$+ ... + \frac{1}{2^\upsilon \cdot \upsilon!} \cdot U^{(2 \cdot \upsilon)}[E(\tilde{\omega}_T)] \cdot [Var(\tilde{\omega}_T)]^\upsilon + ... \, .$$

Mit $V[E(\tilde{\omega}_T)] \equiv U'[E(\tilde{\omega}_T)]$ ermittelt man die Ableitung von (A3.1) nach $E(\tilde{\omega}_T)$ durch gliedweise Differentiation der einzelnen Summanden:

$$\frac{\partial E[U(\tilde{\omega}_T)]}{\partial E(\tilde{\omega}_T)} = U'[E(\tilde{\omega}_T)] + \frac{1}{2} \cdot U''[E(\tilde{\omega}_T)] \cdot Var(\tilde{\omega}_T)$$

$$+ \frac{1}{2^2 \cdot 2!} \cdot U^{(5)}[E(\tilde{\omega}_T)] \cdot [Var(\tilde{\omega}_T)]^2$$

$$+ ... + \frac{1}{2^\upsilon \cdot \upsilon!} \cdot U^{(2 \cdot \upsilon + 1)}[E(\tilde{\omega}_T)] \cdot [Var(\tilde{\omega}_T)]^\upsilon + ...$$

$$\qquad (A3.2)$$

$$= V[E(\tilde{\omega}_T)] + \frac{1}{2} \cdot V''[E(\tilde{\omega}_T)] \cdot Var(\tilde{\omega}_T)$$

$$+ \frac{1}{2^2 \cdot 2!} \cdot V^{(4)}[E(\tilde{\omega}_T)] \cdot [Var(\tilde{\omega}_T)]^2$$

$$+ ... + \frac{1}{2^\upsilon \cdot \upsilon!} \cdot V^{(2 \cdot \upsilon)}[E(\tilde{\omega}_T)] \cdot [Var(\tilde{\omega}_T)]^\upsilon + ... = E[V(\tilde{\omega}_T)].$$

Etwas komplizierter bestimmt sich die Ableitung von (A3.1) nach $\text{Var}(\tilde{\omega}_T)$. Hier erhält man für $V[E(\tilde{\omega}_T)] \equiv U''[E(\tilde{\omega}_T)]$ und $\ell \equiv \upsilon-1$:

$$\frac{\partial E[U(\tilde{\omega}_T)]}{\partial \text{Var}(\tilde{\omega}_T)}$$

$$= \frac{1}{2} \cdot U''[E(\tilde{\omega}_T)] + \frac{1}{2^2} \cdot U^{(4)}[E(\tilde{\omega}_T)] \cdot \text{Var}(\tilde{\omega}_T)$$

$$+ ... + \frac{1}{2^{\upsilon} \cdot (\upsilon-1)!} \cdot U^{(2 \cdot \upsilon)}[E(\tilde{\omega}_T)] \cdot [\text{Var}(\tilde{\omega}_T)]^{\upsilon-1} + ...$$

$$= \frac{1}{2} \cdot \left\{ U''[E(\tilde{\omega}_T)] + \frac{1}{2} \cdot U^{(2+2)}[E(\tilde{\omega}_T)] \cdot \text{Var}(\tilde{\omega}_T) \right.$$

$$\left. + ... + \frac{1}{2^{\upsilon-1} \cdot (\upsilon-1)!} \cdot U^{[2+2 \cdot (\upsilon-1)]}[E(\tilde{\omega}_T)] \cdot [\text{Var}(\tilde{\omega}_T)]^{\upsilon-1} + ... \right\}$$ (A3.3)

$$= \frac{1}{2} \cdot \left\{ V[E(\tilde{\omega}_T)] + \frac{1}{2} \cdot V''[E(\tilde{\omega}_T)] \cdot \text{Var}(\tilde{\omega}_T) \right.$$

$$\left. + ... + \frac{1}{2^{\ell} \cdot \ell!} V^{(2 \cdot \ell)}[E(\tilde{\omega}_T)] \cdot [\text{Var}(\tilde{\omega}_T)]^{\ell} + ... \right\}$$

$$= \frac{E[V(\tilde{\omega}_T)]}{2} \quad .$$

Wiederholungsfragen

W3.1

Was besagt der Satz von *Taylor*, und wie kann man mit seiner Hilfe den Erwartungsnutzen eines Unternehmers darstellen?

W3.2

Was versteht man unter dem zentralen Moment erster, was unter dem zentralen Moment zweiter Ordnung einer Wahrscheinlichkeitsverteilung?

W3.3

Wie stellt sich der Entscheidungskalkül eines risikoneutralen Unternehmers im Rahmen einer Zwei-Zeitpunkte-Betrachtung mit Konsummöglichkeiten in $t = 0$ und $t = 1$ dar?

W3.4

Was versteht man unter dem μ-σ-Prinzip?

W3.5

Unter welchen Annahmen hinsichtlich der unternehmerischen Risikonutzenfunktion läßt sich das μ-σ-Prinzip aus dem *Bernoulli*-Prinzip herleiten?

W3.6

Unter welchen Annahmen hinsichtlich der Wahrscheinlichkeitsverteilungen der künftigen Projekteinzahlungen läßt sich das μ-σ-Prinzip aus dem *Bernoulli*-Prinzip herleiten?

W3.7

Inwiefern kann die Bestimmung des optimalen unternehmerischen Investitionsprogramms als Portfolioselektionsproblem verstanden werden?

W3.8

Was versteht man unter μ-σ-Effizienz?

W3.9

In welche beiden Teilschritte läßt sich das unternehmerische Kapitalbudgetie-rungsproblem vor dem Hintergrund der Konzeption der μ-σ-Effizienz zerlegen?

W3.10

Mit welchen Vor- und Nachteilen sind unternehmerische Investitionsprogramm-entscheidungen auf der Grundlage des μ-σ-Prinzips verbunden?

IV Investitionsentscheidungen bei vollkommenem Kapitalmarkt[1]

1 Marktwertorientierte Investitionsentscheidungen

1.1 Problemstellung

Im Rahmen des Abschnitts 2 des vorhergehenden Kapitels wurden Entscheidungen auf der Grundlage des *Bernoulli*-Prinzips erörtert. Dabei wurde zugleich auch schon auf eine Reihe von Problemen im Zusammenhang mit dessen praktischer Anwendung hingewiesen. In der Tat dürfte das Fällen unternehmerischer Entscheidungen mittels des *Bernoulli*-Prinzips allenfalls dann operational sein, wenn Entscheidungen lediglich im Interesse **eines Subjekts** oder einer **kleinen homogenen** Gruppe von Subjekten zu treffen sind. Zu denken ist hierbei insbesondere an Unternehmungen mit **Personenidentität** von Geschäftsführern und Gesellschaftern. Schon wenn diese nicht mehr gegeben ist, ergibt sich ein **Problem** dadurch, daß die Geschäftsführer der Unternehmung nur dann im Interesse der Gesellschafter handeln können, wenn die **Präferenzen** von letzteren **bekannt** sind. Mag man dieses Problem noch als im Prinzip lösbar auffassen, ergibt sich ein zweites allerdings dann, wenn es sich bei den Gesellschaftern der Unternehmung um eine heterogene Gruppe mit **divergierenden** Präferenzen handelt. In diesem Falle wird eine Orientierung an den Präferenzen der Gesellschafter für die Geschäftsführer schlicht unmöglich, da Präferenzen grundsätzlich **nicht aggregiert** werden können.[2]

---

[1] Der folgende Abschnitt basiert im wesentlichen auf *Breuer* (1997a).

[2] Die Ursache hierfür liegt in der **mangelnden Eindeutigkeit** von Nutzenfunktionen. Im Abschnitt 2 des vorhergehenden Kapitels wurde bereits darauf hingewiesen, daß Nutzenfunktionen etwa bei Sicherheit nur bis auf **positive monotone Transformationen** bestimmt sind. Unter anderem impliziert dies, daß man statt einer Nutzenfunktion $U^{(1)}(\cdot)$ eines Subjekts 1 auch etwa eine (transformierte) Nutzenfunktion $U^{(1)+}(\cdot) \equiv 10.000 \cdot U^{(1)}(\cdot)$ ansetzen könnte, ohne

Insbesondere bei **Aktiengesellschaften** mit **großem** Aktionärskreis tritt genau die gerade beschriebene Problematik auf, daß eigentlich unklar ist, welche **Zielsetzung** das Management zugunsten der Gesellschafter verfolgen sollte. Allerdings eröffnet sich hier ein möglicher **Ausweg** aus dem Dilemma, nämlich die Orientierung unternehmerischer Entscheidungen am jeweils erreichbaren **Marktwert** der Unternehmung. Marktwerte kann es nur geben, wenn der Handel von Zahlungsströmen auf einem (Sekundär-) Kapitalmarkt möglich ist. Im folgenden **Abschnitt 1**.2 wird daher zunächst erläutert, was man unter einem **vollkommenem Sekundärmarkt** versteht und wie der Marktwert einer Unternehmung definiert ist. Hierauf aufbauend, wird im **Abschnitt 1**.3 sodann erläutert, warum die **Maximierung** des (Netto-) Unternehmenswertes ein durch alle Gesellschafter einer Unternehmung akzeptables Ziel ist. Im **Abschnitt 1**.4 wird kurz auf den Zusammenhang zwischen der Maximierung des Marktwertes aller Finanzierungstitel und der Maximierung des Marktwertes nur der Beteiligungstitel eingegangen. Die Ausführungen schließen mit der Zusammenfassung der wichtigsten Ergebnisse im **Abschnitt 1**.5.

1.2   Begriffliches

1.2.1 Der vollkommene Sekundärkapitalmarkt

Grundsätzlich unterscheidet man zwischen **Primär- und Sekundärkapitalmärkten**. Auf Primärmärkten werden neu geschaffene Finanzierungstitel ausgegeben. Jeder Finanzierungstitel ist dabei durch die von ihm verbriefte **Anwartschaft** auf

---

daß sich bei Sicherheit ein verändertes nutzenmaximierendes Verhalten ergäbe. Ein ähnliches Uneindeutigkeitsproblem im Zusammenhang mit *Bernoulli-Nutzenfunktionen* bei Entscheidungen unter Risiko wurde in jenem Abschnitt 2 ebenfalls bereits diskutiert. Soll nun jedenfalls der Gesamtnutzen des besagten Subjekts 1 und eines Subjekts 2 mit Nutzenfunktion $U^{(2)}(\cdot)$ maximiert werden, dann wird die resultierende Verhaltensempfehlung sehr davon abhängen, ob man von $U^{(1)}(\cdot)+U^{(2)}(\cdot)$ oder aber $U^{(1)+}(\cdot)+U^{(2)}(\cdot)$ ausgeht. Beide Ansätze wären indes gleichermaßen sachgerecht, eine Aggregation von Präferenzen mithin problematisch.

Teile der Einzahlungsüberschüsse einer Unternehmung aus ihrer Geschäftstätigkeit charakterisiert. Nach der Emission werden diese Finanzierungstitel auf dem Sekundärkapitalmarkt unter den Marktteilnehmern gehandelt. Im weiteren soll dabei von einem **vollkommenen** Sekundärkapitalmarkt ausgegangen werden. Schon im Band I wurde im Zusammenhang mit der Herleitung des Kapitalwertkriteriums im Rahmen des *Fisher*-Modells ein vollkommener Kapitalmarkt unterstellt, und es wurden dessen wichtigste Charakteristika beschrieben. Im Kern geht es darum, daß Finanzierungstitel von den (in einem weiteren[3] Sinne) rational agierenden Marktteilnehmern zu aus individueller Sicht jeweils gegebenen Preisen ohne Anfall irgendwelcher Transaktionskosten gehandelt werden können.

1.2.2 Der Marktwert einer Unternehmung

Unter dem **Marktwert** eine Unternehmung versteht man die **Summe** der Marktwerte aller von der Unternehmung emittierten **Finanzierungstitel**.

Im einfachsten Falle unterscheidet man nur **zwei** Arten von Finanzierungstiteln: **Beteiligungstitel**, die von den Eigenkapitalgebern der Unternehmung gehalten werden, und **Forderungstitel**, die von den Fremdkapitalgebern der Unternehmung erworben werden. Der **Marktwert der Unternehmung** ergibt sich dann definitorisch als Summe der Marktwerte der Beteiligungs- und der Forderungstitel.[4] Insbesondere in der Wirtschaftspraxis wird der Begriff des Unternehmenswertes oft enger gesehen und mit dem Marktwert lediglich der Beteiligungstitel gleichgesetzt. Wie bereits im vorhergehenden Abschnitt 1.1 erwähnt, wird auf den Zusammenhang zwischen der Orientierung unternehmerischer Entscheidungen am Ziel der Maximierung des Unternehmenswertes und der Maximierung nur des Marktwertes der Beteiligungstitel weiter unten noch näher eingegangen. Ferner kann zwischen **Netto- und Bruttounternehmenswert** unterschieden werden, je nachdem, ob man die für investive Zwecke erforderlichen Anfangsaus-

---

[3] Vgl. hierzu Fußnote 4 im Abschnitt 2 des vorhergehenden dritten Kapitels.

[4] Vgl. hierzu näher beispielsweise *Breuer* (1998a), S. 43 f.

zahlungen in Abzug bringt oder nicht.[5]

Beispiel 1.1:

Gegeben sei eine Unternehmung, die im Rahmen einer Zwei-Zeitpunkte-Betrachtung in t = 1 je nach eintretendem Umweltzustand Einzahlungsüberschüsse $\bar{z}_1$ gemäß *Tabelle 1.1* erwirtschaftete. Auf dieser Grundlage wurden drei Arten von Finanzierungstiteln emittiert. Finanzierungstitel 1 beschreibt einen **Forderungstitel,** der einen Anspruch von 10 GE für seinen Inhaber verbrieft. Finanzierungstitel 2 kann als eine Art "**Vorzugsaktie**" interpretiert werden, die eine prioritätische Anwartschaft in Höhe von 5 GE auf den nach Bedienung der Forderungstitel verbleibenden Überschuß umfaßt.[6] Ein gegebenenfalls darüber noch hinausgehender Einzahlungsüberschuß soll zu gleichen Teilen auf die Vorzugsaktie und auf den Finanzierungstitel 3, eine einfache "**Stammaktie**" aufgeteilt werden.[7] Die aus diesen Regeln resultierenden zustandsabhängigen Einzahlungen der einzelnen Finanzierungstitel sind ebenfalls im Rahmen der *Tabelle 1.1* wiedergegeben. Auf Vorzugs- und Stammaktien entfallen dabei im Zustand $s^{(1)}$ keinerlei Einzahlungen, da schon die Forderung der Gläubiger nicht bedient werden kann. Im Zustand $s^{(2)}$ werden vom nach Gläubigerbedienung verbleibenden Überschuß in Höhe von 19-10 = 9 GE zunächst 5 GE für die Vorzugsaktionäre reserviert. Die restlichen 9-5 = 4 GE werden hälftig auf Stamm- und Vorzugsaktien aufgeteilt. In entsprechender Weise wird im Zustand $s^{(3)}$ verfahren.

---

[5] Auf die Unterscheidung zwischen Brutto- und Nettomarktwerten wurde schon im Kapitel II hingewiesen.

[6] Vgl zu einer derart ausgestalteten Vorzugsaktie etwa *Wöhe/Bilstein* (1998), S. 48 f., oder auch *Drukarczyk* (1999), S. 292 ff.

[7] Vgl. zu einer näheren Charakterisierung von Stammaktien beispielsweise erneut *Drukarczyk* (1999), S. 283 ff.

	$s^{(1)}$	$s^{(2)}$	$s^{(3)}$
$\bar{z}_1^{(1)}$	8	10	10
$\bar{z}_1^{(2)}$	0	7	15
$\bar{z}_1^{(3)}$	0	2	10
$\bar{z}_1$	8	19	35

Tabelle 1.1: Einzahlungsüberschuß einer Unternehmung und dessen Verteilung auf die emittierten Finanzierungstitel

Die gesamte Anfangsauszahlung für das unternehmerische Investitionsprogramm belaufe sich auf 5 GE. Diejenigen Gründungsgesellschafter, die die Forderungs-titel erhalten, sollen sich hieran in Höhe von 2 GE beteiligen. In gleicher Weise sollen die Halter der Vorzugsaktien herangezogen werden. Die dann noch verblei-bende Geldeinheit wird von den Haltern der Stammaktien aufgebracht.

Die Vorstellung, daß mit dem Halten von Finanzierungstiteln auch Teile der An-fangsauszahlung erbracht werden, mag manchem Leser auf den ersten Blick be-fremdlich erscheinen. Sofern man aber die Unternehmung im Zeitpunkt ihrer Be-gründung betrachtet, müssen die **Gründungsgesellschafter** in irgendeiner Form die zu leistende Anfangsauszahlung aufbringen. Da im Gegenzug die Gründungs-gesellschafter Teile der künftigen Einzahlungsüberschüsse der Unternehmung zu-gesprochen bekommen, ergibt sich per Saldo, daß die auf die Gründungsgesell-schafter verteilten Finanzierungstitel sowohl in t = 0 mit Auszahlungen als auch in t = 1 mit unsicheren Einzahlungen einhergehen. Zur Verdeutlichung sei im Rahmen dieses Beispiels 1.1 unterstellt, daß die Finanzierungstitel vorübergehend nur durch ihre künftigen Einzahlungsüberschüsse beschrieben werden und drei Gründungsgesellschafter existieren. Gründungsgesellschafter 1 halte 50 % aller drei Finanzierungstitel und bringe zugleich 2,5 GE der gesamten Anfangsauszah-lung auf. Gründungsgesellschafter 2 halte die restlichen Forderungstitel und je-weils 25 % der Stamm- und Vorzugsaktien. Sein Beitrag zur Anfangsauszahlung sei 1,75 GE. Die restlichen 0,75 GE bringe Gesellschafter 3 auf, und dieser werde dafür durch 25 % sowohl der Stamm- als auch der Vorzugsaktien entschädigt. Per saldo stellen sich die in $t = 0$ und $t = 1$ für die drei Gründungsgesellschafter resultierenden Zahlungskonsequenzen so dar, als wären mit den Finanzierungstiteln die weiter oben beschriebenen Beiträge zur Anfangsauszahlung unmittelbar verknüpft.

Die Bruttomarktwerte der drei Finanzierungstitel seien 8 GE für die Forderungstitel, 6,7 GE für die Vorzugs- und 4,2 GE für die Stammaktien. Die zugehörigen Nettomarktwerte unter Beachtung des auf die Finanzierungstitel jeweils entfallenden Teils der Anfangsauszahlung belaufen sich auf 8-2 = 6 GE, 6,7-2 = 4,7 GE sowie 4,2-1 = 3,2 GE. Der **Bruttounternehmenswert** beläuft sich folglich insgesamt auf 8+6,7+4,2 = 18,9 GE und korrespondiert mit einem **Nettounternehmenswert** in Höhe von 18,9-5 = 13,9 GE. □

1.3 Der Marktwert der Unternehmung als Zielgröße der Gesellschafter[8]

1.3.1 *Pareto*-Verbesserungen durch (Netto-) Marktwertmaximierung

Ausgangspunkt der weiteren Betrachtung sei eine beliebige Anzahl Ψ von Subjekten, deren Ziel in der Begründung einer Unternehmung bestehe. Die unternehmerische Tätigkeit sei in den Zeitpunkten $t = 0$ bis $t = T$ mit **Zahlungskonsequenzen** z_0, $\tilde{z}_1$, $\tilde{z}_2$, ..., $\tilde{z}_T$ verbunden, die bis auf den Zahlungsanfall im Zeitpunkt $t = 0$ grundsätzlich **ungewiß** sind und deswegen mit Tilden gekennzeichnet werden. Typischerweise wird $z_0 < 0$ gelten. In der Regel ist somit zur Initiierung der unternehmerischen Tätigkeit eine gewisse **Anfangsauszahlung** erforderlich.

---

[8] Zur Zielsetzung der Maximierung des Unternehmenswertes existiert eine sehr reichhaltige Literatur. Vgl. hierzu etwa *Grossman/Stiglitz* (1977), *DeAngelo* (1981), *Makowski* (1983), *Wilhelm* (1983a), *Makowski/Pepall* (1985). Siehe überdies *Schmidt/Terberger* (1997), S. 55 ff.

Die betrachteten Subjekte sind gewissermaßen die **Gründungsgesellschafter** der Unternehmung. Ihnen obliegen die **Schaffung** und gegebenenfalls der **Verkauf** von Finanzierungstiteln an weitere Interessenten auf dem Kapitalmarkt. Jeder **Finanzierungstitel** f ist dabei durch eine Reihe von **Zahlungen** $z_0^{(f)}$, $\tilde{z}_1^{(f)}$, ..., $\tilde{z}_T^{(f)}$ gekennzeichnet. In jedem Falle werden die **gesamten** Einzahlungen z_0, $\tilde{z}_1$, $\tilde{z}_2$, ..., $\tilde{z}_T$ aus der unternehmerischen Tätigkeit auf alle Finanzierungstitel aufgeteilt. Der Marktwert der Unternehmung, also aller Finanzierungstitel, ergibt sich daher aus dem gewählten Investitions- und Finanzierungsprogramm.

Mit $V^{(U)*} > 0$ sei der bei gegebener Menge zugänglicher Kapitalbudgets **maximal** erreichbare Nettomarktwert des Unternehmens bezeichnet. Die Finanzierungstitel sollen nun auf die Gründungsgesellschafter verteilt werden. Gründungsgesellschafter ψ ($\psi = 1, ..., \Psi$) erhalte Finanzierungstitel, die den **Anteil** $\alpha^{(\psi)}$ ($0 \leq \alpha^{(\psi)} \leq 1$) am Unternehmensgesamtwert verbriefen. Sein **Vermögenszuwachs** aus der unternehmerischen Tätigkeit beträgt also $\alpha^{(\psi)} \cdot V^{(U)*}$. Da die Anteile $\alpha^{(\psi)}$ unter der Restriktion $\sum_{\psi=1}^{\Psi} \alpha^{(\psi)} = 1$ **beliebig** festgelegt werden können, liegt hier keinerlei Einschränkung der Allgemeingültigkeit vor. In jedem Falle werden **alle** Finanzierungstitel auf die Gründungsgesellschafter verteilt, und außerdem ist durch die Verteilung der gesamten Anfangsauszahlung z_0 auf die Finanzierungstitel zugleich die Aufbringung der Anfangsauszahlung durch die Gründungsgesellschafter sichergestellt.

Beispiel 1.2:

Betrachtet werden zwei Entscheidungsträger 1 und 2 im Rahmen eines Zwei-Zeitpunkte-Modells bei Risiko. In $t = 1$ gebe es drei mögliche Umweltzustände, $s^{(1)}$, $s^{(2)}$, $s^{(3)}$. Die beiden Entscheidungsträger wollen **gemeinsam** eine Unternehmung gründen. Zu diesem Zweck erwägen Sie insbesondere die Realisation eines Investitionsprogramms, das bei einer Anfangsauszahlung von 5 GE zu zustandsabhängigen Rückflüssen $\tilde{z}_1$ gemäß den Angaben aus *Tabelle 1.1* führt. Es ist vorgesehen, daß diese unternehmerischen Einzahlungen des Zeitpunktes $t = 1$ auf Forderungstitel, Vorzugs- und Stammaktien gemäß *Tabelle 1.1* aufgeteilt werden. Gesellschafter 1 soll dabei 30 % der Stammaktien und 40 % der Forderungstitel sowie 60 % der Vorzugsaktien erhalten. Die Beteiligung der Halter der Finanzierungstitel an der Aufbringung der Anfangsauszahlung entspreche ebenfalls der aus Beispiel 1.1. Das bedeutet, daß die Halter der Forderungstitel und Stammaktien insgesamt jeweils 2 GE Anfangsauszahlung tragen, während die Halter der Stammaktien mit 1 GE an der gesamten Anfangsauszahlung beteiligt sind. Die Nettomarktwerte der einzelnen Finanzierungstitel entsprechen damit denen, die bereits in Beispiel 1.1 berechnet worden sind.

Der Nettomarktwert aller von Gesellschafter 1 gehaltenen Finanzierungstitel beläuft sich demnach auf $0,3 \cdot 3,2 + 0,4 \cdot 6 + 0,6 \cdot 4,7 = 6,18$ GE, was unmittelbar der für Gesellschafter 1 eintretenden **Reichtumsmehrung** aus seiner Beteiligung an der Unternehmung entspricht. Der zugehörige Anteil am Nettomarktwert der Unternehmung macht $\alpha^{(1)} = 6,18/13,9 \approx 44,46$ % aus. Entsprechend beträgt der Anteil des Gesellschafters 2 $\alpha^{(2)} = (0,7 \cdot 3,2 + 0,6 \cdot 6 + 0,4 \cdot 4,7)/13,9 \approx 55,54$ % des (Netto-) Unternehmenswertes.[9]   □

Ferner mag es sein, daß ein Gesellschafter über weiteres Vermögen $W_0^{(\psi)}$ in t = 0 verfügt. Schließlich können alle Finanzierungstitel nach ihrer Ausgabe auf einem **vollkommenen** Kapitalmarkt gehandelt werden.

---

[9]   Manch ein Leser mag sich fragen, warum die Anteile der beiden Gründungsgesellschafter am Nettomarktwert der Unternehmung nicht exakt mit ihren relativen Beiträgen zur Finanzierung der benötigten Anfangsauszahlung korrespondieren. Gesellschafter 1 trägt von der Anfangsauszahlung insgesamt 2,3 GE, also 46 %, sein Anteil an der Reichtumsmehrung beträgt jedoch nur etwa 44,46 %. Der Gesellschafter 2 hingegen bringt 54 % der Anfangsauszahlung auf und erhält ca. 55,54 % der durch die Investitionen eröffneten Reichtumsmehrungen. Natürlich gibt es in praktischen Entscheidungssituationen zahlreiche andere Determinanten der Aufteilung des Vermögenszuwachses aus unternehmerischer Tätigkeit als die bloße Beteiligung an der Aufbringung der Anfangsauszahlung. Im hier beschriebenen Kontext könnte etwa neben dem reinen **Verhandlungsgeschick** das Einbringen der maßgeblichen Geschäftsideen Einfluß auf die Anteilsfestlegung genommen haben.

Das betrachtete Subjekt ψ kann nun seine Mittel $W_0^{(\psi)} + \alpha^{(\psi)} \cdot V^{(U)*}$ dazu nutzen, um sich am Kapitalmarkt **andere** Finanzierungstitel zu kaufen, also eine **Portefeuilleumschichtung** entsprechend seinen Präferenzen vorzunehmen. Auf diese Weise wird es seine Mittel einsetzen, um einen **Strom** oder **Vektor** $\bar{z}^{(\psi)*}$ von Zahlungen mit $\bar{z}^{(\psi)*} \equiv (z_0^{(\psi)*}; \bar{z}_1^{(\psi)*}; \ldots; \bar{z}_T^{(\psi)*})$ zu erwerben, der zugleich die jeweiligen (monetär erfaßten und zeit- sowie zustandsabhängigen) **Konsumwünsche** des Subjekts zum Ausdruck bringt. Das bedeutet, daß die Wahl von $\bar{z}^{(\psi)*}$ für gegebene Vermögensausstattung des Subjekts mit dem **höchsten** (Erwartungs-) Nutzenniveau verbunden ist und sich der **Preis** dieses Zahlungsstroms gerade auf $W_0^{(\psi)} + \alpha^{(\psi)} \cdot V^{(U)*}$ beläuft. Die **Behauptung** ist nun, daß es aus Sicht **aller** Gründungsgesellschafter tatsächlich stets am besten ist, wenn das (netto-) **marktwertmaximierende Kapitalbudget** gewählt wird.

Zum **Nachweis** der Optimalität des marktwertmaximierenden Kapitalbudgets muß man als erstes zeigen, daß eine **Verringerung** der Vermögensausstattung für ein Wirtschaftssubjekt ceteris paribus stets von **Nachteil** ist: Angenommen, dem Gründungsgesellschafter ψ stehen statt $W_0^{(\psi)} + \alpha^{(\psi)} \cdot V^{(U)*}$ nur Mittel in Höhe von $W_0^{(\psi)} + \alpha^{(\psi)} \cdot V^{(U)*} - \epsilon$ mit $\epsilon > 0$ zur Verfügung. Dann ist es ihm infolge seiner zu geringen Anfangsausstattung nicht mehr möglich, den Zahlungsstrom $\bar{z}^{(\psi)*}$ zu erlangen. Statt dessen erwerbe der Gesellschafter einen alternativen Zahlungsstrom $\bar{z}^{(\psi)\prime}$, der auch bei der verringerten Anfangsausstattung des Subjekts noch erreichbar ist. Dessen Preis beträgt also nur $W_0^{(\psi)} + \alpha^{(\psi)} \cdot V^{(U)*} - \epsilon$. Daraus ergibt sich jedoch sofort, daß der Gesellschafter diesen Zahlungsstrom und die damit verbundenen Konsummöglichkeiten natürlich auch bei einer Vermögensanfangsausstattung von $W_0^{(\psi)} + \alpha^{(\psi)} \cdot V^{(U)*}$ hätte realisieren können und in diesem Fall noch **weitere** Mittel $\epsilon > 0$ in t = 0 zu Konsumzwecken verblieben wären. Da der Gesellschafter statt dessen den Zahlungsstrom $\bar{z}^{(\psi)*}$ erworben hat, folgt hieraus, daß der durch $\bar{z}^{(\psi)*}$ erreichbare (Erwartungs-) Nutzen **über** dem durch $\bar{z}^{(\psi)\prime}$ erzielbaren liegt. Eine Vermögensreduktion erweist sich daher natürlich für jeden Entscheidungsträger stets als nachteilig.

Genau eine solche **Reduktion** der Vermögensanfangsausstattung wird für **wenigstens** einen Gründungsgesellschafter erforderlich, wenn **nicht** ein (netto-) **marktwertmaximierendes** Kapitalbudget umgesetzt wird. Anders formuliert, kann beim Wechsel von einem nicht marktwertmaximalen Kapitalbudget zu einem marktwertmaximierenden stets mindestens einem Gesellschafter eine höhere Anfangsausstattung gewährt werden, ohne die anderen Gesellschafter schlechterzustellen. Der zu verteilende "**Kuchen**" ist bei einem marktwertmaximierenden Finanzierungs- und Investitionsprogramm einfach größer, und allein hierauf scheint es anzukommen, wenn auf einem Kapitalmarkt zu gegebenen Preisen sowie ohne Anfall von Transaktionskosten Finanzierungstitel gegeneinander getauscht werden können.

Beispiel 1.3:

Betrachtet werden erneut zwei Entscheidungsträger 1 und 2 im Rahmen eines Zwei-Zeitpunkte-Modells bei Risiko. In t = 1 gebe es nun aber nur zwei Umweltzustände, $s^{(1)}$ und $s^{(2)}$. Die beiden Entscheidungsträger wollen **gemeinsam** eine Unternehmung gründen und haben hierbei die Auswahl zwischen zwei alternativen Investitionsprogrammen. Beide Programme verursachen in t = 0 eine Anfangsauszahlung von jeweils 2 GE. Programm 1 liefert nur im Zustand $s^{(1)}$ Einzahlungsüberschüsse, und zwar in Höhe von 20 GE, Programm 2 nur im Zustand $s^{(2)}$, und zwar ebenfalls in Höhe von 20 GE. Beide Entscheidungsträger sollen über eine Anfangsausstattung in Höhe von jeweils 1 GE verfügen, so daß eine gemeinschaftliche Investitionsfinanzierung grundsätzlich möglich ist. Von Kassenhaltung werde abgesehen. Sofern **kein** Zugang zu einem vollkommenen Kapitalmarkt besteht, wird das Investitionsverhalten der beiden Entscheidungsträger unmittelbar **präferenzabhängig** sein.

Sollten etwa beide Entscheider lediglich an Konsum im Zustand $s^{(1)}$ interessiert sein, werden sie sicherlich das Investitionsprogramm 1 realisieren. Sollten sie hingegen lediglich an Konsum im Zustand $s^{(2)}$ ein Interesse haben, dann werden sich beide Subjekte einvernehmlich auf die Realisation des Investitionsprogramms 2 verständigen. A priori offen ist die Budgetierungsentscheidung bei unterschiedlichen Präferenzstrukturen, beispielsweise wenn Subjekt 1 allein an Konsum und damit Einzahlungen im Zustand $s^{(1)}$ interessiert sein sollte, während Subjekt 2 allein an Konsum und damit Einzahlungen im Zustand $s^{(2)}$ Interesse zeigt.

Das Bild ändert sich völlig, wenn die beiden Gesellschafter Zugang zu einem **vollkommenen Sekundärkapitalmarkt** besitzen, auf dem in t = 0 zu festen Preisen ungewisse künftige Einzahlungen gehandelt werden können. Konkret sei angenommen, daß 1 GE Einzahlung im Zustand $s^{(1)}$ zum Zeitpunkt t = 0 einen Preis von $\xi^{(1)} = 0,4$ GE aufweist, wohingegen 1 GE Einzahlung im Zustand $s^{(2)}$ in t = 0 für $\xi^{(2)} = 0,5$ GE erworben werden kann. Subjekt 1 strebe weiterhin allein nach Konsum im Zustand $s^{(1)}$, Subjekt 2 ziele immer noch nur auf Konsum im Zustand $s^{(2)}$ ab.

Bei Durchführung von Investitionsprogramm 1 verfügt die Unternehmung über einen Nettomarktwert von 20·0,4-2 = 6 GE, bei Durchführung von Programm 2 jedoch sogar über einen solchen von 20·0,5-2 = 8 GE. Unter diesen Umständen kommt allein die Durchführung des Programms 2 in Frage. Das heißt, **unabhängig** davon, wie der Marktwert von Programm 1 auf die beiden Gesellschafter aufgeteilt wird, gibt es **stets** eine passende Aufteilung des Marktwerts von Programm 2, die **wenigstens** einen Gesellschafter **besserstellt**, ohne den anderen schlechter als bei der Durchführung des Programms 1 zu stellen. Man spricht in einem solchen Fall von der Möglichkeit zu einer *Pareto*-**Verbesserung**.

Angenommen, Subjekt 1 soll für die hälftige Finanzierung der Anfangsauszahlung bei Realisation des Programms 1 einen Anteil $\alpha^{(1)} = 80\ \%$ von den Einzahlungen des Zeitpunktes t = 1 erhalten. Das bedeutet, daß Subjekt 1 im Zustand $s^{(1)}$ Einzahlungen in Höhe von 16 GE realisiert. Subjekt 2 erzielt Einzahlungen in Höhe von 4 GE im Zustand $s^{(1)}$, die es am Kapitalmarkt zu $\xi^{(1)} = 0,4$ GE verkauft, um mit dem Erlös 3,2 GE Einzahlungen im Zustand $s^{(2)}$ zu erwerben. Subjekt 2 kann 1 aber nun auch **vorschlagen**, statt Programm 1 doch besser Programm 2 durchzuführen, wobei Gesellschafter 1 einen **neuen** Anteil $\alpha^{(1)\prime} = 64$

% des künftigen Einzahlungsüberschusses erhalte. Damit resultierten für Unternehmer 1 Einzahlungen in Höhe von 12,8 GE im Zustand $s^{(2)}$, die er zu 0,5 GE am Kapitalmarkt verkaufen und in 16 GE Einzahlungen im Zustand $s^{(1)}$ umtauschen könnte. Für Subjekt 1 ergäbe sich keine Verschlechterung, während Subjekt 2 nun auf Einzahlungen im Zustand $s^{(2)}$ von 7,2 GE käme. Eine solche *Pareto*-**Verbesserung** ist **stets** möglich, falls nicht Programm 2 realisiert wird. Entsprechendes gilt im Vergleich von Programm 2 zur Unterlassensalternative. □

1.3.2 Diskussion

1.3.2.1 Unvollkommener Sekundärkapitalmarkt

Zweifellos leuchtet es unmittelbar ein, daß die im vorhergehenden Abschnitt 1.3.1 präsentierte Argumentation bei nur unvollkommenem Sekundärmarkthandel keine Gültigkeit besitzen muß. Verursacht der Handel von Finanzierungstiteln etwa **Transaktionskosten**, dann führen die mit verschiedenen Kapitalbudgets verbundenen jeweiligen Anpassungsreaktionen in Form von Käufen oder Verkäufen von Finanzierungstiteln durch die Entscheidungssubjekte in unterschiedlichem Ausmaß zu Reibungsverlusten in Gestalt der Transaktionskosten. Ohne deren explizite Berücksichtigung und damit ohne Beachtung der die Anpassungsreaktionen auslösenden **Präferenzen** der Entscheidungsträger kann in diesem Fall grundsätzlich **keine** Beurteilung alternativer Kapitalbudgets durchgeführt werden.

Beispiel 1.4:
Es seien grundsätzlich die Voraussetzungen des Beispiels 1.3 angenommen. Insbesondere soll der Entscheidungsträger 1 allein an Konsum im Zustand $s^{(1)}$ und der Entscheidungsträger 2 allein an Konsum im Zustand $s^{(2)}$ interessiert sein. Zunächst sei ferner erneut die Durchführung des Programms 1 vorgesehen, wobei der Entscheidungsträger 1 wie schon im Beispiel 1.3 einen Anteil von 80 % der Einzahlungen aus dem Investitionsprogramm erhalten soll. Im Unterschied zur Situation aus Beispiel 1.3 verursache der Handel mit einer 1 GE Einzahlung im Zustand $s^{(j)}$ (j = 1, 2) zum Zeitpunkt t = 0 aber zusätzliche **Transaktions-**

kosten von 0,1 GE in t = 0 sowohl beim Verkäufer als auch beim Käufer.

Ohne Berücksichtigung der Transaktionskosten erhält man erneut einen Nettomarktwert von 6 GE für Programm 1 und von 8 GE für Programm 2. Die explizite Berücksichtigung der Transaktionskosten hat zur Folge, daß man zwischen dem Marktwert eines Zahlungsstroms und damit auch der gesamten Unternehmung aus **Sicht des Erwerbers** des betreffenden Zahlungsstroms und **des Verkäufers** unterscheiden muß. Der vom Erwerber von 1 GE Einzahlung im Zustand $s^{(j)}$ aufzuwendende Geldbetrag beläuft sich auf $\xi^{(j)}+0,1$ infolge der von ihm in t = 0 zusätzlich zu tragenden Transaktionskosten. Der Veräußerer hingegen realisiert nur Einzahlungen von $\xi^{(j)}$-0,1, da auch bei ihm Transaktionskosten von jeweils 0,1 GE in t = 0 anfallen. Die mit den beiden Investitionsprogrammen aus Sicht der Erwerber von Zahlungsströmen einhergehenden Nettomarktwerte betragen demnach 0,5·20-2 = 8 GE für Programm 1 und 0,6·20-2 = 10 GE für Programm 2. Aus Sicht des Veräußerers der Zahlungsströme ergeben sich entsprechende Nettomarktwerte von 0,3·20-2 = 4 GE und 0,4·20-2 = 6 GE. In jedem Fall bleibt es demnach auch bei expliziter Berücksichtigung von Transaktionskosten bei der Feststellung, daß Programm 2 über einen **höheren** Nettomarktwert als Programm 1 verfügt.

Bei Durchführung des Programms 1 realisiert Unternehmer 1 einen Konsum in Höhe von 16 GE für den Fall des Eintritts des Zustands $s^{(1)}$. Entscheider 2 wird seinen Anteil von 20 % an den Programmeinzahlungen am Kapitalmarkt veräußern und von den nach Abzug der Transaktionskosten verbleibenden Erlösen in Höhe von 4·(0,4-0,1) = 1,2 GE künftige Einzahlungen für den Zustand $s^{(2)}$ im Ausmaß 1,2/(0,5+0,1) = 2 GE erwerben.

Ein Wechsel zu dem mit einem höheren Marktwert ausgestatteten Programm 2 wird vom Gesellschafter 1 bei gegebener Beteiligung von 1 GE an der in t = 0 insgesamt aufzubringenden Anfangsauszahlung von 2 GE nur akzeptiert, falls sein Anteil an den Überschüssen von 80 % auf 100 % erhöht wird. Denn aus dem Verkauf von 20 GE Einzahlung im Zustand $s^{(2)}$ kann Gesellschafter 1 einen

Nach-Transaktionskosten-Erlös im Umfang von 20·(0,5-0,1) = 8 GE erzielen, mit dem sich 8/(0,4+0,1) = 16 GE Einzahlung für den Zustand $s^{(1)}$ erwerben lassen. Für Gesellschafter 2 verblieben hierbei entsprechend gar keine Konsummöglichkeiten mehr.

Ebenso ungünstig stellt sich aus Sicht des Gesellschafters 2 eine Situation dar, in der Gesellschafter 1 zwar "nur" 87,5 % der mittels Programm 2 im Zustand $s^{(2)}$ erwirtschaftbaren Einzahlungen erhält, die Anfangsauszahlung aber nunmehr allein vom Gesellschafter 2 übernommen werden muß. Auch unter diesen Bedingungen wäre Gesellschafter 1 bereit, den Wechsel von der geplanten Umsetzung des Programms 1 hin zum "wertvolleren" Programm 2 mitzutragen. Insgesamt hätte Gesellschafter 1 bei vollzogenem Wechsel in t = 0 Mittel im Umfang von 1+(0,5-0,1)·0,875·20 = 8 GE zur Verfügung, mit deren Hilfe erneut Einzahlungen von 16 GE im Zustand $s^{(1)}$ erworben werden könnten. Gesellschafter 2 hingegen müßte seine Zahlungsansprüche von 0,125·20 = 2,5 GE im Zustand $s^{(2)}$ komplett zum Gesamtpreis von (0,5-0,1)·2,5 GE = 1 GE verkaufen, um insgesamt die in t = 0 zu erbringende Anfangsauszahlung von 2 GE für die Projektdurchführung leisten zu können, und verfügte damit erneut über keinerlei Konsummöglichkeiten mehr. Auch dieses Arrangement ist für Gesellschafter 2 demnach nicht lohnenswert. In der Tat gelangt man zu diesem Ergebnis auch für alle übrigen Ausgestaltungen eines möglichen Wechsels von der Durchführung des Programms 1 zu der des Programms 2, die den Konsum des Gesellschafters 1 ceteris paribus unverändert lassen.

Eine *Pareto*-Verbesserung ist also durch den Übergang von Investitionsprogramm 1 zum Programm 2 hier generell nicht möglich. Das **marktwertmaximierende** Investitionsprogramm wird **nicht** notwendigerweise stets gewählt. □

1.3.2.2 Unvollkommener Primärkapitalmarkt

Die obige Argumentation ist selbst dann noch angreifbar, wenn der Handel von Finanzierungstiteln auf einem vollkommenen Kapitalmarkt möglich ist. Die

Überlegung zur Vorteilhaftigkeit einer wachsenden Vermögensanfangsausstattung von Entscheidungssubjekten basierte im wesentlichen nämlich auf der Annahme, daß die alternativ realisierte **Konsumposition** $\bar{z}^{(\psi)'}$ bei **beiden** zugrunde gelegten Anfangsausstattungen des Subjekts erreichbar ist. Wenn die unterschiedlichen Vermögensanfangsausstattungen eines Subjekts Folge der Realisation unterschiedlicher unternehmerischer Kapitalbudgets sind, gibt es jedoch **zwei** diskussionsbedürftige Gründe, warum $\bar{z}^{(\psi)'}$ bei Umsetzung des marktwertmaximierenden Kapitalbudgets selbst bei vollkommenem Sekundärmarkt **nicht** erreicht werden kann.

Zum einen kann es sein, daß in $\bar{z}^{(\psi)'}$ Zahlungsströme zum Teil enthalten sind, die bei Umsetzung des marktwertmaximierenden Kapitalbudgets gar **nicht verfügbar** wären. Dies kann dann der Fall sein, wenn durch die Realisation eines Kapitalbudgets Zahlungsströme $\bar{z}^{(f)} \equiv (z_0^{(f)}; \bar{z}_1^{(f)}; \ldots; \bar{z}_T^{(f)})$ von Finanzierungstiteln geschaffen werden, die es in dieser Form, das heißt mit diesen **(Risiko-) Eigenschaften**, am Kapitalmarkt bislang **nicht** gegeben hat. In diesem Falle könnte ein Gesellschafter an der Umsetzung eines bestimmten, **nicht marktwertmaximierenden** Kapitalbudgets ein Interesse haben, weil die geschaffenen **neuen** Finanzierungstitel von ihrer Zahlungsstruktur her für ihn selbst sehr **attraktiv** sind. Man kann unter dieser Voraussetzung natürlich nicht mehr ohne weiteres den Schluß ziehen, daß der Erwerb der Konsumposition $\bar{z}^{(\psi)*}$ mit einem höheren Erwartungsnutzenniveau als der Erwerb von $\bar{z}^{(\psi)'}$ einhergeht. Der Kauf von $\bar{z}^{(\psi)'}$ wäre nämlich bei Wahl des marktwertmaximierenden Kapitalbudgets unter Umständen gar nicht durchführbar.

Eine Ausrichtung am Kriterium der Marktwertmaximierung kann folglich allenfalls dann ohne Probleme gerechtfertigt werden, wenn verschiedene Kapitalbudgets stets zur gleichen Menge käuflich erwerbbarer Konsumpositionen führen. Hinreichend hierfür ist, daß die Menge käuflich erwerbbarer Konsumpositionen durch beliebige Kapitalbudgets **keinerlei Erweiterung** erfährt. Man spricht hierbei auch von der sogenannten "Spanning"-Bedingung. Diese ist dann erfüllt, wenn die in Erwägung gezogenen Kapitalbudgets mit den von ihnen verursachten Zahlungskonsequenzen durch die bereits am Kapitalmarkt gehandelten

Zahlungsströme "aufgespannt" werden.[10]

Beispiel 1.5:

Wieder sei an dem Szenario aus Beispiel 1.3 mit einem nur an Konsum im Zustand $s^{(1)}$ interessierten Subjekt 1 und einem nur an Konsum im Zustand $s^{(2)}$ interessierten Subjekt 2 angesetzt. Es sei nun aber unterstellt, daß für die beiden Entscheidungsträger bloß Zugang zu einem Kapitalmarkt besteht, auf dem lediglich Anteile am Zahlungsstrom aus ihrem jeweils realisierten Investitionsprogramm gehandelt werden können. Für den Fall der Durchführung des Investitionsprogramms 1 gelte dabei $\xi^{(1)} = 0{,}4$ GE und bei Realisation des Programms 2 $\xi^{(2)} = 0{,}5$ GE. Der Marktwert eines Investitionsprogramms kann natürlich sinnvoll nur für die im Falle seiner Durchführung jeweils maßgeblichen Preise für ungewisse Zahlungsströme bestimmt werden, weswegen die Marktwerte der beiden Investitionsprogramme mit denen aus Beispiel 1.3 übereinstimmen.

Aus Sicht der beiden Gesellschafter ergibt sich nun aber sofort eine **unterschiedliche** Beurteilung der Vorteilhaftigkeit der Investitionsprogramme 1 und 2: Wenn beide Entscheidungsträger auf jeden Fall einen positiven Anteil an den Einzahlungsüberschüssen aus dem durchgeführten Investitionsprogramm erhalten, wird Subjekt 1 stets für Programm 1 plädieren, Subjekt 2 hingegen für Programm 2. Eine präferenzunabhängige Beurteilung von Investitionsprogrammen ist hier nicht möglich, denn je nach dem durchgeführten Investitionsprogramm bestehen unterschiedliche zustandsabhängige Konsummöglichkeiten. Die **Spanning-Bedingung** ist in eklatanter Weise verletzt. □

Zum anderen kann $\bar{z}^{(\psi)\prime}$ dann unter Umständen bei der Realisation des marktwertmaximierenden Kapitalbudgets **nicht** erreicht werden, wenn die **Preise** für Zahlungsströme am Kapitalmarkt durch die Realisation verschiedener Kapitalbudgets unterschiedlich **beeinflußt** werden. Dann mag es sein, daß $\bar{z}^{(\psi)\prime}$ bei Umsetzung des marktwertmaximierenden Budgets nur zu einem **über** $W_0^{(\psi)} + \alpha^{(\psi)} \cdot V^{(U)*}$

---

[10] Vgl. beispielsweise auch *Wilhelm* (1983a).

liegenden Preis erworben werden kann und damit nur erreichbar ist, wenn vom marktwertmaximierenden Verhalten **abgewichen** wird. Wieder kann nicht allgemein auf die Vorteilhaftigkeit marktwertmaxierender Kapitalbudgets geschlossen werden. Die **Kapitalbudgetierungsentscheidung** wird insbesondere dann **keinen** Einfluß auf die auf dem Kapitalmarkt herrschenden Preise haben, wenn das angestrebte Investitions- und Finanzierungsprogramm **klein** im Vergleich zu den insgesamt am Kapitalmarkt gehandelten Volumina ist. Man spricht hier deswegen auch von der **"Competitivity"-Bedingung**.[11]

Beispiel 1.6:

Das Beispiel 1.3 sei insofern abgeändert, als $\xi^{(1)} = 0,4$ GE und $\xi^{(2)} = 0,5$ GE **nur** bei Durchführung von Programm 1 gelten sollen. Bei Umsetzung von Programm 2 jedoch seien $\xi^{(1)} = 0,55$ GE und $\xi^{(2)} = 0,41$ GE maßgeblich. Erneut liegt der Nettomarktwert von Programm 1 mit $20 \cdot 0,4 - 2 = 6$ GE unter dem von Programm 2 mit $20 \cdot 0,41 - 2 = 6,2$ GE. In diesem Zusammenhang ist natürlich zu beachten, daß die beiden Marktwerte unter Zugrundelegung der jeweils im Anschluß an ihre Durchführung herrschenden Marktpreise für künftige Einzahlungen zu bestimmen sind. Weiter sei jedoch davon ausgegangen, daß Subjekt 1 nur an Konsum im Zustand $s^{(1)}$ und Subjekt 2 nur an Konsum im Zustand $s^{(2)}$ interessiert ist.

Mit einem Anteil von $\alpha = 80$ % an den Einzahlungen aus der Durchführung des Programms 1 und daraus resultierenden Konsummöglichkeiten im Zustand $s^{(1)}$ von 16 GE wird das Subjekt 1 dem Wechsel vom Programm 1 hin zu Programm 2 allenfalls dann zustimmen, wenn ihm zum einen sein Beitrag zur Aufbringung der erforderlichen Anfangsauszahlung in $t = 0$ erlassen wird und zum anderen sein Anteil an den resultierenden Einzahlungsüberschüssen des Zeitpunktes $t = 1$ auf ungefähr 95,12 % erhöht wird. Damit nämlich stehen dem Gesellschafter in $t = 0$ Mittel von $1 + 0,41 \cdot 0,9512 \cdot 20 \approx 8,8$ GE zur Verfügung, mit denen näherungsweise $8,8 / 0,55 = 16$ GE Einzahlung im Zustand $s^{(1)}$ erworben werden

---

[11] Vgl. erneut z.B. auch *Wilhelm* (1983a).

168

können. Für den Gesellschafter 2 verblieben jedoch nur Einzahlungen von ca. (1-
0,9512)·20 = 0,976 GE im Zustand $s^{(2)}$, durch deren Verkauf nicht einmal die
zusätzlich zur Anfangsausstattung des Gesellschafters 2 in t = 0 benötigte
weitere Geldeinheit zur Erbringung der kompletten Anfangsauszahlung im Zusammenhang mit dem Investitionsprogramm erlöst werden könnte. In der Tat erhielte man für alle anderen denkbaren Ausgestaltungen des Wechsels von Programm 1 zu Programm 2 mit Indifferenz des Gesellschafters 1, daß der Gesellschafter 2 **negative Konsumpositionen** realisieren müßte.

Bei Verletzung der **Competitivity-Bedingung** stellt der Übergang von einem
nicht-marktwertmaximierenden Programm hin zum marktwertmaximierenden
demnach nicht immer eine *Pareto*-Verbesserung dar.   □

Verletzungen der **Spanning**- und der **Competitivity-Bedingung** können ohne weiteres als Ausdruck eines unvollkommenen Primärkapitalmarktes aufgefaßt werden. Zu Beginn dieses Abschnitts wurde lediglich die Vollkommenheit des Sekundärmarkthandels postuliert. Unterstellt man völlig analog, daß auch schon der
Primärkapitalmarkt vollkommen ist, dann sind unter anderem Spanning- und
Competitivity-Bedingung erfüllt.

Für die **Competitivity-Bedingung** gilt dies definitorisch, da konstitutives Kennzeichen eines vollkommenen Primärkapitalmarktes unter anderem die Annahme
des Mengenanpasserverhaltens auf seiten der Emittenten von Finanzierungstiteln
ist.[12]

---

[12] Natürlich kann die **Competitivity-Bedingung** für ein Investitionsprogramm
mit von Null verschiedenen Zahlungskonsequenzen realiter nur näherungsweise erfüllt sein. Die Problematik unterscheidet sich dabei nicht grundlegend
von der der Mengenanpasserannahme hinsichtlich der Subjekte auf dem Sekundärkapitalmarkt. Gleichwohl nutzt *Laux* (1997) den eingangs dieser
Fußnote genannten Umstand, um sich insbesondere vor dem Hintergrund des
im Rahmen dieses Lehrbuchs noch zu besprechenden **Capital Asset Pricing
Model** kritisch mit der Zielsetzung der Marktwertmaximierung auseinanderzusetzen. Für unsere Zwecke soll die Feststellung genügen, daß ein Investi-

Überdies gibt es auf einem vollkommenen Kapitalmarkt annahmegemäß keinerlei Transaktionskosten. Aus diesem Grunde kann jedes Subjekt ohne weiteres auf der Grundlage seiner vorhandenen zukünftigen Einzahlungen neue Finanzierungstitel schaffen, ohne daß dieser Vorgang als solcher mit dem Verbrauch von Ressourcen verbunden wäre. Unter dem Aspekt größtmöglicher Flexibilität im Kapitalmarkthandel und damit verbundener Gewährleistung effizienter Allokation von Konsummöglichkeiten ist es dabei zweckdienlich, wenn der Handel von sogenannten **elementaren Wertpapieren** möglich ist.[13] Diese sind dadurch gekennzeichnet, daß sie nur in genau einem künftigen Umweltzustand eine Einzahlung von 1 GE liefern, während in allen anderen Umweltzuständen keinerlei positive oder negative Zahlungskonsequenzen mit ihnen verbunden sind. Durch den Erwerb von elementaren Wertpapieren können **beliebige** Zahlungsströme zusammengestellt werden, so daß die **Spanning-Bedingung** für jedes denkbare Investitionsprogramm trivialerweise erfüllt ist. Weil der Kapitalmarkt unter derartigen Bedingungen gewissermaßen vollständige Möglichkeiten zur effizienten Konsumallokation eröffnet, spricht man hier auch von einem **vollständigen** Kapitalmarkt. Da die "Vervollständigung" eines unvollständigen Kapitalmarktes im Falle seiner Vollkommenheit ohne weiteres durch Kreation der noch fehlenden Arten elementarer Wertpapiere erreichbar und unter Wohlfahrtsaspekten wegen dann bester Handelsmöglichkeiten wünschenswert ist, kann unmittelbar davon ausgegangen werden, daß ein vollkommener Kapitalmarkt grundsätzlich auch durch Vollständigkeit gekennzeichnet ist.[14]

---

tionsprogramm sehr wohl einerseits für den jeweiligen Unternehmer eine signifikante Reichtumssteigerung bedeuten kann und andererseits trotzdem zugleich der Beitrag des betrachteten Investitionsprogramms zum Gesamtangebot an Zahlungen auf dem betreffenden Kapitalmarkt nur von **vernachlässigbarer** (relativer) Größenordnung ist, so daß sich die Competitivity-Bedingung als hinreichend erfüllt erweist.

[13] Die Konzeption elementarer Wertpapiere geht auf *Debreu* (1959) sowie *Arrow* (1964) zurück. Vgl. auch *Myers* (1968) und *Wosnitza* (1995a, 1995b).

[14] Insofern stellt es einen gewissen gedanklichen **Widerspruch** dar, wenn man der Betrachtung einen vollkommenen, aber unvollständigen Kapitalmarkt zu-

Beispiel 1.7:

Gegeben sei eine Zwei-Zeitpunkte-Betrachtung bei Risiko, wobei im Zeitpunkt $t = 1$ drei Umweltzustände möglich sind. Ein Unternehmer verfüge aus seinen Tätigkeiten über einen Finanzierungstitel, der im Zustand $s^{(1)}$ Einzahlungen von 10 GE, im Zustand $s^{(2)}$ Einzahlungen von 5 GE und im Zustand $s^{(3)}$ Einzahlungen von 8 GE bietet. Ist der Primärkapitalmarkt vollkommen, ist es dem Unternehmer unbenommen, auf der Grundlage des in seinem Eigentum befindlichen Finanzierungstitels zwei neue Finanzierungstitel 1 und 2 zu schaffen und an andere zu veräußern, die über Zahlungsstrukturen gemäß *Tabelle 1.2* verfügen. Die Summe aus den ungewissen Einzahlungen $\tilde{z}_1^{(1)}$ und $\tilde{z}_1^{(2)}$ auf die beiden Finanzierungstitel 1 und 2 entspricht nämlich stets exakt der Einzahlung $\tilde{z}_1$ auf den originären Finanzierungstitel des Unternehmers.

	$s^{(1)}$	$s^{(2)}$	$s^{(3)}$
$\tilde{z}_1^{(1)}$	3	3	3
$\tilde{z}_1^{(2)}$	7	2	5
$\tilde{z}_1$	10	5	8

Tabelle 1.2: Schaffung neuer Finanzierungstitel bei vollkommenem Primärkapitalmarkt

---

grunde legt. Genauer muß man daher in einem solchen Fall von einem **semi-vollkommenen** Kapitalmarkt sprechen, der über alle Merkmale der Vollkommenheit mit der einzigen Ausnahme der Unmöglichkeit der Schaffung neuer Finanzierungstitel verfügt. Vgl. hierzu etwa *Haley/Schall* (1979), S. 221. Das in einem späteren Abschnitt noch zu behandelnde **Capital Asset Pricing Model** etwa unterstellt so gesehen einen semi-vollkommenen Kapitalmarkt. Trotzdem wird sich hier die **Spanning-Bedingung** im Zusammenhang mit unternehmerischen Kapitalbudgetierungsentscheidungen grundsätzlich als hinreichend erfüllt erweisen.

Statt der beiden Finanzierungstitel 1 und 2 könnte der Unternehmer natürlich auch etwa 10 elementare Wertpapiere mit Einzahlungen von jeweils 1 GE nur im Zustand $s^{(1)}$ (elementare Wertpapiere vom Typ 1), 5 elementare Wertpapiere mit Einzahlungen von jeweils 1 GE nur im Zustand $s^{(2)}$ (elementare Wertpapiere vom Typ 2) und 8 elementare Wertpapiere mit Einzahlungen nur im Zustand $s^{(3)}$ (elementare Wertpapiere vom Typ 3) emittieren. Durch Kombination dieser elementaren Wertpapiere läßt sich jeder beliebige andere Zahlungsstrom erzeugen. Beispielsweise setzt sich der Finanzierungstitel 2 aus *Tabelle 1.2* aus 7 elementaren Wertpapieren des Typs 1, 5 elementaren Wertpapieren des Typs 2 sowie 8 elementaren Wertpapieren des Typs 3 zusammen. Sind auch negative Konsumpositionen zugelassen, dann kann der betrachtete Unternehmer natürlich in beliebigem Umfang elementare Wertpapiere veräußern. Elementare Wertpapiere sind insofern gewissermaßen die **Verallgemeinerung** der in *Breuer* (2000a), S. 196 ff., erörterten **standardisierten Zero Bonds** über 1 GE sicherer künftiger Rückzahlung in genau einem Zeitpunkt auf Situationen bei Risiko.

Im Zusammenhang mit Beispiel 1.5 würde die Vollständigkeit des Kapitalmarktes entsprechend implizieren, daß elementare Wertpapiere des Typs 1 auch dann gehandelt werden können, wenn das Investitionsprogramm 2 umgesetzt wird et vice versa. Zu beachten ist hierbei allerdings **zweierlei**. Zum einen ergäbe sich aus der Annahme der Unmöglichkeit negativer Konsumpositionen, daß bei Durchführung des Investitionsprogramms 2 nur Gleichgewichte betrachtet werden könnten, die mit einer Nachfrage nach elementaren Wertpapieren des Typs 1 in Höhe von **Null** einhergehen, da auch nur ein entsprechendes Angebot gewährleistet werden kann. Zum anderen impliziert die Annahme, daß nur aus dem Investitionsprogramm 1 oder 2 ein positives Nettoangebot an Einzahlungsüberschüssen auf dem Kapitalmarkt resultiert, daß die **Competitivity-Bedingung** im Rahmen des Beispiels 1.5 auch bei Gewährleistung der Spanning-Bedingung ceteris paribus verletzt bleibt: Je nach der Entscheidung für Investitionsprogramm 1 oder 2 werden sich verschiedene Preise für elementare Wertpapiere ergeben, da die Einzahlungsüberschüsse des realisierten Investitionsprogramms hier **nicht** nur einen kleinen Teil des Gesamtangebots auf dem Kapitalmarkt ausmachen. □

Schließlich sollte noch angemerkt werden, daß bei vollkommenen Sekundär- und Primärkapitalmärkten recht leicht **weitere** Schlüsse hinsichtlich der Eigenschaften optimaler Kapitalbudgets möglich sind. Insbesondere kann gezeigt werden, daß auf dem hier betrachteten vollkommenen Kapitalmarkt (bei Gültigkeit der Spanning-Bedingung) der Unternehmenswert **unabhängig** von der **Finanzierungsweise** ist, so daß damit genaugenommen nur noch ein **Investitionsproblem**, nicht aber ein Finanzierungsproblem besteht. Wir werden auf diesen Umstand im einem der folgenden Abschnitte noch zurückkommen.

1.4 Der Zusammenhang zwischen Maximierung des Marktwerts der Beteiligungstitel und der des Marktwerts aller Finanzierungstitel

Bislang wurde stets angenommen, daß die Entscheidungsträger im Zeitpunkt der **Kapitalbudgetierungsentscheidung** auch Inhaber **aller** Finanzierungstitel sind. Grundlegend hiervon abzugrenzen ist eine Situation, in der die verschiedenen Arten von Finanzierungstiteln bereits zum Teil an Subjekte veräußert wurden, die **nicht** zugleich als Entscheidungsträger der Unternehmung fungieren. Als typisches Beispiel kann die **bereits** erfolgte Emission von **Forderungstiteln** an Fremdkapitalgeber angeführt werden. Die **Anteilseigner** der Unternehmung werden natürlich in einem solchen Fall allenfalls noch an der **Maximierung** des **Marktwerts** der bei ihnen verbliebenen Finanzierungstitel, also konkret der **Beteiligungstitel**, interessiert sein. Die Maximierung des Marktwertes der Beteiligungstitel einer Unternehmung muß nun aber keinesfalls notwendigerweise mit der Maximierung des Marktwertes aller Finanzierungstitel, also des Marktwertes der Unternehmung, zusammenfallen. Zur Verdeutlichung sei angenommen, daß über ein Investitionsprogramm 1 Marktwerte $V^{(EK,1)}$ für Beteiligungstitel und $V^{(FK,1)}$ für Forderungstitel erzielt werden, so daß der resultierende Gesamtunternehmenswert $V^{(U,1)} = V^{(EK,1)} + V^{(FK,1)}$ beträgt. Nun sei des weiteren ein alternatives Investitionsprogramm 2 zugänglich, das zu entsprechenden Marktwerten $V^{(EK,2)}$, $V^{(FK,2)}$ sowie $V^{(U,2)} = V^{(EK,2)} + V^{(FK,2)}$ führt. Sofern $V^{(EK,2)} > V^{(EK,1)}$ gilt, ist für die Inhaber der Beteiligungstitel ein Wohlfahrtszuwachs dadurch erzielbar, daß statt des Programms 1 das Investitionsprogramm 2 durchgeführt wird. Dabei ist es ohne weiteres denkbar, daß gleichzeitig $V^{(U,1)} > V^{(U,2)}$ gilt, Programm 2 folglich **nicht** den Marktwert aller Finanzierungstitel maximiert. Eine solche Konstellation bedingt ferner zwingend, daß der Marktwert der Forderungstitel bei Durchführung des Investitionsprogramms 1 **größer** als bei Implementierung des Programms 2 ist. Insofern erfolgt hier die Reichtumsmehrung bei den Anteilseignern infolge des Übergangs von Programm 1 zum Programm 2 auf **Kosten** der Gläubiger der Unternehmung. In der Tat ist ein **Konflikt** zwischen Maximierung des gesamten Unternehmenswertes und der Maximierung des Marktwertes der Beteiligungstitel nur möglich, wenn die Anteilseigner über Möglichkeiten zur Bereicherung zu Lasten der Inhaber der Forderungstitel verfügen. Marktwertminderungen erfahren Forderungstitel dabei dadurch, daß die Wahrscheinlichkeit oder die Höhe möglicher **Ausfälle**, das heißt des Ausmaßes der Nichtbedienung des vertraglich fixierten Anspruchs, ceteris paribus ansteigt.

Auf einem **vollkommenen** Kapitalmarkt ist die Investititionsentscheidung seitens der Anteilseigner für alle Marktteilnehmer, also auch die Gläubiger der Unternehmung, unmittelbar **ersichtlich**. Maßnahmen, die nicht den Marktwert der Unternehmung maximieren und zu Lasten der Forderungstitelinhaber die Anteilseigner einer Unternehmung bereichern, können daher einfach dadurch vermieden werden, daß den Gläubigern ein **Vetorecht** oder aber die Option auf **Anpassung** ihrer Zinsforderungen an das geänderte unternehmerische Investitionsprogramm eingeräumt wird. Ersteres verhindert unmittelbar, daß Maßnahmen umgesetzt werden, die eine Bereicherung der Anteilseigner zu Lasten der Gläubiger ermöglichen und dabei nicht den Marktwert der Unternehmung maximieren. Letzteres stellt sicher, daß der Marktwert der Forderungstitel unabhängig vom gewählten Investitionsprogramm ist. Dann aber besteht zwingend **Äquivalenz** zwischen der Maximierung des Marktwertes der Unternehmung und der Maximierung des Marktwertes nur der Beteiligungstitel.

Beispiel 1.8:
Gegeben sei eine Zwei-Zeitpunkte-Betrachtung bei Risiko, wobei in t = 1 drei Umweltzustände auftreten können. Die Anteilseigner einer Unternehmung haben

die Wahl zwischen zwei Investitionsprogrammen 1 und 2, wie sie in *Tabelle 1.3* über ihre zustandsabhängigen Einzahlungen des Zeitpunktes t = 1 beschrieben werden.

	$s^{(1)}$	$s^{(2)}$	$s^{(3)}$
$\bar{z}_1^{(1)}$	10	9	7
$\bar{z}_1^{(2)}$	2	7	14

Tabelle 1.3: Zustandsabhängige Einzahlungsüberschüsse je nach realisiertem Investitionsprogramm

Die Anfangsauszahlung beträgt bei beiden Programmen identisch 20 GE in t = 0. Ferner habe die Unternehmung zu einem früheren Zeitpunkt Forderungstitel emittiert, die ihren Inhabern den Anspruch auf Erhalt einer Einzahlung von 5 GE in t = 1 verbriefen. Bei Durchführung der Fremdfinanzierungsmaßnahme wurde den künftigen Gläubigern die Durchführung des Investitionsprogramms 1 in Aussicht gestellt. In *Tabelle 1.4* sind die für Gläubiger und Anteilseigner resultierenden Zahlungen je nach eintretendem Umweltzustand und tatsächlich gewähltem Investitionsprogramm aufgeführt.

	$s^{(1)}$	$s^{(2)}$	$s^{(3)}$
$\bar{z}_1^{(FK,1)}$	5	5	5
$\bar{z}_1^{(EK,1)}$	5	4	2
$\bar{z}_1^{(FK,2)}$	2	5	5
$\bar{z}_1^{(EK,2)}$	0	2	9

Tabelle 1.4: Zustandsabhängige Einzahlungen auf Forderungs- und Beteiligungstitel je nach durchgeführtem Investitionsprogramm

Ferner sind die Preise elementarer Wertpapiere bekannt. Elementare Wertpapiere des Typs 1 können in $t = 0$ zu einem Preis von 0,3 GE erworben werden. Der Preis für elementare Wertpapiere des Typs 2 beläuft sich auf 0,25 GE und der für elementare Wertpapiere des Typs 3 auf 0,35 GE. Schon weiter oben wurde darauf hingewiesen, daß man jeden Zahlungsstrom als Bündel elementarer Wertpapiere interpretieren und auch dementsprechend bewerten kann. Damit lassen sich leicht die Marktwerte der Forderungs- und Beteiligungstitel je nach gewähltem Investitionsprogramm bestimmen. Die zugehörigen Resultate sind in *Tabelle 1.5* zusammengefaßt. Beispielsweise berechnet sich der Marktwert der Beteiligungstitel im Falle der Entscheidung für Investitionsprogramm 2 als $0 \cdot 0,3 + 2 \cdot 0,25 + 9 \cdot 0,35 = 3,65$ GE.

	n = 1	n = 2
$V^{(FK,n)}$	4,5	3,6
$V^{(EK,n)}$	3,2	3,65
$V^{(U,n)}$	7,7	7,25

Tabelle 1.5: Marktwert von Beteiligungs- und Forderungstiteln je nach gewähltem Investitionsprogramm $n = 1, 2$

Wie man sieht, ergibt sich der maximale Marktwert der Beteiligungstitel über die Realisation des Investitionsprogramms 2, während der Unternehmenswert bei Entscheidung für Programm 1 maximiert wird. Der Übergang von Programm 1 zu Programm 2 erhöht den Reichtum der Anteilseigner um $3,65-3,2 = 0,45$ GE, während der Unternehmenswert um $7,7-7,25 = 0,45$ GE sinkt. Diese gegenläufige Bewegung ist nur möglich, weil die Gläubiger eine **Reichtumseinbuße** durch besagten Übergang erfahren, die nicht nur der Minderung des gesamten Unternehmenswertes entspricht, sondern auch die Reichtumsmehrung auf seiten der Anteilseigner **subventioniert**, sich also insgesamt auf $0,45+0,45 = 0,9$ GE beläuft.

Die Gläubiger werden aus diesem Grunde einem Wechsel im geplanten Investitionsprogramm grundsätzlich ihre Zustimmung versagen bzw. nur zustimmen, falls ihre Forderung von 5 GE auf 6,5 GE **aufgestockt** wird. Dann nämlich resultieren bei Durchführung von Programm 2 Einzahlungen für die Gläubiger von 2 GE im Zustand $s^{(1)}$ und jeweils 6,5 GE in den Zuständen $s^{(2)}$ und $s^{(3)}$. Der Marktwert der Forderungstitel beträgt dann $2 \cdot 0,3 + 6,5 \cdot 0,25 + 6,5 \cdot 0,35 = 4,5$ GE. Da eine Erhöhung der Forderung für die Gläubiger die gesamten unternehmerischen Einzahlungen unverändert läßt, bleibt der Unternehmenswert bei Durchführung des Programms 2 mit 7,25 GE unverändert, woraus sofort auf einen Marktwert der Beteiligungstitel von 7,25-4,5 = 2,75 GE geschlossen werden kann. Als Konsequenz der Forderungsanpassung tragen nunmehr die Anteilseigner die **komplette** Reichtumseinbuße von 0,45 GE, die aus dem Wechsel von Programm 1 hin zu Programm 2 resultiert. Maximierung des Unternehmenswertes und Maximierung des Marktwertes der Beteiligungstitel führen damit nun zum gleichen Ergebnis, daß die Entscheidung zugunsten von Programm 1 fällt. □

Lediglich dann, wenn die Gläubiger sie schädigende Entscheidungen der Anteilseigner nicht von vornherein verhindern und auch nicht durch Konditionenanpassung im nachhinein kompensieren können, ist zwischen der Maximierung des Marktwertes der Unternehmung und der Maximierung des Marktwertes der Beteiligungstitel zu unterscheiden. Da reale Kapitalmärkte durch **Unvollkommenheiten** wie etwa nicht kostenlose Informationsbeschaffung auf seiten der Inhaber von Forderungstiteln über das Verhalten der Anteilseigner, charakterisiert sind, sind ohne weiteres Situationen denkbar, in denen zwischen der Maximierung des Unternehmenswertes und der Maximierung des Wertes nur der Beteiligungstitel **differenziert** werden muß. Letzterer wird in der neueren Managementliteratur auch als **"Shareholder value"** bezeichnet.[15]

---

[15] Vgl. hierzu etwa *Rappaport* (1998).

Sofern man also realistischerweise Situationen betrachtet, in denen die Entscheidungsträger einer Unternehmung lediglich Beteiligungstitel halten (oder von den Inhabern der Beteiligungstitel wenigstens kontrolliert werden), ist es sachgerecht, von der Zielsetzung eines maximalen "Shareholder value" auszugehen. Im weiteren Verlauf dieses Lehrbuchs wird allerdings zur Vereinfachung von Möglichkeiten der Bereicherung unternehmerischer Entscheidungsträger auf Kosten anderer Kapitalgeber vollständig abstrahiert.[16] Unter dieser Prämisse spielt es **keine** Rolle, welche Finanzierungstitel von den Entscheidern gehalten werden. Immer ist unternehmenswertmaximierendes Verhalten erforderlich, um aus Sicht der Entscheidungsträger eine *pareto*-**effiziente** Lösung zu gewährleisten.

1.5   Zusammenfassung

Aufgabe dieses ersten Abschnitts des Kapitels IV war die Klärung der Frage, wann **finanzwirtschaftliche** Entscheidungen an der Zielsetzung der **Maximierung** des Marktwertes einer Unternehmung ausgerichtet werden können. Der Marktwert der Unternehmung entspricht dabei definitorisch der Summe der Marktwerte aller von einer Unternehmung emittierten Finanzierungstitel.

Etwas **praxisorientierter** formuliert, ließ sich dabei folgendes zeigen: Marktwertmaximierung ist als Zielsetzung geeignet, wenn ein **funktionsfähiger** Kapitalmarkt zum Handel von Finanzierungstiteln existiert, das **Kapitalbudget** der Unternehmung so **klein** ist, daß es **keine** Auswirkung auf die Kapitalmarktpreise hat und weder die Finanzierungs- noch die Investitionsmaßnahmen "**innovativ**" dergestalt sind, daß völlig **neue Handelsmöglichkeiten** auf dem Kapitalmarkt

---

[16]   Typischerweise werden derartige Bereicherungsmöglichkeiten auf Kosten bestimmter Kapitalgebergruppen im Rahmen der Finanzierungstheorie diskutiert, wenngleich hierbei zweifellos eine starke Verquickung investitions- und finanzierungstheoretischer Aspekte gegeben ist. Vgl. etwa die grundlegenden Beiträge von *Jensen/Meckling* (1976) und *Myers* (1977) sowie beispielsweise die Lehrbuchdarstellungen in *Breuer* (1998a), S. 153 ff., und *Grinblatt/Titman* (1998), S. 605 ff.

durch sie eröffnet werden. Unter diesen Voraussetzungen werden die Entscheidungsträger einer Unternehmung den Marktwert der von ihnen im Entscheidungszeitpunkt gehaltenen Finanzierungstitel maximieren. Denn auf dieser Grundlage maximieren sie ihre Reichtumsposition in t = 0, was wiederum die besten Möglichkeiten zum Erwerb künftiger Konsumpositionen auf dem Kapitalmarkt eröffnet. Halten die Entscheidungsträger sämtliche Finanzierungstitel der Unternehmung, gelangt man unmittelbar zur Zielsetzung der **Maximierung des Unternehmenswertes**.

Sofern im Zeitpunkt der Entscheidung über das optimale Investitionsprogramm ein Teil der Finanzierungstitel **nicht** von den unternehmerischen Entscheidungsträgern selbst gehalten wird, kann sich die Maximierung des Unternehmenswertes von der Maximierung des Marktwertes der Finanzierungstitel der Unternehmensleitung unterscheiden. Allerdings setzt dies voraus, daß sich die Geschäftsführung auf **Kosten** der nicht an der Unternehmensleitung beteiligten Kapitalgeber bereichert. Bei hinreichend friktionsfrei arbeitenden Kapitalmärkten wird dies nicht möglich sein. Dann fällt die Maximierung des Marktwertes der Finanzierungstitel der Unternehmensleitung zusammen mit der Maximierung des Marktwertes der gesamten Unternehmung und ist ein sinnvolles Ziel der Unternehmensleitung.

Wiederholungsfragen

W1.1
Welches praktische Umsetzungsproblem ergibt sich, wenn ein angestellter Manager Entscheidungen auf der Grundlage des *Bernoulli*-Prinzips im Sinne des alleinigen Eigentümers einer Unternehmung fällen soll?

W1.2
Welches Problem resultiert, wenn bei heterogener Gesellschafterstruktur Entscheidungen auf der Grundlage des *Bernoulli*-Prinzips getroffen werden sollen?

W1.3
Wie sind Primär- und Sekundärkapitalmarkt voneinander abzugrenzen?

W1.4
Was versteht man unter dem Marktwert einer Unternehmung?

W1.5
Wie sind die Begriffe "Beteiligungstitel" und "Forderungstitel" definiert?

W1.6
Warum ist die Verringerung der Vermögensanfangsausstattung eines Subjekts für dieses ceteris paribus stets von Nachteil?

W1.7
Was versteht man unter einer *Pareto*-Verbesserung?

W1.8
Was versteht man unter der Spanning-Bedingung?

W1.9
Was versteht man unter der Competitivity-Bedingung?

W1.10

Inwiefern benötigt man einen vollkommenen Primär- und Sekundärkapitalmarkt, um nachzuweisen, daß nicht marktwertmaximierende Kapitalbudgets von Unternehmen Raum für *Pareto*-Verbesserungen eröffnen?

2 Investitionsentscheidungen mit Hilfe von Kapitalkostensätzen

2.1 Problemstellung

Neben der Orientierung von unternehmerischen Investitions- und Finanzierungsentscheidungen an Erwartungsnutzen- oder Marktwertkalkülen wird häufig auch eine sogenannte **kapitalkostenorientierte Kapitalbudgetierung** empfohlen. Eine solche Argumentation über die Betrachtung von Kapitalkosten hat dabei auf den ersten Blick den **Vorteil**, daß sie sich in die gängige Denkweise im Rahmen der Kosten- und Leistungsrechnung einfügt und daher in der Unternehmenspraxis möglicherweise als **anschaulicher** als Erwartungsnutzen- oder Marktwertkalküle angesehen wird. Grundsätzlich sind Kapitalkostensätze dabei für einzelne Finanzierungstitel zu definieren. **Abschnitt 2.2** erläutert deshalb, was man unter dem mit einem Finanzierungstitel verbundenen Kapitalkostensatz versteht. Im **Abschnitt 2.3** wird sodann näher auf die Möglichkeiten des Treffens von kapitalkostenorientierten Finanzierungs- und insbesondere Investitionsentscheidungen eingegangen. **Abschnitt 2.4** dient der Beurteilung kapitalkostenorientierter Investitionsentscheidungen, und die Ausführungen enden im **Abschnitt 2.5** wie stets mit einer Zusammenfassung der Resultate.

2.2 Kapitalkostensatz eines Finanzierungstitels f[1]

Grundsätzlich ordnet ein Kapitalgeber dem Zahlungsstrom $\tilde{z}^{(f)} \equiv (\tilde{z}_1^{(f)}; \ldots; \tilde{z}_T^{(f)})$ eines Finanzierungstitels f einen Erwartungsnutzenwert $E[U(\tilde{z}^{(f)})]$ zu. Unter dem zu einem bestimmten Erwartungsnutzenwert gehörigen **Sicherheitsäquivalent** $S\ddot{A}_T$ versteht man diejenige sichere Einzahlung, hier des Zeitpunktes t = T, die gerade ebenfalls zum vorgegebenen Erwartungsnutzenwert führt. Im weiteren sei das zu $E[U(\tilde{z}^{(f)})]$ gehörige Sicherheitsäquivalent mit $S\ddot{A}_T^{(f)}$ bezeichnet. Vom heutigen Standpunkt aus erhält man den Wert eines Sicherheitsäquivalents, indem

---

[1]   Der folgende Abschnitt 2.2 basiert im wesentlichen auf *Breuer* (2001c).

dieses einfach mit dem **risikolosen** Zinssatz i diskontiert wird. Der Zahlungs-strom $\bar{z}^{(f)}$ verfügt aus Sicht des betrachteten Subjekts zum Zeitpunkt $t = 0$ folg-lich über einen (**subjektiven**) **monetären Gegenwert** von $v^{(f)} \equiv S\ddot{A}_T^{(f)}/(1+i)^T$. Denn wenn der betrachtete Entscheider einen Betrag in Höhe von $v^{(f)}$ von $t = 0$ bis $t = T$ sicher anlegte, dann resultierte daraus ein risikoloses Endvermögen des Zeitpunktes $t = T$ gerade in Höhe von $S\ddot{A}_T^{(f)}$. Solange der Entscheidungsträger für den Erwerb des Finanzierungstitels nicht mehr als $v^{(f)}$ in $t = 0$ aufzuwenden hat, wird er daher zur Kaufpreiszahlung bereit sein. Im folgenden werde der aus Sicht des Individuums maßgebliche **Kaufpreis** mit $V^{(f)}$ bezeichnet.

Grundsätzlich kann man $v^{(f)}$ und $V^{(f)}$ als **Kapitalwerte** auffassen, die sich aus der Diskontierung der erwarteten Einzahlungen $\bar{z}_t^{(f)} \equiv E(\tilde{z}_t^{(f)})$ ($t = 1, \ldots, T$) aus dem Finanzierungstitel f mit geeigneten **Kalkulationszinsfüßen** $r_v^{(f)}$ und $r_V^{(f)}$ ergeben. Das heißt, diese Zinssätze sind implizit über die beiden folgenden Gleichungen definiert.

$$\sum_{t=1}^{T} \frac{\bar{z}_t^{(f)}}{(1+r_v^{(f)})^t} \overset{!}{=} v^{(f)},$$

$$\sum_{t=1}^{T} \frac{\bar{z}_t^{(f)}}{(1+r_V^{(f)})^t} \overset{!}{=} V^{(f)}. \tag{2.1}$$

Die beiden Größen $r_v^{(f)}$ und $r_V^{(f)}$ sind augenscheinlich interne Zinsfüße der Zah-lungsreihen $(-v^{(f)}; \bar{z}_1^{(f)}; \ldots; \bar{z}_T^{(f)})$ bzw. $(-V^{(f)}; \bar{z}_1^{(f)}; \ldots; \bar{z}_T^{(f)})$ über die Zahlungszeitpunkte $t = 0$ bis $t = T$ hinweg.

Die Zahlungsreihen $(-v^{(f)}; \bar{z}_1^{(f)}; \ldots; \bar{z}_T^{(f)})$ und $(-V^{(f)}; \bar{z}_1^{(f)}; \ldots; \bar{z}_T^{(f)})$ verfügen insbesondere dann über die **Normalinvestitionseigenschaft**, weisen also nur einen **Vorzei-chenwechsel** vom Negativen ins Positive auf, wenn die Einzahlungen auf den be-trachteten Finanzierungstitel in jedem Zeitpunkt und Zustand infolge **beschränk-ter Kapitalgeberhaftung** nichtnegativ sind. Dann lassen sich $r_v^{(f)}$ und $r_V^{(f)}$ (bei Be-schränkung auf Zinssätze nicht unterhalb von -1) jeweils eindeutig ermitteln und verfügen die **Kapitalwertkurven** zu den beiden Zahlungsreihen ferner über einen fallenden Verlauf.[2] Dies wiederum läßt folgenden Schluß zu:

$$v^{(f)} \overset{>}{\underset{<}{=}} V^{(f)} \Leftrightarrow r_v^{(f)} \overset{<}{\underset{>}{=}} r_V^{(f)}. \tag{2.2}$$

Denn wenn $v^{(f)}$ größer als $V^{(f)}$ ist, dann stellt sich der Übergang von der Zahlungsreihe $(-v^{(f)}; \overline{z}_1^{(f)}; \ldots; \overline{z}_T^{(f)})$ zur Reihe $(-V^{(f)}; \overline{z}_1^{(f)}; \ldots; \overline{z}_T^{(f)})$ graphisch als (Parallel-) **Verschiebung** einer Kapitalwertkurve nach oben dar.[3] Damit aber wandert der Schnittpunkt der betreffenden Kapitalwertkurve mit der Abszisse nach rechts außen. Genau diese **Abszissenabschnitte** werden durch die Zinssätze $r_v^{(f)}$ sowie $r_V^{(f)}$ beschrieben, weswegen man $r_v^{(f)} < r_V^{(f)}$ erhält. Entsprechendes gilt für die anderen beiden möglichen Relationen aus (2.2).

Aus Sicht des potentiellen Erwerbers des Finanzierungstitels f lohnt sich der Titelkauf damit genau dann, wenn $r_v^{(f)} \leq r_V^{(f)}$ gilt. Auch intuitiv ist dieses Ergebnis leicht nachvollziehbar. Der interne Zinsfuß $r_v^{(f)}$ beschreibt die Rendite, die auf die **subjektive Bewertung** $v^{(f)}$ über die erwarteten künftigen Einzahlungen aus dem Finanzierungstitel f erreicht wird. In analoger Weise gibt $r_V^{(f)}$ an, welche Rendite auf den **Marktwert** $V^{(f)}$ des Finanzierungstitels durch die erwarteten Einzahlungen aus dem Halten dieses Titels erzielt werden kann. Während der erstgenannte Renditewert als eine aus $v^{(f)}$ hergeleitete subjektive Anforderungsgröße zu verstehen ist, spiegelt der zweitgenannte Renditewert die tatsächlich durch den Titel f gebotene Rendite bei Zugrundelegung der erwarteten künftigen Einzahlungen aus f wider. Nur wenn die tatsächliche Rendite $r_V^{(f)}$ die **Mindestrenditeanforderung** $r_v^{(f)}$ wenigstens erreicht, ist der Kauf des Finanzierungstitels aus Sicht des betrachteten Anlegers von Interesse.

---

[2] Vgl. hierzu generell und speziell zur mangelnden Relevanz von unter -100 % liegenden internen Zinsfüßen auch die Ausführungen des ersten Bandes im Abschnitt 3 des dritten Kapitels.

[3] Vgl. hierzu auch die Darstellung in *Abbildung 2.1*.

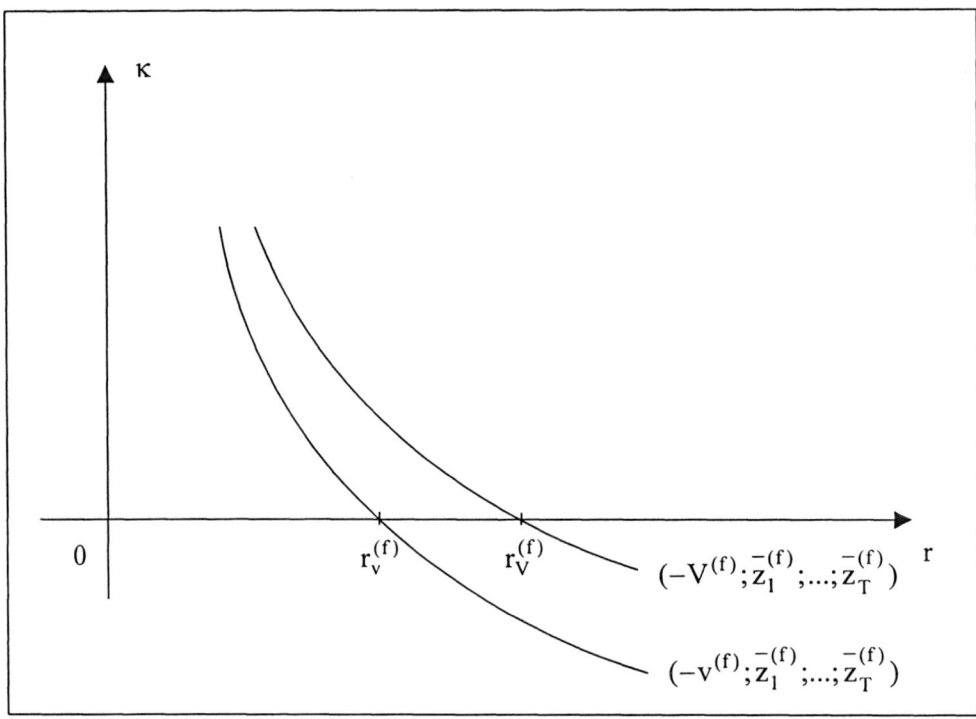

Abbildung 2.1: Kapitalwertkurven für die Zahlungsreihen $(-V^{(f)}; \overline{z}_1^{(f)}; ...; \overline{z}_T^{(f)})$ und $(-v^{(f)}; \overline{z}_1^{(f)}; ...; \overline{z}_T^{(f)})$ im Falle von $v^{(f)} > V^{(f)}$

Die bei Zugrundelegung der erwarteten Rückflüsse auf einen Finanzierungstitel f aus Sicht eines Erwerbers für die Vorteilhaftigkeit des Titelkaufs **mindestens** erforderliche Verzinsung seiner hierfür eingesetzten Mittel nennt man den mit dem Finanzierungstitel f verbundenen **Kapitalkostensatz**. Er beläuft sich im hier betrachteten Kontext folglich auf $r_v^{(f)}$. Im weiteren soll knapp und ungenau von der seitens des Kapitalgebers **geforderten erwarteten Mindestrendite** gesprochen werden.

Diese Bezeichnung ist deswegen ungenau, weil die auf einen (subjektiven oder objektiven) Wert in t = 0 über die korrespondierenden künftigen Einzahlungen realisierbare erwartete Rendite **nicht** identisch sein muß mit der Rendite auf den

Wert des Zeitpunktes $t = 0$ bei Zugrundelegung der künftig erwarteten Einzahlungen. Lediglich im **Zwei-Zeitpunkte-Fall** ist zwischen den beiden Renditeformen unmittelbar Äquivalenz gegeben. Dann nämlich läßt sich beispielsweise $r_v^{(f)}$ in der folgenden Weise berechnen:

$$-v^{(f)} + \frac{\bar{z}_1^{(f)}}{1 + r_v^{(f)}} \Leftrightarrow r_v^{(f)} = \frac{\bar{z}_1^{(f)}}{v^{(f)}} - 1. \qquad (2.3)$$

Die auf den subjektiven Wertansatz $v^{(f)}$ erzielbare ungewisse Rendite $\tilde{r}_v^{(f)}$ bestimmt sich in analoger Weise als

$$-v^{(f)} + \frac{\tilde{z}_1^{(f)}}{1 + \tilde{r}_v^{(f)}} \Leftrightarrow \tilde{r}_v^{(f)} = \frac{\tilde{z}_1^{(f)}}{v^{(f)}} - 1. \qquad (2.4)$$

Durch **Erwartungswertbildung** bezüglich $\tilde{r}_v^{(f)}$ erhält man hier in der Tat den Kapitalkostensatz $r_v^{(f)}$. Bei **mehr** als zwei Zeitpunkten sind derartige Herleitungen hingegen nicht möglich. Insofern ist kurz zu erläutern, was **gegen** eine Definition des Kapitalkostensatzes als "korrekte" geforderte erwartete Mindestrendite spricht: Zum einen führen wenigstens bei Zahlungsreihen mit Normalinvestitionseigenschaft beide möglichen Kapitalkostensatzkonzeptionen zu dem gleichen Zusammenhang aus (2.2). Zum anderen ist die hier präferierte Kapitalkostensatzdefinition die rechentechnisch einfachere und deswegen auch wohl die gängige.

Beispiel 2.1:
Gegeben sei eine Drei-Zeitpunkte-Betrachtung, wobei in $t = 1$ zwei verschiedene Umweltzustände $s_1^{(1)}$ und $s_1^{(2)}$ für gleich wahrscheinlich gehalten werden. Bei Eintritt von $s_1^{(1)}$ sind in $t = 2$ erneut zwei alternative Umweltzustände denkbar, die mit $s_2^{(1)}$ und $s_2^{(2)}$ bezeichnet werden. Die Eintrittswahrscheinlichkeit für $s_2^{(1)}$ aus Sicht von $s_1^{(1)}$ sei 40 %, die für $s_2^{(2)}$ folglich 60 %. Entsprechend kann in $t = 2$ entweder der Umweltzustand $s_2^{(3)}$ oder aber $s_2^{(4)}$ eintreten, sofern sich in $t = 1$ der Zustand $s_1^{(2)}$ realisiert. Zustand $s_2^{(3)}$ verfügt aus Sicht von $s_1^{(2)}$ über eine Eintrittswahrscheinlichkeit von 20 %, Zustand $s_2^{(4)}$ demnach über eine solche von 80 %.

Gegeben sei des weiteren ein Finanzierungstitel f, der in den einzelnen künftigen Umweltzuständen zu Zahlungskonsequenzen gemäß *Abbildung 2.2* führt. Der erwartete Einzahlungsüberschuß aus dem Finanzierungstitel f beläuft sich damit in $t = 1$ auf $0,5 \cdot 80 + 0,5 \cdot 100 = 90$ GE und auf $0,5 \cdot (0,4 \cdot 60 + 0,6 \cdot 70) + 0,5 \cdot (0,2 \cdot 110 + 0,8 \cdot 130) = 96$ GE in $t = 2$.

Individuum A ist der Ansicht, daß die unsicheren Einzahlungen aus dem Finanzierungstitel ebenso gut sind wie eine sichere Einzahlung von 182,5293 GE in $t = 2$. Bei einem Ein-Perioden-Zinssatz $i = 10$ % für sichere Anlage/Verschuldung von $t = 0$ bis $t = 1$ bzw. $t = 1$ bis $t = 2$ ordnet Marktteilnehmer A damit dem Finanzierungstitel einen subjektiven Wert in $t = 0$ von $182,5293/1,1^2 \approx 150,8507$ GE zu. Folglich kann die zu f bei Zugrundelegung der zukünftig erwarteten Einzahlungen gehörige **subjektive Rendite** aus Sicht des Subjekts A über folgenden Ansatz bestimmt werden:[4]

$$\frac{90}{1+r_v^{(f)}} + \frac{96}{(1+r_v^{(f)})^2} \overset{!}{=} 150,8507$$

$$\leftrightarrow 90 \cdot (1+r_v^{(f)}) + 96 = 150,8507 \cdot (1+r_v^{(f)})^2$$

$$\leftrightarrow r_v^{(f)2} + \frac{211,7014}{150,8507} \cdot r_v^{(f)} - \frac{35,1493}{150,8507} = 0 \qquad (2.5)$$

$$\leftrightarrow r_v^{(f)} \approx -0,70169 \pm \sqrt{0,49237 + 0,23301}$$

$$\Rightarrow r_v^{(f)} \approx 0,15.$$

Dieser Wert von 15 % entspricht nun tatsächlich **nicht** dem Erwartungswert der Rendite, der über das Halten des Finanzierungstitels f auf einen subjektiven Wert

---

4 Die zweite Lösung der quadratischen Gleichung liegt unter -100 %. Deswegen wird auf ihren expliziten Ausweis verzichtet.

von 150,8507 GE erzielt werden kann. Um diesen Erwartungswert zu bestimmen, ist zuerst für jede der vier möglichen Umweltentwicklungen die zugehörige Renditerealisation zu ermitteln. Beispielsweise erhält man die maßgebliche Rendite bei Eintritt der Zustände $s_1^{(1)}$ und $s_2^{(1)}$ über folgenden Ansatz:

$$-150,8507 + \frac{80}{1+r_v^{(f,1)}} + \frac{60}{(1+r_v^{(f,1)})^2} \overset{!}{=} 0 \Leftrightarrow r_v^{(f,1)} \approx -5,069 \%. \tag{2.6}$$

Auf entsprechende Weise kann man die zu den übrigen drei Umweltentwicklungen gehörigen Renditerealisationen bestimmen. Man gelangt zu $r_v^{(f,2)} \approx -0,385$ %, $r_v^{(f,3)} \approx 24,746$ % sowie $r_v^{(f,4)} \approx 31,717$ %. Die zugehörigen Wahrscheinlichkeiten der vier Renditealisationen erhält man aus der Multiplikation der jeweils maßgeblichen "Wahrscheinlichkeitspaare": $0,5 \cdot 0,4 = 0,2$ für $r_v^{(f,1)}$, $0,5 \cdot 0,6 = 0,3$ für $r_v^{(f,2)}$, $0,5 \cdot 0,2 = 0,1$ für $r_v^{(f,3)}$ und schließlich noch $0,5 \cdot 0,8 = 0,4$ für $r_v^{(f,4)}$. Damit ergibt sich letzten Endes der folgende Erwartungswert für $\tilde{r}_v^{(f)}$:

$$\begin{aligned} E(\tilde{r}_v^{(f)}) &\approx 0,2 \cdot (-0,05069) + 0,3 \cdot (-0,00385) \\ &\quad + 0,1 \cdot 0,24746 + 0,4 \cdot 0,31717 \\ &\approx 14,03 \%. \end{aligned} \tag{2.7}$$

Tatsächlich weicht demnach die erwartete Rendite $E(\tilde{r}_v^{(f)})$ von dem in (2.5) berechneten Wert von ungefähr 15 % ab. Wie bereits erwähnt, soll zur **sprachlichen Vereinfachung** im Zusammenhang mit $r_v^{(f)}$ aus (2.5) kurz von der subjektiv erwarteten Rendite gesprochen werden. In ähnlicher Weise wird sprachlich mit sonstigen Renditegrößen verfahren, die auf der Grundlage künftig erwarteter Einzahlungen ermittelt werden.

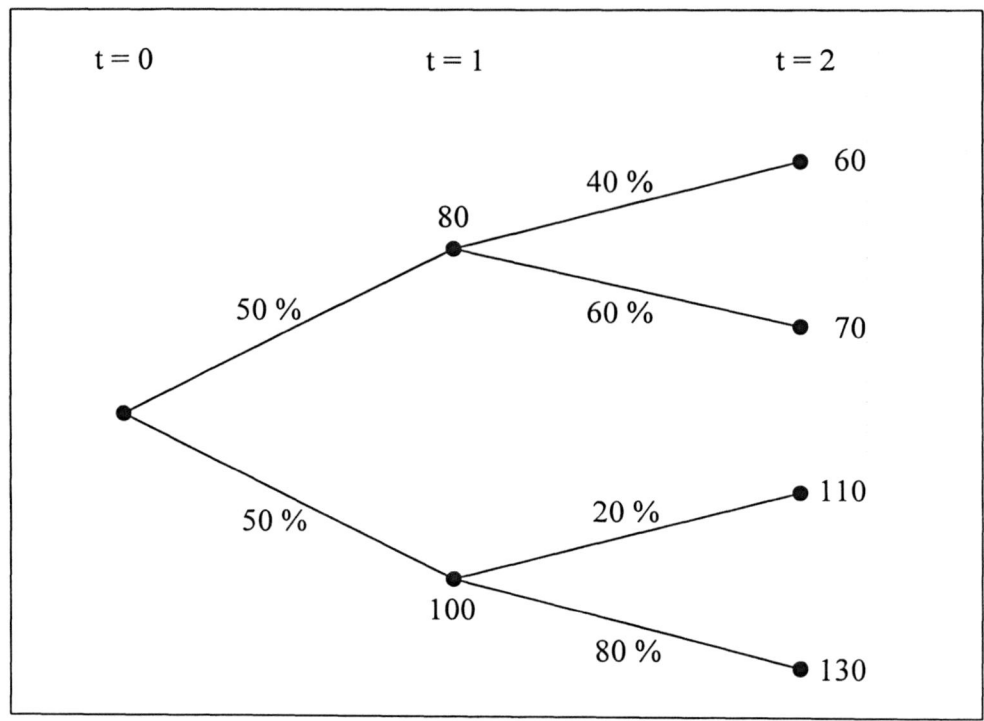

Abbildung 2.2: Zeit- und zustandsabhängige künftige Einzahlungsüberschüsse aus einem Finanzierungstitel f

Angenommen, das Subjekt A könnte den Finanzierungstitel f in t = 0 nur zu einem Preis $V^{(f)}$ = 154,8281 GE erwerben, dann würde das Subjekt diese Kaufgelegenheit wegen $v^{(f)} < V^{(f)}$ augenscheinlich nicht wahrnehmen. Einen Preis $V^{(f)}$ = 154,8281 GE erhält man, wenn man die erwarteten Einzahlungen aus dem Finanzierungstitel mit einem Zinssatz von etwa 13 % diskontiert. Es gilt nämlich:

$$\frac{90}{1,13} + \frac{96}{1,13^2} \approx 154,8281 \ \text{GE}. \tag{2.8}$$

189

Die tatsächliche erwartete[5] Rendite aus dem Erwerb des Finanzierungstitels liegt folglich mit 13 % unter dem aus Sicht des Subjekts A anzusetzenden Kapitalkostensatz von 15 %, was erneut die mangelnde Attraktivität eines Engagements in dem Finanzierungstitel f belegt.

Hätte der betrachtete Entscheidungsträger dem Finanzierungstitel f für den Zeitpunkt t = 2 hingegen ein Sicherheitsäquivalent von 192,3862 GE zugeordnet, so resultierte hieraus ein subjektiver Wert des Finanzierungstitels f in t = 0 von $192,3862/1,1^2 \approx 158,9969$ GE, was wiederum mit einem Kapitalkostensatz von etwa 11 % korrespondiert, wie man leicht durch Berechnung des Kapitalwertes der Zahlungsreihe (90;96) mit diesem Zinssatz überprüft. Für diese geänderte Präferenzstruktur erweist sich der Erwerb des Finanzierungstitels f nunmehr als vorteilhaft, da $v^{(f)} \approx 158,9969$ GE $> V^{(f)} = 154,8281$ GE gilt und dementsprechend der maßgebliche Kapitalkostensatz von 11 % unter der erwarteten Rendite von ungefähr 13 % aus dem Erwerb des Finanzierungstitels f liegt. □

Auf einem **vollkommenen Markt im Gleichgewicht** können alle Marktteilnehmer einen Finanzierungstitel f zum selben festen Preis $V^{(f)}$ erwerben oder verkaufen. Hieraus folgt sofort, daß im Gleichgewicht die **subjektive Bewertung** $v^{(f)}$ eines jeden Finanzierungstitels f aus Sicht eines beliebigen Marktteilnehmers mit dem **Preis** $V^{(f)}$ des Finanzierungstitels f übereinstimmen muß. Andernfalls würde das jeweilige Subjekt für $v^{(f)} > V^{(f)}$ weitere Finanzierungstitel des betreffenden Typs kaufen oder für $v^{(f)} < V^{(f)}$ verkaufen wollen. Auf einem vollkommenen Kapitalmarkt im Gleichgewicht entspricht damit die **erwartete Rendite** eines Finanzierungstitels f unmittelbar dem adäquaten **Kapitalkostensatz** aus

---

[5] Ein letztes Mal sei darauf hingewiesen, daß diese Terminologie nur der **sprachlichen Vereinfachung** dient und genaugenommen nicht ganz exakt ist. Eine zu (2.7) analoge "korrekte" Rechnung würde als erwartete Rendite aus dem Titelerwerb einen Wert von ca. 12,04 % ermitteln. Gleichwohl bliebe auch diese hinter ihrem korrespondierenden Kapitalkostensatzpendant von ungefähr 14,03 % zurück und führte zur **Ablehnung** des Titelkaufs. Wie bereits erwähnt, liegt diese Äquivalenz der Entscheidungen generell vor.

Sicht eines jeden Marktteilnehmers. Das heißt, daß jeder Finanzierungstitel im Gleichgewicht des vollkommenen Kapitalmarktes eine erwartete Rendite bietet, die der von den Kapitalgebern mindestens geforderten exakt entspricht. In diesem Fall spricht man auch von **marktwertorientierter Kapitalkostenermittlung**, während die Kapitalkostenermittlung bei Abstraktion von einem funktionsfähigen Sekundärmarkt etwas irreführend als **gewinnorientiert** bezeichnet wird.[6] Angebrachter wäre wohl die Terminologie (direkt erwartungs-) **nutzenorientiert**.

Je nachdem, ob es sich beim betrachteten Finanzierungstitel um einen Forderungs- oder Beteiligungstitel handelt, lassen sich **Fremd-** und **Eigenkapitalkostensätze** unterscheiden. Zentral für die Ermittlung des mit einem Finanzierungstitel verbundenen Kapitalkostensatzes sind in jedem Fall die in Zukunft auf diesen Finanzierungstitel erfolgenden, erwarteten Einzahlungen. Deren Bestimmung stellt sich für Forderungstitel tendenziell einfacher als für Beteiligungstitel dar. Insbesondere gilt dies, wenn man **handelbare Forderungstitel ohne Ausfallrisiko** und mit **fixen**, das heißt zustandsunabhängigen[7], Zahlungsansprüchen der Kapitalgeber voraussetzt. In einem derartigen Fall gelangt man unter der Voraussetzung eines vollkommenen Kapitalmarktes im Gleichgewicht ohne große Prüfung der Erwartungen von Kapitalgebern zum anzusetzenden Kapitalkostensatz, indem man die Zahlungsreihe der Zahlungsansprüche derart diskontiert, daß sich der **Marktwert** des betreffenden Forderungstitels ergibt.

---

[6] Vgl. *Breuer* (1994a), S. 820 ff., siehe auch *Hax* (1998), S. 215 ff.

[7] Zahlungsansprüche von Forderungstiteln lassen sich durchaus **zustandsabhängig** ausgestalten. Künftige Zahlungsansprüche könnten beispielsweise von der Entwicklung in Zukunft geltender Marktzinssätze abhängig gemacht werden. In einem solchen Fall spricht man von **variabel verzinslichen Anleihen** oder **Floating Rate Notes**. Vgl. hierzu beispielsweise *Breuer* (1996a, 1998b).

Beispiel 2.2:[8]

Vorausgesetzt werde ein Forderungstitel f, der im Rahmen einer Drei-Zeitpunkte-Betrachtung t = 0, 1, 2 für t = 2 eine Tilgung von 105 GE vorsieht. Ausgezahlt werden an den Emittenten des Forderungstitels, also den Schuldner, in t = 0 aber nur 100 GE. Dieser Betrag soll dem Marktwert des Forderungstitels entsprechen. Neben der Rückzahlung in t = 2 sind für t = 1 und t = 2 Zinszahlungen zu erbringen, die sich auf jeweils 6,9 % des für t = 2 vorgesehenen Tilgungsbetrags von 105 GE belaufen sollen. Unter der Annahme, daß der Schuldner die vereinbarten Zahlungen auch tatsächlich erbringen kann, sind mit dem Erwerb des Forderungstitels aus Gläubigersicht **sichere Zahlungen** gemäß *Tabelle 2.1* verbunden.

t	0	1	2
$z_t^{(f)}$	-100	7,245	112,245

Tabelle 2.1: Zahlungsstruktur eines Forderungstitels f

Nun gilt:

$$-100+\frac{7,245}{1,0963}+\frac{112,245}{1,0963^2} \approx 0 \text{ GE.} \tag{2.9}$$

Als **Kapitalkostensatz** für diesen Finanzierungstitel erhält man damit ungefähr 9,63 %. □

Im Zusammenhang mit der Fremdkapitalkostensatzermittlung spricht man daher häufig etwas irreführend von der **pagatorischen**, das heißt unmittelbar zahlungsorientierten, Vorgehensweise.[9] In der Tat ist beim obigen Begriffsverständnis

---

[8] Vgl. hierzu auch *Breuer* (1994a), S. 819 f.

[9] Vgl. insbesondere *Hax* (1998), S. 214 f. Siehe aber erneut auch noch *Breuer* (1994a), S. 819 f.

jede Art der Bestimmung des Kapitalkostensatzes eines Finanzierungstitels **zahlungsorientiert**, und verschiedene Arten von Finanzierungstiteln unterscheiden sich nur in dem Ausmaß der Probleme bei der Schätzung der mit ihnen verbundenen künftigen Einzahlungsüberschüsse. Die Bezeichnung "pagatorisch" kann insofern sachgerecht allenfalls in dem oben dargelegten, sehr engen Sinne als Orientierung an **Zahlungsverpflichtungen** verstanden und nicht allgemein auf die Bestimmung von Fremdkapitalkostensätzen ausgedehnt werden. Dann aber beschränkt sich der Anwendungsbereich pagatorischer Kapitalkostensatzermittlung in der Tat grundsätzlich auf **nicht ausfallbedrohte** Forderungstitel mit fixen Zahlungsverpflichtungen.[10]

2.3 Kapitalkostenorientierte Investitionsentscheidungen[11]

Kapitalkostensätze sind unmittelbar im Zusammenhang mit unternehmerischen Finanzierungs- und Investitionsentscheidungen von Bedeutung. Im Rahmen von **Finanzierungsmaßnahmen** für gegebenes Investitionsprogramm läßt sich zeigen, daß die **Maximierung des Marktwertes** einer Unternehmung grundsätzlich äquivalent ist zu der Zielsetzung der **Kapitalkostenminimierung**.[12] Aufgrund des Untersuchungsgegenstands dieses Lehrbuchs soll im weiteren jedoch schwerpunktmäßig auf kapitalkostenorientierte **Investitionsentscheidungen** eingegangen werden. In diesem Kontext kann nach verschiedenen Kriterien differenziert werden. Zum einen kann man zwischen Situationen unterscheiden, in denen ein Unternehmer (oder eine homogene Gruppe von Unternehmern) auf die Mittelbe-

---

[10] Für eine Ausnahme vgl. den pagatorischen Eigenkapitalkostenansatz in *Breuer* (2000a), S. 329 f.

[11] Der folgende Abschnitt 2.3 geht zu einem großen Teil auf *Breuer* (2001d) zurück.

[12] Vgl. hierzu die Darstellungen in *Breuer* (1998a, 1998c). Dieser Zusammenhang behält auch dann noch Gültigkeit, wenn man statt auf Marktwerte auf subjektive Bewertungen von Finanzierungstiteln durch den betrachteten Unternehmer abstellt.

schaffung bei **externen** Kapitalgebern verzichtet. Zum anderen kann man diese Möglichkeit externer (Teil-) Finanzierung zusätzlich berücksichtigen. Ferner kann man danach differenzieren, ob der betrachtete Unternehmer lediglich über die Durchführung oder Unterlassung eines **einzigen** Investitionsprogramms oder aber zwischen der Realisation von (mindestens) zwei konkurrierenden Investitionsprogrammen zu entscheiden hat. Im erstgenannten Fall soll kurz von einer (Programm-[13]) **Einzelentscheidung**, im letztgenannten von einer (Programm-) **Auswahlentscheidung** die Rede sein.

Man gelangt demnach zu **vier** grundsätzlichen Investitionsszenarien, die darüber hinaus stets noch nach der Antwort auf die Frage nach der Existenz eines vollkommenen Kapitalmarktes im Gleichgewicht untergliedert werden können. Auf all diese verschiedenen Fälle ist im folgenden strukturiert einzugehen.

2.3.1 Ohne externe Finanzierung

2.3.1.1 Einzelentscheidung

Im einfachsten Fall hat ein Unternehmer **ohne** Aufnahme externer Mittel über die Umsetzung eines **einzigen**, eindeutig bestimmten Investitionsprogramms zu entscheiden. Die Anfangsauszahlung A_0 im Zusammenhang mit der Investitionsdurchführung stellt gewissermaßen den von ihm in $t = 0$ für den Erhalt der künftigen Einzahlungen aus der unternehmerischen Tätigkeit zu leistenden **Preis** dar. Mit $v^{(U)}$ als dem subjektiven Wert der Einzahlungsüberschüsse $(\bar{z}_1; ...; \bar{z}_T)$ aus dem Investitionsprogramm lassen sich für die beiden Zahlungsreihen $(-A_0; \bar{z}_1; \bar{z}_2; ...; \bar{z}_T)$ sowie $(-v^{(U)}; \bar{z}_1; \bar{z}_2; ...; \bar{z}_T)$ bei Vorliegen der **Normalinvestitionseigenschaft** eindeutige interne Zinsfüße $r_A^{(U)}$ und $r_v^{(U)}$ oberhalb von -1 bestimmen. Der

---

[13] Diese Begriffsfassung weicht leicht von der für (projektbezogene) Einzel- und Auswahlentscheidungen ab, wie sie bislang im Rahmen dieses Buchs verwandt wurde. Deswegen ist aus Abgrenzungsgründen genaugenommen der Zusatz "Programm-" erforderlich. Zur Vereinfachung wird im folgenden jedoch schlicht von Einzel- und Auswahlentscheidungen die Rede sein.

subjektive Wert $v^{(U)}$ des Investitionsprogramms aus Sicht des Unternehmers ist genau dann nicht kleiner als die Anfangsauszahlung, wenn die aus den künftigen Einzahlungen $\bar{z}_1, ..., \bar{z}_T$ resultierende erwartete Rendite $r_A^{(U)}$ auf die Anfangsauszahlung mindestens $r_v^{(U)}$ beträgt. Das Investitionsprogramm lohnt sich demnach nur dann, wenn die erwartete Rendite den Kapitalkostensatz $r_v^{(U)}$ **nicht unterschreitet**.

De facto erfolgt hier zur Finanzierung des Investitionsprogramms die Emission nur eines **einzigen** Finanzierungstitels, dessen **Ausgabepreis** sich für den Unternehmer gerade auf A_0 beläuft. Dies erklärt die unmittelbare Parallelität der Betrachtung dieses Abschnitts 2.3.1.1 und des Abschnitts 2.2.

Über die konkrete Höhe von $r_v^{(U)}$ läßt sich in allgemeiner Form wenig sagen, da der anzusetzende Kapitalkostensatz **präferenzabhängig** ist. Fest steht lediglich, daß der subjektive Wert des Investitionsprogramms dem objektiven für den Fall entspricht, daß die Voraussetzungen für marktwertorientierte Investitionsentscheidungen, namentlich die **Spanning- und Competitivity-Bedingung** erfüllt sind, wie sie im vorhergehenden Abschnitt 1 dargestellt wurden. In diesem Fall wird der maßgebliche Wert des Investitionsprogramms durch das resultierende Kapitalmarktgleichgewicht bestimmt, das wiederum von den Präferenzen aller Marktteilnehmer abhängt. Insofern ist auch der relevante Kapitalkostensatz für die unternehmerische Investitionsentscheidung hierbei **marktwertorientiert** zu bestimmen. Unter entgegengesetzten Bedingungen ist der relevante Kapitalkostensatz allein von den Präferenzen des betrachteten Unternehmers abhängig. Bei Gültigkeit der Voraussetzungen des *Bernoulli*-Prinzips stellt sich der anzusetzende Kapitalkostensatz dann folglich als **erwartungsnutzenorientiert** zu bestimmende Größe dar.

2.3.1.2 Auswahlentscheidung

Liegt statt einer Einzelentscheidung eine **Auswahlentscheidung** zwischen zwei Investitionsprogrammen vor, dann ist natürlich dasjenige Investitionsprogramm auszuwählen, dessen künftige Einzahlungsüberschüsse über die **höchste subjektive Wertdifferenz** aus Unternehmersicht zur jeweiligen Anfangsauszahlung verfügen. Anschauliche Schlußfolgerungen hinsichtlich der für eines der beiden Investitionsprogramme erforderlichen erwarteten Mindestrendite können vor allem dann gezogen werden, wenn sich der maßgebliche Kalkulationszinsfuß zur subjektiven Wertermittlung für beide zur Auswahl stehenden Investitionsprogramme **identisch** auf $r_v^{(U)}$ beläuft, die Anfangsauszahlung **jeweils** A_0 beträgt und man sich auf eine einfache **Zwei-Zeitpunkte-Betrachtung** beschränkt. In diesem Falle ist Investitionsprogramm 1 mit künftigem ungewissen Einzahlungsüberschuß $\bar{z}_1^{(1)}$ mindestens so gut wie Investitionsprogramm 2 mit künftigem ungewissen Einzahlungsüberschuß $\bar{z}_1^{(2)}$, wenn gilt:

$$\frac{\bar{z}_1^{(1)}}{1+r_v^{(U)}} - A_0 \geq \frac{\bar{z}_1^{(2)}}{1+r_v^{(U)}} - A_0$$

$$\leftrightarrow \frac{\bar{z}_1^{(1)}-A_0}{A_0} \geq \frac{\bar{z}_1^{(2)}-A_0}{A_0}. \tag{2.10}$$

Die für die Vorteilhaftigkeit des Investitionsprogramms 1 anzusetzende erwartete Mindestrendite entspricht hier also der erwarteten Rendite der **alternativen Mittelverwendung** im Rahmen des Investitionsprogramms 2. Gerade dies ist folglich in diesem Zusammenhang der für das Investitionsprogramm 1 anzusetzende relevante Kapitalkostensatz. In entsprechender Weise ergibt sich der zur Beurteilung des Investitionsprogramms 2 maßgebliche Kapitalkostensatz als erwartete Rendite im Rahmen des Investitionsprogramms 1. Stehen mehr als zwei im obigen Sinne "homogene" Investitionsprogramme zur Auswahl, so wird der zur Beurteilung eines dieser Programme relevante Kapitalkostensatz durch die erwartete Rendite des **besten Alternativprogramms**, also des Alternativprogramms mit der höchsten erwarteten Rendite, bestimmt.

Weil sich damit der relevante Kapitalkostensatz jeweils als die erwartete Rendite im Rahmen der besten Alternativverwendung der vorhandenen Mittel darstellt, spricht man in diesem Zusammenhang auch vom **Alternativkostenkonzept**.[14] So einleuchtend die hiermit verbundene Aussage auch wirkt, so **eng** sind in der Tat die Anwendungsvoraussetzungen. Insbesondere muß unterstellt werden, daß für alle Handlungsalternativen der **gleiche Diskontierungsfaktor** angesetzt wird. Der relevante Diskontierungsfaktor wird dabei seinerseits unmittelbar durch die **Risikostruktur** der künftigen Einzahlungen $\bar{z}_1$ aus einem Investitionsprogramm determiniert. Ein gleicher Diskontierungsfaktor für die jeweils erwarteten Programmeinzahlungen deutet auf gleiche Risikoeigenschaften der künftigen Einzahlungen hin. Maßgeblich für die Beurteilung der Homogenität sind bei Möglichkeit marktwertorientierter Investitionsentscheidungen erneut die in den resultierenden Diskontierungsfaktoren aggregierten Risikopräferenzen aller Marktteilnehmer und ansonsten die Risikopräferenzen nur des betrachteten Unternehmers.

Die benötigte Homogenität in der Risikostruktur für verschiedene Investitionsprogramme wird typischerweise nicht gegeben sein. In diesem Fall aber ist der maßgebliche Diskontierungsfaktor für verschiedene Investitionsprogramme nur dann identisch, wenn aus Sicht des Unternehmers oder des "gesamten Kapitalmarktes" verschiedene Risikoeigenschaften von Investitionsprogrammen keine Rolle spielen, wenn der Unternehmer oder der Kapitalmarkt in seiner Gesamtheit ungewisse künftige Einzahlungen also **risikoneutral** bewertet. In derartigen Fällen wird der maßgebliche Diskontierungsfaktor allein durch die Zeitpräferenzen der relevanten Subjekte bestimmt.

Selbst all dies hilft aber nichts mehr, wenn man zu einer **Mehr-Perioden-Betrachtung** übergeht. Programm 1 ist hierbei für einheitlichen Kalkulationszinsfuß $r_v^{(U)}$ mindestens so gut wie ein Investitionsprogramm 2, wenn gilt:

$$\sum_{t=1}^{T} \frac{\bar{z}_t^{(1)}}{(1+r_v^{(U)})^t} - A_0 \geq \sum_{t=1}^{T} \frac{\bar{z}_t^{(2)}}{(1+r_v^{(U)})^t} - A_0. \tag{2.11}$$

---

[14] Vgl. hierzu beispielsweise *Hax* (1998), S. 215 f., sowie *Breuer* (1994a), S. 820 ff.

197

Aus der Gültigkeit von (2.11) läßt sich aber **nicht** schließen, daß die erwartete
Rendite aus dem Programm 1 wenigstens der erwarteten Rendite aus dem Programm 2 entspricht. Zur Veranschaulichung sei auf *Abbildung 2.3* verwiesen.
Dort sind die zu den künftig erwarteten Einzahlungsüberschüssen der beiden alternativen Investitionsprogramme jeweils gehörigen Ertragswerte $\eta^{(1)}$ und $\eta^{(2)}$ aus
Sicht des Zeitpunktes t = 0 in Abhängigkeit verschiedener Kalkulationszinsfüße
r abgetragen. Für den maßgeblichen Zinssatz $r_v^{(U)}$ erhält man $\eta^{(1)} > \eta^{(2)}$ und damit wegen $\kappa^{(n)} = \eta^{(n)}\text{-}A_0$ (n = 1, 2) auch $\kappa^{(1)} > \kappa^{(2)}$, so daß sich das Investitionsprogramm 1 gegenüber dem Programm 2 infolge der identischen Anfangs-
auszahlung als **überlegen** erweist.

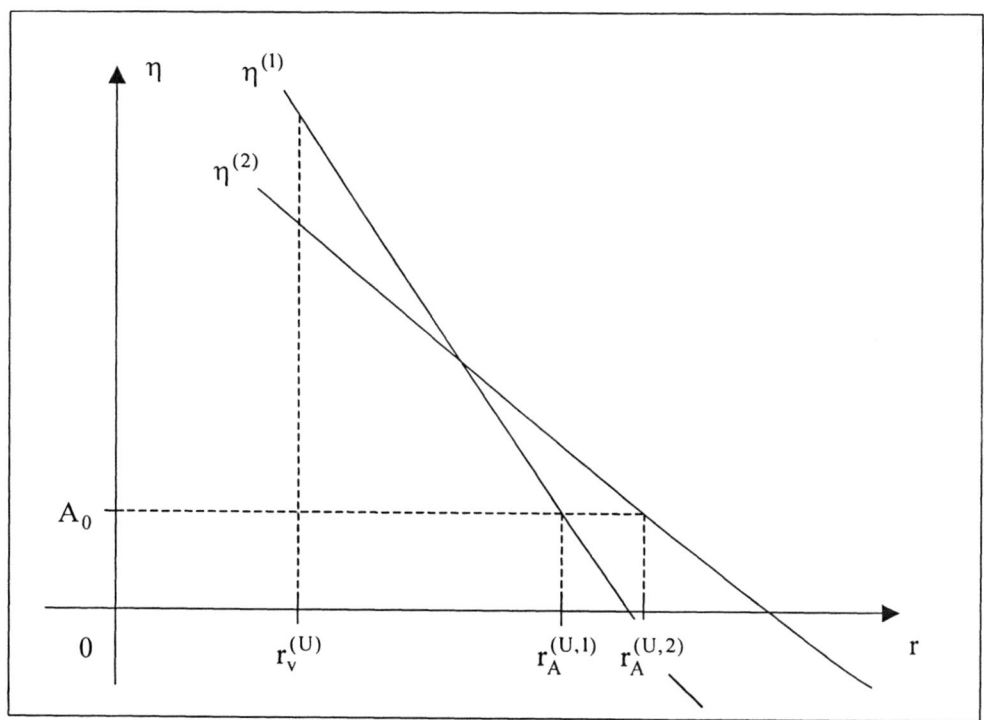

Abbildung 2.3: Entscheidungen auf der Grundlage des Alternativkostenkonzepts
im Mehr-Zeitpunkte-Fall

Die **erwartete Rendite** im Rahmen der beiden Investitionsprogramme auf die identische Anfangsauszahlung A_0 erhält man hingegen, indem man den jeweiligen Abszissenabschnitt für Kapitalwerte $\kappa^{(1)}$ und $\kappa^{(2)}$ in Höhe von jeweils A_0 bestimmt. Wie man aus *Abbildung 2.3* erkennt, ist die erwartete Rendite im Rahmen des Investitionsprogramms 2 mit $r_A^{(U,2)}$ höher als bei Investitionsprogramm 1 mit $r_A^{(U,1)}$. Eine Orientierung der Investitionsentscheidung am Alternativkostenkonzept würde demnach zur **fälschlichen** Auswahl des Investitionsprogramms 2 führen. In der Tat liegt hier einmal mehr ein **unzulässiger mittelbarer Parametervergleich** vor, wie er dem Leser aus Band I zur Investitionstheorie hinlänglich vertraut sein dürfte. Da es im Rahmen kapitalkostenorientierter Investitionsentscheidungen letztlich darum geht, Investitionsmaßnahmen an erwarteten Renditen auszurichten, ist die Gefahr von Fehlentscheidungen besonders groß und ist stets darauf zu achten, daß die hergeleiteten Handlungsempfehlungen **marktwert- oder erwartungsnutzenkonform** ausgestaltet sind.

Beispiel 2.3:

Gegeben sei ein Unternehmer, der in $t = 0$ zwischen zwei Investitionsprogrammen 1 und 2 wählen kann, deren erwartete Einzahlungen in den Zeitpunkten $t = 1, 2, 3$ sich aus *Tabelle 2.2* ergeben. Die erforderliche Anfangsauszahlung ist für beide Investitionsprogramme gleich hoch und beträgt jeweils 196 GE.

t	1	2	3
$\bar{z}_t^{(1)}$	50	50	200
$\bar{z}_t^{(2)}$	140	61	68

Tabelle 2.2: Erwartete Einzahlungen aus zwei alternativen Investitionsprogrammen 1 und 2

Man prüft leicht, daß Programm 1 eine erwartete Rendite von etwa 19 % auf die Anfangsauszahlung bietet, während Programm 2 sogar zu einer erwarteten Rendite von 20,9 % auf die Anfangsauszahlung führt:

$$\frac{50}{1,19} + \frac{50}{1,19^2} + \frac{200}{1,19^3} \approx 196 \text{ GE},$$

$$\frac{140}{1,209} + \frac{61}{1,209^2} + \frac{68}{1,209^3} \approx 196 \text{ GE}.$$
(2.12)

Gemäß dem **Alternativkostenkonzept** müßte folglich das Investitionsprogramm 2 gegenüber Programm 1 vorgezogen werden. Unterstellt man nun aber, daß der maßgebliche Kalkulationszinsfuß für die erwarteten Einzahlungen aus den beiden Programmen mit $r_v^{(U)} = 10\,\%$ anzusetzen ist, so ergibt sich für Programm 1 ein **subjektiver Ertragswert** von etwa 237,04 GE, während sich der korrespondierende Wert für Programm 2 nur auf ungefähr 228,78 GE beläuft. In der Tat wäre demnach Programm 1 gegenüber Programm 2 vorzuziehen. Der Alternativkostenansatz geht bereits hier ins Leere. ☐

Alternativkostenüberlegungen sind somit **nicht** geeignet, den zur Beurteilung eines Investitionsprogramms maßgeblichen Kapitalkostensatz im Rahmen von Auswahlentscheidungen zu bestimmen. In der Tat muß man sich hierbei vielmehr fragen, wie bei einem Programm 1 die Anfangsauszahlung ceteris paribus zu modifizieren ist, so daß der jeweilige Entscheidungsträger **indifferent** zwischen der Realisation des besagten Programms 1 und der eines alternativ möglichen Programms 2 ist. Existieren mehrere Alternativprogramme, so ist dasjenige maßgeblich, das zur betragsmäßig **geringsten** Indifferenzanfangsauszahlung für das betrachtete Programm 1 führt. Die durch die zukünftig erwarteten Einzahlungen aus der Durchführung des Programms 1 erzielbare erwartete Rendite auf diese modifizierte Anfangsauszahlung ist der zur Beurteilung des Investitionsprogramms 1 adäquat anzusetzende **Kapitalkostensatz**. Denn wenn die erwartete Rendite im Rahmen von Programm 1 diesen Kapitalkostensatz überschreitet, dann ist die tatsächliche Anfangsauszahlung für die Durchführung von Programm 1 **kleiner** als der zugehörige Indifferenzwert, das Programm folglich besser als die (beste) Alternativinvestition. Ist die erwartete Rendite aus Programm 1 hingegen kleiner als der in obiger Form ermittelte Kapitalkostensatz, dann ist die Anfangsauszahlung von Programm 1 höher als der Indifferenzwert. Die Programmdurchführung lohnt sich im Vergleich zur (besten) Alternative nicht.

Beispiel 2.4:
Gegeben seien die beiden alternativen Investitionsprogramme aus Beispiel 2.3. Wegen $\kappa^{(1)} \approx 41,04$ GE und $\kappa^{(2)} \approx 32,78$ GE, herrscht bei einem einheitlichen Kalkulationszinsfuß $r_v^{(U)} = 10$ % Indifferenz zwischen den beiden Programmen aus Sicht des Unternehmers, wenn die Anfangsauszahlung im Rahmen des Programms 1 ceteris paribus um ca. 41,04-32,78 = 8,26 GE auf etwa 196+8,26 = 204,26 GE angehoben wird. Die erwartete Rendite aus Programm 1 bei dieser modifizierten Anfangsauszahlung beläuft sich auf annähernd 16,97 %, da

$$\frac{50}{1,1697} + \frac{50}{1,1697^2} + \frac{200}{1,1697^3} \approx 204,26 \text{ GE.} \tag{2.13}$$

gilt, und beschreibt den in diesem Kontext maßgeblichen **Kapitalkostensatz** des Programms 1. Weil die tatsächlich erwartete Rendite aus Programm 1 mit 19 % über dem zugehörigen Kapitalkostensatz von etwa 16,97 % liegt, erweist sich Programm 1 gegenüber dem Programm 2 auch bei kapitalkostenorientierter Betrachtung als überlegen.

In entsprechender Weise kann man folgern, daß die Anfangsauszahlung bei Programm 2 ceteris paribus um ungefähr 8,26 GE niedriger liegen müßte, damit sich Programm 2 aus Sicht des Unternehmers für $r_v^{(U)} = 10$ % als ebenso gut wie Programm 1 erwiese. Der hierbei relevante Kapitalkostensatz für Programm 2 beträgt deshalb ca. 24,21 %, und übersteigt die tatsächlich erreichbare erwartete Rendite von näherungsweise 20,9 % des Programms 2. Auch im Rahmen dieses Vorgehens resultiert folglich die Überlegenheit von Programm 1. □

2.3.2 Mit externer Finanzierung

2.3.2.1 Einzelentscheidung

Statt einer Situation, in der der Unternehmer die komplette Anfangsauszahlung allein aufbringt, kann man auch eine solche betrachten, in der sich wenigstens partiell **andere** Kapitalgeber an der Anfangsauszahlung beteiligen. Damit die Kapitalgeber zur Mittelüberlassung bereit sind, muß der (subjektive) Wert der ihnen überlassenen Finanzierungstitel mindestens dem Beitrag der Kapitalgeber zur Erbringung der Anfangsauszahlung entsprechen. Gemäß der obigen Darstellung werden die Kapitalgeber folglich einen Finanzierungstitel f nur erwerben, wenn die erwartete Rendite wenigstens $r^{(f)}$, den hierbei aus ihrer Sicht maßgeblichen Kapitalkostensatz, erreicht. Der Unternehmer wiederum wird einen Wert der bei ihm verbleibenden künftigen Einzahlungen in wenigstens der Höhe der restlichen Anfangsauszahlung benötigen, um die Investition sinnvoll durchführen zu können. Generell ist ein Investitionsprogramm bei Finanzierung durch mehrere verschiedene Kapitalgebergruppen daher nur von Vorteil, wenn **jede** auf ihren Finanzierungsbeitrag eine erwartete Rendite in **mindestens** der Höhe des aus ihrer Sicht jeweils relevanten Kapitalkostensatzes erwirtschaftet. Wegen der Beteiligung von mindestens zwei verschiedenen Kapitalgebern und der Relevanz der Verteilung von Anfangsauszahlungsbeiträgen und Mittelrückflüssen unter den Kapitalgebern spricht man hier auch von dem **verteilungsorientierten** Ansatz zur Kapitalkostenermittlung.[15]

Zweifellos ausreichend für die Attraktivität des Investitionsprogramms ist es dabei, wenn die erwartete Rendite auf die gesamte Anfangsauszahlung mindestens dem **höchsten** Kapitalkostensatz entspricht. Immer existiert folglich auch ein aggregierter **Gesamtkapitalkostensatz** $r^{(U)}$ (auch **durchschnittlicher Kapitalkostensatz** genannt), der sich auf die gesamten unternehmerischen Einzahlungsüberschüsse $\bar{z}$ bezieht und allein bei dessen Überschreitung (oder wenigstens

---

[15] Vgl. einmal mehr *Breuer* (1994a), S. 823, sowie *Hax* (1998), S. 216 ff.

Erreichung) durch die auf die insgesamt erforderliche Anfangsauszahlung im Rahmen der Programmdurchführung erzielbare erwartete Rendite **alle Kapitalgebergruppen** eine erwartete Rendite mindestens in Höhe ihres jeweiligen Kapitalkostensatzes erhalten können. In allgemeiner Form ist dieser Gesamtkapitalkostensatz jedoch nicht leicht bestimmbar. Eine Ausnahme bilden im wesentlichen nur die Betrachtung mit lediglich **zwei Zeitpunkten** oder aber **unbegrenztem Zeithorizont**. Im letztgenannten Fall ist überdies davon auszugehen, daß sich die erwarteten unternehmerischen Einzahlungsüberschüsse ebenso wie die erwarteten Einzahlungen jeder Kapitalgebergruppe jeweils als **ewige Renten** darstellen lassen. Unter diesen Voraussetzungen ergibt sich die auf die insgesamt benötigte Anfangsauszahlung mindestens zu erwirtschaftende erwartete Rendite einfach als **gewogenes arithmetisches Mittel** aller Einzelkapitalkostensätze. Das Gewicht eines Kapitalkostensatzes entspricht dabei dem **Anteil** des Inhabers des jeweiligen Finanzierungstitels an der insgesamt für die Programmrealisation aufzubringenden Anfangsauszahlung.

Mit $\mathscr{F}$ als der Menge aller von einem Unternehmer emittierten Finanzierungstitel stellt sich der Nachweis des gerade behaupteten Zusammenhangs für den Zwei-Zeitpunkte-Fall wie folgt dar. Das Investitionsprogramm erweist sich genau dann als vorteilhaft, wenn $(\bar{z}_1/A_0)-1 \geq r^{(U)}$ gilt. Mit $\Sigma_{f \in \mathscr{F}} A_0^{(f)} = A_0$ und unter Ausnutzung von $\bar{z}_1^{(f)} \geq (1+r^{(f)}) \cdot A_0^{(f)}$ sowie $\Sigma_{f \in \mathscr{F}} \bar{z}_1^{(f)} = \bar{z}_1$ gelangt man zu:

$$\frac{\bar{z}_1}{A_0} - 1 = \frac{\sum\limits_{f \in \mathscr{F}} \bar{z}_1^{(f)}}{A_0} - 1 \geq \frac{\sum\limits_{f \in \mathscr{F}} (1+r^{(f)}) \cdot A_0^{(f)}}{A_0} - 1$$

$$= \sum\limits_{f \in \mathscr{F}} r^{(f)} \cdot \frac{A_0^{(f)}}{A_0} \equiv r^{(U)}.$$

(2.14)

Tatsächlich also erhält man als erforderlichen Erwartungswert der Mindestverzinsung auf die gesamte Anfangsauszahlung, das heißt als **Gesamtkapitalkostensatz** $r^{(U)}$, ein gewogenes Mittel der Einzelkapitalkostensätze.

In entsprechender Weise kann die Herleitung erfolgen, wenn man einen unendlichen Zeithorizont mit ewigen (erwarteten) Renten betrachtet. Dabei ist bloß zu beachten, daß sich Renditeaussagen nunmehr auf den gleichbleibenden (erwarteten) Rückfluß pro Periode beziehen. In diesem Zusammenhang sei mit $\overline{z}$ die konstante erwartete (Gesamt-) Einzahlung in den Zeitpunkten $t = 1, 2, \ldots$ aus dem Investitionsprogramm bezeichnet. Analog sei $\overline{z}^{(f)}$ für einen Finanzierungstitel f definiert. Folglich ist das Investitionsprogramm von Vorteil, wenn der konstante erwartete relative Rückfluß pro Periode $\overline{z}/A_0$ mindestens dem Gesamtkapitalkostensatz $r^{(U)}$ entspricht. Für die erfolgreiche Plazierung eines Finanzierungstitels f muß entsprechend $\overline{z}^{(f)} \geq r^{(f)} \cdot A_0^{(f)}$ gelten. Unter Beachtung von $\Sigma_{f \in \mathcal{F}}\, \overline{z}^{(f)} = \overline{z}$ kann die Herleitung aus (2.14) vollständig adaptiert werden.

Im allgemeinen Fall hingegen läßt sich keine einfache Bestimmungsgleichung für den relevanten Gesamtkapitalkostensatz angeben. Gleichwohl wird in praktischen Anwendungen der Gesamtkapitalkostensatz häufig **näherungsweise** als gewogenes arithmetisches Mittel der Einzelkapitalkostensätze berechnet.

Beispiel 2.5:

Gegeben sei ein Investitionsprogramm, das im Rahmen einer Vier-Zeitpunkte-Betrachtung $t = 0, \ldots, 3$ eine Anfangsauszahlung von 100 GE erfordert. Zur Finanzierung werden zwei verschiedene Finanzierungstitel emittiert. Finanzierungstitel 1 liefert gegen Leistung eines Beitrags von 30 GE zur gesamten Anfangsauszahlung konstante erwartete Einzahlungsüberschüsse von $t = 1$ bis $t = 3$ in Höhe von jeweils 12 GE. Dies entspricht einer erwarteten Rendite von ungefähr 9,7 % auf die 30 GE. Finanzierungstitel 2 erfordert einen Beitrag zur Anfangsauszahlung von 70 GE, stellt dafür aber auch erwartete Einzahlungen von 30 GE in $t = 1$ und jeweils 40 GE in $t = 2$ und $t = 3$ in Aussicht. Dies korrespondiert mit einer erwarteten Rendite von etwa 25,07 %. Es sei angenommen, daß diese erwarteten Renditen gerade auch den relevanten Kapitalkostensätzen $r^{(1)}$ und $r^{(2)}$ entsprechen. Das Investitionsprogramm muß damit erwartete Einzahlungen von $12+30 = 42$ GE in $t = 1$ und $12+40 = 52$ GE in $t = 2$ und $t = 3$ gewährleisten, um die Emission der beiden Finanzierungstitel und die damit einhergehende

Finanzierung der gesamten Anfangsauszahlung sicherzustellen. Zu dieser aggregierten Zahlungsreihe gehört eine erwartete Rendite von ungefähr 20,74 % auf
die Anfangsauszahlung von 100 GE, was folglich hier dem relevanten Gesamtkapitalkostensatz entspricht. Als gewogenes arithmetisches Mittel der Einzelkapitalkostensätze erhält man hingegen einen Wert von etwa $0,3 \cdot 0,097 + 0,7 \cdot$
$0,2507 \approx 20,46$ %. In der Tat läßt sich über die Mittelwertbildung der Gesamtkapitalkostensatz hier nur **näherungsweise** bestimmen.   □

Sofern für Finanzierungstitel ein genereller **Sekundärmarkthandel** möglich ist,
wird ein Kapitalgeber genau dann zum Erwerb eines Finanzierungstitels bereit
sein, wenn dessen Ausgabepreis nicht über dem Sekundärmarktpreis liegt. In diesem Fall entspricht der Kapitalkostensatz $r^{(f)}$ eines Finanzierungstitels f einfach
der erwarteten Rendite auf den Sekundärmarktpreis $V^{(f)}$ des Finanzierungstitels.
Die Emission von Finanzierungstiteln mit einem Gesamtmarktwert von mindestens A_0 ist folglich (natürlich) genau dann möglich, wenn Finanzierungstitel so
geschaffen werden können, daß der **Bruttomarktwert der Unternehmung** mindestens A_0 beträgt. Der relevante Gesamtkapitalkostensatz kann hierbei dementsprechend mit Bezug auf die Marktwerte der Finanzierungstitel ermittelt werden,
die in ihrer Gesamtheit definitorisch den Marktwert der Unternehmung bilden.

2.3.2.2 Auswahlentscheidung

In diesem letzten Fall verbinden sich die Schwierigkeiten aus den Abschnitten
2.3.1.2 und 2.3.2.1 miteinander, so daß verallgemeinerungsfähige Aussagen
kaum möglich sind. Insbesondere gilt erneut im allgemeinen **nicht** das Alternativkostenkonzept und kann der maßgebliche Gesamtkapitalkostensatz **nicht** generell als gewogenes Mittel von Einzelkapitalkostensätzen hergeleitet werden.

2.4 Beurteilung

Zu Beginn dieses Abschnitts wurde darauf hingewiesen, daß eine kapitalkostenorientierte Betrachtung wegen des in der Praxis weitverbreiteten Denkens in **Ko-**

sten- und Leistungsgrößen von vielen als besonders anschaulich aufgefaßt werden dürfte. In der Tat erweist sich das Treffen von Investitionsentscheidungen über **Kapitalkostenkalküle** in wenigstens zweierlei Hinsicht als **problematisch**. Zum einen handelt es sich bei Kapitalkostensätzen um erwartete Renditegrößen, und das renditeorientierte Treffen von Entscheidungen ist stets der Gefahr ausgesetzt, zu einem **unzulässigen mittelbaren Parametervergleich** zu führen. Zum anderen lassen sich Kapitalkostensätze nur nutzenorientiert oder marktwertorientiert bestimmen. Immer dann aber, wenn kapitalkostenorientierte Entscheidungen möglich sind, läßt sich die unternehmerische Entscheidung folglich auch auf der Grundlage von Erwartungsnutzen- oder Marktwertkalkülen treffen. In der Tat ist die kapitalkostenorientierte Betrachtung aus diesen anderen beiden Ansätzen jeweils abgeleitet und insofern nur von **derivativer Natur**. Sehr deutlich sieht man dies etwa bei der Herleitung der korrekten Kapitalkostensätze zur Beurteilung von Investitionsprogrammen im Rahmen von Auswahlentscheidungen aus Abschnitt 2.3.1.2. Alles in allem ist der **praktische Wert** von Kapitalkostenbetrachtungen deshalb eher als **gering** zu veranschlagen. Gleichwohl kann die Kapitalkostenbestimmung aus **konzeptioneller und didaktischer** Sicht gewisse Einblicke vermitteln. Hierauf wird in späteren Abschnitten noch zurückzukommen sein.

2.5   Zusammenfassung

Unter dem mit einem Finanzierungstitel verbundenen **Kapitalkostensatz** versteht man (etwas vereinfacht formuliert) die vom Erwerber des Finanzierungstitels **mindestens geforderte erwartete Rendite** auf die von ihm zu leistende Kaufpreiszahlung für den Erwerb des Finanzierungstitels. Kapitalkostenorientierte Betrachtungen sind sowohl im Rahmen von **Finanzierungs-** als auch **Investitionsentscheidungen** möglich. Von mehreren realisierbaren **Finanzierungsformen** ist für gegebenes Investitionsprogramm diejenige zu wählen, die **(gesamt-) kapitalkostenminimierend** ist. **Investitionen** lohnen sich nur dann, wenn die auf die Anfangsauszahlung erreichbare erwartete Rendite **mindestens** dem maßgeblichen **Gesamtkapitalkostensatz** entspricht. Der relevante Gesamtkapitalkostensatz wie-

derum bestimmt sich über die Renditeanforderungen und damit Kapitalkostensätze im Zusammenhang mit den **einzelnen**, zur Investitionsfinanzierung emittierten Finanzierungstiteln. Bei Voraussetzung einer Zwei-Zeitpunkte-Betrachtung
oder einer Betrachtung mit unendlichem Zeithorizont ergibt sich der Gesamtkapitalkostensatz als **gewogenes** Mittel der **Einzelkapitalkostensätze**, wobei als Gewichte die Anteile der Erwerber der einzelnen Finanzierungstitel an der insgesamt aufzubringenden Anfangsauszahlung dienen. In anderen Fällen läßt sich der
relevante Kapitalkostensatz auf diese Weise zumindest approximativ bestimmen.
Maßgeblich für die Höhe von Kapitalkostensätzen sind in jedem Fall die **Präferenzen** entweder nur des Halters des betrachteten Finanzierungstitels oder aber
- bei Möglichkeit des friktionsfreien Sekundärmarkthandels - aller Marktteilnehmer. Kapitalkostenorientierte Betrachtungen sind daher generell aus Erwartungs-
nutzen- oder Marktwertüberlegungen herzuleiten und haben insofern nur **derivativen** Charakter. Ferner ist bei Finanzierungs- und Investitionsentscheidungen auf
der Grundlage von Kapitalkostenbetrachtungen wegen der immanenten Renditeo-
rientierung mit besonderer Sorgfalt vorzugehen, um **unzulässige mittelbare Pa-
rametervergleiche** zu vermeiden.

Wiederholungsfragen

W2.1

Was versteht man unter dem Kapitalkostensatz eines Finanzierungstitels f?

W2.2

Wie läßt sich der Kapitalkostensatz eines Finanzierungstitels f ermitteln?

W2.3

Wie bestimmen sich Kapitalkostensätze von Finanzierungstiteln auf einem vollkommenen Kapitalmarkt im Gleichgewicht?

W2.4

Welche beiden grundlegenden Arten von Kapitalkostensätzen kann man unterscheiden?

W2.5

Was kennzeichnet eine pagatorische Kapitalkostensatzermittlung?

W2.6

Welche grundlegenden Szenarien kann man im Rahmen kapitalkostenorientierter Investitionsentscheidungen voneinander abgrenzen?

W2.7

Was versteht man unter dem Alternativkostenkonzept, und unter welchen Voraussetzungen ist seine Anwendung zulässig?

W2.8

Welches Problem liegt dem verteilungsorientierten Ansatz der Kapitalkostenermittlung zugrunde?

W2.9

Was versteht man unter einem Gesamtkapitalkostensatz, und wie läßt sich dieser auf der Grundlage der Einzelkapitalkostensätze von Finanzierungstiteln ermitteln?

W2.10

Wie ist das kapitalkostenorientierte Treffen von Investitionsentscheidungen zu beurteilen?

3 Die Wertadditivität von Marktbewertungsfunktionen[1]

3.1 Problemstellung

Im letzten Abschnitt wurde dargelegt, daß sich kapitalkostenorientierte Investitionsentscheidungen als aus Erwartungsnutzen- oder Marktwertkalkülen abgeleitet verstehen lassen. Ferner sind die Voraussetzungen und Vorteile marktwertorientierter Entscheidungskalküle bereits im Abschnitt 1 dieses Kapitels erörtert worden. Aus diesem Grunde soll im folgenden näher auf die Bestimmung **marktwertmaximaler Investitionsprogramme** eingegangen werden.

Um marktwertmaximierend zu investieren, benötigt man die Kenntnis der **Preisbildungsmechanismen** auf Kapitalmärkten. Diese zu ermitteln ist Gegenstand der Kapitalmarkttheorie. Man kann demnach auch sagen, daß die auf der *Fisher*-Separation aufbauende Investitionstheorie als **angewandte Kapitalmarkttheorie** zu begreifen ist. In diesem und den folgenden Abschnitten soll daher der Frage nachgegangen werden, wie sich der **Marktwert** (oder Preis) V eines unsicheren Zahlungsstroms $\tilde{z} \equiv (\tilde{z}_1;\ldots;\tilde{z}_T)$ auf einem vollkommenen Kapitalmarkt im Gleichgewicht bestimmt. Konkret geht es hierbei um die Beschreibung der **Marktbewertungsfunktion V(·)**, die jedem Zahlungsstrom $\tilde{z}$ den zugehörigen gleichgewichtigen Preis zuordnet. Die Gestalt dieser Marktbewertungsfunktion ergibt sich generell aus dem Angebot an und der Nachfrage nach unsicheren Anlagemöglichkeiten. Die **Nachfrage** wiederum wird durch die Zeit- und Risikopräferenzen sowie die Vermögenssituation der am Kapitalmarkt agierenden Anleger bestimmt. Wenngleich somit die konkrete Gestalt von V(·) nur bei genauer Spezifikation der Kapitalmarktverhältnisse hergeleitet werden kann, gibt es eine Eigenschaft von V(·), die stets im Gleichgewicht des vollkommenen Kapitalmarktes gegeben ist. Hierbei handelt es sich um die **Wertadditivität** der Markt-

---

[1] Der folgende Abschnitt orientiert sich im wesentlichen an *Breuer* (1997b). Vgl. zur Eigenschaft der Wertadditivität auch beispielsweise *Kruschwitz* (1999), S. 70 f., 146 f., 226, oder *Hax/Hartmann-Wendels/v. Hinten* (1988), S. 702 ff.

bewertungsfunktion. Obschon diese Eigenschaft einer Marktbewertungsfunktion bereits im Band I bei der Diskussion des Kapitalwertkriteriums kurz charakterisiert worden ist, liefert der folgende **Abschnitt 3.2** zunächst eine generelle **Definition** von "Wertadditivität". Inwiefern sich Wertadditivität einer Marktbewertungsfunktion auf einem vollkommenen Kapitalmarkt im Gleichgewicht **nachweisen** läßt, ist Gegenstand des **Abschnitts 3.3**. Die **finanzwirtschaftlichen Konsequenzen** wertadditiver Marktbewertung, insbesondere im Zusammenhang mit Investitionsentscheidungen, werden im **Abschnitt 3.4** erörtert. **Abschnitt 3.5** enthält eine kurze **Zusammenfassung**.

3.2 Definition

Ausgangspunkt der Betrachtung sei ein Kapitalmarkt, auf dem finanzielle Positionen gehandelt werden können. Mit jeder **finanziellen Position** sind in den denkbaren künftigen Zeitpunkten und Zuständen bestimmte Zahlungen verbunden. Im weiteren sei von T künftigen Zeitpunkten $t = 1, \ldots, T$ ausgegangen. Zu jeder finanziellen Position P gehört damit ein **zeit- und zustandsabhängiger Zahlungsstrom** $\tilde{z}^{(P)} = (\tilde{z}_1^{(P)}; \ldots; \tilde{z}_T^{(P)})$, wobei $\tilde{z}_t^{(P)}$ die ungewisse Einzahlung aus der betrachteten finanziellen Position im Zeitpunkt t bezeichnet. Zur Veranschaulichung kann man sich unter einer finanziellen Position ein einzelnes Wertpapier oder auch eine Gesamtheit mehrerer Wertpapiere vorstellen.

Mit $V^{(P)}$ sei der **Marktwert**, also der **Preis**, einer finanziellen Position P bezeichnet. Es seien nun drei finanzielle Positionen 1, 2 und 3 mit $\tilde{z}^{(1)} + \tilde{z}^{(2)} \equiv \tilde{z}^{(3)}$ betrachtet. Der Zahlungsstrom der finanziellen Position 3 ist demnach in jedem Zeitpunkt t mit Sicherheit gleich der Summe der Zahlungsströme der finanziellen Positionen 1 und 2. Unter dieser Voraussetzung spricht man von **Wertadditivität**, wenn folgendes gilt:

$$V^{(1)} + V^{(2)} = V^{(3)}. \tag{3.1}$$

Wertadditivität liegt also vor, wenn der Marktwert einer finanziellen Position, deren Zahlungsstrom in jedem Zeitpunkt der Summe der Zahlungsströme zweier anderer finanzieller Positionen entspricht, gleich der Summe der Marktwerte dieser beiden finanziellen Positionen ist. Voraussetzung für diese Aussage ist natürlich, daß alle betrachteten **finanziellen Positionen** auf dem betreffenden Kapitalmarkt **gehandelt** werden, da ansonsten schwerlich von ihren Marktwerten gesprochen werden kann.

So abstrakt die Eigenschaft der Wertadditivität einer Marktbewertungsfunktion auch klingen mag, so leicht läßt sie sich veranschaulichen. Wertadditivität impliziert etwa, daß der Preis für den Erwerb eines Pakets von 100 Aktien einer AG demjenigen entspricht, den man bei hundertfachem (Einzel-) Erwerb von je einer Aktie der betreffenden AG zu zahlen hat. Auch resultiert aus der Eigenschaft der Wertadditivität, daß der Zinssatz bei sicherer Anlage/Aufnahme eines Geldbetrags A demjenigen bei n-maliger (simultaner) Anlage/Aufnahme des Betrags A/n entspricht.

Beispiel 3.1:
Gegeben sei ein Entscheidungssubjekt, das über die Möglichkeit verfügt, 2.000 GE für eine Periode von t = 0 bis t = 1 zu einem Zinssatz von 8 % anzulegen. Beträge unterhalb von 2.000 GE können hingegen nur zu einem Ein-Perioden-Zinssatz von 7 % angelegt werden. Es gilt also nicht für alle Anlagevolumina der gleiche Zinssatz. Die separate Anlage von zweimal jeweils 1.009,346 GE zu 7 % liefert dabei ebenso wie die einmalige Anlage von 2.000 GE zu 8 % in t = 1 Rückflüsse von ungefähr 2.160 GE. Der Preis für den Erwerb der letztgenannten finanziellen Position beträgt jedoch nur gerade diese 2.000 GE, während sich der Preis der ersten finanziellen Position, bestehend aus den beiden kleineren Geldanlagen, gar auf $2 \cdot 1.009,346 \approx 2.018,69$ GE beläuft. Wertadditivität ist hier also (ebenso wie die Mengenanpasserannahme) verletzt. □

Augenscheinlich handelt es sich bei den obigen Beispielen um recht einleuchtende Zusammenhänge. Genauso offenkundig ist jedoch, daß in der Realität Wertadditivität höchstens annähernd gegeben ist. Denn der Preis von 100 Aktien einer AG bemißt sich unter Beachtung von Transaktionskosten eben nicht ganz genau entsprechend dem Preis von 100 einzelnen Aktien dieser AG, und mit wachsendem Anlagevolumen erhält man typischerweise (zunächst[2]) steigende Anlagezinssätze.

3.3 Herleitung der Wertadditivität

Die Behauptung lautet, daß **Wertadditivität** einer Marktbewertungsfunktion stets schon dann gegeben ist, wenn ein **vollkommener Kapitalmarkt im Gleichgewicht** betrachtet wird und sich der **Nutzen** von Wirtschaftssubjekten allein aus der Höhe ihrer **künftigen Einzahlungsüberschüsse** ergibt, wobei ceteris paribus mehr Geld gegenüber weniger Geld vorgezogen wird. Ein **vollkommener Kapitalmarkt** ist grundsätzlich durch drei **Voraussetzungen** charakterisiert, wie schon im Rahmen des ersten Bandes ausführlich dargelegt und im Abschnitt 1 des vorliegenden Kapitels kurz wiederholt worden ist:

1) **Rationalverhalten** aller Marktteilnehmer,
2) **Mengenanpasserverhalten** der Marktteilnehmer,
3) keinerlei Informations- und sonstige **Transaktionskosten** inclusive Steuern.

1) ist so zu verstehen, daß jedes Entscheidungssubjekt von mehreren zur Auswahl stehenden Alternativen stets die mit dem **höchsten Zielerreichungsgrad** wählt. Bei Sicherheit impliziert dies generell nutzenmaximierendes Verhalten von Entscheidern, bei Risiko und Entscheidungen auf der Grundlage des *Bernoulli*-Prinzips[3] entsprechend erwartungsnutzenmaximierende Aktionen.

---

[2] Realisiert man derart große Anlagevolumina, daß man signifikant das Mittelangebot auf dem Kapitalmarkt beeinflußt, dann wird dies natürlich typischerweise zu fallenden Zinssätzen bei ceteris paribus steigendem Anlagevolumen führen.

[3] Grundsätzlich sind bei Risiko auch andere Konkretisierungen der Zielfunktionen von Entscheidern denkbar. Gerade deswegen ist die im obigen Punkt 1) angesprochene "Rationalität" generell in einem weiteren Sinne als nur ein Handeln nach dem *Bernoulli*-Prinzip zu verstehen.

Gemäß 2) planen alle Marktteilnehmer ihre Transaktionen zu **gegebenen Preisen**, und aus Voraussetzung 3) ergibt sich unter anderem wegen der Abstraktion von Kosten der Informationsbeschaffung und -verarbeitung ein **gleichartiger Informationsstand** aller Subjekte.

Ein derart beschriebener vollkommener Kapitalmarkt kann bei Orientierung der Marktteilnehmer an Zahlungsgrößen nur dann im **Gleichgewicht** sein, wenn er **arbitragefrei** ist. Unter **Arbitrage** versteht man das **Ausnutzen von Preisdifferenzen** durch Kauf und/oder Verkauf von Gütern zum Zweck der Realisierung **sicherer** Gewinne. Grundsätzlich unterscheidet man **zwei Arten** der Arbitrage.[4]

Bei der **Differenzarbitrage** werden simultan finanzielle Positionen preiswert gekauft und andere teuer verkauft, um so unmittelbar einen sicheren (Differenz-)Gewinn zu realisieren. Bei der **Investorarbitrage** geht es darum, daß ein Marktteilnehmer ohnehin beabsichtigt, eine finanzielle Position zu erwerben oder zu veräußern und dabei von mehreren Erwerbsmöglichkeiten die günstigste, von mehreren Veräußerungsmöglichkeiten die lukrativste wählt. Bei der Investorarbitrage ist die Arbitragetransaktion demnach nicht Selbstzweck. Eigenständige Bedeutung gewinnt die Investorarbitrage deswegen dann, wenn Informationsbeschaffung und -verarbeitung mit Kosten verbunden sind, weil die Investorarbitrage im Gegensatz zur Differenzarbitrage hiervon weniger beeinträchtigt wird. Wegen der Zugrundelegung eines vollkommenen Kapitalmarktes können wir uns auf die Betrachtung der reinen Differenzarbitrage beschränken.

Gäbe es nunmehr auf dem vollkommenen Kapitalmarkt **Arbitragemöglichkeiten**, würde jeder Marktteilnehmer sie wegen der fehlenden Informationskosten erkennen und wegen der durch sichere Gewinne möglichen Nutzenerhöhung auch unmittelbar wahrnehmen wollen. Aus der Annahme des Mengenanpasserverhaltens ergäbe sich des weiteren, daß jeder Marktteilnehmer die zur Realisierung sicherer Gewinne erforderlichen Transaktionen in unbegrenztem Umfang durchführen

---

[4] Vgl. ähnlich *Hax/Hartmann-Wendels/v. Hinten* (1988), S. 700.

wollte. Ein Gleichgewicht im Sinne des allgemeinen Ausgleichs von Angebot und Nachfrage auf dem betrachteten Kapitalmarkt kann demnach nur vorliegen, wenn es keine Arbitragemöglichkeiten gibt. Die Bewertung von Zahlungsströmen muß demnach im Gleichgewicht des vollkommenen Kapitalmarktes arbitragefrei erfolgen. In diesem Zusammenhang spricht man auch vom **Prinzip der arbitragefreien Bewertung** künftiger Zahlungen.

Der Betrachtung von Gleichgewichten im Sinne **markträumender Situationen** wiederum kommt in der ökonomischen Theorie besondere Bedeutung zu, weil hierbei alle individuellen **Verhaltenspläne** realisiert werden können und sich Planrevisionen sowie damit verbundene Anpassungsmaßnahmen der Marktteilnehmer als nicht mehr erforderlich erweisen.[5] Aus der bevorzugten Analyse von Gleichgewichtsallokationen wiederum ziehen Arbitragefreiheitsüberlegungen demnach ihre besondere Bedeutung.[6]

Arbitragefreiheit ist dabei eine **notwendige Marktgleichgewichtsbedingung**, jedoch keine hinreichende. Letzteres bedeutet, daß allein aus dem Vorliegen einer arbitragefreien Marktbewertung nicht auf das Vorliegen eines Marktgleichgewichts geschlossen werden kann.

Notwendige Voraussetzung für Arbitragefreiheit wiederum ist, daß **äquivalente** finanzielle Positionen über **gleiche Marktwerte** verfügen. Zwei finanzielle Positionen 1 und 2 heißen äquivalent, wenn sie in **jedem** Zeitpunkt und Zustand zu gleich hohen Einzahlungen führen, wenn also $\bar{z}^{(1)} \equiv \bar{z}^{(2)}$ gilt. Nicht erforderlich ist, daß die finanziellen Positionen etwa aus den gleichen Wertpapieren bestehen. Sofern der Preis der beiden äquivalenten Positionen auf dem betrachteten Kapitalmarkt unterschiedlich wäre, würde man im Rahmen einer Differenzarbitrage die preisgünstigere Position erwerben und zugleich die teurere der beiden verkaufen.

---

[5] Vgl. etwa *Felderer/Homburg* (1999), S. 12.

[6] Vgl. zu Arbitragefreiheitsüberlegungen sehr ausführlich beispielsweise *Kruschwitz* (1999), S. 37 ff., 137 ff., sowie *Spremann* (1996), S. 557 ff.

Der **Verkauf** einer finanziellen Position bedeutet hierbei, daß man die mit dieser finanziellen Position in Zukunft verbundenen Einzahlungsüberschüsse dem Erwerber der Position zu zahlen verspricht. Im Zeitpunkt t = 0 der beiden Transaktionen ergäbe sich ein positiver Einzahlungsüberschuß, während sich in zukünftigen Zeitpunkten die Zahlungskonsequenzen der beiden finanziellen Positionen für den betrachteten Marktteilnehmer gerade ausgleichen, da $\bar{z}_t^{(1)}-\bar{z}_t^{(2)} \equiv \bar{z}_t^{(2)}-\bar{z}_t^{(1)} \equiv 0$ (für alle Zeitpunkte t) gilt. Natürlich will jeder Marktteilnehmer dieses Arbitragegeschäft durchführen, so daß es zu einer **Überschußnachfrage** nach der preisgünstigeren finanziellen Position und einem **Überschußangebot** der teureren finanziellen Position kommt. Ein Marktgleichgewicht ist daher nur für $V^{(1)} = V^{(2)}$ denkbar. Erst diese Erkenntnis, daß aus $\bar{z}^{(1)} \equiv \bar{z}^{(2)}$ auch $V^{(1)} = V^{(2)}$ folgt, impliziert letztlich, daß man finanzielle Positionen allein durch ihre Zahlungsströme charakterisieren kann. Entsprechend ist es deswegen auch zulässig, die **Marktbewertung V** nicht mehr auf die finanzielle Position als solche zu beziehen, sondern auf den jeweils **zugehörigen Zahlungsstrom**. Der Marktwert einer finanziellen Position P mit Zahlungsstrom $\bar{z}^{(P)}$ kann im weiteren also auch als Funktion von $\bar{z}^{(P)}$ aufgefaßt werden: $V(\bar{z}^{(P)}) \equiv V^{(P)}$. Weil zu jedem Zahlungsstrom ein eindeutiger Marktwert gehört, spricht man auch vom **Gesetz des Einheitspreises**. Implizit wurde von Anfang an vorausgesetzt, daß es zu jeder finanziellen Position einen **eindeutigen** Marktwert gibt. Auch dies ist genaugenommen schon Teil des Gesetzes des Einheitspreises und leicht direkt zu zeigen.[7] Es ist aber auch eine unmittelbare Implikation der gerade präsentierten Herleitung: Wenn es zu jedem Zahlungstrom einen eindeutigen Preis gibt, gilt dies ohne weiteres auch für jede finanzielle Position.

Beispiel 3.2:
Gegeben sei ein vollkommener Kapitalmarkt im Gleichgewicht im Rahmen einer Zwei-Zeitpunkte-Betrachtung t = 0, 1. Auf diesem Kapitalmarkt wird eine Aktie gehandelt, die in t = 0 den Preis 280 GE aufweist. Bis zum Zeitpunkt t = 1 könne der Aktienkurs entweder um 12 % auf 313,6 GE steigen (Zustand $s^{(1)}$)

---

[7]   Vgl. etwa *Breuer* (1998a), S. 64 f.

oder aber um 8 % auf 257,6 GE fallen (Zustand $s^{(2)}$). Der Zinssatz für risikolose Anlage und Verschuldung von t = 0 bis t = 1 belaufe sich auf i = 5 %. Des weiteren existiere eine Kaufoption auf die betreffende Aktie, die in t = 1 zum Erwerb einer Aktie gegen Zahlung von 250 GE berechtigt, aber nicht verpflichtet. Gesucht ist der **Marktwert** der Kaufoption im Zeitpunkt t = 0.

Um das **Gesetz des Einheitspreises** anzuwenden, muß man in einem ersten Schritt zunächst die Zahlungskonsequenzen aus der Kaufoption im Zeitpunkt t = 1 bestimmen. Anschließend ist diese Zahlungsstruktur durch geschickte Kombination anderer Finanzierungstitel mit bekannten Preisen in t = 0 **nachzubilden**. Der Preis dieser **äquivalenten Position** muß gemäß dem Gesetz des Einheitspreises sodann mit dem Preis der Kaufoption im Gleichgewicht des vollkommenen Kapitalmarktes übereinstimmen.

Die Kaufoption wird nur ausgeübt, wenn der Aktienkurs in t = 1 über dem Ausübungskurs von 250 GE liegt. Beispielsweise lohnt es sich beim Aktienkurs von 313,6 GE, die Option wahrzunehmen, weil der Optionsinhaber über die Option die Aktie zu 250 GE erwerben und gleichzeitig am Kapitalmarkt zu 313,6 GE weiterverkaufen kann. Per saldo verbleiben dem Optionsinhaber aus der Kaufoption in t = 1 damit Nettoeinzahlungen von 313,6-250 = 63,6 GE. Für einen Aktienkurs von 257,6 GE lohnt sich die Ausübung ebenfalls noch und führt zu Nettoeinzahlungen von 7,6 GE aus der Option. Da es nur zwei mögliche Umweltzustände im Zeitpunkt t = 1 gibt, liegt hiermit die Zahlungsstruktur der Option bereits eindeutig fest. Diese gilt es nun nachzubilden. Zu diesem Zweck benötigt man grundsätzlich so viele Finanzierungsinstrumente, wie es verschiedene Umweltzustände gibt. Im hier betrachteten Beispiel sind daher zwei Finanzierungsinstrumente erforderlich. Aufgrund der gesetzten Prämissen kommt dabei nur eine Kombination von Aktienanlage mit sicherer Anlage/Verschuldung in Betracht. Im weiteren sei daher mit α die Anzahl der in t = 0 erworbenen Aktien bezeichnet. A stehe für den Betrag, der von t = 0 bis t = 1 zu 5 % sicher angelegt wird. Ein negativer Wert für A deutet dementsprechend auf Verschuldung hin.

Die Variablen α und A sind nun so zu bestimmen, daß im Zustand $s^{(1)}$ des Zeitpunktes t = 1 mit einem Aktienkurs von 313,6 GE insgesamt Nettoeinzahlungen aus dem Gesamtportefeuille von 63,6 GE resultieren. Im Zustand $s^{(2)}$ mit Aktienkurs von 257,6 GE sollen sich hingegen Einzahlungsüberschüsse aus dem Portfolio von 7,6 GE ergeben. Insgesamt müssen die Variablen α und A daher so gewählt werden, daß sie den beiden folgenden Gleichungen simultan genügen:

$$\text{I.} \quad 313{,}6 \cdot \alpha + A \cdot 1{,}05 = 63{,}6,$$
$$\text{II.} \quad 257{,}6 \cdot \alpha + A \cdot 1{,}05 = 7{,}6. \tag{3.2}$$

Generell erhält man so viele Gleichungen, wie es verschiedene Umweltzustände gibt. Um ein Gleichungssystem mit S verschiedenen Gleichungen zu lösen, bedarf es daher auch entsprechend vieler verschiedenartiger Finanzierungsinstrumente. Dies erklärt, warum man im Rahmen dieses Beispiels mit lediglich zwei verschiedenen Umweltzuständen in t = 1 auch nur zwei Instrumente zur Replikation der Zahlungsstruktur einer Aktienkaufoption benötigt.

Bildung der Differenz I.-II. im Zusammenhang mit (3.2) ergibt sofort $56 \cdot \alpha = 56$ und damit $\alpha = 1$. Durch Einsetzen dieses Resultats in I. oder II. erhält man des weiteren A = -250/1,05 $\approx$ -238,095 GE. Sofern ein Entscheider demnach in t = 0 eine Aktie erwirbt und zusätzlich Fremdkapital im Umfang von 238,095 GE aufnimmt, realisiert er ungefähr die gleichen Zahlungskonsequenzen wie beim Halten einer Aktienkaufoption mit Ausübungskurs 250 GE in t = 1. Gemäß dem Gesetz des Einheitspreises muß damit in t = 0 aber auch der Preis der Aktienoption dem Preis des Portefeuilles aus Aktienanlage und Verschuldung zum sicheren Zinssatz entsprechen. Der Erwerb der Aktie erfordert in t = 0 eine Auszahlung von 280 GE. Aus der Verschuldung fließen ca. 238,095 GE zu. Per saldo muß der Anleger selbst also nur einen Betrag von ungefähr 280-238,095 = 41,905 GE aufwenden. Dies ist der Preis für die aus einer Aktie und der Verschuldung in Höhe eines Betrags von 238,095 GE zum Zinssatz i = 5 % bestehenden finanziellen Position im Zeitpunkt t = 0, und gemäß dem Gesetz des Einheitspreises muß genau dies auch der Preis der Aktienkaufoption in t = 0 sein. Wäre der Preis der Option in t = 0 ein anderer, könnte man folglich einen si-

cheren Gewinn realisieren, was dem Vorliegen eines vollkommenen Kapitalmarktes im Gleichgewicht widerspräche.

Beispielsweise würde es sich bei einem tatsächlichen Optionspreis von 40 GE in
t = 0 lohnen, die Option als die relativ preiswerte finanzielle Position zu erwerben und gleichzeitig das Portefeuille aus einer Aktie und sicherer Verschuldung
im Umfang von etwa 238,095 GE von t = 0 bis t = 1 als die relativ teure finanzielle Position (leer-) zu verkaufen. Der letztgenannte Leerverkauf impliziert insbesondere, daß ungefähr 238,095 GE von t = 0 bis t = 1 sicher zu i = 5 % angelegt werden. Per saldo ergäben sich für den betrachteten Anleger in t = 0
damit Einzahlungen von 280-40-238,095 = 1,905 GE, während in t = 1 keine
weiteren, von Null verschiedenen Nettozahlungen mehr resultierten: Im Zustand
$s^{(1)}$ ergeben sich Einzahlungen von etwa 63,6-313,6+250 = 0 GE, und im Zustand $s^{(2)}$ betragen die entsprechenden Zahlungen ungefähr 7,6-257,6+250 = 0
GE. Die Auszahlungen von 313,6 GE bzw. 257,6 GE sind dabei eine Folge des
Aktienleerverkaufs.

In entsprechender Weise bestehen sichere Gewinnmöglichkeiten für den Fall, daß
der Preis der Option in t = 0 etwa 44 GE beträgt. Dann würde man die Option
leerverkaufen und zusätzlich Mittel im Umfang von etwa 238,095 GE aufnehmen. Die auf diese Weise insgesamt erlösten Mittel würde man nutzen, um eine
Aktie zu erwerben. Den Restbetrag von 44+238,095-280 = 2,095 GE könnte
der Anleger unmittelbar in t = 0 konsumieren. Wieder ergäben sich im Zeitpunkt t = 1 keine weiteren Zahlungskonsequenzen. Im Zustand $s^{(1)}$ resultierten
nämlich Einzahlungen von annähernd 313,6-63,6-250 = 0 GE und im Zustand
$s^{(2)}$ von ca. 257,6-7,6-250 = 0 GE. Zusammenfassend muß sich der Optionspreis
des Zeitpunktes t = 0 daher auf näherungsweise 41,905 GE belaufen. Bemerkenswerterweise spielen die Eintrittswahrscheinlichkeiten der beiden Umweltzustände dabei direkt keine Rolle: Weil es um den Ausschluß **sicherer** Gewinnmöglichkeiten im Rahmen von Arbitragefreiheitsüberlegungen geht, haben diese
auch gerade für beliebige Wahrscheinlichkeitsverteilungen der künftigen Um-

weltzustände Gültigkeit.[8]

Natürlich garantiert die Gültigkeit des Gesetzes des Einheitspreises für sich noch nicht das Vorliegen eines Gleichgewichts, denn **hinreichend** für ein Marktgleichgewicht ist das Vorliegen des Gesetzes des Einheitspreises eben **nicht**.

Beispiel 3.3:
Gegeben sei ein vollkommener Kapitalmarkt mit zwei Handelsplätzen A und B, auf denen lediglich ein Finanzierungstitel erworben oder verkauft werden kann. Aus dem Gesetz des Einheitspreises folgt, daß der Finanzierungstitel im Gleichgewicht an beiden Handelsplätzen den gleichen Preis haben muß. Ob dieser einheitliche Preis beispielsweise bei 10 GE oder 30 GE liegt, hängt von den Präferenzen der Marktteilnehmer ab, die sich in den resultierenden Angebots- und Nachfragekurven niederschlagen. Angenommen, die nachgefragte Stückzahl des betreffenden Finanzierungstitels bestimme sich als $100-2 \cdot V^{(f)}$ mit $V^{(f)}$ als dem jeweiligen Marktwert des betrachteten Titels, und das Angebot sei $40+V^{(f)}$. Dann erhielte man für $V^{(f)} = 10$ GE einen Nachfrageüberschuß in Höhe von 80-50 = 30 Stück, während für $V^{(f)} = 30$ GE ein Angebotsüberschuß von 70-40, also erneut 30 Stück, resultierte. Markträumung, das heißt die Übereinstimmung von Angebot an und Nachfrage nach dem Titel f, und damit ein Marktgleichgewicht wird für $V^{(f)} = 20$ GE erreicht.

Wir können damit folgern, daß ein vollkommener Kapitalmarkt allenfalls dann im Gleichgewicht sein kann, wenn die auf dem Kapitalmarkt gehandelten Positionen arbitragefrei bewertet werden, was gleiche Preise für äquivalente finanzielle Positionen impliziert. Hieraus läßt sich nun die Wertadditivität der Marktbewer-

---

[8] **Mittelbar** sind die Eintrittswahrscheinlichkeiten der Umweltzustände hingegen schon von Bedeutung, da sie Einfluß nehmen auf den in t = 0 herrschenden Aktienkurs, der seinerseits wiederum Grundlage für die Optionsbewertung ist. Die Irrelevanz der Eintrittswahrscheinlichkeiten künftiger Umweltzustände für die Bewertung von Optionen hat also in der Tat nur im Rahmen einer Ceteris-paribus-Betrachtung Bestand.

tungsfunktion V(·) herleiten. Dazu seien drei finanzielle Positionen 1, 2 und 3 mit Zahlungskonsequenzen $\bar{z}^{(1)}$, $\bar{z}^{(2)}$ und $\bar{z}^{(3)}$ bei $\bar{z}^{(3)} = \bar{z}^{(1)} + \bar{z}^{(2)}$ betrachtet. Der simultane Erwerb von Position 1 und Position 2 kostet $V(\bar{z}^{(1)}) + V(\bar{z}^{(2)})$ und führt in jedem zukünftigen Zeitpunkt und Zustand zu den gleichen Zahlungskonsequenzen wie der Erwerb der Position 3, die $V(\bar{z}^{(3)})$ kostet. Damit müssen aber auch $V(\bar{z}^{(3)}) = V(\bar{z}^{(1)} + \bar{z}^{(2)})$ und $V(\bar{z}^{(1)}) + V(\bar{z}^{(2)})$ übereinstimmen. Dies wiederum ist gleichbedeutend damit, daß V(·) über die Eigenschaft der Wertadditivität verfügen muß: Die Summe der Marktwerte zweier Zahlungsströme entspricht dem Marktwert der Summe der Zahlungsströme.

Immer dann, wenn man einen vollkommenen Kapitalmarkt im Gleichgewicht betrachtet, verfügt die resultierende Bewertungsfunktion über die Eigenschaft der Wertadditivität. Da derartige Betrachtungen außerordentlich **häufig** sind, gibt es viele bekannte und praktisch genutzte Marktbewertungsfunktionen mit dieser Eigenschaft.

Am bekanntesten dürfte die herkömmliche **Kapitalwertformel** bei Sicherheit sein. Tatsächlich ist der Kapitalwert einer Reihe künftiger Einzahlungsüberschüsse nichts anderes als der Marktwert dieser Einzahlungen auf vollkommenem Kapitalmarkt bei Sicherheit (und gegebener Zinsstruktur). Für den Fall bei Risiko ist das **Capital Asset Pricing Model (CAPM)** sicherlich eines der populärsten Modelle des vollkommenen Kapitalmarktes. Auch die aus dem CAPM resultierende Marktbewertungsfunktion verfügt natürlich über die Eigenschaft der Wertadditivität. Wir werden auf die Marktbewertung im Rahmen des Capital Asset Pricing Model noch in einem späteren Abschnitt ausführlich zurückkommen. **Wertadditivität** ist damit jedenfalls ein **ständiger Begleiter** der meisten kapitalmarkttheoretischen Betrachtungen.

3.4 Finanzwirtschaftliche Implikationen wertadditiver Bewertung

Nicht nur handelt es sich bei der Wertadditivität um eine Eigenschaft zahlreicher Marktbewertungsfunktionen. Tatsächlich ergeben sich aus dieser Eigenschaft auch sehr weitreichende Implikationen, die sowohl die Finanzierungs- als auch die Investitionsseite betreffen.[9] So läßt sich leicht nachweisen, daß aus wertadditiver Marktbewertung die Irrelevanz der unternehmerischen Finanzierungsweise für den Marktwert der betreffenden Unternehmung folgt.[10] Da im Rahmen dieses Lehrbuchs freilich Investitionsentscheidungen im Vordergrund stehen, soll auf den expliziten Nachweis dieses Umstands verzichtet und nur eine intuitive Begründung geliefert werden.

3.4.1 Irrelevanz der Finanzierungsweise für den Unternehmenswert

Für gegebene unternehmerische Investitionsentscheidungen unterscheiden sich verschiedene Formen der Unternehmensfinanzierung lediglich danach, wie die in t = 0 erforderliche Anfangsauszahlung sowie die künftigen Einzahlungsüberschüsse aus dem realisierten Investitionsprogramm auf die einzelnen emittierten Finanzierungstitel verteilt werden. Infolge dieses Umstands ist die Finanzierungsentscheidung einer Unternehmung für das **Gesamtangebot** der betreffenden Unternehmung an zeit- und zustandsabhängigen Zahlungsströmen ohne Bedeutung. Bedeutung könnte sie allenfalls dadurch erlangen, daß sie **neue Konsummöglichkeiten** eröffnet, die ansonsten nicht verfügbar wären. Bei Voraussetzung eines vollkommenen Kapitalmarktes im Gleichgewicht und damit auch der Gültigkeit von Spanning- und Competitivity-Bedingung ist dies aber ausgeschlossen. Konsequenterweise werden Finanzierungsmaßnahmen damit für **gegebene** Investitionsentscheidung bedeutungslos. Dieses bemerkenswerte Ergebnis wurde zum ersten Mal (allerdings unter recht engen Prämisssen) von *Modigliani* und *Miller* 1958

---

[9]   Vgl. hierzu vor allem auch *Hax* (1982), S. 58 ff.

[10] Vgl. hierzu auch *Breuer* (1998a), S. 74 ff., sowie grundlegend *Schall* (1972), S. 13.

hergeleitet.

Die Wertadditivität der Marktbewertungsfunktion ist dabei im Rahmen eines allgemeinen, formal gehaltenen Irrelevanzbeweises insofern von Belang, als gerade hierdurch die Summe der Marktwerte aller ausgegebenen Finanzierungstitel, also der Unternehmenswert, stets dem Marktwert des finanzierungsunabhängig gegebenen Gesamtzahlungsstroms aus dem geplanten Investitionsprogramm entspricht.

Beispiel 3.4:

Gegeben sei eine Unternehmung im Rahmen einer Zwei-Zeitpunkte-Betrachtung, die aus ihren investiven Tätigkeiten zum Zeitpunkt $t = 1$ zustandsabhängige Einzahlungen $\tilde{z}_1$ gemäß *Tabelle 3.1* realisiert.

	$s^{(1)}$	$s^{(2)}$	$s^{(3)}$
$\tilde{z}_1^{(F)}$	20	60	60
$\tilde{z}_1^{(B)}$	0	20	50
$\tilde{z}_1$	20	80	110

Tabelle 3.1: Ungewisse Einzahlungen aus dem unternehmerischen Investitionsprogramm und deren Verteilung auf Beteiligungs- und Forderungstitel

Zur Finanzierung der Anfangsauszahlung im Zusammenhang mit der Durchführung des Investitionsprogramms in $t = 0$ erwägt der Unternehmer die Emission von gleichrangigen Forderungstiteln mit einer Forderungshöhe von insgesamt 60 GE für $t = 1$ sowie die Ausgabe homogener Beteiligungstitel. Die Zahlungsstrukturen $\tilde{z}_1^{(F)}$ und $\tilde{z}_1^{(B)}$ unter der Prämisse, daß zur Bedienung der emittierten Finanzierungstitel nur die Einzahlungen $\tilde{z}_1$ der Unternehmung aus dem Investitionsprogramm zur Verfügung stehen, sind ebenfalls in *Tabelle 3.1* wiedergegeben.

Im Zustand $s^{(1)}$ reichen die unternehmerischen Einzahlungen in Höhe von 20 GE nicht einmal aus, um die Inhaber der Forderungstitel zu bedienen. Die Inhaber der Beteiligungstitel gehen leer aus. In den Zuständen $s^{(2)}$ und $s^{(3)}$ erhalten die Gläubiger exakt ihre Forderungshöhe von 60 GE vergütet. Der jeweilige Restbetrag fließt den Inhabern der Beteiligungstitel zu. Insgesamt werden sämtliche künftigen Einzahlungsüberschüsse der Unternehmung auf die ausgegebenen Finanzierungstitel verteilt. Entsprechendes gilt für jede andere Finanzierungsform, so daß aus der unternehmerischen Tätigkeit per Saldo Einzahlungen in Höhe von 20 GE in $s^{(1)}$, 80 GE in $s^{(2)}$ und 110 GE in $s^{(3)}$ auf dem Kapitalmarkt angeboten werden. Sofern auf dem Kapitalmarkt beliebige Zahlungspositionen gehandelt werden können, ist dies in jedem Falle gleichbedeutend mit dem Angebot von 20 elementaren Wertpapieren des Typs 1, 80 des Typs 2 und 110 des Typs 3. In welcher "Verpackung" (und nichts anderes ist die Wahl der unternehmerischen Finanzierungsweise hier noch) diese elementaren Wertpapiere das Angebot an zustandsabhängigen Einzahlungen auf dem Kapitalmarkt erhöhen, ist dabei ohne Bedeutung. Infolge wertadditiver Marktbewertung stimmt der resultierende Unternehmenswert finanzierungsunabhängig nämlich stets mit der Summe der Marktwerte von 20 elementaren Wertpapieren des Typs 1, 80 des Typs 2 und 110 des Typs 3 überein.

Die inhaltliche Ursache der Irrelevanz unternehmerischer Finanzierungsmaßnahmen ist in dem Umstand zu sehen, daß bei Vollkommenheit des Kapitalmarktes durch Sekundärmarkthandel jede beliebige Reallokation der unternehmerischen Einzahlungen erreicht werden kann.

Sollte beispielsweise ein Kapitalgeber mit einem Anteil von 10 % der Beteiligungstitel der Meinung sein, daß die Unternehmung besser nur 20 GE Verbindlichkeiten aufgenommen hätte statt 60 GE, dann kann der betreffende Anleger diese Situation dadurch "simulieren", daß er in $t = 0$ ein Wertpapier emittiert, das ihm Einzahlungen von 0 GE im Zustand $s^{(1)}$ und jeweils 4 GE Einzahlungen in den Zuständen $s^{(2)}$ und $s^{(3)}$ des Zeitpunktes $t = 1$ liefert. Per saldo ergeben sich für den betreffenden Anleger Einzahlungen $\bar{z}_1^{(ges)}$ im Zeitpunkt $t = 1$ gemäß der *Tabelle 3.2*. Genau diese Zahlungsstruktur lieferte ein Anteil von 10 % an den Beteiligungstiteln der Unternehmung für den Fall, daß sich die Forderungshöhe nur auf 20 GE beliefe.

	$s^{(1)}$	$s^{(2)}$	$s^{(3)}$
$\bar{z}_1^{(ges)}$	0	6	9

Tabelle 3.2: Einzahlungen eines Anteilseigners bei privater Emission eines weiteren Finanzierungstitels

Aus diesem Grunde wird sich der Gesamterlös des Unternehmers aus der Emission der auf der Grundlage von $\bar{z}_1$ emittierten Finanzierungstitel für alle denkbaren Finanzierungsweisen stets auf denselben Wert belaufen.

Nur wenn eine entsprechende Ausgestaltung der Unternehmensfinanzierung Möglichkeiten der Konsumallokation eröffnete, die ansonsten, also bei alternativen Finanzierungsdesigns, nicht zugänglich wären, hätte sie einen echten Eigenwert und könnte dann auch den Unternehmenswert beeinflussen. Andernfalls kommt ihr im hier betrachteten Kontext keine besondere Bedeutung zu, weswegen ihre konkrete Ausgestaltung dann marktwertneutral ist. ☐

3.4.2 Möglichkeit zur Einzelprojektbeurteilung

Eine Konsequenz aus dem gerade skizzierten Irrelevanzergebnis ist, daß der Marktwert einer Unternehmung sich hierbei unmittelbar und allein aus dem realisierten Investitionsprogramm ergibt und dem Marktwert der Einzahlungen aus dem Investitionsprogramm entspricht. Zur Veranschaulichung mag man sich vorstellen, daß nur ein Finanzierungstitel, nämlich ein Beteiligungstitel, geschaffen wird, auf den sämtliche Zahlungskonsequenzen aus der unternehmerischen Tätigkeit entfallen. Dann stimmt der Unternehmenswert mit dem Marktwert dieses Beteiligungstitels und folglich mit dem Marktwert der Zahlungen aus dem Investitionsprogramm überein.[11]

Von mehreren möglichen Investitionsprogrammen sollten sich die beteiligten Kapitalgeber unter dem Aspekt der Maximierung des Marktwerts ihrer finanziellen Positionen damit auf dasjenige verständigen, dessen (Netto-) Marktwert am **höchsten** ist.

Auch im Zusammenhang mit der **Ermittlung optimaler Investitionsprogramme** ergeben sich aus der Eigenschaft der **Wertadditivitität** (bei unbeeinflußbarer Struktur der Marktbewertungsfunktion) interessante Implikationen.

Zur Verdeutlichung sei angenommen, daß die Unternehmung Zugang zu N **Investitionsprojekten** mit künftigen Zahlungsströmen $\tilde{z}^{(n)} \equiv (\tilde{z}_1^{(n)};...;\tilde{z}_T^{(n)})$ bei Anfangsauszahlungen von $A_0^{(n)}$ (n = 1, ..., N) habe. Der Zahlungsstrom jedes Projekts soll in seiner zeitlichen und risikobezogenen Struktur **unabhängig** von der Durchführung anderer Investitionsprojekte gegeben sein. Das bedeutet, daß die Einzahlung aus einem Investitionsprojekt n = 1, ..., N in einem beliebigen Umweltzustand eines beliebigen Zeitpunktes nicht davon abhängt, welche sonstigen Projekte von der betrachteten Unternehmung zusätzlich durchgeführt werden. Es liegt somit eine Einzelentscheidung in dem Sinne vor, wie sie im Band I zur Investitionstheorie eingeführt worden ist. Die Möglichkeit der unabhängigen Durchführung der einzelnen Investitionsprojekte schließt **Korrelationen** zwischen den ungewissen Einzahlungen der Projekte **nicht** aus. Damit nämlich ist lediglich beispielsweise der Umstand gemeint, daß hohe Einzahlungen aus einem Projekt n = 1, ..., N auf ebenfalls hohe Einzahlungen aus einem anderen Projekt m ≠ n schließen lassen. Hier würde man von positiver Korrelation der ungewissen Einzahlungen aus den beiden Projekten n und m sprechen. Bei negativer Korrelation träten demgemäß hohe Einzahlungen aus Projekt n tendenziell zusammen

---

[11] So trivial dies klingen mag, gilt es doch nicht mehr, wenn Finanzierungsentscheidungen marktwertbeeinflussend sind. Dann wäre es denkbar, daß für bestimmte Finanzierungsformen der Unternehmenswert vom Marktwert der Einzahlungen aus dem Investitionsprogramm abweicht.

mit niedrigen Einzahlungen aus Projekt m ein.

Die **Maximierung** des **Nettomarktwerts** V_U der Unternehmung, verstanden als Differenz zwischen Bruttomarktwert $V^{(U)}$ der Unternehmung und der gesamten Anfangsauszahlung für das angestrebte Investitionsprogramm, erfolgt gemäß obiger Darstellung durch **Maximierung** des Marktwerts der Zahlungskonsequenzen $\tilde{z}^{(I)}$ und $A_0^{(I)}$ aus dem **Investitionsprogramm I**. Diese Zahlungskonsequenzen wiederum ergeben sich aus der **Summe aller Zahlungsströme** von Investitionsprojekten n, die im Programm I **enthalten** sind:

$$\tilde{z}^{(I)} \equiv \sum_{n \in I} \tilde{z}^{(n)}, \quad A_0^{(I)} = \sum_{n \in I} A_0^{(n)}. \tag{3.3}$$

Der Nettounternehmenswert $V^{(U)}-A_0^{(I)}$ bestimmt sich wegen (3.3) und infolge der angenommenen **Wertadditivität** der exogen gegebenen Marktbewertungsfunktion als

$$V^{(U)}-A^{(I)}$$

$$= V(\tilde{z}^{(I)})-A_0^{(I)}$$

$$= V\left(\sum_{n \in I} \tilde{z}^{(n)}\right)-\sum_{n \in I} A_0^{(I)} \tag{3.4}$$

$$= \sum_{n \in I} [V(\tilde{z}^{(n)})-A_0^{(n)}].$$

Die Eigenschaft der Wertadditivität wird in diesem Zusammenhang beim Übergang von der vorletzten zur letzten Zeile benötigt, da hierdurch $V(\Sigma_{n \in I} \tilde{z}^{(n)}) = \Sigma_{n \in I} V(\tilde{z}^{(n)})$ geschrieben werden kann.

Ein maximaler Nettomarktwert der Unternehmung wird damit gemäß (3.4) einfach dadurch erreicht, daß alle Projekte n mit **positivem** Nettomarktwert $V(\bar{z}^{(n)})$-$A_0^{(n)}$ durchgeführt werden. Jedes Projekt n kann folglich **ohne Rücksicht** auf das sonstige Investitionsprogramm eindeutig beurteilt werden. Insbesondere spielen **Risikostreuungsüberlegungen** keine Rolle bei der Investitionsentscheidung. In entsprechender Weise sind Auswahlentscheidungen im Falle sich gegenseitig ausschließender Investitionsprojekte einfach durch die Gegenüberstellung der mit den alternativen Investitionsprojekten jeweils verbundenen Nettomarktwerte möglich.

Dies steht im **Gegensatz** zu den Resultaten aus Abschnitt 3 des vorhergehenden Kapitels, und auch die Intuition scheint der Irrelevanz von Risikostreuungsüberlegungen bei unternehmerischen Investitionsentscheidungen zu widersprechen.

Beispiel 3.5:

Angenommen, eine Unternehmung verfüge aus bereits beschlossenen Investitionen über Einzahlungen in $t = 1$, die sich je nach eintretendem Umweltzustand auf 0 GE (im Zustand $s^{(1)}$), 20 GE (im Zustand $s^{(2)}$) oder aber 40 GE (im Zustand $s^{(3)}$) belaufen können. Wenn nun ein weiteres Investitionsprojekt mit zustandsabhängigen Zahlungen von 40 GE (im Zustand $s^{(1)}$), 20 GE (im Zustand $s^{(2)}$) oder 0 GE (im Zustand $s^{(3)}$) durchführbar ist, dann könnte man vermuten, daß dies aus Sicht der betrachteten Unternehmung wegen Risikostreuungsüberlegungen besonders attraktiv sein müßte, denn insgesamt könnte die Unternehmung damit eine sichere Zahlungsposition in $t = 1$ von 40 GE erreichen. Tatsächlich ist dieser **Diversifikationseffekt** jedoch für die Kapitalmarktteilnehmer und damit letzten Endes für die Unternehmensbewertung bei Existenz eines vollkommenen Kapitalmarktes **bedeutungslos**. Denn wenn ein Kapitalmarktteilnehmer diversifizieren möchte, dann kann er dies auch **direkt** durch eine Streuung seiner Anteile am Kapitalmarkt tun. **Niemand** wird bereit sein, einer Unternehmung für deren Diversifikationsanstrengungen eine besondere **Prämie** zu zahlen. Konsequenterweise kann deswegen **jedes** Investitionsprojekt grundsätzlich **isoliert beurteilt** werden. Anders verhielt es sich im Rahmen des Abschnitts 3 des vorhergehenden

Kapitels. Hier hatte die Geschäftsführung als Eigentümer-Unternehmer (außer der gegebenenfalls bestehenden Option sicherer Anlage/Verschuldung) keine Möglichkeit, nach erfolgter Realinvestitionsentscheidung Finanzierungstitel auf einem vollkommenen Kapitalmarkt zu handeln. Unterlassene Ausnutzung von Diversifikationsmöglichkeiten im Rahmen der Realinvestitionsentscheidung konnte hierbei also nicht durch Handel von Finanzierungstiteln auf einem Sekundärkapitalmarkt kompensiert werden. □

3.5 Zusammenfassung

Gegenstände dieses Abschnitts waren die **Definition** der Eigenschaft der **Wertadditivität** von Marktbewertungsfunktionen, die **Herleitung** dieser Eigenschaft auf der Grundlage von Arbitragefreiheitsüberlegungen für den vollkommenen Kapitalmarkt im Gleichgewicht und die **Präsentation** wichtiger **Implikationen** aus wertadditiver Bewertung von Zahlungsströmen auf Kapitalmärkten. Aufgrund der **Allgemeinheit** der Herleitung, die vor allem keine speziellen Annahmen bezüglich Zeit- und Risikopräferenzen der Marktteilnehmer erfordert, kommt der wertadditiven Marktbewertung große Bedeutung zu. Insbesondere läßt sich aus der Wertadditivität von Marktbewertungsfunktionen der Schluß ziehen, daß **unternehmerische Finanzierungsentscheidungen ohne Bedeutung** für den Marktwert einer Unternehmung sind. Außerdem kann gezeigt werden, daß bei Gültigkeit der Wertadditivität **Investitionsprojekte** grundsätzlich **unabhängig voneinander** beurteilt werden können, spezielle **Diversifikationsüberlegungen** auf der Unternehmensebene damit **keine Bedeutung** haben. Beide genannten Ergebnisse sind letzten Endes eine Konsequenz des Umstands, daß bei Existenz eines vollkommenen Kapitalmarktes die Marktteilnehmer im Rahmen ihrer monetären Ausstattung zeit- und zustandsabhängige Konsumpositionen in beliebiger Form erwerben können. Die Finanzierungsweise einer einzelnen Unternehmung ist in diesem Kontext bedeutungslos, und die unternehmerische Investitionsentscheidung muß ebenfalls keine intertemporale oder risikobezogene Allokationsfunktion erfüllen. Investitionsentscheidungen sind vielmehr nur insofern von Bedeutung, als sie zum Angebot an Konsummöglichkeiten auf dem Kapitalmarkt beitragen.

Wiederholungsfragen

W3.1

Was versteht man unter der Wertadditivität einer Marktbewertungsfunktion?

W3.2

Unter welchen Voraussetzungen verfügt eine Marktbewertungsfunktion über die Eigenschaft der Wertadditivität?

W3.3

Welche Eigenschaften charakterisieren einen vollkommenen Kapitalmarkt?

W3.4

Was versteht man unter Arbitrage, und welche beiden grundlegenden Formen können unterschieden werden?

W3.5

Wann ist ein Kapitalmarkt notwendigerweise arbitragefrei?

W3.6

Wie lautet der Inhalt des Gesetzes des Einheitspreises, und auf welche Weise läßt es sich herleiten?

W3.7

Inwiefern lassen sich Arbitragefreiheitsüberlegungen als "robust" bezeichnen?

W3.8

Wie kann man auf der Grundlage des Gesetzes des Einheitspreises die Wertadditivität der Marktbewertungsfunktion nachweisen?

W3.9

Welche Konsequenzen ergeben sich aus wertadditiver Marktbewertung für unternehmerische Finanzierungsentscheidungen?

W3.10

Was folgt aus wertadditiver Marktbewertung für unternehmerische Investitionsentscheidungen?

4 Die Bewertung betrieblicher Realoptionen

4.1 Problemstellung

Nachdem im letzten Abschnitt das Prinzip der arbitragefreien Bewertung von Zahlungsströmen und hierauf aufbauend die Wertadditivität von Marktbewertungsfunktionen bei vollkommenem Kapitalmarkt im Gleichgewicht dargelegt worden ist, soll im Rahmen dieses Abschnitts 4 gezeigt werden, wie das Prinzip der arbitragefreien Bewertung generell zur Bestimmung des Marktwertes von **Investitionsmöglichkeiten** genutzt werden kann. Bekanntermaßen beruht das Prinzip der arbitragefreien Bewertung auf der Ausnutzung des Gesetzes des Einheitspreises, bei dem die Möglichkeit zur Nachbildung des zu bewertenden Zahlungsstroms als Grundlage für eine arbitrageorientierte Marktbewertung dient. Das "klassische" Anwendungsgebiet der **Arbitragetheorie** ist zweifellos in der Bewertung von **derivativen** Finanzierungsinstrumenten zu sehen, also von Finanzierungsinstrumenten, deren Zahlungsstruktur von anderen Finanzierungstiteln, den sogenannten Basistiteln, abgeleitet wird. Hierbei wiederum kommt der Bewertung von **(Finanz-) Optionen** eine ganz besondere Bedeutung zu. Das generelle Vorgehen in diesem Zusammenhang wurde bereits im vorhergehenden Abschnitt dargelegt. Versteht man unter einer Option in einem weiten Sinne schlicht eine "Möglichkeit", handelt es sich bei jedem realisierbaren Investitionsprojekt natürlich ebenfalls um eine Option. In Abgrenzung zu Finanzoptionen, die die Möglichkeit zum Erwerb oder Verkauf eines bestimmten Basistitels eröffnen, kann man im Kontext von Realinvestitionsmöglichkeiten folglich von **Realoptionen**[1] sprechen.

Im folgenden **Abschnitt 4.2** wird zunächst dargelegt, wie der Marktwert einer als Realoption verstandenen Investitionsmöglichkeit mit Hilfe des Prinzips der arbitragefreien Bewertung ermittelt werden kann. Sehr häufig werden Realoptionen in der Literatur jedoch unter einem in zweierlei Hinsicht engeren Fokus als im

---

[1] Dieser Begriff geht auf *Myers* (1977), S. 147, zurück.

Abschnitt 4.2 diskutiert.[2] Zum einen liegt der Schwerpunkt der Betrachtung meist auf Realoptionen in Form von Handlungsspielräumen im Zusammenhang mit einer **gegebenen** Investitionsmöglichkeit. Zu denken ist etwa an die Möglichkeit des **Hinausschiebens** des Realisationszeitpunktes einer Realinvestition oder des **Abbruchs** eines bereits laufenden Projekts.[3] Es sollte unmittelbar einleuchten, daß solche Handlungsmöglichkeiten Investitionsprojekte ceteris paribus attraktiver erscheinen lassen und sich aus ihrer Vernachlässigung daher Fehlentscheidungen ergeben können. Insofern ist es von besonderem Interesse den Marktwert(-beitrag) derartiger Realoptionen im engeren Sinne zu bestimmen. Zum anderen steht oft die Frage im Vordergrund, wie Realoptionen durch unmittelbare Anwendung des Instrumentariums der **Optionspreistheorie** bewertet werden können. Im **Abschnitt 4.3** werden diese beiden Aspekte unter Fortführung des Zahlenbeispiels aus Abschnitt 4.2 veranschaulicht. Die Nutzung optionspreistheoretischer Methoden wird dabei in der Literatur häufig als wesentliche Neuerung gegenüber "klassischen" Ansätzen der Investitionstheorie charakterisiert. Was hiervon im allgemeinen zu halten ist, wird ebenfalls im Abschnitt 4.3 dargelegt. Die Ausführungen schließen mit der obligatorischen **Ergebniszusammenfassung** im Rahmen des **Abschnitts 4.4.**

---

[2] Vgl. etwa die Darstellungen von *Laux* (1993), *Kilka* (1995) und *Meise* (1998).

[3] Vgl. für eine umfassende Systematisierung von Typen von Realoptionen beispielsweise *Kilka* (1995), S. 80 ff., oder *Meise* (1998), S. 95 ff.

4.2 Investitionsprojekte als Realoptionen[4]

4.2.1 Die Ausgangssituation

Aus Gründen der Anschaulichkeit sollen die folgenden Diskussionen unmittelbar anhand eines **Zahlenbeispiels** geführt werden.

Beispiel 4.1:

Im folgenden werde von einer Luftfahrtgesellschaft ausgegangen, die im Rahmen einer Drei-Zeitpunkte-Betrachtung im Zeitpunkt t = 0 die Anschaffung eines (weiteren) Flugzeugs erwägt. Der Preis des Flugzeugs sei 680 GE. Für die Nachfrage in den Zeitpunkten t = 1 und t = 2 unterscheidet die Fluggesellschaft grob jeweils zwischen dem Eintritt hoher und niedriger Nachfrage. Die Wahrscheinlichkeit für **hohe Nachfrage** in t = 1 wird dabei auf 60 % geschätzt. Die Einzahlungen in diesem Zeitpunkt schätzt das Management der Unternehmung im Falle hoher Nachfrage auf 150 GE, im Falle **schlechter Nachfrage** hingegen nur auf 30 GE. Sofern sich im Zeitpunkt t = 1 eine günstige Nachfrageentwicklung ergab, wird dies auch mit 80%iger Wahrscheinlichkeit im Zeitpunkt t = 2 der Fall sein. Hohe Nachfrage in t = 2 führt in diesem Zusammenhang bei bereits hoher Nachfrage im Zeitpunkt t = 1 zu Einzahlungen in Höhe von 960 GE zum Zeitpunkt t = 2. Niedrige Nachfrage in t = 2 im Anschluß an hohe Nachfrage in t = 1 hat nur Einzahlungen in Höhe von 220 GE zum Zeitpunkt t = 2 zur Folge. Sofern schon im Zeitpunkt t = 1 eine ungünstige Nachfrageentwicklung vorlag, wird diese mit 60%iger Wahrscheinlichkeit auch noch im Zeitpunkt t = 2 vorherrschen und dort dann lediglich zu Einzahlungen von 140 GE führen. Sollte sich die Nachfrage des Zeitpunktes t = 2 jedoch als günstig erweisen, obwohl in t = 1 nur ein geringer Absatz erreicht werden konnte, dann wird mit Einzahlungen von 930 GE gerechnet. Alle gerade vorgestellten Werte des Zah-

---

[4] Das Zahlenbeispiel der Abschnitte 4.2 und 4.3 orientiert sich an *Breuer/Gürtler/Schuhmacher* (1999b), die ihrerseits eine Erweiterung und Korrektur von *Brealey/Myers* (1996), S. 593 ff., präsentieren. Bemerkenswerterweise findet sich dieses Zahlenbeispiel in *Brealey/Myers* (2000) nicht mehr.

lenbeispiels finden sich nochmals in *Abbildung 4.1* in einem **Zustandsbaum** zusammengefaßt. Überdies können hier die Bezeichnungen der in t = 1 und t =
2 möglichen Umweltzustände abgelesen werden. Generell charakterisiere $s_t^{(j)}$ den
j-ten Zustand im Zeitpunkt t.

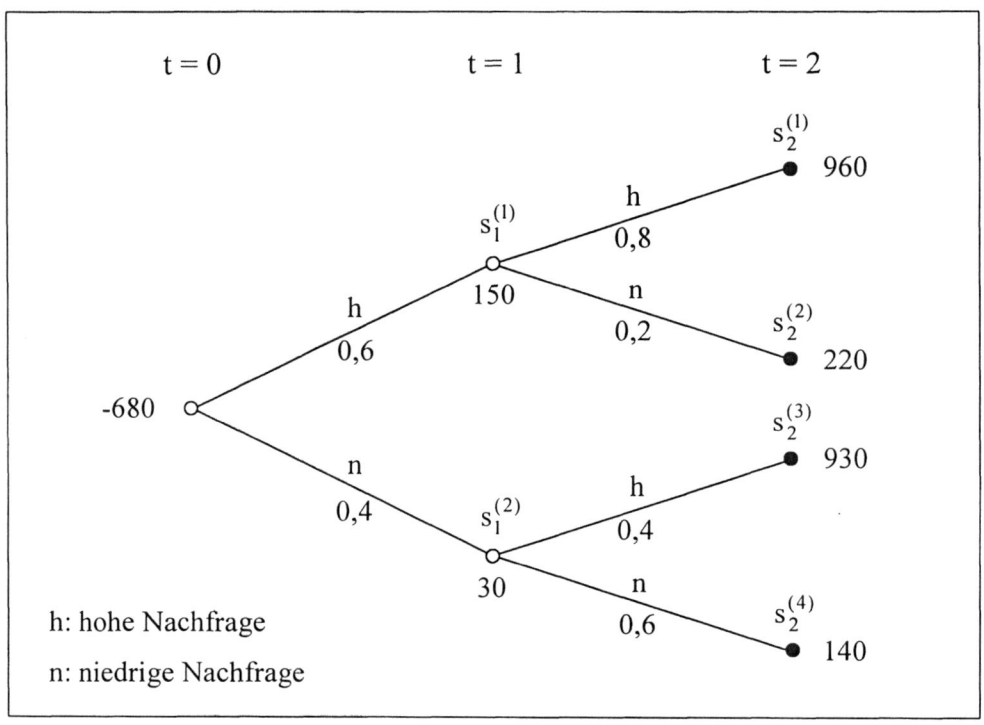

Abbildung 4.1: Zustandsbaum für das Ausgangsszenario

Es bestehe allgemeiner Zugang zu einem **vollkommenen Kapitalmarkt im
Gleichgewicht**, weswegen das Management der Fluggesellschaft gemäß der Darstellung aus Abschnitt 1 dieses Kapitels seine Entscheidungen anhand des Markt-
wertkriteriums treffen kann. Eine Investition wird demnach dann durchgeführt,
wenn damit keine Verringerung des **Nettomarktwertes** der Unternehmung einhergeht. Wie im Abschnitt 1 dieses Kapitels beschrieben wurde, ist das gerade
genannte Kriterium äquivalent dazu, daß der Nettomarktwert aller Zahlungskonsequenzen aus dem Investitionsprojekt nichtnegativ ist. Fraglich ist damit
lediglich noch, wie man den Nettomarktwert des Investitionsprojekts zum Zeit-

punkt t = 0 bestimmen kann. Gemäß den Überlegungen aus Abschnitt 2 dieses Kapitels ist diese Frage äquivalent zum Problem der Ermittlung geeigneter **Kalkulationszinsfüße** für die in t = 1 und t = 2 erwarteten Einzahlungen aus dem Investitionsprojekt. Diese Kalkulationszinsfüße beschreiben die im Rahmen der Marktwertermittlung relevanten **Kapitalkostensätze**. Genau auf dieses **Problem der Marktwertermittlung** für das besagte Investitionsprojekt wird im weiteren genauer einzugehen sein. □

4.2.2 Marktwertermittlung über Preise elementarer Wertpapiere

In der Tat ist die Bestimmung des Marktwertes eines beliebigen Zahlungsstroms dann problemlos möglich, wenn man die Preise von allen unterscheidbaren **elementaren Wertpapieren** kennt. Bereits im Abschnitt 1 dieses Kapitels IV wurde ausgeführt, daß ein elementares Wertpapier dadurch gekennzeichnet ist, daß es in **genau einem** künftigen Umweltzustand zu einer Einzahlung von 1 GE führt und in allen anderen Umweltzuständen mit keinerlei weiteren Zahlungskonsequenzen einhergeht. Im weiteren stehe (t;j) für das elementare Wertpapier, das im Zustand $s_t^{(j)}$ zu 1 GE Einzahlung führt. Mit $\xi_{\tau,t}^{(j)}$ sei der Preis zum Zeitpunkt $\tau <$ t des elementaren Wertpapiers (t;j) bezeichnet. Aus Sicht eines beliebigen Zeitpunktes gibt es stets so viele verschiedene elementare Wertpapiere wie künftige Umweltzustände.

Beispiel 4.2:

Gegeben seien die Annahmen des vorhergehenden Beispiels 4.1. Da von t = 0 aus insgesamt sechs künftige Umweltzustände existieren, können auch sechs verschiedene elementare Wertpapiere aus Sicht des Zeitpunktes t = 0 identifiziert werden. Aus Sicht des Zeitpunktes t = 1 lassen sich sowohl für $s_1^{(1)}$ als auch für $s_1^{(2)}$ jeweils zwei "Folge"-Umweltzustände zum Zeitpunkt t = 2 und dementsprechend auch jeweils zwei elementare Wertpapiere unterscheiden. Im erstgenannten Fall sind dies gemäß *Abbildung 4.1* die beiden Zustände $s_2^{(1)}$ und $s_2^{(2)}$, im letztgenannten Fall die Zustände $s_2^{(3)}$ und $s_2^{(4)}$. Ferner sollen in diesem Zusammenhang folgende Preise gelten:

$$\xi_{0,1}^{(1)} = 0,5021 \text{ GE}, \quad \xi_{0,1}^{(2)} = 0,4503 \text{ GE},$$

$$\xi_{1,2}^{(1)} = 0,7144 \text{ GE}, \quad \xi_{1,2}^{(2)} = 0,238 \text{ GE},$$

$$\xi_{1,2}^{(3)} = 0,356 \text{ GE}, \quad \xi_{1,2}^{(4)} = 0,5964 \text{ GE}.$$

(4.1)

Über (4.1) sind demnach unter anderem die Preise aller aus Sicht des Zeitpunktes $t = 1$ im Hinblick auf $t = 2$ noch zu unterscheidenden elementaren Wertpapiere gegeben. Des weiteren sind die Preise von elementaren Wertpapieren aus Sicht des Zeitpunktes $t = 0$ mit Einzahlungen in $t = 1$ ablesbar. Nicht unmittelbar ersichtlich sind aber damit insbesondere noch die Preise aus Sicht von $t = 0$ von elementaren Wertpapieren mit Einzahlungen in $t = 2$. In der Tat können aber bereits diese über das Gesetz des Einheitspreises aus den übrigen, über (4.1) gegebenen hergeleitet werden. Der Erwerb eines elementaren Wertpapiers des Typs (2;1) erfordert in $t = 1$ einen Betrag von 0,7144 GE. Diesen Betrag kann man sich in $t = 1$ dadurch verfügbar machen, daß man im Zeitpunkt $t = 0$ Mittel im Umfang von $0,5021 \cdot 0,7144 \approx 0,3587$ GE zum Erwerb von elementaren Wertpapieren des Typs (1;1) aufwendet. Insgesamt ist damit durch Einsatz von ca. 0,3587 GE in $t = 0$ ein Anspruch auf 1 GE im Zustand $s_2^{(1)}$ bei Zahlungskonsequenzen von 0 GE in $t = 1$ erwerbbar. Dieser Betrag von 0,3587 GE muß aufgrund von **Arbitragefreiheitsüberlegungen** daher (näherungsweise) mit $\xi_{0,2}^{(1)}$ übereinstimmen. In vollkommen analoger Weise lassen sich die übrigen drei noch fehlenden Preise elementarer Wertpapiere mit Einzahlungen in $t = 2$ aus Sicht von $t = 0$ determinieren. Zusammenfassend gelangt damit zu folgenden Resultaten:

$$\xi_{0,2}^{(1)} = 0,5021 \cdot 0,7144 \approx 0,3587 \text{ GE},$$

$$\xi_{0,2}^{(2)} = 0,5021 \cdot 0,238 \approx 0,1195 \text{ GE},$$

$$\xi_{0,2}^{(3)} = 0,4503 \cdot 0,356 \approx 0,160307 \text{ GE},$$

$$\xi_{0,2}^{(4)} = 0,4503 \cdot 0,5964 \approx 0,268559 \text{ GE}.$$

(4.2)

Mit Hilfe der Preise elementarer Wertpapiere aus (4.1) und (4.2) ist es nicht schwierig, das zur Disposition stehende Investitionsprojekt zu bewerten. Jeder Zahlungsstrom kann nämlich ohne weiteres als **Bündel elementarer Wertpapiere** interpretiert werden. Insbesondere ist das zu beurteilende Investitionsprojekt äquivalent zu einem Bündel von 150 elementaren Wertpapieren des Typs (1;1), 30 elementaren Wertpapieren des Typs (1;2), 960 elementaren Wertpapieren des Typs (2;1), 220 elementaren Wertpapieren des Typs (2;2), 930 elementaren Wertpapiere des Typs (2;3) und schließlich noch 140 elementaren Wertpapieren des Typs (2;4). Gemäß dem **Gesetz des Einheitspreises** muß der Bruttomarktwert des Investitionsprojekts im Gleichgewicht des vollkommenen Kapitalmarktes konsequenterweise mit dem Preis des gerade beschriebenen Bündels elementarer Wertpapiere übereinstimmen. Der Preis dieses Bündels wiederum läßt sich gemäß der Wertadditivitätseigenschaft der Marktbewertungsfunktion einfach als Summe der Marktwerte aller im Bündel enthaltenen elementaren Wertpapiere näherungsweise wie folgt berechnen:

$$0,5021 \cdot 150 + 0,4503 \cdot 30 + 0,3587 \cdot 960$$

$$+ 0,1195 \cdot 220 + 0,160307 \cdot 930 + 0,268559 \cdot 140 \qquad (4.3)$$

$$\approx 646,15 \text{ GE.}$$

Unter Berücksichtigung der im Rahmen der Projektdurchführung erforderlichen Anfangsauszahlung ergibt sich damit ein Nettomarktwert des Investitionsprojekts von etwa 646,15-680 = -33,85 GE. Die Durchführung des Investitionsprojekts ist demnach wegen des **negativen Nettomarktwertes** nicht lohnenswert. □

Mit Hilfe elementarer Wertpapiere lassen sich natürlich leicht auch beliebige andere Zahlungsströme bewerten.

Beispiel 4.3:
Gegeben seien die Annahmen der vorhergehenden Beispiele 4.1 und 4.2. Eine sichere Einzahlung von 1 GE zum Zeitpunkt t = 1 besteht aus einem elementaren Wertpapier des Typs (1;1) und einem des Typs (1;2). Der Preis dieses

Bündels beläuft sich auf 0,5021+0,4503 = 0,9524 GE. Dieser Mitteleinsatz des Zeitpunktes t = 0 ermöglicht also den Erwerb einer sicheren Einzahlung von 1 GE zum Zeitpunkt t = 1. Die dabei erzielbare Rendite ist (1-0,9524)/0,9524 = 4,9979 % ≈ 5 %. In entsprechender Weise prüft man, daß aus Sicht des Zeitpunktes t = 1 sowohl im Zustand $s_1^{(1)}$ als auch im Zustand $s_1^{(2)}$ bis t = 2 jeweils eine sichere Rendite von ebenfalls nahezu 5 % erzielbar ist: [1-(0,7144+0,238)]/ (0,7144+0,238) = [1-(0,356+0,5964)]/(0,356+0,5964) = 4,9979 % ≈ 5 %. Aus dem System der Preise elementarer Wertpapiere gemäß (4.1) lassen sich somit unmittelbar die Ein-Perioden-Renditen **sicherer** Anlagen berechnen. □

4.2.3 Kapitalkostenorientierte Ermittlung des Marktwerts der Realoption

In ähnlicher Weise kann man sich fragen, welche erwarteten Renditen über den Zahlungsstrom des Investitionsprojekts erwirtschaftet werden.

Beispiel 4.4:
Gegeben seien weiter die Annahmen der Beispiels 4.1 und 4.2. Aus Sicht des Zustands $s_1^{(1)}$ im Zeitpunkt t = 1 liefert das Projekt in t = 2 noch erwartete Einzahlungen von 0,8·960+0,2·220 = 812 GE, die in $s_1^{(1)}$ einem Marktwert von 0,7144·960+0,238·220 = 738,184 GE entsprechen, was einer Diskontierung des Erwartungswertes mit (812-738,184)/738,184 ≈ 9,9997 % ≈ 10 % entspricht. Genau diese erwartete Rendite von nahezu 10 % ist somit der im Zustand $s_1^{(1)}$ maßgebliche **Kapitalkostensatz** zur Bewertung der künftigen (Rest-) Einzahlungen aus dem Investitionsprojekt. Die Differenz zwischen Kapitalkostensatz von 10 % und sicherer Rendite von 5 % bezeichnet man als **Risikoprämie**. Eine positive Risikoprämie ist eine typische Implikation der **Risikoscheu** der Marktteilnehmer, wie im Rahmen des Abschnitts 6 dieses Kapitels noch ausführlich dargelegt wird. Man prüft leicht, daß auch aus Sicht des Zustands $s_1^{(2)}$ über die Projektresteinzahlungen noch eine erwartete Rendite von ca. 10 % erzielbar ist. Die erwarteten Einzahlungen betragen nämlich 0,4·930+0,6·140 = 456 GE bei einem zugehörigen Marktwert im Zustand $s_1^{(2)}$ von 0,356·930+0,5964·140 = 414,576 GE, woraus sich (456-414,576)/414,576 ≈ 9,9919 % ≈ 10 % ergibt.

Schließlich kann man auch noch untersuchen, mit welchem Kapitalkostensatz hinsichtlich des betrachteten Investitionsprojekts im Zeitraum von t = 0 bis t = 1 zu rechnen ist. Im Zeitpunkt t = 1 weist das Investitionsprojekt bei Eintritt des Zustands $s_1^{(2)}$ einen Gesamtwert von $150 + 738,184 = 888,184$ GE auf, im Zustand $s_2^{(2)}$ hingegen beträgt der Gesamtwert nur $30 + 414,576 = 444,576$ GE. Durch **Verkauf** des Investitionsprojekts in t = 1 kann der Unternehmer die genannten Projektmarktwerte ohne weiteres als Einzahlungen realisieren. Dies gilt unabhängig davon, ob der Projektverkauf vor oder aber erst nach Eingang der Einzahlungen aus der laufenden Geschäftstätigkeit von 150 bzw. 30 GE in t = 1 erfolgt. Im erstgenannten Fall kann der Verkaufserlös für den Unternehmer unmittelbar als 888,184 bzw. 444,576 GE quantifiziert werden. Zwar sind die Zuflüsse aus der Veräußerung des Investitionsprojekts in der letztgenannten Situation um 150 bzw. 30 GE geringer. Diese Beträge hat der Unternehmer aber dann ohnehin bereits unmittelbar zuvor vereinnahmt, so daß sich für ihn per saldo die gleiche Vermögensposition wie im ersten Fall ergibt.

Aus Sicht des Zeitpunktes t = 0 liefert das Investitionsprojekt in t = 1 demnach erwartete Einzahlungen von $0,6 \cdot 888,184 + 0,4 \cdot 444,576 = 710,7408$ GE, womit zum Zeitpunkt t = 0 ein Marktwert von[5] $0,5021 \cdot 888,184 + 0,4503 \cdot 444,576 \approx 646,15$ GE einhergeht. Die erwartete Rendite auf den (Brutto-) Marktwert des Investitionsprojekts von t = 0 bis t = 1 beträgt somit etwa $(710,7408 - 646,15)/646,15 \approx 9,9963\ \% \approx 10\ \%$. Alles in allem stellen sich die Preise elementarer Wertpapiere im Rahmen dieses Zahlenbeispiels demnach derart dar, daß die erwarteten Einzahlungen aus dem Investitionsprojekt generell mittels eines Kalkulationszinsfußes von (ungefähr) 10 % auf t = 0 bezogen werden können:[6]

---

[5] Natürlich stimmt dieser Wert mit dem überein, der bereits in (4.3) bestimmt wurde.

[6] Die kleine Diskrepanz im Vergleich zum Wertausweis von -33,85 GE im Gefolge von (4.3) ist allein eine Konsequenz von Rundungsdifferenzen. Rechnet man mit den im Text ebenfalls angegebenen, auf sechs Stellen genau berechneten Kapitalkostensätzen von 9,9997 %, 9,9919 % sowie 9,9963 %, dann erhält man bei einer (4.4) entsprechenden Rechnung wie in (4.3) einen Brut-

$V^{(1)}$

$$= -680 + \frac{0,6 \cdot \left(150 + \frac{0,8 \cdot 960 + 0,2 \cdot 220}{1,1}\right) + 0,4 \cdot \left(30 + \frac{0,4 \cdot 930 + 0,6 \cdot 140}{1,1}\right)}{1,1}$$

$$= -680 + \frac{0,6 \cdot 150 + 0,4 \cdot 30}{1,1} \tag{4.4}$$

$$+ \frac{0,6 \cdot (0,8 \cdot 960 + 0,2 \cdot 220) + 0,4 \cdot (0,4 \cdot 930 + 0,6 \cdot 140)}{1,1^2}$$

$$\approx -33,88 \text{ GE} < 0.$$

Unter "kapitalkostenorientierter" Marktwertermittlung soll im weiteren eine solche Bestimmung von Marktwerten verstanden werden, bei der wie im Kontext von (4.4) Erwartungswerte von künftigen Einzahlungen mit **risikoadjustierten** Kalkulationszinsfüßen, das heißt den jeweils maßgeblichen Kapitalkostensätzen, abgezinst werden. Freilich ist diese Begriffsfassung gerade im Lichte der Darstellung des Abschnitts 2 dieses Kapitels recht ungenau. Dieser Mangel an Genauigkeit wird aber durch die Prägnanz der Formulierung und der in diesem Abschnitt 4 gegebenen fehlenden Verwechslungsgefahr mit Methoden des Abschnitts 2 relativiert.

Das Ergebnis aus (4.4) zeigt jedenfalls, daß man bei passend angesetzten Kapitalkostensätzen im Rahmen der kapitalkostenorientierten Marktwertermittlung zu den **gleichen** Ergebnissen wie bei der zustandspreisorientierten Bewertungsmethodik des vorhergehenden Abschnitts 4.2.2 gelangt. In der Tat lassen sich aus der Vorgabe der Preise elementarer Wertpapiere unmittelbar die relevanten Kapi-

---

towert des Investitionsprojekts von ca. 646,15 GE und einen korrespondierenden Nettowert von ungefähr -33,85 GE. Zu beachten ist hierbei lediglich, daß der für den Zeitraum von t = 1 bis t = 2 anzusetzende Kapitalkostensatz **zustandsabhängig** zu variieren ist.

talkostensätze ermitteln. Umgekehrt ermöglicht die Kenntnis der genannten Kapitalkostensätze zusammen mit einer Vorgabe der Verzinsung für sichere Anlage und Verschuldung die Definition von sechs Gleichungen zur Ermittlung der aus (4.1) bereits bekannten Preise elementarer Wertpapiere:

$$\text{I. } \xi_{0,1}^{(1)}+\xi_{0,1}^{(2)} = \frac{1}{1,05}, \text{ II. } \xi_{1,2}^{(1)}+\xi_{1,2}^{(2)} = \frac{1}{1,05}, \text{ III. } \xi_{1,2}^{(3)}+\xi_{1,2}^{(4)} = \frac{1}{1,05},$$

$$\text{IV. } \xi_{1,2}^{(1)}\cdot 960+\xi_{1,2}^{(2)}\cdot 220 = \frac{0,8\cdot 960+0,4\cdot 220}{1,1},$$

$$\text{V. } \xi_{1,2}^{(3)}\cdot 930+\xi_{1,2}^{(4)}\cdot 140 = \frac{0,4\cdot 930 +0,6\cdot 140}{1,1}, \tag{4.5}$$

$$\text{VI. } \xi_{0,1}^{(1)}\cdot (150+\xi_{1,2}^{(1)}\cdot 960+\xi_{1,2}^{(2)}\cdot 220) +\xi_{0,1}^{(2)}\cdot (30+\xi_{1,2}^{(3)}\cdot 930+\xi_{1,2}^{(4)}\cdot 140)$$

$$= \frac{0,6\cdot 150+0,4\cdot 30}{1,1} + \frac{0,6\cdot (0,8\cdot 960+0,2\cdot 220)+0,4\cdot (0,4\cdot 930+0,6\cdot 140)}{1,1^2}.$$

Die ersten drei Gleichungen I. bis III. basieren auf dem Umstand, daß sich eine sichere einperiodige Anlage in einem beliebigen Zeitpunkt t = τ durch Erwerb von gleich vielen elementaren Wertpapieren für alle aus Sicht von t = τ in t = τ+1 möglichen Umweltzustände nachbilden läßt. Die Gleichungen IV. bis VI. bilden den Zusammenhang ab, daß für die betrachtete Investitionsmöglichkeit ein Ein-Perioden-Kapitalkostensatz von 10 % sowohl in t = 0 als auch in den beiden möglichen Umweltzuständen des Zeitpunktes t = 1 Gültigkeit besitzen soll.

Die Lösung dieses Gleichungssystems fällt aufgrund seiner speziellen Struktur nicht sehr schwer und führt natürlich (näherungsweise) zu den aus (4.1) bekannten Werten. Aus den Gleichungen II. und IV. kann man unmittelbar die Preise $\xi_{1,2}^{(1)}$ und $\xi_{1,2}^{(2)}$ bestimmen, aus III. und V. entsprechend $\xi_{1,2}^{(3)}$ und $\xi_{1,2}^{(4)}$. In Kenntnis dieser Teillösung wird durch I. und VI. nur noch ein lineares Gleichungssystem in den beiden Variablen $\xi_{0,1}^{(1)}$ und $\xi_{0,2}^{(1)}$ beschrieben, dessen Lösung ebenfalls keine Probleme mehr bereitet. □

Im folgenden Abschnitt 4.3 wird dargelegt, daß die kapitalkostenorientierte Marktwertermittlung freilich gewisse **Gefahren** birgt. Zuvor sollen die bisherigen Ergebnisse jedoch kritisch gewürdigt werden.

4.2.4 Diskussion

Die Bewertung der betrachteten Realoption ist hier gemäß den obigen Ausführungen also wenigstens auf zwei **äquivalente** Weisen möglich. Gleichwohl stellt sich natürlich die Frage, **woher** man in praktischen Anwendungen die Kenntnis der Preise elementarer Wertpapiere bzw. der maßgeblichen Kapitalkostensätze erlangt. In der Tat gibt es hier **zwei** Möglichkeiten. Zum einen kann man diese Größen aus den bekannten Preisen **anderer** Wertpapiere berechnen. Damit gelangt man natürlich sofort zu der Anschlußfrage, woraus die Kenntnis von deren Preisen resultiert. Denkbar wäre etwa, daß die entsprechenden Wertpapiere tatsächlich am Kapitalmarkt gehandelt werden, so daß die zugehörigen Marktwerte ohne weiteres beobachtbar sind. Das Problem reduziert sich damit auf die Beantwortung der Frage, welche Umweltzustände mit welchen vorausgeschätzten Einzahlungsüberschüssen aus Sicht der Kapitalmarktteilnehmer den beobachteten Marktpreisen der gehandelten Wertpapiere zugrundeliegen. Überdies benötigt man für die Bestimmung eines vollständigen Systems von Preisen elementarer Wertpapiere ebenso viele linear unabhängige Bewertungsgleichungen, wie Preise elementarer Wertpapiere berechnet werden sollen, wobei letztere Anzahl wiederum mit der Zahl möglicher Umweltzustände korrespondiert. Weil die Anzahl beobachtbarer Wertpapiere grundsätzlich endlich, die Anzahl möglicher Umweltzustände aber als unendlich aufzufassen ist, wird man nicht umhinkönnen, für praktische Anwendungen arbitrageorientierter Bewertung eine **Ad-hoc-Beschränkung** des betrachteten Zustandsraums vorzunehmen.[7,8] In dieser Weise läßt sich

---

[7] Ein weiterer Grund, warum Zustandsräume (und Alternativenmengen) in praktischen Entscheidungsrechnungen nur **vereinfacht** abgebildet werden können, besteht in der mit wachsender Zahl von Umweltzuständen und

auch die Sechs-Zustände-Betrachtung der Beispiele dieses Abschnitts interpretieren. Tatsächlich benötigt man dann - wie im Rahmen von (4.5) - auch nur sechs
am Kapitalmarkt gehandelte Finanzierungstitel, um die Preise aller existierenden
elementaren Wertpapiere zu ermitteln. Der Nachteil dieses Vorgehens dürfte vor
allem darin bestehen, daß unter dem Gesichtspunkt der Praktikabilität nur vergleichsweise **wenige** Umweltzustände explizit unterschieden werden können und
typischerweise je nach den ausgewählten "Referenz"-Wertpapieren aufgrund der
nur unzureichenden Abbildung tatsächlicher realer Verhältnisse überdies **unterschiedliche** Systeme der Preise elementarer Wertpapiere resultieren werden.
Offen ist dabei letztlich, welche vereinfachte Problemabbildung in der Tat als
zweckmäßig zu charakterisieren ist.[9]

Handlungsalternativen progressiv wachsenden **Komplexität** der Planung und
folglich der hiermit verbundenen Planungskosten.

[8] Es gibt noch eine **zweite** Möglichkeit, die Diskrepanz zwischen der Anzahl
existenter Finanzierungstitel und derjenigen möglicher Umweltzustände zu
überbrücken. Dazu kann man weiter an der Prämisse von wenigen, beispielsweise von nur zwei möglichen, unmittelbar in der einem beliebigen Zeitpunkt
t nachfolgenden Teilperiode eintretenden Umweltzuständen festhalten, muß
dafür aber die Anzahl betrachteter Teilperioden mit separatem **Sekundärmarkthandel** im Rahmen eines fest vorgegebenen Teilintervalls gegen unendlich gehen lassen. Im resultierenden "Grenz-"Modell ist es möglich, jeden beliebigen Zahlungsstrom durch eine **zeitkontinuierliche Handelsstrategie**
nachzubilden, auch wenn aus der Sicht jedes Betrachtungszeitpunktes jeweils
nur zwei Finanzierungstitel zur Replikation des betreffenden Zahlungsstroms
zur Verfügung stehen und jeweils unendlich viele künftige Umweltzustände
möglich sind. Als Referenz hierzu ist vor allem *Dixit/Pindyck* (1994) zu
nennen. Siehe überdies aber auch Fußnote 16 dieses Abschnitts. Im Kontext
des vorliegenden einführenden Lehrbuchs soll auf diesen Ansatz aufgrund
seiner rechentechnischen Komplexität nicht weiter eingegangen zu werden.
Daher mag es dahingestellt bleiben, ob ein solcher Problemzugang mit konti-
nuierlichen Handelsmöglichkeiten (und -"zwängen"!) in der Tat mit einem
Zuwachs an **Realitätsnähe** gegenüber der Darstellung des vorliegenden Abschnitts verbunden ist.

[9] Unter Beachtung des Problems aus Fußnote 7 spricht man hier auch von der
bis heute nicht befriedigend gelösten Schwierigkeit der Bestimmung des **opti-**

Will man sich aufgrund der genannten Schwierigkeiten nicht auf einen arbitrage-theoretischen Kontext stützen, besteht immer noch die Möglichkeit der expliziten Formulierung eines **kapitalmarkttheoretischen** Modells. Dies wiederum erfordert eine Spezifikation der **Zeit- und Risikopräferenzen** aller Marktteilnehmer sowie ihrer **monetären Ausstattungen**, ermöglicht auf dieser Grundlage aber generelle Schlüsse zur Marktbewertung von Zahlungsströmen **ohne** Rekurs auf Preisbeziehungen zwischen Wertpapieren. Insbesondere benötigt man unter Zugrundelegung eines ausformulierten Kapitalmarktmodells auch keine Kenntnis mehr der Preise elementarer Wertpapiere. Auf der Grundlage der für das Gleichgewicht gültigen **Marktbewertungsfunktion** kann der Marktwert jedes Zahlungsstroms **direkt** bestimmt werden. Wir werden auf dieses Vorgehen zum Ende dieses Abschnitts 4 und vor allem in den Folgeabschnitten nochmals zurückkommen.

Im weiteren Verlauf des vorliegenden Abschnitts soll lediglich der erstgenannte, arbitragetheoretisch orientierte Weg näher verdeutlicht werden. Tatsächlich wird dabei eine Situation betrachtet, die im Rahmen der Diskussion der Bewertung von Realoptionen als typischer als das gerade behandelte Entscheidungsproblem bezeichnet werden kann, obgleich sich die Grundproblematik allenfalls marginal unterscheidet.

4.3 Der Wert einer Abbruchmöglichkeit

4.3.1 Die zusätzlichen Annahmen

In Abwandlung der bisherigen Ausführungen sei nun eine **zusätzliche** Handlungsmöglichkeit eingeführt.

---

malen Komplexitätsgrades von Entscheidungsmodellen. Vgl. hierzu etwa *Breuer* (1995), S. 99 f. Im Rahmen eines Lehrbuchs zur Investitionsrechnung kann auf dieses ökonomische Grundlagenproblem nicht näher eingegangen werden.

Beispiel 4.5:

Gegeben seien die Annahmen der Beispiele 4.1 und 4.2 mit folgenden Modifikationen. Statt in t = 0 das Flugzeug zu kaufen, könne es bis t = 1 für 73,81 GE **geleast** werden.[10] Die durch das Leasing im Vergleich zum Kauf eingesparten Mittel in Höhe von 606,19 GE könne die Unternehmung für eine Periode zum Zinssatz i = 5 % für risikolose Anlage am Kapitalmarkt anlegen.

Schon aus Band I ist für den Fall bei Sicherheit bekannt, daß **Finanzinvestitionen** auf dem vollkommenen Kapitalmarkt im Gleichgewicht **marktwertneutral** sind. Dieses Ergebnis gilt auch noch bei Risiko und ist Ausdruck arbitragefreier Bewertung aller Zahlungsströme: Könnte man durch Finanzinvestitionen Reichtumsmehrungen in t = 0 erzielen, würde jeder Marktteilnehmer von dieser Möglichkeit in unbegrenztem Umfang Gebrauch machen wollen, so daß es nicht zur allgemeinen Markträumung käme. Die Marktwertneutralität von Finanzinvestitionen zeigt sich überdies im Umstand der **Irrelevanz** unternehmerischer Finanzierungsmaßnahmen für den Marktwert eines Unternehmens, wie sie im vorhergehenden Abschnitt dieses Kapitels dargelegt worden ist. Im Rahmen des vorliegenden Beispiels ergibt sich somit, daß es für den Gesamtmarktwert der betrachteten Investitionsmöglichkeiten unerheblich ist, ob die in t = 0 eingesparten Mittel von 606,19 GE am Kapitalmarkt sicher angelegt werden oder nicht. Aus didaktischen Gründen freilich bietet es sich an, von der Wahrnehmung dieser Anlageoption durch die Unternehmung auszugehen, wie sich gleich zeigen wird.

Im Zeitpunkt t = 1 könne die Gesellschaft jedenfalls entscheiden, ob sie das Flugzeug zu einem in t = 0 bereits fixierten Preis in Höhe von 606,19·1,05 ≈

---

[10] Der vereinbarte Leasingvertrag kann konkret als ein **Teilamortisationsvertrag mit Kaufoption** interpretiert werden. Die Leasingraten der Grundmietzeit von t = 0 bis t = 1 decken nicht die Anschaffungsauszahlungen des Leasinggebers. Ferner wird dem Leasingnehmer die Möglichkeit eingeräumt, das Leasinggut zu einem vorher vertraglich fixierten Preis bei Ablauf der Vertragslaufzeit zu erwerben. Vgl. zu solchen Begrifflichkeiten beispielsweise auch *Köhn* (1989), S. 20 f., 22 f.

636,5 GE[11] vom Leasinggeber endgültig übernimmt oder aber das Flugzeug zurückgibt. In *Abbildung 4.2* ist der **Entscheidungsbaum** der Unternehmung mit den relevanten (bedingt eintretenden) Zahlungsströmen für dieses zweite Szenario dargelegt.

Im Rahmen dieser modifizierten Entscheidungssituation erhält die Fluggesellschaft durch den Leasingvertrag demnach die Möglichkeit zum **Abbruch** des Investitionsprojekts in t = 1. In diesem Zusammenhang kann man auch von einer **Realoption im engeren Sinne** sprechen, da es hier um bestimmte wohldefinierte "Teil-"Handlungsmöglichkeiten im Rahmen eines Investitionsprojekts geht, und man kann sich fragen, was die Realoption separat für einen Wert besitzt.

Daß die betreffende Realoption als **Kaufoption** auf die Projekteinzahlungen des Zeitpunktes t = 2 verstanden werden kann, dürfte evident sein. Gemäß *Abbildung 4.2* kann man die Realoption aber auch so deuten, daß die Unternehmung in t = 1 einen Betrag von 636,5 GE erhält, wenn sie auf die Fortsetzung des Projekts verzichtet. Diese Möglichkeit, gewissermaßen gegen Abgeltung das Projekt zu beenden, entspricht formal einer **Verkaufsoption** auf das Flugzeug mit einem Ausübungskurs von 636,5 GE. Bei Gegenüberstellung mit der Durchführung des Projekts ohne Leasing ist in der Tat die Interpretation der zusätzlichen Handlungsmöglichkeit als Verkaufsoption die geeignetere. Im weiteren wird zur Vereinfachung in diesem Kontext jedoch zumeist schlicht von der "Realoption" die Rede sein, wenngleich auch die ursprüngliche Investitionsmöglichkeit ohne

---

[11] Daß der Preis genau dem Erlös in t = 1 aus der Anlage der in t = 0 eingesparten Mittel am Kapitalmarkt entspricht, dient lediglich zur besseren Veranschaulichung des **Optionscharakters** der Abbruchmöglichkeit. Bei unbedingtem Erwerb des Flugzeugs in t = 1 erhält man somit nämlich exakt die gleichen Zahlungskonsequenzen wie im Fall des Flugzeugerwerbs in t = 0 aus Abschnitt 4.2. Weiter unten wird eine Variation der Leasinggebühr des Zeitpunktes t = 0 zugelassen. Als Konsequenz hieraus stimmt der Erlös aus der ermöglichten Mittelanlage dann nicht mehr mit dem Kaufpreis des gebrauchten Flugzeugs überein.

Leasingvertrag für sich genommen bereits eine Realoption, genauer: eine Kauf-option auf die künftigen Projekteinzahlungen mit Ausübungspreis in t = 0 von 680 GE, darstellt.

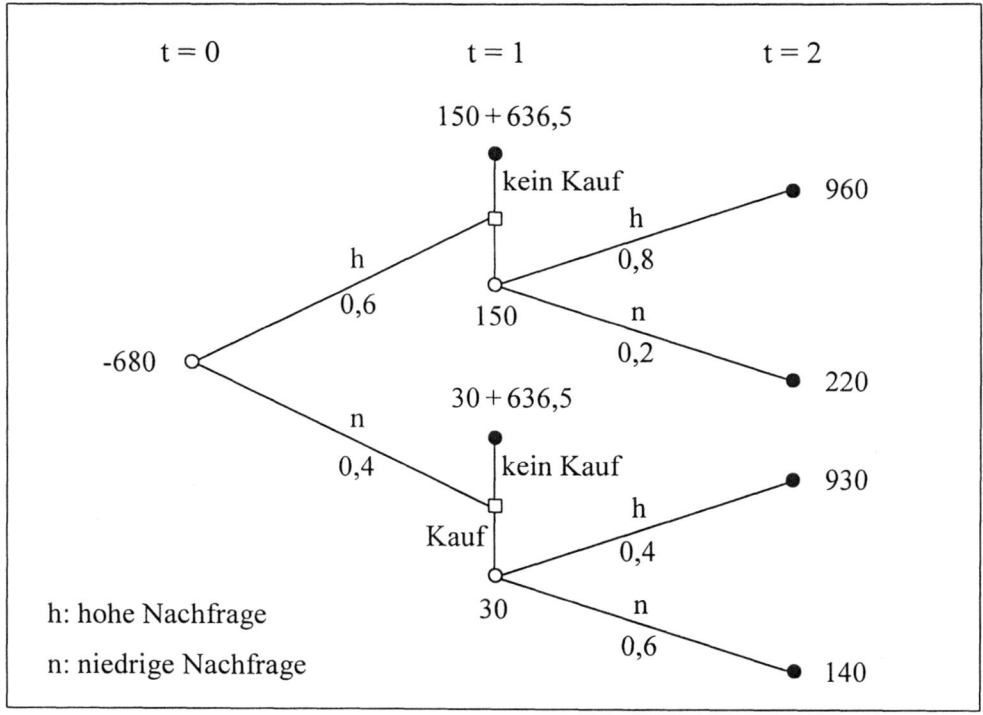

Abbildung 4.2: Entscheidungsbaum bei zusätzlicher Realoption in Form eines Leasingvertrags

In jedem Fall bedeutet die im Rahmen dieses Abschnitts 4.3 im Vordergrund ste-hende Realoption für die Fluggesellschaft einen **Flexibilitätsgewinn**, der durch-aus dazu führen kann, daß sich die Realisation des Investitionsprojekts, also die Anschaffung des Flugzeugs in t = 0 (mittels Leasing), doch noch lohnt. Die ent-scheidende Frage ist folglich, wie der **Marktwert der Realoption** einzuschätzen ist. Dazu sei in Abgrenzung zu Abschnitt 4.2 angenommen, daß neben dem zu-standsunabhängig von t = 0 bis t = 1 und von t = 1 bis t = 2 gegebenen Zins-satz von 5 % für sichere Anlage/Verschuldung auch der Ein-Perioden-Kapitalko-stensatz von 10 % zustandsunabhängig für die Bewertung der erwarteten Zah-

lungskonsequenzen aus dem Investitionsprojekt (ohne Realoption) von t = 0 bis
t = 1 und von t = 1 bis t = 2 vorgegeben ist.

Vor diesem Hintergrund muß man sich in einem ersten Schritt zunächst fragen,
wann von der Verkaufsoption überhaupt Gebrauch gemacht wird. Nach Beantwortung dieser Frage sind die zusätzlichen **Zahlungskonsequenzen** aus der Realoption determiniert. Mit deren Hilfe kann das monetäre Äquivalent der Abbruchmöglichkeit zum einen **direkt** durch Bewertung der zugehörigen Einzahlungen
bestimmt werden. Zum anderen kann man statt dessen auch das **gesamte** Investitionsprojekt mit Realoption aus Sicht von t = 0 einer Neubewertung unterziehen
und aus der ermittelten Wertdifferenz zur Situation ohne Realoption ebenfalls auf
den Marktwert der Realoption schließen. **Beide** Wege werden im folgenden verdeutlicht. □

Das gerade skizzierte Entscheidungsproblem verfügt dabei über einen **sequentiellen** Charakter, weil neben der Entscheidung über die Projektdurchführung in
t = 0 eine weitere, nachgelagerte Entscheidung im Zeitpunkt t = 1 über die
Ausübung einer Verkaufsoption zu treffen ist. Daß sequentielle Entscheidungsprobleme im Wege der **Rückwärtsinduktion** zu lösen sind, wurde bereits im
Band I bei der Diskussion von Nutzungsdauerentscheidungen für sichere Erwartungen dargelegt.[12] Nichts anderes gilt grundsätzlich für Entscheidungen bei
Risiko. Aus diesem Grunde beginnt die Analyse auch hier mit dem letzten Entscheidungszeitpunkt, denn erst in Kenntnis des künftigen (Optimal-) Verhaltens
lassen sich die Konsequenzen heutiger Entscheidungen und damit auch deren Optimum bestimmen.[13]

---

[12] Dort wurde auch erwähnt, daß man in investitionstheoretischen Lehrbüchern
häufig vom **Roll-back-Verfahren** statt von Rückwärtsinduktion spricht.

[13] Zu einer tieferen Auseinandersetzung mit der Lösung sequentieller Entscheidungsprobleme bei Risiko im Wege der Rückwärtsinduktion siehe auch die
Übungsaufgabe 3.2 in *Breuer* (2000b), S. 287 f., sowie die zugehörige Lösung in *Breuer* (1999), S. 102 ff. Vgl. ferner *Breuer* (1998d) und *Breuer*
(2000b), S. 270 f.

Ein wesentlicher Unterschied zwischen Entscheidungen bei Risiko und solchen bei Sicherheit besteht freilich darin, daß sich bei Risiko künftige optimale Verhaltensweisen je nach eintretendem Umweltzustand unterschiedlich darstellen können. Sequentielle Entscheidungen bei Risiko führen dementsprechend zu (auf künftige Entwicklungen) **bedingten Handlungsempfehlungen**, während Entscheidungen bei Sicherheit aufgrund der Einwertigkeit künftiger Entwicklungen als "**unbedingt**" interpretiert werden können.

Im Zusammenhang mit sequentiellen Entscheidungen bei Risiko spricht man auch von Problemen **flexibler Planung**, weil im Wege der Rückwärtsinduktion bedingt optimale Verhaltensweisen für alle grundsätzlich in Betracht gezogenen künftigen Umweltentwicklungen hergeleitet werden müssen. Sequentielle Entscheidungen bei Sicherheit sind Gegenstand **starrer**, das heißt unbedingter, Planung.[14] Während also die Erörterung **optimaler Nutzungsdauern** von Investitionsprojekten in Band I als Problem starrer Planung verstanden werden kann, beschreibt das hier zur Diskussion der Marktwertermittlung für betriebliche Realoptionen betrachtete Szenario eine Situation flexibler Planung. Auf welche Weise dabei im Rahmen der flexiblen Planung **Marktwertberechnungen** durch-

---

[14] Freilich könnte man anführen, daß bei **Sicherheit** zwischen starrer (unbedingter) und flexibler (bedingter) Planung de facto kein Unterschied besteht, da in jedem Zeitpunkt ohnehin nur ein Umweltzustand eintreten kann. Gleichwohl wirkt es sprachlich sinnvoll, Planung bei Sicherheit generell als **starr** zu titulieren. In der Tat wird in der Literatur der Begriff der starren Planung aber vornehmlich auf Situationen bei **Risiko** bezogen, in denen lediglich **unbedingte** Pläne für künftiges Verhalten aufgestellt werden. Solche Details brauchen hier aber nicht vertieft zu werden. Vgl. zur genaueren Charakterisierung starrer und flexibler Planung beispielsweise *Kruschwitz* (1998), S. 272 ff., sowie *Franke/Hax* (1999), S. 270 ff. Grundlegend zur flexiblen Planung ist die Arbeit von *Hart* (1940). Frühe deutschsprachige Beiträge stammen von *Wittmann* (1959) sowie *Laux* (1971). Historisch interessant ist insbesondere die Kontroverse zwischen *H. Hax* und *H. Laux* einer- sowie *D. Schneider* andererseits zu Inhalt und Sinnhaftigkeit flexibler Planung. Vgl. *Hax/Laux* (1972a, 1972b) und *Schneider* (1971, 1972), wobei sich insbesondere *Hax/Laux* (1972a) auch aus heutiger Sicht noch als lesenswert erweist.

geführt werden können, ist im folgenden genauer zu belegen.[15]

4.3.2 Die Zahlungskonsequenzen aus der Abbruchmöglichkeit

Wie zum Ende des vorhergehenden Abschnitts 4.3.1 ausgeführt, ist im Rahmen des Zahlenbeispiels zunächst nach dem unternehmerischen Optimalverhalten in $t = 1$ hinsichtlich der **Optionsausübung** zu fragen.

Beispiel 4.6:
Gegeben seien die Annahmen des Beispiels 4.5. Da in $t = 1$ zur Diskontierung der erwarteten Einzahlungen aus der **ursprünglichen** Investitionsmöglichkeit ohne Abbruchoption zustandsunabhängig ein Ein-Perioden-Kapitalkostensatz von 10 % als gültig vorausgesetzt worden ist, läßt sich der Marktwert der noch ausstehenden Einzahlungen aus dem Investitionsprojekt aus Sicht des Zeitpunktes $t = 1$ unter Voraussetzung hoher Nachfrage in $t = 1$ berechnen als $(0,8 \cdot 960 + 0,2 \cdot 220)/1,1 \approx 738,182$ GE. Dieser Wert liegt mithin über dem Kaufpreis von 636,5 GE für das Flugzeug. Die Fluggesellschaft wird demnach bei **günstiger** Nachfragesituation in $t = 1$ vom Leasinggeber das Flugzeug erwerben. Im Falle **niedriger** Nachfrage zum Zeitpunkt $t = 1$ hingegen beläuft sich der Marktwert der noch ausstehenden Einzahlungen bloß auf $(0,4 \cdot 930 + 0,6 \cdot 140)/1,1 \approx 414,545$ GE, so daß sich der Kauf des Flugzeugs nun nicht lohnt. Die in $t = 1$ **bedingt optimalen** Verhaltensweisen des Unternehmens liegen damit fest. □

---

[15] "Flexible Planung" ist im weiteren also als **Oberbegriff** des gesamten Vorgehens zu verstehen und stellt keinen Gegensatz zu "optionspreistheoretischer Marktwertbestimmung" dar, wie es in der Literatur oft anklingt. Vgl. etwa *Laux* (1993), S. 936 f. Siehe auch *Trigeorgis/Mason* (1987), S. 18 f., sowie *Crasselt/Tomaszewski* (1999), S. 558 f.

4.3.3 Marktwertermittlung über Preise elementarer Wertpapiere

In Kenntnis des unternehmerischen Optimalverhaltens in t = 1 können der Pro-
jektmarktwert bei Leasing in t = 0 und damit auch die **Projektvorteilhaftigkeit**
unmittelbar durch Rückgriff auf die Preise elementarer Wertpapiere und das
Gesetz des Einheitspreises bestimmt werden.

Beispiel 4.7:
Gegeben seien die Annahmen des Beispiels 4.5. Schon aus Abschnitt 4.2 ist bekannt, daß infolge der vorausgesetzten Marktbewertung für die ursprüngliche
Investitionsmöglichkeit ohne Abbruchoption **sämtliche** Preise elementarer Wertpapiere wegen des Gesetzes des Einheitspreises über das Gleichungssystem aus
(4.5) festliegen und sich konkret näherungsweise gemäß (4.1) und (4.2) bestimmen. Im weiteren werden zur Wahrung der Transparenz **alle** Berechnungen dieses Abschnitts 4.3.3 mit Hilfe dieser Preise elementarer Wertpapiere durchgeführt, auch wenn zum Teil genauere Kalkulationen über die vorgegebenen Kapitalkostensätze möglich wären. Beachtet man, daß die Luftfahrtgesellschaft nur
bei hoher Nachfrage in t = 1 das Flugzeug endgültig erwerben wird, so ergibt
sich damit als Schätzung für den **Nettomarktwert** des Investitionsprojekts unter
Einschluß der Realoption:

$$V^{(2)} \approx -680 + 0{,}5021 \cdot (150 + 0{,}7144 \cdot 960 + 0{,}238 \cdot 220)$$
$$+ 0{,}4503 \cdot (30 + 636{,}5) \tag{4.6}$$
$$\approx 66{,}08 \text{ GE.}$$

Der Marktwert des Investitionsprojekts ist nun **positiv** und um $V^{(P)} \equiv V^{(2)}\text{-}V^{(1)}$
$\approx 66{,}08\text{-}(-33{,}88) = 99{,}96$ GE gestiegen. Da diese Marktwertdifferenz auf die
durch den Leasingvertrag erlangte Verkaufsoption (englisch "Put") zurückzu-
führen ist, ist genau das der Schätzwert für den Marktwert dieser Realoption.
Als Ergebnis erhält man damit zunächst einmal, daß das Investitionsprojekt im
Falle der Möglichkeit des Leasing von Vorteil ist. Dies verdeutlicht beispielhaft,
daß die **Vernachlässigung** von künftigen Handlungsmöglichkeiten, hier also etwa

der Möglichkeit des Projektabbruchs durch Nichtausübung der Kaufoption im Rahmen des Leasingvertrags, (natürlich) zu **Fehlbeurteilungen** von Investitionsprojekten führen mag. Tatsächlich kann aus $V^{(P)} \approx 99,96$ GE sogar noch ein **weitergehender Schluß** gezogen werden: Die Vorteilhaftigkeit der Flugzeuganschaffung mittels Leasing bliebe auch dann noch erhalten, wenn die Leasinggebühr statt 73,81 GE einen Wert bis zu etwa $73,81 + 99,96 = 173,77$ GE annähme, weil sich die durch das Projekt erreichbare Marktwertsteigerung genau in dem Maße reduziert, wie die Leasinggebühr steigt.

Statt den Marktwert der Realoption indirekt über (4.6) und die Gegenüberstellung von $V^{(2)}$ mit $V^{(1)}$ zu bestimmen, kann man mit den Preisen elementarer Wertpapiere natürlich auch **direkt** den Marktwert der in Rede stehenden Realoption ermitteln. Die Realoption führt im Zustand $s_1^{(1)}$ zu einem Wertzuwachs von 0 GE gegenüber dem Investitionsprojekt ohne Leasing, und im Zustand $s_1^{(2)}$ beträgt der Wertzuwachs ungefähr $636,5 - (0,356 \cdot 930 + 0,5964 \cdot 140) = 221,924$ GE, da die Ausübung der Verkaufsoption einen Zufluß von 636,5 GE bei Verzicht auf künftige Einzahlungen mit einem Marktwert in $t = 1$ von etwa $0,356 \cdot 930 + 0,5964 \cdot 140$ GE impliziert. Aus Sicht von $t = 0$ ist mit den Einzahlungen des Zeitpunktes $t = 1$ aus der Option ein Marktwert von ca. $0,4503 \cdot 221,924 \approx 99,93$ GE verbunden. Bis auf Rundungsdiskrepanzen entspricht dieser direkt ermittelte Wert dem zuvor auf indirekte Weise bestimmten.   □

Das gerade präsentierte Zahlenbeispiel belegt die Stärke arbitragetheoretischer Ansätze. Sofern man annimmt, daß der Unternehmer zur Schätzung der maßgeblichen Kapitalkostensätze für die Beurteilung des Investitionsprojekts ohne Leasing in der Lage ist, impliziert dies sofort, daß auch mit Leasing das Investitionsprojekt ohne Probleme bewertet werden kann. Die Ursache liegt in dem bereits durch die Bewertung des "einfachen" Projekts **vollständig** determinierten System von Preisen elementarer Wertpapiere.

Bemerkenswerterweise werden diese Zusammenhänge in der Literatur häufig allenfalls am Rande diskutiert. Typischerweise werden Realoptionen dabei nämlich nicht dadurch bewertet, daß man wie in den beiden gerade dargelegten Berechnungsvarianten unmittelbar auf die Nutzung der Preise elementarer Wertpapiere zurückgreift. Statt dessen findet das herkömmliche Instrumentarium der **Optionspreistheorie** Verwendung. Für einen zeit- und zustandsdiskreten Kontext wie den vorliegenden bedeutet dies, daß man in aller Regel auf den sogenannten **Binomialansatz** von *Cox/Ross/Rubinstein* (1979) abstellt.[16] **"Zeitdiskret"** bedeutet hierbei, daß man (in der Regel[17]) nur endlich viele Entscheidungszeitpunkte explizit betrachtet. Entsprechend heißt **"zustandsdiskret"**, daß es normalerweise[18] nur endlich viele Zustände je Zeitpunkt gibt. Beschränkt man sich von einem beliebigen Zustand eines beliebigen Zeitpunkts t aus auf die Betrachtung von lediglich jeweils **zwei** möglichen künftigen Umweltentwicklungen zu dem unmittelbar folgenden Zeitpunkt t+1, dann spricht man vom bereits erwähnten Binomialansatz.

Zeitstetige Modelle lassen Entscheidungen zu beliebigen Zeitpunkten während eines ganzen Zeitintervalls zu, so daß es unendlich[19] viele Entscheidungszeitpunkte gibt. **Zustandsstetigkeit** bedeutet, daß in einem Zeitpunkt unendlich viele

---

[16] Eine Darstellung dieses Ansatzes findet sich in zahlreichen Quellen. Vgl. etwa *Kruschwitz/Schöbel* (1984a, 1984b), *Cox/Rubinstein* (1985), S. 164 ff., oder auch *Meise* (1998), S. 64 ff. Ein **Grenzübergang** der in Fußnote 8 angedeuteten Art führt übrigens vom Binomialmodell zu dem bahnbrechenden (zeit- und zustandsstetigen) optionspreistheoretischen Ansatz von *Black/Scholes* (1973).

[17] Genaugenommen können auch zeitdiskrete Modelle unendlich viele Entscheidungszeitpunkte umfassen, aber sie sind dann ebenso **"abzählbar"**, wie die Menge der natürlichen Zahlen abzählbar ist.

[18] Hier gilt das gleiche wie für den Begriff "zeitdiskret".

[19] In der Tat sind es nicht nur unendlich viele, sondern **"überabzählbar"** viele, das heißt, man kann die Entscheidungszeitpunkte nicht mehr sinnvoll abzählen wie im zeitdiskreten Fall. Vgl. zu dieser Begriffsabgrenzung auch etwa *Endl/Luh* (1989), S. 76 f.

verschiedene Zustände eintreten können.[20]

Die unmittelbar optionspreistheoretisch orientierte Lösung von Bewertungsproblemen ist Gegenstand des nachfolgenden Abschnitts.

4.3.4 Optionspreistheoretische Ermittlung des Marktwerts der Realoption

Bei der optionspreistheoretisch fundierten Vorgehensweise zur Schätzung des Marktwerts der Realoption versucht man, den mit einer Realoption verbundenen Zahlungsstrom durch eine Kombination von sicherer Anlage/Verschuldung und (Teilen) des Projektzahlungsstroms (ohne zu bewertende Realoption) **nachzubilden** und anschließend das Gesetz des Einheitspreises zu nutzen.

Beispiel 4.8:
Gegeben seien die Annahmen des Beispiels 4.5. Es soll nun über **geeignete Portefeuillekonstruktion** aus dem Bruttomarktwert des Projekts von ca. 680-33,88 = 646,12 GE ohne Realoption auf der Grundlage von (4.4) und dem Marktwert einer sicheren Anlage der Marktwert der Realoption hergeleitet werden.

Schon im Abschnitt 4.3.2 wurde ganz generell und insbesondere ohne Nutzung der Preise elementarer Wertpapiere ermittelt, daß die Realoption im Zustand $s_1^{(1)}$ zu zusätzlichen Einzahlungen von 0 GE und im Zustand $s_1^{(2)}$ zu zusätzlichen Einzahlungen von 636,5-(0,4·930+0,6·140)/1,1 $\approx$ 221,955 GE führt. Das Investitionsprojekt ohne diese zusätzliche Verkaufsoption hingegen kann im Zustand $s_1^{(1)}$ Einzahlungen von 150+(0,8·960+0,2·220)/1,1 $\approx$ 888,182 GE und im Zustand $s_1^{(2)}$ von 30+(0,4·930+0,6·140)/1,1 $\approx$ 444,545 GE liefern. Auf die Berechnung von Marktwerten mittels der Preise elementarer Wertpapiere wird hierbei ganz bewußt verzichtet, weil es gerade um die Präsentation eines alternativen Bewertungskalküls geht.

---

[20] Siehe zur Begrifflichkeit erneut die vorhergehende Fußnote.

Es ist nun derjenige **Anteil** α am ursprünglichen Investitionsprojekt und derjenige sichere **Anlagebetrag A** im Zeitraum t = 0 bis t = 1 zu bestimmen, so daß sich aus dem Gesamtportefeuille die gleichen Zahlungskonsequenzen wie aus der Realoption ergeben. Die beiden maßgeblichen Bestimmungsgleichungen für α und A lauten somit:

I. $1,05 \cdot A + \alpha \cdot 888,182 = 0$

II. $1,05 \cdot A + \alpha \cdot 444,545 = 221,955.$

(4.7)

Differenzbildung I.-II. führt zu

$$443,637 \cdot \alpha = -221,955 \leftrightarrow \alpha = -\frac{221,955}{443,637} \approx -50,0308 \ \%. \qquad (4.8)$$

Einsetzen des (exakten) Ergebnisses von (4.8) in I. aus (4.7) wiederum ergibt A $\approx 423,2041$ GE. Damit nun kann mittels des Gesetzes des Einheitspreises auch der Marktwert der Realoption aus Sicht von t = 0 bestimmt werden. Dieser stimmt mit dem Marktwert des gerade ermittelten **Reproduktionsportefeuilles** überein und beläuft sich folglich auf ungefähr $423,2041 - 0,500308 \cdot 646,12 \approx 99,95$ GE. Natürlich stimmt dieser Wert mit dem bereits über Nutzung der Preise für elementare Wertpapiere berechneten (annähernd) überein.[21] □

4.3.5 Kapitalkostenorientierte Ermittlung des Marktwerts der Realoption

Bevor die optionspreistheoretisch orientierte Vorgehensweise über einen Vergleich mit dem Ansatz aus Abschnitt 4.3.3 gewürdigt wird, soll geprüft werden, inwiefern eine **kapitalkostenorientierte** Bewertung der Abbruchmöglichkeit in Frage kommt.

---

[21] Der Vollständigkeit sei erwähnt, daß man selbstverständlich zunächst auch das **Gesamtprojekt** unter Einschluß der Realoption optionspreistheoretisch bewerten und über die Wertdifferenz zur Situation ohne Realoption den Marktwert der letzteren bestimmen könnte. Aus Platzgründen sei auf die Präsentation dieses äquivalenten Vorgehens verzichtet.

Beispiel 4.9:

Gegeben seien weiterhin die Annahmen des Beispiels 4.5. Vor allem wird damit wieder unterstellt, daß für den Fall ohne die zu bewertende Realoption der Zinssatz von 5 % für einperiodige sichere Anlage/Verschuldung sowie der einperiodige Kapitalkostensatz von 10 % für die Diskontierung der erwarteten Projekteinzahlungen vorgegeben ist. Man könnte nun auf den Gedanken verfallen, den Marktwert des Investitionsprojekts unter Einschluß der Realoption einfach dadurch zu bestimmen, daß alle erwarteten Einzahlungen **weiterhin** mit 10 % diskontiert werden. Äquivalent hierzu ist die Bestimmung des Optionswertes dadurch, daß man die mit der zu beurteilenden Realoption verbundenen erwarteten Einzahlungen direkt mit 10 % diskontiert. Auf diese Weise erhält man nämlich folgende Schätzwerte $V^{(2)+}$ und $V^{(P)+}$ für den Nettomarktwert des Projekts unter Einschluß der Realoption und für den Nettomarktwert der Realoption selbst:

$$V^{(2)+} = -680 + \frac{0,6 \cdot 150 + 0,4 \cdot (30 + 636,5)}{1,1}$$

$$+ \frac{0,6 \cdot (0,8 \cdot 960 + 0,2 \cdot 220)}{1,1^2} \qquad (4.9)$$

$$\approx 46,83 \text{ GE,}$$

$$V^{(P)+} \approx \frac{0,4 \cdot 221,955}{1,1} \approx 80,71 \text{ GE.}$$

Das in (4.9) angegebene Ergebnis für $V^{(P)+}$ stimmt annähernd mit der sich durch Differenzbildung $V^{(2)+} - V^{(1)}$ ergebenden Schätzung für den Marktwert der Differenzinvestition überein. Augenscheinlich weicht der hiermit bestimmte Optionswert aber von dem aus den Abschnitten 4.3.3 und 4.3.4 ab, der auf der Grundlage von Arbitragefreiheitsüberlegungen und damit in Konsistenz zum Vorliegen eines allgemeinen Kapitalmarktgleichgewichts bereits bestimmt wurden. In der Tat liegt im Rahmen von (4.9) ein **Denkfehler** vor. Aus der Tatsache, daß für das ursprüngliche Projekt ein Ein-Perioden-Kapitalkostensatz von ungefähr 10 % anzuwenden war, kann man keinesfalls schließen, daß dies auch für das Projekt inclusive der Realoption gelten muß. Unterschiedliche **Risikoeigenschaften** bedingen vielmehr, daß auch mit unterschiedlichen Kapitalkostensätzen zu rechnen ist.[22] Die anzusetzenden Kapitalkostensätze variieren folglich mit der **Struktur** der zu bewertenden Zahlungen. Konkret sind die jeweils maßgeblichen Kapitalkostensätze derart zu wählen, daß sich über ihre Nutzung die **gleichen** Marktwerte von Zahlungsströmen wie bei Ansatz der Preise elementarer Wertpapiere ergeben. So muß der Kapitalkostensatz r zur Diskontierung der erwarteten Einzahlungen aus der Realoption der folgenden Bestimmungsgleichung genügen:

$$\frac{0{,}4 \cdot 221{,}955}{1+r} \overset{!}{=} 0{,}4503 \cdot 221{,}955$$

$$\Leftrightarrow r = \frac{0{,}4}{0{,}4503} - 1 \approx -11{,}1703~\%.$$

(4.10)

Man erhält das recht überraschende Ergebnis, daß die erwarteten Einzahlungen aus der Realoption mit einem **negativen** Kapitalkostensatz zu diskontieren sind. Auf den ersten Blick scheint es sich hierbei um ein sehr ungewöhnliches Resultat zu handeln. Freilich stimmt dies nur begrenzt. Es läßt sich nämlich wenigstens zeigen, daß Kapitalkostensätze **unterhalb** des Zinssatzes für risikolose Mittelanlage/-aufnahme im Gleichgewicht des vollkommenen Kapitalmarktes **immer** auftreten müssen.[23] Daß der hier bestimmte Kapitalkostensatz sogar kleiner als 0 % ist, ist zwar in gewisser Weise immer noch bemerkenswert, aber inhaltlich im Rahmen kapitalmarkttheoretischer Betrachtungen ohne weiteres denkbar. Hierauf wird im Abschnitt 6 bei der Diskussion des **Capital Asset Pricing Model** nochmals zurückzukommen sein. Die in (4.10) präsentierte Methodik kann auch genutzt werden, um die **adäquaten** Kapitalkostensätze für das Gesamtprojekt unter Einschluß der Verkaufsoption zu bestimmen. Wie schon im Abschnitt 4.3.2 angedeutet, sind die erwarteten Einzahlungen des Zeitpunktes t = 2 aus Sicht des

---

[22] Vgl. hierzu auch etwa *Trigeorgis/Mason* (1987), S. 19, *Trigeorgis* (2000), S. 4 f.

[23] Vgl. die Herleitung im **Anhang** zu diesem Abschnitt.

Zustands $s_1^{(1)}$ wegen der gleichartigen Situation wie beim Projekt ohne Verkaufsoption weiterhin mit 10 % auf t = 1 abzuzinsen. Damit liegen aus Sicht des
Zeitpunktes t = 0 zum Zeitpunkt t = 1 insgesamt erwartete Einzahlungen von

$$0,6 \cdot \left[150 + \frac{(0,8 \cdot 960 + 0,2 \cdot 220)}{1,1} \right] + 0,4 \cdot (30 + 636,5) \approx 799,5091 \ GE \qquad (4.11)$$

vor. Diese müssen mit einem Kapitalkostensatz von ungefähr (799,5091/746,08)-
1 ≈ 7,1613 % von t = 1 auf t = 0 abgezinst werden, um auf den korrekten
Bruttomarktwert von etwa 746,08 GE des Investitionsprojekts unter Einschluß
der Verkaufsoption zu gelangen. Wie bereits bekannt, wäre ein Ein-Perioden-
Kapitalkostensatz von 10 % auch für den Zeitraum von t = 0 bis t = 1 im Zusammenhang mit den erwarteten Einzahlungsüberschüssen der Unternehmung unter Beachtung der Verkaufsoption folglich **zu hoch** bemessen. □

4.3.6 Beurteilung der verschiedenen Ansätze

Augenscheinlich ist der optionspreistheoretisch orientierte Ansatz zur Ermittlung
des Marktwertes der Realoption deutlich **weniger grundlegend angelegt** als die
direkte Wertermittlung über die Nutzung der Preise elementarer Wertpapiere, da
nach der (einmaligen) Ermittlung von letzteren **jeder beliebige** Zahlungsstrom
auf sehr elegante Weise direkt bewertet werden kann. Überdies ist letztgenannter
Ansatz **transparenter**. Im Rahmen des optionspreistheoretischen Vorgehens
wirkt die Ermittlung des Marktwertes der Realoption beinahe wie "Zauberei",
während die Rechnung über die Preise elementarer Wertpapiere die Zusammenhänge weitaus besser erhellt. Der Anwendungsbereich beider Vorgehensweisen
hingegen ist zwangsläufig **deckungsgleich**.[24] Immer genau dann, wenn eine
optionspreistheoretisch fundierte Bewertung einer Realoption gelingt, sind die
Preise elementarer Wertpapiere auch derart hinreichend spezifiziert, daß mit
ihrer Hilfe ebenfalls die Bewertung der Realoption möglich ist.

---

[24] Vgl. auch schon *Nippel* (1994), S. 150.

Trotzdem wird in der investitionstheoretischen Literatur dem Vorgehen aus Abschnitt 4.3.4 tendenziell mehr Beachtung geschenkt als dem aus 4.3.3. Zum einen mag dies an der **größeren Anschaulichkeit** des optionspreistheoretischen Ansatzes im Vergleich zur Rechnung mit Preisen von "abstrakten" elementaren Wertpapieren liegen. Zum anderen deutet das Vorgehen des Abschnitts 4.3.4 immerhin an, daß zumindest vom Prinzip her alle Methoden zur Bewertung von Finanzoptionen auch auf die Wertermittlung von Realoptionen übertragen werden können. Das auf diese Weise mit einem Mal zugängliche System von Instrumentarien ist durchaus **beachtlich**. Solange man sich in zeit- und zustandsdiskreten Darstellungen bewegt, gilt dabei nach wie vor, daß die Wertbestimmung von Zahlungsströmen über die Preise elementarer Wertpapiere zweifellos direkter und einfacher als die herkömmliche optionspreistheoretische Vorgehensweise ist. Ob diese Einschätzung auch bei zeit- und/oder zustandsstetigen Kontexten noch Gültigkeit besitzt, mag im Rahmen dieses einführenden Lehrbuchs offenbleiben. Fraglich ist nämlich ohnehin, ob **zeitstetige** Betrachtungen überhaupt einen sachgerechten Ansatzpunkt für die Analyse der Vorteilhaftigkeit von Realoptionen darstellen.

Im Zusammenhang mit dem kapitalkostenorientierten Ansatz beschränken sich zahlreiche Quellen allein auf die Wiedergabe des oben skizzierten fehlerhaften Vorgehens, um auf diese Weise Mängel der "**herkömmlichen**" Investitionstheorie aufzuzeigen.[25] Sicherlich handelt es sich hierbei um einen eher wenig stichhaltigen Vorwurf, da eine **korrekte** kapitalkostenorientierte Bewertung von Realoptionen grundsätzlich möglich ist. Wesentlicher ist der Einwand, daß die korrekte Rechnung mit Kapitalkostensätzen ihrerseits typischerweise die Kenntnis des Marktwertes der betrachteten Realoption bereits **voraussetzt**. Insofern ist eine kapitalkostenorientierte Wertbestimmung im vorliegenden Kontext ähnlich (wenig) hilfreich wie die Beurteilung von Investitions- und Finanzierungsprojekten auf dem unvollkommenen Kapitalmarkt über a priori unbekannte **endoge-**

---

[25] Vgl. etwa neben schon genannten Quellen wie *Trigeorgis/Mason* (1987) und *Trigeorgis* (2000) auch etwa *Eble/Völker* (1993), S. 411 f.

ne **Kalkulationszinsfüße**. Unter diesem Aspekt ist das kapitalkostenorientierte Vorgehen tatsächlich im vorliegenden Kontext als **ungeeignet** abzulehnen.[26]

Die wichtigste Lehre aus diesem Abschnitt 4 dürfte sein, daß man bei Annahme eines vollkommenen Kapitalmarktes im Gleichgewicht Marktpreise oder -zinssätze **nicht** völlig nach Belieben vorgeben kann, sondern hier **Interdependenzen** aufgrund arbitragetheoretischer Zusammenhänge bestehen. Wie man diese Wechselwirkungen rechnerisch erfaßt, ist nur von sekundärer Bedeutung. Klar sollte überdies sein, daß die Arbitragetheorie nur **Preiszusammenhänge** erklären kann. Die eigentlichen Determinanten der Preisbildung, also etwa im Rahmen des Beispiels aus Abschnitt 4.2 die Ursachen der Preise elementarer Wertpapiere gemäß (4.1) und im Rahmen des Beispiels aus dem vorliegenden Abschnitt 4.3 die Hintergründe der adäquaten Ein-Perioden-Kapitalkostensätze des Investitionsprojekts ohne Abbruchmöglichkeit, bleiben ungeklärt. Hierzu bedarf es vielmehr der Spezifikation von Zeit- und Risikopräferenzen der Kapitalmarktteilnehmer im Rahmen eines ausformulierten **Kapitalmarktmodells**. Gewisse Grundlagen derartiger Überlegungen werden in den nachfolgenden Abschnitten behandelt.

4.4   Zusammenfassung

Gegenstand dieses Abschnitts war die Untersuchung des Problems der **Bewertung von Realoptionen**. In einem **weiten** Sinne ist jede Investitionsmöglichkeit als Realoption aufzufassen, in einer **engeren** Begriffsabgrenzung versteht man hierunter lediglich bestimmte, klar abgegrenzte ("Teil-") Handlungsmöglichkeiten im Rahmen einer Realinvestition. Die Bewertung derartiger Realoptionen ist dann nicht schwierig, wenn man den zu bewertenden Zahlungsstrom am Kapitalmarkt reproduzieren und damit das **Gesetz des Einheitspreises** zur Lösung des Bewertungsproblems nutzen kann. Als am elegantesten erweist sich dabei die Interpretation eines Zahlungsstroms als **Bündel elementarer Wertpapiere**. Ein

---

[26]   Dies bedeutet **nicht**, daß man den kapitalkostenorientierten Problemzugang in einem anderen Zusammenhang nicht doch rechtfertigen könnte. Vgl. etwa die Ausführungen hierzu in *Breuer/Gürtler/Schuhmacher* (1999b).

elementares Wertpapier ist durch eine Einzahlung von 1 GE in genau einem künftigen Umweltzustand bei Nulleinzahlungen in allen anderen Umweltzuständen charakterisiert. Mit der Hilfe elementarer Wertpapiere läßt sich **jeder** beliebige Zahlungsstrom nachbilden und auf der Grundlage des Gesetzes des Einheitspreises in Kenntnis der Preise der elementaren Wertpapiere bewerten.

Häufiger als über elementare Wertpapiere werden Realoptionen in der Literatur durch Ausnutzung der herkömmlichen **optionspreistheoretischen** Methoden bewertet. Selbstverständlich führen beide Ansätze zum **gleichen** Ergebnis. Zumindest bei zeit- und zustandsdiskreten Betrachtungen erweist sich das unmittelbar optionspreistheoretisch orientierte Vorgehen jedoch als **unnötig kasuistisch** angelegt, **intransparent** und damit letzten Endes **entbehrlich**. Wenigstens bei der Bewertung von Realoptionen im engeren Sinne scheint eine **kapitalkostenorientierte** Verfahrensweise noch ungeeigneter zu sein, da die Gefahr eines **fehlerhaften** Vorgehens sehr groß und ein korrekter Ansatz von Kapitalkostensätzen grundsätzlich nur möglich ist, wenn der Preis des zu bewertenden Zahlungsstroms **bereits bekannt** ist.

Realoptionen im engeren Sinne bedingen das Vorliegen eines **sequentiellen Entscheidungsproblems**, da neben der grundsätzlichen Entscheidung über die Realisation eines Investitionsprojekts überdies zu einem späteren Zeitpunkt auch noch über die Wahrnehmung der in Rede stehenden Realoption befunden werden muß. Dementsprechend wurde im vorliegenden Abschnitt auch noch angedeutet, daß man derartige sequentielle Probleme über die Bestimmung **bedingt optimaler** Verhaltenspläne in Abhängigkeit künftiger Umweltentwicklungen zu lösen hat. In diesem Zusammenhang spricht man von **flexibler Planung**, wobei man sich für gewöhnlich des **Prinzips der Rückwärtsinduktion** bedient, also das Entscheidungsproblem zeitlich gesehen von hinten nach vorne "aufrollt".

Offen blieb im Rahmen dieses Abschnitts vor allem, worin die **Determinanten** der Preise elementarer Wertpapiere selbst zu sehen sind. Auf diese Frage wird in den folgenden Abschnitten näher einzugehen sein.

Anhang[27]

Gegeben sei eine Zwei-Zeitpunkte-Betrachtung mit J verschiedenen Umweltzuständen $s_1^{(j)}$ (j = 1, ..., J) im Zeitpunkt t = 1. Alle denkbaren elementaren
Wertpapiere werden auch tatsächlich am Kapitalmarkt gehandelt. Mit $\phi_1^{(j)}$ sei die
Eintrittswahrscheinlichkeit des Umweltzustands $s_1^{(j)}$ in t = 1 bezeichnet. $r_1^{(j)}$ stehe
für den Kapitalkostensatz, mit dem die erwartete Einzahlung aus dem elementaren Wertpapier (1;j) auf den Zeitpunkt t = 0 abgezinst werden kann. Das heißt,
$r_1^{(j)}$ wird implizit über folgende Gleichung definiert:

$$\xi_1^{(j)} = \frac{\phi_1^{(j)}}{1 + r_1^{(j)}} \tag{A4.1}$$

(A4.1) stellt sicher, daß der Marktwert von 1 GE Einzahlung im Zustand $s_1^{(j)}$
auch bei **kapitalkostenorientierter** Wertermittlung **korrekt** bestimmt wird. Die
Summation über alle $\xi_1^{(j)}$ ergibt bekanntlich $1/(1+i_1)$, wenn man mit i_1 den
Zinssatz für sichere Anlage/Verschuldung im Zeitraum von t = 0 bis t = 1 bezeichnet. Unter Beachtung dieses Zusammenhangs und von (A4.1) erhält man
demnach:

$$\sum_{j=1}^{J} \phi_1^{(j)} \cdot \frac{1}{1 + r_1^{(j)}} = \frac{1}{1 + i_1}. \tag{A4.2}$$

Das **gewogene arithmetische Mittel** der um 1 erhöhten Kehrwerte der Kapitalkostensätze $r_1^{(j)}$ entspricht folglich dem Diskontierungsfaktor $d_1 \equiv 1/(1+i_1)$ für
sichere Anlage/Verschuldung von t = 0 bis t = 1. Damit aber ist es **unmöglich**,
daß alle Kapitalkostensätze größer als i_1 sind. Sonst wäre die Summe auf der
linken Seite von (A4.2) insgesamt kleiner als d_1. Sieht man vom Spezialfall $r_1^{(j)}$

---

[27] Der folgende Nachweis findet sich ähnlich auch bei *Hax* (1980), S. 435.

$= i_1 (\forall j = 1, ..., J)$ ab,[28] dann muß es in der Tat Kapitalkostensätze $r_1^{(j)} < i_1$ geben, so daß Situationen mit $r_1^{(j)} < 0$ zwar nicht zwingend, gleichwohl aber nicht mehr allzu bemerkenswert sind. Eine **inhaltliche Diskussion** dieses Phänomens bietet sich erst auf der Grundlage eines explizit formulierten kapitalmarkttheoretischen Modells bei Risikoscheu im **Abschnitt 6** dieses Kapitels an.

---

[28] Dieser Spezialfall implizierte, daß unterschiedliche Risikoeigenschaften elementarer Wertpapiere unbedeutend sind und damit eine **risikoneutrale** Bewertung von Zahlungsströmen am Kapitalmarkt erfolgt.

Wiederholungsfragen

W4.1

Was versteht man unter einer Realoption?

W4.2

Was versteht man unter einem elementaren Wertpapier?

W4.3

Wie lassen sich Zahlungsströme mit Hilfe der Preise elementarer Wertpapiere bewerten?

W4.4

Was wird im Rahmen dieses Abschnitts unter der optionspreistheoretischen Ermittlung des Marktwertes einer Realoption verstanden?

W4.5

Wie ist die optionspreistheoretische Vorgehensweise im Vergleich zu der Bestimmung des Marktwertes einer Realoption über die (direkte) Nutzung der Preise elementarer Wertpapiere zu beurteilen?

W4.6

Was wird im Rahmen dieses Abschnitts unter der kapitalkostenorientierten Ermittlung des Marktwertes einer Realoption verstanden?

W4.7

Welche Gefahr besteht im Rahmen der kapitalkostenorientierten Ermittlung des Marktwertes einer Realoption?

W4.8

Wie hat man vorzugehen, wenn man auf korrekte Weise kapitalkostenorientiert den Marktwert einer Realoption bestimmen will?

W4.9

Wie sind die drei im vorliegenden Abschnitt behandelten Methoden zur Bestimmung des gleichgewichtigen Marktwertes von Realoptionen zusammenfassend im direkten Vergleich zu beurteilen?

W4.10

Welche grundlegende Schwäche kennzeichnet generell arbitragetheoretisch orientierte Ansätze, und welcher Problemzugang ist zu wählen, um diesem Mangel zu begegnen?

5 Investitionsentscheidungen bei Risikoneutralität

5.1 Problemstellung

Im vergangenen Abschnitt wurde auf die Notwendigkeit hingewiesen, explizit ein **kapitalmarkttheoretisches Modell** zur Klärung der Bestimmungsgründe der Preise für Zahlungsströme zu analysieren, also konkret die Gestalt der maßgeblichen Marktbewertungsfunktion zu ermitteln. Grundsätzlich hätte man diesen Ansatz auch schon im Band I für Entscheidungen bei **Sicherheit** verfolgen können. Es hätte sich erwiesen, daß die in bestimmter Form aggregierten **Zeitpräferenzen** der Marktteilnehmer die **Zinsstruktur** der Volkswirtschaft bestimmen.[1] Wenn trotzdem auf die Präsentation eines solchen Modells im Band I verzichtet wurde, dann liegt dies daran, daß besagte Fragestellung mehr vom volks- als vom betriebswirtschaftlichen Standpunkt von Interesse ist. Die maßgebliche Zinsstruktur zur Beurteilung von Investitionsprojekten unter der Prämisse sicherer Erwartungen kann gemäß dem Vorgehen aus Abschnitt 5 des Kapitels III aus *Breuer* (2000a) **empirisch** verhältnismäßig leicht ermittelt werden. Insofern bedarf es einer näheren Analyse für die Hintergründe der gerade beobachtbaren Zinsstruktur zur Beurteilung von Investitionsprojekten grundsätzlich nicht. Aus volkswirtschaftlicher Sicht hingegen hat die Analyse von Kapitalmarkgleichgewichten einen von praktischen Anwendungen grundsätzlich unabhängigen Selbstzweck.

Während Kapitalmarktmodelle zur Untersuchung der Konsequenzen aus den differierenden Zeitpräferenzen von Wirtschaftssubjekten für investitionsrechnerische Anwendungen von allenfalls marginaler Bedeutung sind, trifft das gleiche im Zusammenhang mit **Risikopräferenzen** nicht zu. Die Ursache für diesen Umstand liegt darin begründet, daß man in praktischen Anwendungen am Kapitalmarkt nicht ohne weiteres die zu der Risikostruktur eines bestimmten (gegebe-

---

[1] Eine kurze Erwähnung dieses Umstands findet sich in der Tat auch im Band I auf S. 209.

nenfalls über die Durchführung eines Investitionsprojekts erst noch zu generierenden) Zahlungsstroms gehörige Form der Marktbewertung ablesen kann. Kapitalmarktmodelle, die zeigen, in welcher Weise sich aus den **Risikopräferenzen** der Marktteilnehmer eine bestimmte Form der **Marktbewertung** ergibt, sind daher von deutlich größerer Bedeutung als Modelle, die an der Analyse der Konsequenzen bestimmter Zeitpräferenzen ansetzen.

Man könnte hier einwenden, daß marktwertorientierte Realinvestitionsentscheidungen ohnehin nur dann theoretisch hinreichend fundiert sind, wenn die im Abschnitt 1 dieses Kapitels IV erläuterten Eigenschaften "Spanning" und "Competitivity" vorliegen. Grob gesprochen[2], muß die zu beurteilende Investitionsalternative gemäß der Spanning-Bedingung **redundant** in dem Sinne sein, daß die hieraus resultierenden künftigen Einzahlungsüberschüsse bereits ohne Investitionsrealisation am Kapitalmarkt gehandelt werden. Dann aber kann man sich augenscheinlich auf die Nutzung des **Gesetzes des Einheitspreises** zur Bewertung des Zahlungsstroms aus der Realinvestition beschränken und benötigt insofern **keine** näheren Informationen zur herrschenden Marktbewertungsfunktion.

Die gerade angestellten Überlegungen sind zwar grundsätzlich zutreffend, freilich ist die Herleitung allgemeiner Aussagen zur gleichgewichtigen Marktbewertung selbst bei Gültigkeit der Spanning-Bedingung von Interesse. Über die Kenntnis der Marktbewertungsfunktion kann jedes Investitionsprojekt nämlich selbst dann beurteilt werden, wenn man zwar weiß, daß die Spanning-Bedingung erfüllt ist, aber die konkreten Maßnahmen zur **Rekonstruktion** des Zahlungsstroms aus der zu beurteilenden Realinvestition über bereits existente Finanzierungstitel **nicht**

---

[2] Je nach konkretem **Kapitalmarktkontext** kann diese Bedingung abgeschwächt oder uminterpretiert werden. Letzten Endes darf der zu beurteilende Zahlungsstrom keinen **relevanten** Beitrag zur Marktvervollständigung leisten. Siehe hierzu etwa die Ausführungen auf der folgenden Seite. Die Möglichkeit der Formulierung einer abgeschwächten Spanning-Bedingung ändert aber nichts an der Diskussionswürdigkeit des im folgenden vorzustellenden "Reproduktionsarguments", da simultan das **Gesetz des Einheitspreises** über eine entsprechende Neudefinition "äquivalenter" Positionen weiter gefaßt werden könnte.

ohne weiteres ersichtlich sind, weil etwa von einem stetigen Zustandsraum auszugehen ist. Anders formuliert, sind beispielsweise mit der bloßen Voraussetzung
eines **vollständigen Kapitalmarktes** die **Preise elementarer Wertpapiere** noch
keineswegs bekannt. Deswegen ist es hilfreich, wenn man allgemeine Schlüsse
zu den **Determinanten** der gleichgewichtigen Preise elementarer Wertpapiere
ziehen kann. Die Analyse setzt demnach im folgenden eine Stufe tiefer als in den
vorhergehenden beiden Abschnitten an. Gerade für **praktische** Zwecke dürfte
dies bedeutsam sein, da in der Tat die Preise beliebiger elementarer Wertpapiere
hier nicht immer offen zutage liegen.[3]

Ein Spezialfall hinsichtlich der Verhältnisse auf dem Kapitalmarkt ist dabei
besonders einfach handhabbar, nämlich der der **Risikoneutralität** aller Marktteilnehmer. Hier kann sogar auf die explizite Ausformulierung eines geschlossenen
Kapitalmarktkontextes verzichtet werden, und trotzdem lassen sich die Konsequenzen allgemeiner Risikoneutralität für die Marktbewertung weitestgehend
abschließend bereits beschreiben, wie im Rahmen dieses Abschnitts dargelegt
wird. Überdies ist die **Spanning-Eigenschaft** bereits dann hinreichend erfüllt,
wenn auf dem betreffenden Kapitalmarkt sichere Anlagen und Verschuldungen
für **beliebige** Laufzeiten möglich sind, da bei allgemeiner Risikoneutralität die
konkrete **Risikostruktur** von Zahlungsströmen **bedeutungslos** ist. Verfügen Realinvestitionen überdies auch noch über die **Competitivity-Eigenschaft**, sind also
vom Ausmaß her so klein, daß die Preise am Kapitalmarkt nicht beeinflußt
werden können, dann erweist sich das marktwertorientierte Treffen von Realinvestitionsentscheidungen bei **transaktionskostenlosen** Handelsmöglichkeiten unmittelbar als zulässig. Im weiteren geht es daher nur noch um die Frage, wie

---

[3] Die Ursache für dieses letztgenannte Problem liegt natürlich darin, daß reale
Kapitalmärkte eben nicht vollkommen und dementsprechend auch nicht vollständig sind, wie es als Grundlage für marktwertorientierte Investitionsentscheidungen gemeinhin angenommen wird. Natürlich könnte man daraus den
Schluß ziehen, marktwertorientierte Investitionsentscheidungen generell zu
verwerfen, oder aber man läßt sich von der Hoffnung leiten, daß sich diese
Form der Entscheidungsfindung wenigstens als gute **Heuristik** erweist. Mehr
als eine Hoffnung ist es aber in der Tat nicht.

sich der Marktwert von Zahlungsströmen bei allgemeiner Risikoneutralität der Kapitalmarktteilnehmer bestimmen läßt. In der Tat gelangt man hier ähnlich wie im Fall bei Sicherheit zu sehr einfachen, nur leicht modifizierten **Kapitalwertformeln**.

Schon im Abschnitt 3 aus Kapitel III wurde kurz auf die unternehmerische Entscheidungssituation bei Risikoneutralität eingegangen. Ähnlich leicht wie im Fall ohne Kapitalmarkt lassen sich die Zusammenhänge unter Beachtung des Kontexts eines vollkommenen Kapitalmarkts bei allgemeiner Risikoneutralität beschreiben. **Unsicherheit** kann dabei bezüglich verschiedener Größen bestehen. Im folgenden **Abschnitt 5.2** wird zunächst erläutert, wie sich die Kapitalwertformel bei ungewissen künftigen **Einzahlungen** und ungewissen künftigen **Ein-Perioden-Zinssätzen** generell darstellt. Im **Abschnitt 5.3** wird auf die Berücksichtigung ungewisser **Inflationsraten** eingegangen und untersucht, ob ähnlich wie bei Sicherheit die Formulierung einer einfachen, auf realen Größen basierenden Kapitalwertformel möglich ist. Überdies muß das kapitalwertorientierte Treffen von Investitionsentscheidungen hierbei grundsätzlich hinterfragt werden. **Abschnitt 5.4** schließlich widmet sich dem für Auslandsdirektinvestitionen relevanten Problem, daß neben den bisher genannten Unsicherheitsquellen überdies auch noch ein **Wechselkursrisiko** zu beachten ist. Wieder wird geprüft, ob die Zusammenhänge für den Fall bei Sicherheit auch auf eine Entscheidungssituation bei Risiko übertragen werden können. **Abschnitt 5.5** dient der **Ergebniszusammenfassung**.

5.2 Kapitalwertformel bei ungewissen Einzahlungen und künftigen Ein-Perioden-Zinssätzen

Im weiteren sei von risikoneutralen Marktteilnehmern und einem Investitionsprojekt ausgegangen, das bei einer (nominalen) Anfangsauszahlung von $A_0^{(nom)}$ in $t = 0$ zu unsicheren Rückflüssen $(\tilde{z}_1^{(nom)}; \ldots; \tilde{z}_T^{(nom)})$ in den Zeitpunkten $t = 1$ bis $t = T$ führt. Ferner seien auch die künftigen nominalen **Ein-Perioden-Zinssätze**

$\bar{\iota}_t^{(\text{nom})}$ von einem Zeitpunkt t-1 = 1,[4] ..., T-1 bis t = 2, ..., T am Kapitalmarkt **ungewiß**. Im Gegensatz zur Situation bei allgemeiner Sicherheit ist daher nunmehr zwischen künftigen **Kassazinssätzen** $\bar{\iota}_t^{(\text{nom})}$ und den zugehörigen **Terminzinssätzen** $i_t^{(\text{nom})}$ zu unterscheiden. Bei ungewissen Kassazinssätzen gilt $E(\bar{\iota}_t^{(\text{nom})})$ = $i_t^{(\text{nom})}$. Der jeweils für die Zukunft erwartete Kassazinssatz von t-1 bis t stimmt demnach mit dem jeweiligen Ein-Perioden-Terminzinssatz aus Sicht des Zeitpunktes 0 überein. Wäre die angesprochene Gleichheit nicht gegeben, dann könnte jedes Entscheidungssubjekt **erwartete Gewinne** in beliebigem Umfang realisieren, indem es sich für $E(\bar{\iota}_t^{(\text{nom})})$ < $i_t^{(\text{nom})}$ in Zukunft von t-1 bis t am Kassamarkt verschuldete und am Terminmarkt für den Zeitraum von t-1 bis t Anlagen tätigte. Genau entgegengesetzt müßte man sich für die Erzielung erwarteter Gewinne unter der Voraussetzung $E(\bar{\iota}_t^{(\text{nom})})$ > $i_t^{(\text{nom})}$ verhalten. Bei allgemeiner **Risikoneutralität** wollte jeder Marktteilnehmer derartige Gelegenheiten zur Erzielung erwarteter Gewinne wahrnehmen. Dementsprechend gäbe es in der ersten Situation keinerlei Angebot von Mitteln am Kassamarkt und keinerlei Nachfrage am zugehörigen Terminmarkt. **Markträumung** und ein allgemeines Gleichgewicht wären demnach hierbei nicht gegeben. Analog verhält es sich in der zweiten Situation.

Beispiel 5.1:

Angenommen, der für die Periode von t = 1 bis t = 2 erwartete Kassazinssatz $E(\bar{\iota}_2^{(\text{nom})})$ beliefe sich auf nur 4 %, während der zugehörige Terminzinssatz $i_2^{(\text{nom})}$ aus Sicht des Zeitpunktes t = 0 einen Wert von 6 % annimmt. Dann lohnt es sich für jeden Marktteilnehmer, in t = 0 eine Terminanlage für den Zeitraum von t = 1 bis t = 2 in einem beliebigen Umfang A > 0 zu tätigen. Die benötigten Mittel werden am Kassamarkt zum Zeitpunkt t = 1 für eine Periode bis t = 2 zum jeweils herrschenden Kassazinssatz $\bar{\iota}_2^{(\text{nom})}$ aufgenommen. Per saldo erzielt der betrachtete Entscheider zum Zeitpunkt t = 2 Nettoeinzahlungen von $A \cdot [i_2^{(\text{nom})}$-

---

[4]   Der **Kassazinssatz** $\iota_1^{(\text{nom})}$ für den Zeitraum von t = 0 bis t = 1 ist natürlich **sicher** und mit dem entsprechenden Terminzinssatz $i_1^{(\text{nom})}$ stets identisch. Ansonsten bestünden sichere Gewinnmöglichkeiten, wie schon im Rahmen des ersten Bands, S. 188 f., dargelegt worden ist.

$\tilde{\iota}_2^{(nom)}$], im Erwartungswert also $0{,}02 \cdot A > 0$. Durch entsprechend groß gewähltes Transaktionsvolumen A kann demnach jedes Wirtschaftssubjekt **beliebig hohe** erwartete Erträge realisieren. Aufgrund der angenommenen allgemeinen Risikoneutralität gäbe es am Kassamarkt des Zeitpunktes $t = 1$ einen Nachfrageüberschuß für den Zeitraum von $t = 1$ bis $t = 2$, während am Terminmarkt für die Periode von $t = 1$ bis $t = 2$ ein Angebotsüberschuß zu verzeichnen wäre, so daß sich der Kapitalmarkt generell **nicht** im Gleichgewicht befände. □

Während bei Sicherheit der Marktwert einer Investitionsmöglichkeit durch Diskontierung der Projekteinzahlungen mit den Ein-Perioden-Kassa- oder -Terminzinssätzen ermittelt werden kann, ist bei **Risiko** auf die Diskontierung der **erwarteten Einzahlungen** mit den **erwarteten Kassazinssätzen** oder aber den **Terminzinssätzen** abzustellen. Diesen Marktwert der Investitionsmöglichkeit kann man ohne weiteres als den Kapitalwert eines Projekts bei Risiko und allgemeiner Risikoneutralität bezeichnen.

Für den **Kapitalwert** κ eines Investitionsprojekts gilt demach:

$$
\begin{aligned}
\kappa &= -A_0^{(nom)} + \frac{\bar{z}_1^{(nom)}}{1 + E(\tilde{\iota}_1^{(nom)})} + \frac{\bar{z}_2^{(nom)}}{[1 + E(\tilde{\iota}_1^{(nom)})] \cdot [1 + E(\tilde{\iota}_2^{(nom)})]} \\
&\quad + \ldots + \frac{\bar{z}_T^{(nom)}}{[1 + E(\tilde{\iota}_1^{(nom)})] \cdot [1 + E(\tilde{\iota}_2^{(nom)})] \cdot \ldots \cdot [1 + E(\tilde{\iota}_T^{(nom)})]} \\
&= -A_0^{(nom)} + \frac{\bar{z}_1^{(nom)}}{1 + i_1^{(nom)}} + \frac{\bar{z}_2^{(nom)}}{(1 + i_1^{(nom)}) \cdot (1 + i_2^{(nom)})} \\
&\quad + \ldots + \frac{\bar{z}_T^{(nom)}}{(1 + i_1^{(nom)}) \cdot (1 + i_2^{(nom)}) \cdot \ldots \cdot (1 + i_T^{(nom)})}.
\end{aligned}
\tag{5.1}
$$

Bei **Verletzung** von (5.1) könnten erneut erwartete Einzahlungsüberschüsse in beliebiger Höhe durch die Marktteilnehmer ohne eigenen Mitteleinsatz erzielt werden. Zum Nachweis sei eine einzelne unsichere Einzahlung $\bar{z}_\tau^{(nom)}$ in einem Zeitpunkt t $= \tau$ betrachtet. Sofern deren Marktwert $V(\bar{z}_\tau^{(nom)})$ des Zeitpunktes t $= 0$ größer als $\kappa(\bar{z}_\tau^{(nom)}) = \bar{z}_\tau^{(nom)}/[(1+i_1^{(nom)})\cdot\ldots\cdot(1+i_\tau^{(nom)})]$ ist, lohnt es sich für jeden risikoneutralen Marktteilnehmer, im Zeitpunkt t $= 0$ die ungewisse Einzahlung $\bar{z}_\tau^{(nom)}$ zu $V(\bar{z}_\tau^{(nom)})$ zu verkaufen und zugleich einen Teilbetrag $\kappa(\bar{z}_\tau^{(nom)})$ $< V(\bar{z}_\tau^{(nom)})$ des Verkaufserlöses über eine **Abfolge von Ein-Perioden-Termingeschäften** anzulegen. Auf diese Weise verblieben im Zeitpunkt t $= 0$ Mittel in Höhe von $V(\bar{z}_\tau^{(nom)})$-$\kappa(\bar{z}_\tau^{(nom)})$ zur freien Verfügung, während sich der Anlageerlös zum Zeitpunkt t $= \tau$ gerade auf $\kappa(\bar{z}_\tau^{(nom)})\cdot[(1+i_1^{(nom)})\cdot\ldots\cdot(1+i_\tau^{(nom)})] = \bar{z}_t^{(nom)}$ beliefe. Die erwarteten Nettoauszahlungen seitens des betrachteten Wirtschaftssubjekts zum Zeitpunkt t $= \tau$ wären damit Null. Per saldo hätte der Entscheidungsträger seine Vermögensposition des Zeitpunktes t $= 0$ verbessert, ohne die erwarteten Einzahlungen anderer Zeitpunkte zu beeinflussen. Folgerichtig würde **jeder** Marktteilnehmer die gerade beschriebenen Transaktionen durchführen wollen. Ein Kapitalmarktgleichgewicht wäre demnach hierbei nicht denkbar. Analoge Überlegungen können für Situationen mit $\kappa(\bar{z}_\tau^{(nom)}) > V(\bar{z}_\tau^{(nom)})$ angestellt werden. Hierbei kann sich jeder risikoneutrale Marktteilnehmer dadurch besserstellen, daß er den Zahlungsstrom $\bar{z}_\tau^{(nom)}$ zu $V(\bar{z}_\tau^{(nom)})$ in t $= 0$ erwirbt und sich kurzfristig revolvierend, beginnend mit einem Volumen $\kappa(\bar{z}_\tau^{(nom)})$ in t $= 0$, bis t $= \tau$ verschuldet.

Beispiel 5.2:

Gegeben sei ein ungewisser Zahlungsstrom $\bar{z}_2^{(nom)}$ des Zeitpunktes t $= 2$, der drei verschiedene Werte $z_2^{(nom,j)}$ in den Zuständen $s_2^{(j)}$ (j $= 1, 2, 3$) mit Eintrittswahrscheinlichkeiten $\phi_2^{(j)}$ annehmen kann.

j	1	2	3
$\phi_2^{(j)}$	0,25	0,4	0,35
$z_2^{(nom,j)}$	8	10	12

Tabelle 5.1: Mögliche Realisationen von $\bar{z}_2^{(nom)}$ mit den zugehörigen Wahrscheinlichkeiten

Auf der Grundlage von *Tabelle 5.1* erhält man einen Erwartungswert für $\bar{z}_2^{(nom)}$ von 10,2 GE. Weiterhin sollen sich die Ein-Perioden-Terminzinssätze für den Zeitraum von t = 0 bis t = 1 auf 4 % und für den Zeitraum von t = 1 bis t = 2 auf 8 % belaufen. Der Marktwert $V(\bar{z}_2^{(nom)})$ von $\bar{z}_2^{(nom)}$ in t = 0 sei 9 GE. Dieser Wert ist somit kleiner als der Kapitalwert κ = 10,2/(1,04·1,08) $\approx$ 9,0812 GE. Daher lohnt es sich für risikoneutrale Subjekte, den Zahlungsstrom $\bar{z}_2^{(nom)}$ in t = 0 zu $V(\bar{z}_2^{(nom)})$ = 9 GE zu erwerben und sich zugleich im Umfang κ am Kapitalmarkt von t = 0 bis t = 1 zu verschulden. Per saldo verbleibt in t = 0 ein Mittelzufluß von etwa 9,0812-9 $\approx$ 0,0812 GE. Die in t = 1 zu leistende Auszahlung von ca. 9,0812·1,04 $\approx$ 9,4444 GE wird durch die Aufnahme eines erneuten Kredits in dieser Höhe von t = 1 bis t = 2 beglichen. Dieser zweite Kredit führt zu einer Verbindlichkeit des Zeitpunktes t = 2 in Höhe von ca.[5] 10,2 GE. Verrechnet mit den erwarteten Einzahlungen in Höhe von 10,2 GE infolge des Erwerbs von $\bar{z}_2^{(nom)}$ ergeben sich für das betrachtete Subjekt insgesamt erwartete Nettoeinzahlungen von nahezu 0 GE zum Zeitpunkt t = 2, so daß lediglich der Mittelzufluß in t = 0 als alleinige relevante Konsequenz aus den beschriebenen Transaktionen verbleibt. Weil alle risikoneutralen Marktteilnehmer diese Möglichkeit zur Mehrung ihres erwarteten Reichtums wahrnehmen werden wollen, beschreibt die zugrunde gelegte Prämissenkonstellation **kein Gleichgewicht**. □

---

[5] In der Tat erhält man bei genauer Rechnung exakt 10,2 GE.

Alternativ hätte im Rahmen des Nachweises von (5.1) auch eine **Abfolge von einperiodigen Kassageschäften** genutzt werden können. Die unsicheren Erlöse aus der Anlage eines Betrags κ von t = 0 bis zum Zeitpunkt t = τ betrügen $\kappa \cdot (1 + \iota_1^{(nom)}) \cdot (1 + \tilde{\iota}_2^{(nom)}) \cdot \ldots \cdot (1 + \tilde{\iota}_\tau^{(nom)})$ und damit im Erwartungswert $\kappa \cdot (1 + \iota_1^{(nom)}) \cdot E[(1 + \tilde{\iota}_2^{(nom)}) \cdot \ldots \cdot (1 + \tilde{\iota}_\tau^{(nom)})]$. Natürlich muß der erwartete Erlös des Zeitpunktes t = τ hierbei der gleiche wie im Falle von Terminanlagen im Zeitraum t = 0 bis t = τ sein, da ansonsten erneut kein Gleichgewicht vorläge. Deshalb und wegen $\iota_1^{(nom))} = i_1^{(nom)}$ sowie $E(\tilde{\iota}_t^{(nom)}) = i_t^{(nom)}$ ($\forall$ t = 2, ..., τ) erhält man als eine weitere **notwendige Gleichgewichtsbedingung** für den betrachteten Kapitalmarkt mit risikoneutralen Wirtschaftssubjekten

$$
\begin{aligned}
&(1 + \iota_1^{(nom)}) \cdot E[(1 + \tilde{\iota}_2^{(nom)}) \cdot \ldots \cdot (1 + \tilde{\iota}_\tau^{(nom)})] \\
&= (1 + \iota_1^{(nom)}) \cdot [1 + E(\tilde{\iota}_2^{(nom)})] \cdot \ldots \cdot [(1 + E(\tilde{\iota}_\tau^{(nom)})].
\end{aligned}
\tag{5.2}
$$

Damit (5.2) Gültigkeit besitzt, müssen verschiedene **Korrelationen** der Kassazinssätze untereinander sowie mit Produkten von Kassazinssätzen den Wert **Null** annehmen. Gemäß den Rechenregeln für Erwartungswerte ist ansonsten nämlich der Erwartungswert des Produkts von Zufallsvariablen nicht identisch mit dem Produkt der jeweiligen Einzelerwartungswerte.

Die Annahme der Risikoneutralität erweist sich damit bereits hier als vergleichsweise streng, da sie zu sehr speziellen Anforderungen an die Wahrscheinlichkeitsverteilungen unsicherer Marktgrößen führt. So wären **autokorrelierte**[6] künftige Kassazinssätze nicht mit einem Gleichgewicht auf einem vollkommenen Kapitalmarkt bei allgemeiner Risikoneutralität vereinbar.

Schließlich soll noch kurz ein Brückenschlag zur Darstellung des vorhergehenden Abschnitts 4 erfolgen. Es lassen sich nämlich im Kontext des hier betrachteten Kapitalmarktmodells auch leicht die **Preise elementarer Wertpapiere** bestim-

---

[6] Mit "**Autokorrelation**" ist hier das Auftreten einer Korrelation zwischen den einzelnen künftigen Kassazinssätzen gemeint.

men. Da der Marktwert einer Einzahlung von 1 GE in einem Zustand $s_t^{(j)}$ des Zeitpunktes t mit Eintrittswahrscheinlichkeit $\phi_t^{(j)}$ aus Sicht des Zeitpunktes 0 für alle möglichen Werte von j einfach über Division des zugehörigen Erwartungswertes $\phi_t^{(j)} \cdot 1 = \phi_t^{(j)}$ durch das Produkt $(1+i_1) \cdot \ldots \cdot (1+i_t)$ bestimmt wird, andererseits aber der Marktwert auch gerade mit dem Preis $\xi_t^{(j)}$ des korrespondierenden elementaren Wertpapiers übereinstimmt, kann man sofort auf

$$\xi_t^{(j)} = \frac{\phi_t^{(j)}}{(1+i_1) \cdot \ldots \cdot (1+i_t)} \tag{5.3}$$

schließen. Aus den beobachtbaren **Terminzinssätzen** für sichere Anlage/Verschuldung und den **Eintrittswahrscheinlichkeiten** der einzelnen Umweltzustände lassen sich die **Preise aller elementaren Wertpapiere** hier folglich unmittelbar berechnen.[7]

5.3 Zusätzliche Berücksichtigung ungewisser Inflationsraten

5.3.1 Von nominaler zu realer Betrachtung

Deutlich komplizierter sind die Zusammenhänge im Falle **ungewisser Inflationsraten** $\tilde{\pi}_t$. Aus "Investition I" ist folgende **implizite Definition** für reale (Kassa-) Zinssätze $\tilde{\iota}_t^{(real)}$ eines Zeitraums t-1 bis t bereits bekannt:

$$1 + \tilde{\iota}_t^{(nom)} = (1 + \tilde{\iota}_t^{(real)}) \cdot (1 + \tilde{\pi}_t). \tag{5.4}$$

---

[7] Die Beziehung der Preise elementarer Wertpapiere zu den **Zero-Bond-Abzinsungsfaktoren** im Falle von Entscheidungen bei Sicherheit ist hier besonders evident. Bei Sicherheit gibt es in jedem Zeitpunkt **nur einen** Umweltzustand, dessen Eintrittswahrscheinlichkeit naturgemäß 1 ist. Folglich bestimmt sich der Preis des einzig existierenden elementaren Wertpapiers eines Zeitpunktes t einfach als $1/[(1+i_1) \cdot \ldots \cdot (1+i_t)]$ und ist demzufolge (natürlich) mit dem entsprechenden Zero-Bond-Abzinsungsfaktor aus Abschnitt 5 des Kapitels III aus *Breuer* (2000a) identisch.

Der um 1 erhöhte Nominalzinssatz entspricht demnach dem **Produkt** des um 1 erhöhten Realzinssatzes und der ebenfalls um 1 erhöhten jeweiligen Inflationsrate. Eine entsprechende Beziehung zwischen den jeweiligen (um 1 erhöhten) **Erwartungswerten** gilt nun leider nicht. Bildet man nämlich auf beiden Seiten von (5.4) den Erwartungswert, so erhält man gemäß den Rechenregeln für Erwartungswerte und Kovarianzen:

$$
\begin{aligned}
1+E(\tilde{\imath}_t^{(\text{nom})}) &= [1+E(\tilde{\imath}_t^{(\text{real})})]\cdot[1+E(\tilde{\pi}_t)]+\text{Cov}(1+\tilde{\imath}_t^{(\text{real})};1+\tilde{\pi}_t) \\
&= [1+E(\tilde{\imath}_t^{(\text{real})})]\cdot[1+E(\tilde{\pi}_t)]+\text{Cov}(\tilde{\imath}_t^{(\text{real})};\tilde{\pi}_t).
\end{aligned}
\tag{5.5}
$$

Wie schon weiter oben erwähnt, ist der Erwartungswert des Produkts zweier Zufallsvariablen, hier: $1+\tilde{\imath}_t^{(\text{real})}$ und $1+\tilde{\pi}_t$, im allgemeinen nicht einfach das Produkt der zugehörigen Erwartungswerte. Vielmehr tritt additiv die **Kovarianz** zwischen den beiden Zufallsvariablen hinzu.[8] Dies erklärt die erste Zeile aus (5.5). Ferner beeinflussen konstante Summanden nicht die Kovarianzberechnung. Dies ist die Begründung für das Weglassen der beiden "Einsen" im Rahmen der zweiten Zeile aus (5.5). Löst man (5.5) nunmehr nach dem (um 1 erhöhten) **erwarteten Realzinssatz** auf, so ergibt sich:

$$
1+E(\tilde{\imath}_t^{(\text{real})}) = \frac{1+E(\tilde{\imath}_t^{(\text{nom})})}{1+E(\tilde{\pi}_t)} - \frac{\text{Cov}(\tilde{\imath}_t^{(\text{real})};\tilde{\pi}_t)}{1+E(\tilde{\pi}_t)}.
\tag{5.6}
$$

Im **Gegensatz** zum Fall bei Sicherheit tritt auf der rechten Seite demnach ein zweiter Bruch hinzu. Der Quotient aus dem (um 1 erhöhten) erwarteten Nominalzinssatz und der (um 1 erhöhten) erwarteten Inflationsrate ist höher als der um 1 erhöhte erwartete Realzinssatz, wenn die Kovarianz zwischen Realzinssatz und Inflationsrate positiv ist, und er ist niedriger bei negativer Kovarianz.

---

[8] Vgl. beispielsweise *Bamberg/Baur* (2001), S. 126.

Beispiel 5.3:

Gegeben sei ein Drei-Zeitpunkte-Modell (t = 0, 1, 2), wobei im Zeitpunkt t = 1 zwei Umweltzustände mit jeweils gleicher Wahrscheinlichkeit möglich sind. Die beiden je nach Umweltzustand maßgeblichen Kassazinssätze im Zeitraum von t = 1 bis t = 2 können in *Tabelle 5.2* abgelesen werden. Außerdem sind die jeweils möglichen Inflationsraten für den Zeitraum von t = 1 bis t = 2 in Abhängigkeit der Realisation von $\tilde{\iota}_2^{(nom)}$ mit den jeweiligen Eintrittswahrscheinlichkeiten $\phi_2^{(j)}$ (j = 1, ..., 4) abgetragen. Insgesamt sind demnach im Zeitpunkt t = 2 **vier** verschiedene Umweltzustände zu unterscheiden.

j	1	2	3	4
$\iota_2^{(nom,j)}$	0,04	0,04	0,06	0,06
$\pi_2^{(j)}$	0,02	0,03	0,04	0,05
$\phi_2^{(j)}$	0,25	0,25	0,25	0,25

Tabelle 5.2: Mögliche Realisationen von $\tilde{\iota}_2^{(nom)}$ sowie $\tilde{\pi}_2$ samt Eintrittswahrscheinlichkeiten $\phi_2^{(j)}$ (j = 1, ..., 4)

Auf der Grundlage von *Tabelle 5.2* bestimmt man leicht folgende **Erwartungswerte:**

$$1+E(\tilde{\iota}_2^{(real)}) = \frac{\frac{1,04}{1,02}+\frac{1,04}{1,03}+\frac{1,06}{1,04}+\frac{1,06}{1,05}}{4} = 1,01451779,$$

$$1+E(\tilde{\pi}_2) = 1+\frac{0,02+0,03+0,04+0,05}{4} = 1,035,$$

$$[1+E(\tilde{\iota}_2^{(real)})]\cdot[1+E(\tilde{\pi}_2)] = 1,01451779\cdot1,035 \approx 1,050025913,$$

$$E[(1+\tilde{\iota}_2^{(real)})\cdot(1+\tilde{\pi}_2)] = 1+E(\tilde{\iota}_2^{(nom)}) = 1+\frac{0,04+0,04+0,06+0,06}{4} = 1,05.$$

(5.7)

Wie nicht anders zu erwarten war, resultieren demnach für dieses Zahlenbeispiel **unterschiedliche** Werte für $E[(1 + \tilde{\imath}_2^{(real)}) \cdot (1 + \tilde{\pi}_2)]$ und $E(1 + \tilde{\imath}_2^{(real)}) \cdot E(1 + \tilde{\pi}_2)$ und damit eine von Null verschiedene Kovarianz $Cov(1 + \tilde{\imath}_2^{(real)}; 1 + \tilde{\pi}_2) = Cov(\tilde{\imath}_2^{(real)}; \tilde{\pi}_2)$:

$$Cov(\tilde{\imath}_2^{(real)}; \tilde{\pi}_2) = 1 + E(\tilde{\imath}_2^{(nom)}) - [1 + E(\tilde{\imath}_2^{(real)})] \cdot [1 + E(\tilde{\pi}_2)]$$

$$\approx 1,05 - 1,050025913 = -2,5913 \cdot 10^{-5}. \tag{5.8}$$

Als Konsequenz hieraus stimmt der um 1 erhöhte erwartete Realzinssatz auch **nicht** mit dem Quotienten aus um 1 erhöhten erwarteten Nominalzinssatz und der um 1 erhöhten erwarteten Inflationsrate überein:

$$\frac{1 + E(\tilde{\imath}_2^{(nom)})}{1 + E(\tilde{\pi}_2)}$$

$$= \frac{1,05}{1,035} \tag{5.9}$$

$$\approx 1,01449275$$

$$\neq 1,01451779 = 1 + E(\tilde{\imath}_2^{(real)}).$$

Augenscheinlich ist wenigstens im Rahmen dieses Zahlenbeispiels der auftretende Fehler freilich derart **klein**, daß er ohne weiteres vernachlässigt werden kann. Natürlich muß dies bei anderen Parameterkonstellationen keineswegs der Fall sein. □

Für eine von Null verschiedene Kovarianz erhält man also generell keine einfache Beziehung zwischen den Erwartungswerten der drei Größen. Dann aber lassen sich in der Kapitalwertformel aus (5.1) die Erwartungswerte der nominalen Kassazinssätze **nicht** in der gleichen Weise substituieren wie im Fall bei Sicherheit.

Entsprechende Probleme ergeben sich bei der Rückführung der erwarteten **nominalen** Einzahlungen auf **reale**. Grundsätzlich kann man reale Einzahlungen $\tilde{z}_t^{(real)}$ bekanntermaßen **definieren** als:

$$\tilde{z}_t^{(real)} = \frac{\tilde{z}_t^{(nom)}}{\tilde{P}_t} \leftrightarrow \tilde{z}_t^{(nom)} = \tilde{z}_t^{(real)} \cdot \tilde{P}_t. \tag{5.10}$$

Im Zusammenhang mit (5.10) steht $\tilde{P}_t$ dabei für das **ungewisse Preisniveau** des Zeitpunktes t. Die beiderseitige Erwartungswertbildung im Hinblick auf die rechte Gleichung aus (5.10) ergibt:

$$E(\tilde{z}_t^{(nom)}) = E(\tilde{z}_t^{(real)}) \cdot E(\tilde{P}_t) + Cov(\tilde{z}_t^{(real)}; \tilde{P}_t)$$

$$\leftrightarrow E(\tilde{z}_t^{(real)}) = \frac{E(\tilde{z}_t^{(nom)})}{E(\tilde{P}_t)} - \frac{Cov(\tilde{z}_t^{(real)}; \tilde{P}_t)}{E(\tilde{P}_t)}. \tag{5.11}$$

Gemäß (5.11) läßt sich die erwartete reale Einzahlung anders als im Fall bei Sicherheit **nicht** generell als **Quotient** aus erwarteter nominaler Einzahlung und erwartetem Preisniveau des maßgeblichen künftigen Zeitpunktes darstellen. Bei positiver Kovarianz zwischen realer Einzahlung und Preisniveau ist die erwartete reale Einzahlung ceteris paribus kleiner, bei negativer Kovarianz ceteris paribus größer.

Beispiel 5.4:

Gegeben seien eine unsichere Einzahlung $\tilde{z}_t^{(nom)}$ und ein ungewisses Preisniveau $\tilde{P}_1$ des Zeitpunktes $t = 1$ mit möglichen Realisationen gemäß *Tabelle 5.3*.

j	1	2	3	4
$z_1^{(nom,j)}$	100	120	130	150
$P_1^{(j)}$	1,5	1,2	1,1	1
$\phi_1^{(j)}$	0,3	0,4	0,2	0,1

Tabelle 5.3: Realisationen von $\tilde{z}_t^{(nom)}$ und $\tilde{P}_1$ sowie zugehörige Eintrittswahrscheinlichkeiten

Erneut fällt es leicht, die interessierenden **Erwartungswerte** zu berechnen:

$$E(\tilde{z}_1^{(nom)}) = 0,3 \cdot 100 + 0,4 \cdot 120 + 0,2 \cdot 130 + 0,1 \cdot 150 = 119 \text{ GE},$$

$$E(\tilde{P}_1) = 0,3 \cdot 1,5 + 0,4 \cdot 1,2 + 0,2 \cdot 1,1 + 0,1 \cdot 1 = 1,25,$$

$$E(\tilde{z}_1^{(real)}) = 0,3 \cdot \frac{100}{1,5} + 0,4 \cdot \frac{120}{1,2} + 0,2 \cdot \frac{130}{1,1} + 0,1 \cdot \frac{150}{1} \approx 98,6364 \text{ GE}, \qquad (5.12)$$

$$\frac{E(\tilde{z}_1^{(nom)})}{E(\tilde{P}_1)} = \frac{119}{1,25} = 95,2 \text{ GE}.$$

In der Tat kann im Rahmen dieses Zahlenbeispiels der erwartete reale Einzahlungsüberschuß nicht sinnvoll durch einfache Bildung des Quotienten aus erwartetem nominalen Zahlungsstrom und erwartetem Preisniveau ermittelt werden. Die **Unterschätzung** ist Folge der negativen Kovarianz zwischen realer Einzahlung und Preisniveau des Zeitpunktes $t = 1$. □

Schließlich ist auch noch auf den Zusammenhang zwischen **erwarteten Preisniveaus** und **Inflationsraten** einzugehen. Bekanntermaßen gilt generell folgendes:[9]

$$\tilde{P}_t = P_0 \cdot (1+\tilde{\pi}_1) \cdot \ldots \cdot (1+\tilde{\pi}_t). \tag{5.13}$$

Beiderseitige Erwartungswertbildung führt nun zu dem folgenden recht komplexen Ausdruck:[10]

$$
\begin{aligned}
E(\tilde{P}_t) &= P_0 \cdot E[(1+\tilde{\pi}_1) \cdot \ldots \cdot (1+\tilde{\pi}_t)] \\[6pt]
&= P_0 \cdot (1+\overline{\pi}_1) \cdot E[(1+\tilde{\pi}_2) \cdot \ldots \cdot (1+\tilde{\pi}_t)] \\[6pt]
&\quad + Cov[\tilde{\pi}_1 ; (1+\tilde{\pi}_2) \cdot \ldots \cdot (1+\tilde{\pi}_t)] \\[6pt]
&= P_0 \cdot (1+\overline{\pi}_1) \cdot (1+\overline{\pi}_2) \cdot E[(1+\tilde{\pi}_3) \cdot \ldots \cdot (1+\tilde{\pi}_t)] \\[6pt]
&\quad + \sum_{\tau=1}^{2} Cov[\pi_\tau ; (1+\tilde{\pi}_{\tau+1}) \cdot \ldots \cdot (1+\tilde{\pi}_t)] \\[6pt]
&= P_0 \cdot \prod_{\tau=1}^{t} (1+\overline{\pi}_\tau) + \sum_{\tau_1=1}^{t-1} Cov[\tilde{\pi}_{\tau_1} ; \prod_{\tau_2=\tau_1+1}^{t} (1+\tilde{\pi}_{\tau_2})].
\end{aligned}
\tag{5.14}
$$

Auf der Grundlage von (5.14) wird man folglich **kaum** erwarten dürfen, daß
sich das erwartete Preisniveau des Zeitpunktes t einfach als Produkt von P_0 und
den um 1 erhöhten erwarteten Inflationsraten aller Perioden bis t ergibt.

---

[9] Vgl. z.B. *Breuer* (2000a), S. 225.

[10] Erwartungswerte werden im folgenden zur Abkürzung häufig durch "⁻" statt
"E(·)" gekennzeichnet.

Insgesamt erhält man damit die folgende **Kapitalwertformel** bei expliziter Berücksichtigung **ungewisser Inflationsraten:**[11]

$$\kappa = \sum_{t=0}^{T} \frac{\bar{z}_t^{(nom)}}{\prod_{\tau=1}^{t} (1+\bar{\iota}_\tau^{(nom)})}$$

$$= \sum_{t=0}^{T} \frac{\bar{z}_t^{(real)} \cdot \bar{P}_t + Cov(\tilde{z}_t^{(real)}; \tilde{P}_t)}{\prod_{\tau=1}^{t} [(1+\bar{\iota}_\tau^{(real)}) \cdot (1+\bar{\pi}_\tau) + Cov(\tilde{\iota}_\tau^{(real)}; \tilde{\pi}_\tau)]} \qquad (5.15)$$

$$= \sum_{t=0}^{T} \frac{\bar{z}_t^{(real)} \cdot P_0 \cdot \left\{ \prod_{\tau=1}^{t} (1+\bar{\pi}_\tau) + \sum_{\tau_1=1}^{t-1} Cov\left[\tilde{\pi}_{\tau_1}; \prod_{\tau_2=\tau_1+1}^{t} (1+\tilde{\pi}_{\tau_2}) \right] \right\} + Cov(\tilde{z}_t^{(real)}; \tilde{P}_t)}{\prod_{\tau=1}^{t} \left[(1+\bar{\iota}_\tau^{(real)}) \cdot (1+\bar{\pi}_\tau) + Cov(\tilde{\iota}_\tau^{(real)}; \tilde{\pi}_\tau) \right]}.$$

Augenscheinlich benötigt man ganz spezifische **Zusatzannahmen**, um ähnlich wie im Fall der Sicherheit zu einer einfachen Kapitalwertformel zu gelangen, bei der (erwartete) reale Größen mit (erwarteten) realen Zinssätzen diskontiert werden:

1) Sind sämtliche zukünftigen **Inflationsraten** im Zeitablauf **stochastisch unabhängig**, dann verschwinden in Formel (5.15) alle Kovarianzen des Zählers zwischen den Inflationsraten.

2) Die **Kovarianzen** zwischen den **realen Zahlungsgrößen** und den **künftigen Preisniveaus** müssen sich stets auf **Null** belaufen. Hiervon kann insbesondere dann ausgegangen werden, wenn die **einzige** Quelle der Unsicherheit bezüglich der künftigen nominalen Einzahlungen die ungewisse Inflationsra-

---

[11] Zu beachten ist hierbei, daß generell $\Pi_{\tau=1}^{0}(\cdot) \equiv 1$ definiert ist.

te ist, die realen Einzahlungen also als sicher angenommen werden.

3) Auch die **Kovarianzen** zwischen **Realzinssätzen** und **Inflationsraten** müssen stets **Null** sein. Dies wiederum wäre insbesondere bei **sicheren Realzinssätzen** der Fall, wenn also die Unsicherheit der künftigen Kassazinssätze vollständig über die künftigen Inflationsraten erklärt werden kann. **Unglücklicherweise** kann aber wenigstens der Realzinssatz für t = 0 bis t = 1 allenfalls dann sicher sein, wenn auch die Inflationsrate für diesen Zeitraum keine Zufallsvariable ist, da der Nominalzinssatz von t = 0 bis t = 1 in t = 0 ebenfalls bereits mit Sicherheit bekannt ist. **Ursächlich** für diese Schwierigkeit ist letztlich, daß sich der Nominalzinssatz eines Zeitraums von t-1 bis t bereits in t-1 realisiert, während die zugehörige Inflationsrate typischerweise erst zum Ende der betrachteten Periode feststeht.

Bei Gültigkeit der gerade dargelegten **Voraussetzungen 1) bis 3)** erhält man aus (5.15):

$$\kappa = \sum_{t=0}^{T} \frac{\overline{z}_t^{(real)} \cdot P_0 \cdot \prod_{\tau=1}^{t}(1+\overline{\pi}_\tau)}{\prod_{\tau=1}^{t}(1+\overline{\iota}_\tau^{(real)}) \cdot \prod_{\tau=1}^{t}(1+\overline{\pi}_\tau)} = P_0 \cdot \sum_{t=0}^{T} \frac{\overline{z}_t^{(real)}}{\prod_{\tau=1}^{t}(1+\overline{\iota}_\tau^{(real)})}. \qquad (5.16)$$

Sofern allein die Kovarianz zwischen $\tilde{\iota}_1^{(real)}$ und $\tilde{\pi}_1$ von Null verschieden ist, stellt sich die Kapitalwertformel wie folgt dar:

$$\kappa = P_0 \cdot \Bigg[-A_0^{(real)} + \frac{\overline{z}_1^{(real)} \cdot (1+\overline{\pi}_1)}{(1+\overline{\iota}_1^{(real)}) \cdot (1+\overline{\pi}_1) + Cov(\tilde{\iota}_1^{(real)}; \tilde{\pi}_1)}$$

$$+ \sum_{t=2}^{T} \frac{\overline{z}_t^{(real)} \cdot (1+\overline{\pi}_1)}{[(1+\overline{\iota}_1^{(real)}) \cdot (1+\overline{\pi}_1) + Cov(\tilde{\iota}_1^{(real)}; \tilde{\pi}_1)] \cdot \prod_{\tau=2}^{t}(1+\overline{\iota}_\tau^{(real)})} \Bigg]. \qquad (5.17)$$

Die **Überführung** der nominal orientierten Kapitalwertformel in eine solche auf der Basis realer Größen ist demnach bei Risiko nur noch unter gewissen (sehr engen) **Zusatzannahmen** möglich.

Beispiel 5.5:

Gegeben sei eine Betrachtung über drei Zeitpunkte $t = 0, 1, 2$, wobei in $t = 1$ und $t = 2$ jeweils **unabhängig** voneinander drei verschiedene Umweltzustände gemäß der folgenden *Tabelle 5.4* eintreten können. In *Tabelle 5.4* sind dabei neben den ungewissen Inflationsraten der Zeiträume $t = 0$ bis $t = 1$ und $t = 1$ bis $t = 2$ die mit den jeweiligen Preisniveaus verbundenen nominalen Einzahlungen $\bar{z}_1^{(nom)}$ und $\bar{z}_2^{(nom)}$ sowie für den Zeitraum von $t = 1$ bis $t = 2$ auch die möglichen Realisationen des nominalen Kassazinssatzes $\bar{\imath}_2^{(nom)}$ angeführt.

Zeitpunkt $t = 1$			
j	1	2	3
$\phi_1^{(j)}$	0,2	0,6	0,2
$z_1^{(nom,j)}$	51,5	52,5	53,5
$\pi_1^{(j)}$	0,03	0,05	0,07
$\iota_2^{(nom,j)}$	0,07	0,07	0,09
Zeitpunkt $t = 2$			
j	1	2	3
$\phi_2^{(j)}$	0,4	0,4	0,2
$z_2^{(nom,j)}$	31,2	31,8	32,1
$\pi_2^{(j)}$	0,04	0,06	0,07

Tabelle 5.4: Ungewisse Projekteinzahlungen, Inflationsraten und Kassazinssätze von $t = 0$ bis $t = 2$

Ferner belaufe sich der nominale Ein-Perioden-Zinssatz von $t = 0$ bis $t = 1$ auf 8 % und weise das Preisniveau in $t = 0$ den Wert $P_0 = 1$ auf. Die für die Projektdurchführung in $t = 0$ erforderliche Anfangsauszahlung A_0 sei 30 GE. Auf dieser Grundlage läßt sich zunächst einmal der Ein-Perioden-Terminzinssatz i_2 berechnen. Bei allgemeiner **Risikoneutralität** muß gemäß gemäß den Ausführungen aus Abschnitt 5.2 gelten:

$$i_2^{(nom)} = E(\tilde{i}_2^{(nom)}) = 0{,}2 \cdot 0{,}07 + 0{,}6 \cdot 0{,}07 + 0{,}2 \cdot 0{,}09 = 7{,}4 \text{ \%}. \tag{5.18}$$

Die **erwarteten Einzahlungen** aus der Projektdurchführung bemessen sich als:

$$\begin{aligned} E(\tilde{z}_1^{(nom)}) &= 0{,}2 \cdot 51{,}5 + 0{,}6 \cdot 52{,}5 + 0{,}2 \cdot 53{,}5 = 52{,}5 \text{ GE}, \\ E(\tilde{z}_2^{(nom)}) &= 0{,}4 \cdot 31{,}2 + 0{,}4 \cdot 31{,}8 + 0{,}2 \cdot 32{,}1 = 31{,}62 \text{ GE}. \end{aligned} \tag{5.19}$$

Auf der Grundlage von (5.18) und (5.19) gelangt man schließlich zu einem **Kapitalwert** von

$$\kappa = -30 + \frac{52{,}5}{1{,}08} + \frac{31{,}62}{1{,}08 \cdot 1{,}074} \approx 45{,}871612 \text{ GE}. \tag{5.20}$$

Die ungewissen realen Projekteinzahlungen des Zeitpunktes $t = 1$ erhält man, indem man die jeweiligen nominalen Projekteinzahlungen durch die jeweils zugehörige und um 1 erhöhte Inflationsrate dividiert. Anschließend kann über die drei möglichen Ergebnisrealisationen der Erwartungswert gebildet werden.

In entsprechender Weise ist zur Ermittlung der realen Projekteinzahlungen des Zeitpunktes $t = 2$ zu verfahren. Hierbei ist lediglich zu beachten, daß jede Inflationsrate des Zeitraums von $t = 0$ bis $t = 1$ zusammen mit jeder möglichen Ausprägung von $\tilde{z}_2^{(nom)}$ auftreten kann. Insgesamt ergibt sich daher:[12]

---

[12] Weil reale "Zahlungen" Konsummengen eines Güterkorbs beschreiben, werden reale Zahlungen in **Mengeneinheiten** ausgedrückt.

$$\overline{z}_1^{(real)} = 0{,}2 \cdot \frac{51{,}5}{1{,}03} + 0{,}6 \cdot \frac{52{,}5}{1{,}05} + 0{,}2 \cdot \frac{53{,}5}{1{,}07} = 50 \text{ ME,}$$

$$\overline{z}_2^{(real)} = 0{,}4 \cdot \frac{31{,}2}{1{,}04} \cdot \left(0{,}2 \cdot \frac{1}{1{,}03} + 0{,}6 \cdot \frac{1}{1{,}05} + 0{,}2 \cdot \frac{1}{1{,}07} \right)$$

$$+ 0{,}4 \cdot \frac{31{,}8}{1{,}06} \cdot \left(0{,}2 \cdot \frac{1}{1{,}03} + 0{,}6 \cdot \frac{1}{1{,}05} + 0{,}2 \cdot \frac{1}{1{,}07} \right) \qquad (5.21)$$

$$+ 0{,}2 \cdot \frac{32{,}1}{1{,}07} \cdot \left(0{,}2 \cdot \frac{1}{1{,}03} + 0{,}6 \cdot \frac{1}{1{,}05} + 0{,}2 \cdot \frac{1}{1{,}07} \right)$$

$$\approx 28{,}575577 \text{ ME.}$$

Schließlich sind noch die erwarteten Realzinssätze $\overline{\imath}_1^{(real)}$ und $\overline{\imath}_2^{(real)}$ zu berechnen. Zu diesem Zweck ist grundsätzlich in gleicher Weise wie im Zusammenhang mit den erwarteten realen Einzahlungen zu verfahren. Man erhält folglich:

$$1 + \overline{\imath}_1^{(real)} = 0{,}2 \cdot \frac{1{,}08}{1{,}03} + 0{,}6 \cdot \frac{1{,}08}{1{,}05} + 0{,}2 \cdot \frac{1{,}08}{1{,}07} \approx 1{,}02872075,$$

$$1 + \overline{\imath}_2^{(real)} = 0{,}2 \cdot 1{,}07 \cdot \left(0{,}4 \cdot \frac{1}{1{,}04} + 0{,}4 \cdot \frac{1}{1{,}06} + 0{,}2 \cdot \frac{1}{1{,}07} \right)$$

$$+ 0{,}6 \cdot 1{,}07 \cdot \left(0{,}4 \cdot \frac{1}{1{,}04} + 0{,}4 \cdot \frac{1}{1{,}06} + 0{,}2 \cdot \frac{1}{1{,}07} \right) \qquad (5.22)$$

$$+ 0{,}2 \cdot 1{,}09 \cdot \left(0{,}4 \cdot \frac{1}{1{,}04} + 0{,}4 \cdot \frac{1}{1{,}06} + 0{,}2 \cdot \frac{1}{1{,}07} \right)$$

$$\approx 1{,}01910761.$$

Bestimmt man den Projektkapitalwert nunmehr auf der Grundlage der Diskontierung erwarteter realer Einzahlungen mit erwarteten realen Kassazinssätzen, so ergibt sich:

$$\kappa^+ \approx -30 + \frac{50}{1{,}02872075} + \frac{28{,}575577}{1{,}02872075 \cdot 1{,}01910761} \approx 45{,}861018 \text{ GE.} \qquad (5.23)$$

Augenscheinlich stimmt der Kapitalwert gemäß (5.23) **nicht** ganz exakt mit dem korrekten Wert aus (5.20) überein, wenngleich in diesem konkreten Anwendungsfall die Differenz sicherlich von vernachlässigbarer Größenordnung ist.

Man prüft leicht, daß die reale Einzahlung aus dem Projekt zum Zeitpunkt t = 1 sicher ist. Da überdies die Inflationsraten $\tilde{\pi}_1$ und $\tilde{\pi}_2$ als stochastisch unabhängig angenommen wurden, verbleiben noch **drei** Ursachen für die auftretende Abweichung: Es sind dies die fehlenden Berücksichtigungen der von Null verschiedenen Kovarianzen zwischen $\tilde{\iota}_1^{(real)}$ und $\tilde{\pi}_1$, zwischen $\tilde{\iota}_2^{(real)}$ und $\tilde{\pi}_2$ sowie zwischen $\tilde{z}_2^{(real)}$ und $\bar{P}_2$. Konkret gilt:

$$\text{Cov}(\tilde{\iota}_1^{(real)}; \tilde{\pi}_1)$$

$$= \text{Cov}(1 + \tilde{\iota}_1^{(real)}; 1 + \tilde{\pi}_1)$$

$$= \text{E}\left[(1 + \tilde{\iota}_1^{(real)}) \cdot (1 + \tilde{\pi}_1)\right] - \text{E}(1 + \tilde{\iota}_1^{(real)}) \cdot \text{E}(1 + \tilde{\pi}_1) \qquad (5.24)$$

$$= 1 + \iota_1^{(nom)} - \left[1 + \text{E}(\tilde{\iota}_1^{(real)})\right] \cdot \left[1 + \text{E}(\tilde{\pi}_1)\right]$$

$$\approx 1{,}08 - 1{,}02872075 \cdot 1{,}05$$

$$\approx -0{,}000156788.$$

In entsprechender Weise gelangt man zu

$$\text{Cov}(\tilde{\iota}_2^{(real)}; \tilde{\pi}_2) \approx 1{,}074 - 1{,}01910761 \cdot 1{,}054 = -0{,}00013942. \qquad (5.25)$$

Des weiteren erhält man:

$$E(\tilde{P}_2) = P_0 \cdot (1+\overline{\pi}_1) \cdot (1+\overline{\pi}_2) = 1,05 \cdot 1,054 = 1,1067 \frac{GE}{ME},$$

(5.26)

$$E(\tilde{z}_2^{(real)} \cdot \tilde{P}_2) = E(\tilde{z}_2^{(nom)}) = 31,62 \text{ GE}.$$

Somit ergibt sich schließlich

$$Cov(\tilde{z}_2^{(real)}; \tilde{P}_2) \approx 31,62 - 28,575577 \cdot 1,1067$$

(5.27)

$$\approx -0,00459107 \text{ GE}.$$

Die **korrekte Kapitalwertberechnung** auf der Grundlage realer Größen lautet gemäß (5.15) demnach:

$$\kappa$$

$$\approx -30$$

$$+ \frac{50 \cdot 1,05}{1,02872075 \cdot 1,05 - 0,000156788}$$

(5.28)

$$+ \frac{28,575577 \cdot 1,05 \cdot 1,054 - 0,00459107}{(1,02872075 \cdot 1,05 - 0,000156788) \cdot (1,01910761 \cdot 1,054 - 0,00013942)}$$

$$\approx 45,871612 \text{ GE},$$

was faktisch identisch ist mit der nominalorientierten Rechnung aus (5.20). □

Alles in allem scheint es somit selbst unter der Annahme allgemeiner Risikoneutralität für Entscheidungen bei Risiko **kaum lohnenswert**, nominal orientierte Betrachtungen in real orientierte zu transformieren. In aller Regel wird man bei Risiko und allgemeiner Risikoneutralität vielmehr auch bei Auftreten ungewisser Inflationsraten direkt an der Kapitalwertformel **gemäß (5.1)** ansetzen. Die im ersten Band im Rahmen des Abschnitts 6 aus Kapitel III vorgestellten weitreichenden Vereinfachungen für den Fall bei Sicherheit bleiben bei Risiko demnach weitgehend **unzugänglich**. Überdies taucht ein weiteres, sehr grundlegendes **Problem** im Falle ungewisser künftiger Güterpreise auf, das im folgenden Unterabschnitt zumindest beschrieben werden sollte.

5.3.2 Kapitalwertorientierung und ungewisse Inflationsraten

Im Rahmen der Ausführungen des vorhergehenden Abschnitts 5.3.1 wurde gar nicht problematisiert, ob **kapitalwertorientierte Realinvestitionsentscheidungen** im Falle ungewisser künftiger Preisniveaus überhaupt noch sachgerecht sind. Schon zu Beginn des Bands I wurde dargelegt, daß eigentliches Ziel der Entscheidungssubjekte nicht Einzahlungen in bestimmten Zeitpunkten und Zuständen sind, sondern daß der hierdurch ermöglichte **Konsum** von Gütern im Vordergrund steht.

In letzter Konsequenz muß die Betrachtung demnach statt an nominalen Größen an den jeweils ermöglichten **Konsummengen** ansetzen. Unterstellt man zur Vereinfachung die Existenz nur eines einzigen Konsumgutes, erweisen sich folglich die realen Einzahlungen $\tilde{z}_t^{(real)}$ und nicht $\tilde{z}_t^{(nom)}$ als die **originäre Zielgröße**. Gemäß (5.11) gilt dabei $E(\tilde{z}_t^{(real)}) = E(\tilde{z}_t^{(nom)})/E(\tilde{P}_t) - Cov(\tilde{z}_t^{(real)};\tilde{P}_t)/E(\tilde{P}_t)$. In entsprechender Weise kann man aus dem Zusammenhang $\tilde{z}_t^{(real)} = \tilde{z}_t^{(nom)}/\tilde{P}_t$ auch $E(\tilde{z}_t^{(real)}) = E(\tilde{z}_t^{(nom)}) \cdot E(1/\tilde{P}_t) + Cov(\tilde{z}_t^{(nom)};1/\tilde{P}_t)$ folgern.

Ein höherer Geldbetrag in einem bestimmten Zeitpunkt und Zustand ist dann nicht zwingend von Vorteil, wenn zugleich auch höhere Güterpreise gegeben sind. Selbst wenn man von Risikoneutralität eines Entscheiders im Hinblick auf seine künftigen Konsummengen ausgeht, kann der gleiche erwartete Geldbetrag in einem Zeitpunkt t demnach sehr **unterschiedlichen Nutzen** stiften, je nachdem, wie sich die **Korrelation** des Geldbetrags mit den Güterpreisen dieses

Zeitpunktes darstellt.[13] Dies erklärt die Relevanz der obigen Terme $\mathrm{Cov}(\tilde{z}_t^{(real)};$ $\tilde{P}_t)$ und $\mathrm{Cov}(\tilde{z}_t^{(nom)};1/\tilde{P}_t)$.

Eine Orientierung **allein** an erwarteten **(nominalen)** Einzahlungen $E(\tilde{z}_t^{(nom)})$ selbst bei einem im Hinblick auf seinen Konsum risikoneutralen Entscheidungsträger läßt sich vor diesem Hintergrund sinnvoll wohl nur rechtfertigen, wenn stets entweder $\mathrm{Cov}(\tilde{z}_t^{(real)},\tilde{P}_t) = 0$ oder $\mathrm{Cov}(\tilde{z}_t^{(nom)},1/\tilde{P}_t) = 0$, also insbesondere **Unabhängigkeit** von realen bzw. nominalen Einzahlungen und künftigen Preisniveaus, vorliegt. Diese **Relativierung** kapitalwertorientierter Investitionsentscheidungen (auf der Basis nominaler Größen) bei ungewissen künftigen Güterpreisen sollte einem Entscheidungsträger zumindest bewußt sein, auch wenn dieses Problem wie im Abschnitt 5.3.1 in praktischen Entscheidungsrechnungen zur Komplexitätsreduktion schlicht **vernachlässigt** wird.

5.4 Kapitalwert von Auslandsdirektinvestitionen bei ungewissen Wechselkursen und Fremdwährungszahlungen[14]

5.4.1 Kapitalwert in Inlandswährung

In entsprechender Weise komplizieren sich bei Risiko die Zusammenhänge im Hinblick auf die Beurteilung von **Auslandsdirektinvestitionen** im Vergleich zum Fall mit sicheren Erwartungen.[15] Als Ausgangspunkt kann dabei die Erkenntnis dienen, daß man bei allgemeiner Risikoneutralität den Marktwert einer Investi-

---

[13] Hinter dieser Feststellung verbirgt sich ein als **"Numéraire-Problem"** in der Literatur bekanntes Phänomen. Vgl. hierzu neben *Stützel* (1970) insbesondere *Laux/Schneeweiß* (1972) oder auch die Ausführungen in *Breuer* (1994b, 2000b, 2001a, 2001b, 2001e).

[14] Die Ausführungen dieses Abschnitts 5.4 basieren zu einem großen Teil auf *Breuer* (2001h, 2001i).

[15] Vgl. zum Fall sicherer Erwartungen neben *Breuer* (2000a), S. 257 ff., auch *Breuer* (2001f, 2001g) sowie etwa *Stehle* (1982).

tionsmöglichkeit im Ausland unter anderem dadurch berechnen kann, daß man die zugehörigen erwarteten Einzahlungen in Inlandswährung mit den relevanten inländischen Ein-Perioden-Terminzinssätzen gemäß dem Vorgehen aus Formel (5.1) diskontiert. Die Einzahlungen $\bar{z}_t^{(nom,I)}$ in Inlandswährung in einem beliebigen Zeitpunkt $t = 0, ..., T$ ergeben sich in diesem Zusammenhang aus der Multiplikation der Einzahlungen $\bar{z}_t^{(nom,F)}$ in Auslandswährung mit dem jeweils maßgeblichen ungewissen (Preis-) Wechselkurs: $\bar{z}_t^{(nom,I)} = \bar{z}_t^{(nom,F)} \cdot \bar{w}_t$. Die Einheit der Wechselkurse $\bar{w}_t$ mit US-$ als Fremd- und Euro (EUR) als Inlandswährung ist dabei EUR/US-$. Die Wechselkurse $\bar{w}_t$ geben damit den Preis von 1 US-$ in EUR zu einem bestimmten Zeitpunkt t an. Auf dieser Grundlage erhält man folgenden, auf Inlandswährung lautenden **Kapitalwert $\kappa^{(I)}$ einer Auslandsdirektinvestition**:

$$\kappa^{(I)} = -A_0^{(nom,I)} + \sum_{t=1}^{T} \frac{\bar{z}_t^{(nom,I)}}{\prod_{\tau=1}^{t}(1+i_\tau^{(nom,I)})}$$

$$= -A_0^{(nom,F)} \cdot w_0 + \sum_{t=1}^{T} \frac{\bar{z}_t^{(nom,F)} \cdot \bar{w}_t + Cov(\tilde{z}_t^{(nom,F)}; \tilde{w}_t)}{\prod_{\tau=1}^{t}(1+i_\tau^{(nom,I)})}.$$

$$(5.29)$$

(5.29) entspricht dem Marktwert der Investitionsmöglichkeit für den Fall risikoneutraler Inländer. Der **Nachweis** entspricht dabei vollständig dem aus Abschnitt 5.2 zur Herleitung von Formel (5.1).

Erneut setzt eine zum Fall bei Sicherheit analoge Formel voraus, daß sich eine bestimmte **Kovarianz**, hier zwischen den Einzahlungen in Fremdwährung und dem jeweiligen Kassawechselkurs, auf **Null** beläuft. Sicherlich kann dies in aller Regel nur näherungsweise gelten, da eine Variation der Wechselkurse das **Kaufverhalten** der Subjekte beeinflussen und damit auch die Erlössituation im Rahmen der Auslandsdirektinvestition betreffen wird. Sofern man jedenfalls diese

Prämisse als hinreichend gut erfüllt sieht, vereinfacht sich (5.29) zu:

$$\kappa^{(I)} = -A_0^{(nom,F)} \cdot w_0 + \sum_{t=1}^{T} \frac{\overline{z}_t^{(nom,F)} \cdot \overline{w}_t}{\prod_{\tau=1}^{t} (1+i_\tau^{(nom,I)})}. \tag{5.30}$$

Bei den bislang betrachteten Wechselkursen $\overline{w}_t$ handelt es sich um **Kassakurse**, weil diese zu einem bestimmten Zeitpunkt t für dann abgeschlossene und simultan abgewickelte Tauschgeschäfte von EUR in US-$ und umgekehrt Gültigkeit besitzen. Ein **Terminwechselkurs** $w_{t,T}^{(f)}$ hingegen gilt für solche Devisentauschgeschäfte, die in einem Zeitpunkt t abgeschlossen, aber erst in T zu den zuvor in t fixierten Konditionen abgewickelt werden. Schon in *Breuer* (2000a), S. 269, wurde darauf hingewiesen, daß sich Kassakurse w_t und Terminkurse $w_{0,t}^{(f)}$ bei Sicherheit aus dem gleichen Grunde entsprechen müssen wie Ein-Perioden-Kassazinssätze und die zugehörigen Ein-Perioden-Terminzinssätze. Man nennt diesen Zusammenhang zwischen Kassa- und Terminwechselkursen auch die **Terminkurstheorie der Wechselkurserwartung** für den Fall bei Sicherheit.

In Entscheidungssituationen bei Risiko handelt es sich bei den Terminkursen $w_{0,t}^{(f)}$ im Gegensatz zu den künftigen Kassakursen $\overline{w}_t$ nach wie vor um sichere Größen. Bei risikoneutralen Marktteilnehmern müssen sich in diesem Falle jeweils $w_{0,t}^{(f)}$ und $E(\overline{w}_t)$ entsprechen, da erwartete Gewinne in beliebiger Höhe durch geeignete Devisenmarkttransaktionen erzielbar wären.

Konkret lohnte es sich in einer Situation mit $w_{0,\tau}^{(f)} < E(\overline{w}_\tau)$, in t = 0 Devisen in einem beliebigen Umfang A (US-$) per Termin t = τ zu $w_{0,\tau}^{(f)}$ zu kaufen und anschließend im Zeitpunkt t = τ am Kassamarkt wieder zu verkaufen. Im Erwartungswert ergäben sich zum Zeitpunkt t = τ für den betreffenden Marktteilnehmer erwartete Nettoeinzahlungen in EUR von $A \cdot [E(\overline{w}_\tau)-w_{0,\tau}^{(f)}] > 0$. Jeder Marktteilnehmer hätte demnach ein Interesse daran, die gerade beschriebene Transaktion für möglichst großes A durchzuführen. Auf dem Terminmarkt gäbe es folglich einen Nachfrageüberschuß und auf dem Kassamarkt einen Angebotsüberschuß an Devisen, weswegen kein Gleichgewicht vorläge. Aufgrund vollkommen analoger Überlegungen beschreibt auch $w_{0,\tau}^{(f)} > E(\bar{w}_\tau)$ kein Gleichgewicht. Die Annahme der **Risikoneutralität** impliziert somit $w_{0,\tau}^{(f)} = E(\bar{w}_\tau)$ für beliebigen Zeitpunkt $t = \tau$. Dieser Zusammenhang beschreibt die Terminkurstheorie der Wechselkurserwartung bei Risiko.

Beispiel 5.6:

Angenommen, es gelte $w_{0,1}^{(f)} = 1{,}2$ EUR/US-\$ und gleichzeitig $E(\bar{w}_1) = 1{,}1$ EUR/US-\$, dann würde beispielsweise der Verkauf von 1.000 US-\$ in t = 0 per Termin t = 1 zu einer Einzahlung in t = 1 von $1{,}2 \cdot 1.000 = 1.200$ EUR führen. Um der Lieferverpflichtung hinsichtlich der 1.000 US-\$ in t = 1 nachkommen zu können, müssen diese in t = 1 am Kassamarkt zum dann gültigen Kassakurs erworben werden. Aus Sicht von t = 0 impliziert dies unsichere EUR-Auszahlungen in t = 1 in Höhe von $1.000 \cdot \bar{w}_1$. Per saldo ergeben sich für den betrachteten Marktteilnehmer unsichere Nettoeinzahlungen in EUR von $1.200 - 1.000 \cdot \bar{w}_1$, deren Erwartungswert sich auf $1.200 - 1.100 = 100$ EUR beläuft. Auf analoge Weise könnten noch höhere erwartete Gewinne in EUR durch entsprechend größere Transaktionsvolumina erzielt werden. Ein allgemeines **Marktgleichgewicht** liegt für diese Datenkonstellation folglich **nicht** vor. □

Es ist damit möglich, in den Formeln (5.29) und (5.30) die erwarteten Kassakurse durch die jeweils zugehörigen Terminkurse zu **ersetzen**. Insbesondere gilt unter der Prämisse[16] $\mathrm{Cov}(\bar{z}_t^{(\mathrm{nom},F)}; \bar{w}_t) = 0$ folglich

$$\kappa^{(I)} = -A_0^{(\mathrm{nom},F)} \cdot w_0 + \sum_{t=1}^{T} \frac{\bar{z}_t^{(\mathrm{nom},F)} \cdot w_{0,t}^{(f)}}{\prod_{\tau=1}^{t} (1 + i_\tau^{(\mathrm{nom},I)})}. \tag{5.31}$$

---

[16] Zu beachten ist, daß ohne diese Prämisse natürlich weiterhin (5.29), gegebenenfalls mit Substitution der erwarteten Kassakurse $\bar{w}_t$ durch die zugehörigen Terminkurse $w_{0,t}^{(f)}$, maßgeblich ist.

5.4.2 Kapitalwert in Auslandswährung

Alternativ könnte man auch zunächst den US-\$-Marktwert $\kappa^{(F)}$ der Investitionsmöglichkeit auf der Grundlage der Fremdwährungseinzahlungen bestimmen und anschließend durch **Umrechnung** zu w_0 den Marktwert der Investitionsmöglichkeit in Inlandswährung ermitteln. Unter der Prämisse risikoneutraler Ausländer erhält man für den **Marktwert** der Investitionsmöglichkeit in **Fremdwährung**:

$$\kappa^{(F)} = \sum_{t=0}^{T} \frac{\overline{z}_t^{(nom,F)}}{\prod_{\tau=1}^{t}(1+i_\tau^{(nom,F)})}. \tag{5.32}$$

Bei **Verletzung** von (5.32) bestünde die Möglichkeit, erwartete Gewinne in Fremdwährung in beliebiger Höhe zu erzielen. Wieder kann zur Herleitung auf das Vorgehen aus Abschnitt 5.2 verwiesen werden.

Selbstverständlich müssen des weiteren die Formeln (5.29) (bzw. (5.30) oder (5.31)) und (nach Multiplikation mit w_0) (5.32) im Kapitalmarktgleichgewicht zum gleichen Ergebnis führen. Andernfalls könnte man beliebig hohe erwartete Gewinne aus Sicht des Zeitpunktes $t = 0$ realisieren, indem man den betrachteten Zahlungsstrom preiswert einkauft und teuer wieder veräußert. Im Falle von $\kappa^{(I)} < w_0 \cdot \kappa^{(F)}$ etwa würde man in $t = 0$ den Zahlungsstrom zu $\kappa^{(I)}$ gegen Inlandswährung erwerben und zu $\kappa^{(F)}$ gegen Auslandswährung wieder veräußern. Entsprechend umgekehrt wäre das Vorgehen für $\kappa^{(I)} > w_0 \cdot \kappa^{(F)}$.

Unter diesem Aspekt dürfte sich in der **praktischen** Anwendung Formel (5.32) als einfacher darstellen, weil (5.30) und (5.31) nicht generelle Gültgkeit besitzen und die Anwendung von (5.29) neben der Bestimmung von Erwartungswerten die Schätzung von **T Kovarianzen** erfordert. Auf diese Beurteilung wird aber noch zurückzukommen sein.

5.4.3 Das *Siegel*-Paradox

Eine nähere Analyse der Beziehungen zwischen (5.30) und (5.32) liefert weitere Einblicke. Damit für beliebige[17] Projektzahlungsreihen in der Tat stets $\kappa^{(I)} = w_0 \cdot \kappa^{(F)}$ bei Zugrundelegung von (5.30) und (5.32) gilt, muß zwischen Wechselkursen sowie In- und Auslandszinssätzen folgender Zusammenhang für jeden Zeitpunkt t gelten:

$$\frac{\overline{w}_t}{\prod\limits_{\tau=1}^{t}(1+i_\tau^{(nom,I)})} = \frac{w_0}{\prod\limits_{\tau=1}^{t}(1+i_\tau^{(nom,F)})}$$

$$\Leftrightarrow \quad \frac{\overline{w}_t}{w_0} = \frac{\prod\limits_{\tau=1}^{t}(1+i_\tau^{(nom,I)})}{\prod\limits_{\tau=1}^{t}(1+i_\tau^{(nom,F)})}.$$

(5.33)

Die Beziehung aus (5.33) ist für den Fall bei Sicherheit bereits aus dem Band I zur Investitionstheorie bekannt und wurde dort als **Internationaler *Fisher*-Effekt** bezeichnet. Während die Gültigkeit des Internationalen *Fisher*-Effekts bei Sicherheit völlig unproblematisch ist, stellt sich die Situation im Fall bei Risiko ein wenig komplizierter dar. Zwar ist es schon so, daß eine **Verletzung** des Internationalen *Fisher*-Effekts bei allgemeiner Risikoneutralität **nicht** auftreten kann, da sich ansonsten Möglichkeiten zur Erzielung erwarteter Gewinne in beliebiger Höhe ergeben. Die Argumentation entspricht hier grundsätzlich der bereits für den Fall bei Sicherheit bekannten.

---

[17] Natürlich ist die Anforderung $Cov(\tilde{z}_t^{(nom,F)}; \tilde{w}_t) = 0$ (t = 1, ..., T) zu beachten.

Beispiel 5.7:

Im Rahmen einer Zwei-Zeitpunkte-Betrachtung werde für $t = 1$ ein Wechselkurs $\overline{w}_1 = 1,1$ EUR/US-\$ erwartet. Der aktuelle Wechselkurs des Zeitpunktes $t = 0$ sei 1 EUR/US-\$. Weiter gelte $i_1^{(nom,I)} = 8$ % und $i_1^{(nom,F)} = 6$ %. Der Internationale *Fisher*-Effekt liegt somit für den Zeitraum von $t = 0$ bis $t = 1$ nicht vor, da man $\overline{w}_1/w_0 = 1,1 \neq 1,08/1,06 \approx 1,018868$ erhält. In der Tat lohnt es sich damit, einen beliebigen Betrag A von $t = 0$ bis $t = 1$ im Inland zu $i_1^{(nom,I)} = 8$ % aufzunehmen, noch in $t = 0$ in Fremdwährung zu tauschen, anschließend zu $i_1^{(nom,F)} = 6$ % bis $t = 1$ anzulegen und schließlich wieder in EUR umzuwechseln. Die erwarteten Rückflüsse belaufen sich auf $1,1 \cdot 1,06 \cdot A = 1,166 \cdot A$, was über den zu erfüllenden Verbindlichkeiten von $1,08 \cdot A$ liegt. Jeder risikoneutrale Marktteilnehmer wird diese Möglichkeit zur Erzielung **beliebig hoher** erwarteter Gewinne infolge der Verletzung des Internationalen *Fisher*-Effekts ausnutzen wollen. Ein allgemeines Marktgleichgewicht liegt damit **nicht** vor. □

Unglücklicherweise ist es aber denknotwendig nicht möglich, daß der Internationale *Fisher*-Effekt bei ungewissen künftigen Wechselkursen **simultan** aus Sicht der **In- wie der Ausländer** Gültigkeit besitzt. Um (5.33) in die analoge Form aus Sicht eines US-Amerikaners zu bringen, ist zu beachten, daß der maßgebliche Preiswechselkurs eines beliebigen Zeitpunktes t aus US-amerikanischer Sicht $1/\overline{w}_t$ ist, da nunmehr US-\$ die relevante **Heimatwährung** und EUR die **Fremdwährung** bezeichnet. Entsprechend ist der Zinssatz aus Deutschland nun der Auslands- und der US-amerikanische Zinssatz der Inlandszinssatz. Bei Gültigkeit des Internationalen *Fisher*-Effekts **aus US-amerikanischer Sicht** müßte demnach gelten:

$$\frac{E\left(\dfrac{1}{\tilde{w}_t}\right)}{\displaystyle\prod_{\tau=1}^{t}(1+i_\tau^{(nom,F)})} = \frac{\dfrac{1}{w_0}}{\displaystyle\prod_{\tau=1}^{t}(1+i_\tau^{(nom,I)})}$$

(5.34)

$$\Leftrightarrow \frac{1}{w_0}\cdot\frac{1}{E\left(\dfrac{1}{\tilde{w}_t}\right)} = \frac{\displaystyle\prod_{\tau=1}^{t}(1+i_\tau^{(nom,I)})}{\displaystyle\prod_{\tau=1}^{t}(1+i_\tau^{(nom,F)})}.$$

(5.33) und (5.34) können nur dann simultan erfüllt sein, wenn die **Gleichheit** $E(\bar{w}_t) = [1/E(1/\bar{w}_t)] \Leftrightarrow E(\bar{w}_t)\cdot E(1/\bar{w}_t) = 1$ gilt. Man prüft leicht, daß gerade dies aber **nicht** der Fall sein kann, weil

$$E(\tilde{w}_t)\cdot E\left(\frac{1}{\tilde{w}_t}\right)$$

$$= E\left(\tilde{w}_t\cdot\frac{1}{\tilde{w}_t}\right) - \text{Cov}\left(\tilde{w}_t;\frac{1}{\tilde{w}_t}\right)$$

(5.35)

$$= 1 - \text{Cov}\left(\tilde{w}_t;\frac{1}{\tilde{w}_t}\right) > 1.$$

Die **Kovarianz** zwischen $\tilde{w}_t$ und $1/\tilde{w}_t$ ist nämlich wegen der augenscheinlich gegenläufigen Entwicklung der beiden Zufallsvariablen **negativ**.[18]

---

[18] In entsprechender Weise kann man zeigen, daß die **Terminkurstheorie der Wechselkurserwartung** bei Risiko ebenfalls nicht zugleich aus Sicht der Inländer wie der Ausländer gelten kann. Vgl. hierzu *Breuer* (2000b), S. 46 ff., oder auch *Breuer* (1996b).

298

Aus Ungleichung (5.35) ergibt sich insbesondere, daß bei allgemeiner **Risiko-neutralität** im In- und Ausland und **unsicheren** künftigen Kassawechselkursen **kein** Kapitalmarktgleichgewicht gegeben sein kann. Unterstellt man also für das Inland die Gültigkeit des Internationalen *Fisher*-Effekts, so müssen die US-Amerikaner alle strikt **risikoscheu** sein, um die Möglichkeit der Existenz eines allgemeinen Kapitalmarktgleichgewichts zu gewährleisten. In entsprechender Weise impliziert die Annahme risikoneutraler US-Amerikaner die Risikoscheu aller Deutschen, sofern man sich auf die Betrachtung von Gleichgewichtssituationen beschränkt.

Beispiel 5.8:
Gegeben sei eine Zwei-Zeitpunkte-Betrachtung mit zwei gleich wahrscheinlichen Wechselkursen zum Zeitpunkt t = 1 aus Sicht von t = 0: 0,8 EUR/US-$ und 1,2 EUR/US. Die Nominalzinssätze im In- und Ausland von t = 0 bis t = 1 betragen beide 0 %, der Wechselkurs w_0 beläuft sich auf 1 EUR/US-$. Augenscheinlich gilt der **Internationale *Fisher*-Effekt** aus deutscher Sicht. Aus US-amerikanischer Sicht erhält man einen erwarteten Wechselkurs von $0,5 \cdot (1/1,2) + 0,5 \cdot (1/0,8) \approx 1,0417$ US-$/EUR $\neq 1$ US-$/EUR $= 1/w_0$. Der Internationale *Fisher*-Effekt hat aus Sicht der US-Amerikaner somit (natürlich) **keinen** Bestand. □

Das gerade angesprochene Problem hat seine Ursache im sogenannten *Siegel*-Paradox[19] und ist ein weiterer Beleg dafür, daß Kapitalmarktbetrachtungen bei **Risikoneutralität** wegen der latent gegebenen **Gefahr fehlender Gleichgewichte** für gegebene Prämissenkonstellationen nicht ganz unproblematisch sind.

In der Tat folgt aus den gerade dargelegten Zusammenhängen, daß im allgemeinen **nicht** von der generellen simultanen Gültigkeit von (5.29) (bzw. (5.30) oder (5.31)) und (5.32) ausgegangen werden kann, da bei risikoscheuen Marktteilnehmern der Marktwert einer Investitionsmöglichkeit grundsätzlich nicht mehr als

[19] Vgl. hierzu *Siegel* (1972, 1975).

einfacher Kapitalwert wie in (5.29) bis (5.32) darstellbar ist. Insofern ist die oben ausgesprochene Empfehlung zur Nutzung von (5.32) zu relativieren. **Risikoneutrale** Marktteilnehmer kann man allenfalls für **eines** der beiden betrachteten Länder annehmen. (5.32) ist hierbei dann anzuwenden, wenn man (nur) risikoneutrale US-Amerikaner unterstellt, (5.29) (bzw. (5.30) oder (5.31)) hingegen, wenn man (nur) risikoneutrale Deutsche voraussetzt. **Simultane** Gültigkeit können (5.29) bis (5.32) einzig dann haben, wenn die künftigen Wechselkurse **sicher** sind, unsicher dürfen hier demnach nur die künftigen Fremdwährungseinzahlungen und Kassazinssätze sein.

5.4.4 Ungewisse Inflationsraten, Wechselkurse und Kapitalwertorientierung

In jedem Fall könnte man (5.30) noch mittels des gleichen Vorgehens wie im Abschnitt 5.3 in eine **reale** Darstellung analog zu (5.16) überführen, um sodann die Implikationen aus der Gültigkeit des **Nationalen** *Fisher*-**Effekts** zur Vereinfachung der Kapitalwertformel anzuwenden. Der Nationale *Fisher*-Effekt beschreibt bei Risiko die **Gleichheit der erwarteten Realzinssätze** in verschiedenen Ländern. Hierauf soll an dieser Stelle verzichtet werden. Nicht nur ist auch die theoretische Fundierung des Nationalen *Fisher*-Effekts recht problematisch,[20] sondern überdies erforderte schon das Vorgehen aus Abschnitt 5.3 bekanntermaßen derart spezielle Zusatzannahmen, daß die **praktische** Bedeutung der Herleitungen allenfalls als **marginal** einzustufen ist. Hinzu kommt die im Abschnitt 5.3.2 beschriebene **Problematik** kapitalwertorientierter Investitionsentscheidungen bei **ungewissen** Inflationsraten.

Der letztgenannte Punkt leitet über zu der Frage, inwiefern **nominal** orientierte Betrachtungen bei unsicheren Wechselkursen zulässig sind, selbst wenn man von **sicheren** künftigen Güterpreisen ausgeht, wenn man also unterstellt, daß im Inland hergestellte Güter sichere künftige EUR-Preise haben und im Ausland hergestellte Güter entsprechend sichere künftige US-$-Preise.

---

[20] Vgl. hierzu etwa *Breuer* (2000b), S. 53 ff.

Die Problematik ist hier nämlich sehr ähnlich zu der des Abschnitts 5.3.2, da unsichere Wechselkurse dazu führen, daß die Preise in Inlandswährung für Auslandsgüter **stochastisch** sind. Sofern Inländer also an Konsum von Auslandsgütern interessiert sind, reicht eine bloße Betrachtung ihrer künftigen EUR-Einzahlungen nicht aus, da die unsicheren künftigen Wechselkurse die **Kaufkraft** der EUR-Einzahlungen bestimmen.[21] Entsprechendes gilt für Ausländer, die Inlandsgüter konsumieren wollen. Auch hier benötigt man demnach gewisse **Zusatzannahmen**, um die Vorgehensweise der vorhergehenden Unterabschnitte von 5.4 zu rechtfertigen. **Hinreichend** wäre beispielsweise, daß Inländer nur Inlandsgüter und Ausländer nur Auslandsgüter konsumieren. Zweifellos ist dies eine recht strenge Annahme. Wir werden auf dieses Problem im Abschnitt 7.5 im Rahmen der Diskussion eines komplexeren Kapitalmarktmodells mit In- und Ausländern zurückkommen und dort eine ausführlichere Würdigung dieses Sachverhalts präsentieren.

Insgesamt bleibt es vorerst bei der **Empfehlung**, Auslandsdirektinvestitionen unmittelbar gemäß (5.29) (bzw. (5.30) oder (5.31)) bei Annahme risikoneutraler Inländer oder gemäß (5.32) bei Annahme risikoneutraler Ausländer zu beurteilen. Die oben genannten Probleme sollte man dabei aber im Gedächtnis behalten.

5.4.5 Die Berücksichtigung der Gefahr von Enteignungen oder Transferbeschränkungen

Sofern die Erörterung von Auslandsdirektinvestitionen bei Risiko mit Hilfe von Kapitalwertbetrachtungen in der Literatur überhaupt erfolgt, wird auf den Fall bei Risikoneutralität nicht explizit eingegangen und finden sich auch keine Ausführungen zur Diskussion der Konsequenzen aus dem *Siegel*-Paradox. Statt dessen wird von vornherein mit nicht näher hinterfragten risikoangepaßten Kapitalkostensätzen gearbeitet und allenfalls auf **besondere Gefahren** hingewiesen, die

---

[21] Dieses Problem bildete den Ausgangspunkt in *Stützel* (1970) für die dortige Analyse des **Numéraire-Problems**. Siehe hierzu auch die sonstigen, in Fußnote 13 des vorliegenden Abschnitts genannten Quellen.

die Durchführung von Auslandsdirektinvestitionen von rein binnenwirtschaftlich orientierten Investitionen neben der unmittelbaren Relevanz ungewisser Wechselkurse unterscheidet.[22,23] An erster Stelle sind hier die Gefahr einer **Enteignung** und mögliche **Transferbeschränkungen** zu nennen.[24] Ersteres bezeichnet den Umstand, daß das zur Auslandsdirektinvestition gehörige Investitionsobjekt zu einem bestimmten Zeitpunkt t = τ inclusive sämtlicher künftiger Einzahlungsüberschüsse in das Eigentum des ausländischen Staates **zwangsweise** übertragen wird, wobei möglicherweise zugleich gewisse **Entschädigungszahlungen** erfolgen. Da Enteignungen deutscher Unternehmen in Deutschland quasi keine Rolle spielen, handelt es sich bei der Gefahr einer Enteignung um ein Problem, das faktisch nur im Kontext von Auslandsdirektinvestitionen für deutsche Unternehmer relevant werden kann, weswegen seine isolierte Betrachtung hier gerechtfertigt ist. Unter den im Rahmen dieses Abschnitts getroffenen Annahmen läßt sich die Gefahr von Enteignungen relativ einfach explizit im gegebenen Kontext berücksichtigen. Sei dazu angenommen, daß eine Enteignung lediglich zu einem Zeitpunkt t = τ drohe und mit einer Entschädigung e_τ in Fremdwährung zu diesem Zeitpunkt einhergehe. Mit $\bar{\gamma}_\tau^{(E)}$ sei eine **Indikatorvariable** bezeichnet, die den Wert 1 bei Enteignung in t = τ annehme und 0 sonst. Die Wahrscheinlichkeit der Enteignung in τ sei $\phi_\tau^{(E)}$. Ferner bezeichne $\bar{z}_t^{(oE,F)}$ abkürzend die nominalen Einzahlungen aus der Auslandsdirektinvestition unter Abstraktion von der Ent-

---

[22] Siehe beispielsweise die Darstellungen in *Eun/Resnick* (1998), S. 448 ff., sowie *Levi* (1996), S. 460 ff. Konkret erfreut sich der **Adjusted-present-value-Ansatz** in der Variante von *Lessard* (1985) in diesem Kontext gewisser Beliebtheit. Was ein Adjusted-presented-value-Ansatz ist, wird im Rahmen des vorliegenden Buchs noch im Kapitel V erläutert, freilich **ohne** Bezug auf Auslandsdirektinvestitionen.

[23] Darüber hinaus spielen auch noch **steuerliche** Fragen eine wesentliche Rolle, da die Diskrepanzen zwischen Auslandsdirekt- und Inlandsinvestitionen hier naturgemäß ebenfalls besonders deutlich zum Tragen kommen. Vgl. zu steuerlichen Aspekten im Rahmen von Investitionsentscheidungen aus deutscher Sicht z.B. die Darstellung bei *Schreiber/Rogall* (2000).

[24] Eine kapitalwertorientierte Darstellung dieser Problematik findet sich auch etwa in *Shapiro* (1978). Siehe überdies *Shapiro* (1983).

eignungsmöglichkeit. Die unsicheren Größen $\tilde{\gamma}_\tau^{(E)}$ und $\tilde{z}_t^{(oE,F)}$ ($t = 1, ..., T$) sollen stochastisch **unabhängig** sein. Dies bedeutet, daß kein Zusammenhang zwischen der Enteignungswahrscheinlichkeit und der Ertragslage der Unternehmung besteht. Natürlich dient diese Annahme lediglich der Vereinfachung, da man sich ohne weiteres vorstellen kann, daß die **Enteignungsgefahr** für prosperierende Unternehmen deutlich **größer** als für Unternehmen mit schlechten Geschäftsaussichten ist.

Schließlich stehe $\tilde{z}_t^{(F)}$ für denjenigen Einzahlungsüberschuß der Unternehmung, der sich unter Beachtung der Enteignungsproblematik ergibt. Entsprechend sei $\tilde{z}_t^{(I)}$ als die nominalen Einzahlungen nach Umrechnung in Inlandswährung definiert. Auf dieser Grundlage ergeben sich die folgenden **Zusammenhänge**:

$$\tilde{z}_t^{(F)} = \tilde{z}_t^{(oE,F)} \qquad (t = 0, ..., \tau-1),$$

$$\tilde{z}_\tau^{(F)} = \tilde{\gamma}_\tau^{(E)} \cdot e_\tau + (1 - \tilde{\gamma}_\tau^{(E)}) \cdot \tilde{z}_\tau^{(oE,F)}, \qquad (5.36)$$

$$\tilde{z}_t^{(F)} = (1 - \tilde{\gamma}_\tau^{(E)}) \cdot \tilde{z}_t^{(oE,F)} \qquad (t = \tau+1, ..., T).$$

Gemäß (5.36) bestimmen sich die erwarteten Einzahlungen $\overline{z}_t^{(F)}$ in Fremdwährung in allen Zeitpunkten $t < \tau$ demnach einfach als $\overline{z}_t^{(oE,F)}$. Im Zeitpunkt $t = \tau$ hingegen gilt wegen $E(\tilde{\gamma}_\tau^{(E)}) = \phi_\tau^{(E)}$:[25]

$$\overline{z}_\tau^{(F)} = \phi_\tau^{(E)} \cdot e_\tau + (1 - \phi_\tau^{(E)}) \cdot \overline{z}_\tau^{(oE,F)}. \qquad (5.37)$$

Für $t > \tau$ erhält man in analoger Form:

$$\overline{z}_t^{(F)} = (1 - \phi_\tau^{(E)}) \cdot \overline{z}_t^{(oE,F)}. \qquad (5.38)$$

---

[25] Sofern zwischen $\tilde{\gamma}_\tau^{(E)}$ und $\tilde{z}_t^{(oE,F)}$ ($t = 1, ..., T$) stochastische Abhängigkeiten bestehen, ist in (5.37) der **bedingte** Erwartungswert $E(\tilde{z}_\tau^{(oE,F)} \mid \tilde{\gamma}_\tau^{(E)} = 0)$ auszuweisen. In (5.38) hätte man entsprechend $E(\tilde{z}_\tau^{(oE,F)} \mid \tilde{\gamma}_\tau^{(E)} = 1)$ zu schreiben. Nur für $t < \tau$ bliebe es beim Ansatz des unbedingten Erwartungswertes $\overline{z}_\tau^{(oE,F)}$.

Die erwarteten nominalen **Fremdwährungseinzahlungen** nehmen also lediglich eine ganz bestimmte Gestalt an, besondere zusätzliche rechnerische Probleme resultieren aber aus einer etwaigen Enteignungsgefahr **nicht**.

Komplizierter ist die Bestimmung der erwarteten Einzahlungen in **Inlandswährung**, da bekanntermaßen die Beziehung[26]

$$E(\tilde{z}_t^{(I)}) = E(\tilde{z}_t^{(F)} \cdot \tilde{w}_t) = \overline{z}_t^{(F)} \cdot \overline{w}_t + \text{Cov}(\tilde{z}_t^{(F)}; \tilde{w}_t) \qquad (5.39)$$

gilt und insofern noch eine genauere Spezifikation der **Kovarianz** zwischen $\tilde{z}_t^{(F)}$ und $\tilde{w}_t$ erforderlich ist. Nur für Spezialfälle werden sich hierbei Möglichkeiten zur Vereinfachung ergeben. Ein solcher **Spezialfall** liegt insbesondere dann vor, wenn das Auftreten einer Enteignung nicht nur von der unternehmerischen Ertragslage,[27] sondern überdies auch von der Wechselkursentwicklung **unabhängig** ist. Damit gilt auf der Grundlage von (5.36) folgendes:

$$\text{Cov}(\tilde{z}_t^{(F)}; \tilde{w}_t) = \text{Cov}(\tilde{z}_t^{(oE,F)}; \tilde{w}_t) \qquad (t = 0, ..., \tau-1),$$

$$\text{Cov}(\tilde{z}_\tau^{(F)}; \tilde{w}_\tau) = (1-\phi_\tau^{(E)}) \cdot \text{Cov}(\tilde{z}_\tau^{(oE,F)}; \tilde{w}_\tau), \qquad (5.40)$$

$$\text{Cov}(\tilde{z}_t^{(F)}; \tilde{w}_t) = (1-\phi_\tau^{(E)}) \cdot \text{Cov}(\tilde{z}_t^{(oE,F)}; \tilde{w}_t) \quad (t = \tau+1, ..., T).$$

Die erste Zeile aus (5.40) ist wegen der Identität $\tilde{z}_t^{(F)} = \tilde{z}_t^{(oE,F)}$ für $t < \tau$ evident. In der dritten Zeile benötigt man den Umstand, daß infolge der Unabhängigkeit zwischen $\tilde{\gamma}_\tau^{(E)}$ und $\tilde{z}_t^{(oE,F)}$ sowie zwischen $\tilde{\gamma}_\tau^{(E)}$ und $\tilde{w}_t$ folgende Umformung möglich ist:[28] $\text{Cov}[(1-\tilde{\gamma}_\tau^{(E)}) \cdot \tilde{z}_t^{(oE,F)}; \tilde{w}_t] = E(1-\tilde{\gamma}_\tau^{(E)}) \cdot \text{Cov}(\tilde{z}_t^{(oE,F)}; \tilde{w}_t)$, wobei $E(1-\tilde{\gamma}_\tau^{(E)})$ mit

---

[26] Die Substitution von $\overline{w}_t$ durch $w_{0,t}^{(f)}$ ändert nichts an der Relevanz des Kovarianzterms in (5.39), wie schon an anderer Stelle erwähnt wurde.

[27] Spätestens hier kommt man demnach wohl nicht umhin, zur Vereinfachung stochastische Unabhängigkeit zwischen $\tilde{\gamma}_\tau^{(E)}$ und $\tilde{z}_t^{(oE,F)}$ ($t = 1, ..., T$) anzunehmen.

[28] Vgl. hierzu den Anhang zu diesem Abschnitt.

$1-\phi_\tau^{(E)}$ übereinstimmt. In der zweiten Zeile aus (5.40) wird der gerade beschriebene Zusammenhang in analoger Form genutzt sowie die Tatsache, daß der Summand $\bar{\gamma}_\tau^{(E)} \cdot e_\tau$ aufgrund seiner Unabhängkeit von $\bar{w}_\tau$ für die Höhe der zu bestimmenden Kovarianz keine Rolle spielt.

Als zweites Sonderproblem von Auslandsdirektinvestitionen ist noch kurz das der **Transferbeschränkung** anzusprechen. Hierunter versteht man den Sachverhalt, daß für einen bestimmten Zeitraum eine **Weiterleitung** der über die Auslandsdirektinvestition verdienten Einzahlungsüberschüsse an den (inländischen) Unternehmer **untersagt** wird. Die Mittel müssen für diesen Zeitraum zwangsweise im Ausland angelegt werden. Zumindest im hier betrachteten Kontext können die Kapitalwertkonsequenzen einer solchen Maßnahme sehr leicht bestimmt werden. Solange man von (abgesehen von der zeitweiligen Transferbeschränkung) **vollkommenen** aus- und inländischen Kapitalmärkten ausgeht, sind **Finanzinvestitionen** im allgemeinen und damit auch die hier zur Diskussion stehenden zwangsweisen stets **marktwertneutral**. Denn wenn es bestimmte Transaktionen an den Kapitalmärkten gäbe, durch die man in t = 0 aus einem Anfangsvermögen A eine finanzielle Position mit Marktwert $A + \Delta A$ und $\Delta A \neq 0$ erzeugen kann, resultierte für $\Delta A > 0$ unmittelbar ein sicherer Gewinn und könnte für $\Delta A < 0$ ein ebensolcher durch genau entgegengesetzte Maßnahmen erzielt werden. Solche sicheren Gewinne glaubten alle Marktteilnehmer durch fortgesetzte Wiederholung der entsprechenden Transaktionen aufgrund der Annahme allgemeinen Mengenanpasserverhaltens beliebig groß machen zu können. Der Kapitalmarkt wäre nicht arbitragefrei und folglich nicht im Gleichgewicht. Transferbeschränkungen, gleich, ob die zurückgehaltenen Mittel in In- oder Auslandswährung im Ausland angelegt werden müssen, sind daher bei ansonsten gegebener Vollkommenheit der Kapitalmärkte marktwertneutral. Dies trifft natürlich nicht mehr zu, wenn eine weitere Unvollkommenheit dergestalt eingeführt wird, daß die im Ausland gewährte **Verzinsung** ebenfalls **reguliert** und unterhalb des gleichgewichtigen Marktzinsniveaus angesiedelt ist. Aber auch dieser Umstand ist recht einfach zu erfassen.

Sei $t = \tau$ der einzig mögliche Zeitpunkt einer etwaigen Transferbeschränkung und die Wahrscheinlichkeit für den Eintritt dieses Ereignisses $\phi_\tau^{(Tb)}$. Im Falle des Wirksamwerdens der Transferbeschränkung sollen die Fremdwährungseinzahlungen aus der Auslandsdirektinvestition ab (inclusive) dem Zeitpunkt $t = \tau$ erst in $t = T$ in Inlandswährung umgewechselt und ausgeführt werden dürfen. Der von den ausländischen öffentlichen Stellen gewährte Ein-Perioden-Zinssatz im Rahmen der zwangsweisen Mittelanlage sei $i^{(reg,F)}$. Das Auftreten von Transferbeschränkungen sei **unabhängig** von der unternehmerischen Ertragslage.[29]

Mit $\bar{z}_t^{(oTb,F)}$ als den unternehmerischen Fremdwährungseinzahlungen ohne Transferbeschränkung und $\bar{z}_t^{(F)}$ als den tatsächlichen (ausführbaren) Fremdwährungseinzahlungen eines Zeitpunktes t ergeben sich die erwarteten Einzahlungen $\bar{z}_t^{(F)}$ in Fremdwährung in allen Zeitpunkten $t < \tau$ in Entsprechung zur Situation mit Enteignungsgefahr damit einfach als $\bar{z}_t^{(oTb,F)}$. Im Zeitpunkt $t = \tau$ erhält man

$$\bar{z}_\tau^{(F)} = (1 - \phi_\tau^{(Tb)}) \cdot \bar{z}_\tau^{(oTb,F)}, \tag{5.41}$$

für t mit $T > t > \tau$ in analoger Form

$$\bar{z}_t^{(F)} = (1 - \phi_\tau^{(Tb)}) \cdot \bar{z}_t^{(oTb,F)} \tag{5.42}$$

und für $t = T$ schließlich

$$\bar{z}_T^{(F)} = \phi_\tau^{(Tb)} \cdot \sum_{t=\tau}^{T-1} \left[\bar{z}_t^{(oTb,F)} \cdot (1 + i^{(reg,F)})^{T-t} \right] + \bar{z}_T^{(oTb,F)}. \tag{5.43}$$

Grundsätzlich stimmen die Zusammenhänge demnach mit denen im Falle einer bestehenden Enteignungsgefahr überein. In der Tat ergeben sich (leichte) strukturelle Unterschiede **nur** hinsichtlich der Gestalt der erwarteten Fremdwährungszahlungen zu den Zeitpunkten $t = \tau$ und $t = T$. Dementsprechend läßt sich eine einfache Darstellung der erwarteten Einzahlungen in Inlandswährung unter Be-

---

[29] Grundsätzlich läßt sich zu dieser Prämisse das gleiche anmerken wie zu der entsprechenden Annahme im Zusammenhang mit Enteignungsgefahr.

rücksichtigung der Gefahr eines Transferverbots vor allem unter der Prämisse herleiten, daß das Auftreten eines Transferverbots nicht nur von der Höhe der Fremdwährungseinzahlungen aus der Auslandsdirektinvestition ohne Transferbeschränkung, sondern auch von der Wechselkursentwicklung unabhängig ist. Dann ergibt sich[30]

$$E(\tilde{z}_t^{(I)}) = E(\tilde{z}_t^{(F)} \cdot \tilde{w}_t) = \bar{z}_t^{(F)} \cdot \bar{w}_t + \text{Cov}(\tilde{z}_t^{(F)}; \tilde{w}_t) \qquad (5.44)$$

mit

$$\text{Cov}(\tilde{z}_t^{(F)}; \tilde{w}_t) = \text{Cov}(\tilde{z}_t^{(oTb,F)}; \tilde{w}_t) \qquad (t = 0, ..., \tau-1),$$

$$\text{Cov}(\tilde{z}_t^{(F)}; \tilde{w}_t) = (1-\phi_\tau^{(Tb)}) \cdot \text{Cov}(\tilde{z}_t^{(oTb,F)}; \tilde{w}_t) \qquad (t = \tau, ..., T-1),$$

$$\text{Cov}(\tilde{z}_T^{(F)}; \tilde{w}_T) = \phi_\tau^{(Tb)} \cdot \sum_{t=\tau}^{T-1} (1+i^{(reg)})^{T-t} \cdot \text{Cov}(\tilde{z}_t^{(oTb,F)}; \tilde{w}_T)$$

$$\qquad\qquad + \text{Cov}(\tilde{z}_T^{(oTb,F)}; \tilde{w}_T).$$

$$(5.45)$$

Weitergehende Untersuchungen im Kontext der gerade behandelten Szenarien sind ohne weiteres möglich.[31] Beispielsweise könnte man im Rahmen einer **Sensitivitätsanalyse** kritische Enteignungs- oder Transferbeschränkungswahrscheinlichkeiten so bestimmen, daß der Unternehmer gerade indifferent zwischen der

---

[30] Die Herleitung kann vollkommen analog zu der der Formeln (5.39) und (5.40) durch Einführung einer Zufallsvariablen $\tilde{\gamma}_\tau^{(Tb)}$ ($\gamma_\tau^{(Tb)} = 1$ im Fall einer Transferbeschränkung in $t = \tau$, $\gamma_\tau^{(Tb)} = 0$ im Fall ohne Transferbeschränkung) erfolgen und braucht hier daher nicht mehr explizit wiederholt zu werden.

[31] Natürlich hätte man Enteignung und Transferbeschränkung auch schon im Band I für den Fall bei Sicherheit berücksichtigen können. Da aber dann **zwingend** in einem Zeitpunkt $t = \tau$ die Enteignung bzw. die Transferbeschränkung hätte eintreten müssen, hätte dies zu einer recht unergiebigen Problembehandlung geführt, weswegen erst hier im Band II diese Aspekte angesprochen werden.

Durchführung der Auslandsdirektinvestition und ihrer Unterlassung ist. Eine derartige Sensitivitätsanalyse ist aufgrund der **Linearität** der Kapitalwertformel in den besagten Wahrscheinlichkeiten sehr leicht darstellbar.

Beispiel 5.9:

Gegeben sei eine Vier-Zeitpunkte-Betrachtung $t = 0, \ldots, 3$ mit einem Unternehmer, der in $t = 0$ Zugang zu einer Auslandsdirektinvestitionsmöglichkeit mit sicheren Fremdwährungseinzahlungen (für den Fall ohne Eingriffe ausländischer öffentlicher Stellen) gemäß *Tabelle 5.5* besitzt. In *Tabelle 5.5* sind überdies die maßgeblichen nominalen Ein-Perioden-Terminzinssätze des Auslands angegeben. Ferner seien auch die künftigen Wechselkurse und Kassazinssätze sicher. Unsicherheit herrsche nur hinsichtlich der Möglichkeit eines Eingriffs von seiten des ausländischen Staates. Dabei sollen zwei Szenarien unterschieden werden. Im **Szenario 1** besteht (lediglich) im Zeitpunkt $t = 2$ die Gefahr einer vollständigen Enteignung mit Wahrscheinlichkeit 30 %. Im Enteignungsfall wird von ausländischer Seite eine Entschädigung von 40 US-$ in $t = 2$ gewährt, sonstige Fremdwährungseinzahlungen aus der Auslandsdirektinvestition ergeben sich für den Unternehmer ab $t = 2$ dann hingegen nicht mehr.

Im **Szenario 2** besteht die Gefahr einer von $t = 1$ bis $t = 3$ wirkenden Transferbeschränkung der über die Auslandsdirektinvestitionen gemäß *Tabelle 5.5* erwirtschaftbaren Fremdwährungseinzahlungen. Die Wahrscheinlichkeit einer derartigen Transferbeschränkung sei 80 %, und die blockierten Mittel müssen im Ausland zu einem Ein-Perioden-Zinssatz von 2 % von $t = 1$ bis $t = 3$ angelegt werden.

t	1	2	3	4
$z_t^{(oE,oTb,F)}$	100	120	110	90
$i_t^{(F)}$	0,05	0,06	0,05	0,055

Tabelle 5.5: Fremdwährungseinzahlungen aus der Auslandsdirektinvestition und (nominale) Terminzinssätze des Auslands

Die zur Projektdurchführung in t = 0 erforderliche Anfangsauszahlung betrage 200 US-$. Da annahmegemäß die einzige Unsicherheitsquelle die Möglichkeit eines Eingriffs des ausländischen Staates ist, kann von Risikoneutralität aller Marktteilnehmer des In- und Auslands sowie Vollkommenheit der Kapital- und Devisenmärkte (abgesehen von den unterstellten staatlichen Eingriffen) ausgegangen werden, **ohne** daß Konsistenzprobleme wie das *Siegel*-Paradox auftreten. Damit wiederum läßt sich die Auslandsdirektinvestition unmittelbar über den auf der Grundlage der Terminzinssätze des Auslands berechneten Kapitalwert der hiermit verbundenen erwarteten Fremdwährungseinzahlungen beurteilen. Für den Fall ohne Eingriffe von ausländischer staatlicher Seite und die Szenarien 1 und 2 ergeben sich alternativ folgende Kapitalwerte:

$$\kappa^{(oE,oTb,F)} = -200 + \frac{100}{1{,}05} + \frac{120}{1{,}05 \cdot 1{,}06} + \frac{110}{1{,}05^2 \cdot 1{,}06} + \frac{90}{1{,}05^2 \cdot 1{,}055 \cdot 1{,}06}$$

$$\approx 170{,}18 \text{ US-\$},$$

$$\kappa^{(E,oTb,F)} = -200 + \frac{100}{1{,}05} + 0{,}3 \cdot \frac{40}{1{,}05 \cdot 1{,}06}$$

$$+ 0{,}7 \cdot \left(\frac{120}{1{,}05 \cdot 1{,}06} + \frac{110}{1{,}05^2 \cdot 1{,}06} + \frac{90}{1{,}05^2 \cdot 1{,}055 \cdot 1{,}06} \right)$$

$$\approx 98{,}48 \text{ US-\$}, \qquad (5.46)$$

$$\kappa^{(oE,Tb,F)} = -200$$

$$+ 0{,}2 \cdot \left(\frac{100}{1{,}05} + \frac{120}{1{,}05 \cdot 1{,}06} + \frac{110}{1{,}05^2 \cdot 1{,}06} + \frac{90}{1{,}05^2 \cdot 1{,}055 \cdot 1{,}06} \right)$$

$$+ 0{,}8 \cdot \frac{100 \cdot 1{,}02^3 + 120 \cdot 1{,}02^2 + 110 \cdot 1{,}02 + 90}{1{,}05^2 \cdot 1{,}055 \cdot 1{,}06}$$

$$\approx 155{,}1 \text{ US-\$}.$$

Natürlich erhält man sowohl im Szenario 1 als auch im Szenario 2 eine **Reduktion** des erreichbaren Kapitalwerts im Vergleich mit einer Situation **ohne** die Gefahr öffentlicher Eingriffe. Trotz der sehr hohen Wahrscheinlichkeit einer Transferbeschränkung wirkt die Enteignungsgefahr dabei aufgrund der deutlich **gravierenderen** monetären Konsequenzen stärker negativ auf den Projektkapitalwert ein als die Gefahr einer Transferbeschränkung. Entsprechend wäre die Auslandsdirektinvestition sogar noch bei sicherer Transferbeschränkung aus Unternehmersicht von Vorteil, während Enteignungswahrscheinlichkeiten oberhalb von etwa 71,2038 % zu einem negativen Projektkapitalwert führen:

$$\kappa^{(E,oTb,F)}$$

$$= -200 + \frac{100}{1{,}05} + \phi_2^{(E)} \cdot \frac{40}{1{,}05 \cdot 1{,}06}$$

$$+ (1 - \phi_2^{(E)}) \cdot \left(\frac{120}{1{,}05 \cdot 1{,}06} + \frac{110}{1{,}05^2 \cdot 1{,}06} + \frac{90}{1{,}05^2 \cdot 1{,}055 \cdot 1{,}06} \right) \overset{!}{=} 0 \tag{5.47}$$

$$\Leftrightarrow \phi_{2,\text{krit}}^{(E)} \approx 71{,}2038\ \%.$$

Die zu (5.46) gehörigen Kapitalwerte in Inlandswährung kann man übrigens infolge der getroffenen Annahmen einfach durch Multiplikation der Kapitalwerte aus (5.46) mit dem Wechselkurs w_0 des Zeitpunktes $t = 0$ bestimmen. □

5.5 Zusammenfassung

Gegenstand des vorliegenden Abschnitts war die Untersuchung der **Marktbewertung** von Zahlungsströmen unter der Prämisse allgemeiner **Risikoneutralität**. Grundsätzlich läßt sich die Kapitalwertformel aus dem Fall bei Sicherheit für den Fall bei Risiko in **analoger** Weise reproduzieren. Dazu sind lediglich die **Erwartungswerte** der Zahlungen statt der (nunmehr unsicheren) Zahlungen selbst zu betrachten. Die Diskontierung erfolgt entweder mit den maßgeblichen **Ein-Perioden-Terminzinssätzen** oder den äquivalenten **erwarteten Kassazinssätzen**. Als Konsequenz aus der Annahme allgemeiner Risikoneutralität müssen die künftigen Ein-Perioden-Kassazinssätze untereinander wenigstens **unkorreliert** sein, um ein Gleichgewicht des vollkommenen Kapitalmarktes zu ermöglichen.

Anschließend wurde geprüft, inwiefern die **nominal** orientierte Kapitalwertformel in eine Darstellung über **reale** Größen transformiert werden kann. Nur unter **sehr engen** Prämissen läßt sich der Kapitalwert eines Investitionsprojekts über die Diskontierung erwarteter realer Einzahlungen mit erwarteten realen Kassazinssätzen beschreiben. Überdies erwies sich das **kapitalwertorientierte** Treffen von Investitionsentscheidungen bei **ungewissen** künftigen Güterpreisen aus grundsätzlichen Überlegungen als **problematisch.**

In ähnlicher Weise stellt sich die Betrachtung von **Auslandsdirektinvestitionen** bei Risiko schwerer als bei Sicherheit dar. Gegen eine Überführung in reale Größen sprechen die gleichen Argumente wie bei der Behandlung von rein binnenwirtschaftlich orientierten Projekten. Überdies erwies sich die Kapitalwertorientierung von Investitionsentscheidungen auch vor dem Hintergrund **stochastischer Wechselkurse** als problematisch.

Zusätzlich ergeben sich im internationalen Kontext Probleme aus dem Umstand, daß bei allgemeiner Risikoneutralität sowohl der In- als auch der Ausländer und unsicheren künftigen Wechselkursen gar **kein** allgemeines Marktgleichgewicht existiert. Ein weiterer Unterschied im Zusammenhang mit Auslandsdirektinvestitionen bei Risiko im Vergleich zu Entscheidungen bei Sicherheit ist, daß die Gefahr möglicher **Enteignungen** und **Transferbeschränkungen** explizit berücksichtigt werden kann. Wenigstens unter der hier getroffenen Annahme der Risikoneutralität ist die Erfassung dieser Gefahren im Rahmen von Kapitalwertkalkülen noch vergleichsweise gut handhabbar.

Aufgrund der in diesem Abschnitt dargelegten grundsätzlichen Schwierigkeiten der Marktbewertung unter Risiko für den Fall allgemeiner Risikoneutralität sollte es nicht verwundern, daß sich die Darstellung für den realistischeren Fall allgemein **risikoscheuen** Verhaltens der Marktteilnehmer noch deutlich **kompliziert.** In der Tat führt die Komplexität der Zusammenhänge dazu, daß die Konsequenzen aus der Annahme risikoscheuer Subjekte auf vollkommenem Kapitalmarkt in den folgenden beiden Abschnitten 6 und 7 vornehmlich für den Fall von μ-σ-**Präferenzen** behandelt werden, wobei zunächst mit dem einfachen Ein-Perioden-Fall zu beginnen ist.

ge der Realinvestitionsmöglichkeit geschaffenen Finanzierungstitel stets unmittelbar mit diesem Marktwert $V(\tilde{z}_1)$ des gesamten **Einzahlungsüberschusses** aus dem Realinvestitionsprogramm übereinstimmt. Dieser kann ferner als **Summe** der Bruttomarktwerte der im Programm jeweils enthaltenen **Projekte** bestimmt werden, was die bereits in einem früheren Abschnitt beschriebene Möglichkeit zur **Einzelprojektbeurteilung** eröffnet, sofern man unabhängig voneinander durchführbare Investitionsprojekte unterstellt.

Investitionsprojekte, die mit Zahlungen zum Zeitpunkt $t = 1$ einhergehen, deren Bruttomarktwert die Anfangsauszahlung wenigstens erreicht, erweisen sich infolge der eröffneten **Reichtumsmehrung** als vorteilhaft und sollten dementsprechend durchgeführt werden. Das CAPM läßt sich folglich unmittelbar zum Treffen von **Realinvestitionsentscheidungen** nutzen. Konkret wird ein Investitionsprojekt n mit künftigen Einzahlungen $\tilde{z}_1^{(n)}$ in $t = 1$ bei einer Anfangsauszahlung $A_0^{(n)}$ in $t = 0$ genau dann durchgeführt, wenn gilt:

$$V(\tilde{z}_1^{(n)}) \geq A_0^{(n)}. \tag{6.59}$$

Beispiel 6.16:

Gegeben sei ein Unternehmer, der über Zugang zu drei beliebig kombinierbaren Investitionsprojekten 1, 2 und 3 verfügt. Im Zeitpunkt $t = 1$ gebe es fünf gleich wahrscheinliche Umweltzustände. Die jeweiligen Einzahlungen aus den drei Projekten sowie aus dem Marktportefeuille (exclusive die drei Projekte) können der *Tabelle 6.5* entnommen werden.

Die Anfangsauszahlungen der drei Projekte in $t = 0$ sollen sich auf $A_0^{(1)} = 80$ GE, $A_0^{(2)} = 54$ GE und $A_0^{(3)} = 93$ GE belaufen, wobei der hochgestellte Index natürlich zur Projektkennzeichnung dient. Der Marktwert des Marktportefeuilles in $t = 0$ sei 500.000 GE, und der Zinssatz i für risikolose Anlage/Verschuldung von $t = 0$ bis $t = 1$ belaufe sich auf 2 %.

Wiederholungsfragen

W5.1

Welche Beziehung besteht zwischen Ein-Perioden-Kassa- und Ein-Perioden-Terminzinssätzen?

W5.2

Welche Forderung muß hinsichtlich der stochastischen Zusammenhänge zwischen den künftigen Ein-Perioden-Kassa-Zinssätzen auf einem vollkommenen Kapitalmarkt im Gleichgewicht bei allgemeiner Risikoneutralität gestellt werden?

W5.3

Welche Schwierigkeiten ergeben sich, wenn die Kapitalwertformel in realen Größen ausgedrückt werden soll?

W5.4

Welcher Zusammenhang besteht zwischen erwarteten Kassawechselkursen und Terminwechselkursen auf dem vollkommenen Kapitalmarkt im Gleichgewicht bei allgemeiner Risikoneutralität?

W5.5

Wie bestimmt sich der Kapitalwert in Inlandswährung der in Inlandswährung umgerechneten unternehmerischen Einzahlungsüberschüsse aus einer Auslandsdirektinvestition?

W5.6

Wie bestimmt sich der Kapitalwert in Fremdwährung der in Fremdwährung belassenen unternehmerischen Einzahlungsüberschüsse aus einer Auslandsdirektinvestition?

W5.7

Welcher Zusammenhang muß im Gleichgewicht des vollkommenen Kapitalmarktes zwischen Inlands- und Fremdwährungskapitalwert bestehen?

W5.8

Wieso existiert auf dem vollkommenen Kapitalmarkt bei Risikoneutralität der In- und Ausländer kein allgemeines Gleichgewicht?

W5.9

Wie läßt sich die Gefahr einer Enteignung im Rahmen einer Auslandsdirektinvestition in der Kapitalwertformel berücksichtigen?

W5.10

Wie läßt sich die Gefahr einer Transferbeschränkung im Rahmen einer Auslandsdirektinvestition in der Kapitalwertformel berücksichtigen?

6 Investitionsentscheidungen im Standard-CAPM

6.1 Problemstellung

Sicherlich ermöglicht die Annahme risikoneutraler Marktteilnehmer noch vergleichsweise einfache Problemlösungen für den Fall von Investitionsentscheidungen bei Risiko. Gleichwohl sind mit dem Ansatz des vorhergehenden Abschnitts 5 dieses Kapitels wenigstens **zwei** Probleme verbunden. Zum einen mag es sein, daß auf vollkommenem Kapitalmarkt bei allgemeiner Risikoneutralität überhaupt **kein Kapitalmarktgleichgewicht** existiert und die Prämisse der Risikoneutralität (oder die des vollkommenen Kapitalmarktes) folglich nicht mehr aufrechterhalten werden kann. Zum anderen dürfte die Annahme risikoneutraler Marktbewertung auch aus **empirischer** Sicht eher wenig überzeugend sein.[1]

Aus diesem Grunde soll im Rahmen dieses und des nächsten Abschnitts ein Kapitalmarktmodell mit risikoscheuen Wirtschaftssubjekten betrachtet werden. Konkret wird das **"Capital Asset Pricing Model" (CAPM)** vorgestellt, dessen Bezeichnung etwas frei mit "Bewertungsmodell für Finanzierungstitel" übersetzt werden kann. Hierbei handelt es sich bei weitem nicht um das einzige existierende Kapitalmarktmodell.[2] Gleichwohl ist es eines der ältesten und wichtigsten, letzteres vor allen Dingen auch wegen seiner vergleichsweise guten praktischen Anwendbarkeit. Es existieren mittlerweile zahlreiche Weiterentwicklungen des CAPM, wie es ursprünglich von *Sharpe* (1964), *Lintner* (1965) und *Mossin* (1966) in die Literatur eingeführt wurde. Im Zusammenhang mit dem ursprünglichen Modellkontext soll kurz vom "Standard-CAPM" die Rede sein. Das Standard-CAPM ist Gegenstand des vorliegenden Abschnitts 6. Aus Vereinfachungs-

---

[1] Vgl. etwa die "klassische" Untersuchung von *Friend/Blume* (1975). Siehe als weitere frühe Quelle zur empirischen Bestimmung der Risikoeinstellung von Anlegern etwa *Cohn/Lewellen/Lease/Schlarbaum* (1975).

[2] Vgl. *Breuer/Gürtler/Schuhmacher* (1999a), S. 269 ff., für die Analyse eines allgemeineren Ansatzes.

gründen wird dabei in der Regel auf den Zusatz "Standard" verzichtet und schlicht vom CAPM gesprochen, wenngleich in der Tat das Standard-CAPM gemeint ist.

Die grundlegenden **Annahmen** des Standard-CAPM werden im **Abschnitt 6.2** behandelt. Im **Abschnitt 6.3** wird das auf dieser Grundlage resultierende Kapitalmarktgleichgewicht beschrieben. **Abschnitt 6.4** widmet sich den Möglichkeiten, vor dem Hintergrund des CAPM Realinvestitionsentscheidungen zu treffen. Die Ergebnisse werden im **Abschnitt 6.5** zusammengefaßt.

6.2 Die Annahmen des CAPM

Das CAPM beruht auf vier wesentlichen Prämissen:

1) die Annahme einer **Zwei-Zeitpunkte-Betrachtung,**
2) die Voraussetzung eines **"semi"-vollkommenen Kapitalmarktes,**
3) die Existenz einer Möglichkeit zur **sicheren Anlage/Verschuldung** in beliebigem Umfang und
4) die Annahme von μ-σ-**Präferenzen** aller Marktteilnehmer.

6.2.1 Zwei-Zeitpunkte-Betrachtung

Das CAPM in seiner Grundversion ist eine reine Zwei-Zeitpunkte-Betrachtung. Das heißt, im Zeitpunkt $t = 0$ treffen die Marktteilnehmer ihre Anlageentscheidungen, und in einem künftigen Zeitpunkt $t = 1$ realisieren sich aus den Anlagen entsprechende Einzahlungen.

6.2.2 Semi-vollkommener Kapitalmarkt

Die Definition eines vollkommenen Kapitalmarktes über seine wesentlichen Charakteristika allgemeinen Rational- und Mengenanpasserverhaltens sowie der Abwesenheit von Informations- und sonstigen Transaktionskosten wurde bereits an

verschiedenen Stellen dieses Lehrbuchs und auch des vorhergehenden Bands I erörtert. Aus der **Vollkommenheit** des Kapitalmarktes kann grundsätzlich auf seine
Vollständigkeit geschlossen werden, wie im Abschnitt 1 dieses Kapitels schon
dargelegt wurde, da nichts die Schaffung beliebiger Finanzierungstitel und damit
insbesondere so vieler Typen elementarer Wertpapiere, wie es künftige Umweltzustände gibt, verhindern könnte. Im weiteren wird hingegen von einer **gegebenen** Anzahl verschiedener Arten von Finanzierungstiteln ausgegangen, die auf
einem Sekundärkapitalmarkt zwischen den Anlegern gehandelt werden, wobei die
Vollständigkeit des Kapitalmarktes nicht zwingend gegeben sein muß. Diese
"kleine Unvollkommenheit" eines ansonsten vollkommenen Kapitalmarkts wird
gemäß *Haley* und *Schall* (1979), S. 221, als **"Semi-Vollkommenheit"** des Kapitalmarktes bezeichnet.[3] Die übrigen Implikationen aus der Kapitalmarktvollkommenheit behalten jedoch annahmegemäß weiterhin ihre Gültigkeit. Insbesondere
verfügen alle Marktteilnehmer über den gleichen Informationsstand und ziehen
hieraus die gleichen Konsequenzen hinsichtlich der Schätzung der künftigen
Einzahlungsüberschüsse der einzelnen am Markt gehandelten Finanzierungstitel.
Man spricht in diesem Zusammenhang auch vom Vorliegen sogenannter **homogener Erwartungen**.

6.2.3 Existenz einer Möglichkeit zur sicheren Anlage/Verschuldung

Auf einem vollkommenen und damit auch vollständigen Kapitalmarkt könnten sichere Anlage- und Verschuldungsmöglichkeiten im Rahmen der gegebenen Budgets der Marktteilnehmer ohne weiteres realisiert werden, indem etwa von allen
elementaren Wertpapieren jeweils eine gleich hohe Anzahl erworben würde. Da
der Kapitalmarkt hier aber lediglich semi-vollkommen ist, muß die Existenz
einer sicheren Anlage- und Verschuldungsmöglichkeit explizit vorausgesetzt
werden. Überdies sollen die Marktteilnehmer von dieser Möglichkeit in **beliebigem** Umfang Gebrauch machen können. Dies impliziert, daß die Subjekte Zah-

---

[3]   Auch hierauf wurde schon am Rande des Abschnitts 1 dieses Kapitels hinge-
      wiesen.

lungsverpflichtungen selbst dann nachkommen können, wenn die von ihnen erzielten Einzahlungen aus anderen Anlagen hinter der Schuldenhöhe zurückbleiben. Dieser zugegebenermaßen wenig plausible Umstand wird im weiteren als Annahme **unbeschränkter Haftungsmöglichkeit** aller Marktteilnehmer bezeichnet und ist in der Tat essentiell für eine einfache Problemanalyse.

Beispiel 6.1:

Gegeben sei eine Zwei-Zeitpunkte-Betrachtung bei Risiko mit drei möglichen Umweltzuständen $s^{(j)}$ (j = 1, 2, 3) im Zeitpunkt t = 1. Betrachtet werde ein Anleger, dessen Portefeuille P unsicherer Finanzierungstitel zustandsabhängige Einzahlungen $\bar{z}_1^{(P)}$ gemäß der zweiten Zeile aus *Tabelle 6.1* in t = 1 liefert. Ferner sei der betrachtete Marktteilnehmer verschuldet. Er habe in t = 0 einen Betrag von 100 GE aufgenommen, der für t = 1 eine Zahlungsverpflichtung von insgesamt 110 GE impliziert. Augenscheinlich übersteigen in den Zuständen $s^{(2)}$ und $s^{(3)}$ die Zahlungsverpflichtungen des Unternehmers infolge seiner Verschuldung seine Einzahlungen aus dem Halten des Portefeuilles P. Im Zustand $s^{(3)}$ ergibt sich sogar schon aus den gehaltenen risikobehafteten Finanzierungstiteln ein negativer Zahlungssaldo. Annahmegemäß kann der Anleger trotzdem all seinen Zahlungsverpflichtungen nachkommen, so daß seine resultierende zustandsabhängige **Konsumposition** durch die dritte Zeile aus *Tabelle 6.1* charakterisiert wird.

	$s^{(1)}$	$s^{(2)}$	$s^{(3)}$
$\bar{z}_1^{(P)}$	400	100	-10
$\bar{z}_1^{(P)}$-110	290	-10	-120

Tabelle 6.1: Zustandsabhängige Einzahlungen aus Portefeuille P unsicherer Finanzierungstitel ohne und mit Abzug von Gläubigeransprüchen □

Analog zur Möglichkeit beliebiger Verschuldung zum Zinssatz i könnte man für
die Anleger die Möglichkeit zulassen, Finanzierungstitel im beliebigen Umfang
leerzuverkaufen, also gewissermaßen als Emittent auch von risikobehafteten Finanzierungstiteln aufzutreten und sich über deren Ausgabe zu einem unsicheren
Zinssatz von t = 0 bis t = 1 zu "verschulden". Weil dies in der Tat aber als
eine eher unrealistische Beschreibung tatsächlicher Handelsmöglichkeiten zu bezeichnen ist, soll hiervon abgesehen werden. Leerverkäufe risikobehafteter Finanzierungstitel seien folglich für den Rest dieses Abschnitts 6 nicht möglich.[4]

6.2.4 Entscheidungen auf der Grundlage des μ-σ-Prinzips

Die vierte wesentliche Prämisse im Rahmen des CAPM schließlich besteht in der
Annahme, daß sich die Marktteilnehmer bei der Auswahl zu erwerbender Finanzierungstitel allein an Erwartungswert und Varianz der aus ihrem Gesamtportefeuille zum Zeitpunkt t = 1 resultierenden Einzahlungsüberschüsse orientieren,
also gemäß der *Markowitz*-Portefeuilletheorie agieren, wie sie schon im Abschnitt 3 des vorhergehenden Kapitels vorgestellt wurde. Dies bedeutet, daß
Konsum zum Zeitpunkt t = 0 im weiteren (zur Vereinfachung) **ausgeklammert**
bleibt. Am besten stellt man sich daher vor, daß die Anfangsausstattung der
Wirtschaftssubjekte aus Finanzierungstiteln besteht und es nur um deren **Reallokation** unter allen Marktteilnehmern geht.[5]

Im weiteren wird zu prüfen sein, welche Konsequenzen sich aus den gerade beschriebenen Annahmen für die Zusammenstellung optimaler Portefeuilles von Fi-

---

[4] Ihre Berücksichtigung im Rahmen des individuellen Portefeuilleselektions-
problems eines Anlegers wäre übrigens nicht sehr schwierig. Siehe hierzu
beispielsweise die Darstellung in *Breuer/Gürtler/Schuhmacher* (1999a), S. 61
ff.

[5] Monetäre Anfangsausstattungen nämlich wird wenigstens dann **niemand** halten wollen, wenn i > 0 gilt. Vgl. zu dieser Modellierung auch beispielsweise *Breuer* (1993), S. 24 ff. Alternativ könnte man Konsummöglichkeiten
in t = 0 auch explizit berücksichtigen.

nanzierungstiteln und damit zusammenhängend für das sich einstellende **Kapital-marktgleichgewicht** ergeben.

6.3 Konsequenzen aus den Annahmen

6.3.1 Die *Tobin*-Separation

Wie bereits weiter oben vermerkt, wurden die Grundlagen der *Markowitz*-Porte-feuilletheorie schon im Abschnitt 3 des Kapitels III dargelegt. Wenngleich es im genannten Abschnitt um die Zusammenstellung eines optimalen Investitionspro-gramms ging, kann doch die dort präsentierte Vorgehensweise in zahlreichen De-tails übernommen und auf das ursprünglich von *Markowitz* (1952, 1959) behan-delte Problem der Zusammenstellung eines optimalen Portefeuilles unsicherer Fi-nanzierungstitel rückübertragen werden. Insbesondere ist festzuhalten, daß sich die Menge aller μ-σ-**effizienten** Portefeuilles von Finanzierungstiteln bei Ab-straktion von sicheren Anlage- und Verschuldungsmöglichkeiten in einem μ-σ-Diagramm als **konvexe** Linie darstellt. Diese Linie sei im weiteren als **"Effizi-enzlinie OSAV"**[6] bezeichnet.[7] Weil die Punkte dieser Effizienzlinie unmittelbar Erwartungswert und Standardabweichung der Rendite von Portefeuilles charakte-risieren, wird im weiteren begrifflich nicht zwischen Punkten im μ-σ-Diagramm und Portefeuilles unterschieden.

Das μ-σ-effiziente Portefeuille mit insgesamt minimaler Renditevarianz $\sigma^{(min)2}$ bei einem Renditeerwartungswert von $\mu^{(min)}$ soll im folgenden als **varianzminimales** Portefeuille $P^{(min)}$ bezeichnet werden. Der **maximal** erreichbare Renditeerwar-tungswert $\mu^{(max)}$ wird dadurch realisiert, daß ein Marktteilnehmer seine gesamten Mittel im Zeitpunkt $t = 0$ zum Erwerb allein desjenigen Finanzierungstitels mit dem höchsten Erwartungswert der Rendite aufwendet.

---

[6] OSAV = "Ohne sichere Anlage/Verschuldung".

[7] Vgl. *Abbildung 6.1*.

Allein die über die Effizienzlinie OSAV beschriebenen μ-σ-Kombinationen können jeweils ein optimales Portefeuille unsicherer Finanzierungstitel eines risikoscheuen Anlegers mit μ-σ-Präferenzen charakterisieren. Auch dies ist im Kern bereits aus Abschnitt 3 von Kapitel III (dort natürlich mit Bezug auf verschiedene Investitionsprogramme) bekannt. Die Situation ändert sich aber grundlegend, wenn man zusätzlich die Möglichkeit **sicherer** Anlage und Verschuldung seitens der Marktteilnehmer berücksichtigt. Konkret stellt sich das Problem, wie sich unter so erweiterten Handlungsmöglichkeiten am Kapitalmarkt die Menge der μ-σ-effizienten Portefeuilles beschreiben läßt.

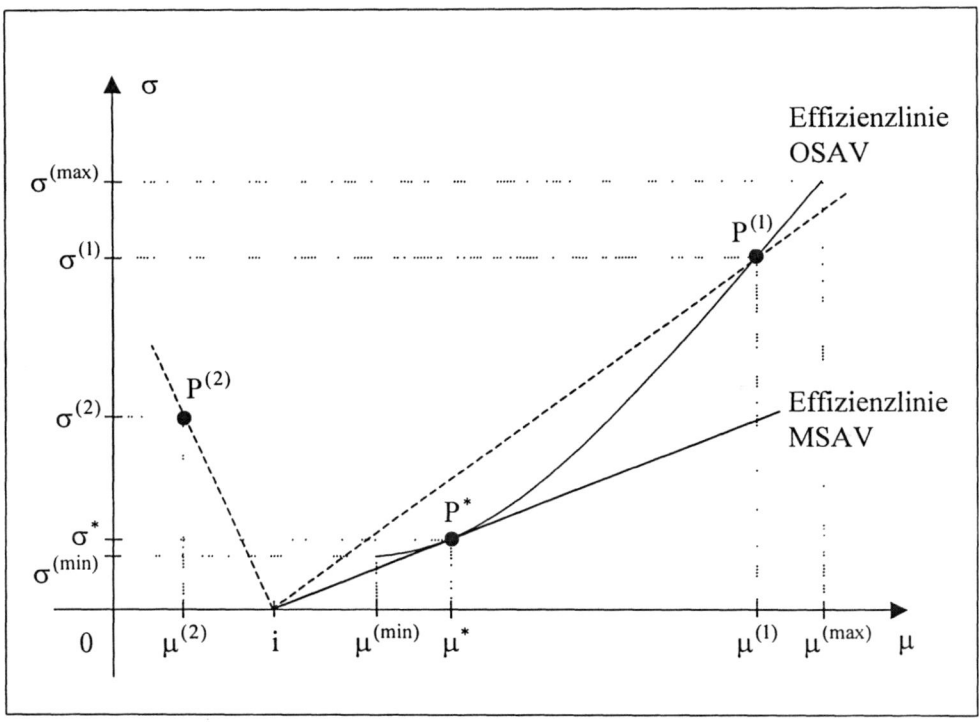

Abbildung 6.1: *Tobin*-Separation im CAPM

Um dieser Frage nachzugehen, ist zunächst zu zeigen, welche μ-σ-**Kombinationen** dadurch erreicht werden können, daß man ein beliebiges Portefeuille P aus risikobehafteten Finanzierungstiteln mit der sicheren Anlage- und Verschuldungsmöglichkeit mischt. Mit $\hat{\alpha}^{(P)}$ als dem wertmäßigen Anteil der gesamten unternehmerischen Anfangsausstattung, der unsicher in P investiert wird, und dementsprechend $1-\hat{\alpha}^{(P)}$ als dem sicher investierten Bruchteil des unternehmerischen Anfangsvermögens, ergibt sich die Rendite $\bar{r}^{(ges)}$ aus dem gesamten Portefeuille bekanntermaßen als **gewogenes Mittel** der Einzelrenditen $\bar{r}^{(P)}$ und i:

$$\bar{r}^{(ges)} = \hat{\alpha}^{(P)} \cdot \bar{r}^{(P)} + (1-\hat{\alpha}^{(P)}) \cdot i = i + \hat{\alpha}^{(P)} \cdot (\bar{r}^{(P)} - i). \tag{6.1}$$

Formel (6.1) gilt auch im Falle $\hat{\alpha}^{(P)} > 1 \Leftrightarrow 1-\hat{\alpha}^{(P)} < 0$. In einer derartigen Situation tätigt der Unternehmer negative sichere Anlagen, **verschuldet** sich also, und kann daher mehr als sein Anfangsvermögen in das Portefeuille P unsicherer Finanzierungstitel investieren. In entsprechender Weise läge im Fall $\hat{\alpha}^{(P)} < 0 \Leftrightarrow 1-\hat{\alpha}^{(P)} > 1$ eine Situation vor, in der der betrachtete Anleger das Portefeuille P im negativen Umfang realisierte, also **leerverkaufte**, und die so in t = 0 zufließenden Mittel sämtlich zum Zinssatz i von t = 0 bis t = 1 sicher anlegte. Da annahmegemäß keine Leerverkaufsmöglichkeiten für riskante Finanzierungstitel und folglich[8] auch Portefeuilles aus risikobehafteten Finanzierungstiteln bestehen, kann der Fall $\hat{\alpha}^{(P)} < 0$ im weiteren ausgeschlossen bleiben.

Auf der Grundlage von (6.1) lassen sich leicht Erwartungswert $\mu^{(ges)} \equiv E(\bar{r}^{(ges)})$ und Varianz $\sigma^{(ges)2} \equiv Var(\bar{r}^{(ges)})$ bzw. Standardabweichung $\sigma^{(ges)}$ der **Rendite des Gesamtportefeuilles** bestimmen:

$$\mu^{(ges)} = i + \hat{\alpha}^{(P)} \cdot (\mu^{(P)} - i),$$
$$\sigma^{(ges)2} = \hat{\alpha}^{(P)2} \cdot \sigma^{(P)2} \Leftrightarrow \sigma^{(ges)} = \hat{\alpha}^{(P)} \cdot \sigma^{(P)}. \tag{6.2}$$

Die Ermittlung von $\mu^{(ges)}$ im Rahmen von (6.2) setzt dabei an der Darstellung von $\bar{r}^{(ges)}$ nach dem zweiten Gleichheitszeichen in (6.1) an, zur Bestimmung von $\sigma^{(ges)2}$

---

8 Man könnte einwenden, daß doch Portefeuilles denkbar sind, in denen nur Finanzierungstitel in **negativem** Umfang gehalten werden, so daß der "Leerverkauf" eines solchen Portefeuilles ohne weiteres möglich wäre. Dann kann aber auch gleich ein **komplementäres** zweites Portefeuille betrachtet werden, das dem Leerverkauf des ersten entspricht und selbst nicht leerverkauft werden kann. Insofern können in der Tat Situationen mit $\hat{\alpha}^{(P)} < 0$ auch für Portefeuilles **unberücksichtigt** bleiben.

nutzt man sinnvollerweise die Formulierung unmittelbar nach dem ersten Gleichheitszeichen und beachtet hierbei, daß die additive Konstante $(1-\hat{\alpha}^{(P)})\cdot i$ ohne Bedeutung für die Renditevarianz ist, während der konstante Faktor $\hat{\alpha}^{(P)}$ im Quadrat vor die Varianzformel gezogen werden kann. Auflösen von $\sigma^{(ges)} = \hat{\alpha}^{(P)}\cdot\sigma^{(P)}$ nach $\hat{\alpha}^{(P)}$ ergibt $\hat{\alpha}^{(P)} = \sigma^{(ges)}/\sigma^{(P)}$, was über Einsetzen in die Bestimmungsgleichung für $\mu^{(ges)}$ aus (6.2) schließlich zu folgendem Zusammenhang führt:

$$\mu^{(ges)} = i + \frac{\mu^{(P)}-i}{\sigma^{(P)}} \cdot \sigma^{(ges)}. \tag{6.3}$$

Die Gleichung (6.3) beschreibt nunmehr **alle** durch Variation von $\hat{\alpha}^{(P)} \geq 0$ erreichbaren μ-σ-Kombinationen. Augenscheinlich liegt eine **lineare** Beziehung zwischen dem jeweiligen Erwartungswert $\mu^{(ges)}$ und der zugehörigen Standardabweichung $\sigma^{(ges)}$ des Gesamtportefeuilles vor. Im Rahmen einer graphischen Darstellung von (6.3) in einem μ-σ-Diagramm erhält man folglich eine **(Halb-) Gerade**, die im Punkt (i;0) (alleinige sichere Anlage aller vorhandenen Mittel) beginnt und durch $(\mu^{(P)};\sigma^{(P)})$ (vollständige Investition aller vorhandenen Mittel in das riskante Teilportefeuille P) verläuft.[9] Unterstellt man $\mu^{(P)} > i$, so hat besagte Halbgerade eine positive Steigung.[10] Im umgekehrten Fall $\mu^{(P)} < i$ verläuft die Halbgerade entsprechend monoton fallend.[11]

Je größer für $\mu^{(P)} > i$ der Anteil $\hat{\alpha}^{(P)}$ gewählt wird, desto höher ist zwar der resultierende Erwartungswert des Gesamtportefeuilles, gleiches gilt aber auch für das damit einhergehende, über die Standardabweichung $\sigma^{(ges)}$ gemessene Renditerisiko. Im Falle von $\mu^{(P)} < i$ führt eine Erhöhung von $\hat{\alpha}^{(P)}$ nicht nur zu einem höheren Renditerisiko, sondern darüber hinaus auch noch zu einem geringeren Renditeerwartungswert.

---

[9] Vgl. beispielsweise in *Abbildung 6.1* die durch $P^{(1)}$ verlaufende Gerade. Konkret liegt hier eine Kombination des Portefeuilles $P^{(1)}$ unsicherer Finanzierungstitel mit sicherer Anlage/Verschuldung zu i vor.

[10] Vgl. erneut die durch $P^{(1)}$ verlaufende Halbgerade in *Abbildung 6.1*.

[11] Vgl. die durch $P^{(2)}$ verlaufende Halbgerade in *Abbildung 6.1*.

Beispiel 6.2:

Gegeben sei eine Zwei-Zeitpunkte-Betrachtung t = 0, 1 bei Risiko. Ein Portefeuille $P^{(1)}$ unsicherer Finanzierungstitel liefere eine erwartete Rendite $\mu^{(1)} = 8$
% bei einer Renditestandardabweichung von $\sigma^{(1)} = 4$ %. Für ein Portefeuille $P^{(2)}$
gelte entsprechend $\mu^{(2)} = 4$ % und $\sigma^{(2)} = 2$ %. Der Zinssatz i für sichere Anla-
ge/Verschuldung von t = 0 bis t = 1 betrage 5 %. Durch Mischung von sicherer Anlage/Verschuldung mit Investition in das Portefeuille $P^{(1)}$ sind gemäß (6.3)
folgende μ-σ-Kombinationen hinsichtlich der Rendite des resultierenden Gesamtportefeuilles erreichbar:

$$\mu^{(ges)} = 0{,}05 + \frac{0{,}08 - 0{,}05}{0{,}04} \cdot \sigma^{(ges)} = 0{,}05 + 0{,}75 \cdot \sigma^{(ges)}. \tag{6.4}$$

Durch Einsetzen prüft man leicht, daß etwa für $\sigma^{(ges)} = 2$ % eine erwartete Rendite $\mu^{(ges)} = 6{,}5$ % realisiert wird. Das zugehörige Portefeuille ist durch einen
Anteil von $\hat{\alpha}^{(1)} = \sigma^{(ges)}/\sigma^{(1)} = 0{,}02/0{,}04 = 50$ % des Portefeuilles $P^{(1)}$ riskanter
Finanzierungstitel charakterisiert. In jedem Fall ist ceteris paribus eine höhere
erwartete Rendite nur bei Inkaufnahme auch einer höheren Renditestandardabweichung erreichbar.

Mit $P^{(2)}$ als relevantem Teilportefeuille lauten die zugänglichen μ-σ-Kombinatio-
nen folgendermaßen:

$$\mu^{(ges)} = 0{,}05 + \frac{0{,}04 - 0{,}05}{0{,}02} \cdot \sigma^{(ges)} = 0{,}05 - 0{,}5 \cdot \sigma^{(ges)}. \tag{6.5}$$

Wegen $\mu^{(2)} < i$ besteht ein negativer Zusammenhang zwischen Renditestandardabweichung und Renditeerwartungswert. Den höchsten Wert für $\mu^{(ges)}$ erhält man
folglich für $\sigma^{(ges)} = 0$, also die risikolose Anlage aller Mittel zum Zinssatz i =
5 %. $\qquad\qquad\qquad\qquad\qquad\qquad\qquad\qquad\qquad\qquad\qquad\qquad\qquad\qquad\qquad$ □

Grundsätzlich kann jedes von einem Anleger überhaupt erreichbare Portefeuille
P aus unsicheren Finanzierungstiteln mit sicherer Anlage und Verschuldung kombiniert werden. Insofern kann man in *Abbildung 6.1* insbesondere durch **jeden**

Punkt der Effizienzlinie OSAV eine in (i;0) beginnende Halbgerade legen. Jede dieser Halbgeraden ist durch geeignete Mischung von sicherer Anlage/Verschuldung mit einem Portefeuille aus unsicheren Finanzierungstiteln erreichbar. Um etwa einen Punkt auf der durch $P^{(1)}$ verlaufenden Halbgeraden zu realisieren, muß der Anleger das entsprechende Portefeuille $P^{(1)}$ mit sicherer Anlage/Verschuldung kombinieren. In entsprechender Weise hat der Anleger bei der durch $P^{(2)}$ verlaufenden Halbgeraden zu verfahren.

Das **varianzminimale** Portefeuille wird typischerweise eine über i liegende erwartete Rendite $\mu^{(min)}$ aufweisen, um eine Kompensation für das mit der Anlage in $P^{(min)}$ in Kauf zu nehmende Risiko zu gewähren.[12] Unter dieser plausiblen Prämisse liegt auch die erwartete Rendite $\mu^{(P)}$ jedes anderen unsicheren Portefeuilles P auf der Effizienzlinie OSAV über dem Zinssatz i für sichere Anlage/Verschuldung, und die resultierenden Halbgeraden sind sämtlich steigend.

Es fällt leicht, die durch verschiedene ausgewählte riskante Portefeuilles jeweils erreichbaren Halbgeraden miteinander zu vergleichen. Kontrastiert man etwa die Halbgeraden durch die Punkte $P^{(1)}$ und P^* aus *Abbildung 6.1* miteinander, so ist ohne weiteres klar, daß jede auf der Halbgeraden durch $P^{(1)}$ gelegene μ-σ-Kombination durch μ-σ-Kombinationen auf der Halbgeraden durch P^* **μ-σ-dominiert** wird. In so einer Situation soll kurz davon die Rede sein, daß die Halbgerade durch $P^{(1)}$ von der Halbgeraden durch P^* (μ-σ-)dominiert wird und damit (μ-σ-)ineffizient ist.

---

[12] Für den Fall des Zulassens von **Leerverkäufen** risikobehafteter Finanzierungstitel kann man leicht zeigen, daß $\mu^{(min)} >$ i sogar eine **notwendige** Marktgleichgewichtsbedingung ist. Vgl. hierzu *Breuer/Gürtler/Schuhmacher* (1999a), S. 68 f. Im Falle ohne Leerverkaufsmöglichkeiten gilt eine derartige strenge Aussage zwar nicht unbedingt, doch würde selbst eine Situation mit $\mu^{(min)} <$ i nichts an den folgenden Herleitungen ändern, **solange** nur $\mu^{(max)} >$ i gilt, also überhaupt Portefeuilles aus unsicheren Finanzierungstiteln existieren, deren Halten sich lohnen könnte. In der Tat ist dies wieder eine (wenig strenge) notwendige Marktgleichgewichtsbedingung.

Augenscheinlich dominiert eine flachere Halbgerade ceteris paribus jede steilere. Die **flachste** erreichbare Halbgerade von allen durch Auswahl eines der ohne sichere Anlage/Verschuldung effizienten Portefeuilles unsicherer Finanzierungstitel und deren Kombination mit besagter sicherer Anlage/Verschuldung erreichbaren ist nun gerade dadurch gekennzeichnet, daß sie **Tangente** an die vormalige Effizienzlinie wird. Diese Tangentialhalbgerade dominiert auch alle übrigen **erreichbaren** Halbgeraden, die durch Investition in andere riskante Portefeuilles als denen auf der Effizienzlinie OSAV realisierbar sind, beispielsweise die durch $P^{(2)}$ verlaufende, sowie die ursprüngliche Effizienzlinie OSAV.

Alle nunmehr effizienten Portefeuilles ergeben sich somit aus der Kombination von sicherer Anlage/Verschuldung mit einem eindeutig determinierten Tangentialportefeuille $P^* = (\mu^*; \sigma^*)$. Punkte im Bereich zwischen $(i;0)$ und $(\mu^*; \sigma^*)$ sind dabei durch sowohl positive Anlage zu i als auch im Portefeuille P^* charakterisiert, über $(\mu^*; \sigma^*)$ hinausgehende $(\mu; \sigma)$-Kombinationen erfordern, daß zu i Mittel in t = 0 aufgenommen und samt der jeweiligen unternehmerischen Anfangsausstattung riskant ins Portefeuille P^* investiert werden.[13] Die zugehörige **neue Effizienzlinie** werde durch den Zusatz "MSAV"[14] gekennzeichnet.[15]

Bekanntermaßen wird ein Anleger mit μ-σ-Präferenzen **unabhängig** vom konkreten Ausmaß seiner Risikoscheu und seinem für Anlagezwecke verfügbaren Vermögen in jedem Fall nur ein μ-σ-effizientes Gesamtportefeuille auswählen. Dies wiederum impliziert, daß der betrachtete Marktteilnehmer lediglich noch über die **Aufteilung** seines Vermögens auf Investitionen in das Portefeuille P^* sowie die sichere Anlage/Verschuldung nachdenken muß. Die Entscheidung über die **monetäre Struktur** der unsicheren Anlage eines Marktteilnehmers mit μ-σ-Präferenzen kann demnach **unabhängig** von seiner konkreten Risikoscheu und seinem

---

[13]   Vgl. erneut *Abbildung 6.1*.

[14]   "MSAV" = "Mit sicherer Anlage/Verschuldung".

[15]   Vgl. einmal mehr *Abbildung 6.1*.

Anfangsvermögen getroffen werden. Anders formuliert, lassen sich die beiden Teilentscheidungen der Ermittlung der optimalen monetären Struktur risikobehafteter Anlage und der anschließenden Aufteilung des Anlagevermögens auf riskantes und risikoloses Engagement voneinander **trennen**. Die monetäre Struktur der risikobehafteten Anlage wird dabei beschrieben durch die **wertmäßigen Anteile** der Engagements in den einzelnen Finanzierungstiteln am insgesamt riskant investierten Mittelvolumen. Dieses Separationsergebnis wird gemäß seinem Entdecker und in Analogie zur *Fisher*-Separation[16] als *Tobin*-**Separation** bezeichnet.[17]

Zunächst einmal bezieht sich die Aussage der *Tobin*-Separation allein auf die Anlageentscheidung eines (beliebigen) einzelnen Anlegers. Wesentlich ist nun aber, welche Implikationen sich aus der *Tobin*-Separation im Falle eines (semi-) vollkommenen Kapitalmarktes im **Gleichgewicht** ergeben. Hierauf ist im nächsten Abschnitt einzugehen.

6.3.2 Universelle Separation und Kapitalmarktlinie

Es wurde schon darauf hingewiesen, daß im betrachteten Ansatz aufgrund der Annahme eines vollkommenen Kapitalmarktes insbesondere **homogene Erwartungen** aller Marktteilnehmer vorliegen. Dies bedeutet, daß jeder Marktteilnehmer die Renditewahrscheinlichkeitsverteilungen aller Finanzierungstitel gleichermaßen einschätzt und dementsprechend auch zur gleichen Ansicht über den Verlauf der renditeorientierten[18] Effizienzlinie ohne risikolose Anlage/Verschul-

---

[16] Vgl. *Fisher* (1930, 1932).

[17] Vgl. *Tobin* (1958).

[18] Da die Rendite eines Portefeuilles nur von den **Anteilen** der einzelnen gehaltenen Finanzierungstitel, nicht aber vom Gesamtvolumen der getätigten Finanzinvestition abhängt, kann **jeder** Anleger unabhängig von seinem vorhandenen Anfangsvermögen an einer **renditeorientierten** Darstellung der Effizienzlinie für seinen Kalkül ansetzen.

328

dung gelangt. Damit aber wird jeder Anleger auch die **gleiche** Tangentialhalbgerade als Beschreibung der für ihn erreichbaren μ-σ-effizienten Portefeuilles identifizieren. Die optimale wertmäßige Struktur der riskanten Engagements ist demnach für alle Investoren identisch. Diese Übertragung der individuellen Separation auf die Marktebene bezeichnet man als **universelle Separation**.[19] Unterscheiden wird sich von Anleger zu Anleger nur das **absolute** Ausmaß des Engagements ins Portefeuille P*. Je geringer die Risikoscheu und je höher das Anfangsvermögen eines Anlegers, um so mehr Geldeinheiten wird er ceteris paribus bereit sein, in risikobehaftete Finanzierungstitel zu investieren.

Der Tatbestand der universellen Separation hat unmittelbare Konsequenzen für die im Gleichgewicht vorliegende Struktur des Tangentialportefeuilles P*. Um dies näher darlegen zu können, ist zunächst der Begriff des **Marktportefeuilles** einzuführen. Unter dem Marktportefeuille versteht man die Gesamtheit aller am Kapitalmarkt umlaufenden risikobehafteten Finanzierungstitel, also das **Gesamtangebot** an Finanzierungstiteln auf dem betrachteten Sekundärmarkt. Das Portefeuille P* muß im **Gleichgewicht** nun mit dem Marktportefeuille strukturell identisch sein. Über alle Marktteilnehmer hinweg hat die gesamte Finanzierungstitelnachfrage nämlich dem Marktportefeuille zu entsprechen, da ansonsten keine Markträumung vorliegt. Die Gesamtnachfrage nach riskanten Finanzierungstiteln kann infolge der universellen Separation aber nur dann mit dem Marktportefeuille übereinstimmen, wenn schon P* von seiner Struktur her dem Marktportefeuille entspricht. Eine **notwendige** Marktgleichgewichtsbedingung besteht also in der strukturellen Identität des Tangentialportefeuilles P* und des Marktportefeuilles. **Hinreichend** ist diese Anforderung für das Bestehen eines Gleichgewichts aber nicht, da neben der **Struktur** der Nachfrage auch ihr **Ausmaß** adäquat sein muß. Ähnlich wie bei der Nutzung von Arbitragefreiheitsüberlegungen genügt für die folgenden Herleitungen aber schon ein Abstellen auf die notwendigen Voraussetzungen eines Marktgleichgewichts, weil diese in jedem beliebigen Gleichgewicht erfüllt sind.

---

[19] Vgl. auch *Franke* (1983).

Beispiel 6.3:

Gegeben sei eine Zwei-Zeitpunkte-Betrachtung bei Risiko. Auf dem (semi-) voll-kommenen Kapitalmarkt werden drei verschiedene Arten f = 1, 2, 3 von risiko-behafteten Finanzierungstiteln gehandelt. Für gegebene Preise des Zeitpunkts t = 0 beläuft sich der Marktwert aller Finanzierungstitel des Typs 1 auf 100 GE, der des Typs 2 auf 500 GE und der des Typs 3 auf 400 GE. **Alle** insgesamt ge-handelten riskanten Finanzierungstitel bilden das Marktportefeuille, das folglich über einen Marktwert von 100+500+400 = 1.000 GE in t = 0 verfügt. Die wertmäßigen Anteile $\hat{\alpha}^{(fM)}$ der drei Arten f = 1, 2, 3 von Finanzierungstiteln am Marktportefeuille betragen augenscheinlich $\hat{\alpha}^{(1M)}$ = 10 %, $\hat{\alpha}^{(2M)}$ = 50 % und $\hat{\alpha}^{(3M)}$ = 40 %.

Die wertmäßige Struktur des Tangentialportefeuilles P* aus *Abbildung 6.1* sei nun jedoch $\hat{\alpha}^{(1P*)}$ = 20 %, $\hat{\alpha}^{(2P*)}$ = 30 % und $\hat{\alpha}^{(3P*)}$ = 50 %. Dann kann auf dem betrachteten Kapitalmarkt zu gegebenen Preisen zwingend **kein** Gleichgewicht vorliegen. Denn angenommen, die monetär[20] ausgedrückte Gesamtnachfrage nach Finanzierungstiteln des Typs 1 in t = 0 entspreche mit 100 GE genau dem wertmäßigen Angebot. Dann folgt aus der Struktur von P*, daß für 150 GE Fi-nanzierungstitel des Typs 2 und für 250 GE Finanzierungstitel des Typs 3 nach-gefragt werden, also für beide Typen ein deutlicher **Angebotsüberschuß** besteht.

Ein Gleichgewicht ist folglich nur denkbar, wenn für gegebene monetäre Struktur des Marktportefeuilles zugleich $\hat{\alpha}^{(1P*)}$ = 10 %, $\hat{\alpha}^{(2P*)}$ = 50 % und $\hat{\alpha}^{(3P*)}$ = 40 % gilt. Selbst dann aber kann der Kapitalmarkt noch im Ungleichgewicht sein, bei-spielsweise wenn das monetäre Volumen der Nachfrage nach Finanzierungstiteln des Typs 1 nur 50 GE, nach Titeln des Typs 2 nur 250 GE und nach Titeln des Typs 3 nur 200 GE ausmacht. Zwar entspricht die **Struktur** damit der des Markt-

---

[20]   Die Nachfrage nach Finanzierungstiteln kann zum einen in Stück, also **Men-geneinheiten**, dargestellt werden. Sinnvoller ist es aber, die Anzahl der nach-gefragten Mengeneinheiten noch mit dem herrschenden Preis zu multiplizie-ren und so zur **monetär** ausgedrückten Gesamtnachfrage zu gelangen und sie dem ebenfalls monetär ausgedrückten Gesamtangebot gegenüberzustellen.

portefeuilles, aber das **Volumen** der Nachfrage nach den einzelnen Finanzierungstiteln ist nur halb so groß wie erforderlich. ◻

Aus der strukturellen Identität von P* und dem Marktportefeuille resultiert, daß
die Wahrscheinlichkeitsverteilung der relativen Größe "Rendite" für beide Portefeuilles identisch ist. Im weiteren stehe M für ein beliebiges Portefeuille, dessen
Struktur mit der des Marktportefeuilles übereinstimmt. Weil die Struktur eines
Portefeuilles seine Renditeverteilung unabhängig vom Anlagevolumen eindeutig
determiniert, liegt $\bar{r}^{(M)}$ fest und stimmt mit der Renditeverteilung des Marktportefeuilles überein. Aus diesem Grunde ist es zulässig, im Zusammenhang mit $\bar{r}^{(M)}$
kurz von der Rendite des Marktportefeuilles zu sprechen. Auch das Tangentialportefeuille kann dabei im Kapitalmarktgleichgewicht einfach mit M bezeichnet
werden. **Jeder** Marktteilnehmer, der überhaupt einen positiven Betrag riskant zu
investieren beabsichtigt, wird demnach in kleinem Maßstab das Marktportefeuille
nachbilden, also einen kleinen Anteil des Marktportefeuilles halten. Vor diesem
Hintergrund gelangt man zur Darstellung der im Kapitalmarktgleichgewicht maßgeblichen **Effizienzlinie MSAV** gemäß *Abbildung 6.2*.

Die Halbgerade mit Tangentialportefeuille M nennt man nach *Sharpe* (1964) **Ka-
pitalmarktlinie**. Ihre Funktionsgleichung läßt sich leicht ermitteln. Aus den
Punkten (i;0) und $(\mu^{(M)};\sigma^{(M)})$ kann ohne weiteres eine Steigung der Kapitalmarkt-
linie von $\sigma^{(M)}/(\mu^{(M)}-i)$ bestimmt werden. Des weiteren ist die Kapitalmarktlinie im
Vergleich zu einer Geraden durch den Ursprung um i nach rechts verschoben.
Damit gelangt man sofort zu folgendem funktionalen Zusammenhang zwischen
Renditestandardabweichung $\sigma^{(E)}$ und Renditeerwartungswert $\mu^{(E)}$ eines beliebigen,
im Kapitalmarktgleichgewicht μ-σ-**effizienten** Portefeuilles:

$$\sigma^{(E)} = \frac{\sigma^{(M)}}{\mu^{(M)}-i} \cdot (\mu^{(E)}-i)$$

$$\Leftrightarrow \mu^{(E)}-i = \frac{\mu^{(M)}-i}{\sigma^{(M)}} \cdot \sigma^{(E)} \tag{6.6}$$

$$\Leftrightarrow \mu^{(E)} = i+\frac{\mu^{(M)}-i}{\sigma^{(M)}} \cdot \sigma^{(E)}.$$

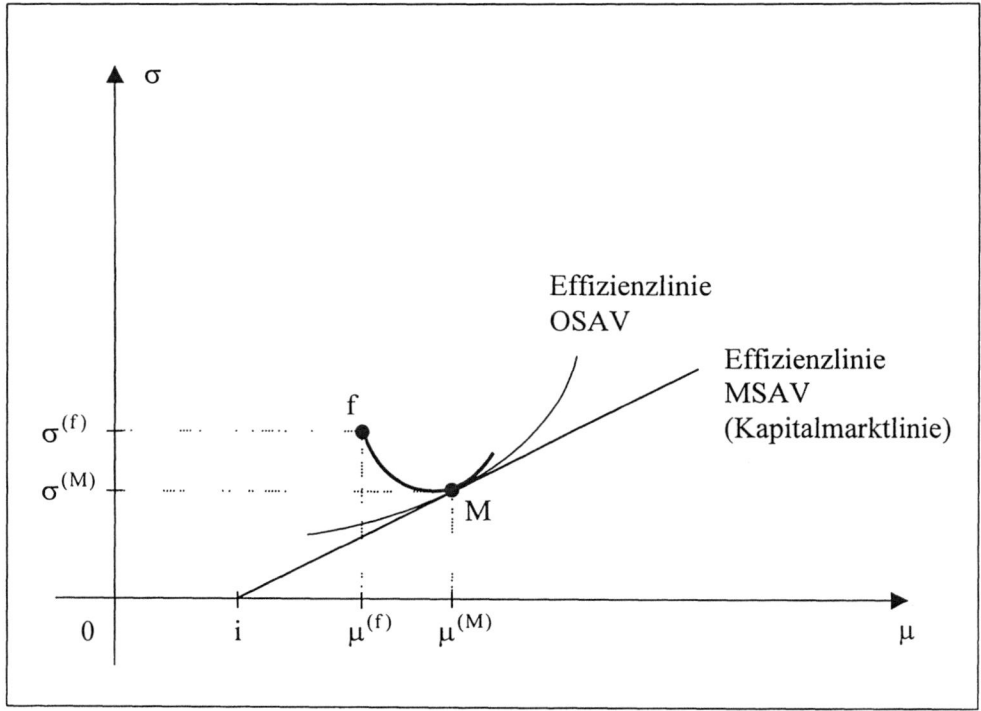

Abbildung 6.2: Kapitalmarktlinie und Herleitung der Wertpapiermarktlinie

Schon im Abschnitt 4 dieses Kapitels wurde darauf hingewiesen, daß man die Differenz zwischen der erwarteten Rendite einer unsicheren Anlage und dem Zinssatz i für sichere Anlage/Verschuldung als **"Risikoprämie"** bezeichnet. Die erzielbare Risikoprämie stellt eine Vergütung für das mit der Anlage verbundene Risiko unsicherer Rückflüsse dar. Die in der zweiten Zeile von (6.6) wiedergegebene Version der Gleichung der Kapitalmarktlinie zeigt sehr instruktiv auf, wonach sich im Gleichgewicht die mit einem μ-σ-effizienten Portefeuille verbundene Risikoprämie ermittelt. Auf der rechten Seite der betreffenden Gleichung findet sich ein Produkt, das zum einen mit seinem zweiten Faktor aus dem über die jeweilige Renditestandardabweichung des betrachteten effizienten Portefeuilles gemessenen Risiko besteht, zum anderen aus einem Bruch, der die über das Halten des Marktportefeuilles erzielbare Risikoprämie $\mu^{(M)}$-i je Risikoeinheit $\sigma^{(M)}$ des Marktportefeuilles angibt.

Es ist nun ohne weiteres denkbar, daß man sich die im Zusammenhang mit dem Halten eines Portefeuilles erzielbare Risikoprämie als Ergebnis der Multiplikation des Ausmaßes an Risiko von E, also $\sigma^{(E)}$, mit dem im Gleichgewicht maßgeblichen "**Marktpreis des Risikos**" vorstellt, also als Ergebnis einer Rechnung "(Risiko-) Preis·(Risiko-) Menge". Der adäquate Marktpreis des Risikos wird demnach gemäß (6.6) über die durch das Halten des Marktportefeuilles erreichbare Risikoprämie je Einheit Risiko des Marktportefeuilles definiert, und hierin besteht die erste bemerkenswerte Aussage des Capital Asset Pricing Model.

6.3.3 Die Wertpapiermarktlinie

Die **Kapitalmarktlinie** gibt zu jedem Risiko $\sigma^{(E)}$ eines effizienten Portefeuilles die jeweilige gleichgewichtige Risikoprämie und damit erwartete Rendite an. Für ineffiziente Portefeuilles und demnach auch einzelne Finanzierungstitel hat die Kapitalmarktlinie freilich keine Gültigkeit. Insofern besteht Bedarf an der Herleitung einer allgemeinen Bestimmungsgleichung für die erwartete Rendite eines **beliebigen** Finanzierungstitels. Weil jeder Finanzierungstitel im hier betrachteten Kontext nichts anderes als ein Zahlungsstrom ist und dies für jede Zusammenstellung von Finanzierungstiteln, also jedes Portefeuille, ebenfalls zutrifft, könnten mit einer für beliebige Finanzierungstitel gültigen Bestimmungsgleichung auch die im Gleichgewicht gültigen Risikoprämien für beliebige Portefeuilles berechnet werden. In der Tat ist die Herleitung einer solchermaßen "universellen" Bestimmungsgleichung im Rahmen des Capital Asset Pricing Model möglich, wie mit Hilfe von *Abbildung 6.2* gezeigt werden soll.[21]

Betrachtet sei dazu eine beliebige **ineffiziente** μ-σ-Kombination, die beispielsweise durch Investition in einen einzelnen Finanzierungstitel f realisiert werden kann. In *Abbildung 6.2* ist die zugehörige μ-σ-Kombination als $(\mu^{(f)};\sigma^{(f)})$ charakterisiert. Natürlich kann man ein **Portefeuille** zusammenstellen, das zum wertmäßigen Anteil $\hat{\alpha}^{(f)}$ aus dem Finanzierungstitel f und zum Anteil $1-\hat{\alpha}^{(f)}$ aus einer Anlage in ein wie das Marktportefeuille strukturiertes Portefeuille M gekennzeichnet ist. Die resultierende Rendite des Gesamtportefeuilles ergibt sich als

$$\tilde{r} = \hat{\alpha}^{(f)}\cdot\tilde{r}^{(f)}+(1-\hat{\alpha}^{(f)})\cdot\tilde{r}^{(M)}. \tag{6.7}$$

Erwartungswert μ und Standardabweichung σ der Rendite aus (6.7) bestimmen sich als

$$\mu = \hat{\alpha}^{(f)}\cdot\mu^{(f)}+(1-\hat{\alpha}^{(f)})\cdot\mu^{(M)},$$

$$\sigma = \sqrt{\hat{\alpha}^{(f)2}\cdot\sigma^{(f)2}+(1-\hat{\alpha}^{(f)})^2\cdot\sigma^{(M)2}+2\cdot\hat{\alpha}^{(f)}\cdot(1-\hat{\alpha}^{(f)})\cdot\sigma^{(fM)}} \tag{6.8}$$

$$= \sqrt{\hat{\alpha}^{(f)2}\cdot\sigma^{(f)2}+(1-\hat{\alpha}^{(f)})^2\cdot\sigma^{(M)2}+(2\cdot\hat{\alpha}^{(f)}-2\cdot\hat{\alpha}^{(f)2})\cdot\sigma^{(fM)}},$$

wobei $\sigma^{(fM)}$ kurz für die Kovarianz $\mathrm{Cov}(\tilde{r}^{(f)};\tilde{r}^{(M)})$ steht. Die über eine Mischung von f und M erreichbaren μ-σ-Kombinationen liegen auf einer Kurve, die im folgenden mit fM bezeichnet sei und zwangsläufig durch den Punkt $(\mu^{(M)};\sigma^{(M)})$ verläuft, da dieser für $\hat{\alpha}^{(f)} = 0$ erreicht wird. Ferner kann die besagte Kurve die Effizienzlinie OSAV **nicht schneiden**, da ansonsten die auf der Effizienzlinie liegenden μ-σ-Kombinationen nicht effizient wären. Dies impliziert, daß sich die Kurve fM ausgehend von $(\mu^{(M)};\sigma^{(M)})$ wieder "nach innen" krümmt, so daß sie im Punkt $(\mu^{(M)};\sigma^{(M)})$ tangential zur Effizienzlinie OSAV und folglich zur Kapitalmarktlinie sein muß. Die Steigung der Kurve fM im μ-σ-Diagramm aus *Abbil-*

---

[21] Dieses Vorgehen geht konkret auf *Sharpe* (1964) zurück. Vgl. zu dieser Art der Herleitung auch etwa *Kruschwitz* (1999), S. 192 ff., oder *Perridon/Steiner* (1999), S. 265 ff.

dung 6.2 bestimmt sich allgemein als ein Differentialquotient $d\sigma/d\mu$. Dieser wiederum läßt sich mit Hilfe der **Kettenregel** wie folgt ermitteln:

$$\frac{d\sigma}{d\mu} = \frac{\partial\sigma}{\partial\hat{\alpha}^{(f)}} \cdot \frac{\partial\hat{\alpha}^{(f)}}{\partial\mu}$$

$$= \frac{1}{2\cdot\sigma} \cdot [2\cdot\hat{\alpha}^{(f)}\cdot\sigma^{(f)2} - 2\cdot(1-\hat{\alpha}^{(f)})\cdot\sigma^{(M)2} \tag{6.9}$$

$$+ (2 - 4\cdot\hat{\alpha}^{(f)})\cdot\sigma^{(fM)}] \cdot \frac{1}{\mu^{(f)}-\mu^{(M)}}.$$

Die Berechnung von $\partial\sigma/\partial\hat{\alpha}^{(f)}$ im Rahmen von (6.9) erfolgte ebenfalls mit Hilfe der Kettenregel, wobei σ als $(\sigma^2)^{0,5}$ zu verstehen ist. Auf dieser Grundlage ist zunächst als **äußere** Ableitung die Ableitung der Wurzelfunktion nach σ^2 mit $1/[2\cdot(\sigma^2)^{0,5}] = 1/(2\cdot\sigma)$ zu bestimmen und anschließend die **innere** Ableitung in Form der Ableitung von σ^2 nach $\hat{\alpha}^{(f)}$. Die Ableitung $\partial\hat{\alpha}^{(f)}/\partial\mu$ entspricht einfach dem Kehrwert der Ableitung $\partial\mu/\partial\hat{\alpha}^{(f)} = \mu^{(f)}-\mu^{(M)}$.

An der Stelle $\hat{\alpha}^{(f)} = 0$ vereinfacht sich der Ausdruck aus (6.9) erheblich. Man erhält:

$$\frac{d\sigma}{d\mu} = \frac{-2\cdot\sigma^{(M)2} + 2\cdot\sigma^{(fM)}}{2\cdot\sigma^{(M)}\cdot(\mu^{(f)}-\mu^{(M)})} = \frac{\sigma^{(fM)}-\sigma^{(M)2}}{\sigma^{(M)}\cdot(\mu^{(f)}-\mu^{(M)})}, \tag{6.10}$$

da $\sigma = \sigma^{(M)}$ für $\hat{\alpha}^{(f)} = 0$ gilt.

Als Steigung der Kapitalmarktlinie erhält man aus (6.6)

$$\frac{d\sigma^{(E)}}{d\mu^{(E)}} = \frac{\sigma^{(M)}}{\mu^{(M)}-i}. \tag{6.11}$$

Gleichsetzen von (6.10) und (6.11) liefert:

$$\frac{\sigma^{(M)}}{\mu^{(M)}-i} = \frac{\sigma^{(fM)}-\sigma^{(M)2}}{\sigma^{(M)}\cdot(\mu^{(f)}-\mu^{(M)})}$$

$$\Leftrightarrow \mu^{(f)}-\mu^{(M)} = \frac{\sigma^{(fM)}-\sigma^{(M)2}}{\sigma^{(M)2}}\cdot(\mu^{(M)}-i)$$

$$\Leftrightarrow \mu^{(f)}-\mu^{(M)} = \left(\frac{\sigma^{(fM)}}{\sigma^{(M)2}}-1\right)\cdot(\mu^{(M)}-i)$$

$$\Leftrightarrow \mu^{(f)} = i+\frac{\mu^{(M)}-i}{\sigma^{(M)2}}\cdot\sigma^{(fM)}$$

$$\Leftrightarrow \mu^{(f)} = i+\frac{\mu^{(M)}-i}{\sigma^{(M)}}\cdot\rho^{(fM)}\cdot\sigma^{(f)}$$

$$\Leftrightarrow \mu^{(f)}-i = \frac{\mu^{(M)}-i}{\sigma^{(M)}}\cdot\rho^{(fM)}\cdot\sigma^{(f)}.$$

(6.12)

Im Rahmen der Umformung von der drittletzten zur vorletzten Zeile wurde ausgenutzt, daß sich die Kovarianz zwischen den Renditen des Finanzierungstitels f und des Marktportefeuilles M auch als **Produkt** der beiden Renditestandardabweichungen und der Renditenkorrelation $\rho^{(fM)} \equiv \rho(\tilde{r}^{(f)};\tilde{r}^{(M)})$ schreiben läßt.

Die letzte Zeile aus (6.12) zeigt unmittelbar auf, wonach sich die Risikoprämie eines beliebigen Finanzierungstitels und damit auch Portefeuilles im Kapitalmarktgleichgewicht bestimmt. Erneut ist der **Marktpreis des Risikos** als Risikoprämie pro Einheit Risiko des Marktportefeuilles zu ermitteln. Das **bewertungsrelevante Risikomaß** hinsichtlich des Finanzierungstitels f ist nun aber nicht einfach die Renditestandardabweichung $\sigma^{(f)}$, sondern $\rho^{(fM)}\cdot\sigma^{(f)}$.

Definitorisch kann man die Renditestandardabweichung des Finanzierungstitels f auch wie folgt schreiben:[22]

$$\sigma^{(f)} = \rho^{(fM)} \cdot \sigma^{(f)} + (1 - \rho^{(fM)}) \cdot \sigma^{(f)}. \tag{6.13}$$

In der Regel wird der Korrelationskoeffizient nichtnegativ sein und demnach zwischen 0 und 1 liegen. Vor allem unter dieser Zusatzbedingung ist die Analyse von (6.13) instruktiv. Es zeigt sich nämlich, daß in (6.12) **nicht** das ganze über die Renditestandardabweichung gemessene Risiko des Wertpapiers f in die Bestimmung der adäquaten Risikoprämie eingeht, sondern gerade nur der Bruchteil $\rho^{(fM)}$. Diesen Teil des Risikos bezeichnet man wegen seiner Bewertungsrelevanz auch als "**systematisch**", den anderen Teil entsprechend als "**unsystematisch**". Auch für $\rho^{(fM)} < 0$ kann man diese Interpretation aufrechterhalten: Das systematische Risiko ist dann einfach negativ, und mehr als das gesamte Renditerisiko gemäß der Standardabweichung erweist sich dann als nicht bewertungsrelevant.

Wenngleich die formalen Zusammenhänge eindeutig sind, stellt sich doch die Frage nach dem **inhaltlichen** Hintergrund für den Umstand, daß nur ein Teil des Gesamtrisikos der Rendite eines Finanzierungstitels tatsächlich bewertungsrelevant ist. Um dies zu verstehen, muß man sich als erstes in Erinnerung rufen, daß im Kapitalmarktgleichgewicht **jeder** Anleger aufgrund der Gültigkeit der universellen Separation einen Teil[23] des Marktportefeuilles als unsichere Anlage realisieren wird. Mit $\hat{\alpha}^{(M)}$ als dem bereits eingeführten wertmäßigen Anteil des Finanzierungstitels f am Marktportefeuille gilt

$$\tilde{r}^{(M)} = \sum_{f=1}^{F} \hat{\alpha}^{(fM)} \cdot \tilde{r}^{(f)}. \tag{6.14}$$

---

[22] Vgl. auch etwa *Spremann* (2000), S. 210.

[23] Bei im Verhältnis zu ihrem Anfangsvermögen **sehr risikoscheuen** Marktteilnehmern kann dieser Anteil auch Null sein.

Die Renditevarianz des Marktportefeuilles läßt sich dabei wie folgt darstellen:

$$
\begin{aligned}
\mathrm{Var}(\bar{r}^{(M)}) &= \mathrm{Cov}(\bar{r}^{(M)};\bar{r}^{(M)}) \\[2mm]
&= \mathrm{Cov}\left(\sum_{f=1}^{F} \hat{\alpha}^{(fM)} \cdot \bar{r}^{(f)};\bar{r}^{(M)}\right) \\[2mm]
&= \sum_{f=1}^{F} \hat{\alpha}^{(fM)} \cdot \mathrm{Cov}(\bar{r}^{(f)};\bar{r}^{(M)}) \\[2mm]
&= \sum_{f=1}^{F} \hat{\alpha}^{(fM)} \cdot \rho^{(fM)} \cdot \sigma^{(f)} \cdot \sigma^{(M)}.
\end{aligned}
\tag{6.15}
$$

Division beider Seiten durch die Renditestandardabweichung des Marktportefeuilles ergibt schließlich:

$$
\sigma^{(M)} = \sum_{f=1}^{F} \hat{\alpha}^{(fM)} \cdot \rho^{(fM)} \cdot \sigma^{(f)}.
\tag{6.16}
$$

Die **Renditestandardabweichung** des Marktportefeuilles bestimmt sich damit als gewogenes Mittel der **systematischen** Risiken der einzelnen, im Marktportefeuille enthaltenen Finanzierungstitel. Anders formuliert, ermittelt man die Renditestandardabweichung $\sigma^{(M)}$ additiv aus den mit den wertmäßigen Anteilen der einzelnen Finanzierungstitel am Marktportefeuille gewichteten systematischen Finanzierungstitelrisiken.

Nur das systematische Risiko eines Finanzierungstitels findet demnach infolge von **Diversifikationseffekten** Eingang in das Gesamtrisiko des Marktportefeuilles, und da alle Marktteilnehmer einen Bruchteil des Marktportefeuilles halten, besteht allgemeine **Einmütigkeit**, daß nur dieser Teil des Gesamtrisikos eines Finanzierungstitels auch bewertungsrelevant ist, also über eine entsprechende Risikoprämie vergütet werden muß. Wer einen einzelnen Finanzierungstitel f hielte, also auf mögliche Diversifikation verzichtete, wäre insofern "selbst schuld". Natürlich wird sich aber ohnehin kein Marktteilnehmer im Kapital-marktgleichgewicht derart verhalten. **Alle** werden das Marktportefeuille, also das am stärksten diversifizierte Portefeuille unsicherer Finanzierungstitel, in einem bestimmten Umfang realisieren. Die über die letzte Zeile von (6.12) beschrie-bene Bestimmungsgleichung für die gleichgewichtige Risikoprämie eines beliebi-gen Wertpapiers f bezeichnet man nach *Sharpe* (1964) als Gleichung der **Wert-papiermarktlinie**.

Beispiel 6.4:[24]

Gegeben sei eine Zwei-Zeitpunkte-Betrachtung bei Risiko (t = 0, 1) mit drei möglichen Umweltzuständen $s^{(j)}$ (j = 1, 2, 3) in t = 1. Auf dem vollkommenem Kapitalmarkt im Gleichgewicht werden zwei risikobehaftete Finanzierungstitel f = 1, 2 mit zustandsabhängigen Einzahlungen $z_1^{(f,j)}$ gemäß *Tabelle 6.2* gehandelt. In der zweiten Zeile von *Tabelle 6.2* sind überdies die Eintrittswahrscheinlichkei-ten $\phi^{(j)}$ der drei Umweltzustände angegeben.

j	1	2	3
$\phi^{(j)}$	0,25	0,5	0,25
$z_1^{(1,j)}$	300	0	0
$z_1^{(2,j)}$	0	400	0

Tabelle 6.2: Zustandsabhängige Einzahlungen von zwei Finanzierungstiteln 1 und 2 inclusive Zustandseintrittswahrscheinlichkeiten

Der Zinssatz für risikolose Anlage und Verschuldung von t = 0 bis t = 1 betra-ge 0 %. Ferner seien die Preise der beiden Finanzierungstitel in t = 0 gegeben mit $V^{(1)}$ = 69,18 GE und $V^{(2)}$ = 122,34 GE.

---

[24] Die Daten des folgenden Beispiels sind *Breuer/Gürtler/Schuhmacher* (1999a), S. 251 f., entnommen.

Mittels *Tabelle 6.2* können leicht die zustandsabhängigen Einzahlungen $z_1^{(M,j)}$ des Marktportefeuilles ermittelt werden. Diese belaufen sich auf 300 GE im Zustand $s^{(1)}$, 400 GE im Zustand $s^{(2)}$ sowie 0 GE im Zustand $s^{(3)}$. Der Marktwert des Marktportefeuilles ist entsprechend $69,18 + 122,34 = 191,52$ GE, so daß der wertmäßige Anteil $\hat{\alpha}^{(1M)}$ des Finanzierungstitels 1 am Marktportefeuille $69,18/191,52 \approx 36,12$ % ausmacht, während sich $\hat{\alpha}^{(2M)}$ als korrespondierender Wert für Finanzierungstitel 2 auf $122,34/191,52 \approx 63,88$ % bemißt.

Auf der Grundlage dieser Daten kann nun leicht geprüft werden, ob die erwarteten Renditen der beiden Finanzierungstitel 1 und 2 der Gleichung der Wertpapiermarktlinie genügen. In *Tabelle 6.3* sind zu diesem Zweck zunächst einmal die zustandsabhängigen Renditen aus den Finanzierungstiteln 1 und 2 sowie dem Marktportefeuille angegeben.

j	1	2	3
$r_1^{(1,j)}$	333,65 %	-100 %	-100 %
$r_1^{(2,j)}$	-100 %	226,96 %	-100 %
$r_1^{(M,j)}$	56,64 %	108,86 %	-100 %

Tabelle 6.3: Zustandsabhängige Renditen der Finanzierungstitel 1 und 2 sowie des Marktportefeuilles (zum Teil gerundete Werte)

Damit können die erwarteten Renditen beider Wertpapiere sowie des Marktportefeuilles berechnet werden:

$$E(\tilde{r}^{(1)}) \approx 0,25 \cdot 3,3365 + 0,5 \cdot (-1) + 0,25 \cdot (-1) \approx 8,41 \text{ %},$$

$$E(\tilde{r}^{(2)}) \approx 0,25 \cdot (-1) + 0,5 \cdot 2,2696 + 0,25 \cdot (-1) = 63,48 \text{ %}, \tag{6.17}$$

$$E(\tilde{r}^{(M)}) \approx 0,25 \cdot 0,5664 + 0,5 \cdot 1,0886 + 0,25 \cdot (-1) = 43,59 \text{ %}.$$

Als Varianz und Standardabweichung der Rendite des Marktportefeuilles sowie als Marktpreis des Risikos erhält man:

$$\text{Var}(\tilde{r}^{(M)})$$

$$= E(\tilde{r}^{(M)2}) - E^2(\tilde{r}^{(M)})$$

$$\approx 0,25 \cdot 0,5664^2 + 0,5 \cdot 1,0886^2 + 0,25 \cdot (-1)^2 - 0,4359^2 \approx 0,7327 \qquad (6.18)$$

$$\Rightarrow \sqrt{\text{Var}(\tilde{r}^{(M)})} \approx 0,856,$$

$$\frac{E(\tilde{r}^{(M)}) - i}{\sqrt{\text{Var}(\tilde{r}^{(M)})}} \approx \frac{0,4359}{0,856} \approx 0,5092.$$

Nun fehlt nur noch die Berechnung der beiden Kovarianzen zwischen der Rendite des Finanzierungstitels 1 bzw. 2 und der Rendite des Marktportefeuilles:

$$\text{Cov}(\tilde{r}^{(1)}; \tilde{r}^{(M)})$$

$$= 0,25 \cdot 3,3365 \cdot 0,5664 + 0,5 \cdot (-1) \cdot 1,0886 + 0,25 \cdot (-1) \cdot (-1)$$

$$-0,0841 \cdot 0,4359 \approx 14,15 \ \%, \qquad (6.19)$$

$$\text{Cov}(\tilde{r}^{(2)}; \tilde{r}^{(M)})$$

$$\approx 0,25 \cdot (-1) \cdot 0,5664 + 0,5 \cdot 2,2696 \cdot 1,0886 + 0,25 \cdot (-1) \cdot (-1)$$

$$-0,6348 \cdot 0,4359 \approx 106,7 \ \%.$$

Das **systematische** Risiko des Finanzierungstitels 1 kann demzufolge mit $\rho^{(1M)} \cdot \sigma^{(1)}$ $= \sigma^{(1M)}/\sigma^{(M)} \approx 0,1415/0,856 \approx 0,1653$ quantifiziert werden. Für Finanzierungstitel 2 erhält man analog $\rho^{(2M)} \cdot \sigma^{(2)} = \sigma^{(2M)}/\sigma^{(M)} \approx 1,067/0,856 \approx 1,246$. Multiplikation der systematischen Risiken mit dem Marktpreis des Risikos von näherungsweise 0,5092 ergibt wegen $i = 0 \ \%$ bereits die im Gleichgewicht **adäquate Risikoprämie** der beiden Finanzierungstitel gemäß ihren Risikoeigenschaften. Man erhält für Finanzierungstitel 1 einen Wert von ungefähr $0,1653 \cdot 0,5092 \approx$

8,42 %, und für Finanzierungstitel 2 ergibt sich ca. 1,246·0,5092 ≈ 63,45 %. Diese Werte stimmen bis auf Rundungsdifferenzen mit den für das Halten der Finanzierungstitel tatsächlich gewährten erwarteten Renditen und (wegen i = 0 %) Risikoprämien überein. Die beobachtbaren Preise genügen demnach den **Gleichgewichtsanforderungen** des CAPM.

Das über die Renditestandardabweichung gemessene Risiko des Marktportefeuilles ergibt sich hierbei als gewogenes arithmetisches Mittel der systematischen Risiken der beiden Finanzierungstitel 1 und 2:

$$\sigma^{(M)} = \hat{\alpha}^{(1M)} \cdot \rho^{(1M)} \cdot \sigma^{(1)} + \hat{\alpha}^{(2M)} \cdot \rho^{(2M)} \cdot \sigma^{(2)}$$

$$\approx 0,3612 \cdot 0,1653 + 0,6388 \cdot 1,246 \qquad (6.20)$$

$$\approx 85,57 \ \%.$$

Bis auf Rundungsdifferenzen erhält man natürlich den gleichen Wert wie schon in (6.18). □

In der nachfolgenden Formel (6.21) sind verschiedene **äquivalente** formale Darstellungen der Wertpapiermarktlinie zusammengefaßt:

$$\mu^{(f)} - i = \frac{\mu^{(M)} - i}{\sigma^{(M)}} \cdot \rho^{(fM)} \cdot \sigma^{(f)} \qquad (1)$$

$$= \frac{\mu^{(M)} - i}{\sigma^{(M)2}} \cdot \sigma^{(fM)} \qquad (2) \qquad (6.21)$$

$$= (\mu^{(M)} - i) \cdot \beta^{(fM)} \quad \left(\beta^{(fM)} \equiv \frac{\sigma^{(fM)}}{\sigma^{(M)2}} \right) \qquad (3).$$

Die drei Formulierungen aus (6.21) unterscheiden sich nach der Art der **Zerlegung** der Risikoprämie in das Produkt zweier Faktoren auf der jeweils rechten Seite der Gleichung. Der **erste** Faktor kann jeweils als ein Marktpreis des Risikos interpretiert werden, der **zweite** als das zugehörige adäquate Maß des systematischen Risikos des Finanzierungstitels f.

Die bereits weiter oben eingeführte **erste** Formulierung zeigt am besten die unmittelbare Beziehung zwischen Wertpapier- und Kapitalmarktlinie auf. Weil die Wertpapiermarktlinie für die erwartete Rendite jedes beliebigen Finanzierungstitels oder Portefeuilles gilt, hat sie natürlich auch für effiziente Portefeuilles Bestand. Konsistenz von Kapital- und Wertpapiermarktlinie liegt deshalb nur dann vor, wenn sich die **Korrelation** zwischen der Rendite eines effizienten Portefeuilles und der Rendite des Marktportefeuilles stets auf genau 1 beläuft. In der Tat ist diese Bedingung erfüllt, da jedes effiziente Portefeuille neben einem sicher investierten Teil ja gerade einen Bruchteil des Marktportefeuilles aufweist. Auch formal läßt sich die Richtigkeit dieser Aussage leicht nachweisen. Mit $\hat{\alpha}^{(M)}$ als dem wertmäßigen Anteil des Marktportefeuilles im Rahmen des betrachteten effizienten Portefeuilles gilt für die Rendite $\tilde{r}^{(E)}$ des letzteren:

$$\tilde{r}^{(E)} = \hat{\alpha}^{(M)} \cdot \tilde{r}^{(M)} + (1 - \hat{\alpha}^{(M)}) \cdot i. \tag{6.22}$$

Damit ist folgende Herleitung für $\hat{\alpha}^{(M)} > 0$ möglich:[25]

$$
\begin{aligned}
&\rho(\tilde{r}^{(E)}; \tilde{r}^{(M)}) \\[2mm]
&\equiv \frac{\text{Cov}(\tilde{r}^{(E)}; \tilde{r}^{(M)})}{\sigma(\tilde{r}^{(E)}) \cdot \sigma(\tilde{r}^{(M)})} \\[2mm]
&= \frac{\text{Cov}[\hat{\alpha}^{(M)} \cdot \tilde{r}^{(M)} + (1 - \hat{\alpha}^{(M)}) \cdot i; \tilde{r}^{(M)}]}{\sigma[\hat{\alpha}^{(M)} \cdot \tilde{r}^{(M)} + (1 - \hat{\alpha}^{(M)}) \cdot i] \cdot \sigma(\tilde{r}^{(M)})} \\[2mm]
&= \frac{\hat{\alpha}^{(M)} \cdot \text{Cov}(\tilde{r}^{(M)}; \tilde{r}^{(M)})}{\hat{\alpha}^{(M)} \cdot \sigma(\tilde{r}^{(M)}) \cdot \sigma(\tilde{r}^{(M)})} \\[2mm]
&= 1.
\end{aligned}
\tag{6.23}
$$

---

[25]   Für $\hat{\alpha}^{(M)} = 0$ gilt $\sigma^{(E)} = 0$ und ist $\rho^{(EM)}$ folglich **nicht definiert**. Auch dann aber resultiert dieselbe (erwartete) Rendite nach Wertpapier- **und** Kapitalmarktlinie wegen $\sigma^{(EM)} = \sigma^{(E)} = 0$. Lediglich Variante (1) der formalen Darstellung der Wertpapiermarktlinie aus (6.21) ist nicht anwendbar.

Im Rahmen der **dritten** Formulierung aus (6.21) wird der Marktpreis des Risikos einfach als die für das Halten des Marktportefeuilles gewährte Risikoprämie definiert. Das systematische Risiko eines Finanzierungstitels wird über seinen sogenannten **Betakoeffizienten** $\beta^{(fM)}$ beschrieben. Hierbei handelt es sich um den Regressionskoeffizienten aus der **linearen Regression** der Rendite $\tilde{r}^{(f)}$ des betrachteten Finanzierungstitels f auf die Rendite $\tilde{r}^{(M)}$ des Marktportefeuilles. Das heißt, wenn man $\tilde{r}^{(f)}$ als lineare Funktion von $\tilde{r}^{(M)}$ abzubilden sucht,

$$\tilde{r}^{(f)} = g^{(fM)} + b^{(fM)} \cdot \tilde{r}^{(M)} + \tilde{\epsilon}^{(fM)}, \tag{6.24}$$

wobei $g^{(fM)}$ und $b^{(fM)}$ die gesuchten Größen sind, dann wird der verbleibende **Schätzfehler**, gemessen über die Varianz von $\tilde{\epsilon}^{(fM)}$, durch die Setzung $b^{(fM)} = \beta^{(fM)}$ minimiert. Die Setzung $g^{(fM)} = E(\tilde{r}^{(f)}) - \beta^{(fM)} \cdot E(\tilde{r}^{(M)})$ bedingt überdies einen Erwartungswert für $\tilde{\epsilon}^{(fM)}$ von gerade Null. Besagter Betakoeffizient gibt im Lichte von (6.24) folglich an, wie **sensitiv** die Rendite des Finanzierungstitels f der Tendenz nach auf Änderungen der Rendite des Marktportefeuilles reagiert. Konkret sagt $\beta^{(fM)}$ aus, um wie viele Prozentpunkte sich die Rendite des Wertpapiers f tendenziell[26] ändert, wenn die Rendite des Marktportefeuilles einen Prozentpunkt ansteigt. Je ausgeprägter diese Sensitivität ist, desto mehr trägt der betreffende Finanzierungstitel zum Risiko der Rendite des Marktportefeuilles bei, und um so größer ist die im Kapitalmarktgleichgewicht auf den betreffenden Finanzierungstitel gewährte Risikoprämie.

Beispiel 6.5:
Gegeben seien wiederum die Annahmen aus Beispiel 6.4. Auf der Grundlage der dort schon berechneten Daten ergeben sich folgende Betakoeffizienten der beiden Finanzierungstitel 1 und 2:

---

[26] Zu beachten ist der Einfluß des **Störterms** $\tilde{\epsilon}^{(fM)}$, der die systematische lineare Beziehung zwischen $\tilde{r}^{(M)}$ und $\tilde{r}^{(f)}$ überlagert. Je größer die Varianz von $\tilde{\epsilon}^{(fM)}$ ist, um so schlechter läßt sich $\tilde{r}^{(f)}$ als lineare Funktion von $\tilde{r}^{(M)}$ abbilden.

$$\beta^{(1M)} = \frac{\sigma^{(1M)}}{\sigma^{(M)2}} \approx \frac{0,1415}{0,7327} \approx 0,1931,$$

$$\beta^{(2M)} = \frac{\sigma^{(2M)}}{\sigma^{(M)2}} \approx \frac{1,067}{0,7327} \approx 1,4563. \tag{6.25}$$

Gemäß (6.25) geht eine Erhöhung der Rendite des Marktportefeuilles um einen Prozentpunkt tendenziell mit einer Zunahme der Rendite des Finanzierungstitels 1 um ungefähr 0,1931 Prozentpunkte einher. In entsprechender Weise bedingt eine Erhöhung der Rendite des Marktportefeuilles um einen Prozentpunkt der Tendenz nach eine Zunahme der Rendite des Finanzierungstitels 2 um näherungsweise 1,4563 Prozentpunkte.[27] Die deutlich ausgeprägtere Sensitivität des Finanzierungstitels 2 hinsichtlich Schwankungen der Rendite des Marktportefeuilles muß durch eine entsprechend größere Risikoprämie im Marktgleichgewicht ausgeglichen werden. □

Die dritte Formulierung aus (6.21) liegt typischerweise der **graphischen** Darstellung der Wertpapiermarktlinie zugrunde, wobei auf der Abszisse der Betakoeffizient $\beta^{(fM)}$ eines Finanzierungstitels und auf der Ordinate statt der Risikoprämie $\mu^{(f)}$-i des Finanzierungstitels f für gewöhnlich einfach seine erwartete Rendite ab-

---

[27] Dabei gilt $\text{Var}(\bar{r}^{(1)}) \approx 3,53$ und $\text{Var}(\bar{r}^{(2)}) \approx 2,67$ sowie $\text{Var}(\bar{\epsilon}^{(1M)}) \approx 3,5$ und $\text{Var}(\bar{\epsilon}^{(2M)}) \approx 1,12$, so daß über die zugrunde gelegten linearen Zusammenhänge zwischen $\bar{r}^{(1)}$ und $\bar{r}^{(M)}$ sowie $\bar{r}^{(2)}$ und $\bar{r}^{(M)}$ nur etwa 1-3,5/3,53 $\approx$ 0,85 % der Gesamtstreuung von $\bar{r}^{(1)}$ und in entsprechender Weise nur ca. 1-1,12/2,67 $\approx$ 58,05 % der Gesamtstreuung von $\bar{r}^{(2)}$ erklärt werden können. Die beiden linearen Regressionen erweisen sich hier folglich als eher **wenig aussagekräftig**, was aber nichts an der Bewertungsrelevanz allein des systematischen Risikos im Rahmen des CAPM ändert. Die angegebenen "erklärbaren" Anteile der Gesamtstreuung von $\bar{r}^{(1)}$ bzw. $\bar{r}^{(2)}$ im Rahmen der linearen Regression stimmen übrigens (bis auf Rundungsdifferenzen) mit den sogenannten **Bestimmtheitsmaßen** $\rho^{(1M)2}$ bzw. $\rho^{(2M)2}$ überein.

getragen wird.[28] Aus *Abbildung 6.3* erkennt man neben der **Linearität** des Zu-sammenhangs zwischen systematischem Risiko und erwarteter Rendite eines Fi-nanzierungstitels auch noch, daß für $\beta^{(fM)} = 0$ die erwartete Rendite von f trotz grundsätzlicher Unsicherheit der Rendite aus dem Halten des Finanzierungstitels nur dem Zinssatz i für sichere Anlage/Verschuldung entspricht. Ein Wert $\beta^{(fM)} = 0$ bedeutet nämlich, daß mit dem betreffenden Finanzierungstitel keinerlei sy-stematisches Risiko verbunden ist. Unter diesem Aspekt erscheint der betreffende Finanzierungstitel f folglich gewissermaßen als "risikolos". Genau dieser Um-stand einer im Rahmen des Marktportefeuilles gegebenen **vollständigen Diversi-fikationsmöglichkeit** des mit dem betrachteten Finanzierungstitel bei isoliertem Halten verbundenen Risikos bedingt die Gewährung einer erwarteten Rendite von lediglich i. Konsequenterweise gibt es auch Finanzierungstitel, deren systemati-sches Risiko **negativ** ist. Hier ist die Entwicklung von Finanzierungstitelrendite und Rendite des Marktportefeuilles gar gegenläufig, weswegen der betreffende Titel im Rahmen des Marktportefeuilles zu einer Reduktion von dessen Rendite-standardabweichung führt. Daher ist auch die für das Halten solcher Finanzie-rungstitel im Gleichgewicht gewährte Risikoprämie negativ, was gleichbedeutend mit einer unter i liegenden erwarteten Rendite ist.

---

[28] Vgl. hierzu *Abbildung 6.3*. Letztlich ist - ähnlich wie im Zusammenhang mit der Kapitalmarktlinie - nicht recht klar, ob mit "Wertpapiermarktlinie" eine Gleichung oder ein Graph bezeichnet wird. Aus diesem Grunde ist zur Ver-meidung von Mißverständnissen im Rahmen dieses Abschnitts einerseits von der **formalen**, andererseits von der **graphischen** Darstellung der Wertpapier-marktlinie die Rede.

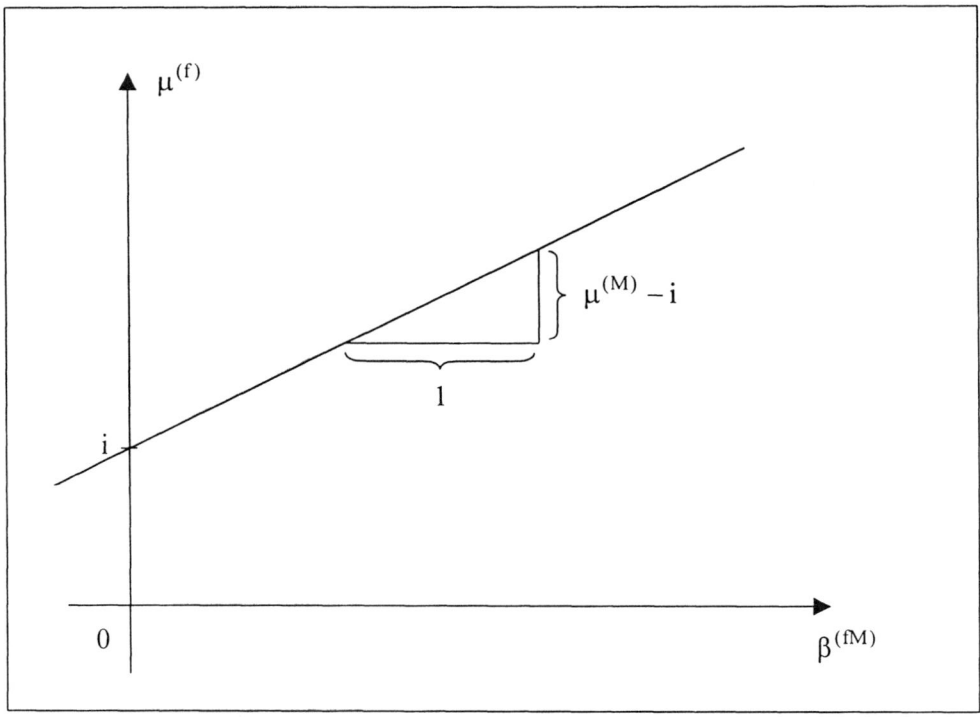

Abbildung 6.3: Graphische Darstellung der Wertpapiermarktlinie

Die **zweite** Formulierung aus (6.21) schließlich wird gemeinhin als Ausgangspunkt für Umformulierungen der Wertpapiermarktlinie von einer rendite- zu einer **marktwertorientierten** Darstellung gewählt. Hierauf ist im Rahmen des nächsten Abschnitts etwas ausführlicher einzugehen.

6.3.4 Der Marktwert von Finanzierungstiteln im CAPM[29]

6.3.4.1 Marktbewertungsvariante 1: Risikoangepaßte Kalkulationszinsfüße

Der **Marktpreis des Risikos** ist im Kontext der zweiten Formulierung aus (6.21) definiert als $(\mu^{(M)}-i)/\sigma^{(M)2}$, und dieser Ausdruck sei im weiteren mit λ bezeichnet. Das zugehörige systematische Risikomaß in diesem Zusammenhang ist $\sigma^{(fM)}$.

Renditen sind bekanntlich als **relative** Wertänderungen definiert. Mit $V^{(f)}$ als dem Marktwert eines Finanzierungstitels f im Zeitpunkt t = 0 und $\tilde{z}_1^{(f)}$ als den unsicheren Einzahlungen aus dem Halten des Finanzierungstitels f in t = 1 gilt konkret:

$$\tilde{r}^{(f)} = \frac{\tilde{z}_1^{(f)} - V^{(f)}}{V^{(f)}} = \frac{\tilde{z}_1^{(f)}}{V^{(f)}} - 1. \tag{6.26}$$

Aus der Kenntnis der erwarteten Gleichgewichtsrendite $E(\tilde{r}^{(f)})$ eines Finanzierungstitels zusammen mit den erwarteten Einzahlungen des Zeitpunktes t = 1 kann man infolge von (6.26) unmittelbar auf den zugehörigen **gleichgewichtigen Marktwert** $V^{(f)}$ des betreffenden Finanzierungstitels f schließen:

$$E(\tilde{r}^{(f)}) = \frac{E(\tilde{z}_1^{(f)})}{V^{(f)}} - 1 \leftrightarrow V^{(f)} = \frac{E(\tilde{z}_1^{(f)})}{1 + E(\tilde{r}^{(f)})}. \tag{6.27}$$

Bekanntermaßen bestimmt sich nach Abschnitt 2 dieses Kapitels der Marktwert eines Finanzierungstitels im Kapitalmarktgleichgewicht durch **Diskontierung** der mit ihm verbundenen erwarteten Einzahlungen mit dem maßgeblichen Kapitalkostensatz. Ebenfalls aus Abschnitt 2 dieses Kapitels ist bekannt, daß dieser Kapitalkostensatz daher im Gleichgewicht (insbesondere für den Zwei-Zeitpunk-

---

[29] Die in den folgenden beiden Abschnitten 6.3.4.1 und 6.3.4.2 vorzustellenden Marktbewertungsvarianten finden sich unter anderem bereits in *Rubinstein* (1973a), S. 169. Siehe überdies auch schon etwa *Lintner* (1965), S. 26 ff.

te-Fall) mit der erwarteten Rendite des betreffenden Titels identisch ist. Dieser Zusammenhang wird durch (6.27) nochmals belegt. Die Wertpapiermarktlinie des CAPM gibt insofern zu jedem Finanzierungstitel den maßgeblichen **Kapitalkostensatz** an. Es gilt also unmittelbar:

$$V^{(f)} = \frac{E(\tilde{z}_1^{(f)})}{1+i+\lambda \cdot \sigma^{(fM)}}. \tag{6.28}$$

Der maßgebliche Kapitalkostensatz zur Bewertung von Finanzierungstiteln bestimmt sich folglich aus dem über einen Risikozuschlag korrigierten Zinssatz i für sichere Anlage und Verschuldung. Der **Risikozuschlag** wiederum entspricht dem Produkt aus Marktpreis des Risikos und systematischem Risiko des Finanzierungstitels f (in der Variante (2) aus (6.21)).

Auf den Gedanken, unsichere Zahlungen dadurch zu bewerten, daß man ihren Erwartungswert mit dem um einen Risikozuschlag erhöhten Zinssatz für sichere Anlage/Verschuldung abzinst, kann man zweifellos auch ohne einen kapitalmarkttheoretischen Kontext wie den des CAPM kommen.[30] Der spezifische Vorteil des CAPM besteht jedoch darin, einen Anhaltspunkt für den adäquaten Ansatz dieses Risikozuschlags zu liefern. Diese **Objektivierung** des Risikozuschlags stellt die eigentliche Besonderheit der Beziehung (6.28) dar.

Beispiel 6.6:
Unter den Annahmen aus Beispiel 6.4 berechnet sich der Marktpreis λ des Risikos als:

$$\lambda = \frac{\mu^{(M)}-i}{\sigma^{(M)2}} \approx \frac{0{,}4359}{0{,}7327} \approx 0{,}5949. \tag{6.29}$$

Auf der Grundlage von (6.29) und der Kovarianzen $Cov(\bar{r}^{(1)};\bar{r}^{(M)})$ sowie $Cov(\bar{r}^{(2)};\bar{r}^{(M)})$ aus (6.19) kann man den adäquaten Kapitalkostensatz für jeden der

---

[30] Vgl. hierzu auch etwa *Hax* (1982), S. 56.

beiden Finanzierungstitel bestimmen:

$$i + \lambda \cdot \sigma^{(1M)} \approx 0,5949 \cdot 0,1415 \approx 8,42 \ \%,$$
$$i + \lambda \cdot \sigma^{(2M)} \approx 0,5949 \cdot 1,067 \approx 63,48 \ \%. \tag{6.30}$$

Damit ergeben sich wegen $E(\bar{z}_1^{(1)}) = 0,25 \cdot 300 = 75$ GE und $E(\bar{z}_1^{(2)}) = 0,5 \cdot 400 = 200$ GE als gleichgewichtige Marktwerte der beiden Finanzierungstitel:

$$\frac{E(\bar{z}_1^{(1)})}{1 + i + \lambda \cdot \sigma^{(1M)}} \approx \frac{75}{1,0842} \approx 69,18 \ \text{GE},$$
$$\frac{E(\bar{z}_1^{(2)})}{1 + i + \lambda \cdot \sigma^{(2M)}} \approx \frac{200}{1,6348} \approx 122,34 \ \text{GE}, \tag{6.31}$$

also in der Tat (ungefähr) die am Kapitalmarkt beobachtbaren Preise für die beiden Finanzierungstitel. □

6.3.4.2 Marktbewertungsvariante 2: Diskontierung von Sicherheitsäquivalenten

Gleichung (6.28) ist nicht die einzige Möglichkeit, die Marktbewertungsfunktion auf der Grundlage des CAPM zu formulieren. Ersetzt man in der zweiten Variante der Wertpapiermarktlinie aus (6.21) sowohl $\mu^{(f)}$ durch $[E(\bar{z}_1^{(f)})/V^{(f)}]-1$ als auch das Argument $\bar{r}^{(f)}$ in der Kovarianz der rechten Seite durch $(\bar{z}_1^{(f)}/V^{(f)})-1$, gelangt man zu folgenden Umformungen:

$$\mu^{(f)} = i + \lambda \cdot \text{Cov}(\bar{r}^{(f)}; \bar{r}^{(M)})$$

$$\Leftrightarrow \frac{E(\bar{z}_1^{(f)})}{V^{(f)}} - 1 = i + \lambda \cdot \frac{\text{Cov}(\bar{z}_1^{(f)}; \bar{r}^{(M)})}{V^{(f)}}$$

$$\Leftrightarrow E(\bar{z}_1^{(f)}) - \lambda \cdot \text{Cov}(\bar{z}_1^{(f)}; \bar{r}^{(M)}) = V^{(f)} \cdot (1 + i) \tag{6.32}$$

$$\Leftrightarrow V^{(f)} = \frac{E(\bar{z}_1^{(f)}) - \lambda \cdot \text{Cov}(\bar{z}_1^{(f)}; \bar{r}^{(M)})}{1 + i}.$$

Beim Einsetzen in der zweiten Zeile ist zu beachten, daß der konstante Faktor $1/V^{(f)}$ auf der rechten Seite aus der Kovarianz herausgezogen werden kann, während der konstante Summand -1 für den Ausweis der Kovarianz unmittelbar ohne Bedeutung ist.

Gemäß (6.32) kann man den Marktwert $V^{(f)}$ eines Finanzierungstitels f auch als Ergebnis der Diskontierung des um einen Risikoabschlag korrigierten Erwartungswertes der künftigen Einzahlungen mit dem Zinssatz i für sichere Anlage und Verschuldung interpretieren. Der Finanzierungstitel f wird demnach genau so bewertet wie ein Finanzierungstitel mit einer sicheren Einzahlung in Höhe von $E(\tilde{z}_1^{(f)})-\lambda\cdot Cov(\tilde{z}_1^{(f)};\tilde{r}^{(M)})$. Man bezeichnet diese Differenz hier daher als das zu den unsicheren Einzahlungen aus dem Finanzierungstitel f in t = 1 gehörige **Sicherheitsäquivalent**.[31] Auch die Idee, das Risiko eines Finanzierungstitels statt über einen Zuschlag zum Diskontierungssatz durch einen Abschlag auf die erwarteten Einzahlungen zu erfassen, ist unmittelbar naheliegend, wohl aber liefert erst ein kapitalmarkttheoretischer Kontext wie der des CAPM die Möglichkeit, den adäquaten Risikoabschlag quantitativ zu fassen.

Beispiel 6.7:
Gegeben seien erneut die Annahmen aus Beispiel 6.4. Zur Anwendung von Formel (6.32) bedarf es noch der Berechnung der Kovarianzen $Cov(\tilde{z}_1^{(1)};\tilde{r}^{(M)})$ und $Cov(\tilde{z}_1^{(2)};\tilde{r}^{(M)})$. Dazu wiederum benötigt man die Kenntnis der folgenden Erwartungswerte:

$$E(\tilde{z}_1^{(1)}\cdot\tilde{r}^{(M)}) \approx 0,25\cdot 300\cdot 0,5664 = 42,48 \text{ GE,}$$
$$E(\tilde{z}_1^{(2)}\cdot\tilde{r}^{(M)}) \approx 0,5\cdot 400\cdot 1,0886 = 217,72 \text{ GE.}$$
(6.33)

---

[31] Anders als die Sicherheitsäquivalente aus dem Abschnitt 2 dieses Kapitels IV sind obige Sicherheitsäquivalente im CAPM-Kontext demnach **nicht** auf einen einzelnen Anleger bezogen, sondern statt dessen **gesamtmarktbezogen** zu verstehen.

Auf der Grundlage von (6.33) und unter Beachtung von $E(\tilde{r}^{(M)}) \approx 43,59\ \%$, $E(\tilde{z}_1^{(1)}) = 75$ GE sowie $E(\tilde{z}_1^{(2)}) = 200$ GE ergibt sich damit:

$$\text{Cov}(\tilde{z}_1^{(1)};\tilde{r}^{(M)}) \approx 42,48 - 75 \cdot 0,4359 = 9,7875\ \text{GE},$$

$$\text{Cov}(\tilde{z}_1^{(2)};\tilde{r}^{(M)}) \approx 217,72 - 200 \cdot 0,4359 = 130,54\ \text{GE}. \tag{6.34}$$

Als **gleichgewichtige Marktwerte** der beiden Finanzierungstitel erhält man folglich:

$$\frac{E(\tilde{z}_1^{(1)}) - \lambda \cdot \text{Cov}(\tilde{z}_1^{(1)};\tilde{r}^{(M)})}{1+i} \approx 75 - 0,5949 \cdot 9,7875 \approx 69,18\ \text{GE},$$

$$\frac{E(\tilde{z}_1^{(2)}) - \lambda \cdot \text{Cov}(\tilde{z}_1^{(2)};\tilde{r}^{(M)})}{1+i} \approx 200 - 0,5949 \cdot 130,54 \approx 122,34\ \text{GE}, \tag{6.35}$$

was (annähernd) dem Ergebnis aus (6.31) entspricht. □

Allein schon unter "ästhetischen" Gesichtspunkten wäre es im Zusammenhang mit (6.32) begrüßenswert, wenn die Darstellung vollständig von einer gemischten Rendite- und Zahlungsorientierung auf eine **reine Zahlungsorientierung** umgestellt werden könnte. Konkret bedeutet dies, daß auch die Rendite des Marktportefeuilles durch einen Ausdruck ersetzt werden sollte, der auf die Gesamteinzahlungen $\tilde{z}_1^{(M)}$ aus dem Marktportefeuille sowie dessen Marktwert $V^{(M)}$ abstellt: $\tilde{r}^{(M)} = (\tilde{z}_1^{(M)}/V^{(M)}) - 1$.[32] Nutzt man diese Beziehung, so läßt sich zunächst einmal der **Marktpreis des Risikos** folgendermaßen darstellen:

---

[32] Diese Beziehung gilt natürlich nicht nur für das Marktportefeuille, sondern entsprechend auch für **jedes** andere Portefeuille, das mit dem Marktportefeuille strukturell identisch ist. Freilich unterscheiden sich dann die anzusetzenden Zahlungen und der zugehörige Marktwert von dem des Marktportefeuilles. Maßgeblich ist an dieser Stelle aber ohnehin nur, daß M hier in der Tat **auch** mit dem Marktportefeuille selbst gleichgesetzt werden kann.

$$\lambda = \frac{\left(\dfrac{E(\tilde{z}_1^{(M)})}{V^{(M)}} - 1\right) - i}{Var\left(\dfrac{\tilde{z}_1^{(M)}}{V^{(M)}} - 1\right)} = V^{(M)} \cdot \frac{E(\tilde{z}_1^{(M)}) - (1+i)\cdot V^{(M)}}{Var(\tilde{z}_1^{(M)})}. \tag{6.36}$$

In entsprechender Form kann man $Cov(\tilde{z}_1^{(f)}; \tilde{r}^{(M)})$ vereinfachen:

$$Cov(\tilde{z}_1^{(f)}; \tilde{r}^{(M)})$$

$$= Cov\left(\tilde{z}_1^{(f)}; \frac{\tilde{z}_1^{(M)}}{V^{(M)}} - 1\right) \tag{6.37}$$

$$= \frac{1}{V^{(M)}} \cdot Cov(\tilde{z}_1^{(f)}; \tilde{z}_1^{(M)}).$$

Einsetzen von (6.36) und (6.37) in (6.32) ergibt

$$V^{(f)} = \frac{E(\tilde{z}_1^{(f)}) - \lambda \cdot Cov(\tilde{z}_1^{(f)}; \tilde{r}^{(M)})}{1+i}$$

$$= \frac{E(\tilde{z}_1^{(f)}) - \dfrac{E(\tilde{z}_1^{(M)}) - (1+i)\cdot V^{(M)}}{Var(\tilde{z}_1^{(M)})} \cdot Cov(\tilde{z}_1^{(f)}; \tilde{z}_1^{(M)})}{1+i}. \tag{6.38}$$

Auf diese Weise ist es gelungen, die Bewertung des Finanzierungstitels f durch alleinige Betrachtung von Zahlungsgrößen zu erreichen. Einmal mehr ist es dabei zweckmäßig, die Begriffe "Marktpreis des Risikos" und "systematisches Risiko" **situationsabhängig** anzupassen. Der Marktpreis des Risikos ist augenscheinlich hier als Quotient $\lambda^+ \equiv [E(\tilde{z}_1^{(M)}) - (1+i)\cdot V^{(M)}]/Var(\tilde{z}_1^{(M)})$ zu definieren, das systematische Risiko entsprechend als $Cov(\tilde{z}_1^{(f)}; \tilde{z}_1^{(M)})$. Konkret gibt der Marktpreis des Risikos hierbei im Zähler an, inwiefern die erwarteten Rückflüsse aus dem

Marktportefeuille M eine einfache Verzinsung des Preises $V^{(M)}$ des Marktportefeuilles mit dem Zinssatz i für sichere Anlage/Verschuldung übersteigen. Diese in GE ausgedrückte **Risikoprämie** wird auf die Gesamtstreuung der künftigen Einzahlungen aus dem Marktportefeuille bezogen. Da die Einheit der Varianz GE^2 ist, ergibt sich als **Einheit** des Marktpreises des Risikos λ^+ hier konsequenterweise 1/GE.

Beispiel 6.8:

Einmal mehr sei von den Annahmen aus Beispiel 6.4 ausgegangen. Um den Marktpreis des Risikos in der Fassung aus (6.38) zu bestimmen, sind folgende Größen zu berechnen:

$$E(\tilde{z}_1^{(M)}) = E(\tilde{z}_1^{(1)}) + E(\tilde{z}_1^{(2)}) = 0{,}25 \cdot 300 + 0{,}5 \cdot 400 = 275 \text{ GE},$$

$$V^{(M)} = V^{(1)} + V^{(2)} = 69{,}18 + 122{,}34 = 191{,}52 \text{ GE}, \tag{6.39}$$

$$\text{Var}(\tilde{z}_1^{(M)}) = E(\tilde{z}_1^{(M)2}) - E^2(\tilde{z}_1^{(M)}) = 0{,}25 \cdot 300^2 + 0{,}5 \cdot 400^2 - 275^2$$

$$= 26.875 \text{ GE}^2.$$

Damit ergibt sich:

$$\lambda^+ = \frac{275 - 191{,}52}{26.875} \approx 0{,}00310623/\text{GE}. \tag{6.40}$$

Die benötigten Kovarianzen zur Anwendung von (6.38) bestimmen sich wie folgt:

$$Cov(\tilde{z}_1^{(1)}; \tilde{z}_1^{(M)})$$

$$= E(\tilde{z}_1^{(1)} \cdot \tilde{z}_1^{(M)}) - E(\tilde{z}_1^{(1)}) \cdot E(\tilde{z}_1^{(M)})$$

$$= 0{,}25 \cdot 300 \cdot 300 - 75 \cdot 275 = 1.875 \; GE^2,$$

$$Cov(\tilde{z}_1^{(2)}; \tilde{z}_1^{(M)})$$

$$= E(\tilde{z}_1^{(2)} \cdot \tilde{z}_1^{(M)}) - E(\tilde{z}_1^{(2)}) \cdot E(\tilde{z}_1^{(M)})$$

$$= 0{,}5 \cdot 400 \cdot 400 - 200 \cdot 275 = 25.000 \; GE^2.$$

(6.41)

Schließlich erhält man:

$$V^{(1)} \approx 75 - 0{,}00310623 \cdot 1.875 \approx 69{,}18 \; GE,$$

$$V^{(2)} \approx 200 - 0{,}00310623 \cdot 25.000 \approx 122{,}34 \; GE,$$

(6.42)

also die aus anderen Rechnungen bereits bekannten gleichgewichtigen Marktwerte. □

6.3.4.3 Marktbewertung und Zirkularitätsprobleme

Betrachtet man die Marktbewertungsfunktionen aus (6.28), (6.32) und (6.38) sowie die zugehörigen Zahlenbeispiele etwas näher, so erkennt man unmittelbar, daß in allen drei Fällen die Ermittlung des gleichgewichtigen Marktwertes eines Finanzierungstitels f **nur** möglich ist, wenn für den Marktwert dieses Titels bereits ein **Schätzwert** vorliegt. Dies bedeutet konkret, daß die bislang behandelten Marktbewertungsfunktionen noch gar nicht explizit nach dem Marktwert $V^{(f)}$ des Finanzierungstitels f aufgelöst waren. Man spricht hier auch vom Vorliegen sogenannter **Zirkularitätsprobleme**. Am weitesten gediehen ist dabei die Auflösung der Marktbewertungsfunktion gemäß (6.38), da hier nur noch im Marktpreis des Risikos $V^{(f)}$ enthalten ist, nämlich als Teil des Marktwertes $V^{(M)}$

des Marktportefeuilles. Hiervon ausgehend, ist es nicht schwierig, auch das letzte Zirkularitätsproblem zu beseitigen, da mit (6.38) eine in $V^{(f)}$ lineare Gleichung vorliegt.[33] In der Tat kann eine entsprechend modifizierte Bewertungsgleichung aber auch schon ohne formale Herleitung unmittelbar angegeben werden. Zur Veranschaulichung sei zunächst das Symbol $\hat{M}$ für das Marktportefeuille unter Ausschluß des Finanzierungstitels f eingeführt. Der Marktpreis des Risikos wird bekanntermaßen durch die auf das Halten des Marktportefeuilles gewährte Risikoprämie je Einheit Risiko des Marktportefeuilles bestimmt. Aus jeder der drei Formulierungen der Wertpapiermarktlinie in (6.21) ist ersichtlich, daß **jeder** beliebige Finanzierungstitel f exakt die **gleiche Risikoprämie** je Risikoeinheit wie das Marktportefeuille liefert. Zum Nachweis muß man in jeder der Formulierungen (1) bis (3) beide Gleichungsseiten nur jeweils durch das entsprechende systematische Risiko eines Finanzierungstitels f teilen.

Das heißt, daß der Marktpreis des Risikos unter Rückgriff auf **beliebige** Portefeuilles von Finanzierungstiteln berechnet werden kann, beispielsweise also durch Rückgriff auf das Portefeuille $\hat{M}$, das sich vom Marktportefeuille nur durch den expliziten Ausschluß des betrachteten Finanzierungstitels f unterscheidet:

$$\lambda^+ = \frac{E(\tilde{z}_1^{(M)})-(1+i)\cdot V^{(M)}}{Var(\tilde{z}_1^{(M)})} = \frac{E(\tilde{z}_1^{(\hat{M})})-(1+i)\cdot V^{(\hat{M})}}{Cov(\tilde{z}_1^{(\hat{M})};z_1^{(M)})}. \tag{6.43}$$

In der zweiten Formulierung aus (6.43) für den Marktpreis λ^+ des Risikos kommt der Marktwert $V^{(f)}$ des Finanzierungstitels f nicht mehr vor. Diese zweite Formulierung für λ^+ aus (6.43) kann formal auch leicht dadurch gewonnen werden, daß man (6.38) auf $\hat{M}$ anwendet und nach λ^+ auflöst.

Beispiel 6.9:
Wieder seien die Annahmen des Beispiels 6.4 vorausgesetzt. Der Marktpreis λ^+ des Risikos läßt sich dann auch wie folgt berechnen:

---

[33] Vgl. hierzu auch *Nippel* (1999), S. 341 f.

$$\lambda^{+} = \frac{E(\tilde{z}_{1}^{(1)}) - (1+i) \cdot V^{(1)}}{Cov(\tilde{z}_{1}^{(1)}; \tilde{z}_{1}^{(M)})} = \frac{75 - 69,18}{1.875} = 0,003104/GE,$$

(6.44)

$$\lambda^{+} = \frac{E(\tilde{z}_{1}^{(2)}) - (1+i) \cdot V^{(2)}}{Cov(\tilde{z}_{1}^{(2)}; \tilde{z}_{1}^{(M)})} = \frac{200 - 122,34}{25.000} = 0,0031064/GE.$$

Man erhält demnach bis auf unbedeutende Rundungsdifferenzen[34] übereinstimmende Werte. Im Falle der Berechnung von $V^{(1)}$ kann man also zur Vermeidung von Zirkularitätsproblemen den Marktpreis λ^{+} des Risikos über die **zweite** Bestimmungsgleichung aus (6.44) ermitteln. Sucht man hingegen den gleichgewichtigen Marktwert des Finanzierungstitels 2, bietet sich die Bestimmung von λ^{+} über den **ersten** Ansatz aus (6.44) an. □

Völlig befriedigend ist auch die Darstellung aus (6.38) in Verbindung mit (6.43) noch nicht. Bei insgesamt F verschiedenen Finanzierungstiteln liegt genaugenommen ein System von **F linearen Bewertungsgleichungen** für die F Marktwerte $V^{(f)}$ vor. Eine **Auflösung** dieses Gleichungssystems ist erst gelungen, wenn F Bestimmungsgleichungen für die $V^{(f)}$ gegeben sind, ohne daß auf der jeweils rechten Seite der Gleichungen die gesuchten Variablen $V^{(f)}$ noch vorkommen.

Auch wenn die Anzahl der Gleichungen der Anzahl der Variablen entspricht, läßt sich doch leicht zeigen, daß das betreffende Gleichungssystem **nicht** über eine eindeutige Lösung verfügt.[35] Vielmehr sind in der Tat nur F-1 linear unab-

---

[34] Dieser Befund deutet darauf hin, daß wenigstens einer der beiden im Beispiel 6.4 genannten Preise der Finanzierungstitel 1 und 2 genaugenommen **gerundet** war. In der Tat ist der exakte Preis des Finanzierungstitels 1 im Rahmen von Beispiel 6.4 mit 69,1755 GE anzusetzen, während die Preisangabe für den Finanzierungstitel 2 präzise war.

[35] Siehe zum Nachweis im Rahmen eines allgemeineren Kontexts *Breuer/Gürtler* (2001).

hängige Gleichungen gegeben. Das bedeutet, daß man **unendlich viele** Lösungen des Gleichungssystems erhält, die Vorgabe des Preises **eines einzelnen** Finanzierungstitels aber immerhin schon ausreichend ist, um die übrigen Preise zu ermitteln. Denn für gegebenen Preis eines Finanzierungstitels läßt sich bereits der Marktpreis des Risikos etwa wie in (6.44) bestimmen und damit letztlich **jeder** Finanzierungstitel auf der Grundlage von (6.38) bewerten.

Beispiel 6.10:

Gegeben seien abermals die Annahmen des Beispiels 6.4, wobei zunächst von einem beliebigen Zinssatz i für sichere Anlage/Verschuldung ausgegangen sei. Aus (6.38) folgt, daß die Preise der beiden Finanzierungstitel 1 und 2 **simultan** den folgenden beiden Anforderungen genügen müssen:

$$
\begin{aligned}
V^{(1)} &= \frac{E(\tilde{z}_1^{(1)}) - \frac{E(\tilde{z}_1^{(M)}) - (1+i) \cdot V^{(M)}}{Var(\tilde{z}_1^{(M)})} \cdot Cov(\tilde{z}_1^{(1)}; \tilde{z}_1^{(M)})}{1+i} \\[2ex]
&= \frac{75 - \frac{275 - (1+i) \cdot (V^{(1)} + V^{(2)})}{26.875} \cdot 1.875}{1+i}, \\[3ex]
V^{(2)} &= \frac{E(\tilde{z}_1^{(2)}) - \frac{E(\tilde{z}_1^{(M)}) - (1+i) \cdot V^{(M)}}{Var(\tilde{z}_1^{(M)})} \cdot Cov(\tilde{z}_1^{(2)}; \tilde{z}_1^{(M)})}{1+i} \\[2ex]
&= \frac{200 - \frac{275 - (1+i) \cdot (V^{(1)} + V^{(2)})}{26.875} \cdot 25.000}{1+i}.
\end{aligned}
\tag{6.45}
$$

Als Lösung von (6.45) erhält man:

$$
V^{(1)} = \frac{60}{1+i} + 0{,}075 \cdot V^{(2)},
\tag{6.46}
$$

358

also **unendlich viele** Kombinationen von $V^{(1)}$ und $V^{(2)}$, die mögliche Kandidaten für ein Kapitalmarktgleichgewicht darstellen. Für $i = 0$ und $V^{(2)} = 122{,}34$ GE erhält man dabei $V^{(1)} = 69{,}1755$ GE, also tatsächlich (näherungsweise) die im Rahmen des Beispiels 6.4 angenommenen Preise. Andere gleichgewichtige Preispaare ließen sich aber ohne weiteres ebenfalls angeben. □

Wenngleich die **Indeterminiertheit des Preissystems** auf den ersten Blick überraschend erscheint, ist dieses Phänomen auf den zweiten Blick ohne weiteres verständlich. **Nur** aus den Wahrscheinlichkeitsverteilungen der künftigen Einzahlungen von Finanzierungstiteln lassen sich deren zugehörige Preise einfach deswegen nicht berechnen, weil das konkrete Ausmaß der Risikoscheu ebenso wie die Vermögensanfangsausstattung aller Marktteilnehmer hierbei überhaupt noch keine Berücksichtigung gefunden hat. Insofern kann man ohne die Spezifikation dieser **subjektabhängigen** Größen lediglich auf gewisse Zusammenhänge zwischen den Preisen der Finanzierungstitel schließen, nicht aber auf ihre konkrete Höhe.[36] Dieses grundlegende Bewertungsproblem ist folglich **systemimmanent** und läßt sich nur lösen, wenn man die Präferenzen und Anfangsausstattungen der Marktteilnehmer konkret **spezifiziert**, was sicherlich für praktische Anwendungen kaum möglich sein wird. Insofern kann man bei Beschränkung der Betrachtung auf die explizit aufgelösten Bewertungsgleichungen im Rahmen des CAPM auch mit Hilfe dieses Kapitalmarktmodells nicht eindeutig die Preise von Finanzierungstiteln ermitteln. Während man aber etwa zur Marktbewertung über die Preise elementarer Wertpapiere bei F möglichen Umweltzuständen auch mindestens F Finanzierungstitelpreise bereits kennen muß, genügt zur Anwendung des CAPM bereits die Kenntnis **eines einzigen** Finanzierungstitelpreises. Vor diesem Hintergrund soll im folgenden Abschnitt näher auf den Zusammenhang zwischen CAPM-Bewertung und den Preisen elementarer Wertpapiere eingegangen wer-

---

[36] Tatsächlich ist selbst in Kenntnis der Nutzenfunktionen und Anfangsausstattungen aller Marktteilnehmer die **Existenz** eines **eindeutigen** Gleichgewichts im Rahmen des CAPM **nicht** generell gewährleistet. Vgl. hierzu etwa *Nielsen* (1988), *Dana* (1999), *Bottazzi/Hens/Löffler* (1998) sowie *Hens/Laitenberger/Löffler* (2000).

den.

6.3.4.4 *Marktbewertung und Preise elementarer Wertpapiere*

Annahmegemäß ist der im CAPM zugrunde gelegte Kapitalmarkt durch Semi-Vollkommenheit gekennzeichnet. Es ist deswegen nicht sichergestellt, daß er auch vollständig in dem Sinne ist, daß ebenso viele elementare Wertpapiere wie Zustände tatsächlich handelbar sind. Wenn aber ein **elementares Wertpapier** gehandelt werden sollte, dann muß der zugehörige Preis selbstverständlich auch der CAPM-Bewertungsgleichung genügen. Die Zahlungsstruktur eines elementaren Wertpapiers j, das im Zustand $s^{(j)}$ zu einer Einzahlung von genau 1 GE führt, sei mit $\tilde{z}_1^{(j)}$ bezeichnet. Die Eintrittswahrscheinlichkeit des Zustands $s^{(j)}$ sei $\phi^{(j)}$. Mit $z_1^{(M,j)}$ als den Einzahlungen aus dem Marktportefeuille im Umweltzustand $s^{(j)}$ gelten die folgenden **bewertungsrelevanten** Beziehungen:

$$E(\tilde{z}_1^{(j)}) = \phi^{(j)} \cdot 1 = \phi^{(j)},$$

$$\begin{aligned} \text{Cov}(\tilde{z}_1^{(j)}; \tilde{z}_1^{(M)}) &= E(\tilde{z}_1^{(j)} \cdot \tilde{z}_1^{(M)}) - E(\tilde{z}_1^{(j)}) \cdot E(\tilde{z}_1^{(M)}) \\ &= \phi^{(j)} \cdot z_1^{(M,j)} - \phi^{(j)} \cdot E(\tilde{z}_1^{(M)}) \\ &= \phi^{(j)} \cdot [z_1^{(M,j)} - E(\tilde{z}_1^{(M)})]. \end{aligned} \tag{6.47}$$

Damit wiederum läßt sich die Bewertungsgleichung (6.38) für das elementare Wertpapier des Typs j in die folgende spezielle Form bringen:

$$\xi^{(j)} = \frac{E(\tilde{z}_1) - \lambda^+ \cdot Cov(\tilde{z}_1^{(j)}; \tilde{z}_1^{(M)})}{1+i}$$

$$= \frac{\phi^{(j)} - \lambda^+ \cdot \phi^{(j)} \cdot [z_1^{(M,j)} - E(\tilde{z}_1^{(M)})]}{1+i} \qquad (6.48)$$

$$= \frac{\phi^{(j)} \cdot \{1 - \lambda^+ \cdot [z_1^{(M,j)} - E(\tilde{z}_1^{(M)})]\}}{1+i}.$$

Ob man im Rahmen von (6.48) im Zähler der Bewertungsgleichung einen Zuschlag zum oder aber einen Abschlag vom Erwartungswert der Einzahlungen aus dem elementaren Wertpapier des Typs j anzusetzen hat, hängt vom Vorzeichen der Differenz $z_1^{(M,j)} - E(\tilde{z}_1^{(M)})$ ab: Liefert das elementare Wertpapier gerade dann eine positive Einzahlung, wenn das Marktportefeuille zu überdurchschnittlich hohen Rückflüssen führt, dann wird ein **Risikoabschlag** vorgenommen, andernfalls erfolgt aufgrund der Versicherungswirkung des Haltens des elementaren Wertpapiers ein **Zuschlag** zum Erwartungswert der Einzahlungen. Zur Anwendung von (6.48) und damit der Berechnung **aller** Preise elementarer Wertpapiere genügt dabei die Kenntnis des Marktpreises λ^+ des Risikos, was wiederum etwa bei Bekanntheit des Preises schon **eines** elementaren Wertpapiers der Fall ist.

Beispiel 6.11:
Gegeben seien weiterhin die Annahmen des Beispiels 6.4. Aus den angegebenen Preisen und Zahlungsstrukturen kann man unmittelbar die Preise der drei elementaren Wertpapiere ermitteln:

$$\text{I.} \quad \xi^{(1)} \cdot 300 = 69,18 \leftrightarrow \xi^{(1)} = \frac{69,18}{300} = 0,2306 \text{ GE,}$$

$$\text{II.} \quad \xi^{(2)} \cdot 400 = 122,34 \leftrightarrow \xi^{(2)} = \frac{122,34}{400} = 0,30585 \text{ GE,} \qquad (6.49)$$

$$\text{III.} \quad \xi^{(1)} + \xi^{(2)} + \xi^{(3)} = 1 \leftrightarrow \xi^{(3)} = 0,46355 \text{ GE.}$$

Im Rahmen von III. aus (6.49) wurde dabei der Umstand genutzt, daß der Erwerb von genau einem elementaren Wertpapier für jeden denkbaren Umweltzustand gerade eine **sichere** Anlage generiert. Der zugehörige Zinssatz i im Rahmen dieses Zahlenbeispiels beläuft sich laut Voraussetzungen auf 0 %.

Die (nahezu) gleichen Werte erhält man auch auf der Grundlage von (6.48). Konkret gilt nämlich im Rahmen dieses Beispiels:

$$\xi^{(1)} \approx 0,25 \cdot [1 - 0,00310623 \cdot (300 - 275)] \approx 0,2306 \text{ GE},$$

$$\xi^{(2)} \approx 0,5 \cdot [1 - 0,00310623 \cdot (400 - 275)] \approx 0,30586 \text{ GE}, \qquad (6.50)$$

$$\xi^{(3)} \approx 0,25 \cdot [1 - 0,00310623 \cdot (0 - 275)] \approx 0,46355 \text{ GE}.$$

6.3.4.5 Marktbewertung im CAPM und bei (bloßer) Arbitragefreiheit

Selbst ohne Zugrundelegung der Prämissen des CAPM kann man eine recht ähnlich erscheinende Marktbewertungsfunktion **allein** auf der Grundlage des **Prinzips der arbitragefreien** Bewertung herleiten. Zu diesem Zweck ist zunächst an den im Anhang zum Abschnitt 4 dieses Kapitels hergeleiteten Zusammenhang zwischen zustandsabhängig definierten **Kalkulationszinsfüßen** $r^{(j)}$ und dem Zinssatz i für risikolose Anlage und Verschuldung zu erinnern:

$$\frac{1}{1+i} = \sum_{j=1}^{J} \phi^{(j)} \cdot \frac{1}{1+r^{(j)}} = E\left(\frac{1}{1+\tilde{r}}\right). \qquad (6.51)$$

Im Rahmen von (6.51) bezeichnet $\tilde{r}$ den ungewissen Zinssatz mit Realisationen $r^{(j)}$, die zur Diskontierung der erwarteten Einzahlungen $\phi^{(j)} \cdot 1$ von elementaren Wertpapieren j je nach Umweltzustand $s^{(j)}$ angesetzt werden. Grundlage für (6.51) ist folglich die aus Gleichung (A4.1) des Abschnitts 4 bekannte **definitorische** Identität des Preises $\xi^{(j)}$ eines elementaren Wertpapiers und des Quotienten $\phi^{(j)}/(1+r^{(j)})$.

Vor diesem Hintergrund ergibt sich der Marktwert eines **beliebigen** Zahlungsstroms $\tilde{z}_1^{(f)}$ mit zustandsabhängigen Einzahlungen $z_1^{(f,j)}$ in folgender Weise:[37]

$$V^{(f)}$$

$$= \sum_{j=1}^{J} \pi^{(j)} \cdot z_1^{(f,j)}$$

$$= \sum_{j=1}^{J} \phi^{(j)} \cdot \frac{1}{1+r^{(j)}} \cdot z_1^{(f,j)}$$

$$= E\left(\frac{\tilde{z}_1^{(f)}}{1+\tilde{r}}\right) \qquad (6.52)$$

$$= E(\tilde{z}_1^{(f)}) \cdot E\left(\frac{1}{1+\tilde{r}}\right) + Cov\left(\tilde{z}_1^{(f)}; \frac{1}{1+\tilde{r}}\right)$$

$$= \frac{E(\tilde{z}_1^{(f)}) + (1+i) \cdot Cov\left(\tilde{z}_1^{(f)}; \frac{1}{1+\tilde{r}}\right)}{1+i}.$$

Im Rahmen der Umformung von der vorletzten zur letzten Zeile wurde insbesondere die Beziehung zwischen i und $\tilde{r}$ aus (6.51) genutzt.

Schon allein mittels der Ausnutzung der Konsequenzen aus arbitragefreier Marktbewertung erhält man gemäß (6.52) eine Bewertungsgleichung für einen unsicheren Zahlungsstrom $\tilde{z}_1^{(f)}$, der als Diskontierung des zugehörigen **Sicherheitsäquivalents** mit dem Zinssatz i für sichere Anlage und Verschuldung interpretiert
werden kann, wobei überdies die im Zähler des Bruchs vorgenommene Risiko-

---

[37] Vgl. hierzu auch etwa *Wilhelm* (1983b), S. 16, sowie *Nietert* (2001), S. 204
ff.

korrektur über eine **Kovarianz** beschrieben wird. Im Lichte von (6.52) drängt sich unmittelbar die Frage auf, worin denn nun konkret der Vorteil der CAPM-Bewertungsgleichung besteht.

In der Tat erkennt man bereits aus (6.52) die alleinige Relevanz der **systematischen** Risikokomponente eines Zahlungsstroms. Eine **positive** Korrelation zwischen $\bar{z}_1^{(f)}$ und dem ungewissen Diskontierungsfaktor $1/(1 + \bar{r})$ besagt, daß der betreffende Zahlungsstrom typischerweise dann einen hohen Wert annimmt, wenn auch ein hoher Diskontierungsfaktor maßgeblich ist, also wenn Einzahlungen des Zeitpunktes $t = 1$ aus Sicht von $t = 0$ als besonders wertvoll erscheinen. Genau aus diesem Grunde führt eine derartige Konstellation dazu, daß der Erwartungswert im Zähler des Bruchs aus (6.52) nach oben korrigiert wird. In entsprechender Weise genau anders herum ist der Sachverhalt bei Vorliegen einer **negativen** Korrelation gelagert.

Die gerade dargelegte Erklärung ist auch einschlägig für das bereits aus Abschnitt 4 dieses Kapitels bekannte Phänomen, daß manche der Realisationen $r^{(j)}$ von $\bar{r}$ größer, manche kleiner als i sind. Für Zustände, in denen Einzahlungen in Relation zur Nachfrage als eher **knapp** zu bezeichnen sind, werden **hohe** Diskontierungsfaktoren und damit niedrige zustandsabhängige Zinssätze $r^{(j)}$ angesetzt. In analoger Weise ist $r^{(j)}$ hoch für solche Zustände des Zeitpunktes $t = 1$, in denen Einzahlungen als weniger knapp empfunden werden.

Trotz dieser ausgeprägten Parallelen zur CAPM-Bewertungsgleichung besteht doch ein grundlegender **Unterschied** darin, daß im Rahmen des CAPM die Bestimmung des Risikoab- oder -zuschlags eindeutig mit Bezug auf die monetären Konsequenzen aus dem **Marktportefeuille** quantifiziert werden kann. Die Gleichung (6.52) hat hingegen nur **konzeptionelle** Bedeutung, da sich die Wahrscheinlichkeitsverteilung von $\bar{r}$ inhaltlich nicht näher beschreiben läßt. Insofern kann man den gesamten bis hierhin betriebenen formalen Aufwand dieses Abschnitts auch so verstehen, daß dadurch der Übergang von einem nicht weiter spezifizierbaren zustandsabhängigen Zinssatz $\bar{r}$ für Diskontierungszwecke zur

Rendite $\bar{r}^{(M)}$ des Marktportefeuilles als adäquatem Referenzmaßstab für die Bestimmung von Risikoab- oder -zuschlägen im Rahmen der Bewertung unsicherer Zahlungsströme erreicht wird.

Beispiel 6.12:

Gegeben seien einmal mehr die Annahmen des Beispiels 6.4. Die zustandsabhängigen Kalkulationszinsfüße lassen sich in Kenntnis der Preise elementarer Wertpapiere leicht berechnen:

$$0{,}2306 = \frac{0{,}25}{1+r^{(1)}} \leftrightarrow r^{(1)} = \frac{0{,}25}{0{,}2306} - 1 \approx 8{,}41 \ \%,$$

$$0{,}30585 = \frac{0{,}5}{1+r^{(2)}} \leftrightarrow r^{(2)} = \frac{0{,}5}{0{,}30585} - 1 \approx 63{,}48 \ \%, \qquad (6.53)$$

$$0{,}46355 = \frac{0{,}25}{1+r^{(3)}} \leftrightarrow r^{(3)} = \frac{0{,}25}{0{,}46355} - 1 \approx -46{,}07 \ \%.$$

Die ersten beiden Werte $r^{(1)}$ und $r^{(2)}$ stimmen im Rahmen dieses Zahlenbeispiels augenscheinlich mit den erwarteten Renditen der Finanzierungstitel 1 und 2 überein. Dies ist eine Folge des Umstands, daß jeder der beiden Finanzierungstitel nur in genau einem Umweltzustand von Null verschiedene Zahlungskonsequenzen mit sich bringt.

Der Erwartungswert von $1/(1+\bar{r})$ berechnet sich mit den Daten aus (6.53) als ungefähr $0{,}25/(1+0{,}0841) + 0{,}5/(1+0{,}6348) + 0{,}25/(1-0{,}4607) \approx 1$.

In Kenntnis der maßgeblichen zustandsabhängigen Kalkulationszinsfüße aus (6.53) kann nunmehr auch die Formel aus (6.52) zur Marktbewertung herangezogen werden. Zu diesem Zweck müssen zunächst die in (6.52) auftretenden Kovarianzen bestimmt werden:

$$\text{Cov}\left(\tilde{z}_1^{(1)}; \frac{1}{1+\tilde{r}}\right)$$

$$= E\left(\frac{\tilde{z}_1^{(1)}}{1+\tilde{r}}\right) - E(\tilde{z}_1^{(1)}) \cdot E\left(\frac{1}{1+\tilde{r}}\right)$$

$$\approx 0{,}25 \cdot \frac{300}{1{,}0841} - 75 \cdot 1 \approx -5{,}82 \text{ GE,}$$

$$\text{Cov}\left(\tilde{z}_1^{(2)}; \frac{1}{1+\tilde{r}}\right)$$

$$= E\left(\frac{\tilde{z}_1^{(2)}}{1+\tilde{r}}\right) - E(\tilde{z}_1^{(2)}) \cdot E\left(\frac{1}{1+\tilde{r}}\right)$$

$$\approx 0{,}5 \cdot \frac{400}{1{,}6348} - 200 \cdot 1 \approx -77{,}66 \text{ GE.}$$

(6.54)

Damit erhält man:

$$V^{(1)} \approx 75 - 5{,}82 = 69{,}18 \text{ GE,}$$
$$V^{(2)} \approx 200 - 77{,}66 = 122{,}34 \text{ GE.}$$

(6.55)

Einmal mehr ergeben sich die aus früheren Rechnungen bekannten gleichgewichtigen Marktwerte der beiden Finanzierungstitel 1 und 2. □

6.3.4.6 Marktbewertung und Wertadditivität

Die CAPM-Bewertungsformel wurde hergeleitet unter der Prämisse eines (semi-) vollkommenen Kapitalmarktes im Gleichgewicht. Aus Abschnitt 3 dieses Kapitels ist bekannt, daß sich bereits aus dem Gesetz des Einheitspreises generell die

Wertadditivität der maßgeblichen Marktbewertungsfunktion herleiten läßt. In der Tat wurde diese Eigenschaft an verschiedenen Stellen dieses Abschnitts ohne weiteres bereits genutzt, beispielsweise wenn im Rahmen eines Zahlenbeispiels der Marktwert $V^{(M)}$ des Marktportefeuilles, also der Gesamtheit aller umlaufenden Finanzierungstitel, als Summe $V^{(1)}+V^{(2)}$, also als Summe der Einzelmarktwerte aller zum Marktportefeuille gehörigen Finanzierungstitel, berechnet wurde.

Daß die konkret vorliegende CAPM-Bewertungsgleichung (ebenso wie etwa die Kapitalwertformeln aus dem vorhergehenden Abschnitt 5) wirklich über diese Eigenschaft verfügt, läßt sich leicht überprüfen. Zum Nachweis seien zwei Finanzierungstitel 1 und 2 mit unsicheren künftigen Einzahlungen $\tilde{z}_1^{(1)}$ und $\tilde{z}_1^{(2)}$ betrachtet. Zwischen dem Marktwert $V^{(1+2)}$ der summierten Einzahlungen $\tilde{z}_1^{(1)}+\tilde{z}_1^{(2)}$ und den Marktwerten $V^{(1)}$ und $V^{(2)}$ der isolierten Zahlungen besteht dabei auf der Grundlage von (6.32) folgender Zusammenhang:

$$
\begin{aligned}
V^{(1+2)} &= \frac{E(\tilde{z}_1^{(1+2)})-\lambda\cdot\mathrm{Cov}(\tilde{z}_1^{(1+2)};\tilde{r}^{(M)})}{1+i} \\[2mm]
&= \frac{E(\tilde{z}_1^{(1)}+\tilde{z}_1^{(2)})-\lambda\cdot\mathrm{Cov}(\tilde{z}_1^{(1)}+\tilde{z}_1^{(2)};\tilde{r}^{(M)})}{1+i} \\[2mm]
&= \frac{E(\tilde{z}_1^{(1)})-\lambda\cdot\mathrm{Cov}(\tilde{z}_1^{(1)};\tilde{r}^{(M)})}{1+i} + \frac{E(\tilde{z}_1^{(2)})-\lambda\cdot\mathrm{Cov}(\tilde{z}_1^{(2)};\tilde{r}^{(M)})}{1+i} \\[2mm]
&= V^{(1)}+V^{(2)}.
\end{aligned}
\tag{6.56}
$$

Beim Übergang von der zweiten zur dritten Zeile wurde der Umstand genutzt, daß die Kovarianz zwischen $\tilde{z}_1^{(1)}+\tilde{z}_1^{(2)}$ und $\tilde{r}^{(M)}$ aufgrund der **Additivitätseigenschaft der Kovarianz** als Summe der Kovarianzen von $\tilde{z}_1^{(1)}$ und $\tilde{r}^{(M)}$ sowie $\tilde{z}_1^{(2)}$ und $\tilde{r}^{(M)}$ geschrieben werden kann.

Beispiel 6.13:

Gegeben seien wieder die Annahmen des Beispiels 6.4. Die Marktwerte $V^{(1)}$ und $V^{(2)}$ sind bereits bekannt, der Marktwert $V^{(1+2)}$ des Zahlungsstroms kann leicht berechnet werden, wenn man die Kovarianz $Cov(\tilde{z}_1^{(1)} + \tilde{z}_1^{(2)}; \tilde{z}_1^{(M)})$ kennt:

$$Cov(\tilde{z}_1^{(1)} + \tilde{z}_1^{(2)}; \tilde{z}_1^{(M)})$$

$$= E[(\tilde{z}_1^{(1)} + \tilde{z}_1^{(2)}) \cdot \tilde{z}_1^{(M)}] - E(\tilde{z}_1^{(1)} + \tilde{z}_1^{(2)}) \cdot E(\tilde{z}_1^{(M)}) \tag{6.57}$$

$$= 0{,}25 \cdot 300 \cdot 300 + 0{,}5 \cdot 400 \cdot 400 - 275 \cdot 275 = 26.875 \; GE^2.$$

Damit ergibt sich aus der Anwendung von (6.32):

$$V^{(1+2)} \approx 275 - 0{,}00310623 \cdot 26.875 \approx 191{,}52 \; GE. \tag{6.58}$$

Die direkte Addition $V^{(1)} + V^{(2)}$ führt zu $69{,}18 + 122{,}34 = 191{,}52$ GE, also (annähernd) dem gleichen Wert, **Wertadditivität** ist demnach erfüllt.   □

So zwingend die Eigenschaft der Wertadditivität der im CAPM maßgeblichen Bewertungsformel auch ist, so überraschend mag dieser Sachverhalt doch auf den ersten Blick sein. Beispielsweise bedingt Wertadditivität, daß eine Fusion von zwei Unternehmen unter dem **Diversifikationsaspekt** vom Kapitalmarkt nicht durch eine über die Summe der vorhergehenden Einzelmarktwerte hinausgehende Gesamtmarktbewertung des fusionierten Unternehmens honoriert wird.

Beispiel 6.14:

Gegeben seien zwei Unternehmen mit Einzahlungsüberschüssen $\tilde{z}_1^{(1)}$ und $\tilde{z}_1^{(2)}$ zum Zeitpunkt $t = 1$ gemäß der nachfolgenden *Tabelle 6.4*.

j	1	2	3
$z_1^{(1,j)}$	100	0	100
$z_1^{(2,j)}$	50	150	50
$z_1^{(1,j)} + z_1^{(2,j)}$	150	150	150

Tabelle 6.4: Zustandsabhängige Einzahlungen zweier Unternehmen 1 und 2 vor und nach Fusion

Eine Fusion der beiden Unternehmen führt zu einem sicheren Zahlungsstrom gemäß der vierten Zeile aus *Tabelle 6.4*. Bei wertadditiver Marktbewertung entspricht der Marktwert $V^{(1+2)}$ der fusionierten Unternehmung aber einfach der **Summe** der vormaligen Einzelmarktwerte $V^{(1)}$ und $V^{(2)}$.   □

Die Ursache dafür, daß unternehmensbezogene Diversifikation keine Bedeutung für die Marktbewertung besitzt, ist darin zu sehen, daß jeder Marktteilnehmer ohnehin seine Anlagen am Kapitalmarkt durch das anteilige Halten des Marktportefeuilles bestmöglich diversifiziert. Die Diversifikationsmöglichkeit auf der **Anlegerebene** ist insofern ein **vollkommenes Substitut** für Diversifikation auf der **Unternehmensebene**. Genau deswegen wird letztere nicht besonders honoriert, wie bereits im Abschnitt 3 dieses Kapitels dargelegt worden ist.

Auch für **Realinvestitionsentscheidungen** ergeben sich aus wertadditiver Marktbewertung wichtige Implikationen, worauf ebenfalls schon im Abschnitt 3 dieses Kapitels eingegangen wurde. Das Treffen von Realinvestitionsentscheidungen beschreibt eine praktische Anwendung des CAPM. Auf die generellen Möglichkeiten der praktischen Nutzung dieses Kapitalmarktmodells ist im folgenden Abschnitt näher einzugehen.

369

6.4 Praktische Anwendungen des CAPM

Natürlich drängt sich die Frage auf, wieso man überhaupt eine Bewertungsgleichung für Finanzierungstitel entwickeln sollte, sind doch deren Preise ohne weiteres am Kapitalmarkt **ersichtlich**. Als denkbares Motiv ist dabei zum einen das rein **grundlagentheoretische Interesse** an der Beantwortung der Frage, ob ein Kapitalmarktgleichgewicht in einem wohldefinierten Sinne real beobachtbar ist, zu nennen. Dies kann dadurch geprüft werden, daß man die tatsächlich vorliegenden Finanzierungstitelpreise den gemäß CAPM-Bewertungsgleichung geschätzten gegenüberstellt. Eine derartige Motivation ist primär bei **volkswirtschaftlich** orientierten Analysen zu verzeichnen.

Daneben kann man aber auch hoffen, aus der Kontrastierung von tatsächlich beobachtbaren und berechneten gleichgewichtigen Finanzierungstitelpreisen solche Finanzierungstitel zu ermitteln, die im Vergleich mit dem berechneten fiktiven Marktwert zu günstig, das heißt **"unterbewertet"**, sind. Ferner kann das CAPM Anhaltspunkte zur Abschätzung des **Marktwertes von Realinvestitionsmöglichkeiten** liefern. Auf diese beiden zuletzt genannten Motive soll im weiteren genauer eingegangen werden.

6.4.1 CAPM und die Selektion von Finanzierungstiteln

Am Markt als aktuell **"unterbewertet"** identifizierte Finanzierungstitel erscheinen a priori sehr attraktiv für ein Engagement, wenn man glaubt, daß in Zukunft (möglichst rasch und mit hoher Wahrscheinlichkeit) eine Annäherung des tatsächlichen Preises an den berechneten erfolgt, das beobachtbare **Ungleichgewicht** folglich nur **temporär** ist. In der Tat ist dieser Ansatz aber nicht leicht praktisch umsetzbar.

Gemäß der Darstellung aus Abschnitt 6.3.4.3 ist es nämlich **nicht** möglich, allein aus der Annahme der Gültigkeit des CAPM und der Kenntnis der künftigen Einzahlungsüberschüsse auf die einzelnen Finanzierungstitel **eindeutig** ihre gleichgewichtigen Preise herzuleiten. Damit aber ist weitgehend offen, ob die beobachteten Abweichungen der tatsächlichen Preise von einem gleichgewichtigen Zustand als Unter- oder Überbewertungen von Finanzierungstiteln zu beurteilen sind.[38]

Beispiel 6.15:

Gegeben seien wieder einmal die Annahmen des Beispiels 6.4 mit dem Unterschied, daß der Preis des Finanzierungstitels 1 bei 62 GE liege und der von Finanzierungstitel 2 bei 100 GE. Unter der Prämisse $V^{(2)} \geq 0$ GE sind für den Finanzierungstitel 1 gemäß Gleichung (6.46) im Falle von $i = 0$ alle Preise ab 60 GE als gleichgewichtig denkbar. Sicherlich sind auch nach oben Eingrenzungen möglich. So kann ohne weiteres von $V^{(2)} \leq 400$ GE und damit $V^{(1)} \leq 90$ GE ausgegangen werden. Die zugehörigen Preise für $V^{(2)}$ reichen entsprechend von 0 bis 400 GE.

In ähnlicher Weise kann man durch Auflösung von (6.46) eine Bestimmungsgleichung $V^{(2)} = 13,\overline{3} \cdot V^{(1)} - 800$ erhalten, aus der sich aber keine weiteren Informationen zu den möglichen Gleichgewichtsallokationen gewinnen lassen. Insgesamt sind damit **Paare** von Preisen $(V^{(1)}; V^{(2)})$ von (60;0) bis (90;400) unter Beachtung von (6.46) denkbar. Die Zusammenhänge sind in *Abbildung 6.4* wiedergegeben.

---

[38] Vgl. hierzu ausführlicher *Breuer/Gürtler* (2001).

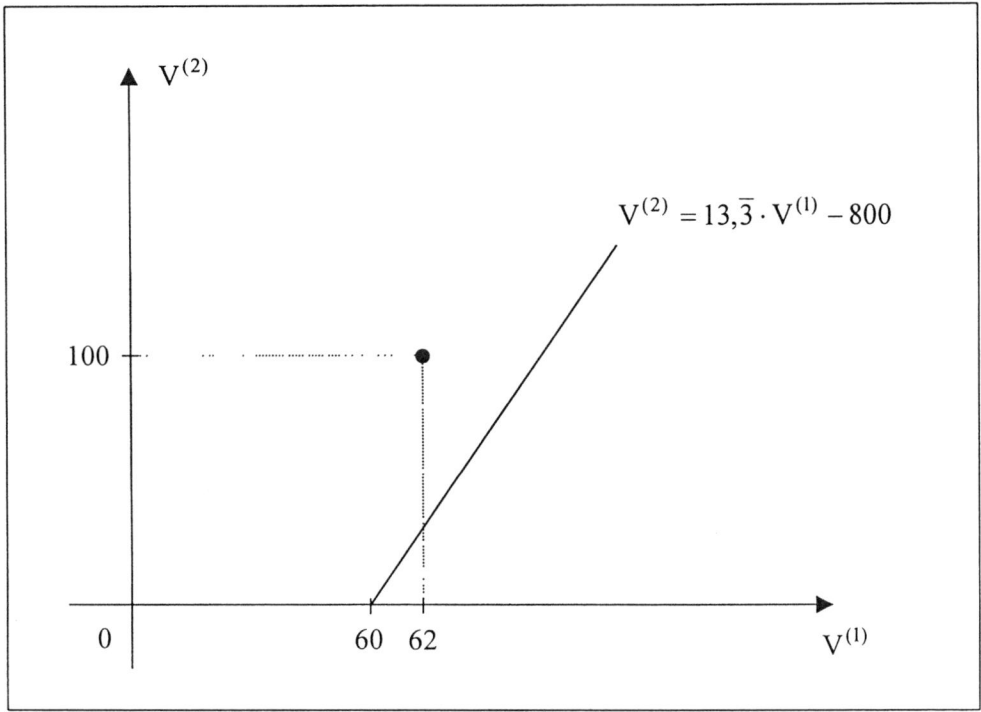

Abbildung 6.4: Gleichgewichtsallokationen im CAPM

Man erkennt ohne weiteres im Rahmen von *Abbildung 6.4*, daß es **Gleichgewichte** gibt, in denen - ausgehend von dem Punkt (62;100) - beide Preise gefallen sind, beide Preise gestiegen sind oder aber der Preis von Finanzierungstitel 2 gefallen und der von 1 gestiegen ist. Nicht möglich ist für i = 0 **lediglich**, daß der Preis von 1 fällt und der von 2 gleichzeitig steigt. Sollte hingegen auch noch der Zinssatz i bei der Anpassung zum Gleichgewicht Änderungen unterworfen sein, dann ist selbst dieses vierte Szenario möglich.   □

Aus der Natur der Sache heraus bietet das CAPM daher für Anwendungen im Rahmen der Portfolioselektion nicht sehr viel Hilfestellung.[39] Für uns aber

---

[39] Weitere Probleme wie etwa die adäquate **praktische Abgrenzung** des betrachteten Kapitalmarktes und damit des Marktportefeuilles brauchen hierbei noch nicht einmal bemüht zu werden. Siehe hierzu auch die grundlegende

ohnehin wesentlicher sind Anwendungsmöglichkeiten des CAPM beim Treffen von Realinvestitionsentscheidungen.

6.4.2 CAPM und Realinvestitionsentscheidungen

6.4.2.1 Marktwertorientierte Realinvestitionsentscheidungen

Zunächst stellt sich die Frage, ob überhaupt die Voraussetzungen für das marktwertorientierte Treffen von Realinvestitionsentscheidungen erfüllt sind. Grundsätzlich müssen dazu die Spanning- und die Competitivity-Eigenschaft gegeben sein.[40] Die **Competitivity-Eigenschaft** erfordert, daß die Durchführung der Realinvestition die Preise aller übrigen Zahlungsströme aufgrund des geringen relativen Volumens des betrachteten Investitionsprogramms **unbeeinflußt** läßt. Formal bedeutet dies, daß sich der wertmäßige Anteil der unsicheren Einzahlungen des Zeitpunktes t = 1 aus dem zu beurteilenden Programm an den gesamten unsicheren Einzahlungen des Kapitalmarktes in jedem Fall auf nahezu Null beläuft. Dann kann die unsichere Rendite $\tilde{r}^{(M)}$ des Marktportefeuilles vor wie nach Durchführung des betrachteten Investitionsprogramms als quasi **identisch** verteilt aufgefaßt werden. Hieraus wiederum folgt, daß neben den Preisen aller Finanzierungstitel auch der **Marktpreis des Risikos** von der Realisation des Investitionsprogramms **unbeeinflußt** bleibt.[41]

Kritik von *Roll* (1977). Vgl. zur Möglichkeit eines über einen kapitalmarkttheoretischen Gleichgewichtsansatz fundierten **Portfoliomanagements** auch *Breuer/Gürtler/Schuhmacher* (1999a), S. 281 ff.

[40] Vgl. hierzu Abschnitt 1 dieses Kapitels.

[41] Ein Ansatz, der eine explizite Betrachtung des **Grenzübergangs** von einem "großen" zu einem (relativ) nur noch marginal kleinen Investitionsprogramm mit sich ergebender Gültigkeit **marktwertorientierter** Realinvestitionsentscheidung auf der Grundlage der CAPM-Bewertungsgleichung ermöglicht, findet sich bei *v. Nitzsch* (1997), S. 117, sowie *Nippel/v. Nitzsch* (1998), S. 628. Eine sehr frühe deutschsprachige Arbeit, die sich mit dem Treffen von Realinvestitionsentscheidungen vor dem Hintergrund des CAPM bei Verlet-

Aufgrund der bloß gegebenen Semi-Vollkommenheit kann von **Vollständigkeit** des Kapitalmarktes im Sinne des Handels beliebiger elementarer Wertpapiere **nicht** ohne weiteres ausgegangen werden. Gleichwohl aber interessiert sich ohnehin jeder Anleger nur für die ihm jeweils zugänglichen μ-σ-effizienten Renditeverteilungen seines Gesamtportefeuilles. Diese wiederum werden durch die **Kapitalmarktlinie** beschrieben. Wenn aber die Competitivity-Eigenschaft in der gerade beschriebenen Form erfüllt ist, dann liegt auch die Kapitalmarktlinie fest: Die Durchführung des zu beurteilenden Investitionsprogramms bedingt insofern **keine** relevante Marktvervollständigung, so daß die Spanning-Eigenschaft hinreichend vorliegt. Marktwertorientierte Realinvestitionsentscheidungen auf der Grundlage des CAPM erweisen sich demnach als prinzipiell **zulässig**.

Überdies läßt sich bei Kenntnis des Marktpreises des Risikos gemäß Abschnitt 6.3.4.4 der Preis eines jeden elementaren Wertpapiers im Rahmen des CAPM stets eindeutig bestimmen, so daß gewissermaßen so etwas wie **"Bewertungsvollständigkeit"** des Kapitalmarktes gegeben ist.[42] Konkret bedeutet dies, daß bei bekanntem Marktpreis des Risikos[43] und gegebener Renditeverteilung $\tilde{r}^{(M)}$ des Marktportefeuilles zu den ungewissen Einzahlungen $\tilde{z}_1$ aus einem Investitionsprogramm ohne weiteres ein Marktwert $V(\tilde{z}_1)$ ermittelt werden kann, der im CAPM ceteris paribus Gültigkeit besäße, wenn ein Finanzierungstitel mit ungewisser Einzahlung $\tilde{z}_1$ gehandelt würde.

Aus dem Vorliegen der **Wertadditivitätseigenschaft** der Marktbewertungsfunktion im CAPM ergibt sich weiter, daß der Bruttomarktwert aller auf der Grundla-

---

zung und bei Gültigket der Competitivity-Eigenschaft beschäftigt, stammt von *Saelzle* (1976). Vgl. hierzu auch schon u.a. *Fama* (1972).

[42] Vgl. hierzu auch *Nippel* (1996), S. 110. Im Rahmen des vorhergehenden Abschnitts 5 konnte entsprechendes übrigens bereits für den Fall **allgemeiner Risikoneutralität** gezeigt werden.

[43] Es sei daran erinnert, daß der maßgebliche Marktpreis des Risikos schon bei Kenntnis des gleichgewichtigen Preises **nur eines** Finanzierungstitels eindeutig berechenbar ist.

ge der Realinvestitionsmöglichkeit geschaffenen Finanzierungstitel stets unmittelbar mit diesem Marktwert $V(\tilde{z}_1)$ des gesamten **Einzahlungsüberschusses** aus dem Realinvestitionsprogramm übereinstimmt. Dieser kann ferner als **Summe** der Bruttomarktwerte der im Programm jeweils enthaltenen **Projekte** bestimmt werden, was die bereits in einem früheren Abschnitt beschriebene Möglichkeit zur **Einzelprojektbeurteilung** eröffnet, sofern man unabhängig voneinander durchführbare Investitionsprojekte unterstellt.

Investitionsprojekte, die mit Zahlungen zum Zeitpunkt $t = 1$ einhergehen, deren Bruttomarktwert die Anfangsauszahlung wenigstens erreicht, erweisen sich infolge der eröffneten **Reichtumsmehrung** als vorteilhaft und sollten dementsprechend durchgeführt werden. Das CAPM läßt sich folglich unmittelbar zum Treffen von **Realinvestitionsentscheidungen** nutzen. Konkret wird ein Investitionsprojekt n mit künftigen Einzahlungen $\tilde{z}_1^{(n)}$ in $t = 1$ bei einer Anfangsauszahlung $A_0^{(n)}$ in $t = 0$ genau dann durchgeführt, wenn gilt:

$$V(\tilde{z}_1^{(n)}) \geq A_0^{(n)}. \tag{6.59}$$

Beispiel 6.16:

Gegeben sei ein Unternehmer, der über Zugang zu drei beliebig kombinierbaren Investitionsprojekten 1, 2 und 3 verfügt. Im Zeitpunkt $t = 1$ gebe es fünf gleich wahrscheinliche Umweltzustände. Die jeweiligen Einzahlungen aus den drei Projekten sowie aus dem Marktportefeuille (exclusive die drei Projekte) können der *Tabelle 6.5* entnommen werden.

Die Anfangsauszahlungen der drei Projekte in $t = 0$ sollen sich auf $A_0^{(1)} = 80$ GE, $A_0^{(2)} = 54$ GE und $A_0^{(3)} = 93$ GE belaufen, wobei der hochgestellte Index natürlich zur Projektkennzeichnung dient. Der Marktwert des Marktportefeuilles in $t = 0$ sei 500.000 GE, und der Zinssatz i für risikolose Anlage/Verschuldung von $t = 0$ bis $t = 1$ belaufe sich auf 2 %.

j	1	2	3	4	5
$z_1^{(1,j)}$	80	90	80	70	100
$z_1^{(2,j)}$	60	70	70	50	40
$z_1^{(3,j)}$	100	80	90	100	110
$z_1^{(M,j)}$	500.000	450.000	520.000	600.000	550.000

Tabelle 6.5: Zustandsabhängige Einzahlungen des Zeitpunktes $t = 1$ für drei Realinvestitionsmöglichkeiten 1, 2 und 3 sowie das Marktportefeuille (exclusive die Realinvestitionsmöglichkeiten)

Auf der Grundlage all dieser genannten Daten lassen sich zunächst leicht Erwartungswert und Varianz der Einzahlungen aus dem Halten des Marktportefeuilles zum Zeitpunkt $t = 1$ ermitteln und damit wiederum der auf dem Kapitalmarkt gültige **Marktpreis** λ^+ **des Risikos**:

$$E(\tilde{z}_1^{(M)}) = 524.000 \text{ GE},$$

$$\text{Var}(\tilde{z}_1^{(M)}) = 2.504.000.000 \text{ GE}^2 \tag{6.60}$$

$$\Rightarrow \lambda^+ = \frac{524.000 - 1,02 \cdot 500.000}{2.504.000.000} \approx 5,5911 \cdot 10^{-6}/\text{GE}.$$

Zur Marktbewertung der drei Investitionsprojekte benötigt man nun noch ihre jeweiligen erwarteten Einzahlungen des Zeitpunktes $t = 1$ und die Kovarianzen dieser Einzahlungen mit den künftigen Einzahlungen des Marktportefeuilles:

$$E(\tilde{z}_1^{(1)}) = 84 \text{ GE}, \quad \text{Cov}(\tilde{z}_1^{(1)}; \tilde{z}_1^{(M)}) = -196.000 \text{ GE}^2,$$

$$E(\tilde{z}_1^{(2)}) = 58 \text{ GE}, \quad \text{Cov}(\tilde{z}_1^{(2)}; \tilde{z}_1^{(M)}) = -412.000 \text{ GE}^2, \tag{6.61}$$

$$E(\tilde{z}_1^{(3)}) = 96 \text{ GE}, \quad \text{Cov}(\tilde{z}_1^{(3)}; \tilde{z}_1^{(M)}) = 356.000 \text{ GE}^2.$$

Als Schätzungen für die Marktwerte der Rückflüsse aus den drei Investitionsprojekten erhält man folglich:

$$V(\tilde{z}_1^{(1)}) \approx \frac{84 - 5{,}5911 \cdot 10^{-6} \cdot (-196.000)}{1{,}02} \approx 83{,}43 \text{ GE},$$

$$V(\tilde{z}_1^{(2)}) \approx \frac{58 - 5{,}5911 \cdot 10^{-6} \cdot (-412.000)}{1{,}02} \approx 59{,}12 \text{ GE}, \qquad (6.62)$$

$$V(\tilde{z}_1^{(3)}) \approx \frac{96 - 5{,}5911 \cdot 10^{-6} \cdot 356.000}{1{,}02} \approx 92{,}17 \text{ GE}.$$

Da die Anfangsauszahlungen der Projekte 1 und 2 **hinter** den zugehörigen Bruttomarktwerten zurückbleiben, sind beide Projekte aus Sicht von t = 0 vorteilhaft. Die Anfangsauszahlung von Projekt 3 hingegen übersteigt den korrespondierenden Bruttomarktwert, weswegen Projekt 3 **nicht** realisiert wird. ☐

6.4.2.2 Kapitalkostenorientierte Realinvestitionsentscheidungen[44]

Statt der gerade präsentierten unmittelbar marktwertorientierten Investitionsbeurteilung kann die Entscheidungsfindung auch **kapitalkostenorientiert** erfolgen. Zu diesem Zweck bezeichne $\bar{r}^{(n)}$ die auf die Anfangsauszahlung eines Investitionsprojekts n erwirtschaftbare Rendite, d.h. $\bar{r}^{(n)} \equiv (\tilde{z}_1^{(n)}/A_0^{(n)}) - 1$. Entspräche die Anfangsauszahlung nun **exakt** dem gleichgewichtigen Bruttomarktwert $V^{(n)}$ der künftigen Einzahlung $\tilde{z}_1^{(n)}$, stimmte auch die erwartete Rendite $E(\bar{r}^{(n)})$ mit dem aus (6.28) bekannten Kapitalkostensatz $i + \lambda \cdot \text{Cov}(\bar{r}^{(n)}; \bar{r}^{(M)})$ überein. Eine ceteris paribus erfolgende Verringerung der Anfangsauszahlung auf einen Wert unterhalb von $V^{(n)}$ beeinflußt sowohl die erreichbare erwartete Rendite wie auch den adäquaten Kapitalkostensatz. Der Intuition entsprechend steigt mit ceteris paribus fallender Anfangsauszahlung die erwartete Rendite dabei **mehr** als der anzuset-

---

[44] Vgl. auch hierzu schon insbesondere *Rubinstein* (1973a), S. 171 ff. Siehe überdies *Rudolph* (1979), S. 267, mit weiteren Quellenangaben.

zende Kapitalkostensatz, weswegen das Investitionsprojekt für $A_0^{(n)} < V^{(n)}$ eine über seinen adäquaten Kapitalkostensatz hinausgehende erwartete Rendite liefert:[45]

$$\text{I.} \quad \frac{E(\tilde{z}_1^{(n)})}{A_0^{(n)}} - 1 = \frac{1}{A_0^{(n)}} \cdot [E(\tilde{z}_1^{(n)}) - A_0^{(n)}],$$

$$\text{II.} \quad i + \lambda \cdot \text{Cov}\left(\frac{\tilde{z}_1^{(n)}}{A_0^{(n)}} - 1; \tilde{r}^{(M)}\right) = \frac{1}{A_0^{(n)}} \cdot \left[i \cdot A_0^{(n)} + \lambda \cdot \text{Cov}(\tilde{z}_1^{(n)}; \tilde{r}^{(M)})\right].$$

(6.63)

Für $A_0^{(n)} = V^{(n)}$ stimmen erwartete Rendite gemäß I. und Kapitalkostensatz des Investitionsprojekts n gemäß II. und damit auch die Ausdrücke in den eckigen Klammern aus I. und II. in (6.63) überein. Eine Reduktion von $A_0^{(n)}$ beeinflußt den ersten Faktor der Produkte aus I. und II. augenscheinlich in gleicher Weise. Während aber in I. der zweite Faktor ebenfalls ansteigt, erfährt der aus II. eine Reduktion, mithin liegt nunmehr eine über den neuen maßgeblichen Kapitalkostensatz hinausgehende erwartete Rendite aus der Projektdurchführung vor.

In entsprechender Weise führt eine Situation mit $A_0^{(n)} > V^{(n)}$ dazu, daß das Investitionsprojekt nur eine erwartete Rendite auf die erforderliche Anfangsauszahlung von weniger als dem Kapitalkostensatz bietet.

Auch die folgende **alternative** Sichtweise zeigt den Zusammenhang zwischen Marktwert und Kapitalkostensatz auf. Bekanntlich ist der **Kapitalkostensatz** diejenige erwartete Rendite, die auf die Projektanfangsauszahlung **mindestens** verdient werden muß, damit sich die Projektdurchführung lohnt. Letzteres ist auf vollkommenem Kapitalmarkt gleichbedeutend mit einem Bruttomarktwert von we-

---

[45] Eine etwas andere Sichtweise der Zusammenhänge mit de facto gleichem Ergebnis findet sich bei *Nippel/Scheinert* (2000). **Alternativ** kann das hier relevante Kapitalkostenkriterium (siehe auch (6.67)) übrigens durch Einsetzen von (6.32) in (6.59) und einfache Umformungen hergeleitet werden.

nigstens $A_0^{(n)}$. Für ceteris paribus **höhere** Anfangsauszahlungen lohnt sich die Projektdurchführung nicht, was wiederum bedeutet, daß der Kapitalkostensatz die erwartete Rendite auf die Projektauszahlung übersteigt, für ceteris paribus **niedrigere** Anfangsauszahlungen wird der Nettowert des Projekts positiv, der Kapitalkostensatz also kleiner als die erwartete Projektrendite.

Kapitalkostenorientierte Realinvestitionsentscheidungen vor dem Hintergrund des CAPM sind demnach ohne weiteres möglich. Man muß lediglich die unter Zugrundelegung der Anfangsauszahlung definierte ungewisse Projektrendite betrachten und den hierzu ermittelten Renditeerwartungswert mit dem nach CAPM resultierenden zugehörigen Kapitalkostensatz vergleichen. Sofern die erwartete Rendite **mindestens** dem angesetzten Kapitalkostensatz entspricht, ist die Projektdurchführung von Vorteil.

Beispiel 6.17:

Gegeben seien wieder die drei Investitionsprojekte aus Beispiel 6.16. Zur kapitalkostenorientierten Projektbeurteilung ist der Marktpreis λ des Risikos zu bestimmen. Hierbei gilt $\lambda = \lambda^+ \cdot V^{(M)}$, also konkret:

$$\lambda \approx 5{,}5911 \cdot 10^{-6} \cdot 500.000 = 2{,}79555. \tag{6.64}$$

In entsprechender Weise lassen sich die nunmehr relevanten Erwartungswerte $E(\tilde{r}^{(n)})$ als $[E(\tilde{z}_1^{(n)})/A_0^{(n)}]-1$ und die zugehörigen Kovarianzen $\mathrm{Cov}(\tilde{r}^{(n)}; \tilde{r}^{(M)})$ als $\mathrm{Cov}(\tilde{z}_1^{(n)}; \tilde{z}_1^{(M)})/(A_0^{(n)} \cdot V^{(M)})$ berechnen. Dies führt zu:

$$E(\tilde{r}^{(1)}) = \frac{84}{80} - 1 = 0{,}05, \quad \mathrm{Cov}(\tilde{r}^{(1)}; \tilde{r}^{(M)}) = \frac{-196.000}{80 \cdot 500.000} = -0{,}0049,$$

$$E(\tilde{r}^{(2)}) = \frac{58}{54} - 1 \approx 0{,}0741, \quad \mathrm{Cov}(\tilde{r}^{(2)}; \tilde{r}^{(M)}) = \frac{-412.000}{54 \cdot 500.000} \approx -0{,}01526, \tag{6.65}$$

$$E(\tilde{r}^{(3)}) = \frac{96}{93} - 1 \approx 0{,}0323, \quad \mathrm{Cov}(\tilde{r}^{(3)}; \tilde{r}^{(M)}) = \frac{356.000}{93 \cdot 500.000} \approx 0{,}00766.$$

Damit ergeben sich näherungsweise die folgenden maßgeblichen Kapitalkostensätze für die drei Projekte:

1: $0,02 + 2,79555 \cdot (-0,0049) \approx 0,0063 < 0,05,$

2: $0,02 + 2,79555 \cdot (-0,01526) \approx -0,0227 < 0,0741,$ \hfill (6.66)

3: $0,02 + 2,79555 \cdot 0,00766 \approx 0,0414 > 0,0323.$

Die **kapitalkostenorientierte** Projektauswahl führt demnach zur Realisation der Projekte 1 und 2 bei gleichzeitigem Verzicht auf Projekt 3. Diese Beurteilung der Investitionsprojekte korrespondiert natürlich mit derjenigen beim marktwertorientierten Ansatz gemäß Beispiel 6.16. □

Erwähnenswert ist noch, daß die bei der gerade vorgestellten kapitalkostenorientierten Entscheidungsrechnung verwendeten Kapitalkostensätze **nicht** zur Ermittlung des korrekten Marktwertes der künftigen Einzahlungsüberschüsse aus einer Investitionsmöglichkeit genutzt werden können.

Zwar kann der **Bruttomarktwert** $V^{(n)}$ eines Investitionsprojekts n gemäß (6.28) durch Diskontierung der zukünftig erwarteten Einzahlungen $\tilde{z}_1^{(n)}$ mit einem risikoangepaßten Kalkulationszinsfuß berechnet werden. Im Rahmen der dabei maßgeblichen Kovarianz zwischen der Rendite $\tilde{r}^{(n)}$ der Realinvestition n und der Rendite $\tilde{r}^{(M)}$ des Marktportefeuilles wird $\tilde{r}^{(n)}$ aber unter Zugrundelegung von $V^{(n)}$ als $\tilde{r}^{(n)} = (\tilde{z}_1^{(n)}/V^{(n)}) - 1$ bestimmt und **nicht** unter Ansatz der **Anfangsauszahlung** $A_0^{(n)}$ wie im Rahmen von (6.63). Anders formuliert, bezieht sich der in (6.28) angesetzte Kapitalkostensatz auf eine Situation, in der man zu einem Preis $V^{(n)}$ in $t = 0$ künftige Einzahlungen $\tilde{z}_1^{(n)}$ in $t = 1$ erwerben kann, während im Rahmen der gerade präsentierten kapitalkostenorientierten Beurteilung von Investitionsmöglichkeiten der Kapitalkostensatz für eine Situation ermittelt wird, in der gegen eine Auszahlung von $A_0^{(n)}$ künftige Einzahlungen $\tilde{z}_1^{(n)}$ in $t = 1$ erzielbar sind. Diskontiert man die erwarteten Einzahlungen aus der Investitionsmöglichkeit mit dem letztgenannten Kapitalkostensatz, dann erhält man **nur** für den Fall $A_0^{(n)} = V^{(n)}$ gerade den korrekten Bruttomarktwert $V^{(n)}$. Ansonsten ergibt sich eine **Marktwertschätzung** $V^{(n)+}$, die von dem tatsächlichen gleichgewichtigen Marktwert $V^{(n)}$ **abweicht**. Während also die Marktwertschätzung gemäß (6.28) mit dem **Zirkularitätsproblem** verbunden ist, daß $V^{(n)}$ schon bekannt sein muß, um $V^{(n)}$ zu berechnen, ist die Schätzung $V^{(n)+}$ in aller Regel schlicht **unzutreffend**.

Gleichwohl führt die Beurteilung eines Investitionsprojekts n über die Gegenüberstellung von $V^{(n)+}$ mit $A_0^{(n)}$ **nie** zu einer Fehlentscheidung. Es gilt nämlich erfreulicherweise $V^{(n)+} > A_0^{(n)} \Leftrightarrow V^{(n)} > A_0^{(n)}$ sowie $V^{(n)+} < A_0^{(n)} \Leftrightarrow V^{(n)} < A_0^{(n)}$. Denn gemäß den obigen Überlegungen im Kontext von (6.63) besteht der Zusammenhang

$$V^{(n)} > A_0^{(n)} \Leftrightarrow \frac{E(\tilde{z}_1^{(n)})}{A_0^{(n)}} - 1 > i + \lambda \cdot \mathrm{Cov}\left(\frac{\tilde{z}_1^{(n)}}{A_0^{(n)}} - 1; \tilde{r}^{(M)} \right). \tag{6.67}$$

Die rechte Ungleichung von (6.67) läßt sich aber unmittelbar zu der äquivalenten Bedingung

$$V^{(n)+} \equiv \frac{E(\tilde{z}_1^{(n)})}{1 + i + \lambda \cdot \mathrm{Cov}\left(\dfrac{\tilde{z}_1^{(n)}}{A_0^{(n)}} - 1; \tilde{r}^{(M)} \right)} > A_0^{(n)} \tag{6.68}$$

umformen. **Trotz** falscher Marktwertschätzung werden demnach Realinvestitionsentscheidungen hierbei nicht "verzerrt".

Freilich ist man auf $V^{(n)+}$ für marktwertorientierte Investitionsentscheidungen gar nicht angewiesen, da man unmittelbar wie im vorhergehenden Unterabschnitt 6.4.2.1 unter Nutzung von (6.32) in Verbindung mit (6.59) verfahren kann. Zirkularitätsprobleme tauchen dort infolge der Annahme des Vorliegens der **Competitivity-Eigenschaft** quasi definitorisch nicht mehr auf.

Beispiel 6.18:

Gegeben seien ein letztes Mal die drei Investitionsprojekte des Beispiels 6.16. Unter Zugrundelegung der projektspezifischen Kapitalkostensätze aus (6.66) erhält man für die drei Projekte die folgenden **unzutreffenden** Schätzungen ihrer gleichgewichtigen Bruttomarktwerte:

$$V^{(1)+} \approx \frac{84}{1,0063} \approx 83,47 \text{ GE},$$

$$V^{(2)+} \approx \frac{58}{0,9773} \approx 59,35 \text{ GE}, \qquad (6.69)$$

$$V^{(3)+} \approx \frac{96}{1,0414} \approx 92,18 \text{ GE}.$$

Die auftretenden Abweichungen von den in (6.62) korrekt berechneten Projektmarktwerten sind nicht rundungsbedingt, sondern **systematische** Folge der für den Zweck der Marktbewertung falsch angesetzten Kapitalkostensätze. Die zur Marktwertbestimmung korrekten Kapitalkostensätze $r^{(f)}$ der drei Projekte f = 1, 2, 3 können in Kenntnis der gleichgewichtigen Projektmarktwerte aus (6.62) leicht ermittelt werden:

$$r^{(1)} \approx \frac{84}{83,43} - 1 \approx 0,0068,$$

$$r^{(2)} \approx \frac{58}{59,12} - 1 \approx -0,0189, \qquad (6.70)$$

$$r^{(3)} \approx \frac{96}{92,17} - 1 \approx 0,0415.$$

Natürlich erhält man **nicht** die aus (6.66) bekannten Werte. Man sieht aber auch, daß bei Gegenüberstellung der Bruttomarktwerte aus (6.69) mit den jeweiligen Projektanfangsauszahlungen in der Tat die **gleichen** Investitionsentscheidungen wie bei korrekter Marktwertberechnung resultierten. □

6.5 Zusammenfassung

Gegenstand dieses sehr umfangreichen Abschnitts war primär das Treffen von Realinvestititionsentscheidungen auf der Grundlage des **Capital Asset Pricing Model (CAPM)** in seiner Standardversion. Zu diesem Zweck mußten zuerst **Prämissen** und **Ergebnisse** dieses Kapitalmarktmodells dargelegt werden. Verkürzt formuliert, wird im Rahmen des Standard-CAPM nach den resultierenden Preisen für Finanzierungstitel gefragt, wenn alle Marktteilnehmer auf einem (semi-) vollkommenen Kapitalmarkt mit der Möglichkeit beliebiger sicherer Anlage/Verschuldung gemäß den Postulaten der *Markowitz*-Portefeuilletheorie agieren. Aus der hierbei gegebenen Gültigkeit der sogenannten **universellen Separation** resultiert, daß alle Anleger ihre riskanten Anlagen strukturell in **gleicher** Weise zusammenstellen. Als Konsequenz hieraus hält jeder Anleger im Marktgleichgewicht einen bestimmten Bruchteil des sogenannten **Marktportefeuilles**, das definiert ist als Gesamtheit aller auf dem betrachteten Kapitalmarkt umlaufenden Finanzierungstitel. Die Wertschätzung gegenüber einem beliebigen Finanzierungstitel hängt daher davon ab, inwieweit die künftigen Einzahlungen des betreffenden Finanzierungstitels zum Risiko des für alle Anleger relevanten Marktportefeuilles beitragen. Diesen **Risikobeitrag** bezeichnet man als systematisches, weil nicht diversifizierbares, Risiko eines Finanzierungstitels. Die wichtigste Erkenntnis aus dem CAPM ist, daß nur dieses **systematische** Risiko eines Finanzierungstitels **bewertungsrelevant** ist. Die konkret hergeleitete Bestimmungsgleichung für gleichgewichtige Risikoprämien von Finanzierungstiteln im CAPM nennt man die (formale Darstellung der) "**Wertpapiermarktlinie**". Aufgrund des umkehrbar eindeutigen Zusammenhangs zwischen erwarteten Renditen und Marktwerten von Finanzierungstiteln bei Zwei-Zeitpunkte-Betrachtungen kann man über die Wertpapiermarktlinie leicht die zugehörige **Marktbewertungsfunktion** des CAPM herleiten. Diese läßt sich auf verschiedene Arten interpretieren. Insbesondere kann man sie so darstellen, daß der um einen **Risikoabschlag** reduzierte Erwartungswert der künftigen Einzahlungen aus dem betrachteten Finanzierungstitel mit dem Zinssatz i für sichere Anlage/Verschuldung abgezinst wird. Eine zweite wichtige Interpretation ist die, daß der Erwartungswert der Einzahlungen mit einem um einen **Risikozuschlag** über i liegenden Kalkulationszinsfuß diskontiert wird. Zentral ist hierbei, daß das CAPM die anzusetzenden Risikoab- oder -zuschläge näher **quantifiziert**.

In entsprechender Weise wie am Markt schon vorhandene Finanzierungstitel kön- nen auch **Realinvestitionen** mit Hilfe des CAPM bewertet werden. Dabei ist zum einen ein direkter Ansatz an dem **Bruttomarktwert** einer Realinvestition möglich. Alternativ läßt sich auch ein **kapitalkostenorientiertes** Vorgehen über das CAPM fundieren. In jedem Fall unbefriedigend bleiben die zum Teil recht streng wirkenden Voraussetzungen des Standard-CAPM. Insbesondere hervorzu- heben ist, daß im Rahmen des gesamten Abschnitts stets nur von einer **Zwei- Zeitpunkte-Betrachtung** ausgegangen wurde. Gerade im Kontext von Realinve- stitionen werden jedoch Zahlungskonsequenzen über **viele** Perioden hinweg zu beobachten sein. Im nachfolgenden Abschnitt sollen daher generell Möglichkeiten zur **Verallgemeinerung** der Ergebnisse dieses Abschnitts aufgezeigt werden, wo- bei der Schwerpunkt auf der Ausdehnung der Analyse auf den Mehr-Perioden- Fall liegen wird.

Wiederholungsfragen

W6.1

Auf welchen Prämissen beruht das Capital Asset Pricing Model (CAPM)?

W6.2

Was versteht man unter der *Tobin*-Separation?

W6.3

Was versteht man unter "universeller" Separation?

W6.4

Wie läßt sich die Kapitalmarktlinie des CAPM beschreiben?

W6.5

Welchen Zusammenhang gibt die Wertpapiermarktlinie wieder?

W6.6

Welche Möglichkeiten zur Herleitung einer Marktbewertungsfunktion im Rahmen des CAPM bestehen?

W6.7

Inwiefern ist die Marktbewertungsfunktion des CAPM in der Tat konkreter als diejenige auf der Grundlage bloßer Arbitragefreiheit?

W6.8

Welche Möglichkeiten bestehen, mit Hilfe der CAPM-Bewertungsformel "unterbewertete" Finanzierungstitel am Kapitalmarkt zu identifizieren?

W6.9

Auf welche Weise kann man mit Hilfe des CAPM marktwertorientiert Realinvestitionsentscheidungen treffen?

W6.10

Wie kann man mittels des CAPM kapitalkostenorientiert Realinvestitionsentscheidungen treffen?

7 Investitionsentscheidungen und Nicht-Standard-CAPM

7.1 Problemstellung

Zweifellos kann das Capital Asset Pricing Model in vielerlei Hinsicht kritisiert werden, da quasi alle seine Prämissen zwangsläufig nur eine sehr **idealisierte** Abbildung realer Kapitalmarktverhältnisse beschreiben. In der Tat ist daher in der Literatur in vielfältiger Weise versucht worden, durch Abänderungen der Prämissen des Standard-CAPM, wie es im vorhergehenden Abschnitt 6 erörtert wurde, zu realitätsnäheren Ansätzen zu gelangen. Im weiteren soll eine Reihe denkbarer Modifikationen **überblicksartig** vorgestellt und auf diese Weise die **Robustheit** der CAPM-Bewertungsgleichung untersucht werden. Konkret werden in den **Abschnitten 7.2 bis 7.6** insbesondere die Konsequenzen aus allgemeineren Anlegerpräferenzen, der Abwesenheit einer risikolosen Anlage- und Verschuldungsmöglichkeit, aus nicht-handelbaren Einkommensbestandteilen sowie der Existenz ausländischer Kapitalmärkte erörtert. Eine besonders wichtige Erweiterung des CAPM unter dem Aspekt der Beurteilung von Realinvestitionsmöglichkeiten betrifft die Verallgemeinerung des Ansatzes auf die Betrachtung von **mehr** als einer Periode. Auf diese besondere CAPM-Variante wird daher im **Abschnitt 7.7** etwas ausführlicher eingegangen. **Abschnitt 7.8** faßt die wichtigsten Erkennnisse zusammen.

7.2 μ-σ-γ- statt μ-σ-Prinzip

So intuitiv einleuchtend Entscheidungen auf der Grundlage des μ-σ-Prinzips auf den ersten Blick wirken, so eng scheint dieser Ansatz auf den zweiten Blick. Insbesondere lassen sich ohne weiteres Beispiele für Wahrscheinlichkeitsverteilungen finden, die über identischen **Erwartungswert** und identische **Varianz** verfügen, von den meisten Entscheidungsträgern jedoch trotzdem als **unterschiedlich** attraktiv aufgefaßt werden.

Beispiel 7.1:[1]

Betrachtet werde zum Zeitpunkt t = 0 ein Kapitalmarkt, auf dem in t = 1 vier verschiedene Umweltzustände j = 1, ..., 4 mit Eintrittswahrscheinlichkeiten $\phi^{(j)}$ gemäß *Tabelle 7.1.* möglich sind. Des weiteren gebe es zwei Finanzierungstitel 1 und 2, deren zustandsabhängige Einzahlungen ebenfalls aus *Tabelle 7.1* abgelesen werden können. Man prüft leicht, daß sich die erwarteten Einzahlungen des Zeitpunktes t = 1 bei beiden Finanzierungstiteln jeweils auf 50 GE belaufen, während die zugehörige Standardabweichung einen einheitlichen Wert von ungefähr 82,16 GE annimmt. Ein nach dem **μ-σ-Prinzip** agierender Anleger würde die beiden Finanzierungstitel von ihren jeweiligen künftigen Einzahlungen her folglich als **gleichwertig** beurteilen.

j	1	2	3	4
$\phi^{(j)}$	0,05	0,5625	0,225	0,1625
$z_1^{(1,j)}$	-100	0	100	200
$z_1^{(2,j)}$	200	100	0	-100

Tabelle 7.1: Zustandseintrittswahrscheinlichkeiten und zustandsabhängige Einzahlungen von zwei Finanzierungstiteln 1 und 2

Die graphische Visualisierung der beiden Wahrscheinlichkeitsverteilungen im Rahmen der *Abbildung 7.1* deckt jedoch deutliche **Unterschiede** zwischen $\tilde{z}_1^{(1)}$ und $\tilde{z}_1^{(2)}$ auf. Konkret ist bei Halten des Finanzierungstitels 1 die Gefahr hoher Verluste geringer als im Falle des Erwerbs des Finanzierungstitels 2. Aus diesem Grunde werden viele Entscheidungsträger die Wahrscheinlichkeitsverteilung des Finanzierungstitels 1 ceteris paribus vorziehen. Diese augenscheinliche Unterschiedlichkeit der beiden Finanzierungstitel kann man dadurch formal faßbar

---

[1] Das folgende Beispiel ist angelehnt an *Breuer/Gürtler/Schuhmacher* (1999a), S. 178 ff.

machen, daß man neben dem ersten (einfachen) Moment Erwartungswert und dem zweiten (zentralen) Moment Varianz zusätzlich noch das **dritte** (zentrale) Moment $E\{[\bar{z}_1 - E(\bar{z}_1)]^3\}$ betrachtet. Dieses dritte Moment soll im weiteren als **Schiefe** bezeichnet werden,[2] und durch seine zusätzliche Beachtung werden Informationen über die Wahrscheinlichkeitsverteilung erfaßt, die durch die ersten beiden Momente noch nicht berücksichtigt worden sind. Bei Verteilungen, die **symmetrisch** zum Erwartungswert liegen, ist die Schiefe stets Null. **Asymmetrische** Verteilungen wie die aus *Abbildung 7.1* hingegen verfügen typischerweise über eine von Null verschiedene Schiefe.

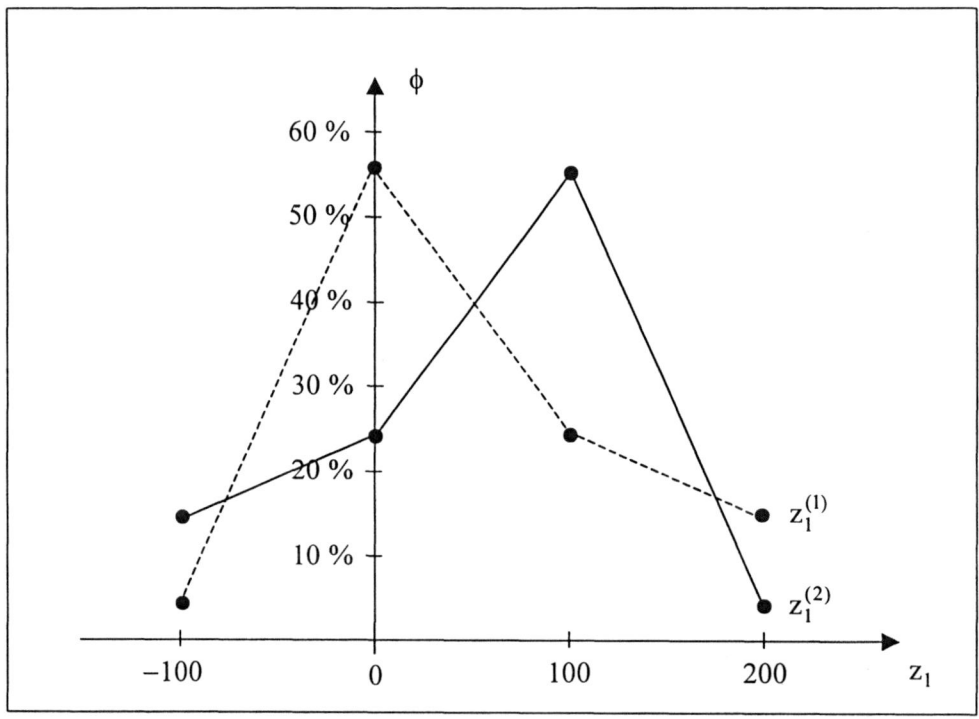

Abbildung 7.1: Einzahlungsverteilungen für die beiden Finanzierungstitel

---

2   Häufig wird als Schiefe auch der **Quotient** aus dem dritten zentralen Moment und der mit 3 potenzierten Standardabweichung der betrachteten Zufallsvariablen definiert. Vgl. etwa *Hartung/Elpelt/Klösener* (1999), S. 118. Diese Begriffsfassung ist im folgenden aber nicht weiter hilfreich und unterbleibt deshalb.

Ist die Schiefe **positiv**, spricht man auch von einer **rechtsschiefen** Verteilung. Ein Beispiel hierfür ist die Wahrscheinlichkeitsverteilung der künftigen Einzahlungen $\tilde{z}_1^{(1)}$ des Finanzierungstitels 1. Konkret ergibt sich eine Schiefe $E\{[\tilde{z}_1^{(1)}-E(\tilde{z}_1^{(1)})^3] = 337.500 \text{ GE}^3$. Eine positive Schiefe geht demnach mit eher **geringen** Eintrittswahrscheinlichkeiten für **extrem ungünstige** Realisationen einher und wird deswegen ceteris paribus von vielen Entscheidungsträgern bevorzugt. Finanzierungstitel 2 hat einen negativen Schiefewert von $E\{[\tilde{z}_1^{(2)}-E(\tilde{z}_1^{(2)})^3] = -337.500$ GE^3 und dementsprechend eine geringe Wahrscheinlichkeit für positive Extremwerte, während negative Extremwerte hingegen recht hohe Eintrittswahrscheinlichkeiten besitzen. Aus diesem Grunde werden die künftigen Einzahlungen des Finanzierungstitels 2 normalerweise als **weniger attraktiv** aufgefaßt. □

Die rudimentären Überlegungen im Zusammenhang mit Beispiel 7.1 legen nahe, daß die zusätzliche Berücksichtigung von Schiefepräferenzen geeignet ist, ein differenzierteres Abbild von Anlegerpräferenzen zu erhalten. Im weiteren sei hierbei von einem Verhalten nach dem μ-σ-γ-**Prinzip** die Rede.

Man kann nun zeigen, daß die Annahme einer **kubischen** (Risiko-) Nutzenfunktion der Form

$$U(z_1) = a^{(0)} + a^{(1)} \cdot z_1 + a^{(2)} \cdot z_1^2 + a^{(3)} \cdot z_1^3 \tag{7.1}$$

in der Tat ein Verhalten auf der Grundlage eines μ-σ-γ-Prinzips impliziert. Dabei kann wegen der **Kardinalität** von U zunächst einmal unmittelbar von $a^{(0)} = 0$ ausgegangen werden. Außerdem sollte der **Definitionsbereich** von z_1 derart beschränkt werden, daß der betrachtete Anleger über einen positiven, abnehmenden Grenznutzen verfügt, daß also $U'(z_1) > 0$ und $U''(z_1) < 0$ simultan erfüllt sind. Diese Voraussetzungen führen letztlich zu der Anforderung

$$z_1 < \begin{cases} -\dfrac{a^{(2)}+\sqrt{a^{(2)2}-3\cdot a^{(1)}\cdot a^{(3)}}}{3\cdot a^{(3)}} & \text{für } a^{(2)2} \geq 3\cdot a^{(1)}\cdot a^{(3)}, \\[4mm] -\dfrac{a^{(2)}}{3\cdot a^{(3)}} & \text{für } a^{(2)2} < 3\cdot a^{(1)}\cdot a^{(3)}. \end{cases} \tag{7.2}$$

Die Bildung des Erwartungswertes über (7.1) führt sofort zur Relevanz von $E(\tilde{z}_1^3)$ und damit von **Schiefeaspekten**. Noch deutlicher wird dies, wenn man auf die *Taylor*-Entwicklung aus dem Abschnitt 3 des vorhergehenden Kapitels zurückkommt. Danach nämlich gilt für Nutzenfunktionen gemäß (7.1) wegen $U^{(m)}$ = 0 im Falle von m = 4, 5, ...:[3]

$$E[U(\tilde{z}_1)]$$

$$= U[(E(\tilde{z}_1)]+U'[(E(\tilde{z}_1)]\cdot 0+\frac{1}{2}\cdot U''[(E(\tilde{z}_1)]\cdot \sigma^2(\tilde{z}_1)+\frac{1}{6}\cdot U'''[(E(\tilde{z}_1)]\cdot \gamma^3(\tilde{z}_1), \tag{7.3}$$

wobei $\gamma^3(\tilde{z}_1)$ als drittes zentrales Moment $E\{[\tilde{z}_1-E(\tilde{z}_1)]^3\}$ von $\tilde{z}_1$ definiert ist und folglich die Schiefe der betreffenden Wahrscheinlichkeitsverteilung mißt.

Man erkennt sofort, daß $U'''(z_1) = 6\cdot a^{(3)} > 0$ ($\forall z_1$) notwendig und hinreichend für stets positive Schiefepräferenzen des betrachteten Entscheidungsträgers ist. Man kann deswegen unter dieser Voraussetzung infolge der Kardinalität von (Risiko-) Nutzenfunktionen in (7.1) die Nutzenfunktion auch durch $a^{(3)}$ teilen und gelangt so zu der folgenden äquivalenten Nutzenfunktion

$$\hat{U}(z_1) = \hat{a}^{(1)}\cdot z_1+\hat{a}^{(2)}\cdot z_1^2+z_1^3 \tag{7.4}$$

mit den beiden **Freiheitsgraden** $\hat{a}^{(1)} = a^{(1)}/a^{(3)}$ und $\hat{a}^{(2)} = a^{(2)}/a^{(3)}$.

---

[3]   In diesem Zusammenhang soll $U^{(m)}$ für die m-te Ableitung der betreffenden Nutzenfunktion stehen.

Weiter kann man zeigen, daß eine positive dritte Ableitung der (Risiko-) Nutzenfunktion eine unmittelbare Konsequenz aus der Annahme mit wachsendem Vermögen **abnehmender** Risikoscheu von Entscheidern ist, so daß auch von dieser Seite die Annahme **positiver** Schiefe-Präferenz gestützt wird.[4] Im weiteren seien daher positive Schiefe-Präferenzen unterstellt.

Auch für den Fall kubischer Nutzenfunktionen behält die *Tobin*-Separation ihre Gültigkeit, sofern man sich auf die Zulassung von Risikonutzenfunktionen der folgenden Form beschränkt:

$$U(z_1) = (z_1 - a)^3. \tag{7.5}$$

Da die kubische Nutzenfunktion aus (7.5) mit $a \in \mathbb{R}$ im Gegensatz zur allgemeinen Fassung aus (7.4) nur über **einen** Freiheitsgrad verfügt, liegt hier in der Tat eine gewisse **Betrachtungsverengung** vor. Unabhängig von der konkreten Ausprägung von a und vom jeweiligen Anfangsvermögen wird ein Anleger jedoch stets ein **gleich strukturiertes** Portefeuille unsicherer Finanzierungstitel halten.

Weil damit bei Gültigkeit von (7.5) für alle Anleger mit durchaus unterschiedlichen Ausprägungen für a auch für μ-σ-γ-Präferenzen alle Marktteilnehmer im Kapitalmarktgleichgewicht als riskantes Investment stets einen Teil des Marktportefeuilles realisieren werden, sollte es nicht allzu sehr überraschen, daß man trotz der deutlich komplizierteren Struktur[5] des individuellen Portfolioselektionsproblems von Anlegern eine Bestimmungsgleichung für die gleichgewichtige Risikoprämie eines Finanzierungstitels f herleiten kann, die als unmittelbare **Verall-**

---

[4] Vgl. z.B. *Breuer/Gürtler/Schuhmacher* (1999a), S. 36. Der Umkehrschluß gilt freilich **nicht**: Aus einer positiven dritten Ableitung kann man nicht auf mit wachsendem Vermögen abnehmende Risikoscheu von Entscheidungsträgern schließen.

[5] Die notwendigen Optimalitätsbedingungen der Anleger führen bei Verfügbarkeit von F risikobehafteten Finanzierungstiteln zum Erfordernis der simultanen Lösung von F **quadratischen** Gleichungen.

gemeinerung der Wertpapiermarktlinie des CAPM aufgefaßt werden kann:[6]

$$E(\bar{r}^{(f)})$$
$$= i + \lambda \cdot Cov(\bar{r}^{(f)}; \bar{r}^{(M)}) + v \cdot E\{[(\bar{r}^{(f)} - E(\bar{r}^{(f)})] \cdot [\bar{r}^{(M)} - E(\bar{r}^{(M)})]^2\} \qquad (7.6)$$

mit

$$E(\bar{r}^{(M)}) = i + \lambda \cdot Var(\bar{r}^{(M)}) + v \cdot E\{[\bar{r}^{(M)} - E(\bar{r}^{(M)})]^3\}$$
$$\leftrightarrow \lambda \cdot Var(\bar{r}^{(M)}) + v \cdot E\{[\bar{r}^{(M)} - E(\bar{r}^{(M)})]^3\} = E(\bar{r}^{(M)}) - i. \qquad (7.7)$$

Dabei bezeichnet man im Zusammenhang mit (7.6) den Ausdruck $E\{[\bar{r}^{(f)} - E(\bar{r}^{(f)})] \cdot [\bar{r}^{(M)} - E(\bar{r}^{(M)})]^2\}$ in Analogie zur Kovarianz als eine[7] **Koschiefe** zwischen der Rendite $\bar{r}^{(f)}$ des Finanzierungstitels f und der Rendite $\bar{r}^{(M)}$ des Marktportefeuilles. Entsprechend ist $E\{[\bar{r}^{(M)} - E(\bar{r}^{(M)})]^3\}$ die Schiefe der Rendite des Marktportefeuilles.

In **Verallgemeinerung** des Standard-CAPM kann man die Parameter λ und v als Marktpreise des Risikos interpretieren. Da über die Schiefe ein weiteres Streuungsmaß relevant wird, ergibt sich natürlich auch ein zusätzlicher Marktpreis v des Risikos. Weil positive Schiefe von Vorteil ist, ist v dabei **negativ**. Die Bestimmungsgleichung der beiden Marktpreise des Risikos aus der zweiten Zeile von (7.7) läßt sich für $v = 0$ unmittelbar in die über Gleichung (6.6) des vorhergehenden Abschnitts eingeführte Charakteristik für den Marktpreis des Risikos im Standard-CAPM transformieren. Da nunmehr zwei Marktpreise des Risikos vorliegen, aber mit (7.7) nur eine Bestimmungsgleichung, sind λ und v noch **nicht eindeutig** bestimmt. Natürlich könnte man die beiden Werte durch explizite Spezifikation der Präferenzen aller Marktteilnehmer aus den Markträumungsbedingungen eines Kapitalmarktgleichgewichts berechnen, sofern Exi-

---

[6]   Vgl. hierzu insbesondere *Rubinstein* (1973b), S. 68, sowie *Kraus/Litzenberger* (1976).

[7]   Es gibt eine weitere, nämlich $E\{[\bar{r}^{(f)} - E(\bar{r}^{(f)})]^2 \cdot [\bar{r}^{(M)} - E(\bar{r}^{(M)})]\}$.

stenz und Eindeutigkeit eines Marktgleichgewichts gegeben sind. Typischerweise wird man jedoch ohnehin **nicht** über diese detaillierte Kenntnis der Präferenzen der Marktteilnehmer verfügen. Möglich ist dann aber immer noch die Anwendung von (7.6) auf einen **beliebigen** Finanzierungstitel, dessen Preis bekannt ist. Dann liegen mit (7.6) und (7.7) zwei Bestimmungsgleichungen für die beiden Marktpreise des Risikos vor, die somit berechenbar werden und als Grundlage für die Beurteilung von Realinvestitionsmöglichkeiten genutzt werden können.

Die Bestimmungsgleichung (7.6) definiert nämlich unmittelbar den zur Abzinsung künftiger Einzahlungen auf einen Finanzierungstitel f maßgeblichen **Kapitalkostensatz.** Für den **Marktwert $V^{(f)}$** der mit einem Finanzierungstitel f verbundenen künftigen Einzahlungen $\tilde{z}_1^{(f)}$ gilt daher hier im Gleichgewicht in Analogie zur Bestimmungsgleichung (6.28) aus dem Standard-CAPM:

$$V^{(f)} = \frac{E(\tilde{z}_1^{(f)})}{1+i+\lambda \cdot Cov(\tilde{r}^{(f)};\tilde{r}^{(M)})+v \cdot E\{[\tilde{r}^{(f)}-E(\tilde{r}^{(f)})] \cdot [\tilde{r}^{(M)}-E(\tilde{r}^{(M)})]^2\}}. \tag{7.8}$$

Über die Substitution $\tilde{r}^{(f)} = [\tilde{z}_1^{(f)}/V^{(f)}]-1$ kann man ähnlich wie im Rahmen des vorhergehenden Abschnitts 6 eine **alternative** Variante der Marktbewertungsfunktion aus (7.8) herleiten:

$$V^{(f)} = \frac{E(\tilde{z}_1^{(f)})-\lambda \cdot Cov(\tilde{z}_1^{(f)};\tilde{r}^{(M)})-v \cdot E\{[\tilde{z}_1^{(f)}-E(\tilde{z}_1^{(f)})] \cdot [\tilde{r}^{(M)}-E(\tilde{r}^{(M)})]^2\}}{1+i}. \tag{7.9}$$

Die Parallele zur Bewertungsgleichung (6.32) aus Abschnitt 6 ist erneut evident.

Auch die Bewertungsgleichungen (7.8) und (7.9) kann man unmittelbar als Basis für Realinvestitionsentscheidungen nutzen. In der Tat ergeben sich in diesem Kontext **keinerlei** grundsätzlich neuen Erkenntnisse, sondern kann vollständig auf die Ausführungen zur Bewertungsgleichung aus dem Standard-CAPM in den Abschnitten 6.3 und 6.4 dieses Kapitels verwiesen werden. Aus diesem Grunde sei hier lediglich noch ein Zahlenbeispiel präsentiert.

Beispiel 7.2:

Gegeben seien erneut die beiden Finanzierungstitel 1 und 2 aus dem vorhergehenden Beispiel, wobei Finanzierungstitel 1 konkret sämtliche Rückflüsse aus einem zur Disposition stehende **Investitionsprojekt 1** verbriefe, während Finanzierungstitel 2 bereits am Kapitalmarkt als Teil des Marktportefeuilles gehandelt wird. Projekt 1 erfordert dabei die Aufwendung einer Anfangsauszahlung $A_0^{(1)}$ in $t = 0$ von 45 GE. Der Marktwert $V^{(2)}$ des Finanzierungstitels 2 belaufe sich in $t = 0$ auf 43 GE.

Der Zinssatz für risikolose Anlage/Verschuldung auf dem Kapitalmarkt beträgt $i = 12$ %. Die gesamten zustandsabhängigen Einzahlungen $\tilde{z}_1^{(M)}$ aus dem Marktportefeuille sollen sich gemäß *Tabelle 7.2* ergeben. Der Marktwert $V^{(M)}$ des Marktportefeuilles betrage dabei 16.250 GE in $t = 0$.

j	1	2	3	4
$z_1^{(M,j)}$	10.000	20.000	20.000	15.000

Tabelle 7.2: Einzahlungen aus dem Marktportefeuille je nach eintretendem Umweltzustand in $t = 1$

Infolge der **Wertadditivität** der Marktbewertungsfunktion auf dem vollkommenen Kapitalmarkt im Gleichgewicht kann das Investitionsprojekt unabhängig von den sonstigen Aktivitäten der betrachteten Unternehmung beurteilt werden. Als Ansatzpunkt kann unter anderem die **projektbezogene Rendite** $\tilde{r}^{(1)} \equiv \tilde{z}_1^{(1)}/A_0^{(1)}$ gewählt werden, wobei $A_0^{(1)}$ für die Anfangsauszahlung des Zeitpunktes $t = 0$ im Rahmen des Projekts 1 steht. In entsprechender Weise werden $\tilde{r}^{(2)} \equiv \tilde{z}_1^{(2)}/V^{(2)}$ sowie $\tilde{r}^{(M)} \equiv \tilde{z}_1^{(M)}/V^{(M)}$ definiert. Auf dieser Grundlage lassen sich mit Hilfe der

Tabelle 7.1 und der *Tabelle 7.2* alle relevanten Momente berechnen. Man erhält:

$$E(\tilde{r}^{(1)}) \approx 0{,}111111, \quad E(\tilde{r}^{(2)}) \approx 0{,}162791,$$

$$E(\tilde{r}^{(M)}) = 0{,}15, \quad Cov(\tilde{r}^{(1)};\tilde{r}^{(M)}) \approx -0{,}064102, \tag{7.10}$$

$$Cov(\tilde{r}^{(2)};\tilde{r}^{(M)}) \approx 0{,}067084, \quad Var(\tilde{r}^{(M)}) \approx 0{,}027796.$$

und ferner

$$E\{[\tilde{r}^{(1)}-E(\tilde{r}^{(1)})]\cdot[\tilde{r}^{(M)}-E(\tilde{r}^{(M)})]^2\} \approx -0{,}022189,$$

$$E\{[\tilde{r}^{(2)}-E(\tilde{r}^{(2)})]\cdot[\tilde{r}^{(M)}-E(\tilde{r}^{(M)})]^2\} \approx 0{,}023221, \tag{7.11}$$

$$E\{[\tilde{r}^{(M)}-E(\tilde{r}^{(M)})]^3\} \approx -0{,}0091239.$$

Unter der Prämisse, daß sich der Kapitalmarkt im **Gleichgewicht** befindet, müssen die beiden Marktpreise des Risikos den folgenden beiden Gleichungen genügen:

I. $0{,}162791 = 0{,}12 + 0{,}067084 \cdot \lambda + 0{,}023221 \cdot v$,

II. $0{,}027796 \cdot \lambda - 0{,}0091239 \cdot v = 0{,}03$. $\tag{7.12}$

Gleichung I. unterstellt die Gültigkeit der verallgemeinerten Wertpapiermarktlinie gemäß (7.6) im Zusammenhang mit dem Finanzierungstitel 2, Gleichung II. entspricht unmittelbar (7.7). Die simultane Lösung beider Gleichungen ergibt $\lambda \approx 0{,}864441$ und $v \approx -0{,}654544$.

Auch im Rahmen eines CAPM unter Beachtung von Schiefepräferenzen ist (wie im Standard-CAPM) **"Bewertungsvollständigkeit"** bei Kenntnis der Marktpreise des Risikos gegeben. Unter der zusätzlichen Voraussetzung der **Competitivity-Eigenschaft** ist es unmittelbar möglich, den zur Beurteilung des Investitionsprojekts 1 maßgeblichen **Kapitalkostensatz** näherungsweise zu ermitteln:

$$0{,}12 + 0{,}864441 \cdot (-0{,}064102) - 0{,}654544 \cdot (-0{,}022189) \approx 7{,}91\ \%. \tag{7.13}$$

Da die tatsächliche erwartete Rendite auf die Anfangsauszahlung für Projekt 1 mit ungefähr 11,11 % deutlich über dem berechneten Kapitalkostensatz von nur etwa 7,91 % liegt, ist Projekt 1 eindeutig **vorteilhaft**. □

Alles in allem ist die Berücksichtigung von Schiefepräferenzen der Marktteilnehmer im Rahmen des Treffens von Realinvestitionsentscheidungen ohne weiteres möglich. Generell kann man sogar recht problemlos **Marktbewertungsfunktionen** für noch **allgemeinere** Präferenzstrukturen herleiten, solange bloß die Eigenschaften der *Tobin*-Separation erfüllt bleibt. Dieser Frage wurde im Detail durch *Cass/Stiglitz* (1970) nachgegangen[8] und führte zur Erkenntnis, daß (nur) für folgende Klassen von Nutzenfunktionen die *Tobin*-Separation bei beliebig fest vorgegebenen Wahrscheinlichkeitsverteilungen künftiger Einzahlungen auf Finanzierungstitel stets Gültigkeit besitzt und sich deswegen jeweils eine sehr einfach strukturierte Marktbewertungsfunktion herleiten läßt:[9]

$$\text{I.} \quad U(\tilde{z}_1) = \ln(a + \tilde{z}_1),$$

$$\text{II.} \quad U(\tilde{z}_1) = \frac{1}{b-1} \cdot (a + b \cdot \tilde{z}_1)^{1 - \frac{1}{b}}, \tag{7.14}$$

$$\text{III.} \quad U(\tilde{z}_1) = -\exp\left(-\frac{1}{a} \cdot \tilde{z}_1\right).$$

Im Zusammenhang mit (7.14) gilt *Tobin*-Separation für beliebig fest vorgegebene Wahrscheinlichkeitsverteilungen künftiger Einzahlungen auf Finanzierungstitel insofern, als **unabhängig** von dem konkreten Parameterwert a und dem Anleger-

---

[8] Vgl. aber auch schon insbesondere *Hakansson* (1969).

[9] Bis auf den Fall einer exponentiellen Nutzenfunktion gemäß III. sind dabei jeweils ähnlich wie bei der kubischen Nutzenfunktion Beschränkungen des **Definitionsbereichs** zu beachten. Beispielsweise dürfen im Zusammenhang mit logarithmischen Nutzenfunktionen gemäß I. nur Realisationen z_1 von $\tilde{z}_1$ mit $a + z_1 > 0$ auftreten. Vergleichbares gilt im Rahmen von II.

anfangsvermögen eine Nutzenfunktion des Typs I. stets zur Optimalität der gleichen **Struktur** unsicherer Anlage führt. Entsprechendes gilt für alle Nutzenfunktionen aus III. sowie (bei festem Wert für b) für alle Nutzenfunktionen aus II. Es soll hier nicht weiter auf diese einzelnen Nutzenfunktionstypen und die sich jeweils ergebenden Formen verallgemeinerter Wertpapiermarktlinien eingegangen werden. Ausführliche Darstellungen hierzu finden sich etwa in *Breuer/ Gürtler/Schuhmacher* (1999a), S. 256 ff. Wesentlich ist jedenfalls, daß alles in allem die Prämisse der simplen μ-σ-Präferenzen im Rahmen des Standard-CAPM durchaus aufgegeben und **differenziertere Präferenzstrukturen** der Entscheidungsfindung zugrunde gelegt werden können.

7.3 Keine Möglichkeit zu sicherer Anlage/Verschuldung

Ein weiterer, durchaus ernstzunehmender Kritikpunkt hinsichtlich des Standard-CAPM betrifft die Voraussetzung der Existenz einer **sicheren** Anlage- und Verschuldungsmöglichkeit in beliebiger Höhe. Schon früh wurde daher der Frage nachgegangen, inwieweit die Resultate des CAPM auf Situationen **ohne** Gültigkeit dieser Prämisse verallgemeinert werden können. Da die Existenz einer sicheren Anlage- und Verschuldungsmöglichkeit essentiell für das Vorliegen der *Tobin*-Separation ist und ohne ein solches Separationsresultat in der Regel keine einfach strukturierten Marktbewertungsfunktionen hergeleitet werden können, wird man a priori vermuten, daß sich die Untersuchung dieses Falls als wenig ergiebig erweist. Von *Black* (1972) konnte jedoch gezeigt werden, daß zwar nicht die *Tobin*-Separation, wohl aber eine **Zwei-Fonds-Separation** Gültigkeit im CAPM ohne sichere Anlage- und Verschuldungsmöglichkeit besitzt. Unabhängig von dem konkreten Ausmaß seiner Risikoscheu und seinem Anfangsvermögen wird ein Anleger demnach eine solche Struktur seiner unsicheren Engagements wählen, daß diese stets als Linearkombination zweier **festliegender**[10] Porte-

---

[10] In der Tat können **verschiedene** Paare von Portefeuilles als Ausgangspunkt für die Zusammenstellung des optimalen Gesamtportefeuilles eines beliebigen Investors gewählt werden. "Festliegend" sind die beiden jeweiligen Ausgangsportefeuilles aber insofern, als sich **jedes** effiziente Gesamtportefeuille als

feuilles von Finanzierungstiteln interpretiert werden kann. Die Übertragung dieses Umstands auf die Ebene des allgemeinen Gleichgewichts impliziert, daß jeder Anleger nur Anteile dieser beiden Portefeuilles erwerben wird. Das eine Portefeuille ist dabei das **Marktportefeuille**, während das andere aufgrund seiner Eigenschaft der Unkorreliertheit mit dem Marktportefeuille als "**Null-Beta-Portefeuille**" bezeichnet wird. Von allen Portefeuilles, deren Rendite mit der des Marktportefeuilles unkorreliert ist, ist das hier relevante "Null-Beta-Portefeuille" überdies dasjenige mit der **geringsten** Renditevarianz. Dieses (varianzminimale) Null-Beta-Portefeuille stellt aus Anlegersicht gewissermaßen ein mehr oder weniger gut geeignetes **Substitut** für die fehlende Möglichkeit sicherer Anlage und Verschuldung dar, da es zumindest kein systematisches Risiko umfaßt und das unsystematische Risiko darüber hinaus ceteris paribus minimal ausgeprägt ist.

Weil die Gesamtnachfrage nach unsicheren Finanzierungstiteln im Kapitalmarktgleichgewicht dem Marktportefeuille entsprechen muß, ist die aggregierte **Nachfrage** nach dem **Null-Beta-Portefeuille** im Gleichgewicht notwendigerweise **Null**. Vor diesem Hintergrund war *Black* (1972) zur Herleitung der folgenden formalen Darstellung einer **modifizierten Wertpapiermarktlinie** in der Lage. Sei $\tilde{r}^{(0\beta)}$ die Rendite des Null-Beta-Portefeuilles, dann gilt:

$$E(\tilde{r}^{(f)}) = E(\tilde{r}^{(0\beta)}) + \lambda \cdot Cov(\tilde{r}^{(f)}; \tilde{r}^{(M)}) \qquad (7.15)$$

mit

$$\lambda \equiv \frac{E(\tilde{r}^{(M)}) - E(\tilde{r}^{(0\beta)})}{Var(\tilde{r}^{(M)})}. \qquad (7.16)$$

Die Parallele zur formalen Struktur der Wertpapiermarktlinie im Rahmen des Abschnitts 6 dürfte in Anbetracht von (7.15) und (7.16) offensichtlich sein. Der Zinssatz i für risikolose Anlage und Verschuldung wird augenscheinlich einfach durch die erwartete Rendite des Null-Beta-Portefeuilles unsicherer Finanzierungs-

---

Linearkombination der beiden jeweils betrachteten Ursprungsportefeuilles darstellen läßt. Vgl. zu weiteren Einzelheiten *Black* (1972), S. 449.

titel ersetzt, das insofern als (unvollkommenes) Substitut der fehlenden sicheren Anlage- und Verschuldungsmöglichkeit dient. In der Tat ließe sich (7.15) daher auch leicht in die beiden anderen Varianten der formalen Darstellung der Wertpapiermarktlinie überführen. Wesentlicher aber ist im Rahmen investitionstheoretischer Überlegungen, daß sich aus (7.15) erneut ohne Schwierigkeiten Marktbewertungsfunktionen in verschiedenen Varianten herleiten lassen. Faßt man die rechte Seite von (7.15) unmittelbar als relevanten **Kapitalkostensatz** auf, resultiert als **Marktbewertungsfunktion** für einen beliebigen Finanzierungstitel f:

$$V^{(f)} = \frac{E(\tilde{z}_1^{(f)})}{1 + E(\tilde{r}^{(0\beta)}) + \lambda \cdot \text{Cov}(\tilde{r}^{(f)}; \tilde{r}^{(M)})}. \qquad (7.17)$$

Die generelle Substitution $\tilde{r}^{(f)} = [\tilde{z}_1^{(f)}/V^{(f)}] - 1$ hingegen ergibt:

$$V^{(f)} = \frac{E(\tilde{z}_1^{(f)}) - \lambda \cdot \text{Cov}(\tilde{z}_1^{(f)}; \tilde{r}^{(M)})}{1 + E(\tilde{r}^{(0\beta)})}. \qquad (7.18)$$

Auch die Marktbewertungsfunktionen (7.17) und (7.18) lassen sich zum Zwecke des Treffens von **Realinvestitionsentscheidungen** nutzen. Wegen der unmittelbaren Parallelen zum Vorgehen aus Abschnitt 6 soll im weiteren erneut ein Zahlenbeispiel genügen.

Beispiel 7.3:

Gegeben sei ein Kapitalmarkt, auf dem im Rahmen einer Zwei-Zeitpunkte-Betrachtung lediglich zwei Finanzierungstitel 1 und 2 mit unsicheren künftigen Einzahlungen $\tilde{z}_1^{(1)}$ und $\tilde{z}_1^{(2)}$ gehandelt werden. Die Renditeverteilungen der beiden Finanzierungstitel weisen dabei die folgenden Eigenschaften auf:

$$E(\tilde{r}^{(1)}) = 0{,}1, \quad E(\tilde{r}^{(2)}) = 0{,}06,$$

$$\text{Var}(\tilde{r}^{(1)}) = 0{,}12^2, \quad \text{Var}(\tilde{r}^{(2)}) = 0{,}2^2 \qquad (7.19)$$

$$\rho(\tilde{r}^{(1)}; \tilde{r}^{(2)}) = -0{,}6.$$

Angenommen sei des weiteren, daß das Markportefeuille wertmäßig zu den Anteilen $\hat{\alpha}^{(1M)} = 0,8$ und $\hat{\alpha}^{(2M)} = 0,2$ aus den beiden Finanzierungstiteln 1 und 2 besteht. Damit gelangt man zu $E(\tilde{r}^{(M)}) = 0,8 \cdot 0,1 + 0,2 \cdot 0,06 = 9,2$ % mit $\mathrm{Var}(\tilde{r}^{(M)}) = 0,8^2 \cdot 0,12^2 + 0,2^2 \cdot 0,2^2 - 2 \cdot 0,8 \cdot 0,2 \cdot 0,6 \cdot 0,12 \cdot 0,2 = 0,6208$ %. Die zugehörige Renditestandardabweichung beläuft sich auf etwa 7,8791 %.

Eine sichere Anlage- und Verschuldungsmöglichkeit gibt es nicht. Es ist daher dasjenige Portefeuille aus den Finanzierungstiteln 1 und 2 zu bestimmen, das einerseits über eine **unkorrelierte** Rendite in Relation zu der des Marktportefeuilles verfügt und andererseits unter dieser Maßgabe **varianzminimierend** ist. Mit wertmäßigen Anteilen $\hat{\alpha}^{(1(0\beta))}$ und $\hat{\alpha}^{(2(0\beta))}$ der beiden Finanzierungstitel 1 und 2 am Null-Beta-Portefeuille stellt sich die erste Anforderung formal wie folgt dar:

$$
\begin{aligned}
&\mathrm{Cov}(\tilde{r}^{(0\beta)}; \tilde{r}^{(M)}) \\[2mm]
&= \mathrm{Cov}(\hat{\alpha}^{(1(0\beta))} \cdot \tilde{r}^{(1)} + \hat{\alpha}^{(2(0\beta))} \cdot \tilde{r}^{(2)}; 0,8 \cdot \tilde{r}^{(1)} + 0,2 \cdot \tilde{r}^{(2)}) \\[2mm]
&= \hat{\alpha}^{(1(0\beta))} \cdot [0,8 \cdot \mathrm{Var}(\tilde{r}^{(1)}) + 0,2 \cdot \mathrm{Cov}(\tilde{r}^{(1)}; \tilde{r}^{(2)})] \\[2mm]
&\qquad + \hat{\alpha}^{(2(0\beta))} \cdot [0,8 \cdot \mathrm{Cov}(\tilde{r}^{(1)}; \tilde{r}^{(2)}) + 0,2 \cdot \mathrm{Var}(\tilde{r}^{(2)})] \\[2mm]
&= \hat{\alpha}^{(1(0\beta))} \cdot (0,8 \cdot 0,12^2 - 0,2 \cdot 0,6 \cdot 0,12 \cdot 0,2) \\[2mm]
&\qquad + \hat{\alpha}^{(2(0\beta))} \cdot (-0,8 \cdot 0,6 \cdot 0,12 \cdot 0,2 + 0,2 \cdot 0,2^2) \\[2mm]
&= 0,00864 \cdot \hat{\alpha}^{(1(0\beta))} - 0,00352 \cdot \hat{\alpha}^{(2(0\beta))} \overset{!}{=} 0.
\end{aligned}
\tag{7.20}
$$

Über (7.20) wird eine Beziehung zwischen den wertmäßigen Anteilen $\hat{\alpha}^{(1(0\beta))}$ und $\hat{\alpha}^{(2(0\beta))}$ definiert: $\hat{\alpha}^{(2(0\beta))} \approx 2,454545 \cdot \hat{\alpha}^{(1(0\beta))}$.

Da sich die wertmäßigen Anteile $\hat{\alpha}^{(1(0\beta))}$ und $\hat{\alpha}^{(2(0\beta))}$ auf 1 addieren müssen, erhält man sofort $\hat{\alpha}^{(1(0\beta))} \approx 0,28947$ sowie $\hat{\alpha}^{(2(0\beta))} \approx 0,71053$. In diesem Spezialfall nur zweier Finanzierungstitel benötigt man folglich die Eigenschaft der minimalen Renditevarianz des relevanten Null-Beta-Portefeuilles nicht weiter.

Auf der Grundlage der gerade ermittelten Struktur resultiert ein Erwartungswert $E(\bar{r}^{(0\beta)}) \approx 7,16$ %. Daraus wiederum ergibt sich ein Marktpreis λ des Risikos von etwa $(0,092-0,0716)/0,006208 \approx 3,2861$, so daß man schließlich zu der folgenden konkreten Form der Wertpapiermarktlinie im Fall **ohne** die Möglichkeit risikoloser Anlage und Verschuldung gelangt:

$$E(\bar{r}^{(f)}) \approx 0,0716+3,2861 \cdot Cov(\bar{r}^{(f)};\bar{r}^{(M)}). \tag{7.21}$$

Ausgehend von (7.21) wäre es grundsätzlich erneut möglich, die ungewissen Einzahlungen von Investitionsprojekten einer Marktbewertung zu unterziehen.□

7.4 Nicht-marktfähiges Einkommen

Im Rahmen des CAPM sind alle ungewissen Zahlungsströme als handelbar angenommen. Ohne weiteres ist es aber denkbar, daß es neben handelbaren auch **nicht-handelbare** Zahlungskonsequenzen, beispielsweise in Form künftigen **Arbeitseinkommens** von Marktteilnehmern, gibt. Auch eine derartige Situation wurde schon sehr früh in der Literatur untersucht. Obwohl bei nicht-marktfähigen Einkommensbestandteilen der Marktteilnehmer grundsätzlich **keine** wie auch immer geartete (universelle) Separationsaussage mehr möglich ist, konnte *Mayers* (1972, 1973) zeigen, daß auch unter diesen modifizierten Bedingungen eine Marktbewertungsfunktion der in (6.38) beschriebenen Art Gültigkeit besitzt, sofern man freilich statt des bisherigen Marktportefeuilles ein "erweitertes" ansetzt. Dieses **erweiterte Marktportefeuille** sei mit eM bezeichnet und umfaßt die Gesamtheit aller handelbaren **und** nicht-handelbaren Finanzierungstitel. Das Markportefeuille selbst soll nur die Summe aller handelbaren Finanzierungstitel charakterisieren. Bezeichnet man des weiteren mit $\lambda^{(e)+}$ den nunmehr maßgeblichen Marktpreis des Risikos bei rein zahlungsorientierter Darstellung der Marktbewertungsfunktion, so erhält man in Analogie zu (6.38) bei Existenz nicht-marktgängiger Finanzierungstitel für den **Marktwert** eines (handelbaren)

Finanzierungstitels f:

$$V^{(f)} = \frac{E(\tilde{z}_1^{(f)}) - \lambda^{(e)+} \cdot Cov(\tilde{z}_1^{(f)}; \tilde{z}_1^{(eM)})}{1+i}. \tag{7.22}$$

Die Bestimmungsgleichung (7.22) gilt auch für den Markwert $V^{(M)}$ des Markt-portefeuilles, woraus man unmittelbar auf die Determinanten von $\lambda^{(e)+}$ schließen kann:

$$\lambda^{(e)+} = \frac{E(\tilde{z}_1^{(M)}) - (1+i) \cdot V^{(M)}}{Cov(\tilde{z}_1^{(M)}; \tilde{z}_1^{(eM)})}. \tag{7.23}$$

Im Spezialfall ohne nicht-handelbare Zahlungsströme erhält man natürlich $\lambda^{(e)+} = \lambda^+$.

Mittels (7.23) kann nun des weiteren auch eine **renditeorientierte** Formulierung der Marktbewertungsfunktion (7.22) hergeleitet werden. Dazu ist $\tilde{r}^{(eM)} := (\tilde{z}_1^{(eM)} / V^{(M)}) - 1$ als "Rendite" auf das erweiterte Marktportefeuille einzuführen. In Er-mangelung von Marktpreisen für nicht-handelbare Zahlungen wird demnach der Marktwert des erweiterten Marktportefeuilles hierbei einfach als identisch mit dem Marktwert des herkömmlichen Marktportefeuilles angesetzt. Damit ergibt sich aus (7.23):

$$\lambda^{(e)+} = \frac{[1 + E(\tilde{r}^{(M)})] \cdot V^{(M)} - (1+i) \cdot V^{(M)}}{V^{(M)2} \cdot Cov(\tilde{r}^{(M)}; \tilde{r}^{(eM)})}$$

$$= \frac{1}{V^{(M)}} \cdot \frac{E(\tilde{r}^{(M)}) - i}{Cov(\tilde{r}^{(M)}; \tilde{r}^{(eM)})}. \tag{7.24}$$

Den zweiten Faktor auf der rechten Seite des Gleichheitszeichens in der zweiten Zeile aus (7.24) kann man sinnvollerweise als renditeorientierten **Marktpreis des Risikos** $\lambda^{(e)}$ unter Einbezug nicht-marktgängiger Zahlungspositionen definieren. Vor diesem Hintergrund nun läßt sich (7.22) auch wie folgt schreiben:

$$V^{(f)} = \frac{E(\tilde{z}_1^{(f)}) - \lambda^{(e)} \cdot Cov(\tilde{z}_1^{(f)}; \tilde{r}_1^{(eM)})}{1+i}.$$ (7.25)

Substituiert man weiter $\tilde{z}_1^{(f)}$ durch $(1+\tilde{r}^{(f)}) \cdot V^{(f)}$ erhält man aus (7.25) schließlich die folgende formale Darstellung der **Wertpapiermarktlinie**:

$$E(\tilde{r}^{(f)}) = i + \lambda^{(e)} \cdot Cov(\tilde{r}^{(f)}; \tilde{r}^{(eM)}).$$ (7.26)

Zusammenfassend kann auch unter den hier angenommenen modifizierten Gegebenheiten jeder denkbare Zahlungsstrom grundsätzlich bewertet werden. Ob sich Marktwertbetrachtungen überdies theoretisch fundiert begründen lassen, soll aus Platzgründen nicht näher geprüft werden. Infolge der überaus "extremen" Semi-Vollkommenheit des Kapitalmarktes (Unmöglichkeit der Emission von neuen Finanzierungstiteln auf der Grundlage **vorhandener** Zahlungsströme) stellen sich die Zusammenhänge deutlich komplizierter als im Standard-CAPM dar. Indes bleibt die Möglichkeit der Marktwertorientierung als **operationaler Heuristik.**

Ein **praktisches** Problem in der Anwendung der nunmehr maßgeblichen Marktbewertungsfunktion besteht allerdings darin, die nicht-handelbaren künftigen Einzahlungsüberschüsse der Marktteilnehmer zu schätzen. Gleichwohl ist die Situation hier nur **scheinbar** komplizierter als im Fall des Standard-CAPM, kann letzteres doch ohne weiteres so interpretiert werden, als hätte man **ad hoc** die künftigen Einzahlungen aus nicht-handelbaren Einkommensbestandteilen mit Null angesetzt. Insofern zeigt die Herleitung von *Mayers* (1972, 1973) lediglich eine Option zur genaueren Schätzung von Marktwerten auf. Wie sich die Option konkret praktisch nutzen läßt, bleibt freilich offen.

Erneut soll ein Zahlenbeispiel zur Verdeutlichung der Anwendung der Bestimmungsgleichung für gleichgewichtige Risikoprämien von Finanzierungstiteln nach *Mayers* (1972, 1973) ausreichen.

Beispiel 7.4:

Im Rahmen einer Zwei-Zeitpunkte-Betrachtung seien die künftigen Einzahlungen auf die Gesamtheit aller am Kapitalmarkt handelbaren Finanzierungstitel gemäß *Tabelle 7.2* gegeben. Die Eintrittswahrscheinlichkeiten der einzelnen Umweltzustände $s^{(1)}$, ..., $s^{(4)}$ können der *Tabelle 7.1* entnommen werden. Zusätzlich sollen auf dem betrachteten Kapitalmarkt ungewisse künftige Einzahlungen gemäß *Tabelle 7.3* existieren, die **nicht** allgemein handelbar sind.

j	1	2	3	4
$z_1^{(A,j)}$	1.000	800	600	1.500
$z_1^{(B,j)}$	200	500	1.500	1.000

Tabelle 7.3: Zustandsabhängige Einzahlungen zweier nicht-marktgängiger Einkommenspositionen A und B

Aus *Tabelle 7.2* und *Tabelle 7.3* ergeben sich damit insgesamt zustandsabhängige Einzahlungen auf das **erweiterte Marktportefeuille** in Höhe der in *Tabelle 7.4* ausgewiesenen Werte.

j	1	2	3	4
$z_1^{(eM,j)}$	11.200	21.300	22.100	17.500

Tabelle 7.4: Zustandsabhängige Einzahlungen des erweiterten Marktportefeuilles

Mit Hilfe von *Tabelle 7.2* und *Tabelle 7.4* kann man in Kenntnis des Marktwertes $V^{(M)}$ der handelbaren Finanzierungstitel die Renditeverteilung des herkömmlichen Marktportefeuilles, $\tilde{r}^{(M)} = [\tilde{z}_1^{(M)}/V^{(M)}]-1$, und des erweiterten Marktportefeuilles, $\tilde{r}^{(eM)} = [\tilde{z}_1^{(eM)}/V^{(M)}]-1$, bestimmen. Beispielsweise ergeben sich im Rahmen des hier betrachteten Kontextes für $V^{(M)} = 16.250$ GE die folgenden beiden

Renditeverteilungen:

j	1	2	3	4
$r^{(M,j)}$	-0,384615	0,230769	0,230769	-0,076923
$r^{(eM,j)}$	-0,310769	0,310769	0,36	0,076923

Tabelle 7.5: Zustandsabhängige Rendite des herkömmlichen und des erweiterten Marktportefeuilles (Werte zum Teil gerundet)

Unter der Prämisse eines Marktwertes aller handelbaren Finanzierungstitel von 16.250 GE und eines Zinssatzes i für sichere Anlage und Verschuldung von 12 % erhält man als Marktpreis $\lambda^{(e)}$ des Risikos für das erweiterte Marktportefeuille einen Wert von $[E(\bar{r}^{(eM)})-i]/Cov(\bar{r}^{(M)};\bar{r}^{(eM)}) \approx 1,148$, unter Vernachlässigung der nicht-handelbaren Einkommensbestandteile hingegen ergäbe sich ein Wert $\lambda = [E(\bar{r}^{(M)})-i]/Var(\bar{r}^{(M)}) \approx 1,0793$. Insofern dürfte es schon hilfreich sein, etwaige Informationen zu nicht-handelbaren Einkommenspositionen in einer Volkswirtschaft bei der Bestimmung eines Schätzwertes für den Marktpreis des Risikos mit zu berücksichtigen. Dieser Eindruck bestätigt sich auch, wenn man etwa den gleichgewichtigen Marktwert eines konkreten Finanzierungstitels mit ungewissen Einzahlungen $\bar{z}_1^{(f)}$ gemäß *Tabelle 7.6* vor dem Hintergrund der bislang dargelegten Daten abzuschätzen sucht.

j	1	2	3	4
$z_1^{(f,j)}$	100	150	50	0

Tabelle 7.6: Zustandsabhängige Einzahlungen eines Finanzierungstitels f

Man erhält unmittelbar $E(\bar{z}_1^{(f)}) = 100,625$ GE. Leicht prüft man überdies, daß $Cov(\bar{z}_1^{(f)};\bar{r}^{(M)}) \approx 5,0505$ GE sowie $Cov(\bar{z}_1^{(f)};\bar{r}^{(eM)}) \approx 3,2824$ GE gilt. Damit erhält man die beiden folgenden gleichgewichtigen Marktwerte des Finanzierungstitels f je nachdem, ob die nicht-handelbaren Einkommenspositionen A und B als Bestandteil des (erweiterten) Marktportefeuilles Berücksichtigung finden, $V^{(f,2)}$, oder nicht, $V^{(f,1)}$:

$$V^{(f,1)} \approx \frac{100{,}625 - 1{,}0793 \cdot 5{,}0505}{1{,}12} \approx 84{,}98 \text{ GE},$$

$$V^{(f,2)} \approx \frac{100{,}625 - 1{,}148 \cdot 3{,}2824}{1{,}12} \approx 86{,}48 \text{ GE}.$$

(7.27)

Augenscheinlich ist die **Diskrepanz** zwischen $V^{(f,1)}$ und $V^{(f,2)}$ als durchaus **spürbar** zu bezeichnen. Eine möglichst genaue Erfassung nicht-handelbarer Konsumpositionen im Rahmen von Marktwertschätzungen wäre insofern grundsätzlich wünschenswert. □

7.5 Existenz von in- und ausländischem Kapitalmarkt

Eine weitere interessante und noch recht einfach nachvollziehbare Verallgemeinerung des Standard-CAPM geht auf *Mehra* (1978) zurück, der explizit **in- und ausländische** Kapitalmärkte betrachtet. Daß die Einzahlungen von Unternehmungen in verschiedenen Währungen anfallen, ist dabei für sich genommen noch **kein** grundsätzliches Problem, da unter Ansatz der in t = 1 maßgeblichen Kassawechselkurse alle Zahlungsströme in eine einheitliche Währung umgerechnet werden könnten. Das Standard-CAPM könnte insofern auch zur Bewertung von originär, das heißt vor Umwechslung auf dem Devisenmarkt, in Fremdwährung ausgewiesenen Einzahlungsüberschüssen genutzt werden.

Erschwert wird die Analyse allerdings durch den Umstand, daß Anleger aus verschiedenen Ländern grundsätzlich **Nutzenfunktionen** besitzen, die in **verschiedenen** Währungen definiert sind. Dahinter steht der Gedanke, daß sich die Anleger eines Landes in ihrem Konsum jeweils auf ein festes Güterbündel beschränken, das über einen sicheren Preis in der jeweiligen Inlandswährung verfügt. Naturgemäß ist dies eine recht enge Voraussetzung,[11] aber in jedem Fall wird das Betrachtungsspektrum hierdurch über das Standard-CAPM hinaus **erweitert**, denn dessen Prämissen sind so zu verstehen, daß lediglich ein Güterbündel mit einem festen künftigen Preis in GE als Konsumziel zugrunde gelegt wird. Wäre der Preis dieses Gutes in t = 1 nämlich nicht sicher, dann müßte in der Nutzenfunktion der Marktteilnehmer neben der Wahrscheinlichkeitsverteilung der künftigen Einzahlungen auch noch die Wahrscheinlichkeitsverteilung künftiger **Güterpreise** berücksichtigt werden.[12]

Die von *Mehra* (1978) betrachtete "internationale" Variante des CAPM ist nicht so leicht handhabbar wie das Standard-CAPM, weil zusätzlich zu der Unsicherheit hinsichtlich der künftigen Einzahlungen auf Finanzierungstitel die Unsicherheit bezüglich der künftigen **Wechselkursentwicklung** zu berücksichtigen ist und sich Einzahlungen in Inlandswährung $\bar{z}_1^{(I)}$ **multiplikativ** aus Fremdwährungseinzahlungen $\bar{z}_1^{(F)}$ sowie dem künftigen Kassawechselkurs $\bar{w}_1$ ergeben. Damit aber geht die für das Standard-CAPM und zahlreiche Erweiterungen typische **Additivität von Risikokomponenten** in den resultierenden Bewertungsgleichungen verloren. Zur näheren Erläuterung sind zunächst einige Symbole einzuführen. Im folgenden stehe $\bar{z}_1^{(f,I)}$ für die Einzahlungen aus einem Finanzierungstitel f in **Inlandswährung** in t = 1. Entsprechend bezeichne $\bar{z}_1^{(f,F)}$ die in **Fremdwährung** ausgedrückten künftigen Einzahlungen aus dem Halten des Finanzierungstitels f.[13] $V^{(I)}(\cdot)$ stehe für den Marktwert einer beliebigen künftigen ungewissen Einzahlung in Inlandswährung und $V^{(F)}(\cdot)$ für den in Fremdwährung ausgedrückten Marktwert. Wie schon im Rahmen des Abschnitts 5 dieses Kapitels dargelegt, re-

---

[11] Vgl. hierzu auch die Diskussion im Rahmen des Abschnitts 5.4.4 dieses Kapitels.

[12] Dieses Problem wurde bereits im Rahmen des Abschnitts 5.3.2 dieses Kapitels angesprochen.

[13] Es sollte der Klarheit halber nochmals hervorgehoben werden, daß bei der Indizierung der künftigen Einzahlungen f für "Finanzierungstitel" und F für "Fremdwährungszahlung", also insbesondere das letztgenannte Kürzel hier (natürlich) **nicht** für die Gesamtzahl der Finanzierungstitel, steht.

sultiert bereits aus **Arbitragefreiheitsüberlegungen**, daß $V^{(I)}(\cdot) = V^{(F)}(\cdot) \cdot w_0$ gilt.

Betrachtet man nun eine ungewisse Einzahlung $\tilde{z}^{(f,F)}$, so bestimmt sich ihre Rendite $\tilde{r}^{(F)}(\tilde{z}_1^{(f,F)})$ in **Fremdwährung** als

$$\tilde{r}^{(F)}(\tilde{z}_1^{(f,F)}) = \frac{\tilde{z}_1^{(f,F)} - V^{(F)}(\tilde{z}_1^{(f,F)})}{V^{(F)}(\tilde{z}_1^{(f,F)})} \leftrightarrow 1 + \tilde{r}^{(F)}(\tilde{z}_1^{(f,F)}) = \frac{\tilde{z}_1^{(f,F)}}{V^{(F)}(\tilde{z}_1^{(f,F)})}. \tag{7.28}$$

Die relative Änderung des Kassawechselkurses von $t = 0$ bis $t = 1$ wiederum definiert die "Wechselkursrendite":

$$\tilde{r}^{(w)} = \frac{\tilde{w}_1 - w_0}{w_0} \leftrightarrow 1 + \tilde{r}^{(w)} = \frac{\tilde{w}_1}{w_0}. \tag{7.29}$$

Ferner kann man auch nach der Rendite $\tilde{r}^{(I)}(\tilde{z}_1^{(f,F)})$ aus dem Halten des Finanzierungstitels f in **Inlandswährung** fragen. In der Tat setzt sich diese Rendite aus den beiden zuvor genannten $\tilde{r}^{(F)}(\tilde{z}_1^{(f,F)})$ und $\tilde{r}^{(w)}$ **näherungsweise additiv** zusammen:

$$\tilde{r}^{(I)}(\tilde{z}_1^{(f,F)}) = \frac{\tilde{z}_1^{(f,F)} \cdot \tilde{w}_1 - V^{(F)}(\tilde{z}_1^{(f,F)}) \cdot w_0}{V^{(F)}(\tilde{z}_1^{(f,F)}) \cdot w_0}$$

$$\leftrightarrow \tilde{r}^{(I)}(\tilde{z}_1^{(f,F)}) = \frac{\tilde{z}_1^{(f,F)}}{V^{(F)}(\tilde{z}_1^{(f,F)})} \cdot \frac{\tilde{w}_1}{w_0} - 1$$

$$\leftrightarrow \tilde{r}^{(I)}(\tilde{z}_1^{(f,F)}) = [1 + \tilde{r}^{(F)}(\tilde{z}_1^{(f,F)})] \cdot (1 + \tilde{r}^{(w)}) - 1 \tag{7.30}$$

$$\leftrightarrow \tilde{r}^{(I)}(\tilde{z}_1^{(f,F)}) = \tilde{r}^{(F)}(\tilde{z}_1^{(f,F)}) + \tilde{r}^{(w)} + \tilde{r}^{(F)}(\tilde{z}_1^{(f,F)}) \cdot \tilde{r}^{(w)}$$

$$\Rightarrow \tilde{r}^{(I)}(\tilde{z}_1^{(f,F)}) \approx \tilde{r}^{(F)}(\tilde{z}_1^{(f,F)}) + \tilde{r}^{(w)},$$

da sich das einfache Produkt $\bar{r}^{(F)}(\bar{z}_1^{(f,F)}) \cdot \bar{r}^{(w)}$ bei Renditewerten im Bereich weniger Prozentpunkte typischerweise nur auf **Bruchteile** von Promille belaufen wird.

Um die eben angesprochene fehlende Linearität der Zusammenhänge doch noch zu restaurieren, arbeitet *Mehra* (1978) im Rahmen seiner Herleitungen nicht mit der korrekten Bestimmungsgleichung für die Rendite $\bar{r}^{(I)}(\bar{z}_1^{(f,F)})$, sondern mit der einfachen **additiven Näherungsformel** aus der letzten Zeile von (7.30). Erst durch diesen Kunstgriff wird in *Mehra* (1978) die Herleitung einer leicht eingängigen Bewertungsgleichung für Finanzierungstitel im internationalen Kontext bei einer einfachen Zwei-Zeitpunkte-Betrachtung ermöglicht. Konkret bestimmt sich der **Marktwert** $V^{(I)}(\bar{z}_1^{(f,I)})$ einer künftigen Einzahlung $\bar{z}_1^{(f,I)}$ im Kontext des CAPM von *Mehra* (1978) als:[14]

$$V^{(I)}(\bar{z}_1^{(f,I)})$$

$$= \frac{E(\bar{z}_1^{(f,I)}) - \lambda^{(I)+} \cdot Cov(\bar{z}_1^{(f,I)}; \bar{z}_1^{(M,I)}) - \lambda^{(I)+} \cdot NFP^{(I,I)} \cdot \frac{1}{w_0} \cdot Cov(\bar{z}_1^{(f,I)}; \tilde{w}_1)}{1+i^{(I)}}. \qquad (7.31)$$

Mit $\lambda^{(I)+}$ wird dabei der in der Einheit 1/EUR gemessene **(Welt-) Marktpreis des Risikos** ausgedrückt. Besonders erläuterungsbedürftig und das eigentlich Originelle der internationalen Variante des CAPM ist die Größe $NFP^{(I,I)}$. Hierhinter verbirgt sich die in Inlandswährung ausgedrückte **Nettoforderungsposition** der Inländer gegenüber dem Ausland. Damit wiederum ist die Differenz zwischen den aus Sicht des Zeitpunktes $t = 0$ bestehenden wertmäßigen Engagements von Inländern in ausländische (risikobehaftete oder sichere) Finanzierungstitel und von Ausländern in inländische (risikobehaftete oder sichere) Finanzierungstitel zu verstehen. Anschaulich entspricht die Nettoforderungsposition des Inlands im Rahmen einer reinen Zwei-Zeitpunkte-Betrachtung dem Saldo von Kapitalex- und

---

[14] Vgl. hierzu auch schon *Breuer* (1996c).

-importen, also dem **Saldo der Kapitalbilanz** eines Landes.[15] Da $NFP^{(I,I)}/w_0$ in (7.31) auftritt, ist zur Ermittlung des Marktwertes in Inlandswährung von ungewissen Zahlungen in Inlandswährung hier bemerkenswerterweise die in Fremdwährung ausgedrückte Nettoforderungsposition des Inlands maßgeblich.[16]

Wie sich der Risikozusammenhang zwischen $\tilde{z}_1^{(f,I)}$ und dem künftigen Wechselkurs $\bar{w}_1$ auf die Marktbewertung des Finanzierungstitels f auswirkt, hängt dabei nun vom **Vorzeichen** der Nettoforderungsposition ab. Eine positive Nettoforderungsposition $NFP^{(I,I)}$ bedeutet, daß die Inländer per Saldo (wertmäßig) mehr Finanzierungstitel des Auslands halten als umgekehrt. Da die originär in Fremdwährung anfallenden künftigen Einzahlungen der Finanzierungstitel des Auslands mit fallendem Wechselkurs $\bar{w}_1$ in Inlandswährung ceteris paribus an Wert verlieren, sind unter dem Aspekt einer **Diversifikation** des Wechselkursrisikos bei den inländischen Anlegern vor allem Finanzierungstitel gefragt, deren zukünftige Einzahlungen in Inlandswährung über eine entgegengesetzte, also **negative**, Korrelation mit dem Wechselkurs verfügen. Zwar gilt aus Sicht der ausländischen Anleger genau das Gegenteil, doch für $NFP^{(I,I)} > 0$ sind letztlich die Präferenzen der **inländischen** Anleger entscheidend.

Noch nicht problematisiert wurde die nähere Bestimmung des Marktpreises $\lambda^{(I)+}$ des Risikos im Rahmen von (7.31). In der Tat existiert hierfür auch keine so einfache Formel wie im Standard-CAPM. Wohl aber kann der maßgebliche Marktpreis des Risikos in Kenntnis des Marktwertes des **(Welt-) Marktporte-**

---

[15] Vgl. zur Definition des Begriffs "Kapitalbilanz" etwa *Rose/Sauernheimer* (1999), S. 9 ff.

[16] Man kann den Faktor $1/w_0$ auch in die nachfolgende Kovarianz "hineinziehen". Dann steht dort statt des künftigen Wechselkurses $\bar{w}_1$ die korrespondierende **Wechselkursrendite** $\bar{r}^{(w)}$. Zwar verbleibt damit vor der Kovarianz nur die einfache Nettoforderungsposition $NFP^{(I,I)}$, **bemerkenswert** ist nun aber, daß eine Renditegröße in den zweiten Kovarianzterm aus (7.31) eingeht, während dies beim ersten Kovarianzterm aus (7.31) **nicht** der Fall ist.

feuilles[17] leicht dadurch ermittelt werden, daß man (7.31) auf die Bewertung des Marktportefeuilles anwendet und die resultierende Beziehung als eine lineare Gleichung in $\lambda^{(I)+}$ auffaßt. Damit läge $\lambda^{(I)+}$ fest. Ist NFP$^{(I,I)}$ ebenfalls **unbekannt**, braucht man die Kenntnis des gleichgewichtigen Preises eines **weiteren** Finanzierungstitels, um auch diese Größe direkt zu berechnen.

Die Marktbewertung $V^{(F)}(\tilde{z}_1^{(f,F)})$ eines Finanzierungstitels f mit Einzahlungen $\tilde{z}_1^{(f,F)}$ in **Fremdwährung** stellt sich grundsätzlich analog zur Marktbewertung $V^{(I)}(\tilde{z}_1^{(f,I)})$ eines Finanzierungstitels f mit Einzahlungen $\tilde{z}_1^{(f,I)}$ in Inlandswährung dar. Zu beachten ist lediglich, daß der maßgebliche Wechselkurs zum Umtauschen von Inlands- in Fremdwährung gegeben ist als $1/w_0$ in t = 0 und $1/\tilde{w}_1$ in t = 1. Es gilt folglich mit $\lambda^{(F)+}$ als dem (Welt-) Marktpreis des Risikos in der Dimension 1/US-\$:

$$V^{(F)}(\tilde{z}_1^{(f,F)}) = \frac{E(\tilde{z}_1^{(f,F)}) - \lambda^{(F)+}\cdot Cov(\tilde{z}_1^{(f,F)};\tilde{z}_1^{(M,F)}) - \lambda^{(F)+}\cdot NFP^{(F,F)}\cdot w_0\cdot Cov(\tilde{z}_1^{(f,F)};\frac{1}{\tilde{w}_1})}{1+i^{(F)}}. \tag{7.32}$$

Den in Inlandswährung ausgedrückten Marktwert von $\tilde{z}_1^{(f,F)}$ erhält man aus (7.32) als Produkt $V^{(F)}(\tilde{z}_1^{(f,F)})\cdot w_0$. Alternativ kann man natürlich auch zunächst die künftigen Fremdwährungszahlungen eines Projekts in Inlandswährung umrechnen und anschließend die Marktbewertungsfunktion (7.31) anwenden. Dies impliziert das bereits bekannte Ergebnis, daß zur Beurteilung von **Auslandsdirektinvestitionen** der maßgebliche Zinssatz $i^{(F)}$ für sichere Anlage/Verschuldung in Fremdwährung gar **nicht** bekannt sein muß.

Im Kontext des Internationalen CAPM lassen sich viele Detailfragen untersuchen. Beispielsweise kann man die Frage beantworten, ob **politische Risiken** wie

---

[17] Das **(Welt-) Marktportefeuille** ist natürlich als Gesamtheit aller in- und ausländischen risikobehafteten Finanzierungstitel definiert und wird in (7.31) zweckmäßigerweise weiter mit M bezeichnet.

die Gefahr von Enteignungen und Transferbeschränkungen über die hierdurch verbundene Reduktion erwarteter Einzahlungen aus einer Auslandsdirektinvestition hinaus ceteris paribus weitere Bewertungskonsequenzen auslösen. Vor dem Hintergrund der gerade präsentierten Marktbewertungsfunktion wären wenigstens dann **keine** veränderten Risikoabschläge von erwarteten Einzahlungen anzusetzen, wenn die Gefahr künftiger Enteignungen oder Transferbeschränkungen stochastisch **unabhängig** von den künftigen Einzahlungen auf das Marktportefeuille und der künftigen Wechselkursentwicklung ist.

Ferner hat als Konsequenz der Annahme allgemeiner Risikoscheu der **Internationale** *Fisher*-**Effekt** im Rahmen des Internationalen CAPM grundsätzlich **keine** Gültigkeit mehr.[18] Damit entfallen aber auch die Probleme, die sich aus der Annahme der Risikoneutralität durch die generelle Nicht-Existenz von Marktgleichgewichten ergeben.[19] Ein Problem ist freilich, daß Gleichgewichtsbedingungen für den **Devisenmarkt** in t = 0 und t = 1 **nicht** näher berücksichtigt werden. In der Tat wäre es genaugenommen erforderlich, auch das Devisenangebot und die Devisennachfrage eines Zeitpunktes t = 0, 1 gegenüberzustellen. Internationalen **Güterhandel** kann es dabei im Rahmen des Ansatzes von *Mehra* (1978) nicht geben, da ansonsten die Konsummöglichkeiten der Marktteilnehmer **wechselkursabhängig** wären und sich eine alleinige Orientierung an den jeweiligen Einzahlungen in der Heimatwährung eines Subjekts selbst bei sicheren Preisen aller Güter in der Währung ihres Ursprungslands als unzulässig erwiese. Dann aber stammt das Devisenangebot **nur** noch aus Kapitalex- und -importen, sofern man von unentgeltlichen Übertragungen von Devisen zwischen den beiden betrachteten Ländern absieht. Vor diesem Hintergrund ist unter anderem eine von **Null** verschiedene Nettoforderungsposition zwischen den beiden betrachteten Ländern in der Tat mit einem Devisenmarktgleichgewicht nicht ohne weiteres

---

[18] Dies ergibt sich indirekt aus *Mehra* (1978), S. 238.

[19] Was **nicht** bedeutet, daß die Frage nach **Existenz** und **Eindeutigkeit** von Gleichgewichten im Rahmen des CAPM **trivial** ist. Vgl. hierzu die Überlegungen im Rahmen des Abschnitts 6 dieses Kapitels.

413

vereinbar. Freilich ist die Vernachlässigung bestimmter Marktzusammenhänge ein typisches Kennzeichen quasi eines jeden **Partialmodells**. Man könnte den Ansatz von *Mehra* (1978) unter anderem so interpretieren, daß etwaige Ungleichgewichte auf dem Devisenmarkt in t = 0 oder t = 1 unmittelbar durch **Zentralbankinterventionen** (Kauf oder Verkauf von Devisen) beseitigt werden. Gleichwohl ist hier die größte **Schwäche** des trotz allem interessanten und eingängigen Ansatzes von *Mehra* (1978) zu sehen.

Im Hinblick auf diese Problematik dürfte es indes nicht überraschen, daß in anderen Ansätzen mit dem Ziel der "Internationalisierung" des CAPM die **Konsumpräferenzen** und **Güterpreise** explizit erfaßt werden.[20] Im Rahmen dieses einführenden Lehrbuchs sollen derartige Fragen nicht weiter vertieft werden. Statt dessen wird lediglich noch ein Anwendungsbeispiel auf der Grundlage des Kapitalmarktmodells von *Mehra* (1978) präsentiert.

Beispiel 7.5:
Im Rahmen einer Zwei-Zeitpunkte-Betrachtung seien die künftigen Einzahlungen in Inlandswährung auf das Marktportefeuille gegeben durch *Tabelle 7.2*, wobei die Eintrittswahrscheinlichkeiten der einzelnen Umweltzustände aus *Tabelle 7.1* ablesbar sind. Der Marktwert des Marktportefeuilles in t = 0 betrage 16.250 GE, und der Wechselkurs zwischen EUR und US-\$ des Zeitpunktes t = 0 sei w_0 = 1 EUR/US-\$. Der künftige Wechselkurs $\bar{w}_1$ des Zeitpunktes t = 1 könne zustandsabhängig die in *Tabelle 7.7* angegebenen Werte annehmen. Ferner sind in *Tabelle 7.7* die Zahlungsströme zweier Investitionsprojekte 1 und 2 angegeben, wobei der Zahlungsstrom $\bar{z}_1^{(1,I)}$ auf EUR und der Zahlungsstrom $\bar{z}_1^{(2,F)}$ auf US-\$ lautet.

---

[20] Vgl. beispielsweise *Grauer/Litzenberger/Stehle* (1976) oder *Frankel* (1982). Erwähnt werden als grundlegende Arbeit zum Internationalen CAPM sollte überdies *Solnik* (1974).

j	1	2	3	4
$w_1^{(j)}$	0,8	0,5	0,9	1,2
$z_1^{(1,I,j)}$	100	150	50	0
$z_1^{(2,F,j)}$	100	150	50	0

Tabelle 7.7: Zustandsabhängige Wechselkursausprägungen und Zahlungsrealisationen aus Projekten 1 und 2

Für die Nettoforderungsposition des Inlands zum Ausland sollen alternativ Werte von -1.000, -500, 500 oder 1000 EUR angenommen werden. Der Zinssatz für sichere Anlage/Verschuldung im Inland sei $i^{(1)} = 5\%$.

Zur Anwendung der Formel (7.31) benötigt man in jedem Fall die Kenntnis der folgenden Erwartungswerte und Kovarianzen:

$$E(\tilde{z}_1^{(1,I)}) = 100{,}625 \text{ EUR}, \quad E(\tilde{z}_1^{(M,I)}) = 18.687{,}5 \text{ EUR},$$

$$E(\tilde{w}_1) = 0{,}71875 \frac{\text{EUR}}{\text{US-\$}}, \quad \text{Cov}(\tilde{z}_1^{(1,I)};\tilde{z}_1^{(M,I)}) = 82.070{,}3125 \text{ EUR}^2,$$

$$\text{Cov}(\tilde{z}_1^{(1,I)};\tilde{w}_1) \approx -16{,}0117 \frac{\text{EUR}^2}{\text{US-\$}},$$

$$E(\tilde{z}_1^{(2,I)}) = E(\tilde{z}_1^{(2,F)} \cdot \tilde{w}_1) = 56{,}3125 \text{ EUR},$$

$$\text{Cov}(\tilde{z}_1^{(2,I)};\tilde{z}_1^{(M,I)}) \approx 33.910{,}1563 \text{ EUR}^2,$$

$$\text{Cov}(\tilde{z}_1^{(2,I)};\tilde{w}_1) = \text{Cov}(\tilde{z}_1^{(2,F)} \cdot \tilde{w}_1;\tilde{w}_1) \approx -7{,}0684 \frac{\text{EUR}^2}{\text{US-\$}}.$$

(7.33)

Die Wahrscheinlichkeitsverteilung von $\tilde{z}_1^{(2,I)} = \tilde{z}_1^{(2,F)} \cdot \tilde{w}_1$ ist dabei der folgenden *Tabelle 7.8* zu entnehmen.

j	1	2	3	4
$z_1^{(2,F,j)}$	80	75	45	0

Tabelle 7.8: Zustandsabhängige Einzahlungen in Inlandswährung aus Projekt 2

Als erstes ist der je nach unterstellter Ausprägung für NFP$^{(I,I)}$ resultierende Marktpreis des Risikos zu berechnen. Dazu bedarf es noch der Kenntnis der folgenden Größen:

$$\text{Var}(\tilde{z}_1^{(M,I)}) = 7.339.843{,}75 \text{ EUR}^2,$$

$$\text{Cov}(\tilde{z}_1^{(M,I)}; \tilde{w}_1) \approx -431{,}640625 \frac{\text{EUR}^2}{\text{US-\$}}.$$

(7.34)

Mit Hilfe von (7.34) kann (7.31) auf die Bewertung des Marktportefeuilles angewandt werden. Man erhält die bereits angesprochene lineare Bestimmungsgleichung des Marktpreises des Risikos. Konkret ergeben sich in Abhängigkeit der angenommenen Ausprägung von NFP$^{(I,I)}$ die Werte aus der ersten Zeile von *Tabelle 7.9*. Damit wiederum lassen sich leicht die Marktwerte in Inlandswährung aus den beiden Projekten je nach vorliegender Ausprägung von NFP$^{(I,I)}$ bestimmen. Auch diese Ergebnisse sind in *Tabelle 7.9* zusammengefaßt.

NFP$^{(I,I)}$	-1.000	-500	500	1.000
$\lambda^{(I)+}$	0,0002091	0,00021507	0,0002281	0,00023523
$V_0^{(I)}(\bar{z}_1^{(1,I)})$	76,3	77,38	79,74	81,03
$V_0^{(I)}(\bar{z}_1^{(2,I)})$	45,47	45,96	47,03	47,62

Tabelle 7.9: Bruttomarktwerte von Investitionsmöglichkeiten je nach Ausprägung von NFP$^{(I,I)}$ (gerundete Werte)

Die **Bruttomarktwerte** beider Investitionsprojekte nehmen mit wachsendem Wert von NFP$^{(I,I)}$ spürbar zu, was eine Konsequenz der **negativen** Korrelation der aus den beiden Projekten resultierenden künftigen Einzahlungen mit dem korrespondierenden Wechselkurs ist. Der Einfluß der konkreten Höhe von NFP$^{(I,I)}$ erweist sich dabei wenigstens im Rahmen dieses Zahlenbeispiels als durchaus wesentlich. Daraus kann man sofort schließen, daß die Anwendung des Standard-CAPM im hier gegebenen Kontext zu deutlich abweichenden Schätzungen für den Bruttomarktwert von Realinvestitionen führen würde. In der Tat ergäbe sich aus der Anwendung des Standard-CAPM ein Marktpreis des Risikos von ungefähr 0,00022139/EUR und Bruttomarktwerte der Projekte 1 und 2 von ca. 78,53 EUR sowie 46,48 EUR, die natürlich gerade den Werten des Internationalen CAPM für **NFP$^{(I,I)}$ = 0 EUR** entsprechen. □

Man erkennt ohne weiteres, daß die konkrete Höhe der Nettoforderungsposition zwischen In- und Ausland für die adäquate Bewertung von künftigen Einzahlungen durchaus von Bedeutung sein kann.

7.6 Sonstige Modellerweiterungen

Das CAPM kann auch unter Beachtung **ungewisser Inflationsraten**[21] oder von Marktunvollkommenheiten wie heterogener Erwartungen der Marktteilneh-mer[22], Unterschieden zwischen **Soll- und Habenzinssätzen**[23] oder der Exi-stenz von **Transaktionskosten**[24] im Rahmen des Handels von Finanzierungsti-teln analysiert werden. In der Tat existieren noch derart viele weitere Fortent-wicklungen des Standard-CAPM,[25] daß es zweifelsfrei zu denjenigen Modellen der Finanzierungstheorie gehört, die die meiste Beachtung in der Literatur ge-funden haben.

Bemerkenswerterweise zeigt sich im Rahmen all dieser Verallgemeinerungen des Standard-CAPM eine ausgeprägte **Robustheit** der schon aus Abschnitt 6 bekann-ten **linearen** Beziehung zwischen der gleichgewichtigen Risikoprämie eines Fi-nanzierungstitels und dem mit seinem Halten verbundenen systematischen Risiko, auch wenn die **universelle Separation** ihre Gültigkeit in aller Regel verliert. Wie auch in den bereits hier ausführlicher behandelten Erweiterungen des CAPM tre-ten dabei aber zugleich in aller Regel neben dem einfachen Marktpreis des Risi-kos **weitere** bewertungsrelevante Bestimmungsgrößen hinzu, die natürlich stets in irgendeiner Form **präferenzabhängig** sind. Normalerweise können diese Grö-ßen ebenso wie der Marktpreis des Risikos **indirekt** dadurch bestimmt werden, daß man von der Gültigkeit des CAPM für so viele beobachtbare Marktwerte von Finanzierungstiteln ausgeht, wie es zu bestimmende wertrelevante Determi-nanten der Marktbewertungsfunktion der zugrunde gelegten CAPM-Variante

---

[21] Vgl. beispielsweise *Chen/Boness* (1975).

[22] Vgl. *Lintner* (1969) sowie *Gonedes* (1976).

[23] Vgl. *Brennan* (1970).

[24] Vgl. *Mayshar* (1979) sowie *Leape* (1987).

[25] Vgl. z.B. die **Überblicksdarstellung** bei *Turnbull* (1977) oder auch *Elton/ Gruber* (1995), S. 311 ff., sowie *Copeland/Weston* (1992), S. 205 ff.

418

gibt. In der Tat verfährt man im Rahmen des **Standard-CAPM** nicht anders, wenn man den Marktpreis λ des Risikos mittels $V^{(M)}$ über $(\mu^{(M)}-i)/\sigma^{(M)2}$ bestimmt. Falls man etwa im Zusammenhang mit dem Treffen von Realinvestitionsentscheidungen überhaupt die Gültigkeit des CAPM unterstellt, ist dieses Procedere durchaus konsistent und insofern angemessen. Für jede CAPM-Variante ist dabei natürlich genaugenommen separat zu prüfen, inwiefern sich **marktwertorientierte Realinvestitionsentscheidungen** rechtfertigen lassen.

Schon aus Platzgründen kann auf alle entwickelten Verallgemeinerungen des Standard-CAPM an dieser Stelle nicht im Detail eingegangen werden. Statt dessen dient der folgende Abschnitt 7.7 dazu, eine solche Erweiterung zu diskutieren, die im Vergleich zu den zuvor betrachteten geradezu als essentiell im Zusammenhang mit dem Treffen von Realinvestitionsentscheidungen angesehen werden kann, nämlich die **Betrachtungserweiterung** auf **mehr** als eine Periode.

7.7 CAPM und Mehr-Perioden-Betrachtung

7.7.1 Grundlegende Annahmen

Im weiteren seien grundsätzlich die gleichen Annahmen wie im Rahmen des Standard-CAPM gegeben mit dem einzigen Unterschied, daß die Anleger nicht nur im Zeitpunkt $t = 0$ auf dem Kapitalmarkt handeln können, sondern auch in nachfolgenden Zeitpunkten $t = 1, 2, ..., T-1$ mit $T > 1$, und dementsprechend auch konsumieren. Es liegt somit eine echte **Mehr-Perioden-Betrachtung** mit Nutzenfunktionen der Form $U(\tilde{c}_1; ...; \tilde{c}_T)$ bzw.[26] $U(c_0; \tilde{c}_1; ...; \tilde{c}_T)$ auf seiten der Anleger vor. Damit sich μ-σ-Präferenzen vor dem Hintergrund des *Bernoulli*-Prinzips verteilungsunabhängig herleiten lassen, müssen die Nutzenfunktionen überdies derart **additiv-quadratisch** sein, daß jede Konsumgröße $\tilde{c}_t$ nur isoliert von Konsumauszahlungen anderer Zeitpunkte und nur in erster oder zweiter Potenz in

---

[26] Da ohnehin Konsum in mehr als einem Zeitpunkt betrachtet wird, verursacht die Hinzunahme des Konsums in $t = 0$ keine weitergehenden Probleme.

Summanden auftritt.

7.7.2 Konsequenzen

7.7.2.1 Gültigkeit der Wertadditivität

Infolge der angenommenen Semi-Vollkommenheit des Kapitalmarktes gilt nach wie vor die **Wertadditivität** der Marktbewertungsfunktion im Kapitalmarktgleichgewicht. Dies bedeutet, daß sich der Marktwert des zu einem Finanzierungstitel f gehörigen Zahlungsstroms $(\bar{z}_1^{(f)};...;\bar{z}_T^{(f)})$ in $t = 0$ durch Addition der isoliert ermittelten Marktwerte der einzelnen Zahlungskomponenten $\bar{z}_1^{(f)}$ bis $\bar{z}_T^{(f)}$ bestimmen läßt. Aus dem Abschnitt 6 ist die Art und Weise der Bewertung von $\bar{z}_1^{(f)}$ bereits bekannt. Im weiteren steht daher die Bestimmung des Marktwertes $\bar{z}_2^{(f)}$ einer ungewissen Einzahlung zu einem Zeitpunkt $t = 2$ im Vordergrund. Das hierbei notwendige Vorgehen zur Wertermittlung zum Zeitpunkt $t = 0$ kann ohne größere Probleme unmittelbar auf die Bewertung von Einzahlungen $\bar{z}_t^{(f)}$ zu einem **beliebigen** Zeitpunkt $t > 2$ übertragen werden. Zur Notationsvereinfachung werde dabei im weiteren statt $\bar{z}_2^{(f)}$ einfach $\bar{z}_2$ geschrieben.

Die Bewertung einer Einzahlung $\bar{z}_2$ erfolgt konkret **rekursiv**. Das heißt, zunächst wird aus Sicht des Zeitpunktes $t = 1$ der dann vorherrschende Marktwert der künftigen Einzahlung $\bar{z}_2$ bestimmt. Anschließend wird die so gewonnene Wahrscheinlichkeitsverteilung von Marktwerten $\tilde{V}_1(\bar{z}_2)$ des Zeitpunktes $t = 1$ aus Sicht von $t = 0$ einer erneuten Bewertung unterzogen.

7.7.2.2 Marktbewertung aus Sicht des Zeitpunktes $t = 1$

Der Marktwert V_1 einer ungewissen Einzahlung $\bar{z}_2$ läßt sich zum Zeitpunkt $t = 1$ durch einfache Anwendung der **herkömmlichen** CAPM-Bewertungsgleichung, etwa in der Form aus (6.32) des vorhergehenden Abschnitts, ermitteln, da de facto von $t = 1$ bis zum Betrachtungsende $t = 2$ nur noch ein **Ein-Perioden-**

Kontext wie im Standard-CAPM (mit Konsum in **beiden**[27] Betrachtungszeitpunkten) gegeben ist. Die konkrete Höhe von $V_1(\tilde{z}_2)$ wird dabei von den aus Sicht von $t = 1$ geschätzten Momenten der Wahrscheinlichkeitsverteilung von $\tilde{z}_2$ sowie dem herrschenden Zinsfuß i_2 für sichere Anlage und Verschuldung von $t = 1$ bis $t = 2$ abhängen. Diese Größen wiederum werden letztlich bestimmt durch den in $t = 1$ konkret eingetretenen **Umweltzustand** $s_1^{(j)}$. Vor diesem Hintergrund kann man schreiben:

$$V_1(\tilde{z}_2|s_1^{(j)}) = \frac{E(\tilde{z}_2|s_1^{(j)}) - \lambda_2(s_1^{(j)}) \cdot Cov(\tilde{z}_2; \tilde{r}_2^{(M)}|s_1^{(j)})}{1 + i_2(s_1^{(j)})}. \tag{7.35}$$

Im Rahmen von (7.35) bezeichnet $\lambda_2(s_1^{(j)})$ den für die Periode von $t = 1$ bis $t = 2$ maßgeblichen und grundsätzlich zustandsabhängigen Marktpreis des Risikos in der gemäß Abschnitt 6.3.4.1 dieses Kapitels eingeführten Definition. Die Größe $i_2(s_1^{(j)})$ steht für den von $t = 1$ bis $t = 2$ gültigen, ebenfalls möglicherweise zustandsabhängigen Zinssatz für risikolose Anlage und Verschuldung. Die Rendite $\tilde{r}_2^{(M)}$ des Marktportefeuilles bezieht sich ebenfalls auf den Zeitraum von $t = 1$ bis $t = 2$, wobei die Wahrscheinlichkeitsverteilung auch von $s_1^{(j)}$ abhängt. Für andere Perioden ist die zeitliche Indizierung der genannten Größen in entsprechender Weise vorzunehmen. Aus Sicht des Zeitpunktes $t = 0$ liegt damit eine **Zufallsvariable** $V_1(\tilde{z}_2|\tilde{s}_1)$ vor, da der in $t = 1$ eintretende Umweltzustand $\tilde{s}_1$ aus Sicht von $t = 0$ **ungewiß** ist.

Beispiel 7.6:
Gegeben sei eine Drei-Zeitpunkte-Betrachtung $t = 0, 1, 2$ bei Risiko mit drei möglichen Umweltzuständen $s_1^{(j)}$ ($j = 1, 2, 3$) in $t = 1$. Für jeden Umweltzustand könne $\tilde{z}_2$ ebenso wie $\tilde{r}_2^{(M)}$ aus Sicht von $t = 1$ drei verschiedene Werte annehmen. Die Realisationen der beiden Zufallsvariablen je nach Umweltzustand $s_1^{(j)}$ zusammen mit den Eintrittswahrscheinlichkeiten finden sich in *Abbildung 7.2*.

---

[27] Dieser marginale Unterschied zum im Abschnitt 6 behandelten Modellkontext ist für die resultierenden Marktbewertungszusammenhänge **unerheblich**.

421

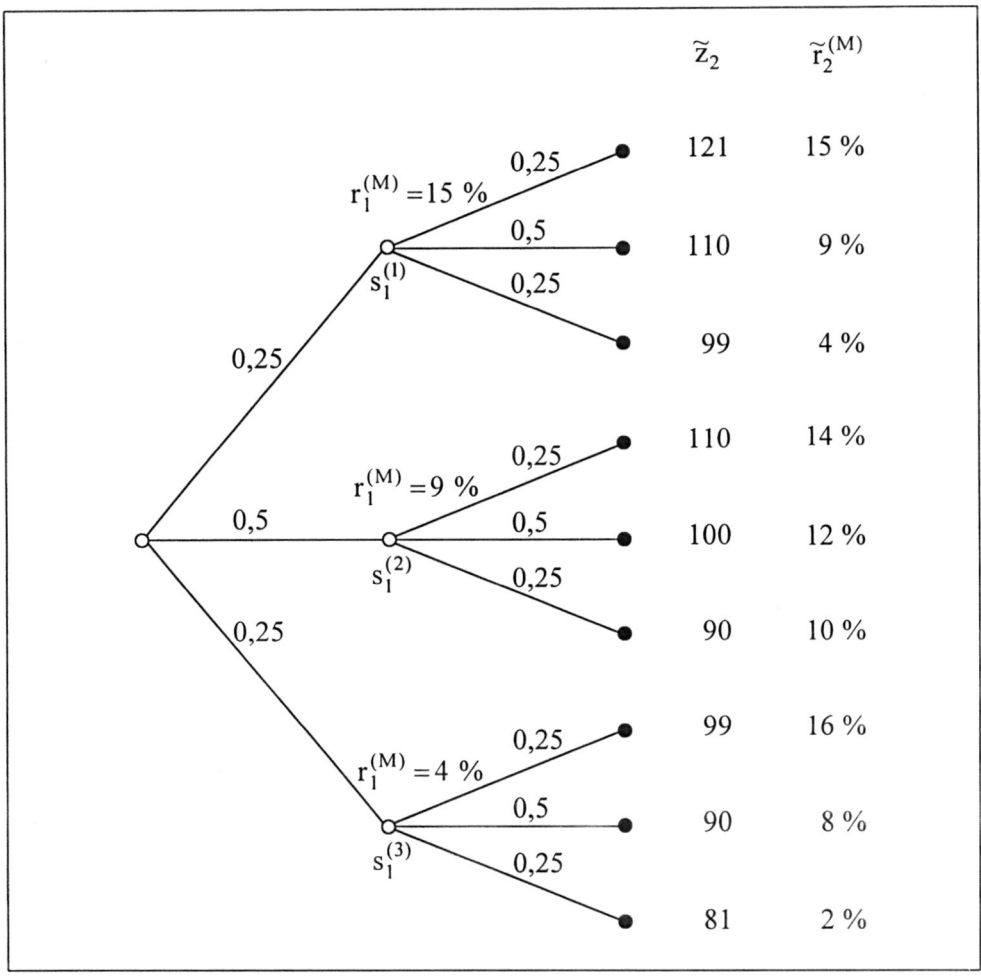

Abbildung 7.2: Realisationen von Ein-Perioden-Renditen des Marktportefeuilles und Einzahlungen aus dem Investitionsprogramm im Zahlenbeispiel

Ferner gelte zustandsabhängig für den von $t = 1$ bis $t = 2$ maßgeblichen Zinssatz risikoloser Anlage/Verschuldung $i_2(s_1^{(1)}) = 7,5\ \%$, $i_2(s_1^{(2)}) = 11\ \%$ sowie $i_2(s_1^{(3)}) = 7\ \%$.

Mit Hilfe dieser Daten ist es nicht schwer, den zustandsabhängig für **t = 1** zutreffenden **Marktwert** der Einzahlungen $\tilde{z}_2$ zu bestimmen. Man benötigt:

$$E(\tilde{z}_2|s_1^{(1)}) = 110 \text{ GE, } E(\tilde{r}_2^{(M)}|s_1^{(1)}) = 9{,}25 \text{ \%,}$$

$$E(\tilde{z}_2|s_1^{(2)}) = 100 \text{ GE, } E(\tilde{r}_2^{(M)}|s_1^{(2)}) = 12 \text{ \%,} \qquad (7.36)$$

$$E(\tilde{z}_2|s_1^{(3)}) = 90 \text{ GE, } E(\tilde{r}_2^{(M)}|s_1^{(3)}) = 8{,}5 \text{ \%}$$

sowie

$$Var(\tilde{r}_2^{(M)}|s_1^{(1)}) = 0{,}00151875, \ \lambda_1(s_1^{(1)}) \approx 11{,}522634,$$

$$Var(\tilde{r}_2^{(M)}|s_1^{(2)}) = 0{,}0002, \ \lambda_1(s_1^{(2)}) = 50, \qquad (7.37)$$

$$Var(\tilde{r}_2^{(M)}|s_1^{(3)}) = 0{,}002475, \ \lambda_1(s_1^{(3)}) = 6{,}\overline{06}.$$

Schließlich ist noch die Kenntnis der folgenden Kovarianzen erforderlich:

$$Cov(\tilde{z}_2;\tilde{r}_2^{(M)}|s_1^{(1)}) = 0{,}3025 \text{ GE,}$$

$$Cov(\tilde{z}_2;\tilde{r}_2^{(M)}|s_1^{(2)}) = 0{,}1 \text{ GE,} \qquad (7.38)$$

$$Cov(\tilde{z}_2;\tilde{r}_2^{(M)}|s_1^{(3)}) = 0{,}315 \text{ GE.}$$

Unter Nutzung der Formel (7.35) gelangt man damit zu den folgenden möglichen Marktwerten für $\tilde{z}_2$ zum Zeitpunkt t = 1 aus Sicht von t = 0:

$$V_1(\tilde{z}_2|s_1^{(1)}) \approx 99{,}08 \text{ GE,}$$

$$V_1(\tilde{z}_2|s_1^{(2)}) \approx 85{,}59 \text{ GE,} \qquad (7.39)$$

$$V_1(\tilde{z}_2|s_1^{(3)}) \approx 82{,}33 \text{ GE.}$$

Man erhält demnach aus Sicht von t = 0 in der Tat eine **Wahrscheinlichkeitsverteilung** von künftigen Marktwerten von $\bar{z}_2$. □

7.7.2.3 Marktbewertung aus Sicht des Zeitpunktes t = 0

Es dürfte ohne weiteres einleuchten, daß der Marktwert $V_0(\bar{z}_2)$ identisch sein muß mit dem Marktwert $V_0[V_1(\bar{z}_2 \mid \bar{s}_1)]$. Wäre dies nicht so, ergäben sich sofort einem allgemeinen Kapitalmarktgleichgewicht widersprechende **Arbitragemöglichkeiten**. Im Falle von $V_0(\bar{z}_2) > V_0[V_1(\bar{z}_2 \mid \bar{s}_1)]$ etwa würde es sich lohnen, den Zahlungsstrom $\bar{z}_2$ in t = 0 zu $V_0(\bar{z}_2)$ zu verkaufen und gleichzeitig einen Zahlungsstrom $V_1(\bar{z}_2 \mid \bar{s}_1)$ zum Preis $V_0[V_1(\bar{z}_2 \mid \bar{s}_1)]$ zu erwerben. Die verbleibende positive Preisdifferenz in t = 0 könnte der betrachtete Marktteilnehmer unmittelbar konsumieren. In t = 1 würde der Marktteilnehmer die eingehenden Erlöse aus dem Erwerb von $V_1(\bar{z}_2 \mid \bar{s}_1)$ dazu nutzen, den Zahlungsstrom $\bar{z}_2$ zu erwerben, so daß sich Zahlungseingänge und -verpflichtungen zum Zeitpunkt t = 2 genau ausglichen. Was bliebe, wäre der erreichte **Mehrkonsum** des Zeitpunktes t = 0.

Man könnte nun auf den Gedanken verfallen, den Marktwert der Wahrscheinlichkeitsverteilung $V_1(\bar{z}_2 \mid \bar{s}_1)$ zum Zeitpunkt t = 0 ohne weitere Reflexion einfach mit der **herkömmlichen CAPM-Bewertungsformel** zu bestimmen. So verfuhren *Bogue* und *Roll* (1974). Durch anschließendes Einsetzen der Bewertungsformel aus (7.35) gelangten sie zu einer sehr eingängigen und gut interpretierbaren Formel für den Marktwert V_0 einer ungewissen Einzahlung $\bar{z}_2$ des Zeitpunktes t = 2. *Fama* (1977) machte als erster darauf aufmerksam, daß diese Vorgehensweise nur unter bestimmten **Zusatzannahmen** tatsächlich zulässig ist.[28]

Beispiel 7.7:
Gegeben seien die Annahmen des Beispiels 7.6. Die Eintrittswahrscheinlichkeiten der drei möglichen Umweltzustände des Zeitpunktes t = 1 sowie die Realisationen der Rendite des Marktportefeuilles sind aus der *Tabelle 7.10* ablesbar.

---

[28] Vgl. hierzu aber auch schon *Fama* (1970).

j	1	2	3
$\phi_1^{(j)}$	0,25	0,5	0,25
$r_2^{(M,j)}$	0,15	0,09	0,15

Tabelle 7.10: Eintrittswahrscheinlichkeiten und Realisationen der Rendite des Marktportefeuilles von t = 0 bis t = 1

Der Zinssatz für risikolose Anlage/Verschuldung von t = 0 bis t = 1 sei 8 %. Damit ergibt sich ein Marktpreis des Risikos von $\lambda_1 = 44,\overline{4}$. Ferner gilt bei Verwendung der Zwischenergebnisse aus (7.39):

$$E(\tilde{V}_1) \approx 88,1475 \text{ GE}, \quad Cov(\tilde{V}_1;\tilde{r}_1^{(M)}) \approx 0,076725 \text{ GE}. \tag{7.40}$$

Abermalige Anwendung der Formel (6.32) aus dem Abschnitt 6 dieses Kapitels ergibt damit $V_0 \approx 78,46$ GE als Schätzung für den Marktwert des Zeitpunkts t = 0 der künftigen Marktwerte des Zeitpunktes t = 1 der ungewissen Einzahlungen $\tilde{z}_2$ des Zeitpunktes t = 2.   □

Die grundsätzlich **neue** Problematik besteht darin, daß eine unsichere Einzahlung zum Zeitpunkt t = 1 im Rahmen des Standard-CAPM lediglich noch **konsumiert** werden kann. Im Kontext einer Zwei-Perioden-Betrachtung von t = 0 bis t = 2 jedoch können in t = 1 vorhandene Mittel auch noch bis t = 2 **angelegt** werden. Eine einfache Orientierung an der Wahrscheinlichkeitsverteilung $\tilde{V}_1$ ist dann nicht ohne weiteres zulässig, wenn die Möglichkeiten der Mittelverwendung **zustandsabhängig** sind. Dieser Umstand ist bereits für den Fall bekannt, daß die Preise für erhältliche Konsumgüter zustandsabhängig sind.[29] In ähnlicher Form bedingen aber auch zustandsabhängig unterschiedliche Wiederanlagemöglichkei-

---

[29] Vgl. hierzu die Ausführungen in den vorhergehenden Abschnitten 5.3.2, 5.4.4 sowie 7.5. In der Tat kommt auch im Rahmen des Denkfehlers von *Bogue/Roll* (1974) in gewisser Weise der Hintergrund des durch *Stützel* (1970) in die Literatur eingeführten **Numéraire-Problems** zum Tragen.

ten von Mitteln, daß eine allein auf die künftigen Einzahlungen abzielende Nutzenfunktion eines Anlegers im Regelfall zustandsabhängig ausgestaltet werden muß. Dann aber kann man selbst bei additiv-quadratischer Nutzenfunktion nicht mehr einfach davon ausgehen, daß Erwartungswert und systematisches Risiko einer Einzahlung zum Zeitpunkt t = 1 ausreichen, um diese Wahrscheinlichkeitsverteilung eindeutig zu beurteilen. Vielmehr wird ein Marktteilnehmer aus Sicht von t = 0 zwei künftige unsichere Einzahlungen, die von ihrer Wahrscheinlichkeitsverteilung her a priori **identisch** erscheinen, möglicherweise unterschiedlich beurteilen, weil sie mit den ebenfalls ungewissen Wiederanlagemöglichkeiten des Zeitpunktes t = 1 bis t = 2 in verschiedener Weise **korreliert** sind.

Beispiel 7.8:

Gegeben seien die Annahmen des vorhergehenden Beispiels 7.7 mit der einzigen Modifikation, daß die zu bewertende Wahrscheinlichkeitsverteilung künftiger Marktwerte eines Zahlungsstroms zum Zeitpunkt t = 1 in folgender Form beschrieben werden kann: $V_1(s_1^{(1)})$ = 82,33 GE, $V_1(s_1^{(2)})$ = 85,59 GE und $V_1(s_1^{(3)})$ = 99,08 GE. Im Vergleich zu Beispiel 7.7 sind hierbei demnach die Marktwerte der Zustände $s_1^{(1)}$ und $s_1^{(3)}$ gerade vertauscht.

Man prüft leicht, daß sich bei einem Vorgehen wie im Rahmen von Beispiel 7.7 für die gerade angegebene Wahrscheinlichkeitsverteilung von Marktwerten des Zeitpunktes t = 1 der **gleiche** Marktwert aus Sicht des Zeitpunktes t = 0 ergibt, wie er auch schon für die ursprüngliche Wahrscheinlichkeitsverteilung künftiger Marktwerte aus Beispiel 7.7 berechnet wurde. Sehr wohl können die beiden Wahrscheinlichkeitsverteilungen künftiger Marktwerte aus Marktteilnehmersicht aber als durchaus sehr **unterschiedlich attraktiv** beurteilt werden. Denn wenn ein Anleger zum Zeitpunkt t = 1 vor allem an der sicheren Anlage seiner Mittel interessiert ist, liefert ihm die ursprüngliche Marktwertverteilung die Möglichkeit, im Zustand $s_1^{(1)}$ 99,08 GE zu 7,5 % von t = 1 bis t = 2 anzulegen. Bei der zweiten Wahrscheinlichkeitsverteilung hingegen können die 99,08 GE Einzahlung nur zu 7 % von t = 1 bis t = 2 angelegt werden. In entsprechender Weise unterscheiden sich auch die Möglichkeiten der unsicheren Wiederanlage von t = 1 bis t = 2. Insofern wirkt die simple **rekursive** Anwendung der herkömmlichen CAPM-Bewertungsformel für die Annahmen der Beispiele 7.6 bis 7.8 unmittelbar **problematisch**. □

Zustandsunabhängige künftige Wiederanlagemöglichkeiten von Mitteln ist damit eine (hinreichende[30]) Voraussetzung für die einfache Anwendung der Bewertungsformel aus dem Standard-CAPM im Rahmen eines Mehr-Perioden-Kontexts. Aus dieser Grundidee heraus ergibt sich sofort eine ganze Reihe von **Einschränkungen**, deren Erfüllung erst die rekursive Anwendung der Ein-Perioden-Bewertungsgleichung als zulässig gewährleistet.

Erstens ist sofort einsichtig, daß der Zinssatz i_2 für sichere Anlage und Verschuldung ebenso wie der Marktpreis des Risikos λ_2 aus Sicht des Zeitpunktes t = 0 **sicher** sein muß. Dies allein reicht aber noch nicht aus zur Annahme einer zustandsunabhängigen Bewertung der in t = 1 verfügbaren Einzahlungen. Zur weiteren Klärung der Zusammenhänge sei eine Zufallsvariable $\tilde{\varepsilon}_2$ eingeführt, die der folgenden Bedingung gehorche:

---

[30] In der Literatur finden sich durchaus Ansätze, die Anwendbarkeit der CAPM-Bewertungsformel auch in allgemeineren Kontexten zu rechtfertigen. Wichtige Arbeiten hierzu stammen insbesondere von *Constantinides* (1980, 1982). Unter der Prämisse, daß sich die Marktteilnehmer in ihrer Gesamtheit wie ein **einziger** verhalten, werden Finanzierungstitel mit einem **Gesamtangebot** von 0 Stück auf dem Kapitalmarkt im Gleichgewicht von **keinem** Marktteilnehmer gehalten oder emittiert. Beispielsweise tritt niemand als Stillhalter einer Option auf, und keiner hätte ein Interesse daran, diese Option von einem anderen Anleger zu erwerben. Für derartige Finanzierungstitel kann man dann auch zustandsabhängige Ertragsbeurteilungen im Zeitablauf zulassen, **ohne** die rekursive Anwendbarkeit der CAPM-Bewertungsformel zu gefährden. Dies ist der Ausgangspunkt für *Constantinides* (1980), wobei insbesondere auf die Ergebnisse aus *Rubinstein* (1974) zurückgegriffen wird. In *Constantinides* (1982) wird gezeigt, daß anstelle der Möglichkeit der Betrachtung eines "**aggregierten**" Marktteilnehmers auch die Annahme der **Marktvollständigkeit** hinreichend ist für die Fundierung des CAPM im Mehr-Perioden-Kontext. Auf derartige Überlegungen soll im folgenden aber nicht näher eingegangen werden.

$$\tilde{z}_2 = E_1(\tilde{z}_2) \cdot (1 + \tilde{\epsilon}_2)$$
$$= E_1(\tilde{z}_2) + E_1(\tilde{z}_2) \cdot \tilde{\epsilon}_2. \tag{7.41}$$

In (7.41) steht $E_1(\tilde{z}_2)$ für den Erwartungswert der Einzahlungen des Zeitpunktes $t = 2$ aus Sicht von $t = 1$. Bildet man auf beiden Seiten von (7.41) den Erwartungswert aus Sicht von $t = 1$, so folgt sofort $E_1(\tilde{\epsilon}_2) = 0$. Die Zufallsvariable $\tilde{\epsilon}_2$ kann insofern als eine Art **Störgröße** interpretiert werden. Konkret handelt es sich hierbei um eine aus Sicht von $t = 1$ unerwartet eintretende Abweichung der Realisation von $\tilde{z}_2$ vom zugehörigen Erwartungswert. Aus der Definition von $\tilde{\epsilon}_2$ ergibt sich, daß diese unerwartete Abweichung als **Prozentzahl** des Erwartungswertes ausgedrückt wird.

In vollkommen analoger Weise kann man eine Zufallsvariable $\tilde{\epsilon}_1$ definieren, die angibt, um wieviel Prozent sich der Erwartungswert $E_1(\tilde{z}_2)$ der künftigen Einzahlungen des Zeitpunktes $t = 2$ aus Sicht von $t = 1$ vom entsprechenden Erwartungswert $E_0(\tilde{z}_2)$ aus Sicht von $t = 0$ unterscheidet.

$$E_1(\tilde{z}_2) = E_0(\tilde{z}_2) \cdot (1 + \tilde{\epsilon}_1)$$
$$= E_0(\tilde{z}_2) + E_0(\tilde{z}_2) \cdot \tilde{\epsilon}_1. \tag{7.42}$$

Grundsätzlich sollte die Erwartungsbildung von Entscheidungsträgern in der Weise **konsistent** sein, daß sich Schätzungen "im Mittel" als korrekt erweisen, man also keine systematischen Prognosefehler begeht. Man spricht hierbei von "rationalen" Erwartungen.[31] Dies impliziert unter anderem, daß man nicht a priori erwartet, seine aktuellen Erwartungen in Zukunft (im Mittel) anzupassen. Täte man dies, sollte man diese Erwartungsmodifikation schon in der Gegenwart vollziehen. Auch im vorliegenden Kontext sollten die Marktteilnehmer dementsprechend in $t = 0$ solche Erwartungen generieren, daß keine Änderung ihrer Erwar-

---

[31] Der Begriff "rational" im Kontext der Art der Erwartungsbildung geht auf *Muth* (1961) zurück und hat hier nichts mit den Rationalitätsbegriffen zu tun, die an anderer Stelle dieses Buchs bereits eingeführt worden sind.

tungen von $t = 0$ bis $t = 1$ erwartet wird. Damit beschreibt $\tilde{\epsilon}_1$ konsequenterweise **unerwartete Erwartungsänderungen**: $E_0(\tilde{\epsilon}_1) = 0$.

Die Einführung der Störgrößen $\tilde{\epsilon}_1$ und $\tilde{\epsilon}_2$ hat zunächst einmal einen rein **definitorischen** Charakter. Hierüber aber kann der Frage nachgegangen werden, welche Formen der **Erwartungsrevision** zwischen zwei aufeinanderfolgenden Zeitpunkten überhaupt eintreten dürfen, ohne daß die Nutzenbeurteilung künftiger Einzahlungen möglicherweise **zustandsabhängig** würde.

Vor diesem Hintergrund ist nun folgende Umformung der **Marktbewertungsgleichung** des CAPM möglich:

$$V_1 = \frac{E_1(\tilde{z}_2) - \lambda_2 \cdot Cov_1(\tilde{z}_2; \tilde{r}_2^{(M)})}{1 + i_2}$$

$$= E_1(\tilde{z}_2) \cdot \frac{1 - \lambda_2 \cdot Cov_1\left[\dfrac{\tilde{z}_2}{E_1(\tilde{z}_2)}; \tilde{r}_2^{(M)}\right]}{1 + i_2} \tag{7.43}$$

$$= E_1(\tilde{z}_2) \cdot \frac{1 - \lambda_2 \cdot Cov_1(1 + \tilde{\epsilon}_2; \tilde{r}_2^{(M)})}{1 + i_2}.$$

Im Rahmen von (7.43) steht $Cov_1(\cdot; \cdot)$ für die zum Zeitpunkt $t = 1$ maßgebliche Kovarianzschätzung.

Bekanntermaßen kann man im Gleichgewicht des vollkommenen Kapitalmarktes den **Marktwert** V_1 einer Einzahlung $\tilde{z}_2$ aus Sicht des Zeitpunktes $t = 1$ auch durch Abzinsung der erwarteten Einzahlungen $E_1(\tilde{z}_2)$ mit dem maßgeblichen **Kapitalkostensatz** $E_1(\tilde{r}_2)$ bestimmen, wobei $\tilde{r}_2 = (\tilde{z}_2/V_1) - 1$ gilt. Aus (7.43) und der Definition des relevanten Kapitalkostensatzes $E_1(\tilde{r}_2)$ folgt sofort:

$$E_1(\tilde{r}_2) = \frac{1+i_2}{1-\lambda_2 \cdot Cov_1(\tilde{\epsilon}_2;\tilde{r}_2^{(M)})} -1. \qquad (7.44)$$

Der adäquate Kapitalkostensatz für den Zeitraum von t = 1 bis t = 2 wird eben-falls von den am Kapitalmarkt für diese Betrachtungsperiode vorherrschenden Anlagemöglichkeiten bestimmt. Das Erfordernis zustandsunabhängiger Anlage-möglichkeiten impliziert konsequenterweise auch einen **zustandsunabhängigen Kapitalkostensatz**, also $E_1(\tilde{r}_2) = E_0(\tilde{r}_2)$. Aus (7.44) ergibt sich damit aber, daß $Cov_1(\tilde{\epsilon}_2;\tilde{r}_2^{(M)})$ ebenfalls nicht zustandsabhängig sein darf, sondern vielmehr aus Sicht von t = 0 mit Sicherheit bekannt ist. Dies wiederum impliziert $Cov_0(\tilde{\epsilon}_2; \tilde{r}_2^{(M)}) = Cov_1(\tilde{\epsilon}_2;\tilde{r}_2^{(M)})$, also eine **erhebliche** Einschränkung der möglichen Er-wartungsrevisionen von t = 0 bis t = 1.

Unerwartete Erwartungsrevisionen dürfen sich damit nur noch hinsichtlich des **Erwartungswertes** von $\tilde{z}_2$, **nicht** aber hinsichtlich seiner **Risikostruktur** erge-ben.

Zusammenfassend ist eine rekursive Anwendung der CAPM-Bewertungsformel auch im **Mehr-Perioden-Kontext** zulässig, wenn

1) alle (künftigen) **Zinssätze** i_τ für einperiodige sichere Anlage/Verschuldung,
2) alle (künftigen) **Marktpreise** λ_τ des Risikos und
3) alle (künftigen) **Kapitalkostensätze** $E(\tilde{r}_\tau)$

von τ-1 bis τ (τ = 1, ..., T) bereits in t = 0 **sicher** bekannt sind. Zur Gewähr-leistung zustandsunabhängiger künftiger Anlagemöglichkeiten darf die einzige Form der Erwartungsrevision im Zeitablauf daher in einer besseren Schätzung des **Erwartungswertes** künftiger Einzahlungen bestehen, **nicht** aber in einer ge-naueren Beschreibung ihrer **Risikostruktur**.

Beispiel 7.9:[32]

Gegeben sei eine Drei-Zeitpunkte-Betrachtung $t = 0, 1, 2$ bei Risiko. In $t = 1$ gebe es drei mögliche Umweltzustände $s_1^{(j)}$ ($j = 1, 2, 3$). Für jeden Umweltzustand könne $\tilde{z}_2$ ebenso wie $\tilde{r}_2^{(M)}$ aus Sicht von $t = 1$ drei verschiedene Werte annehmen. Die entsprechenden möglichen Realisationen der beiden Zufallsvariablen je nach Umweltzustand in $t = 1$ können zusammen mit den zugehörigen Eintrittswahrscheinlichkeiten der folgenden *Abbildung 7.3* entnommen werden. Der von $t = 1$ bis $t = 2$ gültige Zinssatz für risikolose Anlage/Verschuldung sei zustandsunabhängig $i_2 = 8\ \%$.

Man erkennt sofort, daß auf der Grundlage von *Abbildung 7.3* neben i_2 auch Erwartungswert und Varianz der Rendite des Marktportefeuilles mit Werten von $9,25\ \%$ bzw. $0,151875\ \%$ **zustandsunabhängig** festliegen. Damit aber ist auch der für den Zeitraum von $t = 1$ bis $t = 2$ maßgebliche Marktpreis des Risikos aus Sicht von $t = 0$ eine **sichere** Größe mit einem Wert von $\lambda_2 \approx 8,2305$. Da die zustandsabhängigen Erwartungswerte von $\tilde{z}_2$ aus Sicht von $t = 1$ bereits aus Beispiel 7.6 bekannt sind, benötigt man zur Bestimmung des ebenfalls zustandsabhängigen Marktwertes der Einzahlungen $\tilde{z}_2$ aus Sicht von $t = 1$ nur noch die Kenntnis der jeweiligen Kovarianz zwischen $\tilde{z}_2$ und $\tilde{r}_2^{(M)}$. Man erhält:

$$\text{Cov}(\tilde{z}_2; \tilde{r}_2^{(M)} \mid s_1^{(1)}) = 0,3025\ \text{GE},$$

$$\text{Cov}(\tilde{z}_2; \tilde{r}_2^{(M)} \mid s_1^{(2)}) = 0,275\ \text{GE}, \tag{7.45}$$

$$\text{Cov}(\tilde{z}_2; \tilde{r}_2^{(M)} \mid s_1^{(3)}) = 0,2475\ \text{GE}.$$

Damit lassen sich die folgenden zustandsabhängigen **Marktwerte** der Einzahlungen $\tilde{z}_2$ zum Zeitpunkt $t = 2$ ermitteln:

---

[32] Das folgende Zahlenbeispiel ist an *Hachmeister* (1998) angelehnt.

$V(\tilde{z}_2|s_1^{(1)}) \approx 99{,}5465 \text{ GE,}$

$V(\tilde{z}_2|s_1^{(2)}) \approx 90{,}4969 \text{ GE,}$ (7.46)

$V(\tilde{z}_2|s_1^{(3)}) \approx 81{,}4472 \text{ GE.}$

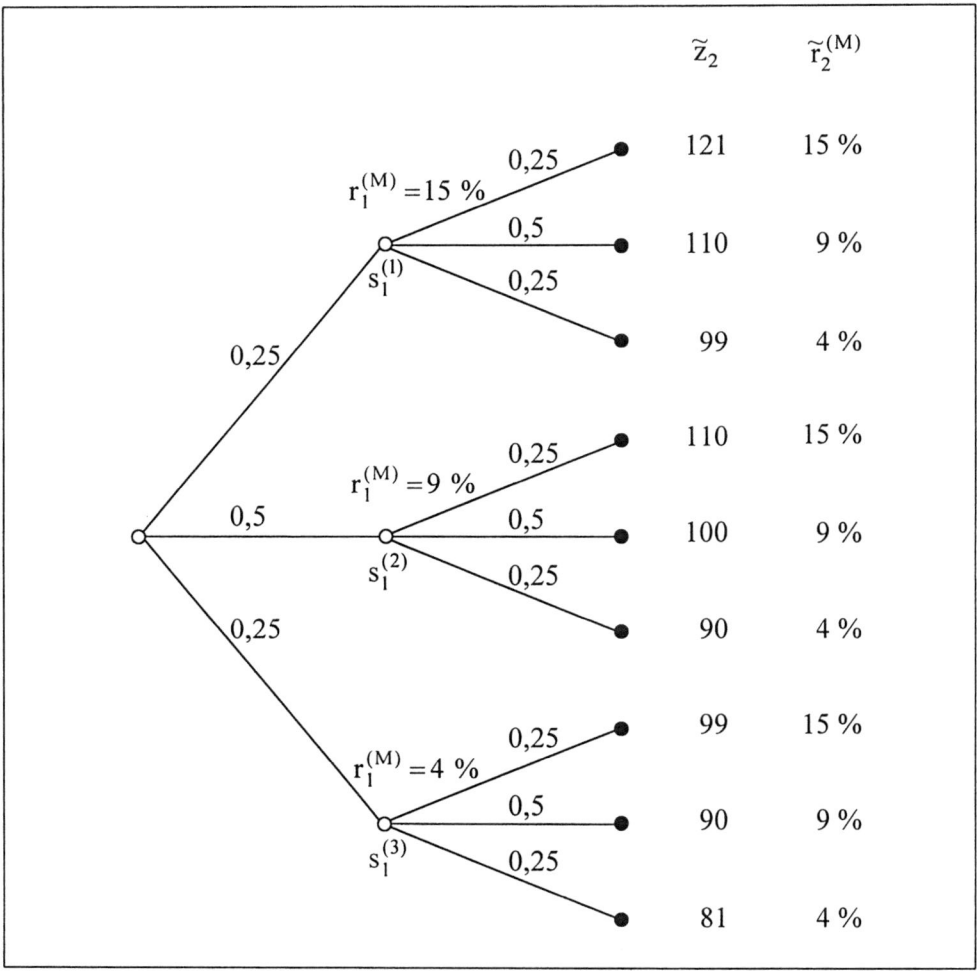

Abbildung 7.3: Realisationen von Ein-Perioden-Renditen des Marktportefeuilles und Einzahlungen aus dem Investitionsprogramm im Zahlenbeispiel

Um auf der Grundlage von (7.46) durch revolvierende Anwendung der Ein-Perioden-Bewertungsgleichung des CAPM zur Marktbewertung des Zeitpunktes $t = 0$ gelangen zu können, ist zu prüfen, ob die weiter oben hergeleiteten **Voraussetzungen** für ein derartiges Vorgehen erfüllt sind. Die Konstanz von i_2 und λ_2 wurde bereits erwähnt. Woran es noch fehlt, ist die Einführung eines Störterms $\tilde{\epsilon}_2$ und die Ermittlung seiner je nach Umweltzustand des Zeitpunktes $t = 1$ vorliegenden Verteilung bis $t = 2$.

Mit $E(\tilde{z}_2 | s_1^{(1)}) = 110$ GE kann $\tilde{\epsilon}_2$ die Werte 10 %, 0 % und -10 % im Zeitpunkt $t = 2$ annehmen, da sich die Realisationen von $\tilde{z}_2$, ausgehend von $s_1^{(1)}$, auf $110 \cdot 1,1 = 121$ GE, $110 \cdot 1 = 110$ GE sowie $110 \cdot 0,9 = 99$ GE belaufen. Mit $E(\tilde{z}_2 | s_1^{(2)}) = 100$ GE ergeben sich für $\tilde{\epsilon}_2$ erneut die Werte 10 %, 0 % und -10 % im Zeitpunkt $t = 2$, da die Realisationen von $\tilde{z}_2$, ausgehend von $s_1^{(2)}$, $100 \cdot 1,1 = 110$ GE, $100 \cdot 1 = 100$ GE sowie $100 \cdot 0,9 = 90$ GE betragen. Schließlich gilt entsprechendes im Zustand $s_1^{(3)}$: Für $E(\tilde{z}_2 | s_1^{(3)}) = 90$ GE kann $\tilde{\epsilon}_2$ einmal mehr die Werte 10 %, 0 % und -10 % im Zeitpunkt $t = 2$ realisieren, weil als Ausprägungen von $\tilde{z}_2$ nunmehr $90 \cdot 1,1 = 99$ GE, $90 \cdot 1 = 90$ GE sowie $90 \cdot 0,9 = 81$ GE vorliegen. Die Wahrscheinlichkeitsverteilung von $\tilde{\epsilon}_2$ ist demnach **zustandsunabhängig** zum Zeitpunkt $t = 1$ gegeben. Da dies auch für die Wahrscheinlichkeitsverteilung der Rendite des Marktportefeuilles der Fall ist, erweist sich natürlich auch die Voraussetzung einer zustandsunabhängigen Kovarianz von $\tilde{\epsilon}_2$ und $\tilde{r}_2^{(M)}$ als erfüllt. Damit aber läßt sich der Marktwert der unsicheren Einzahlung $\tilde{z}_2$ aus Sicht des Zeitpunktes $t = 0$ in der Tat über **revolvierende** Anwendung der Bewertungsformel aus dem **Ein-Perioden-CAPM** bestimmen.

Zu diesem Zweck sei unterstellt, daß die Rendite $\tilde{r}_1^{(M)}$ des Marktportefeuilles von $t = 0$ bis $t = 1$ die drei Werte 15 %, 9 % und 4 % je nach eintretendem Umweltzustand $s_1^{(j)}$ ($j = 1, 2, 3$) annehmen könne und daß der Zinssatz i_1 für risikolose Anlage/Verschuldung von $t = 0$ bis $t = 1$ ebenfalls 8 % betrage. Dies führt sofort zu $\lambda_1 \approx 8,2305$. Ferner erhält man:

$$E(\tilde{V}_1) \approx 90,4969 \text{ GE}, \quad Cov(\tilde{V}_1; \tilde{r}_1^{(M)}) \approx 0,2489 \text{ GE}. \tag{7.47}$$

Damit wiederum läßt sich der **Marktwert V_0** des ungewissen Zahlungsstroms $\tilde{z}_2$ durch Nutzung der Ein-Perioden-Bewertungsformel des CAPM für den Zeitraum von t = 0 bis t = 1 als $V_0 \approx 81{,}9$ GE bestimmen.

Die Anwendung des CAPM erforderte hier insbesondere, daß die Kovarianz von $\tilde{\epsilon}_2$ und $\tilde{r}_2^{(M)}$ zustandsunabhängig aus Sicht von t = 1 und damit auch aus Sicht von t = 0 festliegt. Hieraus ergeben sich interessante Implikationen für die grundsätzliche **Struktur** der Wahrscheinlichkeitsverteilung $\tilde{z}_2$, die auch im Rahmen dieses Zahlenbeispiels beobachtbar sind. Auf der Grundlage von *Abbildung 7.3* erhält man nämlich aus Sicht von t = 0 die folgende Wahrscheinlichkeitsverteilung von $\tilde{z}_2$ gemäß *Tabelle 7.11*:

$\phi_2^{(j)}$	0,0625	0,25	0,125	0,25	0,25	0,0625
$z_2^{(j)}$	81	90	99	100	110	121

Tabelle 7.11: Wahrscheinlichkeitsverteilung von $\tilde{z}_2$ aus Sicht von t = 0

Obgleich die bedingte Wahrscheinlichkeitsverteilung von $\tilde{z}_2$ aus Sicht des Zeitpunktes t = 1 in jedem Fall **symmetrisch** ist, gilt dies für die unbedingte Wahrscheinlichkeitsverteilung aus Sicht des Zeitpunktes t = 0 **nicht**. In der Tat verfügt die ungewisse Einzahlung $\tilde{z}_2$ aus Sicht des Zeitpunktes t = 0 über eine **positive Schiefe** von 150 GE[3]. Dies ist Folge des Umstands, daß die Verteilung von $\tilde{\epsilon}_2$ zustandsunabhängig aus Sicht von t = 1 vorliegt. Dadurch und durch den **multiplikativen** Einfluß von $\tilde{z}_2$ auf die sich ergebenden Realisationen von $\tilde{z}_2$ werden hohe "Zwischenergebnisse" $E(\tilde{z}_2|s_1^{(j)})$ (j = 1, 2, 3) zusätzlich verstärkt, während die weitere Abwärtsbewegung bei ungünstigen Zwischenergebnissen absolut deutlich geringer ausfällt. In *Abbildung 7.4* ist die Wahrscheinlichkeitsverteilung von $\tilde{z}_2$ graphisch wiedergegeben.

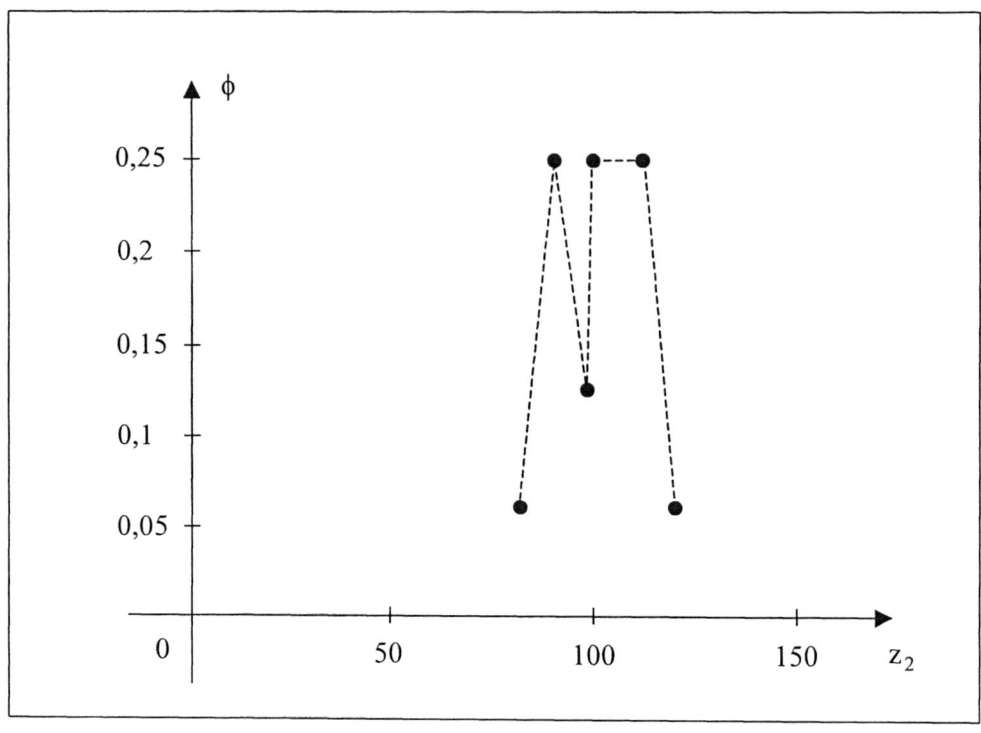

Abbildung 7.4: Wahrscheinlichkeitsverteilung von $\tilde{z}_2$ im Zahlenbeispiel

Die rekursive Anwendung des Ein-Perioden-CAPM im Rahmen eines Mehr-Perioden-Kontexts geht auf der Grundlage der hier präsentierten Überlegungen demnach selbst bei symmetrischen Ein-Perioden-Wahrscheinlichkeitsverteilungen stets mit der Annahme einer **rechtsschiefen** Wahrscheinlichkeitsverteilung der künftigen Einzahlungsüberschüsse aus Sicht von $t = 0$ einher.[33]   □

Unter den bislang zugrunde gelegten Prämissen ist eine **rekursive** Anwendung der einperiodigen CAPM-Bewertungsformel zwar zulässig, aber in der Tat **nicht** unbedingt notwendig. Aus der Diskussion von (7.44) resultiert für den Ein-Perioden-Kapitalkostensatz $E_0(\tilde{r}_2)$ des Zeitraums von $t = 1$ bis $t = 2$ nämlich folgende Bestimmungsgleichung:

---

[33]   Vgl. hierzu auch *Fama* (1996), S. 424 ff.

$$E_0(\tilde{r}_2) = \frac{1+i_2}{1-\lambda_2 \cdot Cov_0(\tilde{\epsilon}_2;\tilde{r}_2^{(M)})} - 1. \qquad (7.48)$$

(7.48) in Verbindung mit (7.43) läßt aus Sicht von t = 0 folgenden Schluß hinsichtlich des künftigen Marktwertes $\tilde{V}_1$ des Zahlungsstroms $\tilde{z}_2$ zu:

$$\tilde{V}_1 = \frac{E_1(\tilde{z}_2)}{1+E_0(\tilde{r}_2)}. \qquad (7.49)$$

Die unter den gesetzten Annahmen zulässige rekursive Anwendung des Ein-Perioden-CAPM impliziert weiter:

$$V_0 = \frac{E_0(\tilde{V}_1)}{1+E_0(\tilde{r}_1)}, \qquad (7.50)$$

wobei $E_0(\tilde{r}_1)$ für den im Zeitraum t = 0 bis t = 1 anzusetzenden Kapitalkostensatz steht. Konsistente Erwartungswertbildung erfordert $E_0[E_1(\tilde{z}_2)] = E_0(\tilde{z}_2)$, weswegen man durch Einsetzen von (7.49) in (7.50) schließlich folgendes Ergebnis erhält:

$$V_0 = \frac{E_0(\tilde{z}_2)}{[1+E_0(\tilde{r}_1)] \cdot [1+E_0(\tilde{r}_2)]}. \qquad (7.51)$$

Die Zusammenhänge aus (7.48) und (7.51) lassen sich verallgemeinern. Generell gilt für den Ein-Perioden-Kapitalkostensatz $E_0(\tilde{r}_\tau)$ eines beliebigen Zeitraums von t = τ-1 bis t = τ

$$E_0(\tilde{r}_\tau) = \frac{1+i_\tau}{1-\lambda_\tau \cdot Cov_0(\tilde{\epsilon}_\tau;\tilde{r}_\tau^{(M)})} - 1. \qquad (7.52)$$

Überdies besteht folgende Beziehung:

$$V_0 = \frac{E_0(\tilde{z}_t)}{[1 + E_0(\tilde{r}_1)] \cdot \ldots \cdot [1 + E_0(\tilde{r}_t)]}. \tag{7.53}$$

Auf der Grundlage von (7.52) und (7.53) können im Rahmen des hier betrachteten Mehr-Perioden-CAPM jede Komponente $\tilde{z}_t$ jedes Zahlungsstroms $(\tilde{z}_1; \ldots; \tilde{z}_T)$ und damit über die Nutzung der Eigenschaft der **Wertadditivität** auch der Gesamtzahlungsstrom über eine **geschlossene Bewertungsformel** direkt bewertet werden.[34] Insbesondere ist auf dieser Grundlage das marktwertorientierte Treffen von **Realinvestitionsentscheidungen** möglich.

7.8 Zusammenfassung

Gegenstand dieses Abschnitts war eine nähere Untersuchung der Frage, inwiefern die Prämissen des **Standard-CAPM** gelockert werden können. Es wurde dargelegt, daß dies in der Tat in vielfältiger Weise **möglich** ist, ohne daß sich die praktische Anwendung der resultierenden Bewertungsgleichungen als deutlich schwieriger als im Rahmen des Standard-CAPM erwiese. Konkret wurde gezeigt, daß statt einfacher μ-σ-Präferenzen von Anlegern durchaus auch **Schiefe-Überlegungen** Berücksichtigung finden können. Statt eines Marktpreises des Risikos sind dann deren **zwei** zu beachten.

Auch ist es möglich, auf die Voraussetzung einer **sicheren** Anlage- und Verschuldungsmöglichkeit zu verzichten. Der zugehörige Zinssatz im Rahmen der Gleichung der Wertpapiermarktlinie wird unter dieser Voraussetzung durch die erwartete Rendite des **varianzminimalen Null-Beta-Portefeuilles** risikobehafte-

---

[34] Für den Fall der oben in Fußnote 30 genannten Betrachtungserweiterungen ist nur unter (noch) **weitergehenden** Zusatzannahmen die Herleitung einer geschlossenen Bewertungsformel und damit die **Vermeidung** der ansonsten erforderlichen (und in den Szenarien aus Fußnote 30 ohnehin gegebenenfalls sehr aufwendigen) **rekursiven** Anwendung der Ein-Perioden-CAPM-Bewertungsformel möglich. Vgl. hierzu insbesondere *Kazemi* (1991).

ter Finanzierungstitel ersetzt, das heißt desjenigen Portefeuilles mit minimaler Renditevarianz, dessen Rendite eine Korrelation von Null mit der Rendite des Marktportefeuilles aufweist.

Die zusätzliche Berücksichtigung **nicht allgemein handelbarer** unsicherer Einkommensbestandteile führt lediglich dazu, daß neben dem herkömmlichen Marktportefeuille ein **erweitertes** unter Einbezug der nicht handelbaren Einkommensbestandteile neu definiert werden muß und letzteres als Bezugspunkt für die Bestimmung systematischer Risikokomponenten fungiert.

Ferner läßt sich das CAPM um die simultane Betrachtung sowohl eines in- als auch eines **ausländischen** Kapitalmarktes ergänzen. Bei frei flexiblen Wechselkursen zeigt sich, daß der Überschuß der Anlagen des Inlands beim Ausland über die Anlagen des Auslands beim Inland, die sogenannte **Nettoforderungsposition**, bewertungsrelevant wird.

Weitere Varianten des CAPM wurden kurz angesprochen, vertieft behandelt wurde dann noch eine solche, die gerade im Rahmen von Investitionsentscheidungen besondere Bedeutung besitzt, nämlich die Möglichkeit zur Verallgemeinerung des Ein-Perioden-CAPM auf einen **Mehr-Perioden-Kontext**. Der naheliegende Gedanke besteht dabei in der **mehrfachen rekursiven** Anwendung der einfachen Ein-Perioden-Formel des Standard-CAPM. Diese unmittelbare Übertragbarkeit des Ein-Perioden-CAPM auf einen Mehr-Perioden-Kontext ist jedoch nach *Fama* (1977) **nicht** allgemein zulässig. Das Problem besteht hierbei darin, daß eine zustandsunabhängige Beurteilung von Portefeuilles allein nach ihrem Ein-Perioden-Renditeerwartungswert und der zugehörigen Renditevarianz dann gegebenenfalls nicht möglich ist, wenn sich die Marktteilnehmer jeweils mit **zustandsabhängig** unterschiedlichen **Wiederanlagemöglichkeiten** für ihre Mittel konfrontiert sehen. Die über diesen Zusammenhang herleitbare Anforderung zustandsunabhängiger Wiederanlagemöglichkeiten schränkt den Spielraum zur rekursiven Anwendung des Ein-Perioden-CAPM im Mehr-Perioden-Kontext stark ein. Insbesondere müssen künftige Zinssätze für risikolose Anlage/Verschuldung sowie die künftigen Marktpreise des Risikos aus Sicht von t = 0 bereits **sicher** festliegen. Darüber hinaus dürfen künftig eingehende Informationen lediglich zu einer Modifikation des geschätzten **Erwartungswertes** der künftigen Einzahlungen führen, nicht aber ihren grundsätzlichen **Risikozusammenhang** mit der Rendite des Marktportefeuilles betreffen. Die letztgenannte Anforderung bedingt im allgemeinen eine ausgeprägte **Rechtsschiefe** und damit Asymmetrie in der Wahrscheinlichkeitsverteilung zulässiger künftiger Einzahlungen. Nachfolgende Autoren konnten das "Mehr-Perioden-CAPM" unter allgemeineren Bedingungen herleiten. Die erforderlichen Prämissen gehen aber nach wie vor deutlich über die des Standard-CAPM mit seinem Ein-Perioden-Kontext hinaus.

Wiederholungsfragen

W7.1

Wie ändert sich die Marktbewertungsfunktion des Standard-CAPM, wenn ceteris paribus Schiefepräferenzen der Marktteilnehmer berücksichtigt werden?

W7.2

Inwiefern ist die Marktbewertungsfunktion des Standard-CAPM zu modifizieren, wenn von der Existenz einer risikolosen Anlage-/Verschuldungsmöglichkeit abgesehen wird?

W7.3

Was versteht man unter nicht-marktfähigem Einkommen?

W7.4

Wie sind risikobehaftete Zahlungsströme bei Existenz nicht-marktfähiger Einkommenspositionen und Beibehaltung der sonstigen Prämissen des Standard-CAPM zu bewerten?

W7.5

Wie ist die Nettoforderungsposition eines Landes A gegenüber einem Land B im Rahmen des "Internationalen CAPM" von *Mehra* (1978) definiert?

W7.6

Welche Form hat die Marktbewertungsfunktion in der CAPM-Variante nach *Mehra* (1978)?

W7.7

Weshalb genügt es, die besonderen Umstände der Marktbewertung im Mehr-Perioden-Kontext aus Sicht von $t = 0$ anhand der Bewertung einer isolierten Einzahlung $\bar{z}_2$ zum Zeitpunkt $t = 2$ zu diskutieren?

W7.8

Warum ist eine einfache rekursive Anwendung der Ein-Perioden-Bewertungs-gleichung des Standard-CAPM im Mehr-Perioden-Kontext nicht ohne weiteres zulässig?

W7.9

Welche Voraussetzungen sind hinreichend, die rekursive Anwendung der Ein-Perioden-Marktbewertung des Standard-CAPM im Mehr-Perioden-Kontext zu rechtfertigen?

W7.10

Was folgt aus den in W7.9 erfragten Prämissen für die Struktur der Wahrschein-lichkeitsverteilungen künftiger Einzahlungen bei Möglichkeit der rekursiven An-wendung der einperiodigen Bewertungsgleichung des Standard-CAPM?

V Investitionsentscheidungen bei unvollkommenem Kapitalmarkt

1 Problemstellung

Das vorhergehende Kapitel IV dürfte gezeigt haben, daß Investitionsentscheidungen bei Risiko unter der Prämisse eines vollkommenen Kapitalmarktes zwar als komplexes, gleichwohl aber noch handhabbares Problem aufgefaßt werden können. Die Investitionstheorie präsentiert sich hierbei als **angewandte Kapitalmarkttheorie** und lebt insofern von den Forschungsfortschritten im kapitalmarkttheoretischen Bereich. Insgesamt kann auch dieses Teilsegment der Investitionstheorie als überaus hochentwickelt bezeichnet werden.

Weitgehend ausgespart haben wir bislang die Behandlung von Investitionsproblemen auf **unvollkommenen** Kapitalmärkten bei **Risiko**. In der Tat dürfte sich dieser zweifellos wesentliche Bereich wenigstens zur Zeit bei weitem nicht in der gleichen homogenen Weise darstellen wie die bereits zuvor in diesem und dem ersten Band behandelten Teilsegmente. Dies liegt zum einen an der **Vielzahl** denkbarer Marktunvollkommenheiten bei Risiko und den hierbei besonders ausgeprägten **Wechselwirkungen** zwischen unternehmerischen Finanzierungs- und Investitionsentscheidungen. Zum anderen bedingen Marktunvollkommenheiten generell die Ungültigkeit der *Fisher*-Separation und damit zusammenhängend die **Präferenzabhängigkeit** unternehmerischer Realinvestitionsentscheidungen. Dieser Umstand wurde schon im Rahmen des Kapitels III bei der Erörterung von Investitionsentscheidungen (fast) ohne jeglichen Kapitalmarktzugang deutlich und erschwert generell die Herleitung möglichst allgemeingültiger Ergebnisse. Insofern ist für diesen Problembereich eine **geschlossene** Theorie unternehmerischer Realinvestitionsentscheidungen eher **nicht** erkennbar. Aus diesem Grunde soll im weiteren nur auf die Konsequenzen einer besonders wichtigen Marktunvollkommenheit eingegangen werden, die überdies häufig die grundlegende Möglichkeit marktwertorientierter Realinvestitionsentscheidungen bestehen läßt: **Finanzie-**

rungsabhängige Steuern in der Investitionsrechnung. Im übrigen sei daran erinnert, daß im Zusammenhang mit der Diskussion von Varianten des Standard-CAPM im Rahmen des Abschnitts 7 des vorhergehenden Kapitels auch einige Konstellationen wenigstens angesprochen wurden, die Kapitalmarktunvollkommenheiten beinhalteten.

Ausgangspunkt ist grundsätzlich die Betrachtung eines Kapitalmarktes, der außer der Besteuerung von Unternehmensgewinnen **keinerlei** Unvollkommenheit aufweist und auf dem daher auch das **Gesetz des Einheitspreises** im Gleichgewicht Gültigkeit besitzt. Vor diesem Hintergrund kann man sich nunmehr die Frage stellen, wie sich durch unternehmerische Finanzierungsentscheidungen der **Marktwert der Unternehmung** ändert und **Gesamt-, Eigen- sowie Fremdkapitalkostensätze** beeinflußt werden. Die dabei gewonnenen Ergebnisse lassen sich unmittelbar auch für die Beurteilung von **Investitionsmöglichkeiten** nutzen, da die Unternehmung ja insgesamt als Investitionsprogramm aufgefaßt werden kann.

Je nach den unterstellten steuerlichen Regelungen kann diese Frage sehr leicht beantwortet werden. Geht man etwa vom **Standardmodell** zur Erfassung steuerlicher Aspekte in der Investitionsrechnung aus, sind Finanzierungsentscheidungen auch bei Zulassung von Risiko nach wie vor **marktwertneutral**, so daß sich weitergehende Betrachtungen erübrigen: Unabhängig vom Ausmaß ihrer Verschuldung kann der Wert einer Unternehmung unter der Prämisse reiner Eigenfinanzierung bestimmt werden. Entsprechend lassen sich Investitionsprojekte wie schon bei Sicherheit ohne nähere Spezifikation der geplanten Finanzinvestitionen analysieren. Insofern erweist sich die Voraussetzung des Standardmodells zur Erfassung steuerlicher Aspekte in der Investitionsrechnung für die hier interessierende Fragestellung eher als ungeeignet.[1]

---

[1] Natürlich kann man im Rahmen der Prämissen des Standardmodells zur Erfassung steuerlicher Aspekte in der Investitionsrechnung anderen Fragen wie etwa die nach der generellen **Investitionsneutralität** der Besteuerung durchaus nachgehen. Hierauf soll aber aus Platzgründen nicht näher eingegangen werden. Vgl. zu Fragen der Investitionsneutralität von Steuersystemen bei **Risiko**

Um überhaupt zu einer nichttrivialen Entscheidungssituation zu gelangen, sind daher die Voraussetzungen des Standardmodells zur Erfassung steuerlicher Aspekte in der Investitionsrechnung aufzugeben. Dabei wird im weiteren im Einklang mit dem Gros der Literatur eine überaus einfache Form der Besteuerung angenommen, bei der lediglich **unternehmerische Gewinne** Gegenstand der Besteuerung sind und sich die Steuerbemessungsgrundlage schlicht als Differenz von unternehmerischem Einzahlungsüberschuß und Zinszahlungen an die Inhaber von Forderungstiteln ergibt. Die aktuelle steuerrechtliche Situation in Deutschland wird hierdurch bestenfalls rudimentär abgebildet. Da sich diese aber ohnehin mehr oder weniger unvorhersehbar von Jahr zu Jahr ändert, ist eine allzu detaillierte Berücksichtigung konkreter steuerrechtlicher Vorschriften im Rahmen eines einführenden Lehrbuchs genaugenommen wohl auch kaum erstrebenswert. Überdies spielt die genaue Art der Gewinnbesteuerung für die Herleitung der nachfolgenden Überlegungen nur eine untergeordnete Rolle und würde eher zur Verschleierung der im weiteren relevanten Zusammenhänge beitragen. Gleichwohl wird zum Ende dieses Kapitels auf diese Frage kurz zurückzukommen sein.

Bevor für die eben genannte rudimentäre Art der Besteuerung eine nähere Analyse von Marktwerten und Kapitalkostensätzen nach Steuern erfolgt, wird im folgenden **Abschnitt 2** zunächst auf Bewertungsfragen für den **vollkommenen** Kapitalmarkt ohne Steuern eingegangen. Wenngleich zwar hierbei eine Beeinflussung des Unternehmenswertes durch das Ausmaß der unternehmerischen Verschuldung nicht möglich ist, so können doch schon verschiedene **äquivalente** Formen der **Marktwertermittlung** und bestimmte Zusammenhänge zwischen den einzelnen **Kapitalkostensätzen** der Unternehmung hergeleitet und später als Vergleichsmaßstab für den Fall mit Steuern verwendet werden.

Im **Abschnitt 3** wird die Betrachtung auf die Berücksichtigung des besagten **Steuersystems** ausgedehnt. **Abschnitt 3.1** analysiert die Zusammenhänge dabei für

---

generell etwa *König* (1997), S. 58 ff., *Siegel* (2000), S. 734 f., oder sehr ausführlich *Niemann* (2001).

den Fall einer einfachen **Zwei-Zeitpunkte-Betrachtung**. **Abschnitt 3.2** widmet sich einer Situation mit **unbegrenztem Zeithorizont**. Beide Szenarien sind unter dem Aspekt von (Real-) Investitionsentscheidungen als wenig relevant einzustufen. Deswegen wird im **Abschnitt 3.3** zunächst exemplarisch für den Drei-Zeitpunkte-Fall gezeigt, wie sich die Zusammenhänge bei **endlichen Mehr-Perioden-Betrachtungen** komplizieren, um anschließend verallgemeinerte Bewertungsformeln für beliebigen Zeithorizont T darzulegen. **Abschnitt 3.4** dient der Beurteilung der zuvor präsentierten Zusammenhänge. Insbesondere unter dem Aspekt der großen praktischen wie auch akademischen Bedeutung der präsentierten Ansätze scheint die Nennung einiger **Schwachpunkte** des Vorgehens unbedingt erforderlich.

Abschnitt 4 schließlich **faßt** die wichtigsten Ergebnisse dieses sehr kurzen Kapitels **zusammen**.

2 Marktwerte und Kapitalkostensätze ohne Steuern

Ausgangspunkt sei eine Unternehmung über einen Zeitraum von $t = 0$ bis $t = T$ hinweg, die unsichere Einzahlungsüberschüsse $\tilde{z}_t$ von $t = 1$ bis $t = T$ erwirtschaftet. Der Kapitalmarkt sei vollkommen und im Gleichgewicht. Aufgrund der getroffenen **Vollkommenheitsannahme** ist der Marktwert der Unternehmung identisch mit dem Marktwert der Einzahlungsüberschüsse $\tilde{z}_1, ..., \tilde{z}_T$ und dieser wiederum **unabhängig** von der Art der gewählten Unternehmensfinanzierung.

Des weiteren bezeichne r_τ den im Zeitraum von $t = \tau\text{-}1$ bis $t = \tau$ maßgeblichen Gesamtkapitalkostensatz der Unternehmung. Aus der Irrelevanz der Unternehmensfinanzierung für den Marktwert der Unternehmung folgt sofort, daß auch die Ein-Perioden-Gesamtkapitalkostensätze unabhängig von der gewählten Form der Unternehmensfinanzierung sind.[2]

---

[2] Diese Erkenntnis geht im Prinzip bereits auf *Modigliani/Miller* (1958) zurück.

Beschränkt man sich auf idealtypische Eigen- und Fremdfinanzierung, so ist aus dem Abschnitt 2 des vorhergehenden Kapitels IV bereits bekannt, daß sich der **Gesamtkapitalkostensatz** der Periode von t = 0 bis t = 1 als **gewogenes arithmetisches Mittel** von Eigenkapitalkostensatz $r_t^{(EK)}$ und Fremdkapitalkostensatz $r_t^{(FK)}$ berechnen läßt. In der Tat gilt dieser Zusammenhang für eine **beliebige** Periode von τ = t-1 bis τ = t. Mit $V_{t-1}^{(EK)}$ als Marktwert der Beteiligungstitel, $V_{t-1}^{(FK)}$ als Marktwert der Forderungstitel und $V_{t-1}^{(U)}$ als Unternehmenswert in t-1 besteht demnach folgende Beziehung zwischen Eigen-, Fremd- und Gesamtkapitalkostensatz einer Periode von t-1 bis t und dem im Zeitpunkt t-1 vorherrschenden unternehmerischen **Verschuldungsgrad**[3] $\rho_{t-1} \equiv V_{t-1}^{(FK)}/V_{t-1}^{(EK)}$:

$$r_t = \frac{V_{t-1}^{(EK)}}{V_{t-1}^{(U)}} \cdot r_t^{(EK)} + \frac{V_{t-1}^{(FK)}}{V_{t-1}^{(U)}} \cdot r_t^{(FK)}$$

$$\Leftrightarrow r_t^{(EK)} = r_t + (r_t - r_t^{(FK)}) \cdot \rho_{t-1}.$$

(1.1)

Der konkrete Nachweis für (1.1) soll an dieser Stelle nicht geführt werden. In jedem Fall erkennt man, daß sich unter der speziellen Voraussetzung **risikoloser** Fremdfinanzierung und damit eines Fremdkapitalkostensatzes $r_t^{(FK)}$ in Höhe des Zinssatzes i für risikolose Anlage/Verschuldung der Eigenkapitalkostensatz einer beliebigen Periode infolge der Konstanz des Gesamtkapitalkostensatzes als **lineare** Funktion des Verschuldungsgrades darstellt.[4] Auf (1.1) wird unter der Prämisse $r_t^{(FK)}$ = i im Abschnitt 3.3 noch zurückzukommen sein, und (1.1) wird dort einen Spezialfall der Gleichung (1.48) für einen Steuersatz s = 0 beschreiben.

---

[3] Im Rahmen dieses Kapitels steht das Symbol ρ also **nicht** für einen Korrelationskoeffizienten. Da Korrelationen im vorliegenden Kapitel überhaupt nicht weiter erörtert werden, sollte die Verwechslungsgefahr begrenzt sein.

[4] Auch dieses Ergebnis geht auf *Modigliani/Miller* (1958) zurück und wird in der Regel als **Theorem II** bezeichnet.

Grundsätzlich gibt es **zwei** Möglichkeiten, Unternehmenswerte auf dem vollkommenen Kapitalmarkt zu ermitteln. Zum einen kann man die erwarteten Einzahlungsüberschüsse der Unternehmung unmittelbar mit den maßgeblichen Ein-Perioden-Gesamtkapitalkostensätzen abzinsen. Dieses Vorgehen nennt man **Entity-Ansatz**, weil an den unternehmerischen Einzahlungsüberschüssen in ihrer Gesamtheit angesetzt wird.[5] Danach gilt also zu einem beliebigen Zeitpunkt t:

$$V_t^{(U)} = \sum_{\tau=t+1}^{T} \frac{E_t(\tilde{z}_\tau)}{\prod_{\theta=t+1}^{\tau} (1+r_\theta)}. \tag{1.2}$$

Dabei steht $E_t(\tilde{z}_\tau)$ für den aus Sicht des Zeitpunktes t erwarteten Einzahlungsüberschuß der Unternehmung in $\tau > t$. Aus der Diskussion des **Capital Asset Pricing Model** im Mehr-Perioden-Kontext ist bereits der Gedanke geläufig, daß sich die Einschätzung von Erwartungswerten im Zeitablauf ändern kann. Dies soll in (1.2) durch die **zeitliche** Indizierung des Erwartungswertoperators berücksichtigt werden.

Generell ist es ebenfalls denkbar, daß der in einem Zeitpunkt t für einen Zeitraum von τ-1 bis τ maßgebliche Ein-Perioden-Gesamtkapitalkostensatz aus Sicht eines **vor** t liegenden Zeitpunktes eine **Zufallsvariable** ist. Insbesondere auch vor dem Hintergrund der Diskussion um das Mehr-Perioden-CAPM im Rahmen des Abschnitts 7 aus Kapitel IV soll jedoch zur Vereinfachung angenommen werden, daß die in einem künftigen t maßgeblichen Ein-Perioden-Gesamtkapitalkostensätze schon aus Sicht aller vorhergehenden Zeitpunkte deterministisch sind. Dann liegen natürlich bereits in t = 0 **alle** relevanten Gesamtkapitalkostensätze für alle zukünftigen Perioden als **sichere** Größen r_τ (τ = 1, ..., T) fest.

---

[5] Vgl. etwa *Ballwieser* (1998), S. 84, 91, oder *Bieg/Kußmaul* (2000), S. 345, 348 f.

Alternativ zum Vorgehen aus (1.2) kann man zunächst den Marktwert der Beteiligungstitel und den Marktwert der Forderungstitel separat berechnen. Da der Unternehmenswert **definitorisch** der Summe der beiden Einzelmarktwerte entspricht, folgt:

$$V_t^{(U)} = \sum_{\tau=t+1}^{T} \frac{E_t(\tilde{z}_\tau^{(EK)})}{\prod\limits_{\theta=t+1}^{\tau}(1+r_\theta^{(EK)})} + \sum_{\tau=t+1}^{T} \frac{E_t(\tilde{z}_\tau^{(FK)})}{\prod\limits_{\theta=t+1}^{\tau}(1+r_\theta^{(FK)})}. \tag{1.3}$$

Im Zusammenhang mit (1.3) soll vom **Equity-Ansatz** die Rede sein, da zunächst der Marktwert der Beteiligungstitel ermittelt wird. Zwar wird auch der Marktwert der Forderungstitel bestimmt, doch stellt sich dies unter der sehr gängigen[6] Prämisse **nicht ausfallbedrohter** unternehmerischer Verbindlichkeiten als sehr einfach dar: Die sicheren Zahlungen an die Gläubiger können dann unmittelbar durch Diskontierung mit dem Zinssatz i für sichere Anlage/Verschuldung bewertet werden. Auch die relevanten Eigen- und Fremdkapitalkostensätze werden dabei zur Vereinfachung als aus Sicht von t = 0 **sichere** Größen aufgefaßt.

Beispiel 1.1:
Gegeben sei eine Unternehmung auf einem vollkommenen Kapitalmarkt im Gleichgewicht mit von Null verschiedenen Einzahlungen in den Zeitpunkten t = 1, 2, 3. Es sei angenommen, daß $E_0(\tilde{z}_t) = ... = E_{t-1}(\tilde{z}_t) \equiv E(\tilde{z}_t)$ (t = 1, 2, 3) gilt, also im Zeitablauf **keine neuen** Informationen eingehen, die eine verbesserte Schätzung der jeweils künftig erwarteten unternehmerischen Einzahlungsüberschüsse ermöglichen. Die konkreten festen Erwartungswerte ebenso wie die sicher bekannten Ein-Perioden-Gesamtkapitalkostensätze r_t können aus der nachfolgenden *Tabelle 1.1* abgelesen werden.

---

[6] Vgl. etwa *Wallmeier* (1999), S. 1475.

t	1	2	3
$E(\tilde{z}_t)$	100	150	200
r_t	7 %	9 %	8 %

Tabelle 1.1: Erwartete Einzahlungen und Ein-Perioden-Gesamtkapitalkosten-sätze für t = 1, 2, 3

Der Ein-Perioden-Zinssatz für risikolose Anlage/Verschuldung belaufe sich für den gesamten Betrachtungszeitraum von t = 0 bis t = 3 auf konstant i = 5 %. Drei verschiedene Finanzierungsformen sollen unterschieden werden. Im Rahmen der Finanzierungsform 1 hat die Unternehmung an ihre Gläubiger in den Zeitpunkten t = 1, 2, 3 jeweils 20 GE zu zahlen, im Rahmen der Finanzierungsform 2 beläuft sich diese gleichbleibende Zahlung auf 60 GE und im Rahmen der Finanzierungsform 3 auf 100 GE.

Die **Unternehmenswerte** der einzelnen Zeitpunkte t = 0, 1, 2 ergeben sich gemäß dem **Entity-Ansatz** als

$$V_0^{(U)} = \frac{100}{1{,}07} + \frac{150}{1{,}07 \cdot 1{,}09} + \frac{200}{1{,}07 \cdot 1{,}09 \cdot 1{,}08} \approx 380{,}85 \text{ GE},$$

$$V_1^{(U)} = \frac{150}{1{,}09} + \frac{200}{1{,}09 \cdot 1{,}08} \approx 307{,}51 \text{ GE}, \tag{1.4}$$

$$V_2^{(U)} = \frac{200}{1{,}08} \approx 185{,}19 \text{ GE}.$$

Infolge der Abstraktion vom Zugang neuer, bewertungsrelevanter Informationen im Zeitablauf sind die Marktwerte der Unternehmung zu einem Zeitpunkt t = 1, 2 aus Sicht vorgelagerter Zeitpunkte bereits mit Sicherheit bekannt.

In entsprechender Weise kann man den **Marktwert des Fremdkapitals** zu den verschiedenen Zeitpunkten t = 0, 1, 2 bestimmen. Für gleichbleibende Forderungshöhe von 20 GE erhält man die sicheren Werte:

$$V_0^{(FK)}(20) = \frac{20}{1{,}05} + \frac{20}{1{,}05^2} + \frac{20}{1{,}05^3} \approx 54{,}46 \text{ GE},$$

$$V_1^{(FK)}(20) = \frac{20}{1{,}05} + \frac{20}{1{,}05^2} \approx 37{,}19 \text{ GE},$$ (1.5)

$$V_2^{(FK)}(20) = \frac{20}{1{,}05} \approx 19{,}05 \text{ GE}.$$

Die korrespondierenden Werte bei gleichbleibender Zahlung von 60 GE sind natürlich (ungefähr) dreimal höher als die aus (1.5), bei gleichbleibender Zahlung von 100 GE sind sie (etwa) fünfmal höher:

$$V_0^{(FK)}(60) \approx 163{,}39 \text{ GE}, \quad V_0^{(FK)}(100) \approx 272{,}32 \text{ GE},$$

$$V_1^{(FK)}(60) \approx 111{,}56 \text{ GE}, \quad V_1^{(FK)}(100) \approx 185{,}94 \text{ GE},$$ (1.6)

$$V_2^{(FK)}(60) \approx 57{,}14 \text{ GE}, \quad V_2^{(FK)}(100) \approx 95{,}24 \text{ GE}.$$

Auf der Grundlage der Daten aus (1.5) und (1.6) lassen sich die jeweiligen **Marktwerte des Eigenkapitals** als Differenz zwischen Unternehmenswert und jeweiligem Marktwert des Fremdkapitals bestimmen. Die je nach Höhe der Verschuldung in den Zeitpunkten t = 1, 2, 3 resultierenden Marktwerte des Eigenkapitals sind in der nachfolgenden *Tabelle 1.2* abgetragen. Erneut besteht hier zu keinem Zeitpunkt Unsicherheit über künftige Marktwerte.

t	0	1	2
$V_t^{(EK)}(20)$	326,39	270,32	166,14
$V_t^{(EK)}(60)$	217,46	195,95	128,05
$V_t^{(EK)}(100)$	108,53	121,57	89,95

Tabelle 1.2:   Marktwerte des Eigenkapitals zu verschiedenen Zeitpunkten t = 0, 1, 2 in Abhängigkeit von der Höhe der Verbindlichkeiten je Periode (gerundete Werte)

Damit kann man auch die **Verschuldungsgrade** ρ_t der Unternehmung in den Zeitpunkten t = 1, 2, 3 als Quotienten aus $V_t^{(FK)}$ und $V_t^{(EK)}$ berechnen. Es ergeben sich die in *Tabelle 1.3* wiedergegebenen Werte.

t	0	1	2
$\rho_t(20)$	0,1669	0,1376	0,1147
$\rho_t(60)$	0,7514	0,5694	0,4462
$\rho_t(100)$	2,5092	1,5295	1,0588

Tabelle 1.3:   Unternehmerische Verschuldungsgrade in Abhängigkeit vom Betrachtungszeitpunkt und Verschuldungsvolumen (gerundete Werte)

Mit Hilfe der Werte aus *Tabelle 1.3* ist es leicht möglich, über Formel (1.1) die **Ein-Perioden-Eigenkapitalkostensätze** der Unternehmung je nach Verschuldungsausmaß zu bestimmen. Die Ergebnisse dieser Rechnung sind in *Tabelle 1.4* zusammengefaßt.

t	1	2	3
$r_t^{(EK)}(20)$	0,073338	0,095504	0,083441
$r_t^{(EK)}(60)$	0,085028	0,112776	0,093386
$r_t^{(EK)}(100)$	0,120184	0,15118	0,111764

Tabelle 1.4:   Ein-Perioden-Eigenkapitalkostensätze je nach Betrachtungszeitpunkt und Ausmaß der Verschuldung (gerundete Werte)

Auf der Grundlage der Eigenkapitalkostensätze aus *Tabelle 1.4* sowie des konstanten Ein-Perioden-Zinssatzes für risikolose Anlage/Verschuldung lassen sich die jeweiligen Marktwerte des Eigenkapitals und des Fremdkapitals berechnen. Da die Marktwerte des Fremdkapitals bereits weiter oben über die Diskontierung künftiger Einzahlungen bestimmt wurden, sollen hier lediglich noch die **Marktwerte des Eigenkapitals** auf der Grundlage der *Tabelle 1.4* berechnet werden. Bis auf Rundungsdifferenzen sollten sich hier die **gleichen** Werte wie in *Tabelle 1.2* ergeben. Mit erwarteten Einzahlungen auf das Eigenkapital von 80, 130 und 180 GE in t = 1, 2, 3 im ersten Verschuldungsszenario, 40, 90 und 140 GE in t = 1, 2, 3 im zweiten Verschuldungsszenario und 0, 50 und 100 GE in t = 1, 2, 3 im dritten Verschuldungsszenario gelangt man zu den Marktwerten des Eigenkapitals aus *Tabelle 1.5*.

t	0	1	2
$V_t^{(EK)}(20)$	326,38	270,32	166,14
$V_t^{(EK)}(60)$	217,45	195,94	128,04
$V_t^{(EK)}(100)$	108,53	121,57	89,95

Tabelle 1.5:   Marktwerte des Eigenkapitals zu verschiedenen Zeitpunkten und für verschiedene Verschuldungsausmaße (gerundete Werte)

Man erkennt ohne weiteres, daß die Werte aus *Tabelle 1.5* in der Tat bis auf gelegentliche Rundungsdifferenzen mit denen aus *Tabelle 1.2* übereinstimmen. **Entity- und Equity-Ansatz** erweisen sich damit im Rahmen dieses Zahlenbeispiels (natürlich) als **konsistent**. ☐

In entsprechender Weise wie ganze Unternehmen kann man infolge der **Wertadditivitätseigenschaft** der Marktbewertungsfunktion auch **einzelne** Investitionsprojekte bewerten. Welchen Ansatz man dabei verwendet, ist letztlich von den jeweils als bekannt vorausgesetzten Parametern abhängig. Beispielsweise haben wir im Zusammenhang mit der Bestimmung einer Marktbewertungsfunktion im Rahmen des **Mehr-Perioden-CAPM** augenscheinlich so etwas wie den **Entity-Ansatz** gewählt, wie anhand von Formel (7.53) aus Abschnitt 7 des vorhergehenden Kapitels ersichtlich ist. Damit wiederum wird zugleich klar, daß die spezifische Leistung im Zusammenhang mit dem Mehr-Perioden-CAPM aus Abschnitt 7 von Kapitel IV **nicht** in der Feststellung des Umstands zu sehen ist, daß man Marktwerte durch Diskontierung erwarteter Einzahlungen mit adäquaten Ein-Perioden-Kapitalkostensätzen ermitteln kann. Die Bedeutung der präsentierten Variante des Mehr-Perioden-CAPM besteht vielmehr in der über (7.52) erfolgten Klärung der Frage, **welche** Ein-Perioden-Kapitalkostensätze angesetzt werden sollen.

Die in (7.52) ermittelten Ein-Perioden-Kapitalkostensätze lassen sich folglich als **Gesamtkapitalkostensätze** interpretieren. Wenn statt dessen jedoch die Ein-Perioden-Eigen- und Fremdkapitalkostensätze sowie Forderungshöhen der einzelnen Perioden gegeben sind, dann bietet sich der **Equity-Ansatz** an. Im Zusammenhang mit Investitionsentscheidungen ist dabei zu fragen, welche **zusätzlichen** Finanzierungsmaßnahmen zur Durchführung des konkreten Projekts ergriffen werden. Natürlich könnte man einwenden, daß alle unternehmerischen Finanzierungsmaßnahmen simultan zur Finanzierung sämtlicher Investitionen dienen. Die einem bestimmten Investitionsprojekt zuzurechnenden Finanzierungsmaßnahmen sind indes genau diejenigen Maßnahmen, die zusätzlich zu den bestehenden Finanzierungsmaßnahmen durchgeführt werden, um die Mittel für das betreffende Investitionsprojekt aufzubringen.

Freilich ist die Finanzierungsfrage auf dem vollkommenen Kapitalmarkt ohnehin **bedeutungslos**, weil hierdurch weder der Marktwert der künftigen Einzahlungen aus einer Investition noch die Vorteilhaftigkeit der betreffenden Investitionsmöglichkeit beeinflußt wird. Dies ändert sich erst bei Einführung eines **Steuersystems** wie dem, das Gegenstand des nächsten Abschnitts ist.

3 Marktwerte und Kapitalkostensätze mit Steuern

Die Zusammenhänge können sich deutlich komplizieren, wenn man steuerliche Überlegungen in die Betrachtung einbezieht. Dies gilt selbst dann, wenn es sich um ein stark idealisiertes Steuersystem handelt. In der Tat soll im weiteren schlicht angenommen werden, daß sich der **steuerpflichtige Gewinn** G_t eines Zeitpunktes t aus dem **Einzahlungsüberschuß** z_t dieses Zeitpunktes unter Hinzunahme etwaiger Habenzinsen aus Finanzinvestitionen der Unternehmung und unter Abzug der **Zinszahlungen** an die Gläubiger bemißt. Von sonstigen erfolgsrelevanten Größen wie etwa Abschreibungen wird demnach vorerst vollständig abgesehen. Auch unterliegen Einzahlungen auf der Ebene der Kapitalgeber **nicht** der Besteuerung. Wie bereits erwähnt, bestehen damit erhebliche Diskrepanzen zu dem aus dem ersten Band zur Investitionstheorie bekannten Standardmodell zur Erfassung steuerlicher Aspekte in der Investitionsrechnung.

Unter den gerade genannten Bedingungen sind unternehmerische Finanzinvestitionen nicht sinnvoll, weshalb hiervon abgesehen werde. Indes wirkt eine **Fremdfinanzierung** unternehmerischer Realinvestitionen ceteris paribus wegen der steuerlichen Abzugsfähigkeit der Zinszahlungen gegenüber Eigenfinanzierung marktwerterhöhend. Diesem Umstand soll zunächst im **Abschnitt 3.1** im Rahmen eines einfachen Zwei-Zeitpunkte-Ansatzes nachgegangen werden. Im **Abschnitt 3.2** wird die Analyse auf eine Situation mit unendlichem Zeithorizont bei gleichbleibender Ertragssituation ausgedehnt. **Abschnitt 3.3** betrachtet den gerade im Rahmen der Beurteilung von Investitionsprojekten wichtigen Fall eines endlichen Mehr-Perioden-Kontexts mit beliebigen erwarteten Einzahlungsüberschüssen. Im **Abschnitt 3.4** werden die vorgestellten Ansätze kritisch gewürdigt.

3.1 Die Situation bei einer Zwei-Zeitpunkte-Betrachtung

Mit $\bar{z}_1$ als dem unternehmerischen Einzahlungsüberschuß vor Steuern, s als dem maßgeblichen Steuersatz und $r_1^{(S)}(0) > i$ als dem Gesamtkapitalkostensatz einer rein eigenfinanzierten Unternehmung nach Steuern für den Zeitraum von t = 0 bis t = 1 ergibt sich der Marktwert einer Unternehmung im Falle **reiner Eigenfinanzierung** zum Zeitpunkt t = 0 als

$$V_0^{(U,S)}(0) = \frac{(1-s)\cdot E(\bar{z}_1)}{1+r_1^{(S)}(0)}. \tag{1.7}$$

Eine Erhöhung des Verschuldungsgrades auf ein positives Niveau durch Aufnahme eines Kredits im Umfang von K in t = 0 mit sicherer Rückzahlungsmöglichkeit in t = 1 bedingt, daß der steuerpflichtige Gewinn der Unternehmung auf $\bar{z}_1$-i·K reduziert wird. Insgesamt verbleiben für die Zahlungen an die Eigen- und Fremdkapitalgeber der Unternehmung damit noch Einzahlungen von $\bar{z}_1$-s·($\bar{z}_1$-i·K) = (1-s)·$\bar{z}_1$+s·i·K, also im Erwartungswert (1-s)·E($\bar{z}_1$)+s·i·K. Aus der nach wie vor gegebenen **Wertadditivität** der Marktbewertungsfunktion folgt, daß sich der Marktwert der Unternehmung zum Zeitpunkt t = 0 als Summe der Marktwerte von (1-s)·E($\bar{z}_1$) und s·i·K ergeben muß. Die Bewertung des ersten Summanden ist bereits aus Gleichung (1.7) bekannt, die des zweiten fällt recht leicht, da mit s·i·K eine **sichere Steuerersparnis** des Zeitpunktes t = 1 vorliegt, deren Marktwert zum Zeitpunkt t = 0 entsprechend durch Diskontierung mit dem Zinssatz i für risikolose Anlage/Verschuldung ermittelt werden kann. Zusammenfassend gilt demnach für den **Marktwert der Unternehmung** zum Zeitpunkt t = 0 bei positiver Kreditaufnahme K:

$$V_0^{(U,S)}(K) = \frac{(1-s)\cdot E(\bar{z}_1)}{1+r_1^{(S)}(0)} + \frac{s\cdot i\cdot K}{1+i}. \tag{1.8}$$

Man kann (1.8) so interpretieren, daß sich der gesamte Unternehmenswert zum einen aus dem Marktwert der Unternehmung im Falle reiner Eigenfinanzierung ergibt und zum anderen ein **Korrekturterm** hinzutritt, der die Steuerersparnis infolge eines positiven Verschuldungsgrads reflektiert. Man bezeichnet diese vor allem von *Myers* (1974) propagierte Art der Marktwertermittlung als "Adjusted-present-value"- oder kurz **"APV"-Ansatz**, weil der Marktwert bei reiner Eigenfinanzierung eine (steuerinduzierte) Anpassung erfährt.[7]

Aus (1.8) können einige Schlußfolgerungen hinsichtlich der Zusammenhänge zwischen den verschiedenen Kapitalkostensätzen der Unternehmung gezogen werden. Zunächst einmal ist es nicht schwierig, eine Bestimmungsgleichung für den unternehmerischen **Gesamtkapitalkostensatz** $r_1^{(S)}(K)$ nach Steuern von $t = 0$ bis $t = 1$ im Falle eines Kreditvolumens $K > 0$ zu ermitteln. Zu diesem Zweck sei $\bar{z}_1^{(S)}(K)$ als die unternehmerischen Einzahlungen nach Steuern definiert. Es gilt bekanntermaßen $\bar{z}_1^{(S)}(K) = (1\text{-}s)\cdot\bar{z}_1 + s\cdot i\cdot K$ und damit $(1\text{-}s)\cdot E(\bar{z}_1) = E[\bar{z}_1^{(S)}(K)] - s\cdot i\cdot K$. Einsetzen der letzteren Beziehung in die Formel (1.8) liefert:

---

[7] Der APV-Ansatz fand bereits im Abschnitt 5 des Kapitels IV (kurze) Erwähnung. Die Begriffsverwendungen in der Literatur sind übrigens nicht einheitlich. Zumeist wird der APV-Ansatz als eine von verschiedenen **Varianten** des Entity-Ansatzes aufgefaßt. Begründet wird dies damit, daß Ergebnis des APV-Ansatzes der Unternehmensgesamtwert ist. Freilich gilt dies über $V_0^{(EK,S)} + K = V_0^{(U,S)}$ auch bei Marktbewertungen mittels des Equity-Ansatzes. Deswegen und wegen der erheblichen eigenständigen Bedeutung des APV-Ansatzes wird dieser im weiteren **nicht** als Unterpunkt zum Entity-Konzept verstanden. Letzten Endes werden die drei Bewertungsansätze hier danach abgegrenzt, welche **Kapitalkostensätze** jeweils im Nenner der Bewertungsfunktion verwendet werden: Gesamtkapitalkostensätze beim **Entity-Ansatz**, tatsächliche Eigenkapitalkosten- und Fremdkapitalkostensätze beim **Equity-Ansatz**, Eigen- bzw. Gesamtkapitalkosten- und Fremdkapitalkostensätze für den Fall (fiktiver) reiner Eigenfinanzierung beim **APV-Ansatz**.

$$V_0^{(U,S)}(K) = \frac{E[\tilde{z}_1^{(S)}(K)] - s \cdot i \cdot K}{1 + r_1^{(S)}(0)} + \frac{s \cdot i \cdot K}{1+i}$$

$$= \frac{E[\tilde{z}_1^{(S)}(K)]}{1 + r_1^{(S)}(0)} + s \cdot i \cdot K \cdot \frac{r_1^{(S)}(0) - i}{[1 + r_1^{(S)}(0)] \cdot (1+i)} \tag{1.9}$$

$$\Leftrightarrow V_0^{(U,S)}(K) \cdot [1 + r_1^{(S)}(0)] = E[\tilde{z}_1^{(S)}(K)] + s \cdot i \cdot K \cdot \frac{r_1^{(S)}(0) - i}{1+i}.$$

Division von (1.9) durch $V_0^{(U,S)}(K)$ sowie Subtraktion von 1 auf beiden Seiten der Gleichung ergibt:

$$r_1^{(S)}(0) = \frac{E(\tilde{z}_1^{(S)})(K)}{V_0^{(U,S)}(K)} - 1 + s \cdot i \cdot \frac{r_1^{(S)}(0) - i}{1+i} \cdot \frac{K}{V_0^{(U,S)}(K)}. \tag{1.10}$$

Der Gesamtkapitalkostensatz $r_1^{(S)}(K)$ der Unternehmung nach Steuern im Zeitraum von $t = 0$ bis $t = 1$ für $K > 0$ berechnet sich im Gleichgewicht als erwartete Rendite $[E(\tilde{z}_1^{(S)})(K)/V_0^{(U,S)}(K)] - 1$. Löst man (1.10) nach $r_1^{(S)}(K)$ auf, erhält man schließlich

$$r_1^{(S)}(K) = r_1^{(S)}(0) - s \cdot i \cdot \frac{r_1^{(S)}(0) - i}{1+i} \cdot \frac{K}{V_0^{(U,S)}(K)}. \tag{1.11}$$

$K/V_0^{(U,S)}(K)$ bezeichnet in diesem Zusammenhang die marktwertorientiert berechnete **Fremdkapitalquote** der Unternehmung nach Steuern in $t = 0$ bei **gegebenem** Verschuldungsvolumen K. Im weiteren sei diese Fremdkapitalquote kurz durch $FKQ_0^{(S)}(K)$ bezeichnet. Je **größer** $FKQ_0^{(S)}(K)$ ist, desto **geringer** ist der resultierende unternehmerische Gesamtkapitalkostensatz $r_1^{(S)}(K)$ nach Steuern.

In ähnlicher Weise läßt sich auch eine Bestimmungsgleichung für den **Eigenkapitalkostensatz** der Unternehmung nach Steuern für beliebiges Kreditvolumen K bestimmen. Zu diesem Zweck ist auf beiden Seiten aus der ersten Gleichung von (1.9) das Kreditvolumen K zu subtrahieren und ferner $\bar{z}_1^{(EK,S)}(K)$ als die Höhe der ungewissen Einzahlungen an die Inhaber der Beteiligungstitel einzuführen. Wegen $V_0^{(EK,S)}(K) = V_0^{(U,S)}(K)-K$ und $E[\bar{z}_1^{(S)}(K)] = \{E[\bar{z}_1^{(EK,S)}(K)]\}+(1+i)\cdot K$ erhält man damit:

$$V_0^{(U,S)}(K)-K$$

$$= V_0^{(EK,S)}(K) = \frac{E[\bar{z}_1^{(EK,S)}(K)]+(1+i)\cdot K}{1+r_1^{(S)}(0)}+s\cdot i\cdot K\cdot \frac{r_1^{(S)}(0)-i}{[1+r_1^{(S)}(0)]\cdot(1+i)}-K \qquad (1.12)$$

$$\Leftrightarrow V_0^{(EK,S)}(K)\cdot[1+r_1^{(S)}(0)] = E[\bar{z}_1^{(EK,S)}(K)]-[r_1^{(S)}(0)-i]\cdot\frac{1+i\cdot(1-s)}{1+i}\cdot K.$$

Division von (1.12) durch $V_0^{(EK,S)}(K)$ sowie Subtraktion von 1 auf beiden Seiten der Gleichung ergibt:

$$r_1^{(S)}(0) = \frac{E[\bar{z}_1^{(EK,S)}(K)]}{V_0^{(EK,S)}(K)}-1-[r_1^{(S)}(0)-i]\cdot\frac{1+i\cdot(1-s)}{1+i}\cdot\frac{K}{V_0^{(EK,S)}(K)}. \qquad (1.13)$$

Der Eigenkapitalkostensatz $r_1^{(EK,S)}(K)$ der Unternehmung nach Steuern im Zeitraum von t = 0 bis t = 1 für K > 0 berechnet sich im Gleichgewicht als erwartete Rendite $\{E[\bar{z}_1^{(EK,S)}(K)]/V_0^{(EK,S)}\}-1$. Löst man (1.13) nach $r_1^{(EK,S)}(K)$ auf und beachtet man, daß es sich bei $K/V_0^{(EK,S)}(K)$ um den marktwertorientiert definierten **Verschuldungsgrad** $\rho_0^{(S)}(K)$ der Unternehmung nach Steuern in t = 0 bei einem Kreditvolumen K handelt, erhält man schließlich

$$r_1^{(EK,S)}(K) = r_1^{(S)}(0)+[r_1^{(S)}(0)-i]\cdot\frac{1+i\cdot(1-s)}{1+i}\cdot\rho_0^{(S)}(K). \qquad (1.14)$$

Ähnlich wie im Falle ohne Steuern wächst der Eigenkapitalkostensatz der Unternehmung **linear** im Verschuldungsgrad. Die angenommene steuerliche Privilegierung der Fremdfinanzierung bewirkt jedoch wegen $[1+i\cdot(1-s)]/(1+i) < 1$ einen ceteris paribus **geringeren** Anstieg des Eigenkapitalkostensatzes für eine gegebene Erhöhung des Verschuldungsgrades.

Weil überdies der Gesamtkapitalkostensatz der Unternehmung nunmehr gemäß (1.11) selbst nicht mehr unabhängig vom Verschuldungsgrad ist, dient in (1.14) konkret der unternehmerische Gesamtkapitalkostensatz für einen Verschuldungsgrad von Null als Ausgangspunkt der Betrachtung. Natürlich gilt nach wie vor, daß unternehmerischer Gesamt- und Eigenkapitalkostensatz für einen Verschuldungsgrad von Null zusammenfallen.

Selbstverständlich kann man den Marktwert der Unternehmung nicht nur nach dem **APV-Ansatz** bestimmen, sondern auch nach den beiden schon im Fall ohne Steuern eingeführten Berechnungsmethoden, das heißt, nach dem Entity- und dem Equity-Ansatz. Beim **Entity-Ansatz** setzt man unmittelbar an den insgesamt nach Steuern für die Inhaber der Beteiligungs- und Forderungstitel noch vorliegenden erwarteten Einzahlungen $E[\tilde{z}_1^{(S)}(K)]$ an und zinst diese mit dem maßgeblichen Gesamtkapitalkostensatz $r_1^{(S)}(K)$ der Unternehmung für gegebenes Kreditvolumen K ab. Es gilt folglich:

$$V_0^{(U,S)}(K) = \frac{E[\tilde{z}_1^{(S)}(K)]}{1+r_1^{(S)}(K)}. \tag{1.15}$$

In der Tat wurde dieser Zusammenhang auch schon bei der Herleitung der Formel (1.11) verwandt.

Beim **Equity-Ansatz** macht man sich die Definition des Marktwertes der Unternehmung als Summe der Marktwerte der Beteiligungs- und der Forderungstitel zunutze. Das heißt, die erwarteten Einzahlungen auf Beteiligungs- und Forderungstitel werden separat mit dem jeweils maßgeblichen Kapitalkostensatz abge-

459

zinst und die beiden resultierenden Marktwerte anschließend addiert:

$$V_0^{(U,S)}(K) = V_0^{(EK,S)}(K) + V_0^{(FK,S)}(K)$$

$$= \frac{E[\tilde{z}_1^{(EK,S)}(K)]}{1+r_1^{(EK,S)}(K)} + K. \tag{1.16}$$

Auch die Berechnungsformel für den Marktwert des Eigenkapitals wurde weiter oben, konkret bei der Herleitung von (1.14), bereits benutzt.

Beispiel 1.2:

Gegeben sei eine Unternehmung, die im Zeitpunkt t = 1 erwartete Einzahlungen $E(\tilde{z}_1)$ vor Steuern in Höhe von 166,67 GE erzielt. Der Zinssatz für risikolose Anlage/Verschuldung belaufe sich auf i = 5 %. Der Gesamtkapitalkostensatz $r_0^{(S)}(0)$ der Unternehmung nach Steuern im Falle eines Verschuldungsgrades von Null sei 9 %, und der Steuersatz belaufe sich auf s = 40 %.

Im weiteren seien alternativ drei verschiedene **Forderungshöhen** gemäß der ersten Zeile aus *Tabelle 1.6* betrachtet. Für jede dieser Forderungshöhen weist die zweite Zeile der Tabelle die **sicheren Steuerersparnisse** des Zeitpunktes t = 1 infolge eines von Null verschiedenen Kreditvolumens aus. Mit $(1-s) \cdot E(\tilde{z}_1) = 100{,}002$ GE als den erwarteten Einzahlungen der Unternehmung nach Steuern für K = 0 liefert der **APV-Ansatz** aus (1.8) unmittelbar die Marktwerte der Unternehmung $V_0^{(U,S)}(K)$ gemäß der dritten Zeile der *Tabelle 1.6*. Auf dieser Grundlage lassen sich leicht die drei zugehörigen Marktwerte $V_0^{(EK,S)}(K)$ des **Eigenkapitals** nach Steuern als Differenzen $V_0^{(U,S)}(K)-K$ berechnen, die in der vierten Zeile von *Tabelle 1.6* ausgewiesen sind. Neben den unternehmerischen **Gesamtkapitalkostensätzen** gemäß (1.11) lassen sich damit über (1.14) auch die zugehörigen **Eigenkapitalkostensätze** ermitteln. Die entsprechenden Werte sind in fünften und sechsten Zeile der *Tabelle 1.6* wiedergegeben. Mit ihrer Hilfe wiederum kann man den Unternehmenswert nach Steuern laut dem Entity- bzw. dem Equity-Ansatz (Ansätze gemäß (1.15) bzw. (1.16)) berechnen. Dazu benötigt man im ersten Fall die gesamten erwarteten Einzahlungen $E[\bar{z}_1^{(S)}(K)]$ der **Unternehmung** nach Steuern. Diese ergeben sich als Summe $(1-s)\cdot E(\bar{z}_1)+s\cdot i\cdot K$ und sind in der siebten Zeile der *Tabelle 1.6* ausgewiesen. Im zweiten Fall bedarf es der Kenntnis der erwarteten Einzahlungen $E[\bar{z}_1^{(EK,S)}(K)]$ auf die **Beteiligungstitel**. Diese betragen $E[\bar{z}_1^{(S)}(K)]-K\cdot(1+i)$ und stehen in der letzten Zeile von *Tabelle 1.6*.

Sowohl nach dem Entity- als auch nach dem Equity-Konzept erhält man natürlich (annähernd) die **gleichen** Werte, die schon in der dritten Zeile aus *Tabelle 1.6* ausgewiesen sind. Deswegen wird auf ihre nochmalige Wiedergabe verzichtet.

K	19,047619	57,1428571	76,1904762
$s\cdot i\cdot K$	0,38095238	1,14285714	1,52380952
$V_0^{(U,S)}(K)$	92,1077659	92,8333895	93,1962013
$V_0^{(EK,S)}(K)$	73,0601469	35,6905324	17,0057251
$r_1^{(S)}(K)$	0,08984244	0,08953102	0,08937712
$r_1^{(EK,S)}(K)$	0,10022982	0,15282274	0,26579781
$E[\bar{z}_1^{(S)}(K)]$	100,382952	101,144857	101,52581
$E[\bar{z}_1^{(EK,S)}(K)]$	80,3829524	41,1448571	21,5258095

Tabelle 1.6: Marktwerte und Kapitalkostensätze in Abhängigkeit von Verschuldungsausmaß (gerundete Werte)

Selbstverständlich steigt der Marktwert der Unternehmung infolge der steuerlichen **Bevorzugung** der Fremdfinanzierung mit wachsendem Verschuldungsgrad an. Ferner dürfte klar sein, daß für die hier betrachtete Ausgangssituation der **APV-Ansatz** den **nächstliegenden** Zugang darstellt. In der Tat lassen sich Entity- und Equity-Ansatz hier **erst** in Kenntnis des Unternehmenswertes, zu dessen Berechnung sie ja dienen sollen, anwenden. □

Unter der Prämisse, daß man den unternehmerischen Gesamtkapitalkostensatz nach Steuern im Falle reiner Eigenfinanzierung kennt, läßt sich leicht feststellen, **welcher** der drei Bewertungsansätze als Zugang zum Bewertungsproblem gewählt werden sollte. Am natürlichsten dürfte die Vorstellung sein, daß die Höhe der **Verbindlichkeiten** K von der Unternehmensleitung definiert wird. Dann kann unmittelbar über den **APV-Ansatz** der Marktwert der Unternehmung berechnet werden. Sollte hingegen der **Verschuldungsgrad** eine feste Höhe annehmen und K hierauf ausgerichtet werden, so bietet sich ein Ansatz am **Equity-Konzept** an, da über (1.14) unmittelbar auf den maßgeblichen Eigenkapitalkostensatz in Abhängigkeit vom unternehmerischen Verschuldungsgrad geschlossen werden kann. Um aber die **Steuerentlastung** infolge der Fremdfinanzierung zu bestimmen, also konkret die in (1.16) enthaltene Bewertungsgleichung für die Beteiligungstitel anzuwenden, benötigt man dann freilich doch noch das Kreditvolumen K. Wegen $\rho_0^{(S)}(K) \equiv K/V_0^{(EK,S)}(K) \Leftrightarrow K_0^{(S)}(\rho) = \rho \cdot V_0^{(EK,S)}(K)$ kann aber K in der Bewertungsformel für $V_0^{(EK,S)}(K)$ substituiert und diese als $V_0^{(EK,S)}(\rho)$ aufgelöst werden:

$$V_0^{(EK,S)}(K) = \frac{(1-s) \cdot [E(\tilde{z}_1) - i \cdot K] - K}{1 + r_1^{(EK,S)}(K)}$$

$$= \frac{(1-s) \cdot E(\tilde{z}_1)}{1 + r_1^{(EK,S)}(K)} - \frac{[1 + i \cdot (1-s)]}{1 + r_1^{(EK,S)}(K)} \cdot \rho_0^{(S)}(K) \cdot V_0^{(EK,S)}(K) \qquad (1.17)$$

$$\Leftrightarrow V_0^{(EK,S)}(\rho) = \frac{(1-s) \cdot E(\tilde{z}_1)}{1 + r_1^{(EK,S)}(\rho) + [1 + i \cdot (1-s)] \cdot \rho}.$$

Der Marktwert der Beteiligungstitel ergibt sich demnach, indem man die erwarteten Einzahlungen auf die Beteiligungstitel für den Fall reiner Eigenfinanzierung mittels eines angepaßten Kalkulationszinsfußes diskontiert. Der Eigenkapitalkostensatz $r_1^{(EK,S)}$ wird dabei um einen zusätzlichen **Aufschlag** erhöht, um die fehlende Berücksichtigung der auf $\tilde{z}_1^{(EK,S)}(\rho)$ mindernd wirkenden (Nach-Steuer-)

Zahlungen $[1+i\cdot(1-s)]\cdot K$ an die Gläubiger zu kompensieren.

Liegt damit gemäß (1.17) der Marktwert der Beteiligungstitel fest, läßt sich derjenige der Forderungstitel infolge des vorgegebenen Verschuldungsgrades ebenfalls leicht berechnen.

Entsprechend würde man bei der Vorgabe einer bestimmten **Fremdkapitalquote** auf den ersten Blick den **Entity-Ansatz** aus (1.15) favorisieren, da sich aus (1.11) der relevante Gesamtkapitalkostensatz der Unternehmung je nach der gewählten Fremdkapitalquote ablesen läßt. Wieder benötigte man überdies jedoch die Kenntnis von K, um die Höhe der **Steuerersparnis** $s\cdot i\cdot K$ zu bestimmen. Wegen $FKQ_0^{(S)}(K) = K/V_0^{(U,S)}(K) \Leftrightarrow K_0^{(S)}(FKQ) = FKQ\cdot V_0^{(U,S)}(FKQ)$ kann aber ähnlich wie bei Anwendung des Equity-Ansatzes die Formel für den Entity-Ansatz unabhängig von K dargestellt werden:

$$V_0^{(U,S)}(K) = \frac{(1-s)\cdot E(\tilde{z}_1)+s\cdot i\cdot K}{1+r_1^{(S)}(K)}$$

$$= \frac{(1-s)\cdot E(\tilde{z}_1)}{1+r_1^{(S)}(K)} + \frac{s\cdot i\cdot FKQ_0^{(S)}(K)\cdot V_0^{(U,S)}(K)}{1+r_1^{(S)}(K)} \tag{1.18}$$

$$\Leftrightarrow V_0^{(U,S)}(FKQ) = \frac{(1-s)\cdot E(\tilde{z}_1)}{1+r_1^{(S)}(FKQ)-s\cdot i\cdot FKQ}.$$

Ebenso wie im Rahmen der modifizierten Bewertungsgleichung aus dem Equity-Ansatz findet sich im Zähler von (1.18) der erwartete unternehmerische Einzahlungsüberschuß nach Steuern im Falle reiner Eigenfinanzierung, während im Nenner der Gesamtkapitalkostensatz $r_1^{(S)}(FKQ)$ um einen **Abschlag** zur Berücksichtigung der steuerlichen Entlastungswirkung bei zunehmender Fremdfinanzierung korrigiert wird.

In der Literatur wird (1.18) üblicherweise in einer etwas anderen, gleichwohl aber äquivalenten Form präsentiert. Zu diesem Zweck ist zunächst darzulegen, daß sich der Gesamtkapitalkostensatz $r_1^{(S)}$(FKQ) auch darstellen läßt als **gewogenes** Mittel von Eigenkapitalkostensatz $r_1^{(EK,S)}$(FKQ) und Fremdkapitalkostensatz i, wenn als Gewichte jeweils die Eigen- bzw. die Fremdkapitalquote Verwendung finden. Als Ausgangspunkt dient der bereits bekannte Umstand, daß $r_1^{(S)}$(FKQ) und $r_1^{(EK,S)}$(FKQ) im Gleichgewicht des bis auf Steuern vollkommenen Kapitalmarktes den folgenden Bedingungen genügen müssen:

$$V_0^{(U,S)}(FKQ) = \frac{E[\tilde{z}_1^{(EK,S)}(FKQ)]+(1+i)\cdot K(FKQ)}{1+r_1^{(S)}(FKQ)},$$

$$V_0^{(EK,S)}(FKQ) = \frac{E[\tilde{z}_1^{(EK,S)}(FKQ)]}{1+r_1^{(EK,S)}(FKQ)}. \tag{1.19}$$

Die Substitution $E[\tilde{z}_1^{(EK,S)}(FKQ)] = V_0^{(EK,S)}(FKQ)\cdot[1+r_1^{(EK,S)}(FKQ)]$ in der ersten Gleichung aus (1.19) und anschließende Multiplikation beider Seiten der betreffenden Gleichung mit $[1+r_1^{(S)}(FKQ)]/[V_0^{(U,S)}(FKQ)]$ ergeben mit EKQ als Abkürzung für die Eigenkapitalquote $[V_0^{(EK,S)}(FKQ)]/[V_0^{(U,S)}(FKQ)]$ der Unternehmung:

$$1+r_1^{(S)}(FKQ) = [1+r_1^{(EK,S)}(FKQ)]\cdot EKQ+(1+i)\cdot FKQ$$

$$\Leftrightarrow \quad r_1^{(S)}(FKQ) = r_1^{(EK,S)}(FKQ)\cdot EKQ+i\cdot FKQ, \tag{1.20}$$

da EKQ+FKQ = 1 gilt. Der unternehmerische Gesamtkapitalkostensatz bestimmt sich in der Zwei-Zeitpunkte-Betrachtung im Fall mit Steuern ebenso wie schon im Fall ohne Steuern als gewogenes arithmetisches Mittel des maßgeblichen Eigen- und des maßgeblichen Fremdkapitalkostensatzes. Bemerkenswerterweise findet hierbei als Fremdkapitalkostensatz der **Zinssatz i** Verwendung, da die Sichtweise der Kapitalgeber maßgeblich ist: Diese verlangen eine Verzinsung von gerade i auf die gewährten Kredite nach Steuern. Daß die Unternehmung über Fremdfinanzierung einen Steuerspareffekt realisiert, äußert sich nicht in einer Anpassung des Fremdkapitalkostensatzes, sondern in einer solchen des **Eigenkapitalkostensatzes**.

Mit Hilfe von (1.20) läßt sich nun der Nenner $1+r_1^{(S)}(FKQ)-s\cdot i\cdot FKQ$ aus der Bestimmungsgleichung (1.18) umschreiben. Dazu betrachtet man die Differenz $r_1^{(S)}(FKQ)-s\cdot i\cdot FKQ$ und setzt für $r_1^{(S)}(FKQ)$ das Ergebnis aus (1.20) ein. Man erhält sofort:

$$r_1^{(S)}(FKQ)-s\cdot i\cdot FKQ = r_1^{(EK,S)}\cdot EKQ+i\cdot(1-s)\cdot FKQ. \tag{1.21}$$

Der Ausdruck auf der rechten Seite von (1.21) wird in Anlehnung an den Sprachgebrauch der angelsächsischen Literatur als "WACC" für **"Weighted average cost of capital"** bezeichnet.[8] Herkömmlicherweise findet man die **modifizierte Entity-Gleichung** aus (1.18) unter Beachtung von (1.21) in folgender Form:

$$V_0^{U,S}(FKQ) = \frac{(1-s)\cdot E(\tilde{z}_1)}{1+r_1^{(EK,S)}(FKQ)\cdot(1-FKQ)+i\cdot(1-s)\cdot FKQ}. \tag{1.22}$$

Man spricht in diesem Zusammenhang auch von der **WACC-Variante** des Entity-Konzeptes. Die aus (1.15) bekannte ursprüngliche Form der Entity-Bewertungsformel wird auch als **DUK-Variante** bezeichnet, wobei "DUK" als Abkürzung für den über $r_1^{(S)}(FKQ)$ beschriebenen **durchschnittlichen Kapitalkostensatz** der Unternehmung nach Steuern dient.[9] Besonders glücklich sind diese beiden Begriffsfassungen sicherlich nicht, da "WACC" auf deutsch ebenfalls nichts anderes als "DUK" heißt und genaugenommen der Ausdruck auf der rechten Seite von (1.21) **nicht** korrekt die durchschnittlichen Kapitalkosten der Unter-

---

[8] Der Zwei-Zeitpunkte-Fall wird in der Literatur üblicherweise nicht behandelt. Der WACC-Ansatz kann hierfür aber analog definiert werden. Vgl. zum WACC-Ansatz etwa *Schwetzler/Darijtschuk* (1999), S. 298. Siehe auch *Drukarczyk* (2001), S. 276.

[9] Vgl. erneut *Schwetzler/Darijtschuk* (1999), S. 298.

nehmung beschreibt. Diese gibt nur $r_1^{(S)}(FKQ)$ zutreffend an. Im Rahmen dieses Lehrbuchs wird deswegen die Bestimmungsgleichung aus (1.15) weiter als **ursprüngliche** Bewertungsgleichung gemäß dem Entity-Konzept bezeichnet und die Formulierung aus (1.18) bzw. (1.22) als **modifizierte**. Die beiden letztgenannten Gleichungen sind natürlich äquivalent und verlangen die gleichen Inputdaten für ihre Anwendung.

Ferner besteht zwischen **Verschuldungsgrad** und **Fremdkapitalquote** für beliebige Betrachtungszeitpunkte und sowohl mit als auch ohne Steuern der folgende eineindeutige Zusammenhang:

$$\rho \equiv \frac{V^{(FK)}}{V^{(EK)}} = \frac{FKQ \cdot V^{(U)}}{(1-FKQ) \cdot V^{(U)}} = \frac{FKQ}{1-FKQ}. \tag{1.23}$$

(1.23) läßt sich leicht nach der Fremdkapitalquote FKQ auflösen. Man erhält:

$$FKQ = \frac{\rho}{1+\rho}. \tag{1.24}$$

Aufgrund der Beziehungen (1.23) und (1.24) spielt es überdies keine Rolle, ob man ρ oder FKQ vorgibt. In beiden Fällen kann sofort das Entity- oder das Equity-Konzept (in modifizierter Form) angewandt werden. Lediglich der APV-Ansatz ist hier **nicht** direkt zugänglich. Aber auch dies gilt nur für seine "ursprüngliche" Formulierung. Substituiert man in (1.8) das Kreditvolumen K durch $FKQ_0^{(S)}(K) \cdot V_0^{(U,S)}(K)$ und löst anschließend nach $V_0^{(U,S)}$ auf, so könnte man auch zu modifizierten Bewertungsformeln auf der Grundlage des APV-Ansatzes gelangen, die die Ermittlung des Unternehmenswertes bei Vorgabe einer bestimmten Fremdkapitalquote oder eines bestimmten Verschuldungsgrades ermöglichten. Erforderlich ist dies aber nicht, da schon die beiden Bewertungsrelationen aus (1.17) und (1.18) vorliegen. Diese Zusammenhänge mögen eine Erklärung dafür sein, daß man in der Literatur zwar die modifizierte Entity-Gleichung findet. Das modifizierte Equity-Konzept hingegen wird trotz gleicher Anwendungsmöglichkeit in der Regel nicht näher erörtert.

Zur besseren **Übersicht** sind die einzelnen Bewertungsansätze mit den jeweils (neben der Kenntnis der erwarteten unternehmerischen Einzahlungsüberschüsse und des relevanten Steuersatzes) benötigten Daten in *Tabelle 1.7* zusammengefaßt.

Bewertungsansatz	Benötigte Daten
APV (1.8)	$r_1^{(S)}(0) = r_1^{(EK,S)}(0)$, K
Entity (1.15)	$r_1^{(S)}(K)$, K
Equity (1.16)	$r_1^{(EK,S)}(K)$, K
Entity modifiziert (1.18)	$r_1^{(S)}(FKQ)$, FKQ
Equity modifiziert (1.17)	$r_1^{(EK,S)}(\rho)$, ρ

Tabelle 1.7: Bewertungsansätze und jeweils benötigte Daten

Zu beachten ist ferner, daß sich Verschuldungsgrad ρ und Fremdkapitalquote FKQ gemäß (1.23) bzw. (1.24) ineinander überführen lassen. Überdies bestehen eineindeutige Beziehungen zwischen unternehmerischem Verschuldungsgrad sowie den Eigenkapitalkostensätzen $r_1^{(EK,S)}(0)$ und $r_1^{(EK,S)}(\rho)$ einerseits (siehe (1.14)) und unternehmerischer Fremdkapitalquote und den Gesamtkapitalkostensätzen $r_1^{(S)}(0)$ sowie $r_1^{(S)}(FKQ)$ andererseits (siehe (1.11)). Das bedeutet, daß aus der Kenntnis von zwei der drei jeweils genannten Größen die dritte sofort bestimmt werden kann.

Beispiel 1.3:
Gegeben seien grundsätzlich die Annahmen des Beispiels 1.2. Statt der drei dort genannten Forderungshöhen K sollen jedoch **Fremdkapitalquoten** (nach Steuern) gemäß der ersten Zeile der folgenden *Tabelle 1.8* exogen vorgegeben sein. Mit den Werten aus der ersten Zeile von *Tabelle 1.8* läßt sich über (1.11) der je nach Fremdkapitalquote maßgebliche **Gesamtkapitalkostensatz** der Unternehmung be-

stimmen. Diese Werte sind in der zweiten Zeile von *Tabelle 1.8* ausgewiesen. Die dritte Zeile der *Tabelle 1.8* enthält die nach (1.23) mit den genannten Fremdkapitalquoten korrespondierenden **Verschuldungsgrade**, die vierte Zeile die sich auf dieser Grundlage laut (1.14) ergebenden **Eigenkapitalkostensätze** der Unternehmung. Die fünfte und die sechste Zeile schließlich teilen die sich bei der Anwendung der **modifizierten Entity-** oder der **modifizierten Equity-**Methode ((1.18) bzw. (1.17)) jeweils ergebenden (identischen) **Marktwerte der Unternehmung** und der **Beteiligungstitel** nach Steuern mit. Diese stimmen mit den Werten aus *Tabelle 1.6* überein, was nicht weiter verwundert, da die mit den angenommenen Fremdkapitalquoten und Verschuldungsgraden letzten Endes verbundenen **Kreditvolumina** gemäß der siebten Zeile von *Tabelle 1.8* denen aus *Tabelle 1.6* entsprechen.

FKQ	0,206797101	0,615542074	0,817527701
$r_1^{(S)}(FKQ)$	0,08984244	0,08953102	0,08937712
$\rho_0^{(S)}(FKQ)$	0,260711479	1,601064856	4,48028389
$r_1^{(EK,S)}(FKQ)$	0,10022982	0,15282274	0,26579781
$V_0^{(U,S)}(FKQ)$	92,1077659	92,8333895	93,1962013
$V_0^{(EK,S)}(FKQ)$	73,0601469	35,6905324	17,0057251
$K_0^{(S)}(FKQ)$	19,047619	57,1428571	76,1904762

Tabelle 1.8:   Fremdkapitalquoten, Verschuldungsgrade, Verschuldungsvolumina, Kapitalkostensätze und Marktwerte im Zusammenhang (gerundete Werte)   □

3.2 Die Situation bei unbegrenztem Zeithorizont[10]

Nachdem im vorhergehenden Abschnitt 3.1 die Beziehungen zwischen den verschiedenen Kapitalkostensätzen und Marktwertberechnungsmethoden für das einfache Zwei-Zeitpunkte-Modell geklärt worden sind, erhebt sich natürlich die Frage, wie sich die Zusammenhänge im Rahmen einer Mehr-Perioden-Betrachtung darstellen. Hierauf soll im folgenden näher eingegangen werden. Am leichtesten zugänglich dürfte dabei noch eine solche Situation sein, in der die Einzahlungsüberschüsse $\tilde{z}_t$ (t = 1, 2, 3, ...) der Unternehmung zwar alle unabhängig voneinander sind, aber der gleichen Wahrscheinlichkeitsverteilung $\tilde{z}$ unterliegen. Das bedeutet, daß jede Realisation eines Einzahlungsüberschusses $\tilde{z}_t$ als "Ziehung" aus **derselben** Zufallsvariablen $\tilde{z}$ aufgefaßt werden kann. Dies impliziert unter anderem einen identischen Erwartungswert $E(\tilde{z})$ aller unternehmerischen Einzahlungsüberschüsse $\tilde{z}_t$ (t = 1, 2, 3, ...). Es liegt damit im Erwartungswert eine **ewige Rente** vor, wobei überdies der unternehmerische **Ein-Perioden-Gesamtkapitalkostensatz** bei reiner Eigenfinanzierung über alle Perioden **konstant** ist.

Selbst unter diesen stark vereinfachenden Annahmen bleibt aber die Frage offen, in welcher Weise sich die Verbindlichkeiten der Unternehmung über die Zeit hinweg entwickeln. Hier soll schlicht angenommen werden, daß die Unternehmung in t = 0 durch die Emission von Forderungstiteln einen **Betrag K** aufnimmt, der in **allen** künftigen Zeitpunkten sichere Zinszahlungen in Höhe von i·K zur Folge hat. Eine explizite **Tilgung** der in t = 0 aufgenommenen Mittel erfolgt demnach **nicht**; vielmehr besteht die Vergütung für die Gläubiger allein in den künftigen ("ewigen") Zinszahlungen. Der **Fremdkapitalbestand** der Unternehmung bleibt hierbei folglich im Zeitablauf **konstant**. In der Tat ist dies das Szenario, das im Rahmen der Beiträge von *Modigliani* und *Miller* (1958, 1963) als **erstes** in der Literatur analysiert worden ist.

---

[10] Die Ausführungen dieses Abschnitts basieren zum Teil auf *Breuer* (2001j, 2002a).

Die Herleitungen für den Fall unbegrenzten Zeithorizontes gestalten sich recht einfach. Bekanntermaßen bestimmt sich der Kapital- und damit Marktwert einer gleichbleibenden (erwarteten) Einzahlung in Höhe von $(1-s) \cdot E(\bar{z})$ als ewiger Rente durch Division dieses Erwartungswertes durch den über den gesamten Betrachtungszeitraum maßgeblichen Ein-Perioden-Kapitalkostensatz $r^{(S)}(0)$. Die zu (1.7) analoge Formel im Modell unbegrenzten Zeithorizontes lautet demnach:

$$V_0^{(U,S)}(0) = \frac{(1-s) \cdot E(\bar{z})}{r^{(S)}(0)}. \tag{1.25}$$

Die **sichere Steuerersparnis** pro Periode ergibt sich weiterhin als $s \cdot i \cdot K$. Diese sichere ewige Rente verfügt über einen Marktwert, den man durch Diskontierung mit i bestimmt und der sich folglich gerade auf $s \cdot K$ beläuft. Gemäß dem **APV-Ansatz** läßt sich der Marktwert der Unternehmung für $K > 0$ somit berechnen als

$$V_0^{(U,S)}(K) = \frac{(1-s) \cdot E(\bar{z})}{r^{(S)}(0)} + s \cdot K. \tag{1.26}$$

In völliger Analogie zu den Herleitungen aus (1.9) bis (1.11) sind nun mit $E(\bar{z}^{(S)})$ als den erwarteten unternehmerischen Einzahlungen pro Periode nach Steuern die folgenden Umformungen möglich:

$$V_0^{(U,S)}(K) = \frac{E[\bar{z}^{(S)}(K)] - s \cdot i \cdot K}{r^{(S)}(0)} + s \cdot K$$

$$= \frac{E[\bar{z}^{(S)}(K)]}{r^{(S)}(0)} + s \cdot K \cdot \frac{r^{(S)}(0) - i}{r^{(S)}(0)} \tag{1.27}$$

$$\leftrightarrow V_0^{(U,S)}(K) \cdot r^{(S)}(0) = E[\bar{z}^{(S)}(K)] + s \cdot K \cdot [r^{(S)}(0) - i].$$

Division von (1.27) durch $V_0^{(U,S)}(K)$ ergibt:

$$r^{(S)}(0) = \frac{E[\tilde{z}^{(S)}(K)]}{V_0^{(U,S)}(K)} + s \cdot [r^{(S)}(0) - i] \cdot \frac{K}{V_0^{(U,S)}(K)}. \tag{1.28}$$

Der **Ein-Perioden-Gesamtkapitalkostensatz** $r^{(S)}(K)$ der Unternehmung nach Steuern für $K > 0$ berechnet sich bei unbegrenztem Zeithorizont im Gleichgewicht als $E[\tilde{z}^{(S)}(K)]/V_0^{(U,S)}(K)$. Löst man (1.28) nach $r^{(S)}(K)$ auf, erhält man schließlich

$$r^{(S)}(K) = r^{(S)}(0) - s \cdot [r^{(S)}(0) - i] \cdot FKQ_0^{(S)}(K). \tag{1.29}$$

Wieder gilt natürlich, daß mit wachsender Fremdkapitalquote $FKQ_0^{(S)}(K)$ nach Steuern der unternehmerische Gesamtkapitalkostensatz infolge des eintretenden Steuerspareffekts ceteris paribus **sinkt**. Wegen $i/(1+i) < 1$ ist die Sensitivität des Gesamtkapitalkostensatzes im Hinblick auf Variationen der Fremdkapitalquote hierbei freilich ceteris paribus **ausgeprägter** als im einfachen Zwei-Zeitpunkte-Fall der Gleichung (1.11). Der Steuerspareffekt ist im letztgenannten Fall bei zunehmender Fremdfinanzierung schlicht geringer.

Wenn man auf beiden Seiten in der ersten Gleichung von (1.27) das Kreditvolumen K subtrahiert und $E[\tilde{z}^{(EK,S)}(K)]$ als die erwarteten Einzahlungen an die Inhaber der Beteiligungstitel pro Periode definiert, ergibt sich mit $V_0^{(EK,S)}(K) = V_0^{(U,S)}(K) - K$ und $E[\tilde{z}^{(S)}(K)] = E[\tilde{z}^{(EK,S)}(K)] + i \cdot K$:

$$V_0^{(U,S)}(K) - K$$

$$= V_0^{(EK,S)}(K) = \frac{E[\tilde{z}^{(EK,S)}(K)] + i \cdot K}{r^{(S)}(0)} + s \cdot K \cdot \frac{r^{(S)}(0) - i}{r^{(S)}(0)} - K \tag{1.30}$$

$$\leftrightarrow V_0^{(EK,S)}(K) \cdot r^{(S)}(0) = E[\tilde{z}^{(EK,S)}(K)] - (1-s) \cdot [r^{(S)}(0) - i] \cdot K.$$

Division von (1.30) durch $V_0^{(EK,S)}(K)$ führt zu

$$r^{(S)}(0) = \frac{E[\tilde{z}^{(EK,S)}(K)]}{V_0^{(EK,S)}(K)} - (1-s) \cdot [r^{(S)}(0) - i] \cdot \rho_0^{(S)}(K). \tag{1.31}$$

Der konstante **Ein-Perioden-Eigenkapitalkostensatz** $r_0^{(EK,S)}(K)$ der Unternehmung nach Steuern für $K > 0$ berechnet sich im Gleichgewicht bei unbegrenztem Zeithorizont als $E[\tilde{z}^{(EK,S)}(K)]/V_0^{(EK,S)}(K)$. Löst man (1.31) nach $r^{(EK,S)}(K)$ auf, gelangt man schließlich zu

$$r^{(EK,S)}(K) = r^{(S)}(0) + (1-s) \cdot [r^{(S)}(0) - i] \cdot \rho_0^{(S)}(K). \tag{1.32}$$

Ähnlich wie im Zwei-Zeitpunkte-Fall wächst der Ein-Perioden-Eigenkapitalkostensatz der Unternehmung **linear** im Verschuldungsgrad. Die Modifikation der Formel im Vergleich zum Nicht-Steuerfall stellt sich in der Situation mit unbegrenztem Zeithorizont jedoch als einfacher dar: Der Anstieg des Eigenkapitalkostensatzes mit wachsender Verschuldung wird schlicht um den Faktor 1-s verringert. Da $[1 + i \cdot (1-s)]/(1+i) = 1 - s \cdot i/(1+i) > 1-s$ gilt, ist das Anwachsen des Eigenkapitalkostensatzes mit zunehmendem Verschuldungsgrad hierbei freilich **nicht** so stark ausgeprägt wie im Zwei-Zeitpunkte-Fall aus Gleichung (1.14). Ursächlich hierfür ist abermals der (eigenkapitalkostensenkend wirkende) stärkere Steuerspareffekt einer Verschuldungsgraderhöhung bei unbegrenztem Zeithorizont.

Wieder läßt sich der Marktwert der Unternehmung nicht nur nach dem APV-Ansatz, sondern auch nach dem **Entity-Ansatz**,

$$V_0^{(U,S)} = \frac{E[\tilde{z}^{(S)}(K)]}{r^{(S)}(K)}, \tag{1.33}$$

oder dem **Equity-Ansatz**,

$$V_0^{(U,S)} = V_0^{(EK,S)} + V_0^{(FK,S)}$$

$$= \frac{E[\tilde{z}^{(EK,S)}(K)]}{r^{(EK,S)}(K)} + K, \tag{1.34}$$

ermitteln.

Infolge des unbegrenzten Betrachtungszeitraums und der Konstanz von allen relevanten Größen im Zeitablauf stimmt der Marktwert der Unternehmung in irgendeinem Zeitpunkt t > 0 überdies **stets** mit dem des Zeitpunktes t = 0 überein. Daraus folgt, daß sich auch Verschuldungsgrad und Fremdkapitalquote im Zeitablauf **nicht** ändern. Auf die Konstanz der Ein-Perioden-Kapitalkostensätze wurde bereits hingewiesen.

Beispiel 1.4:

Gegeben sei eine Unternehmung, die erwartete Einzahlungen $E(\bar{z})$ vor Steuern in Höhe von 166,67 GE in allen künftigen Zeitpunkten t = 1, 2, 3, ... erzielt. Der Zinssatz für risikolose Anlage/Verschuldung belaufe sich auf i = 5 % je Periode. Der **Ein-Perioden-Gesamtkapitalkostensatz** $r^{(S)}(0)$ der Unternehmung nach Steuern im Falle eines Verschuldungsgrades von Null sei über den gesamten Betrachtungszeitraum konstant 9 % je Periode. Der Steuersatz belaufe sich ebenfalls auf einen konstanten Wert, und zwar konkret s = 40 %.

Im weiteren seien alternativ **drei** verschiedene Forderungshöhen gemäß der ersten Zeile aus *Tabelle 1.9* betrachtet. Für jede dieser Forderungshöhen weist die zweite Zeile der Tabelle die **sicheren Steuerersparnisse** je Periode infolge eines von Null verschiedenen Kreditvolumens aus. Mit $(1-s) \cdot E(\bar{z}) = 100{,}002$ GE als den erwarteten Einzahlungen der Unternehmung für K = 0 liefert der **APV-Ansatz** aus (1.26) unmittelbar die Marktwerte $V_0^{(U,S)}(K)$ der Unternehmung gemäß der dritten Zeile der *Tabelle 1.9*. Hiervon ausgehend, lassen sich leicht die drei zugehörigen **Marktwerte** $V_0^{(EK,S)}(K) = V_0^{(U,S)}(K)\text{-}K$ des **Eigenkapitals** nach Steuern berechnen, die in der vierten Zeile von *Tabelle 1.9* ausgewiesen sind. Auf der Grundlage dieser Werte wiederum können die unternehmerischen **Gesamt- und Eigenkapitalkostensätze** aus der fünften und sechsten Zeile der *Tabelle 1.9* über (1.29) sowie (1.32) bestimmt werden, mit deren Hilfe sich ihrerseits wiederum der Unternehmenswert nach Steuern gemäß dem **Entity-** bzw. dem **Equity-Ansatz** ((1.33) bzw. (1.34)) berechnen läßt. Dazu benötigt man im ersten Fall die **gesamten** erwarteten Einzahlungen $E(\bar{z}^{(S)})$ der Unternehmung nach Steuern. Diese bestimmen sich als Summe $(1-s) \cdot E(\bar{z}) + s \cdot i \cdot K$ und sind in der siebten Zeile der *Tabelle 1.9* ausgewiesen. Im zweiten Fall bedarf es der Kenntnis der erwarteten Einzahlungen auf die **Beteiligungstitel**. Diese betragen $E(\bar{z}^{(S)})-i\cdot K$ und stehen in der letzten Zeile von *Tabelle 1.9*.

Sowohl nach dem Entity- als auch nach dem Equity-Konzept ergeben sich natürlich wieder (nahezu) die gleichen Werte, die schon in der dritten Zeile aus *Tabelle 1.9* ausgewiesen sind. Deswegen wird auf ihre nochmalige Wiedergabe verzichtet.

K	400	1.200	1.600
$s\cdot i\cdot K$	8	24	32
$V_0^{(U,S)}(K)$	1.271,133333	1.591,133333	1.751,133333
$V_0^{(EK,S)}(K)$	871,133333	391,133333	151,133333
$r^{(S)}(K)$	0,08496512	0,07793313	0,0753809
$r^{(EK,S)}(K)$	0,10102013	0,16363218	0,34408028
$E(\bar{z}^{(S)})$	108,002	124,002	132,002
$E(\bar{z}^{(EK,S)})$	88,002	64,002	52,002

Tabelle 1.9: Marktwerte und Kapitalkostensätze in Abhängigkeit vom Verschuldungsausmaß bei unbegrenztem Zeithorizont (zum Teil gerundete Werte)

Wieder **steigt** der Marktwert der Unternehmung infolge der steuerlichen Bevorzugung der Fremdfinanzierung mit wachsendem Verschuldungsgrad an. Dieser Effekt ist dabei deutlich **ausgeprägter** als im Rahmen des einfachen Zwei-Zeitpunkte-Ansatzes aus Beispiel 1.2, da nunmehr in **jedem** Zeitpunkt t = 1, 2, 3, … Steuerersparnisse auftreten.

Ferner dürfte klar sein, daß für die hier betrachtete Ausgangssituation der **APV-Ansatz** den nächstliegenden Zugang darstellt. In der Tat lassen sich Entity- und Equity-Ansatz im Rahmen dieses Beispiels erst in Kenntnis des Unternehmenswertes, zu dessen Berechnung sie ja dienen sollen, anwenden. ☐

Wieder ist generell der **APV-Ansatz** zu wählen, wenn der unternehmerische **Gesamtkapitalkostensatz** nach Steuern bei reiner Eigenfinanzierung sowie das Ausmaß des **Kreditvolumens K** vorgegeben sind. Im Falle eines exogenen Wertes für die unternehmerische Fremdkapitalquote oder für den unternehmerischen Verschuldungsgrad kann man erneut den Entity- oder den Equity-Ansatz in geeignet **modifizierter** Form zur Marktwertberechnung nutzen. Mit $E(\bar{z}^{(S)}) = (1-s) \cdot E(\bar{z}) + s \cdot i \cdot K$ und $K = FKQ \cdot V_0^{(U,S)}$ lautet die modifizierte Bewertungsgleichung des **Entity-Ansatzes**:

$$V_0^{(U,S)}(FKQ) = \frac{(1-s) \cdot E(\bar{z})}{r^{(S)}(FKQ) - s \cdot i \cdot FKQ}. \qquad (1.35)$$

Im Zusammenhang mit dem **Equity-Ansatz** erhält man unter Beachtung von $E(\bar{z}^{(EK,S)}) = E(\bar{z}^{(S)}) - i \cdot K = (1-s) \cdot [E(\bar{z}) - i \cdot K]$:

$$V_0^{(EK,S)}(\rho) = \frac{(1-s) \cdot E(\bar{z})}{r^{(EK,S)}(\rho) + i \cdot (1-s) \cdot \rho}. \qquad (1.36)$$

In der Literatur gängig ist einmal mehr lediglich die modifizierte Entity-Bewertungsgleichung, wobei $r^{(S)}(FKQ)$ wieder generell als gewogenes Mittel von Eigenkapitalkostensatz $r^{(EK,S)}(FKQ)$ und Fremdkapitalkostensatz i mit Eigen- und Fremdkapitalquote als Gewichten dargestellt werden kann. Die Herleitung dieses Sachverhalts entspricht grundsätzlich derjenigen von (1.20) aus (1.19) im Abschnitt 3.1, wenn man $E[\bar{z}^{(S)}(FKQ)] = E[\bar{z}^{(EK,S)}(FKQ)] + i \cdot K(FKQ)$, $V_0^{(U,S)}(FKQ) = E[\bar{z}^{(S)}(FKQ)]/[r^{(S)}(FKQ)]$ sowie $V_0^{(EK,S)}(FKQ) = E[\bar{z}^{(EK,S)}(FKQ)]/r^{(EK,S)}(FKQ)$ beachtet. Damit wiederum läßt sich in (1.35) (ohne weiteren Erkenntnisfortschritt) $r^{(S)}(FKQ) - s \cdot i \cdot FKQ$ durch $r^{(EK,S)}(FKQ) \cdot (1-FKQ) + i \cdot (1-s) \cdot FKQ$ ersetzen.

Der Anwendungsbereich der einzelnen Formeln wie auch die zwischen ihnen jeweils bestehenden Beziehungen entspricht auch ansonsten den Verhältnissen im Zwei-Zeitpunkte-Fall und braucht daher an dieser Stelle nicht explizit wiederholt zu werden.

Beispiel 1.5:

Gegeben seien die Annahmen des vorhergehenden Beispiels 1.4 mit der **einzigen** Modifikation, daß **statt** bestimmter Kreditvolumina nunmehr Fremdkapitalquoten oder Verschuldungsgrade über den unbegrenzten Betrachtungszeitraum fixiert sind. In der nachfolgenden *Tabelle 1.10* ist in der ersten Zeile die jeweils vorausgesetzte **Fremdkapitalquote** ausgewiesen. Mit Hilfe der Formeln (1.29) und (1.23) lassen sich auf der Grundlage der Fremdkapitalquoten zum einen die unternehmerischen **Gesamtkapitalkostensätze** und zum anderen die zugehörigen **Verschuldungsgrade** berechnen. Diese Werte sind in den Zeilen 2 und 3 aus *Tabelle 1.10* enthalten. Die vierte Zeile umfaßt die **Eigenkapitalkostensätze** der Unternehmung, wie sie sich aus Formel (1.32) ergeben. Die beiden nachfolgenden Zeilen geben die mittels **Entity- bzw. Equity-Methode** (Formeln (1.35) und (1.36)) berechneten Marktwerte der **Unternehmung** und der **Beteiligungstitel** an. Die letzte Zeile schließlich weist das **Kreditvolumen** der Unternehmung für die angenommene Fremdkapitalquote/den angenommenen Verschuldungsgrad aus. Da die Werte für K mit denen aus *Tabelle 1.9* annähernd übereinstimmen, überrascht es nicht, daß auch alle sonstigen Einträge an Kapitalkostensätzen und Marktwerten aus *Tabelle 1.9* in *Tabelle 1.10* nahezu **identisch** wiedergefunden werden können.

$FKQ^{(S)}$	0,31467981	0,75417941	0,91369399
$r^{(S)}(FKQ)$	0,08496512	0,07793313	0,0753809
$\rho_0^{(S)}(FKQ)$	0,45917195	3,06800749	10,5866786
$r_0^{(EK,S)}(FKQ)$	0,10102013	0,16363218	0,34408029
$V_0^{(U,S)}(FKQ)$	1.271,133381	1.591,133318	1.751,133217
$V_0^{(EK,S)}(FKQ)$	871,133313	391,133334	151,13333
$K_0^{(S)}(FKQ)$	400,000011	1.199,999987	1.599,999896

Tabelle 1.10: Fremdkapitalquoten, Verschuldungsgrade, Verschuldungsvolumina, Kapitalkostensätze und Marktwerte im Zusammenhang bei unbegrenztem Zeithorizont (gerundete Werte) ☐

3.3 Die Situation bei einer Mehr-Zeitpunkte-Betrachtung mit $1 < T < \infty$

Die Erkenntnisse der Abschnitte 3.1 und 3.2 können auch dazu genutzt werden, um **Investitionsprojekte** in Abhängigkeit der jeweils gewählten Projektfinanzierung zu bewerten. Typischerweise verfügen Investitionsprojekte jedoch weder über bloß eine einzige künftige Rückzahlung, noch liefern sie erwartete Rückflüsse in Form ewiger Renten. Vielmehr ist davon auszugehen, daß Investitionsmöglichkeiten mit variierenden künftigen Einzahlungsüberschüssen $\bar{z}_1$, $\bar{z}_2$, ..., $\bar{z}_T$ über einen **endlichen** Betrachtungszeitraum bis T einhergehen. Entsprechend werden auch schon im Falle reiner Eigenfinanzierung **unterschiedliche** Ein-Perioden-Gesamtkapitalkostensätze $r_\tau^{(S)}(0)$ für die einzelnen Zeiträume t = τ-1 bis t = τ (τ = 1, ..., T) anzusetzen sein. Gerade dieser realistische Fall erweist sich als durchaus komplex. Im weiteren soll deshalb zunächst auf eine Situation mit T = 2, also eine Drei-Zeitpunkte-Betrachtung, näher eingegangen werden. Anschließend wird dargelegt, inwiefern die hierbei gewonnenen Ergebnisse auf Betrachtungszeiträume T > 2 verallgemeinert werden können.

Vorerst sei dabei angenommen, daß das Kreditvolumen der Unternehmung sich auf K belaufe, wobei in t = 1 und t = 2 **Zinszahlungen** und in t = 2 überdies die endfällige **Tilgung** des gesamten Kredits erfolgen.

Unter dieser Prämisse bestimmt sich der Marktwert der Unternehmung nach Steuern zum Zeitpunkt t = 0 gemäß dem **APV-Ansatz** als

$$V_0^{(U,S)}(K) = \frac{(1-s) \cdot E_0(\tilde{z}_1)}{1+r_1^{(S)}(0)} + \frac{(1-s) \cdot E_0(\tilde{z}_2)}{[1+r_1^{(S)}(0)] \cdot [1+r_2^{(S)}(0)]} + \frac{s \cdot i \cdot K}{1+i} + \frac{s \cdot i \cdot K}{(1+i)^2}. \qquad (1.37)$$

Die erwarteten Einzahlungen nach Steuern im Falle der reinen Eigenfinanzierung werden mit Hilfe der maßgeblichen **Ein-Perioden-Gesamtkapitalkostensätze** nach Steuern abgezinst, während die sicheren Steuerersparnisse in den Zeitpunkten t = 1 und t = 2 mit dem **Zinssatz i** für risikolose Anlage/Verschuldung diskontiert werden.

Grundsätzlich ist es nicht ausgeschlossen, daß der im Zeitpunkt t = 1 für den Zeitraum von t = 1 bis t = 2 maßgebliche Ein-Perioden-Gesamtkapitalkostensatz aus Sicht des Zeitpunktes t = 0 eine **Zufallsvariable** ist. Ähnlich wie im Abschnitt 2 dieses Kapitels soll aber vor dem Hintergrund der Diskussion um das **Mehr-Perioden-CAPM** im Rahmen des Abschnitts 7 aus Kapitel IV im weiteren zur Vereinfachung angenommen werden, daß der in t = 1 herrschende Ein-Perioden-Gesamtkapitalkostensatz für die letzte Periode aus Sicht des Zeitpunktes t = 0 eine **sichere** Größe ist. Dann stimmt dieser in t = 1 relevante Kapitalkostensatz natürlich mit dem überein, der bereits aus Sicht von t = 0 für die Periode von t = 1 bis t = 2 angesetzt wurde. Der **Marktwert der Unternehmung** nach Steuern zum Zeitpunkt **t = 1** ermittelt sich demnach als

$$V_1^{(U,S)}(K) = \frac{(1-s) \cdot E_1(\tilde{z}_2)}{1+r_2^{(S)}(0)} + \frac{s \cdot i \cdot K}{1+i}. \qquad (1.38)$$

Analoge Formeln lassen sich für den Entity- und den Equity-Ansatz aufstellen. Konkret erhält man bei Zugrundelegung der **Entity-Methode** als Unternehmenswerte der Zeitpunkte $t = 1$ und $t = 2$:

$$V_0^{(U,S)}(K) = \frac{(1-s)\cdot E_0(\tilde{z}_1)+s\cdot i\cdot K}{1+r_1^{(S)}(K)} + \frac{(1-s)\cdot E_0(\tilde{z}_2)+s\cdot i\cdot K}{[1+r_1^{(S)}(K)]\cdot[1+r_2^{(S)}(K)]},$$

$$V_1^{(U,S)}(K) = \frac{(1-s)\cdot E_1(\tilde{z}_2)+s\cdot i\cdot K}{1+r_2^{(S)}(K)}.$$
(1.39)

Im Rahmen des **Equity-Ansatzes** schließlich ergibt sich der Marktwert der Unternehmung seiner Definition entsprechend als Summe der Marktwerte der Beteiligungs- und der Forderungstitel. Das bedeutet hier:

$$V_0^{(U,S)}(K) = V_0^{(EK,S)}(K)+K$$

$$= \frac{(1-s)\cdot[E_0(\tilde{z}_1)-i\cdot K]}{1+r_1^{(EK,S)}(K)} + \frac{(1-s)\cdot[E_0(\tilde{z}_2)-i\cdot K]-K}{[1+r_1^{(EK,S)}(K)]\cdot[1+r_2^{(EK,S)}(K)]} +K,$$

$$V_1^{(U,S)}(K) = \frac{(1-s)\cdot[E_1(\tilde{z}_2)-i\cdot K]-K}{1+r_2^{(EK,S)}(K)} +K.$$
(1.40)

Implizit vorausgesetzt wurde im Zusammenhang mit der zweiten Formel aus (1.40), daß auch der zum Zeitpunkt $t = 1$ maßgebliche **Ein-Perioden-Eigenkapitalkostensatz** für $t = 1$ bis $t = 2$ aus Sicht von $t = 0$ bereits mit **Sicherheit** als $r_2^{(EK,S)}(K)$ bekannt ist. In der Tat ist dies hier eine Konsequenz des **deterministischen** Charakters des künftigen Gesamt- und des Fremdkapitalkostensatzes, wie sich weiter unten noch zeigen wird.

Ähnlich wie in den vorhergehenden Abschnitten soll nämlich nun noch die Frage gestellt werden, welche Beziehungen zwischen den **Kapitalkostensätzen** bestehen. Da hier eine Mehr-Perioden-Betrachtung mit heterogenen Zahlungsstrukturen in den einzelnen Zeitpunkten vorliegt, sind dabei die Zusammenhänge zwischen den Kapitalkostensätzen jeweils **einperiodig** zu bestimmen, das heißt für den Zeitraum von t = 0 bis t = 1 und für den Zeitraum von t = 1 bis t = 2. Die Beziehungen für t = 1 bis t = 2 entsprechen dabei grundsätzlich denen aus dem einfachen **Zwei-Zeitpunkte-Ansatz** des Abschnitts 3.1 dieses Kapitels V Konkret bedeutet dies:

$$r_2^{(S)}(K) = r_2^{(S)}(0) - s \cdot i \cdot \frac{r_2^{(S)}(0) - i}{1 + i} \cdot FKQ_1^{(S)}(K) \qquad (1.41)$$

sowie

$$r_2^{(EK,S)}(K) = r_2^{(S)}(0) + [r_2^{(S)}(0) - i] \cdot \frac{1 + i \cdot (1 - s)}{1 + i} \cdot \rho_1^{(S)}(K). \qquad (1.42)$$

Insofern ist es lediglich noch erforderlich, ein wenig näher auf die Zusammenhänge zwischen den Kapitalkostensätzen im Zeitraum von **t = 0 bis t = 1** einzugehen.

Grundsätzlich würde man vermuten, daß aus Sicht von t = 0 der Marktwert der Unternehmung zum Zeitpunkt t = 1 als eine **Zufallsvariable** aufzufassen ist, da die erwarteten Einzahlungsüberschüsse des Zeitpunktes t = 2 aus Sicht von t = 0 nicht mit denen aus Sicht von t = 1 übereinstimmen müssen. In der Tat aber hat die Annahme von in t = 0 bereits **sicher** bekannten künftigen Gesamtkapitalkostensätzen für den Zeitraum von t = 1 bis t = 2 weitreichende Konsequenzen auch für den stochastischen Charakter künftiger Marktwerte. Zum einen erkennt man aus (1.41), daß $r_2^{(S)}(K)$ nur dann für jedes Kreditvolumen K bereits in t = 0 sicher festlegt, wenn auch die $FKQ_1^{(S)}(K)$ deterministisch ist. Bei nicht ausfallbedrohtem Fremdkapital impliziert dies sofort den nicht stochastischen Charakter des **Unternehmenswertes** $V_1^{(U,S)}(K)$ aus Sicht von t = 0. Wie bereits angedeutet, folgt im Rahmen von (1.42) aus der sicheren Kenntnis von $r_2^{(S)}(0)$ bereits zum Zeitpunkt t = 0 auch die sichere Bekanntheit des korrespondierenden **Eigenkapitalkostensatzes** $r_2^{(EK,S)}(K)$. Ein entsprechender deterministischer Charakter künftiger Marktwerte läßt sich über (1.1) im übrigen natürlich auch bereits im Rahmen des Abschnitts 2 dieses Kapitels für den **Fall ohne Steuern** herleiten.

Schon aus dem **Mehr-Perioden-CAPM** ist des weiteren bekannt, daß ganz allgemein $E_0[E_1(\bar{z}_2)] = E_0(\bar{z}_2)$ gilt: Der aus Sicht des Zeitpunktes $t = 0$ erwartete Erwartungswert von $\bar{z}_2$ aus Sicht von $t = 1$ muß dem Erwartungswert von $\bar{z}_2$ aus Sicht von $t = 0$ entsprechen. **Andernfalls** wäre die Erwartungsbildung des betrachteten Entscheiders im Zeitablauf **inkonsistent**. Insbesondere würde eine Änderung der Erwartungen erwartet. Gerade eine solche **erwartete Erwartungsänderung** gäbe freilich sofort in $t = 0$ Anlaß zur Erwartungsänderung. Bei **sicherem** künftigen Unternehmenswert ist eine Erwartungsrevision von $t = 0$ bis $t = 1$ hinsichtlich $\bar{z}_2$ sogar mit Sicherheit ausgeschlossen, weswegen jetzt gar $E_0(\bar{z}_2) = E_1(\bar{z}_2)$ Gültigkeit besitzt. Damit läßt sich (1.38) schon aus Sicht von $t = 0$ wie folgt umformen:

$$V_1^{(U,S)}(K) = \frac{(1-s) \cdot E_0(\bar{z}_2)}{1 + r_2^{(S)}(0)} + \frac{s \cdot i \cdot K}{1 + i}$$

$$\leftrightarrow \frac{(1-s) \cdot E_0(\bar{z}_2)}{[1 + r_1^{(S)}(0)] \cdot [1 + r_2^{(S)}(0)]} = \frac{1}{1 + r_1^{(S)}(0)} \cdot \left[V_1^{(U,S)}(K) - \frac{s \cdot i \cdot K}{1 + i} \right].$$

(1.43)

Des weiteren werde $\bar{z}_1^{(S)}(K)$ erneut als unternehmerische Gesamteinzahlung nach Steuern des Zeitpunktes $t = 1$ bei einem Kreditvolumen K eingeführt. Es gilt demnach völlig analog zur Situation im Zusammenhang mit Formel (1.9) die Gleichheit von $(1-s) \cdot E_0(\bar{z}_1)$ und $E_0[\bar{z}_1^{(S)}(K)] - s \cdot i \cdot K$. Einsetzen dieses und des Zusammenhangs aus (1.43) in (1.37) liefert:

$$V_0^{(U,S)}(K) = \frac{E_0[\tilde{z}_1^{(S)}(K)] - s \cdot i \cdot K}{1 + r_1^{(S)}(0)}$$

$$+ \frac{1}{1 + r_1^{(S)}(0)} \cdot \left[V_1^{(U,S)}(K) - \frac{s \cdot i \cdot K}{1 + i} \right] + \frac{s \cdot i \cdot K}{1 + i} + \frac{s \cdot i \cdot K}{(1 + i)^2} \qquad (1.44)$$

$$\Leftrightarrow V_0^{(U,S)}(K) \cdot [1 + r_1^{(S)}(0)]$$

$$= E_0[\tilde{z}_1^{(S)}(K)] + V_1^{(U,S)}(K) + s \cdot i \cdot K \cdot \frac{(2 + i) \cdot [r_1^{(S)}(0) - i]}{(1 + i)^2}.$$

Die erwartete unternehmerische **Gesamtrendite** von $t = 0$ bis $t = 1$ ergibt sich definitorisch als Quotient $\{\{E_0[\tilde{z}_1^{(S)}(K)] + V_1^{(U,S)}(K)\}/V_0^{(U,S)}(K)\}-1$ und entspricht im Gleichgewicht dem zugehörigen Eigenkapitalkostensatz. Teilt man die letzte Gleichung aus (1.44) unter Beachtung dieses Zusammenhangs durch $V_0^{(U,S)}(K)$ und zieht man 1 auf beiden Seiten der Gleichung ab, gelangt man zu

$$r_1^{(S)}(0) = r_1^{(S)}(K) + s \cdot i \cdot \frac{(2 + i) \cdot [r_1^{(S)}(0) - i]}{(1 + i)^2} \cdot FKQ_0^{(S)}(K)$$

$$\qquad (1.45)$$

$$\Leftrightarrow r_1^{(S)}(K) = r_1^{(S)}(0) - s \cdot i \cdot \frac{(2 + i) \cdot [r_1^{(S)}(0) - i]}{(1 + i)^2} \cdot FKQ_0^{(S)}(K).$$

Im Rahmen von (1.45) bezeichnet $r_1^{(S)}(K)$ den unternehmerischen **Gesamtkapitalkostensatz** für den Zeitraum von $t = 0$ bis $t = 1$ bei einem **Kreditvolumen von K** für $t = 0$ bis $t = 2$. $FKQ_0^{(S)}(K)$ definiert in entsprechender Weise die unternehmerische **Fremdkapitalquote** nach Steuern zum Zeitpunkt $t = 0$.

Man erkennt, daß natürlich nach wie vor infolge der Fremdfinanzierung eine **Reduktion** des unternehmerischen Gesamtkapitalkostensatzes eintritt. Die Art der

Reduktion entspricht aber nicht der im Hinblick auf den unternehmerischen Ge-samtkapitalkostensatz für die zweite Periode von t = 1 bis t = 2. Wegen $(2+i)/(1+i) > 1$ ist die **Sensitivität** auf Variationen der Fremdkapitalquote hierbei **aus-geprägter** als im Zeitraum von t = 1 bis t = 2, aber infolge von $i \cdot (2+i)/(1+i)^2 = (2 \cdot i + i^2)/(1 + 2 \cdot i + i^2) < 1$ immer noch ceteris paribus **geringer** als im Fall mit unbegrenztem Zeithorizont.[11]

Zu bestimmen bleibt nun noch, wie sich der **Eigenkapitalkostensatz** der Unter-nehmung im Zeitraum von t = 0 bis t = 1 je nach dem Ausmaß des gewählten Kreditvolumens K ergibt. Hierzu ist erneut $\bar{z}_1^{(EK,S)}(K)$ als Einzahlung nach Steu-ern auf die Beteiligungstitel der Unternehmung einzuführen. Es gilt $E_0[\bar{z}_1^{(S)}(K)] = E_0[\bar{z}_1^{(EK,S)}(K)] + i \cdot K$. Ferner besteht folgender Zusammenhang: $V_t^{(U,S)}(K) = V_t^{(EK,S)}(K) + K$ (t = 1, 2). Beachtet man diese Beziehungen und zieht in der ersten Gleichung von (1.44) auf beiden Seiten K ab, so gelangt man zu

$$V_0^{(U,S)}(K) - K = V_0^{(EK,S)}(K)$$

$$= \frac{E_0[\bar{z}_1^{(EK,S)}(K)] + i \cdot K - s \cdot i \cdot K}{1 + r_1^{(S)}(0)}$$

$$+ \frac{1}{1 + r_1^{(S)}(0)} \cdot \left[V_1^{(EK,S)}(K) + K - \frac{s \cdot i \cdot K}{1+i} \right] + \frac{s \cdot i \cdot K}{1+i} + \frac{s \cdot i \cdot K}{(1+i)^2} - K \qquad (1.46)$$

$$\Leftrightarrow V_0^{(EK,S)}(K) \cdot [1 + r_1^{(S)}(0)]$$

$$= E_0[\bar{z}_1^{(EK,S)}(K)] + V_1^{(EK,S)}(K) - K \cdot [r_1^{(S)}(0) - i] \cdot \left[1 - s \cdot i \cdot \frac{2+i}{(1+i)^2} \right].$$

---

[11] Vgl. hierzu Gleichung (1.29).

Berücksichtigt man nun weiter, daß der von t = 0 bis t = 1 gültige Erwartungswert der Rendite auf die Beteiligungstitel und damit im Gleichgewicht der Eigenkapitalkostensatz der Unternehmung als $\{\{E_0[\tilde{z}_1^{(EK,S)}(K)] + V_1^{(EK,S)}(K)\}/V_0^{(EK,S)}(K)\}-1$ definiert ist, dann ergibt sich bei Division von (1.46) durch $V_0^{(EK,S)}$ und Subtraktion von 1 auf beiden Seiten der Gleichung

$$r_1^{(S)}(0) = r_1^{(EK,S)}(K) - [r_1^{(S)}(0) - i] \cdot \left[1 - s \cdot i \cdot \frac{2+i}{(1+i)^2}\right] \cdot \rho_0^{(S)}(K)$$

$$\Leftrightarrow r_1^{(EK,S)}(K) = r_1^{(S)}(0) + [r_1^{(S)}(0) - i] \cdot \left[1 - s \cdot i \cdot \frac{2+i}{(1+i)^2}\right] \cdot \rho_0^{(S)}(K).$$

(1.47)

In diesem Zusammenhang beschreibt $\rho_0^{(S)}(K)$ den **Verschuldungsgrad** der Unternehmung von t = 0 nach t = 1 nach Steuern. Man erhält demnach auch für den Zeitraum von t = 0 bis t = 1 einen mit wachsendem Verschuldungsgrad **fallenden Eigenkapitalkostensatz**. Anders als im Zusammenhang mit (1.45) ist der Einfluß des Verschuldungsgrades auf den Eigenkapitalkostensatz von t = 0 bis t = 1 **weniger** ausgeprägt als auf den von t = 1 bis t = 2. Es gilt nämlich $[1 + i \cdot (1-s)]/(1+i) = 1 - (s \cdot i)/(1+i) > 1 - [s \cdot i \cdot (2+i)]/(1+i)^2$. Indes ist die Sensitivität immer noch **stärker** als im Fall unbegrenzten Zeithorizonts[12], da $[i \cdot (2+i)]/(1+i)^2 < 1$ gilt, wie weiter oben im Zusammenhang mit (1.45) schon dargelegt worden ist.

Beispiel 1.6:
Betrachtet werde eine Unternehmung im Rahmen eines **Drei-Zeitpunkte-Kontextes** t = 0, 1, 2, wobei sich das Ausmaß der aufgenommenen Kredite in t = 0 auf K = 100 GE beläuft. Der Ein-Perioden-Zinssatz für risikolose Anlage/Verschuldung sei konstant i = 5 %. Der Steuersatz s betrage für beide Perioden konstant 40 %. In der folgenden *Tabelle 1.11* sind in der zweiten Zeile die erwarteten Einzahlungen $E(\tilde{z}_t)$ (t = 1, 2) vor Steuern aus der unternehmerischen

---

[12] Vgl. hierzu Gleichung (1.32).

Tätigkeit angegeben. Im Zeitablauf komme es zu **keiner Revision** der Erwartungen, weswegen der Erwartungswert von $\bar{z}_2$ aus Sicht von t = 0 und von t = 1 übereinstimmt und somit auf eine zeitliche Indizierung des Erwartungswertoperators in *Tabelle 1.11* verzichtet werden kann.

In der dritten Zeile finden sich die erwarteten Einzahlungen $(1\text{-}s)\cdot E(\bar{z}_t)$ bei **reiner Eigenfinanzierung.** Die vierte Zeile enthält die (exogen vorgegebenen) unternehmerischen **Ein-Perioden-Gesamtkapitalkostensätze** nach Steuern ebenfalls für den Fall reiner Eigenfinanzierung, wobei der Ein-Perioden-Gesamtkapitalkostensatz des Zeitraums von t = 1 bis t = 2 aus Sicht von t = 0 und t = 1 übereinstimmt.

Die fünfte Zeile gibt die **sichere Steuerersparnis** $s\cdot i\cdot K$ der Zeitpunkte t = 1 und t = 2 infolge der positiven Verschuldung an. Auf dieser Grundlage läßt sich der **APV-Ansatz** gemäß Gleichungen (1.37) und (1.38) anwenden. In der sechsten Tabellenzeile kann der **Marktwert der Unternehmung** zum Zeitpunkt t-1 (also im Zeitpunkt 0 bzw. 1) abgelesen werden. Damit lassen sich die zugehörigen **Marktwerte der Beteiligungstitel** bestimmen, da der **Marktwert des Fremdkapitals** wegen fehlender Ausfallgefahr und der Verzinsung zu i stets konstant K beträgt. In der neunten Zeile sind die unternehmerischen **Fremdkapitalquoten** und in der zehnten Zeile die korrespondierenden **Verschuldungsgrade** dokumentiert. Damit kann man die unternehmerischen **Gesamt- und Eigenkapitalkostensätze** der beiden Teilperioden für das gegebene Kreditvolumen K ermitteln. Für die beiden Gesamtkapitalkostensätze sind dabei die Gleichungen (1.41) und (1.45) einschlägig, für die Eigenkapitalkostensätze die Gleichungen (1.42) und (1.47).

Die letzten beiden Zeilen schließlich enthalten die gesamten erwarteten Einzahlungen der Unternehmung nach Steuern für Kreditvolumen K und die auf die Beteiligungstitel entfallenden erwarteten Einzahlungen. Auf den Ausweis der gemäß **Entity- und Equity-Verfahren** resultierenden Marktwerte kann erneut verzichtet werden.

Einmal mehr gilt natürlich, daß lediglich der **APV-Ansatz** sich als unmittelbar anwendbar erweist. Equity- und Entity-Verfahren lassen sich für exogen gegebenes Ausmaß unternehmerischer Verschuldung K bloß zur **Bestätigung** des Ergebnisses aus dem APV-Ansatz nutzen.

t	1	2
$E(\bar{z}_t)$	100	200
$(1-s) \cdot E(\bar{z}_t)$	60	120
$r_t^{(S)}(0)$	0,07	0,09
$s \cdot i \cdot K$	2	2
$V_{t-1}^{(U,S)}(K)$	162,683067	111,996505
$V_{t-1}^{(FK,S)}(K)$	100	100
$V_{t-1}^{(EK,S)}(K)$	62,683067	11,996505
$FKQ_{t-1}^{(S)}(K)$	0,614692124	0,892885006
$\rho_{t-1}^{(S)}(K)$	1,595327172	8,335761124
$r_t^{(S)}(K)$	0,06954281	0,08931971
$r_t^{(EK,S)}(K)$	0,10072	0,41707939
$E[\bar{z}_t^{(S)}(K)]$	62	122
$E[\bar{z}_t^{(EK,S)}(K)]$	57	17

Tabelle 1.11: Marktwerte und Kapitalkostensätze in den einzelnen Betrachtungszeitpunkten bzw. Perioden (zum Teil gerundete Werte) □

Eine Konsequenz der Mehr-Perioden-Betrachtung mit endlichem Zeithorizont ist, daß für gegebenes Kreditvolumen bis zum Planungshorizont T der unternehmerische Verschuldungsgrad und damit auch die unternehmerische Fremdkapitalquote

486

typischerweise **keine Konstanten** mehr sind. In der Tat handelt es sich bei diesen finanzwirtschaftlichen Kenngrößen künftiger Zeitpunkte sogar um **Zufallsvariablen**, sofern im Zeitablauf Erwartungsrevisionen hinsichtlich der jeweils künftigen unternehmerischen Einzahlungsüberschüsse auftreten können.

Entsprechend führt die Annahme eines konstanten Verschuldungsgrades und damit einer konstanten Fremdkapitalquote dazu, daß das Ausmaß der unternehmerischen **Verbindlichkeiten** von Periode zu Periode **anzupassen** ist und sich gegebenenfalls gar als Zufallsvariable erweist. Auf solche Komplikationen soll im Rahmen dieser einführenden Darstellung schon aus Platzgründen nicht näher eingegangen werden. Es soll daher der Hinweis genügen, daß sich auch für konstantes ρ **modifizierte** Entity- und Equity-Ansätze wie in den vorhergehenden Abschnitten 3.1 und 3.2 herleiten lassen, mit deren Hilfe alle interessierenden Marktwerte bei Kenntnis der Kapitalkostensätze einer unverschuldeten Unternehmung berechnet werden können.[13] Insofern behalten *Tabelle 1.7* und die zugehörigen Erläuterungen **Gültigkeit**, falls man bei den benötigten Daten nun jeweils die Ein-Perioden-Kapitalkostensätze aller betrachteten Perioden anführt.

Grundsätzlich ist es überdies nicht allzu schwer, auf der Grundlage der Herleitungen dieses Abschnitts 3.3 die Betrachtung auf Planungshorizonte mit $T > 2$ bei festem (endfälligem) Kreditvolumen K zu verallgemeinern. Die Marktbewertungsformeln aus (1.37) bis (1.40) können nämlich unmittelbar für die Erfassung weiterer Zahlungszeitpunkte fortgeschrieben werden.

Allein die Verallgemeinerung der Formeln (1.45) und (1.47) ist in der hier präsentierten Form nicht unmittelbar offensichtlich. Das im Rahmen dieses Abschnitts präsentierte Vorgehen zur Bestimmung der Zusammenhänge zwischen

---

[13] Eine gute **Übersicht** über wichtige Arbeiten und deren Ergebnisse hinsichtlich der Anwendungsmöglichkeiten von Entity-, Equity- und APV-Ansatz in komplexen **mehrperiodigen** Entscheidungsproblemen liefert *Wallmeier* (1999), S. 1477 f. Erwähnenswert sind in diesem Zusammenhang insbesondere die Arbeiten von *Miles/Ezzel* (1980), *Löffler* (1998) sowie *Inselbag/Kaufold* (1997).

den Ein-Perioden-Kapitalkostensätzen kann indes auch dann angewendet werden, wenn der (Rest-) Zeitraum der Betrachtung mehr als zwei Perioden beträgt. In der Tat erhält man folgende Beziehungen zwischen den **Ein-Perioden-Kapitalkostensätzen** eines Zeitraums von t-1 bis t bei Planungshorizont $T \geq t$ und **endfälligem Kreditvolumen K**:

$$r_t^{(S)}(K) = r_t^{(S)}(0) - s \cdot [r_t^{(S)}(0) - i] \cdot [1 - (1+i)^{t-1-T}] \cdot FKQ_{t-1}^{(S)}(K),$$

$$r_t^{(EK,S)}(K) = r_t^{(S)}(0) + [r_t^{(S)}(0) - i] \cdot \{1 - s \cdot [1 - (1+i)^{t-1-T}]\} \cdot \rho_{t-1}^{(S)}(K).$$

(1.48)

Durch Einsetzen prüft man leicht, daß die Formeln (1.45) und (1.47) der Drei-Zeitpunkte-Betrachtung ebenso wie die Formeln (1.11) und (1.14) der Zwei-Zeitpunkte-Betrachtung als **Spezialfälle** der Bestimmungsgleichungen aus (1.48) hergeleitet werden können. Auch die Zusammenhänge aus (1.29) und (1.32) im Falle des unbegrenzten Zeithorizonts lassen sich als Grenzübergänge für $T \to \infty$ aus (1.48) sofort herleiten. Überdies nimmt die **Reagibilität** des Gesamtkapitalkostensatzes $r_t^{(S)}$ im Hinblick auf einen Verschuldungsanstieg mit zunehmender Differenz T-t zu und die des Eigenkapitalkostensatzes $r_t^{(EK,S)}$ ab. Schließlich erhält man aus der zweiten Gleichung aus (1.48) für s = 0 gerade die Beziehung gemäß (1.1).[14] Bei all diesen Herleitungen wurde stets angenommen, daß das **Kreditvolumen K** zwar möglicherweise auf verschiedene Arten ermittelt wurde, in jedem Fall aber wurde es von t = 0 bis t = T **konstant** gehalten und mit **sicheren** Zinssätzen i·K pro Periode bedient.

Zur Interpretation von (1.48) und den hieraus ableitbaren Spezialfällen ist es hilfreich zu wissen, daß $1 - (1+i)^{t-1-T} = i \cdot RBF(i; T-t+1)$ gilt. Eine Erhöhung der Kreditaufnahme in t = 0 um 1 GE bedingt die Möglichkeit einer sicheren Steuerersparnis in Höhe von s·i in allen Zeitpunkten t = 1, 2, 3, ..., T. Aus Sicht eines

---

[14] Nur der Vollständigkeit halber sei darauf hingewiesen, daß (1.1) auch dann noch Gültigkeit besitzt, wenn sich anders als im Rahmen dieses Abschnitts 3 die unternehmerischen Verbindlichkeiten von t = 0 bis t = T **nicht** konstant auf K belaufen.

beliebigen Zeitpunktes t-1 haben die Ein-Perioden-Kapitalkostensätze $r_t^{(S)}$ und $r_t^{(EK,S)}$ Gültigkeit, und die hier noch auftretenden künftigen Steuerersparnisse fallen in den Zeitpunkten t, t+1, ..., T an. Die so beschriebene **Rente** besteht folglich aus T-t+1 Zahlungen mit einem **Kapitalwert** in Höhe von $s \cdot i \cdot RBF(i;T-t+1)$ in t-1. Genau dies ist die Grundlage für die Bestimmung der Höhe von $r_t^{(S)}$ und $r_t^{(EK,S)}$ in Abhängigkeit vom Variationen des Kreditvolumens K aus t = 0. Weil der **Rentenbarwertfaktor RBF(i;T-t+1)** mit wachsender Differenz T-t ansteigt, lassen sich die im vorhergehenden Absatz beschriebenen Konsequenzen aus einer Variation von T-t auf die Sensitivität von $r_t^{(S)}$ und $r_t^{(EK,S)}$ im Hinblick auf Veränderungen des Kreditvolumens K auch inhaltlich unmittelbar verstehen.

3.4 Beurteilung

Die gerade vorgestellten drei Verfahren zielen primär auf die Bewertung von **Unternehmungen** ab. Ohne weiteres können sie aber auch zur Beurteilung einzelner **Investitionsprojekte** genutzt werden, sofern man alle finanzwirtschaftlichen Kenngrößen **projektspezifisch** definiert. Sowohl in Theorie als auch in Praxis wird den drei genannten Bewertungsverfahren außerordentlich viel Aufmerksamkeit geschenkt. Die Art der Darstellung mag dabei in Nuancen von der im Rahmen dieses Abschnitts vorgestellten abweichen. Insbesondere ist es üblich, von einem **unendlichen** Betrachtungshorizont auszugehen, wobei aber bis zu einem bestimmten Zeitpunkt $T < \infty$ eine möglichst **differenzierte** Prognose der künftig erwarteten unternehmerischen Einzahlungen und Kapitalkostensätze erfolgt, während die erwarteten Einzahlungen ab T+1 ebenso wie der ab da maßgebliche Ein-Perioden-Gesamtkapitalkostensatz der Unternehmung als **konstant** angenommen werden.[15]

---

[15] Vgl. etwa *Schwetzler/Darijtschuk* (1999), S. 299, oder *Schildbach* (2000), S. 712.

In der Tat ist die besondere Beachtung dieser drei Ansätze in Theorie und Praxis aus verschiedenen Gründen **verwunderlich**.[16] Als erstes fällt die überaus **rudimentäre** Abbildung realer steuerlicher Regelungen im Rahmen dieses Kapitels auf. Wie bereits erwähnt, ist der naheliegende Rückgriff auf das **Standardmodell** zur Erfassung steuerlicher Aspekte in der Investitionsrechnung nicht möglich, da sich hieraus unmittelbar die **Irrelevanz** des Verschuldungsgrades für den Marktwert einer Unternehmung ergäbe. Betrachtet man aber daher allein Steuersysteme, die zur Relevanz der Unternehmensfinanzierung für den unternehmerischen Marktwert führen, besteht stets die Gefahr, daß keine wohldefinierte "innere Lösung" für das unternehmerische Verschuldungsverhalten existiert. Insbesondere im Rahmen des vorliegenden Kapitels ist zwar trotz der Besteuerung auf Unternehmensebene nach wie vor die **Maximierung des Unternehmenswertes** ein sinnvolles Ziel aus Sicht der (Gründungs-) Gesellschafter, da sich für deren Transaktionen der Kapitalmarkt weiter als vollkommen darstellt. Gerade deswegen aber erweist sich jede vorgegebene Entwicklung von Kreditvolumina oder Verschuldungsgraden als **suboptimal**, die nicht das Ausmaß der Fremdfinanzierung maximiert, also zu (sicheren) Nullrückflüssen in allen Zeitpunkten für die Inhaber der Beteiligungstitel führt. Dies dürfte die gravierendste Schwäche der gesamten Betrachtung sein.

In der Finanzierungstheorie hat man dieses Problem dadurch zu lösen versucht, daß man zusätzlich zu steuerlichen Aspekten **Insolvenzkosten** als Folge unternehmerischer Zahlungsunfähigkeit oder Überschuldung in die Betrachtung einbezog.[17] Die Existenz von Transaktionskosten bedingt einen Nachteil der Fremdfinanzierung, der dazu führen kann, daß sich ein "**endlicher**" positiver Verschuldungsgrad als optimal für die Unternehmung erweist. In diesem Zusammenhang muß aber augenscheinlich die Annahme stets **risikofreier** Fremdfinanzierung aufgegeben werden. Damit entsteht das zusätzliche Problem der Ermittlung der rele-

---

[16] Vgl. zur Kritik auch *Hering* (2000), S. 445 ff.

[17] Vgl. hierzu etwa *Kraus/Litzenberger* (1973). Siehe auch *Breuer* (1998a), S. 89 ff.

vanten Fremdkapitalkostensätze. Überdies sind auch die künftigen Insolvenzkosten zu bewerten. **Bewertungsprobleme** gewinnen demnach hierbei in erhebli-
chem Umfang an Bedeutung, und der anzusetzende kapitalmarkttheoretische Hintergrund ist nicht unbedingt a priori klar. Relativ leicht konzeptionell umsetzbar
erscheint noch die Bewertung künftiger Zahlungsströme als **Bündel elementarer
Wertpapiere**. Damit aber stellt sich natürlich die Frage, **woher** die Preise dieser
elementaren Wertpapiere bekannt sind. Wie schon im Rahmen des Kapitels IV
an verschiedener Stelle dargelegt wurde, benötigt man dazu grundsätzlich die
Kenntnis eines adäquaten **kapitalmarkttheoretischen Modellkontexts**, wenn
man nicht ad hoc die (gleichgewichtigen) Preise von ebenso vielen Finanzierungstiteln, wie es elementare Wertpapier gibt, als bekannt voraussetzen will.
Bislang jedoch scheinen sich derart angemessenere, leider aber auch komplexere
Ansätze als nicht praktikabel erwiesen zu haben.

Überhaupt setzt die Anwendung der drei behandelten Bewertungskonzeptionen
wenigstens die Kenntnis der unternehmerischen **Ein-Perioden-Gesamtkapitalkostensätze** nach Steuern im Falle reiner Eigenfinanzierung für alle Betrach-
tungsperioden voraus. Diese wiederum werden in praktischen Anwendungen
typischerweise auf der Grundlage eines **CAPM-Kontextes** ermittelt.[18] In der
Tat ist der in diesem Zusammenhang adäquate Ansatz jedoch dadurch gekennzeichnet, daß es sich um ein **Mehr-Perioden-Modell** unter Einbezug der angenommenen **Steuern** handelt. Fraglich ist, ob dieser Hintergrund stets beachtet
wird. Die Zusammenhänge komplizieren sich dabei noch erheblich, wenn man
im Lichte der obigen Diskussion das Ausmaß der unternehmerischen Verschuldungen nicht mehr als fixiert, sondern vielmehr als **disponibel** auffaßte und
überdies etwa noch **Insolvenzkosten** berücksichtigte. Insbesondere ist a priori
offen, welche **Bewertungsgleichung** im Kapitalmarktgleichgewicht resultierte.[19]

---

[18] Vgl. etwa *Ballwieser* (1995), S. 122 f.

[19] Eine sehr frühe Arbeit, in der die Frage der Implementierung von Steuern ins
CAPM formalisiert wurde, stammt von *Brennan* (1971). Erwähnt werden sollte in diesem Zusammenhang auch *Brennan* (1970), da hier die Konsequenzen

In jedem Fall ist daher der CAPM-Kontext im Rahmen der drei hier behandelten Bewertungsansätze **explizit** zu machen.

Die gerade genannten Probleme lassen sich auch nicht durch eine präzisere Abbildung realer steuerlicher Regelungen beseitigen. Gemäß den neuen[20] steuerlichen Regelungen in Deutschland seit Beginn des Jahres 2001 sind bei **Personengesellschaften** wegen der Abschaffung der vormaligen Tarifbegrenzung und der pauschalierten Verminderung der Einkommensteuerschuld um die Gewerbesteuerbelastung Fremd- und Eigenfinanzierung insgesamt **nahezu gleichgestellt**, so daß sich dann die Betrachtung grundsätzlich auf **rein eigenfinanzierte** Unternehmen beschränken kann, weswegen (vereinfacht argumentiert) der APV-Ansatz überflüssig wird und Equity- und Entity-Ansatz zusammenfallen. Bei **Kapitalgesellschaften** bewirkt das **Halbeinkünfteverfahren** im Hinblick auf Zahlungen von der Unternehmung an die Kapitalgeber, daß unter Abstraktion von der Gewerbesteuer (und dem Solidaritätszuschlag) bis zu Einkommensteuersätzen von 40 % Fremdfinanzierung günstiger als Eigenfinanzierung ist. Für Einkommensteuersätze jenseits von 40 % ist Eigenfinanzierung günstiger.[21] Unter der Hinzunahme der Gewerbesteuerbelastung erhält man hierbei demnach ein **differenziertes** Bild, das grundsätzlich einer Anwendung der obigen drei Bewertungsansätze zugänglich ist. Zu diesem Zweck wären die bisherigen **Vor-Steuer-Einzahlungen** $\bar{z}_t$ neu zu definieren als Einzahlungen nach Abzug aller Steuerzahlungen, deren Höhe **nicht** durch das Ausmaß der unternehmerischen Zinsbelastung aus **Fremdfinanzierung** bestimmt wird. Der bisher als Gewinnsteuersatz

---

aus divergierenden Soll- und Habenzinssätzen behandelt werden und eine solche Situation ebenfalls Folge steuerlicher Vorschriften sein kann.

[20] Siehe hierzu *Breuer* (2000a), S. 472. Zu beachten ist, daß von den dort genannten, aus Sicht des Jahres 2000 lediglich als "geplant" zu charakterisierenden Neuerungen nur die Möglichkeit von Personengesellschaften, sich auf Antrag wie Kapitalgesellschaften besteuern zu lassen, nicht umgesetzt wurde.

[21] Berücksichtigt man die Konsequenzen aus dem Solidaritätszuschlag, dann ergibt sich ein kritischer Einkommensteuersatz (ohne Solidaritätszuschlag) von ca. 39,56 %.

interpretierte Faktor s wäre nunmehr als die pro Einheit Zinszahlung resultierende **Steuerbelastungsänderung** zu verstehen. Je nach Situation könnte s dabei auch **negativ** sein. Dies würde bedeuten, daß Eigenfinanzierung in der konkret betrachteten Situation steuerlich vorteilhaft wäre. Mit diesem verallgemeinerten Verständnis von $\bar{z}_t$ und s können die Herleitungen der vorliegenden Kapitels in vielfältiger Form auf reale Steuersysteme übertragen werden, sofern diese durch grundsätzlich **lineare** Beziehungen zwischen Steuerbemessungsgrundlagen und Steuerbelastung charakterisiert sind. **Nicht** untersuchen kann man hierbei natürlich die Konsequenzen aus einer Variation all derjenigen Bemessungsgrundlagenteile, die die in $\bar{z}_t$ bereits vorab berücksichtigten Steuerzahlungen betreffen. Zu nennen wären etwa die steuerlichen Konsequenzen aus einer Variation der **Abschreibungen**.[22]

Ferner fallen unter Beachtung der realen steuerlichen Verhältnisse in Deutschland auf Kapitalgeberebene (bei Kapitalgesellschaften) **Soll- und Habenzinssatz** nach Steuern allein schon wegen der Gewerbesteuer auseinander.[23] Als Konsequenz

---

[22] Vgl. zu einer sehr **ausführlichen** Erörterung von steuerrechtlichen deutschen Vorschriften im Rahmen der in diesem Kapitel diskutierten Bewertungskonzeptionen insbesondere *Drukarczyk* (2001).

[23] Vgl. *Breuer* (2000a), S. 420 f. Genaugenommen unterscheiden sich im Rahmen des im vorliegenden Kapitel V behandelten einfachen Steuersystems ebenfalls schon nachsteuerlicher Soll- und Habenzinssatz. Infolge der Privilegierung der unternehmerischen Fremdfinanzierung besteht für die (geschäftsführenden) Kapitalgeber der Unternehmung ein **Anreiz**, ihre Verschuldung über die Unternehmung abzuwickeln, Anlagen aber aus ihrem Privatvermögen heraus zu tätigen. Damit aber ist aus Sicht der Kapitalgeber der Sollzinssatz sogar kleiner als der Habenzinssatz nach Steuern. Zumindest bei Nichtexistenz von Ausschüttungssperrvorschriften ermöglichte dies **Arbitragetransaktionen** zur Erzielung beliebig hoher sicherer Gewinne und dürfte einen guten Grund darstellen, auch die Besteuerung auf der Ebene der Kapitalgeber explizit in den Berechnungen zu erfassen. Nimmt man an, daß Haben- und Sollzinszahlungen auf der Kapitalgeberebene gleichermaßen steuerlich berücksichtigt werden, dann besteht die gerade beschriebene Arbitragemöglichkeit freilich nicht mehr.

daraus läßt sich die Zielsetzung der **Marktwertmaximierung** nicht mehr generell rechtfertigen, wie schon aus der Diskussion des sogenannten *Hirshleifer*-Modells[24] im Rahmen des ersten Bands indirekt bekannt ist: Unabhängig davon, wie sich der zu einem bestimmten Investitionsprogramm gehörige Marktwert auch ermittelt, konnte die **Präferenzabhängigkeit** der Beurteilung der Investitionsmöglichkeiten bei divergierenden Soll- und Habenzinssätzen nachgewiesen werden. Die Orientierung am Unternehmenswert erweist sich damit nur noch als bloße **Heuristik**.[25] Auf eine weitere Diskussion der Ergänzung der obigen Ansätze um realitätsnähere Steuerwirkungen soll daher verzichtet werden.

4 Zusammenfassung

Gegenstand dieses Kapitels war die Präsentation von drei äquivalenten Möglichkeiten der **Marktbewertung**, die man als **Adjusted-present-value- (APV-)**, **Entity- und Equity-Ansatz** bezeichnet. Typischerweise werden diese drei Konzeptionen im Zusammenhang mit der Berücksichtigung **steuerlicher** Konsequenzen für die Marktbewertung diskutiert. Das unterstellte Steuersystem ist dabei zumeist überaus rudimentär. Konkret wurde hier vor allem angenommen, daß **Zinszahlungen** auf Forderungstitel auf der Unternehmensebene steuerlich abzugsfähig sind und bei den privaten Kapitalgebern selbst keine Steuerzahlungen anfallen. Ferner wurde vorausgesetzt, daß die emittierten Forderungstitel einer Unternehmung **nicht ausfallbedroht** sind.

Im Rahmen des **APV-Ansatzes** ermittelt man den Gesamtmarktwert eines verschuldeten Unternehmens, indem man den Marktwert bei **reiner Eigenfinanzierung** um den **steuerinduzierten** Marktwertzuwachs infolge der tatsächlich vorliegenden Fremdfinanzierung nach oben korrigiert. Beim **Entity-Ansatz** setzt man unmittelbar an den **insgesamt erwarteten** Einzahlungen aller Kapitalgeber

---

[24] Vgl. *Hirshleifer* (1958).

[25] Dieser Umstand wurde in *Breuer* (1998a), S. 90 f., noch nicht zutreffend gewürdigt.

an und diskontiert diese mit den maßgeblichen **Gesamtkapitalkostensätzen**, um den Unternehmenswert zu erhalten. Beim **Equity-Ansatz** erfolgt eine separate Bestimmung des Marktwertes der **Beteiligungstitel**. Durch **Addition** des Marktwertes der risikolosen Forderungstitel gelangt man sodann erneut zum Gesamtwert der Unternehmung.

Der **APV-Ansatz** bietet sich an, wenn das Ausmaß der unternehmerischen **Verbindlichkeiten** im Zeitablauf **exogen** vorgegeben ist. Wenn statt der Verbindlichkeiten die unternehmerische Fremdkapitalquote oder (äquivalent) der unternehmerische Verschuldungsgrad im Zeitablauf fixiert ist, kann **keiner** der drei Ansätze in der hier gewählten Formalisierung direkt genutzt werden. Es lassen sich aber **modifizierte** Formeln für den **Entity- und den Equity-Ansatz** entwickeln, mit deren Hilfe auch für derartige Szenarien Aussagen möglich sind.

Überdies wurde gezeigt, welche Beziehungen zwischen **Ein-Perioden-Gesamt- und Eigenkapitalkostensätzen** nach Steuern bei reiner Eigenfinanzierung und bei positivem Verschuldungsgrad bestehen.

Die Diskussion erfolgte zunächst für den einfachen **Zwei-Zeitpunkte-Fall**. Anschließend wurden die entsprechenden Zusammenhänge bei **unbegrenztem Planungshorizont** hergeleitet. Schließlich wurde der Drei-Zeitpunkte-Fall erörtert und auf dessen Grundlage die Verallgemeinerung der Ergebnisse auf **beliebige endliche Betrachtungszeiträume** angesprochen.

Wenngleich alle drei genannten Bewertungsansätze grundsätzlich im Rahmen der Bewertung **ganzer Unternehmungen** Anwendung finden, können sie doch auch ohne Schwierigkeit zur Ermittlung des Marktwertes von **einzelnen Investitionsprojekten** verwendet werden, sofern man dem jeweiligen Projekt eine bestimmte Form der Finanzierung eindeutig zuordnet. Insofern ist ihre Besprechung in einem investitionstheoretischen Lehrbuch unmittelbar geboten.

In der Diskussion der Ansätze wurde auf einige **Erweiterungsmöglichkeiten**, beispielsweise hinsichtlich der Genauigkeit in der Abbildung realer steuerrechtlicher Regelungen, hingewiesen. Vor allem aber wurden einige **Schwachpunkte** der Betrachtung aufgezeigt. Zu nennen ist hierbei insbesondere das Problem, daß die unterstellten Steuersysteme regelmäßig zur **Optimalität sehr extremer Finanzierungsweisen**, namentlich eines unendlich hohen Verschuldungsgrads, führen. Überdies stellt sich die Frage nach der Einbettung der Betrachtung in einen expliziten **kapitalmarkttheoretischen Kontext** wie den des CAPM und (bei als erforderlich erachteten Modellmodifikationen) der **Adäquanz marktwertorientierter Investitionsentscheidungen** trotz der gegebenen Marktunvollkommenheiten. All diese Mängel können als durchaus gravierend bezeichnet werden und sind vor allem nicht ohne weiteres zu heilen.

Wiederholungsfragen

W1.1

Welcher Zusammenhang besteht auf dem vollkommenen Kapitalmarkt im Gleichgewicht zwischen einperiodigen Eigen-, Fremd- und Gesamtkapitalkostensätzen?

W1.2

Was versteht man unter dem Entity-Ansatz der Bewertung unsicherer Zahlungsströme?

W1.3

Wie lautet der Equity-Ansatz der Marktbewertung?

W1.4

Auf welche Weise kann man den Marktwert unsicherer Zahlungsströme mit Hilfe des "Adjusted-present-value"-Ansatzes im Rahmen einer Zwei-Zeitpunkte-Betrachtung auf einem bis auf die Existenz von finanzierungsabhängigen Steuern vollkommenen Kapitalmarkt bestimmen?

W1.5

Welcher funktionale Zusammenhang besteht zwischen Nach-Steuer-Eigenkapitalkostensatz und Verschuldungsgrad im Rahmen einer Zwei-Zeitpunkte-Betrachtung?

W1.6

Wie stellen sich Entity- und Equity-Ansatz im Zwei-Zeitpunkte-Modell mit Steuern dar?

W1.7

Welcher Bewertungsansatz ist zu wählen, wenn sich der Unternehmer im Rahmen einer Zwei-Zeitpunkte-Betrachtung ein bestimmtes Kreditvolumen vorgibt?

W1.8

Welcher Bewertungsansatz ist zu wählen, wenn sich der Unternehmer im Rahmen einer Zwei-Zeitpunkte-Betrachtung eine bestimmte Fremdkapitalquote oder einen bestimmten Verschuldungsgrad vorgibt?

W1.9

Inwiefern modifizieren sich die Ergebnisse aus dem Zwei-Zeitpunkte-Modell bei Übergang zu einer Mehr-Zeitpunkte-Betrachtung mit unendlichem oder endlichem Zeithorizont?

W1.10

Welche grundlegenden Einwände können gegen den in diesem Kapitel gewählten Ansatz erhoben werden?

VI Fazit

Gegenstand des vorliegenden Bands II zur Investitionstheorie waren **Entscheidungen bei Risiko**. Isofern liegt hiermit die natürliche Fortsetzung von Band I vor, in dem Investitionsentscheidungen bei Sicherheit betrachtet wurden. Zweifellos konnte durch die Berücksichtigung von Risikoaspekten im Vergleich zu Band I eine **größere Realitätsnähe** erreicht werden. Ebenso evident ist aber auch der deutliche **Anstieg im Schwierigkeitsgrad** der Ausführungen. Überdies weisen die Ausführungen des vorliegenden Bands sicherlich nicht die Geschlossenheit auf, die für den Fall bei Sicherheit erreicht werden konnte. Schließlich wurde trotz eines Seitenumfangs von etwa 520 Seiten bei weitem **nicht alles** zur Investitionstheorie bei Risiko präsentiert, was erörterungswürdig gewesen wäre. Mit dem vermittelten Rüstzeug sollte es indes möglich sein, andere Literaturstränge bei Bedarf selbständig weiterzuverfolgen. Überdies hat der Leser einen Einblick in den hohen Stand der Investitionstheorie und die große **Bedeutung kapitalmarkttheoretischer Betrachtungen** für quantitativ fundierte Realinvestitionsentscheidungen gewonnen. In der Tat dürften heutzutage Fortschritte im Rahmen der investitionstheoretischen Grundlagenforschung im wesentlichen nur noch so weit erfolgen, wie neue kapitalmarkttheoretische Erkenntnisse erarbeitet werden. Mindestens ebenso wichtig wie das Streben nach grundlagentheoretischen Erkenntnissen ist aber in jedem Fall eine intensivere Beschäftigung mit **Fragen der praktischen Umsetzbarkeit** komplexer quantitativer Investitionskalküle. Damit gelangt man schnell zu Problemen der Statistik und Ökonometrie, auf die in den hier vorliegenden beiden Bänden zur Investitionstheorie überhaupt nicht eingegangen worden ist, deren Bedeutung aber nicht unterschätzt werden sollte.

Entgegen der Ankündigung zum Ende des ersten Bands aus dem Jahre 2000 blieben aus Platzgründen im Band II die Überlegungen auf Situationen mit einem alleinentscheidenden Einzelunternehmer beschränkt. Aktuelle Forschungsanstrengungen im Rahmen der Investitionstheorie sind aber tatsächlich vor allem auf das Problem ausgerichtet, wie Investitionsentscheidungen getroffen werden, wenn die

Entscheidungsbefugnis nicht von einer Unternehmenszentrale, sondern vielmehr von **untergeordneten Bereichsmanagern** wahrgenommen wird. In einer derartigen Situation stellt sich die Frage, wie die Unternehmenszentrale sinnvoll auf das Investitionsverhalten der Bereichsmanager einwirken kann. Hierbei sei von "Investitionscontrolling" die Rede. Diesem Problemkomplex soll zu einem späteren Zeitpunkt ein **dritter Band** zur Investitionstheorie gewidmet werden.

Literaturverzeichnis

Allais, P. M. (1953): Le Comportement de L'Homme Rationnel Devant le Risque: Critique des Postulates et Axiomes de L'Ecole Americaine, in: Econometrica, Vol. 21, S. 503-546.

Altrogge, G. (1996): Investition, 4. Aufl., München usw.

Arrow, K. J. (1964): The Role of Securities in the Optimal Allocation of Risk Bearing, in: Review of Economic Studies, Vol. 31, S. 91-96.

Ballwieser, W. (1995): Aktuelle Aspekte der Unternehmensbewertung, in: Die Wirtschaftsprüfung, 48. Jg., S. 119-129.

Ballwieser, W. (1998): Unternehmensbewertung mit Discounted Cash Flow-Verfahren, in: Die Wirtschaftsprüfung, 51. Jg., S. 81-92.

Bamberg, G./Baur, F. (2001): Statistik, 11. Aufl., München usw.

Bamberg, G./Coenenberg, A.G. (2000): Betriebswirtschaftliche Entscheidungslehre, 10. Aufl., München.

Bauer, H. (1991): Wahrscheinlichkeitstheorie, 4. Aufl., Berlin usw.

Becker, D. (1974): Analyse der Delphi-Methode und Ansätze zu ihrer optimalen Gestaltung, Frankfurt usw.

Bernoulli, D. (1738): Specimen theoriae novae de mensura sortis, in: Commen. Acad. Sci. Imper. Petropolitanae, Vol. 5, S. 175-192.

Bieg, H./Kußmaul, H. (2000): Investitions- und Finanzierungsmanagement, Band I: Investition, München.

Bigus, J. (2000): Verstöße gegen das Unabhängigkeitsaxiom des Erwartungsnutzenkonzepts, in: WiSt - Wirtschaftswissenschaftliches Studium, 29. Jg., S. 651-653.

Bitz, M. (1981): Entscheidungstheorie, München.

Bitz, M. (1998): Investition, in: *Bitz, M.*, u.a. (Hrsg.), *Vahlens* Kompendium der Betriebswirtschaftslehre, Band 1, 4. Aufl., München, S. 107-173.

Black, F. (1972): Capital Market Equilibrium with Restricted Borrowing, in: Journal of Business, Vol. 45, S. 444-455.

Black, F./Scholes, M. (1973): The Pricing of Options and Corporate Liabilities, in: Journal of Political Economy, Vol. 81, S. 637-654.

Blohm, H./Lüder, K. (1995): Investition, 8. Aufl., München.

Bogue, M. C./Roll, R. (1974): Capital Budgeting of Risky Projects with "Imperfect" Markets for Physical Capital, in: Journal of Finance, Vol. 29, S. 601-613.

Bottazzi, J.-M./Hens, T./Löffler, A. (1998): Market Demand Functions in the CAPM, in: Journal of Economic Theory, Vol. 79, S. 192-206.

Bower, R. S./Herringer, F. C./Williamson, J. P. (1966): Lease Evaluation, in: Accounting Review, Vol. 41, S. 257-265.

Brealey, R. A./Myers, S. C. (1996): Principles of Corporate Finance, 5. Aufl., Boston usw.

Brealey, R. A./Myers, S. C. (2000): Principles of Corporate Finance, 6. Aufl., Boston usw.

Brennan, M. J. (1970): Capital Market Equilibrium with Divergent Borrowing and Lending Rates, in: Journal of Financial and Quantitative Analysis, Vol. 6, S. 1197-1205.

Brennan, M. J. (1971): Taxes, Market Valuation, and Corporate Financial Policy, in: National Tax Journal, Vol. 25, S. 417-427.

Breuer, W. (1993): Finanzintermediation im Kapitalmarktgleichgewicht, Wiesbaden.

Breuer, W. (1994a): Kapitalkosten - Begriff, Bedeutung und Ermittlung, in: WISU - das Wirtschaftsstudium, 23. Jg., S. 819-828.

Breuer, W. (1994b): Das *Stützel*sche *Onassis*-Paradox, in: WiSt - Wirtschaftswissenschaftliches Studium, 23. Jg., S. 296-300.

Breuer, W. (1995): Linearitäten in Anreizverträgen bei groben Informationsstrukturen, Wiesbaden.

Breuer, W. (1996a): Swaps und komparative Kostenvorteile, in: WISU - das Wirtschaftsstudium, 25. Jg., S. 147-149.

Breuer, W. (1996b): Das *Siegel*-Paradoxon, in: WiSt - Wirtschaftswissenschaftliches Studium, 25. Jg., S. 413-415.

Breuer, W. (1996c): Portfoliomanagement und Europäische Währungsunion, in: Zeitschrift für Bankrecht und Bankwirtschaft, 8. Jg., S. 123-131.

Breuer, W. (1997a): Die Marktwertmaximierung als finanzwirtschaftliche Entscheidungsregel, in: WiSt - Wirtschaftswissenschaftliches Studium, 26. Jg., S. 222-226.

Breuer, W. (1997b): Die Wertadditivität von Marktbewertungsfunktionen, in: WISU - das Wirtschaftsstudium, 26. Jg., S. 1148-1153.

Breuer, W. (1998a): Finanzierungstheorie, Wiesbaden.

Breuer, W. (1998b): Zinsswaps als Instrument der Unternehmensfinanzierung, in: *Franke, G./Laux, H.* (Hrsg.), Unternehmensführung und Kapitalmarkt, Berlin usw., S. 1-34.

Breuer, W. (1998c): Kapitalkostenminimierung, in: WISU - das Wirtschaftsstudium, 27. Jg., S. 1056-1062.

Breuer, W. (1998d): Stellungnahme zu "Hedgingmodelle, Unternehmensproduktion und antizipatorisch-simultanes Risikomanagement" von *Wolfgang Kürsten*, in: Zeitschrift für betriebswirtschaftliche Forschung, 50. Jg., S. 49-53.

Breuer, W. (1999): Übungsbuch zu "Unternehmerisches Währungsmanagement", Wiesbaden.

Breuer, W. (2000a): Investition I, Wiesbaden.

Breuer, W. (2000b): Unternehmerisches Währungsmanagement, 2. Aufl., Wiesbaden.

Breuer, W. (2001a): Konsumorientiertes Währungsmanagement, in: WiSt - Wirtschaftswissenschaftliches Studium, 30. Jg., S. 122-126.

Breuer, W. (2001b): Konsumorientiertes Währungsmanagement in der International AG, in: WiSt - Wirtschaftswissenschaftliches Studium, 30. Jg., S. 178-180.

Breuer, W. (2001c): Kapitalkosten und die Bewertung von Finanzierungstiteln, in: WISU - das Wirtschaftsstudium, 30. Jg., S. 76-79.

Breuer, W. (2001d): Kapitalkostenorientierte Investitionsentscheidungen, in: WISU - das Wirtschaftsstudium, 30. Jg., S. 332-336.

Breuer, W. (2001e): Das *Stützel*sche *Onassis*-Paradox, in: *Schmidt, H.,* u.a. (Hrsg.), *Wolfgang Stützel* - Moderne Konzepte für Finanzmärkte, Beschäftigung und Wirtschaftsverfassung, Tübingen, S. 271-281.

Breuer, W. (2001f): Die Beurteilung von Auslandsdirektinvestitionen bei Sicherheit, in: WiSt - Wirtschaftswissenschaftliches Studium, 30. Jg., demnächst.

Breuer, W. (2001g): Die Beurteilung von Auslandsdirektinvestitionen. Ein Fallbeispiel unter Sicherheit, in: WiSt - Wirtschaftswissenschaftliches Studium, 30. Jg., demnächst.

Breuer, W. (2001h): Die Beurteilung von Auslandsdirektinvestitionen bei Risiko, in: WiSt - Wirtschaftswissenschaftliches Studium, 30. Jg., demnächst.

Breuer, W. (2001i): Politische Risiken bei Auslandsdirektinvestitionen, in: WiSt - Wirtschaftswissenschaftliches Studium, 30. Jg., demnächst.

Breuer, W. (2001j): Unternehmensbewertung mittels Equity-, Entity- und APV-Ansatz, in: WISU - das Wirtschaftsstudium, 30. Jg., demnächst.

Breuer, W. (2002a): Equity-, Entity- und APV-Ansatz im Vergleich, in: WISU - das Wirtschaftsstudium, 31. Jg., demnächst.

Breuer, W./Gürtler, M. (2001): Stock Picking in Disequilibrium - An Application of the Capital Asset Pricing Model, unveröffentlichtes Manuskript, Aachen.

Breuer, W./Gürtler, M./Schuhmacher, F. (1999a): Portfoliomanagement, Wiesbaden.

Breuer, W./Gürtler, M./Schuhmacher, J. (1999b): Die Bewertung betrieblicher Realoptionen, in: Betriebswirtschaftliche Forschung und Praxis, 51. Jg., S. 213-232.

Bronstein, I. N./Semendjajew, K. A./Musiol, G./Mühlig, H. (2001): Taschenbuch der Mathematik, 5. Aufl., Thun usw.

Bruns, C./Meyer-Bullerdiek, F. (2000): Professionelles Portfoliomanagement, 2. Aufl., Stuttgart.

Busse v. Colbe, W./Laßmann, G. (1990): Betriebswirtschaftstheorie, Band 3: Investitionstheorie, 3. Aufl., Berlin usw.

Cass, D./Stiglitz, J. E. (1970): The Structure of Investor Preferences and Asset Returns, and Separability in Portfolio Allocation - A Contribution to the Pure Theory of Mutual Funds, in: Journal of Economic Theory, Vol. 2, S. 122-160.

Chen, A. H./Boness, J. A. (1975): Effects of Uncertain Inflation on the Investment and Financing Decision of a Firm, in: Journal of Finance, Vol. 30, S. 469-483.

Chiang, A. C. (1984): Fundamental Methods of Mathematical Economics, 3. Aufl., Auckland usw.

Cohn, R. A./Lewellen, W. G./Lease, R. C./Schlarbaum, G. C. (1975): Individual Investor Risk Aversion and Investment Portfolio Composition, in: Journal of Finance, Vol. 30, S. 605-620.

Copeland, T. E./Weston, J. F. (1992): Financial Theory and Corporate Policy, 3. Aufl., Reading (Massachusetts).

Constantinides, G. M. (1980): Admissible Uncertainty in the Intertemporal Asset Pricing Model, in: Journal of Financial Economics, Vol. 8, S. 71-86.

Constantinides, G. M. (1982): Intertemporal Asset Pricing with Heterogenous Consumers and without Demand Aggregation, in: Journal of Business, Vol. 55, S. 253-267.

Cox, J./Ross, S. A./Rubinstein, M. (1979): Option Pricing: A Simplified Approach, in: Journal of Financial Economics, Vol. 7, S. 229-263.

Cox, J./Rubinstein, M. (1985): Options Markets, Englewood Cliffs.

Crasselt, N./Tomaszewski, C. (1999): Realoptionen - Eine neue Methode der Investitionsrechnung?, in: WiSt - Wirtschaftswissenschaftliches Studium, 28. Jg., S. 556-559.

Dana, R.-A. (1999): Existence, Uniqueness and Determinacy of Equilibrium in C.A.P.M. with a Riskless Asset, in: Journal of Mathematical Economics, Vol. 32, S. 167-175.

DeAngelo, H. (1981): Competition and Unanimity, in: American Economic Review, Vol. 71, S. 18-27.

Debreu, G. (1959): The Theory of Value, New York.

Dinkelbach, W. (1969): Sensitivitätsanalysen und parametrische Programmierung, Berlin usw.

Dixit, A. K./Pindyck, R. S. (1994): Investment under Uncertainty, Princeton.

Drukarczyk, J. (1999): Finanzierung, 8. Aufl., Stuttgart.

Drukarczyk, J. (2001): Unternehmensbewertung, 3. Aufl., München.

Dyckhoff, H. (1988): Zeitpräferenz, in: Zeitschrift für betriebswirtschaftliche Forschung, 40. Jg., S. 990-1008.

Eble, S./Völker, R. (1993): Die Behandlung von Optionen in der betrieblichen Investitionsrechnung, in: Die Unternehmung, 47. Jg., S. 407-418.

Eisenführ, F./Weber, M. (1999): Rationales Entscheiden, 3. Aufl., Berlin usw.

Ellsberg, D. (1961): Risk, Ambiguity, and the Savage Axioms, in: Quarterly Journal of Economics, Vol. 75, S. 643-669.

Elton, E./Gruber, M. (1995): Modern Portfolio Theory and Investment Analysis, 5. Aufl., New York.

Endl, K./Luh, W. (1989): Analysis I, 9. Aufl., Wiesbaden.

Eun, C. S./Resnick, B. G. (1998): International Financial Management, Boston usw.

Fama, E. F. (1970): Multiperiod Consumption-Investment Decision, in: American Economic Review, Vol. 60, S. 163-174.

Fama, E. F. (1972): Perfect Competition and Optimal Production Decisions under Uncertainty, in: Bell Journal of Economics, Vol. 3, S. 509-530.

Fama, E. F. (1977): Risk-Adjusted Discount Rates and Capital Budgeting under Uncertainty, in: Journal of Financial Economics, Vol. 5, S. 3-24.

Fama, E. F. (1996): Discounting under Uncertainty, in: Journal of Business, Vol. 69, S. 415-428.

Felderer, B./Homburg, S. (1999): Makroökonomik und neue Makroökonomik, 7. Aufl., Berlin usw.

Feldstein, M. (1969): Mean-Variance Analysis in the Theory of Liquidity Preference and Portfolio Selection, in: Review of Economic Studies, Vol. 36, S. 5-12.

Fisher, I. (1930): The Theory of Interest, New York.

Fisher, I. (1932): Die Zinstheorie, Jena.

Franke, G. (1983): Kapitalmarkt und Separation, in: Zeitschrift für Betriebswirtschaft, 53. Jg., S. 239-261.

Franke, G./Hax, H. (1999): Finanzwirtschaft des Unternehmens und Kapitalmarkt, 4. Aufl., Berlin usw.

Frankel, J. A. (1982): In Search of the Exchange Risk Premium: A Six-Currency Test Assuming Mean-Variance Optimization, in: Journal of International Money and Finance, Vol. 1, S. 255-274.

Friedman, M./Savage, L. J. (1948): The Utility Analysis of Choices Involving Risk, in: Journal of Political Economy, Vol. 56, S. 279-304.

Friend, I./Blume, M. E. (1975): The Demand for Risky Assets, in: American Economic Review, Vol. 65, S. 900-922.

Gonedes, N. (1976): Capital Market Equilibrium for a Class of Heterogenous Expectations in a Two-Parameter World, in: Journal of Finance, Vol. 31, S. 1-15.

Götze, U./Bloech, J. (1995): Investitionsrechnung, 2. Aufl., Berlin usw.

Grauer, F. L. A./Litzenberger, R. H./Stehle, R. E. (1976): Sharing Rules and Equilibrium in an International Capital Market under Uncertainty, in: Journal of Financial Economics, Vol. 3, S. 233-256.

Grayson, C. J., Jr. (1960): Decisions under Uncertainty, Boston.

Grinblatt, M./Titman, S. (1998): Financial Markets and Corporate Strategy, Boston.

Grossman, S. J./Stiglitz, J. E. (1977): On Value Maximization and Alternative Objectives of the Firm, in: Journal of Finance, Vol. 32, S. 389-402.

Hachmeister, D. (1998): Diskontierung bei Unsicherheit, in: *Kruschwitz, L./ Löffler, A.* (Hrsg.), Ergebnisse des Berliner Workshops "Unternehmensbewertung", Berlin, S. 25-34.

Haley, C. W./Schall, L. D. (1979): The Theory of Financial Decisions, 2. Aufl., New York usw.

Hakansson, N. H. (1969): Risk Disposition and the Separation Property in Portfolio Selection, in: Journal of Financial and Quantitative Analysis, Vol. 8, S. 401-416.

Hampton, J. M./Moore, P. G./Thomas, H. (1973): Subjective Probability and its Measurement, in: Journal of the Royal Statistical Society A, Vol. 136, S. 21-42.

Hart, A. G. (1940): Anticipations, Uncertainty, and Dynamic Planning, Chicago.

Hartung, J./Elpelt, B. (1999): Multivariate Statistik, 6. Aufl., München usw.

Hartung, J./Elpelt, B./Klösener, K.-H. (1999): Statistik, 12. Aufl., München usw.

Hax, H. (1980): Kapitalmarkttheorie und Investitionsentscheidungen (unter besonderer Berücksichtigung des Capital Asset Pricing Model), in: *Bombach, G.*, u.a. (Hrsg.), Neuere Entwicklungen in der Investitionstheorie und -politik, Tübingen, S. 421-449.

Hax, H. (1982): Finanzierungs- und Investitionstheorie, in: *Koch, H.* (Hrsg.), Neuere Entwicklungen in der Unternehmenstheorie und -politik, Wiesbaden, S. 49-68.

Hax, H. (1993): Investitionstheorie, 5. Aufl., Heidelberg usw.

Hax, H. (1998): Finanzierung, in: *Bitz, M.*, u.a. (Hrsg.), *Vahlens* Kompendium der Betriebswirtschaftslehre, Band 1, 4. Aufl., München, S. 175-233.

Hax, H./Hartmann-Wendels, T./v. Hinten, P. (1988): Moderne Entwicklung der Finanzierungstheorie, in: *Christians, F. W.* (Hrsg.), Finanzierungshandbuch, 2. Aufl., Wiesbaden, S. 689-713.

Hax, H./Laux, H. (1972a): Flexible Planung, Verfahrensregeln und Entscheidungsmodelle für die Planung bei Ungewißheit, in: Zeitschrift für betriebswirtschaftliche Forschung, 24. Jg., S. 318-340.

Hax, H./Laux, H. (1972b): Zur Diskussion um die flexible Planung, in: Zeitschrift für betriebswirtschaftliche Forschung, 24. Jg., S. 477-479.

Heider, M. (1969): Simulationsmodell zur Risikoanalyse für Investitionsplanungen, Diss. Bonn.

Hens, T./Laitenberger, J./Löffler, A. (2000): On the Uniqueness of Equilibria in the CAPM, Arbeitspapier, ohne Ort.

Hering, T. (2000): Konzeptionen der Unternehmensbewertung und ihre Eignung für mittelständische Unternehmen, in: Betriebswirtschaftliche Forschung und Praxis, 52. Jg., S. 433-453.

Hertz, D. B. (1964): Risk Analysis in Capital Investment, in: Harvard Business Review, Vol. 64, S. 95-106.

Hillier, F. S. (1963): The Derivation of Probabilistic Information for the Evaluation of Risky Investments, in: Management Science, Vol. 9, S. 443-457.

Hillier, F. S./Heebink, D. V. (1965): Evaluating Risky Capital Investments, in: California Management Review, Vol. 8 (2), S. 71-80.

Hirshleifer, J. (1958): On the Theory of Optimal Investment Decision, in: Journal of Political Economy, Vol. 66, S. 329-352.

House, W. C., Jr. (1966): The Usefulness of Sensitivity Analysis in Capital Investment Decisions, in: Management Accounting, S. 22-29.

Hull, J. C. (1978): The Accuracy of the Means and Standard Deviations of Subjective Probability Distributions, in: Journal of the Royal Statistical Society A, Vol. 141, S. 79-85.

Inselbag, I./Kaufold, H. (1997): Two DCF Approaches for Valuing Companies under Alternative Financing Strategies (and How to Choose between Them), in: Journal of Applied Corporate Finance, Vol. 10, S. 114-122.

Jensen, M. C./Meckling, W. H. (1976): Theory of the Firm: Managerial Behavior, Agency Costs and Ownership Structure, in: Journal of Financial Economics, Vol. 3, S. 305-360.

Kazemi, H. B. (1991): The Multi-Period CAPM and the Valuation of Multi-Period Stochastic Cash Flows, in: Journal of Financial and Quantitative Analysis, Vol. 26, S. 223-231.

Kilger, W. (1965): Kritische Werte in der Investitions- und Wirtschaftlichkeitsrechnung, in: Zeitschrift für Betriebswirtschaft, 35. Jg., S. 338-353.

Kilka, M. (1995): Realoptionen: Optionspreistheoretische Ansätze bei Investitionsentscheidungen unter Unsicherheit, Frankfurt.

Köhn, L. (1989): Finanzierungsleasing oder Kreditkauf, Diss. Hagen.

König, R. (1997): Ungelöste Probleme einer investitionsneutralen Besteuerung - Gemeinsame Wurzel unterschiedlicher neutraler Steuersysteme und die Berücksichtigung unsicherer Erwartungen, in: Zeitschrift für betriebswirtschaftliche Forschung, 49. Jg., S. 42-63.

Kraus, A./Litzenberger, R. H. (1973): A State-Preference Model of Optimal Financial Leverage, in: Journal of Finance, Vol. 28, S. 911-922.

Kraus, A./Litzenberger, R. H. (1976): Skewness Preference and the Valuation of Risk Assets, in: Journal of Finance, Vol. 31, S. 1085-1100.

Kruschwitz, L. (1998): Investitionsrechnung, 7. Aufl., München usw.

Kruschwitz, L. (1999): Finanzierung und Investition, 2. Aufl., München usw.

Kruschwitz, L./Schöbel, R. (1984a): Eine Einführung in die Optionspreistheorie (I), in: WISU - das Wirtschaftsstudium, 13. Jg., S. 68-72.

Kruschwitz, L./Schöbel, R. (1984b): Eine Einführung in die Optionspreistheorie (II), in: WISU - das Wirtschaftsstudium, 13. Jg., S. 116-121.

Laux, C. (1993): Handlungsspielräume im Leistungsbereich des Unternehmens: Eine Anwendung der Optionspreistheorie, in: Zeitschrift für betriebswirtschaftliche Forschung, 45. Jg., S. 933-958.

Laux, H. (1971): Flexible Investitionsplanung, Opladen.

Laux, H. (1997): Risikoteilung, Anreiz und Kapitalmarkt, Berlin usw.

Laux, H. (1998): Entscheidungstheorie, 4. Aufl., Berlin usw.

Laux, H./Schneeweiß, H. (1972): On the *Onassis* Problem, in: Theory and Decision, Vol. 2, S. 353-370.

Leape, J. (1987): Taxes and Transaction Costs in Asset Market Equilibrium, in: Journal of Public Economics, Vol. 33, S. 1-20.

Lessard, D. R. (1985): Evaluating International Projects: An Adjusted Present Value Approach, in: *Lessard, D. R.* (Hrsg.), International Financial Management: Theory and Application, 2. Aufl., New York, S. 570-584.

Levi, M. D. (1996): International Finance, 3. Aufl., Boston usw.

Lintner, J. (1965): The Valuation of Risk and the Selection of Risky Investments in Stock Portfolios and Capital Budgets, in: Review of Economics and Statistics, Vol. 47, S. 13-37.

Lintner, J. (1969): The Aggregation of Investors' Diverse Judgment and Preferences in Purely Competitive Markets, in: Journal of Financial and Quantitative Analysis, Vol. 4, S. 347-400.

Löffler, A. (1998): WACC Approach and Nonconstant Leverage Ratio, unveröffentlichtes Arbeitspapier, Berlin.

Luce, R. D./Raiffa, H. (1957): Games and Decisions, New York usw.

Lüder, K. (1979): Risikoanalyse bei Investitionsentscheidungen, in: Angewandte Planung, 3. Jg., S. 224-233.

Maffei, R. B. (1958): Simulation, Sensitivity, and Management Decision Rules, in: Journal of Business, Vol. 31, S. 177-186.

Makowski, L. (1983): Competition and Unanimity Revisited, in: American Economic Review, Vol. 73, S. 329-339.

Makowski, L./Pepall, L. (1985): Easy Proofs of Unanimity and Optimality without Spanning: A Pedagogical Note, in: Journal of Finance, Vol. 40, S. 1245-1250.

Markowitz, H. M. (1952): Portfolio Selection, in: Journal of Finance, Vol. 7, S. 77-91.

Markowitz, H. M. (1959): Portfolio Selection - Efficient Diversification of Investments, New York.

Mayers, D. (1972): Nonmarketable Assets and Capital Market Equilibrium under Uncertainty, in: *Jensen, M. C.* (Hrsg.), Studies in the Theory of Capital Markets, New York usw., S. 223-248.

Mayers, D. (1973): Nonmarketable Assets and the Determination of Capital Asset Prices in the Absence of a Riskless Asset, in: Journal of Business, Vol. 46, S. 258-267.

Mayshar, J. (1979): Transaction Costs in a Model of Capital Market Equilibrium, in: Journal of Political Economy, Vol. 87, S. 673-700.

Mehra, R. (1978): On the Financing and Investment Decisions of Multinational Firms in the Presence of Exchange Risk, in: Journal of Financial and Quantitative Analysis, Vol. 13, S. 419-439.

Meise, F. (1998): Realoptionen als Investitionskalkül, München.

Meyer, R. (1999): Entscheidungstheorie, Wiesbaden.

Miles, J. A./Ezzel, J. R. (1980): The Weighted Average Cost of Capital, Perfect Capital Markets, and Project Life: A Clarification, in: Journal of Financial and Quantitative Analysis, Vol. 15, S. 719-730.

Modigliani, F./Miller, M. H. (1958): The Cost of Capital, Corporation Finance and the Theory of Investment, in: American Economic Review, Vol. 48, S. 433-443.

Modigliani, F./Miller, M. H. (1963): Corporate Income Taxes and the Cost of Capital: A Correction, in: American Economic Review, Vol. 53, S. 433-443.

Mossin, J. (1966): Equilibrium in a Capital Asset Market, in: Econometrica, Vol. 34, S. 768-783.

Mosteller, F./Nogee, P. (1951): An Experimental Measurement of Utility, in: Journal of Political Economy, Vol. 59, S. 371-404.

Muth, J. F. (1961): Rational Expectations and the Theory of Price Movements, in: Econometrica, Vol. 29, S. 315-335.

Myers, S. C. (1968): A Time-State-Preference Model of Security Valuation, in: Journal of Financial and Quantitative Analysis, Vol. 3, S. 1-33.

Myers, S. C. (1974): Interactions of Corporate Financing and Investment Decisions - Implications for Capital Budgeting, in: Journal of Finance, Vol. 29, S. 1-25.

Myers, S. C. (1977): Determinants of Corporate Borrowing, in: Journal of Financial Economics, Vol. 5, S. 147-176.

v. Neumann, J./Morgenstern, O. (1947): Theory of Games and Economic Behavior, 2. Aufl., Princeton.

Neus, W. (2001): Einführung in die Betriebswirtschaftslehre aus institutionenökonomischer Sicht, 2. Aufl., Tübingen.

Niemann, R. (2001): Neutrale Steuersysteme unter Unsicherheit, Bielefeld.

Nielsen, L. T. (1988): Uniqueness of Equilibrium in the Classical Capital Asset Pricing Model, in: Journal of Financial and Quantitative Analysis, Vol. 23, S. 329-336.

Nietert, B. (2001): Arbitrage, Pseudowahrscheinlichkeit und Martingale. Einige klärende Anmerkungen zur Bewertungstheorie, in: WiSt - Wirtschaftswissenschaftliches Studium, 30. Jg., S. 202-207.

Nippel, P. (1994): Stellungnahme zu: Die Behandlung von Optionen in der betrieblichen Investitionsrechnung, von *S. Eble* und *R. Völker*, in: Die Unternehmung, 48. Jg., S. 149-152.

Nippel, P. (1996): Alternative Sichtweisen der Marktbewertung im CAPM, in: WiSt - Wirtschaftswissenschaftliches Studium, 25. Jg., S. 106-111.

Nippel, P. (1999): Zirkularitätsprobleme in der Unternehmensbewertung, in: Betriebswirtschaftliche Forschung und Praxis, 51. Jg. S. 333-347.

Nippel, P./v. Nitzsch, R. (1998): Investitionsbewertung unter Unsicherheit - Von der Nutzenmaximierung zur CAPM-Bewertung, in: WiSt - Wirtschaftswissenschaftliches Studium, 27. Jg., S. 623-628.

Nippel, P./Scheinert, R. (2000): Kapital- und Opportunitätskosten bei Unsicherheit, in: WiSt - Wirtschaftswissenschaftliches Studium, 29. Jg., S. 557-561.

v. Nitzsch, R. (1997): Investitionsbewertung und Risikofinanzierung, Stuttgart.

Perridon, L./Steiner, M. (1999): Finanzwirtschaft der Unternehmung, 10. Aufl., München.

Rappaport, A. (1967): Sensitivity Analysis in Decision Making, in: Accounting Review, Vol. 42, S. 441-456.

Rappaport, A. (1998): Shareholder Value, 2. Aufl., Stuttgart.

Rényi, A. (1973): Wahrscheinlichkeitsrechnung, 4. Aufl., Berlin.

Richter, H. (1966): Wahrscheinlichkeitstheorie, 2. Aufl., Berlin usw.

Rinne, H. (1997): Taschenbuch der Statistik, 2. Aufl., Thun usw.

Rudolph, B. (1979): Kapitalkosten bei unsicheren Erwartungen, Berlin usw.

Roll, R. (1977): A Critique of the Asset Pricing Theory´s Tests, in: Journal of Financial Economics, Vol. 4, S. 129-176.

Rose, K./Sauernheimer, K. (1999): Theorie der Außenwirtschaft, 13. Aufl., München.

Rubinstein, M. E. (1973a): A Mean-Variance Synthesis of Corporate Financial Theory, in: Journal of Finance, Vol. 28, S. 167-181.

Rubinstein, M. E. (1973b): The Fundamental Theorem of Parameter-Preference Security Valuation, in: Journal of Financial and Quantitative Analysis, Vol. 8, S. 61-69.

Rubinstein, M. E. (1974): An Aggregation Theorem for Securities Markets, in: Journal of Financial Economics, Vol. 1, S. 225-244.

Rudolph, B. (1979): Kapitalkosten bei unsicheren Erwartungen, Berlin usw.

Rummel, K. (1936): Wirtschaftlichkeitsrechnung, in: Archiv für das Eisenhüttenwesen, 10. Jg., S. 73-84.

Saelzle, R. (1976): Investitionsentscheidungen und Kapitalmarkttheorie, Wiesbaden.

Savage, L. J. (1972): The Foundations of Statistics, 2. Aufl., New York.

Schall, L. D. (1972): Asset Valuation, Firm Investment, and Firm Diversification, in: Journal of Business, Vol. 45, S. 11-28.

Schildbach, T. (2000): Ein fast problemloses DCF-Verfahren zur Unternehmensbewertung, in: Zeitschrift für betriebswirtschaftliche Forschung, 52. Jg., S. 707-723.

Schmidt, R. H./Terberger, E. (1997): Grundzüge der Investitions- und Finanzierungstheorie, 4. Aufl., Wiesbaden.

Schneider, D. (1971): Flexible Planung als Lösung der Entscheidungsprobleme unter Ungewißheit?, in: Zeitschrift für betriebswirtschaftliche Forschung, 23. Jg., S. 831-851.

Schneider, D. (1972): "Flexible Planung als Lösung der Entscheidungsprobleme unter Ungewißheit?" in der Diskussion, in: Zeitschrift für betriebswirtschaftliche Forschung, 24. Jg., S. 456-476.

Schneider, E. (1973): Wirtschaftlichkeitsrechnung, 8. Aufl., Tübingen usw.

Schreiber, U./Rogall, M. (2000): Der Einfluss der Reform der Körperschaftsteuer auf Investitionsentscheidungen und den Wert der Gewinnrücklagen von Kapitalgesellschaften, in: Die Betriebswirtschaft, 60. Jg., S. 721-737.

Schulte, G. (1999): Investition, Stuttgart.

Schulte, K.-W. (1986): Wirtschaftlichkeitsrechnung, 4. Aufl., Heidelberg usw.

Schweim, J. (1969): Integrierte Unternehmensplanung, Bielefeld.

Schwetzler, B./Darijtschuk, N. (1999): Unternehmensbewertung mit Hilfe der DCF-Methode - eine Anmerkung zum "Zirkularitätsproblem", in: Zeitschrift für Betriebswirtschaft, 69. Jg., S. 295-318.

Shapiro, A. (1978): Capital Budgeting for the Multinational Corporation, in: Financial Management, Vol. 7 (Frühjahr), S. 7-16.

Shapiro, A. (1983): International Capital Budgeting, in: Midland Corporate Finance Journal, Vol. 1, S. 26-45.

Sharpe, W. F. (1964): Capital Asset Prices - a Theory of Market Equilibrium under Conditions of Risk, in: Journal of Finance, Vol. 19, S. 425-442.

Siegel, J. E. (1972): Risk, Interest Rates and the Forward Exchange, in: Quarterly Journal of Economics, Vol. 86, S. 303-309.

Siegel, J. E. (1975): Reply - Risk, Interest Rates and the Forward Exchange, in: Quarterly Journal of Economics, Vol. 89, S. 173-175.

Siegel, T. (2000): Konsum- oder einkommensorientierte Besteuerung? Aspekte quantitativer und qualitativer Argumentation, in: Zeitschrift für betriebswirtschaftliche Forschung, 52. Jg., S. 724-741.

Sinn, H.-W. (1980): A Rehabilitation of the Principle of Insufficient Reason, in: Quarterly Journal of Economics, Vol. 94, S. 493-506.

Solnik, B. (1974): An Equilibrium Model of the International Capital Market, in: Journal of Economic Theory, Vol. 8, S. 500-524.

Spremann, K. (1996): Wirtschaft, Investition und Finanzierung, 5. Aufl., München usw.

Spremann, K. (2000): Portfoliomanagement, München.

Stehle, R. (1982): Quantitative Ansätze zur Beurteilung ausländischer Investitionsprojekte, in: *Lück, W./Trommsdorff, V.* (Hrsg.), Internationalisierung der Unternehmung als Problem der Betriebswirtschaftslehre, Berlin, S. 475-499.

Stützel, W. (1970): Die Relativität der Risikobeurteilung von Vermögensbeständen, in: *Hax, H.* (Hrsg.), Entscheidungen bei unsicheren Erwartungen, Opladen, S. 9-26.

Tobin, J. (1958): Liquidity Preference as Behaviour towards Risk, in: Review of Economics, Vol. 25, S. 65-86.

Trigeorgis, L. (2000): Real Options, Cambridge usw.

Trigeorgis, L./Mason, S. P. (1987): Valuing Managerial Flexibility, in: Midland Corporate Finance Journal, Vol. 5 (1), S. 14-21.

Turnbull, S. M. (1977): Market Imperfections and the Capital Asset Pricing Model, in: Journal of Business Finance and Accounting, Vol. 4, S. 327-337.

Wagle, B. (1967): A Statistical Analysis of Risk in Capital Investment Projects, in: Operational Research Quarterly, Vol. 18, S. 13-33.

Wallmeier, M. (1999): Kapitalkosten und Finanzierungsprämissen, in: Zeitschrift für Betriebswirtschaft, 69. Jg., S. 1473-1490.

Wilhelm, J. (1983a): Marktwertmaximierung - Ein didaktisch einfacher Zugang zu einem Grundlagenproblem der Investitions- und Finanzierungstheorie, in: Zeitschrift für Betriebswirtschaft, 53. Jg., S. 516-534.

Wilhelm, J. (1983b): Finanztitelmärkte und Unternehmensfinanzierung, Berlin usw.

Wittmann, W. (1959): Unternehmung und unvollkommene Information, Köln usw.

Wöhe, G./Bilstein, J. (1998): Grundzüge der Unternehmensfinanzierung, 8. Aufl., München.

Wollenhaupt, H. (1982): Rationale Entscheidungen bei unscharfen Wahrscheinlichkeiten, Thun usw.

Wosnitza, M. (1995a): Der State-Preference-Ansatz in der Finanzierungstheorie: Gleichgewichtstheoretische Grundlagen, in: WISU - das Wirtschaftsstudium, 24. Jg., S. 593-597.

Wosnitza, M. (1995b): Der State-Preference-Ansatz in der Finanzierungstheorie: Zur Praxisrelevanz des SPM, in: WISU - das Wirtschaftsstudium, 24. Jg., S. 698-705.

Stichwortregister

Konzepte für das neue Jahrtausend

Investition –
mikroökonomisch fundiert

Problemstellung und Aufbau des Buches
– Investitionsentscheidungen bei fehlendem Kapitalmarktzugang – Investitionsentscheidungen bei vollkommenem Kapitalmarkt – Investitionsentscheidungen bei unvollkommenem Kapitalmarkt
– Ausblick

Das Lehrbuch umfasst den ersten Teil einer auf drei Bände angelegten Darstellung des aktuellen Standes der betriebswirtschaftlichen Investitionstheorie. Im Rahmen des ersten Bands erfolgt eine ausführliche Auseinandersetzung mit Investitionsentscheidungen bei Sicherheit. Neben gängigen Lehrbuchinhalten wie der Präsentation der Fisher-Separation werden in größerer Tiefe auch Themen wie Parameterregeln sowie Kapitalwertberechnungen unter Berücksichtigung von Inflationsaspekten und bei Auslandsdirektinvestitionen erörtert. Das Lehrbuch ist streng mikroökonomisch fundiert und richtet sich an Studenten und Dozenten der Betriebswirtschaftslehre, insbesondere mit dem Schwerpunkt Investition und Finanzierung, sowie an Unternehmenspraktiker in Finanzabteilungen.

Wolfgang Breuer
Investition I
Entscheidungen bei Sicherheit
2000. XVIII, 492 S.
Br. DM 78,00 / € 39,00
ISBN 3-409-11648-6

Änderungen vorbehalten. Stand: Oktober 2001

Gabler Verlag · Abraham-Lincoln-Str. 46 · 65189 Wiesbaden · www.gabler.de **GABLER**

Konzepte für das neue Jahrtausend

Optimale Unternehmensfinanzierung

Die Bestimmung der optimalen Finanzierungsweise von Unternehmen zählt zu den Kern-
problemen der Betriebswirtschaftslehre. Dieses
Lehrbuch wählt einen konsequent an den
denkbaren Funktionen unternehmerischer
Finanzierungsmaßnahmen ausgerichteten
Ansatz und bietet somit einen didaktisch
nützlichen und systematischen Überblick.

Wolfgang Breuer
Finanzierungstheorie
Eine systematische Einführung
(Die Wirtschaftswissenschaften,
hrsg. von Horst Albach)
1998. XIV, 249 S., Br.,
DM 68,00 / € 34,00
ISBN 3-409-12942-1

So stellt man ein erfolgreiches
Portfolio zusammen

Dieses Lehrbuch schildert verschiedene Ansätze
der optimalen Portfolioselektion. Es geht dabei
über die klassische Markowitz-Theorie hinaus
und stellt Alternativen dar. Alle vorgestellten
Ansätze werden an konkreten, möglichst durch-
gängigen Zahlenbeispielen erläutert.

Wolfgang Breuer, M. Gürtler,
F. Schuhmacher
Portfoliomanagement
Theoretische Grundlagen und
praktische Anwendungen
1999. XIV, 403 S. mit 52 Abb.,
44 Tab., Br., DM 72,00 / € 36,00
ISBN 3-409-11508-0

Optimieren Sie Ihre
Fremdwährungspositionen

Währungsmanagement beschäftigt sich mit der
Frage, wie die währungsbezogene Zusammen-
setzung von Zahlungsströmen im Unternehmen
beeinflusst werden kann. W. Breuer erläutert
die zentralen Begriffe Wechselkursrisiko, Hed-
ging und Spekulation und stellt Instrumente
zur Verfolgung von Hedging- und/oder Spekula-
tionszielen auf Devisenmärkten vor. Das fundierte Wissen wird anhand konkreter Kurs-
sicherungsprobleme vertieft.

Wolfgang Breuer
Unternehmerisches
Währungsmanagement
Eine anwendungsorientierte
Einführung. Mit Übungsaufgaben.
2., überarb. Aufl. 2000.
XIV, 379 S. mit 13 Abb., 24 Tab.,
Br., DM 64,00 / € 32,00
ISBN 3-409-23572-8

Übungen zum internationalen
Finanzmanagement

Das Übungsbuch präsentiert zu jedem
Abschnitt des Lehrbuchs „Unternehmerisches
Währungsmanagement" Übungsaufgaben mit
ausführlichen Lösungen.

Wolfgang Breuer
Übungsbuch
Unternehmerisches
Währungsmanagement
1999, X, 138 S., Br.,
DM 44,00 / € 22,00
ISBN 3-409-11515-3

Änderungen vorbehalten. Stand: November 2001

Gabler Verlag · Abraham-Lincoln-Str. 46 · 65189 Wiesbaden · www.gabler.de

GABLER

Printed by Printforce, the Netherlands